मेरी आपबीती

मेरी आपबीती

बेनज़ीर भुट्टो

मार्क सीगल ने 1988 में बेनज़ीर भुट्टो के साथ उनकी आत्मकथा में नए अध्याय जोड़ने के लिए काम किया था। इन अध्यायों में 1988 से 2007 तक, जब वे पाकिस्तान वापस लौटीं, का वर्णन है। मार्क सीगल ने इस पुस्तक का उपसंहार भी लिखा था जो अंत में दिया गया है।

अनुवाद
अशोक गुप्ता
प्रणयरंजन तिवारी

ISBN : 9788170287384
संस्करण : 2020 © बेनज़ीर भुट्टो
हिन्दी अनुवाद © राजपाल एण्ड सन्ज़
MERI AAPBEETI (Autobiography) by Benazir Bhutto
(Hindi translation of *Daughter of the East*)
कवर चित्र आभार : कैमरा प्रेस/जेसन बैल

राजपाल एण्ड सन्ज़
1590, मदरसा रोड, कश्मीरी गेट, दिल्ली-110006
फोन : 011-23869812, 23865483, 23867791
website : www.rajpalpublishing.com
e-mail : sales@rajpalpublishing.com
www.facebook.com/rajpalandsons

बिलावल, बख़्तावर और आसिफ़ा
और पाकिस्तान के सभी बच्चों के नाम

अनुक्रम

नये संस्करण की भूमिका

मैंने यह ज़िन्दगी खुद नहीं चुनी, ज़िन्दगी ने मुझे चुना।

पाकिस्तान में जन्मी, मेरी ज़िन्दगी बहुत उतार-चढ़ाव से भरी रही, उसमें दुःख-विपत्तियाँ हैं, तो कामयाबी के झण्डे भी फहराए हैं।

एक बार फिर पाकिस्तान अन्तरराष्ट्रीय हलचल के केन्द्र में है। आतंकवादी इस्लाम का नाम लेकर इसको खतरे में डाल रहे हैं। लोकतान्त्रिक शक्तियाँ ऐसा सोचती हैं कि आतंकवाद को आज़ादी के सिद्धान्तों के ज़रिये खत्म किया जा सकता है जबकि फौजी हुकूमत छल-कपट और षड्यन्त्र के खतरनाक खेल खेलती है। उसे इस बात का डर हमेशा रहता है कि कहीं गद्दी हाथ से निकल न जाए, इसलिए वह हमेशा दुविधा-भरी घबराहट में रहते हुए, आधुनिक फौजी ताकतों से अपने बचाव का इन्तज़ाम करती रहती है और उधर आतंकवाद फलता-फूलता रहता है।

पाकिस्तान कोई मामूली देश नहीं है, न ही मेरी ज़िन्दगी कोई सीधी-सपाट ज़िन्दगी है। मेरे पिता और मेरे दो भाई मार दिए गए। मेरी माँ, मेरे पति और मुझे खुद भी जेल में बंद कर दिया गया। मैंने कई-कई बरस का देश-निकाला झेला। इन तमाम दुःख-मुसीबतों के बावजूद, मैं खुद को खुशनसीब मानती हूँ। मैं खुशनसीब इसलिए हूँ क्योंकि मैं परम्पराओं को तोड़ते हुए किसी मुस्लिम देश की पहली, चुनाव के ज़रिये बनी हुई प्रधानमंत्री बन सकी। यह चुनाव इस बेहद गर्म बहस और विवाद के बीच हुआ था, जो इस्लाम के मुताबिक औरतों की भूमिका नहीं तय कर पा रहा था। इस चुनाव ने यह साबित कर दिया था कि एक मुसलमान औरत देश की प्रधानमंत्री बनकर, देश की अगुवाई कर सकती है और उसे देश के सारे मर्द और औरतें अपनी रज़ामन्दी दे सकते हैं। मैं पाकिस्तान की जनता का धन्यवाद करती हूँ कि उसने मुझे यह सम्मान दिया।

इसके अतिरिक्त, आधुनिकतावाद और उग्रवाद के बीच चलने वाली बहसों के साथ-साथ, 2 दिसम्बर, 1988 से, जब मैंने अपने पद की शपथ ग्रहण की है, समूची मुस्लिम दुनिया में औरतें बहुत आगे आई हैं।

इस दुनिया में बहुत कम लोगों को यह मौका मिल पाता है कि वह समाज में कुछ बदलाव ला सकें, देश में आधुनिकता की राह बना सकें, और मामूली-भर सुविधाओं के होते हुए भी, औरतों की भूमिका के बारे में घिसे-पिटे ढर्रे को तोड़ सकें और उन तमाम लोगों को यह उम्मीद दिला सकें कि बदलाव का सपना उनके लिए भी सच हो सकता है।

निश्चित रूप से मैंने खुद ऐसी ज़िन्दगी कभी नहीं चुनी होती, लेकिन यह ज़िन्दगी ज़िम्मेदारी और खुशियों से भरी हुई है और इसमें बहुत कुछ करने के मौके हैं। मैं देख पा रही हूँ कि आनेवाले समय के पास मेरे लिए और मेरे देश पाकिस्तान के लिए और भी ज्यादा चुनौतियाँ हैं।

बीस साल पहले, उस समय की अपनी ज़िन्दगी की घटनाओं को देखते हुए—मेरे पिता की हत्या, मेरी जेल-यात्राएँ और मेरी राजनीति में उतरने की ज़रूरत—मुझे कतई इस बात की उम्मीद नहीं नज़र आती थी कि मेरी ज़िन्दगी में कभी कोई खुशी भी आएगी, मुझे प्यार मिलेगा, मैं शादी करके घर बसा पाऊँगी। मैंने तो सोचा था कि मेरी भी ज़िन्दगी इंग्लैण्ड की महारानी एलिज़ाबेथ प्रथम की तरह, जेल काटते हुए एकाकी गुज़रेगी, मेरी कभी शादी, बाल-बच्चे नहीं होंगे... लेकिन मेरे भाग्य ने इन नाउम्मीदियों को झुठला दिया। मुझे मुश्किलों के बावजूद शादी का सुख मिला। मुझे अपने पति की हिम्मत और वफादारी पर गर्व है कि वह हमारी शादी के इन उन्नीस बरसों में हमेशा मेरे साथ गहराई से जुड़े रहे। इस दौरान वह प्रधानमंत्री-आवास में रहे और उन्होंने जेल में भी समय काटा, लेकिन हर हाल में मुझे लगा कि हमारे रिश्ते मज़बूत होते गये, भले ही हम कभी-कभी एक-दूसरे से दूर रहे और हमारे बीच दरार पैदा करने की तमाम कोशिशें की गईं। क्या मैंने अपने लिए ऐसी ही ज़िंदगी चाही या सोची थी? शायद नहीं। लेकिन आज मुझे अपनी ज़िंदगी के अलावा किसी भी और औरत की जगह होना गवारा नहीं—चाहे वह दुनिया की सबसे खुशहाल या खुशकिस्मत औरत ही क्यों न हो।

मैं अपनी संस्कृति, अपने धर्म और विरासत पर गर्व करती हूँ। सच्चे इस्लाम की मूल भावना में एकता और उदारता है, ऐसा मेरा मानना है और मेरे इसी विश्वास का मज़ाक बनाते हुए अतिवादी और भी उग्र हो गए हैं। मैं जानती हूँ कि मैं उस विश्वास का प्रतीक हूँ, जिससे यह तथाकथित 'जेहादी', तालिबान और 'अल-क़ायदा' वाले बहुत डरते हैं। मैं एक महिला राजनीतिक नेता हूँ, जो पाकिस्तान में आधुनिकता, संचार-व्यवस्था, शिक्षा और टेक्नोलॉजी का माहौल बनाने के लिए संघर्षरत है। मैं समझती हूँ कि लोकतान्त्रिक देश पाकिस्तान दुनिया-भर के करोड़ों मुसलमानों के लिए एक उम्मीद की किरण ला सकता है, जिन्हें निर्णय लेना है कि वह क्या चाहते हैं... बीते समय की संरचना या भविष्य में आनेवाले समय के शक्ति-स्रोत।

मैंने जितनी भी राजनीतिक लड़ाइयाँ लड़ीं, उनका कुछ-न-कुछ उद्देश्य था। उनका उद्देश्य सामाजिक न्याय और उदारवाद के पक्ष में ठहरता था... सचमुच यह मुद्दे ऐसे हैं, जिनके लिए लड़ा जाना ही चाहिए। लेकिन, मुझे ऐसा लगता है कि मेरी राजनीतिक यात्रा ज्यादा चुनौती-भरी इसलिए रही है क्योंकि मैं एक औरत हूँ। यह साफ है कि आज के समय में एक औरत के लिए, चाहे वह कहीं भी रह रही हो, वह आसान काम नहीं है। फिर भी, हम औरतों को जी-तोड़ मेहनत करके यह सिद्ध कर देना है कि हम पुरुषों से किसी भी मायने में कमतर नहीं हैं।

हमें ज़्यादा देर तक काम करना होगा और कुर्बानियाँ देनी होंगी। हमें खुद को किसी भी तरह के भावनात्मक आक्रमण से बचाना होगा, जो ज़्यादातर अपने परिवार के लोगों

द्वारा ही हम पर दुर्भावनापूर्ण ढंग से किए जाते हैं। यह दुःख की बात है कि बहुत-से लोग अब भी यही मानते हैं कि औरतों की ज़िन्दगी की डोर मर्दों के ही हाथ में होती है, इस तरह से वह मर्दों पर दबाव डालकर औरत तक पहुँच सकते हैं।

चाहे कुछ भी हो, हमें समाज के दोहरे मापदण्ड के लिए शिकायत नहीं करनी है, बल्कि उन्हें जीतने की तैयारी करनी है। हमें ऐसा हर हाल में करना है, भले ही हमें मर्दों के मुकाबले दुगुनी मेहनत करनी पड़े और दुगुने समय तक काम करना पड़े। मैं अपनी माँ की शुक्रगुज़ार हूँ कि उन्होंने मुझे यह सिखाया कि माँ बनने की तैयारी एक शारीरिक क्रिया है और उसे रोज़मर्रा के कामकाज में बाधा नहीं बनने देना चाहिए। अपनी माँ की अपेक्षा पर खरी उतरने के लिए मैंने हर बार माँ बनने की तैयारी के दौरान किसी भी शारीरिक या भावनात्मक लक्षण को अपना रास्ता नहीं रोकने दिया। फिर भी, मुझे इस बात का एहसास था कि ऐसा कोई प्रसंग, जिसे हमारा पारिवारिक मामला माना जाना चाहिए, ज़रूर फौजी मुख्यालय में और अखबार के दफ्तरों में राजनीतिक चर्चा से जोड़कर देखा जाएगा, इसलिए मैंने अपने इस दौर के विवरण को पूरी तरह गोपनीय रखा। मैं खुशकिस्मत थी कि मुझे डॉ. फ्रेडी सेतना की ऐसी डॉक्टरी देख-रेख मिली और उन्होंने उसे सिर्फ अपने तक ही सीमित भी रखा।

बिलावल, बख़्तावर और आसिफ़ा, मेरी तीन प्यारी-प्यारी सन्तानें हैं। यह मुझे खुशी और गौरव का भाव देती हैं। जब 1988 में, मैं अपने पहले बच्चे के जन्म की उम्मीद में थी और बिलावल होने वाला था, तब फौजी तानाशाह ने संसद भंग करके आम चुनावों की घोषणा कर दी थी। वह और उसके आला फौजी अफसर सोचते थे कि ऐसी हालत में कोई औरत कैसे चुनाव सभाओं के लिए निकल पाएगी... लेकिन वे गलत साबित हुए...मैं निकली और मैंने चुनाव-अभियान में हिस्सा भी लिया। मैं अपने इस काम में लगी रही और मैंने वह चुनाव जीता, जो 21 सितम्बर, 1988 को बिलावल के जन्म के बस कुछ ही दिनों बाद कराए गए। बिलावल का पैदा होना मेरी ज़िन्दगी के लिए एक बेहद खुशी का दिन था, साथ ही उन चुनावों का जीतना भी, जिनके बारे में अटकलें थीं कि एक मुस्लिम औरत लोगों के दिल और उनके सोच को कभी नहीं जीत पाएगी... यह दोनों ही बड़ी खुशियाँ मुझे मेरी ज़िन्दगी में एक साथ मिलीं।

मेरे प्रधानमंत्री बनने के बाद मेरी माँ ने जल्दी मचाई कि मैं दूसरे बच्चे की तैयारी करूँ। उनका सोचना था कि मांओं को बच्चे जनने का काम जल्दी-जल्दी पूरा कर लेना चाहिए, ताकि उनके पास आगे उनको पालने-पोसने की चुनौतियों के लिए काफी समय रहे। मैंने उनकी सलाह मान ली थी।

जब मेरी दूसरे बच्चे के पेट में होने की खबर अभी गुप्त ही थी, मेरे फौजी जनरल लोगों ने यह तय किया कि मुझे फौजियों से बातचीत करने के लिए पाकिस्तान की सबसे ऊँची चोटी सियाचिन ग्लेशियर जाना चाहिए। भारत और पाकिस्तान इसी सियाचिन सरहद पर 1987 में एक युद्ध लड़ चुके थे और 1999 में करीब-करीब युद्ध की स्थिति फिर आ गई थी। मुझे चिन्ता हुई कि उस ऊँचाई पर कम ऑक्सीजन के कारण कहीं मेरे अजन्मे बच्चे को कोई नुकसान न हो। मेरे डॉक्टर ने मेरा हौसला बढ़ाया कि मैं जा सकती हूँ। उसने समझाया कि ऑक्सीजन की कमी का असर माँ पर पड़ता है, जिसे ऑक्सीजन मॉस्क

दिया जा सकता है और बच्चा बहरहाल सुरक्षित रहता है। खैर, ढेरों आशंकाओं के बावजूद भी मैं वहां गई।

यह हमारे फौजी दस्तों के लिए बहुत हौसला बढ़ाने वाली बात थी कि उनकी प्रधान-मंत्री उनसे मिलने, बात करने सियाचिन ग्लेशियर की उस ऊँचाई तक आई हैं। वह एक दिलकश नज़ारा था। सब तरफ बर्फ की सफेदी थी जो दूर क्षितिज पर नीचे आसमान में मिलती नज़र आ रही थी। दुनिया-भर के शोर-शराबे से दूर उन बर्फीली चोटियों पर एक स्वर्गिक मौन था। आगे सीमा पर मुझे हिन्दुस्तानी फौजों की चौकियाँ नज़र आ रही थीं, जिनका सीधा मतलब था कि वहाँ शान्ति का एहसास रखना, धोखा खाने जैसा है।

जैसे ही राजनीतिक विपक्ष को यह पता चला कि मैं माँ बनने वाली हूँ, बेमतलब शोर-शराबा शुरू हो गया। उन्होंने राष्ट्रपति पर दबाव डाला कि मुझे बरखास्त कर दिया जाए। उन्होंने तर्क दिया कि पाकिस्तान के सरकारी नियमों में इस बात की गुंजाइश नहीं है कि प्रधानमंत्री सन्तान को जन्म देने के लिए छुट्टी पर जाएँ। उन्होंने कहा कि प्रसव के दौरान मैं सक्रिय नहीं रहूँगी और सरकारी काम-काज को परेशानी का सामना करना पड़ेगा। इसलिए गैर-संवैधानिक रूप से प्रेसिडेंट पर दबाव डाला गया कि इस सरकार को बरखास्त करके एक अन्तरिम सरकार बनाए जाने के लिए नए चुनाव कराए जाएँ।

मैंने विपक्ष की इस माँग को ठुकरा दिया। मैंने दिखाया कि कामकाजी स्त्रियों के लिए प्रसव के दौरान छुट्टी की व्यवस्था है, जिसे मेरे पिता के समय में लागू किया गया था। मैंने ज़ोर देकर कहा कि यह नियम प्रधानमंत्री पर भी लागू होता है भले ही ऐसा स्पष्ट रूप से सरकार चलाने वाले लोगों के बारे में कहा नहीं गया है। मेरी सरकार के लोग मेरे साथ थे। कहा गया कि जिस स्थिति में पुरुष प्रधानमंत्री हटाया नहीं जा सकता, उस स्थिति में महिला प्रधानमंत्री को भी हटाए जाने का प्रश्न नहीं उठता।

विपक्ष ज़िद पर था और उसने तय किया कि मुझे हटाए जाने के लिए हड़ताल की जाएगी। अब मुझे भी अपनी योजनाएँ बनानी थीं। मेरे पिता ने मुझे सिखाया था कि राजनीति में समय का बड़ा महत्त्व है। मैंने अपने डॉक्टर से बात की। उसने बताया कि मेरे प्रसव का समय पूरा हो चुका है। मैंने उनसे इजाज़त लेकर यह तय किया कि मैं उसी दिन, जिस दिन हड़ताल की घोषणा थी, ऑपरेशन से बच्चे को जन्म दे दूँगी।

मैं नहीं चाहती थी कि कोई पारम्परिक बात, जो प्रसव से जुड़ी हुई हो, मेरे काम में बाधा बने। इसलिए अपनी कैसी भी हालत के बावजूद मैंने शायद किसी मर्द प्रधानमंत्री से भी ज्यादा काम निपटाया, उसी दिन अपने सांसदों के साथ एक मीटिंग की और कराची के लिए चल पड़ी। सवेरे मैं बहुत जल्दी उठी और अपनी एक सहेली के साथ, उसकी कार में बैठकर निकल गई। वह एक छोटी कार थी, उस काली मर्सडीज़ से अलग, जिसे मैं सरकारी काम-काज के दौरान इस्तेमाल करती थी। ड्यूटी पर हाज़िर पुलिस वाले ने उस पर कोई ध्यान नहीं दिया। उनका ध्यान मेरे घर में आनेवाली कारों की तरफ ज्यादा होता, बजाय, बाहर जानेवाली किसी गाड़ी पर...

जब मेरी कार अस्पताल पहुँची, जहाँ डॉक्टर सेतना हमारा इन्तज़ार कर रही थीं, मेरा दिल बुरी तरह धड़क रहा था। जब मैं कार से उतरी, मैंने अस्पताल के लोगों के चेहरों पर गहरी हैरत का भाव देखा। मुझे पता था कि यह खबर मोबाइल फोनों के ज़रिये तेज़ी

से फैलनी शुरू हो जाएगी क्योंकि मोबाइल फोन इस्तेमाल करने वाला दक्षिण पूर्व और मध्य एशिया में पाकिस्तान पहला राष्ट्र था। मैंने जल्दी से हॉल का रास्ता पार किया और ऑपरेशन थियेटर में चली गई। मुझे पता था कि मेरी माँ और मेरे पति भी, हमारे कार्यक्रम के अनुसार पीछे-पीछे आ रहे होंगे। मैंने जैसे ही बेहोशी की धुंध से आँखें खोलनी शुरू की और अस्पताल की ट्राली को ऑपरेशन थियेटर से प्राइवेट कमरे की तरफ आते देखा, मैंने सुना कि मेरे पति ने खुशी से कहा, "हमारी बेटी आई है!" ...मेरी माँ का चेहरा भी खिल उठा था। मैंने अपनी बेटी का नाम रखा, बख्तावर, जिसका मतलब है भाग्यशाली... और वह सौभाग्य लेकर आई। हड़ताल ठप्प हो गई और विपक्ष का मंसूबा टूट गया।

मेरे पास सारी दुनिया से बधाई सन्देश आए। देशों के प्रधानमंत्री से लेकर आम नागरिकों तक, सबने मुझे बधाई दी और अपनी खुशी का इज़हार किया। खासतौर से एक युवती के लिए यह एक बड़ा आदर्श सामने रखने वाली बात थी, कि एक औरत काम करते-करते और देश की शीर्ष स्थिति में रहते हुए भी एक सन्तान को जन्म दे सकती है। अगले दिन मैं काम पर वापस आ गई और मैंने फाइलें देखनी और कागज़ों पर दस्तखत करने शुरू कर दिए। मुझे बाद में पता चला कि मैं पहली ऐसी राष्ट्राध्यक्ष थी, जिसने काम-काज के दौरान एक बच्चे को जन्म दिया था। इस तरह मैंने एक महिला प्रधानमंत्री की तरह, महिलाओं की उन्नति के रास्ते में आड़े आने वाली परम्परा की दीवार प्रधानमंत्री पद पर रहते हुए तोड़ दी।

बख्तावर का जन्म जनवरी, 1990 में हुआ था। उसके सात महीने बाद 6 अगस्त को प्रेसिडेंट ने लोकतान्त्रिक परम्परा को नकारते हुए मेरी सरकार को बरखास्त कर दिया, जबकि सारी दुनिया का ध्यान कुवैत पर इराक के कब्ज़े की ओर केन्द्रित था। उस समय मेरे पति गिरफ्तार कर लिए गए और मेरी माँ ने मुझे सलाह दी कि मैं अपने बच्चों को विदेश भेज दूँ। मेरे लिए यह दिल को चीर देने वाला प्रस्ताव था। बिलावल अभी सितम्बर, 1990 में दो बरस का हुआ था और बख्तावर को तो अभी साल भी पूरा होना बाकी था। उनसे बिछुड़ने का ख्याल ही मेरे लिए असहनीय था। मेरी बहन, जो लन्दन में रह रही थी, उसने प्यार से उन दोनों को अपने घर में रख लिया। मेरे ससुराल वाले भी लन्दन आकर मुझसे दूर चले गए। वापस देश लौटकर मैं सपनों में अपने बच्चों का रोना सुनती थी। मेरी बहन तो यही कहती थी कि उनकी चिन्ता मत करो। जब भी मेरी उससे फोन पर बात होती थी, उसका यही कहना होता था। फिर भी, मैं उन सपनों से कभी मुक्त नहीं हो पाई।

मेरी सरकार के बरखास्त कर दिए जाने के बाद कराची शहर अराजकता और बदइन्तज़ामी की लपेट में आ गया। आतंकवाद बढ़ता ही जा रहा था। निर्दोष नागरिक बसों में जाते समय, अपने घरों के बाहर और अपने दफ्तरों में मारे जा रहे थे। मैं जानती थी कि मेरे बच्चों का लन्दन में रहना उनके लिए ज्यादा सुरक्षित है, फिर भी मेरे लिए रात को चैन की नींद सो पाना कठिन था, मेरे सपने मुझे सोते-सोते जगा देते थे।

मैं और मेरी माँ अब ज्यादातर समय इस्लामाबाद में रह रहे थे। मेरे पति, जो 1990 के चुनावों में सांसद चुने गए थे, वह भी संसद के सत्र के दौरान हमारे घर में कैद रखे गए थे। मैं बस अपने पति और माँ तक ही सीमित रह गई थी। यह मेरे लिए कितनी

तकलीफ की बात थी कि मेरे बच्चे मुझसे बहुत दूर थे। मुझे यह महसूस हो रहा था कि जैसे मैंने उन्हें छोड़ रखा है और मुझे इस बात की चिन्ता थी कि उनके भावनात्मक विकास पर इसका गलत असर पड़ रहा होगा।

1991 में बिलावल ने लन्दन के क्वीन गेट क्षेत्र के एक स्कूल में प्री-किंडरगार्टेन की पढ़ाई शुरू कर दी थी। बख़्तावर अभी बस एक बरस की उम्र की थी और मैंने सोचा था कि यहाँ पाकिस्तान में अभी उसकी गुप्त सुरक्षा की जा सकती है। मैं तुरन्त लन्दन गई और अपनी बहन सनम के फ्लैट में बिना देर किए जा पहुँची। जब मैंने दरवाज़े पर दस्तक दी, मैंने सुना कि मेरी बेटी रो रही थी। उसके इसी रोने की आवाज़ मैंने अपने सपने में भी सुनी थी। मैंने लपककर चुपचाप उसे अपनी गोद में ले लिया और मैंने अपने बेटे को अपनी ओर खींचा। ''मैंने तय किया है कि मैं बख़्तावर को अपने साथ ले जाऊँगी।'' मैंने अपनी बहन को बताया। उसने एक राहत की साँस ली। ''मैं तुम्हें परेशान नहीं करना चाह रही थी, लेकिन महीनों से इस बच्ची का रोना बंद नहीं हुआ है।'' बिना किसी के कुछ कहे-बोले, ऐसा लगा जैसे दोनों बच्चों ने जान लिया कि क्या होने वाला है। मैं यह कभी नहीं भूल पाऊँगी, कि जितनी समय मैं वहाँ रही, बिलावल अपनी सफेद कमीज़ और नीली धारियों वाली पतलून पहने, काले जूतों, सफेद मोज़ों से लैस दीवार से टिककर मुझे अजीब-सी नज़रों से देखता रहा। उसकी खामोश, उदास नज़रों के पीछे से मैं उसकी उन भूरी आँखों को देख रही थी जिसमें दुनिया का सबसे गहरा दुःख भर आया था। उसने समझ लिया था कि बख़्तावर मेरे साथ चली जाएगी और वह अकेला वहीं छूट जाएगा। खुदा किसी भी माँ को वह दिन न दिखाए, जब उसे अपने दो साल के बेटे को कहीं पीछे छोड़कर जाना पड़े। किसी भी बच्चे के नसीब में यह दुःख-भरा एहसास न हो कि उसकी माँ अपने एक बच्चे को साथ ले जाए और दूसरा वहीं अकेला छूट जाए। बख़्तावर को अपनी गोद में लेकर मैं हीथ्रो हवाई अड्डे पर आ गई। वह चुपचाप मेरी बाहों में सिमटी पड़ी रही। मैं पाकिस्तान इण्टरनेशनल एयरलाइंस के जहाज़ में अपनी सीट पर बैठ गई। पूरी नौ घंटे की उड़ान के दौरान, वह एक बार भी नहीं रोई। मेरे कन्धे पर उसने अपना सिर रखा और गहरी नींद में सो गई। पाकिस्तान की मशहूर गायिका नूरजहाँ भी उसी जहाज़ से जा रही थीं और मेरे पास की सीट पर ही बैठी थीं। वह इस बात पर हैरत में थीं कि इस बच्चे ने एक बार भी अपनी माँ को परेशान नहीं किया। ''मैंने कभी किसी बच्चे को इतनी खामोशी से जहाज़ में जाते हुए नहीं देखा,' उन्होंने कहा।

मेरे सास-ससुर ने तय किया कि वह लन्दन में रहेंगे—ताकि वह मेरी बहन के पास बिलावल की देखभाल कर सकें। मैंने इस बात से राहत महसूस की, कि अब बिलावल को कोई ऐसा मिलेगा, जो उसे हाइड पार्क में टहलाते हुए और बत्तखों-गिलहरियों को कुछ-कुछ खिलाते हुए, उसका मन बहला सकेगा।

1990 में पी.पी.पी. की सरकार गिरने के बाद, चुनाव-प्रचार अभियान, मेरी अपने बच्चों से दूरी, मेरे परिवार एवं पार्टी के लोगों की खुफिया तलाशी, इस सब से मेरा वज़न बहुत घट गया। 1992 की सर्दियों में मुझे पता चला कि मैं फिर से माँ बनने वाली हूँ। चार बच्चों

के परिवार में वह भी एक.... इस बात ने मुझे बहुत खुशी दी कि मेरा परिवार बढ़ रहा है। फिर भी, वह एक बहुत अनिश्चित-सा वक्त चल रहा था। कराची में एक फौजी कार्यवाही का आदेश दिया गया था। एक नस्लवादी कही जाने वाली पार्टी मुहाजिर-कौमी मूवमेंट (एम. क्यू.एम.) ने खून-खराबा शुरू कर दिया था। नवाज़ शरीफ की सरकार ने इल्ज़ाम लगाया था कि यह पार्टी पाकिस्तान को दो टुकड़ों में बाँटने और एक अलग राज्य जिन्नापुर बनाने का षड्यन्त्र कर रही है। फौजी कार्यवाही शुरू करने के साथ ही फौज ने प्रस्तावित जिन्नापुर के नक्शे जारी कर दिए। खून-खराबे से तंग आ चुके नागरिकों ने राहत की साँस ली कि अब एम.क्यू.एम. पर कुछ अंकुश लगेगा।

जैसे फौजी टैंकों ने उन फाटकों को तोड़ गिराना शुरू किया, जो एम.क्यू.एम. ने लोगों को घेरने के लिए बनाए थे, पाकिस्तान और भी गहरी मुश्किल में आ गया। प्रधानमंत्री सउदी सरकार के काम करने के तौर-तरीकों के दीवाने थे। वह पाकिस्तान का राजकीय ढाँचा धार्मिक बना देना चाहते थे। उन्होंने तुरन्त संसद में एक बिल पेश कर दिया जिसका उद्देश्य धार्मिक नेताओं के हाथ मज़बूत करने का ही था। मेरी पार्टी ने उस बिल को सीनेट में चुनौती दी, लेकिन वक्त हमारे पास बहुत कम था। 1994 तक प्रधानमंत्री को सीनेट में बहुमत मिल जाता और फिर पाकिस्तान का इस्लामीकरण शुरू हो जाता।

पाकिस्तान को एक इस्लामी राज्य बनाने का ज्यादातर लोग विरोध कर रहे थे। वह पाकिस्तान के प्रमुख निर्माता क़ायदे-आज़म मोहम्मद अली जिन्ना के विचारों से सहमत थे, जिन्होंने पाकिस्तान के लिए एक धर्मनिरपेक्ष राज्य की कल्पना की थी। फिर भी फौजी शक्तियों ने प्रधानमंत्री का समर्थन किया, जिन्हें संसद में दो-तिहाई बहुमत मिला हुआ था और इसमें फौजी सहयोग का बड़ा हाथ था।

अर्थव्यवस्था-संबंधी गैरज़िम्मेदारी ने आम नागरिकों की ज़िन्दगी से ज़बरदस्त खिलवाड़ किया। बार-बार बिजली का न मिलना, (जो पी.पी.पी. के शासन में खत्म हो गया था) फिर शुरू हो गया। भ्रष्टाचार के मामलों से अखबार रंगे दिखने लगे। सीमा पार मुम्बई के बम धमाकों ने पाकिस्तान के साथ भारत के सम्बन्धों को धक्का पहुँचाया। इन हमलों के लिए दिल्ली ने इस्लामाबाद पर इल्ज़ाम लगाया। 1993 में न्यूयार्क के वर्ल्ड ट्रेड सेंटर पर पहली बार हवाई हमले हुए। नौबत यह आ गई कि पाकिस्तान को आतंकवादी राष्ट्र घोषित कर दिया जाए।

सारे विपक्षी दलों ने मिलकर एक संयुक्त गठबन्धन तैयार कर लिया, जिसको पाकिस्तान डेमोक्रेटिक अलाएंस नाम दिया गया और उनकी मीटिंग 18 नवम्बर, 1992 को रावलपिंडी में हुई।

मैं इतनी दुबली हो गई थी कि कोई अंदाज़ा भी नहीं लगा सकता था कि मैं माँ बनने वाली हूँ। वज़न गिरने के बावजूद, या उसी की वजह से मैं बहुत चुस्त-दुरुस्त महसूस कर रही थी। हमारी विरोध की आवाज़ ने मुझे फिर से उत्साह से भर दिया था। देश-भर में लोगों ने उसे समर्थन दिया था। पाकिस्तान के चारों कोनों से जुलूस रावलपिंडी में आकर जुटने को तैयार था कि हमारी ताकत का अंदाज़ा हो सके। उद्देश्य यही था कि लोकतन्त्र को बहाल किया जाए, धर्म के आधार पर सत्ता को खत्म किया जाए और लोगों की रोज़ी-रोटी के सवाल पर ध्यान दिया जाए।

विरोध सभा से पहले की शाम को ऐसा पता चला कि हुकूमत ने तय किया है कि वह हमें इकट्ठा होने से रोकने के लिए ज़बरदस्त तौर पर बल प्रयोग करेंगे। "इसका मतलब हुआ कि वह आँसू गैस के गोले फेंक सकते हैं," मैंने अपनी राजनीतिक सचिव नाहीद खान से कहा। मैं अपने बच्चे के बारे में भी चिन्तित थी। नाहीद हम सब के लिए आँख बचाने के चश्मे लेने चली गई। किसी ने वादा किया था कि वह हमारे लिए वैसे ही *फेस मास्क* ला देंगे, जैसे फौज वाले इस्तेमाल करते हैं, लेकिन अगली सुबह वह जनाब ही गायब थे। खैर, हमने अपने साथ भीगे तौलिये रख लिए। अगली सुबह हमने अपने घर को कँटीले तारों की रुकावट से घिरा पाया। जैसे ही मैं पार्टी के नेताओं के साथ फाटक पार करने चली, हमारे ऊपर लाठियां तान दी गईं। और जैसे ही मेरे पार्टी कार्यकर्ताओं ने मुझे बचाने की कोशिश की तो उनको लाठियों से पीटा गया।

हमारे एक छोटे-से दल को तार फाँदकर बाहर जाने में कामयाबी मिल गई और उन्होंने एक गाड़ी से हमारा रावलपिंडी की ओर जाने का रास्ता साफ किया। बीच-बीच में हमें पुलिस की गाड़ियाँ मिलती गईं। हम तब धीरे-धीरे चलते गए, हमने सिर नीचे कर लिए थे ताकि हम पहचाने न जा सकें। हमारी एक गाड़ी कँटीले तारों में फँसकर वहीं छूट गई। वहाँ बंद किए गए रास्ते पर कुछ गाड़ियाँ नज़र आ रही थीं। हमने एक को पहचान लिया। वह हमारे एक समर्थक की गाड़ी थी। उसने हमें जीप दे दी। इत्तेफाक से मलिक कासिम पी.एम.एल. (कासिम ग्रुप) के नेता, एयर मार्शल असगर खान, तत्कालीन विदेश मन्त्री खुर्शीद कसूरी, मेरी राजनीतिक सचिव नाहीद खान, उसके पति सीनेटर सफदर अब्बासी और मेरे सुरक्षा अधिकारी मुनव्वर सोहरावर्दी (जिनकी वर्ष 2004 में हत्या कर दी गई) हम सब जीप में साथ-साथ हो गए।

कँटीले तारों की रुकावट केवल इस्लामाबाद तक ही थी। हम जैसे ही रावलपिंडी के एक छोटे-से कस्बे में पहुँचे, जोश-भरी आवाज़ों ने हमारा स्वागत किया। उन सबने हमारी गाड़ी को घेर लिया और नारे लगाए। फिर हम लियाकत बाग पार्क की ओर रवाना हुए, जहाँ हमारी मीटिंग होनी थी।

बाद में पुलिस ने बताया कि जब हुकूमत के पास रावलपिंडी की सभा में मेरे होने की खबर पहुँची, तो वह इसे गप्प समझकर इस पर खूब हँसे; लेकिन थोड़ी ही देर में उनके पास एक के बाद एक फोन पहुँचने शुरू हो गए तो वह चौंके और उन्होंने तय किया कि वह खुद जाकर देखेंगे। उन्होंने पाया कि खबर सच थी। अब रावलपिंडी की सड़कों पर पगलाहट-भरी भागादौड़ी शुरू हो गई। हमारी इकलौती जीप को चारों तरफ से आँसू गैस की बौछार से ढंक दिया गया। पुलिस के सायरन चीखने लगे। सब तरफ हो-हल्ला मचने लगा। गाड़ियाँ ऐसे दौड़ रही थीं, जैसे न वह सिर्फ जेम्स बॉण्ड की फिल्म हो बल्कि उससे ज्यादा, वह बम्बइया फिल्मों जैसा नज़ारा था।

भीड़, पुलिस की गाड़ी और हमारी जीप के बीच में जमा होने लगी। पुलिस हमारी गाड़ी के पास आँसू गैस के गोले फेंकती और भीड़ के ऊपर उन्हें तितर-बितर करने के लिए बैटन तान देती। जैसे ही एक आँसू गैस का गोला फटा और उसका धुआँ फैला, ड्राइवर ने गाड़ी पीछे की, किनारे की ओर घूमा और उसने दूसरा रास्ता ले लिया। भीड़ चिल्लाकर हमारा उत्साह बढ़ा रही थी, उनके नारे हवा में गूँज रहे थे। हुकूमत और भी ज्यादा पुलिस

वाले तलब कर रही थी और सारे ही रास्ते पुलिस की गाड़ियों ने रोककर बंद कर दिए थे। अब पुलिस वाले आँसू गैस के गोले सीधे कारों के सामने वाले शीशे पर फेंक रहे थे। उनका निशाना हमारी तरफ था। हमारा सामने का शीशा टूट गया था। आखिरकार हमारे ड्राइवर की हिम्मत पस्त हो गई। वह रुक गया, गाड़ी से बाहर कूदा और भीड़ में गुम हो गया। पुलिस ने हमारी गाड़ी को घेर लिया और हम सब गिरफ्तार हो गए। हमें बाद में छोड़ दिया गया लेकिन उस दिन के घटनाक्रम से हुकूमत कमज़ोर पड़ गई।

हो सकता है कि इन दोनों बातों में कोई आपसी सम्बन्ध न हो, लेकिन उस आँसू गैस के गोले की घटना के बाद मेरी पित्त की थैली गें दर्द शुरू हो गया। मैंने होम्योपैथिक दवा खाई लेकिन उसका कोई फायदा नहीं हुआ। दर्द बढ़ता गया, इतना कि अक्सर वह जानलेवा-सा लगने लगता था। अगर मैं इसका ऑपरेशन कराने की सोचती, तो इससे मेरे बच्चे को खतरा था, जो मैं नहीं चाहती थी। जब दर्द हद से ज्यादा बढ़ गया, मैं लन्दन चली गई। वहाँ डॉक्टरों ने मुझे सलाह दी कि मुझे जल्दी-से-जल्दी ऑपरेशन से बच्चा पा लेना चाहिए, जिसके तुरन्त बाद, साथ ही, दूसरे छोटे ऑपरेशन से पित्त की थैली भी निकाली जा सके। 3 फरवरी, 1993 को मेरी नन्ही बेटी आसिफ़ा पोर्टलैण्ड अस्पताल में पैदा हुई। मैं अपनी नन्ही प्यारी बेटी को देखकर निहाल हो गई।

हालाँकि मैं नहीं जानती थी, लेकिन आसिफ़ा के साथ ही मेरा परिवार पूरा हो चुका था। तुरन्त ही 24 अक्टूबर, 1993 को पी.पी.पी. ने दुबारा सत्ता में चुनकर आ जाने का मौका पाया। पाकिस्तान की राजनीति के बार-बार के कुचक्र की तरह इस बार भी 1996 में हमारी सरकार गैरलोकतान्त्रिक तरीके से बरखास्त कर दी गई और मेरे पति को गिरफ्तार कर लिया गया। उसके बाद, जब नवम्बर, 2004 में वह रिहा किए गए, तब मैं परिवार बढ़ाने की उम्र पार कर चुकी थी।

जितना कुछ मैं समझ पाई, जब हमने आसिफ़ा के पैदा होने का जश्न मनाया, तब मेरी माँ की वह बीमारी बढ़ने लगी थी, जिसमें याददाश्त की चेतना खत्म होने लगती है। दरअसल इस बीमारी की जड़ें 16 दिसम्बर, 1977 के हादसे से जुड़ती हैं, जिसमें हम लोग लाहौर में क्रिकेट मैच देखने गए थे और ज़िया के फौजी ज़ालिमों ने मेरी माँ के सिर पर चोट मारकर उन्हें गम्भीर रूप से घायल कर दिया था। उसमें उनके सिर में ज़बरदस्त चोट लगी थी। उसके बाद वह एकदम पहले जैसी सचेत तो कभी नहीं दिखीं, लेकिन इधर इस बीमारी ने दिल दहला देने जैसा नज़ारा सामने ला दिया था।

मैंने अपनी बेहद खूबसूरत प्यारी, शानोशौकत वाली माँ को धीरे-धीरे कमज़ोर और निढाल होते देखा। वह मज़बूतइरादा औरत, जिसने फौजी तानाशाही का डटकर मुकाबला किया और स्त्री के अधिकारों की जोखिम-भरी लड़ाई लड़ी, वही अब बोल नहीं सकती और किसी को पहचानने तक की क्षमता खो चुकी है। वह यह नहीं बता सकती कि उसे भूख लगी है, या उसके दाँत में दर्द हो रहा है। अपनी मज़बूत इरादे वाली माँ को अब ऐसी असहाय हालत में देखना दिल को चीर-चीर जाता है। लेकिन यह खुशनसीबी है कि वह ज़िन्दा हैं और मेरे साथ रह रही हैं। उनका नज़रों के सामने-भर होना मुझे ताकत देता है। वह मेरे और मेरे-पूर्वज परिवार के बीच का तार जोड़े रखती हैं। वह हमारे बीच प्यार और अपनेपन का एक ऐसा बंधन बनाए रखती हैं जो हमें सारे सुख-दुःख और कठिनाई-भरे समय

को सहने की ताकत देता है।

आसिफ़ ज़रदारी का लम्बा कारावास हमारे परिवार के लिए दर्दनाक था। बच्चों का, उनके बनने-बढ़ने के शुरुआती दिनों में, उनके पिता से वंचित रह जाना एक कठिन दौर था। उस नुकसान की कैसे भी भरपाई नहीं हो सकती। लेकिन मैं समझती हूँ यह भी हमारे समाज में चले आ रहे मर्द और औरत के बीच के भेदभाव बरतने का एक उदाहरण है। क्या कोई पत्नी कभी आठ लम्बे बरसों तक, बिना किसी आरोप के सिद्ध हुए जेल में बंद की जा सकती है, सिर्फ इसलिए कि उसने अपने पति की राजनीतिक कार्यवाहियों को सहारा दिया है...? कतई नहीं! लेकिन हमें ठीक यही झेलना पड़ा। जेल से छूटने के तुरन्त बाद आसिफ़ को एक ज़बरदस्त, जानलेवा दिल का दौरा पड़ा, जिससे वह मरते-मरते बचे।

मैं जब अपने देश पाकिस्तान की हालत, बाहर से देखती हूँ, तो लगता है कि अब पहले के मुकाबले उसका बहुत कुछ दाँव पर लगा है। मैं इस बात को पूरी तरह मानती हूँ कि अगर पश्चिम, पाकिस्तान में फौजी शासकों को इसी तरह उकसाता रहता है, तो स्वतंत्रता के कुचले जाने के दौर में, आनेवाली पीढ़ी तालिबान और अल-क़ायदा के बाद, इस्लाम के नाम को पश्चिम के साथ हिंसात्मक मुठभेड़ में तहस-नहस कर देगी। यह सिर्फ पाकिस्तानियों की ही ज़िम्मेदारी नहीं है जो वह पाकिस्तान में स्वतंत्रता और लोकतांत्रिक सरकार का रास्ता बनाए, बल्कि उन सबका लक्ष्य है, जो दुनिया-भर में, 'सभ्यता पर आक्रमण' को रोकना चाहते हैं। लन्दन में बैठकर इन पंक्तियों को लिखते समय मैं यह कबूल करती हूँ कि मेरी ज़िन्दगी जितनी दिलचस्प है, उतनी ही मुश्किल भी है। मैं निरन्तर यात्रा पर हूँ और दुनिया-भर में इस्लाम, स्त्री-अधिकारों और लोकतंत्र पर भाषण दे रही हूँ। मैं यूनीवर्सिटी में, व्यावसायिक संस्थानों में, स्त्री-संगठनों में और विदेश नीति बनाने वाले चिंतकों के सामने अपने विचार रखती हूँ। मैं लगातार हॉल ऑफ द हाउस ऑफ कामन्स और कांग्रेस के बीच बात रखती रहती हूँ। मैं पी.पी.पी. की अध्यक्ष भी हूँ। मैं न्यूयार्क में, जहाँ मेरे पति का इलाज चल रहा है, वहाँ भी जाती हूँ। मैं अपने बच्चों की पढ़ाई और परीक्षा की तैयारी देखने दुबई जाती हूँ... और मैं धर्मनिरपेक्ष राजनीतिक दलों के संगठित विपक्ष दल की अगुवाई भी कर रही हूँ जो पाकिस्तान में स्वतंत्र और निष्पक्ष चुनाव के लिए संघर्ष कर रहा है, ये चुनाव पाकिस्तान के संविधान के अनुसार 2007 में किए जाने हैं। देखने में यह एक-साथ बहुत ज्यादा जैसा लग सकता है लेकिन मेरी ज़िन्दगी का ढाँचा ही ऐसा है और मैं इसे स्वीकार करती हूँ। 'मेरी आपबीती' का अन्तिम अध्याय है, 'प्रधानमंत्री पद और उसके बाद' जो आत्मकथा के पहले प्रकाशन के बाद की घटनाओं को जोड़ता है।

मैं सम्मानित हुई और मुझे खुदा की रहमत मिली। खुदा चाहेगा तो मैं घर वापस लौटूँगी और एक बार फिर लोकतांत्रिक शक्तियों की अगुवाई करते हुए, आतंकवादी और फौजी तानाशाहों के खिलाफ चुनावी लड़ाई लडूँगी। मेरी यही नियति है जैसा कि जॉन एफ. कैनेडी ने एक बार कहा था, ''हमें ज़िम्मेदारियों से परे नहीं हटना है बल्कि उन्हें आगे बढ़कर स्वीकार करना है।''

लन्दन

अप्रैल, 2007

बेनज़ीर भुट्टो

मेरी आपबीती

1

मेरे पिता की हत्या

उन्होंने रावलपिंडी सेंट्रल जेल में मेरे पिता को 4 अप्रैल, 1979 की सुबह मार डाला। वहाँ से कुछ मील दूर सिहाला के एक खाली छोड़े गए पुलिस ट्रेनिंग कैंप में, जहाँ मैं अपनी माँ के साथ कैद थी, मैंने अपने पिता की मौत के पल को महसूस किया। नींद की गोली के बावजूद, जो मेरी माँ ने मुझे यह सोच कर दी थी, कि मैं इस रात को ज़रा बरदाश्त कर पाऊँ, मैं अचानक रात दो बजे, अपने बिस्तर पर उठ बैठी।

''नहीं!'' मेरे गले से एक ज़बरदस्त चीख फूट निकली।

''नहीं!'' मेरी साँस घुट रही थी, मैं साँस लेना चाह भी नहीं रही थी।

''पापा! पापा!''

मुझे एक सर्द कँपकँपाहट ने घेर लिया हालाँकि मौसम गर्म था। मैं काँपती जा रही थी। मैं और मेरी माँ कुछ बोल भी नहीं पा रहे थे, जो एक-दूसरे को कुछ ढाढ़स बँधा पाते। किसी भी तरह कुछ घंटे गुज़रे और हम उस वीरान पुलिस क्वार्टर में एक-दूसरे से जुड़कर बैठे रहे। सुबह की रोशनी फूटने के साथ हम तैयार होने लगे कि हम लोग मेरे पिता का मृत शरीर लेकर अपने पुश्तैनी क़ब्रगाह जाएँगे।

इसी बीच एक जेलर वहाँ आ पहुँचा।

माँ ने मुझसे कहा, ''इससे तुम ही बात करो! मैं ग़मी की रस्म के मुताबिक किसी बाहर वाले से नहीं मिल सकती।'' एक विधवा मुस्लिम औरत की तरह मेरी माँ चार महीने दस दिन की बंदिश में थी, जिसमें किसी अजनबी से मिलना, बात करना मना होता है।

मैं टूटे फर्श वाले बाहर के कमरे में आ गई, जो हमारी बैठक की तरह हमें दिया गया था और जिसमें सड़न और बदबू से बुरा हाल था।

''हम प्रधानमंत्री के साथ जाने के लिए तैयार हैं।'' मैंने वहाँ घबराहट में परेशान-से खड़े जूनियर जेलर को बताया।

''वह उन्हें दफनाने के लिए ले जा चुके हैं।'' उसने जवाब दिया। मुझे लगा जैसे किसी ने मुझे मुक्का मार दिया हो...

''बिना उनके घरवालों को साथ लिये...?'' मैंने कड़ुवाहट से भरकर सवाल किया, ''यहाँ तक कि घोर अपराधियों को भी, इस फौजी राज में, यह भरोसा होता है कि उनकी सज़ाए-मौत के बाद उनका मृत शरीर उनके घरवालों के धार्मिक रीति-रिवाज के हिसाब से विदा होगा...हमारी रस्म में, इन्सान की मिट्टी को दुआ करते हुए क़ब्रगाह ले जाया जाता

है और दफनाने के पहले एक बार हम उसका चेहरा देखते हैं... हमने जेल सुपरिंटेंडेंट से दरख्वास्त भी की थी कि...''

''वह उन्हें ले जा चुके हैं...'' उसने मेरी बात काटकर फिर कहा।

''कहाँ ले गए...?''

जेलर खामोश रहा।

''सब कुछ बहुत सुकून से हो गया...'' वह जेलर किसी तरह बोल पाया, ''मैं उनका कुछ बच गया सामान साथ लाया हूँ।''

उसने एक-एक करके वह सामान मुझे देना शुरू किया, जो मेरे पिता की उस काल-कोठरी में छूट गया था...

मेरे पिता की शलवार-कमीज़ थी। मेरे पिता ने हठपूर्वक सज़ा-ए-मौत पाए कैदी को दी जाने वाली पोशाक पहनने से इन्कार कर दिया था। एक टिफिन बॉक्स था। मेरे पिता ने पिछले दस दिन से खाना छोड़ा हुआ था। एक बिस्तर था, जो उन्होंने मेरे पिता को देना तब स्वीकार किया था, जब उनके पलंग के टूटे हुए तारों से उनकी पीठ ज़ख्मी हो गई थी, और एक पानी पीने का प्याला था।

''अँगूठी कहाँ है...?'' बहुत कठिनाई से मैं उस जेलर से पूछ पाई।

''क्या उनके पास अंगूठी थी...?''

फिर मैंने उस आदमी को अपने थैले में कुछ खोजने का नाटक करते देखा। आखिरकार उसने मेरे पिता की अँगूठी भी मुझे सौंपी। यह अँगूठी मेरे पिता के आखिरी दिनों में हमेशा ही उनकी सूखकर पतली हो आई उँगलियों से खिसक जाती थी।

''सुकून रहा... सब कुछ इत्मीनान से हो गया...'' वह आदमी लगातार कुछ ऐसा ही बड़बड़ा रहा था।

किसी को फाँसी देना शान्तिपूर्ण भला कैसे हो सकता है...?

बशीर और इब्राहिम हमारे परिवार के नौकर थे, जो हमारे साथ जेल में इसलिए आए थे क्योंकि जेल वालों ने हमें खाना देने से इन्कार कर दिया था। बशीर ने मेरे पिता के कपड़ों को पहचान लिया और उसका चेहरा सफेद हो आया...

''या अल्लाह... या अल्लाह...! उन्होंने साहब को मार डाला! उन्होंने उनकी जान ले ली!'' वह चीख उठा।

बशीर ने झपटकर पेट्रोल का टिन उठाया और अपने ऊपर उंड़ेल लिया... कि वह खुद को जला डालेगा... मेरी माँ को भागकर उसे आत्मदाह करने से बचाना पड़ा।

मैं स्तब्ध-सी खड़ी थी। मुझे विश्वास नहीं हो रहा था जो मेरे पिता के साथ हुआ। मैं विश्वास करना भी नहीं चाहती थी। यह कैसे संभव था...? ज़ुल्फिकार अली भुट्टो, पाकिस्तान का, देश की जनता द्वारा चुना गया पहला प्रधानमंत्री मार दिया गया...? जहाँ पाकिस्तान में 1947 से दूसरे जनरलों के राज में दमनचक्र चल रहा था, मेरे पिता वह पहले व्यक्ति थे जो लोकतंत्र लाए थे... जहाँ लोग सदियों से कबीले के मुखिया और ज़मींदार के रहमोकरम पर जी रहे थे, वहाँ मेरे पिता ऐसा संविधान लाए जो नागरिक अधिकारों को कानूनी हिफाज़त देता है। जहाँ किसी जनरल को गद्दी से हटाने के लिये लोगों को खून-खराबा करना पड़ता था, वहाँ संसद के ज़रिये चलने वाली गणतांत्रिक सरकार आई, जिसमें हर पाँच साल बाद

चुनाव की व्यवस्था हो... वहाँ...

नहीं, यह मुमकिन नहीं है। 'जिये भुट्टो!'' लाखों लोगों ने नारे लगाए थे, जब, पहले राजनीतिज्ञ के तौर पर वह पाकिस्तान के दूर के भूले-बिसरे गाँवों तक पहुँचे थे।

जब पाकिस्तान की पीपल्स पार्टी चुनाव जीतकर सत्ता में पहुँची थी, मेरे पिता ने आधुनिकीकरण कार्यक्रम शुरू किया था। उन्होंने कुछ सामंती लोगों के पास से पीढ़ियों से चली आ रही ज़मीन लेकर बहुत-से गरीब लोगों में बाँट दी थी। लाखों लोगों को अज्ञान के अँधेरे से निकालकर शिक्षा दिलाई थी। देश के प्रमुख उद्योगों का राष्ट्रीयकरण किया था। न्यूनतम मज़दूरी की दर तय की थी, रोज़गार की सुरक्षा के कानून बनाए थे। औरतों और अल्पसंख्यकों की तरफ से भेदभाव मिटाए थे। उनकी सरकार के छह बरसों में देश उजाले से भर गया था।

ज़िया उल-हक़, मेरे पिता के बेहद विश्वासपात्र माने जाने वाले सेनाप्रमुख। उन्होंने ही आधी रात को अपने सैनिक भेजकर मेरे पिता का तख्तापलट किया और ज़बरदस्ती, ताकत के दम पर, देश को हड़प लिया। ज़िया उल-हक...एक फौजी तानाशाह जो अपनी बंदूकों और आँसू गैस के गोलों के बावजूद मेरे पिता की लोकप्रियता को नहीं कुचल पाया। ज़िया उल-हक़...जो मेरे पिता का हौसला मौत की कोठरी तक में नहीं तोड़ पाया...। ज़िया उल-हक़... एक हताश जनरल जिसने मेरे पिता को मौत के घाट उतार दिया और अब निदर्यतापूर्वक पाकिस्तान पर अगले नौ बरस तक राज करेगा...

मैं उस जूनियर जेलर के सामने बुत बनी खड़ी थी, मेरे हाथ में वह सामान था, जो मेरे पिता मरते समय छोड़ गए थे। उनके इत्र की खुशबू अभी भी उनके कपड़ों में थी... शालीमार का इत्र। मैंने उनकी शलवार को सीने से लगा लिया। अचानक कैथलीन कैनेडी की याद मेरे चित्त में उभर आई, जिसने अपने पिता की मृत्यु के बरसों बाद उनकी पोशाक रेडक्लिफ में पहन ली थी। उसके पिता भी इसी तरह मार डाले गए थे।

हम दोनों के ही परिवारों की तुलना राजनीति के मामले में अक्सर की जाती है। अब हमारे बीच एक नया लेकिन तकलीफदेह बंधन बन गया है। उस रात और उसके बाद न जाने कितनी और रातें, मैंने भी उनके कपड़े अपने तकिये के नीचे रखकर उनमें सिमटते हुए काटी हैं।

मुझे लगा कि मेरी ज़िन्दगी एकदम छिन्न-भिन्न हो गई है और मैं बहुत अकेली हो गई हूँ। इन करीब-करीब दो बरसों में, मैंने किया ही क्या...? बस मैं उन आरोपों के खिलाफ लड़ती रही, जो मेरे पिता के खिलाफ ज़िया के फौजी शासन ने लगाए थे। मैंने पाकिस्तान पीपल्स पार्टी के साथ उस चुनाव की तैयारी में काम किया था जिसका वादा ज़िया ने गद्दी संभालते समय किया था... लेकिन वह हमारी जीत से घबरा कर अपने वादे से मुकर गए। इस बीच मैं ज़िया के फौजी दाँवों द्वारा छह बार गिरफ्तार की गई। हर बार मुझे मार्शल ला के अधिकारियों ने धमकाया कि मैं लाहौर और कराची में पैर भी न रखूँ। यही हाल मेरी माँ के भी साथ हुआ। मेरे पिता के जेल में रहने के दौरान पाकिस्तान पीपल्स पार्टी की प्रमुख की तरह काम करते हुए, वह आठ बार हिरासत में ली गईं। हमने पिछले छह हफ्ते कैद में रहते हुए सिहाला में बिताए, उसके पहले हम कैद में छह महीने से रावलपिंडी में थे, फिर भी कल तक मुझे विश्वास नहीं था कि ज़िया सचमुच मेरे पिता के प्राण ले लेंगे।

मेरे भाइयों को यह खबर कौन देगा, वह तो लंदन में मेरे पिता के मृत्यु-दण्ड के खिलाफ, देशनिकाला झेलते हुए संघर्ष कर रहे हैं। ...और कौन बताएगा मेरी बहन सनम को, जो हार्वर्ड में अपना आखिरी साल पूरा करने की तैयारी में है। मुझे सनम की खासतौर पर फिक्र है। वह राजनीति में कभी नहीं रही, फिर भी वह इस दर्दनाक समय में हमारे साथ लपेट ली गई। वह अकेली होगी...खुदा बचाए ...वह कोई बेवकूफी न कर बैठे।

मुझे लगा मेरा शरीर चिथड़े-चिथड़े हो जाएगा... मैं कैसे ज़िन्दा रहूँगी? मैं अपनी तमाम कोशिश के बावजूद अपने पिता को नहीं बचा पाई।

मैं इतनी अकेली हो गई... इतनी वीरान...

"मैं आपकी मदद के बिना कुछ भी कैसे कर पाऊँगी..." मैंने उनसे उनकी मौत की कोठरी में पूछा था। मुझे उनकी राजनीतिक सलाह चाहिए थी। उसके लिए मैंने हार्वर्ड तथा ऑक्सफोर्ड से डिग्रियाँ हासिल की थीं, मैं राजनीतिक व्यक्ति नहीं थी...

वह क्या जवाब देते...वह खुद बेबस थे।

अभी एक दिन पहले मैंने अपने पिता को आखिरी बार देखा था। उस बार मिलने का दर्द बरदाश्त के बाहर था। उन्हें किसी ने नहीं बताया था कि अगली सुबह उन्हें फाँसी पर लटका दिया जाना है। किसी ने दुनिया के उन बड़े नेताओं को भी यह नहीं बताया था जिन्होंने बाकायदा फौजी शासन से दया-याचना की थी। उन नेताओं में जिमी कार्टर, मार्गरेट थेचर, लियोनिड ब्रेझनेव, पोप जान पॉल-II, इन्दिरा गाँधी समेत पूरा मुस्लिम परिवेश था... सऊदी अरेबिया, अमीरात देश, सीरिया। सचमुच ज़िया की फौज के किसी भी बुज़दिल ने मेरे पिता की मौत की सज़ा का दिन और वक्त पाकिस्तान में नहीं बताया था क्योंकि उन्हें डर था कि जनता के प्रधानमंत्री की हत्या की प्रतिक्रिया भयंकर होगी... सिर्फ मुझे और मेरी माँ को यह जानकारी थी, वह भी हमें यह अचानक गलती से पता चल गया था।

2 अप्रैल की अलस्सुबह मैं अपनी जेल की कोठरी में लेटी हुई थी, कि मेरी माँ तेज़ी से बदहवास भागती हुई आई थी। "पिंकी," उन्होंने मुझे घबराहट में मेरे बचपन के नाम से पुकारा था, लेकिन उनका स्वर ऐसा था कि मेरा शरीर यकायक जकड़ गया था।

"बाहर फौज के अफसर आए हैं और कह रहे हैं कि हम दोनों जाकर तुम्हारे पिता से मिल आएँ... इसका क्या मतलब हुआ...?"

मैं इसका मतलब समझ गई...इसी तरह माँ भी समझ गई, लेकिन हम दोनों में से कोई भी, इसे मान लेने की हिम्मत नहीं जुटा पाया। वह मेरी माँ का मुलाकात का दिन था। उन्हें हफ्ते में एक बार मिलने जाने की इजाज़त थी। मेरा नंबर अगले हफ्ते में आना था लेकिन वह चाहते थे कि हम दोनों ही जाएँ। इसका मतलब ही यही था कि अब यह आखिरी मुलाकात होगी। ज़िया मेरे पिता को अब मार ही डालने वाला था। मेरा दिमाग दौड़ा। हमें यह खबर बाहर भेजनी थी, हमें अंतरराष्ट्रीय बिरादरी को आखिरी गुहार लगानी थी। समय निकल गया था।

"उनसे कहो, मेरी तबीयत ठीक नहीं है," मैंने अपनी माँ से तेज़ी से कहा... "कहो कि अगर यह आखिरी मुलाकात है तब तो मैं आ सकती हूँ वरना, मैं कल आऊँगी।" जब मेरी माँ उन लोगों को बताने गईं, मैंने तेज़ी से वह खबर बाहर भेजने की सोची, जो मेरे मन में थी। मैंने एक कागज़ पर लिखा, "शायद वह हमें आखिरी मुलाकात के लिए बुला

रहे हैं।'' खबर को अपनी सहेली यास्मीन तक पहुँचाने की तरकीब बनाई। मुझे उम्मीद थी कि वह यह खबर पार्टी के नेताओं, राजनीतिज्ञों और आम जनता तक पहुँचा पायेगी। मेरी आखिरी उम्मीद लोगों पर ही टिकी हुई थी।

''इसे यास्मीन के पास ले जाओ।'' मैंने इब्राहिम से कहा जो हमारा स्वामिभक्त नौकर था। उसे मालूम था कि हम बड़ा जोखिम उठा रहे हैं। उसके पास भी ज्यादा समय इन्तज़ार का नहीं था, जो वह हमदर्दी की कुछ बातें कहता या भावुक होता। उसकी तलाशी हो सकती थी या उसका पीछा किया जा सकता था...उसके पास ज़रा भी असावधानी बरतने का मौका नहीं था। खतरा बेहद था, लेकिन बहुत कुछ दाँव पर भी लगा था। ''जाओ, इब्राहिम जाओ, गार्ड को कहो कि तुम मेरे लिए दवा लेने जा रहे हो...'' और वह दौड़ पड़ा।

मैंने खिड़की के बाहर झाँककर देखा कि फौजी अफसर आपस में मशविरा कर रहे हैं...फिर यह खबर अपने वायरलेस के ज़रिये भेज रहे हैं कि मैं बीमार हूँ... और उधर से जवाब आने का इन्तज़ार कर रहे हैं। इसी गफलत के बीच इब्राहिम फाटक पर पहुँचा। उसने गार्ड से कहा कि मैं बेनज़ीर साहिबा के लिए जल्दी दवा लेने जा रहा हूँ। उधर गार्ड ने भी वायरलैस पर हो रही बातचीत के ज़रिये यह जान लिया था कि मैं बीमार हूँ और उसने इब्राहिम को बाहर जाने से रोका नहीं। उसके पाँच मिनट बाद मेरी माँ मेरे पास मेरे कमरे में आईं। मेरे हाथ बुरी तरह काँप रहे थे, मुझे कतई नहीं पता था कि वह खबर ठीक-ठाक पहुँच पाएगी या नहीं। खिड़की के बाहर वायरलेस सेट फिर खटके।

''चूँकि आपकी बेटी की तबीयत ठीक नहीं है, आप कल आकर मिल सकती हैं।'' अधिकारियों ने यह मेरी माँ को बताया। हमें अपने पिता के लिए 24 और घंटों की ज़िन्दगी मिल गई थी, लेकिन इब्राहिम के जाते ही अहाते के सारे फाटक बंद किए जाने लगे, मैं जान गई कि कुछ भयंकर बदशकुनी होने वाली है। जूझना है...हमें जूझना है, लेकिन कैसे...? मैंने खुद को इतना अशक्त महसूस किया... मौत जब पल-पल मेरे पिता के करीब आ रही थी, मैं बेबसी के दायरे में घिर गई थी। क्या हमारा संदेश पहुँच पाएगा...? क्या लोग, बंदूकों और संगीनों के साये के बावजूद, जिसे वह लगातार झेल रहे हैं, जागेंगे... और उनकी अगुआई कौन करेगा... पाकिस्तान पीपल्स पार्टी के बहुत से नेता जेल में हैं...हमारे हज़ारों साथियों का भी यही हाल है...और तो और, पाकिस्तान के इतिहास में पहली बार, औरतें भी कैद भुगत रही हैं। अनगिनत लोगों ने मेरे पिता का नाम भर लेने की सज़ा में अपनी पीठ पर कोड़ों की मार झेली है। क्या लोग यह अन्तिम दर्द-भरी पुकार सुनेंगे? क्या यह उन तक पहुँच भी पाएगी?

शाम को सवा आठ बजे मैंने अपने रेडियो पर बी.बी.सी. की एशिया रिपोर्ट लगाया। मेरे शरीर की एक-एक पेशी तनाव से सख्त हो गई थी। मैं उम्मीद लगाए बैठी थी कि मेरा भेजा गया सन्देश लोगों तक पहुँचा होगा कि कल, 3 अप्रैल मेरे पिता के जीवन का अन्तिम दिन होने वाला है।

यह खबर पहुँच गई थी...।

अब मैं इस इन्तज़ार में थी कि बी.बी.सी. मेरी पुकार पर लोगों को प्रतिरोध करने के लिए उकसाएगा। लेकिन ऐसा हुआ नहीं।

उलटे बी.बी.सी. ने यह कहा कि इस बारे में जेल के सुपरिंटेंडेंट की ओर से कोई सूचना जारी नहीं की गई है।

"बेनज़ीर घबरा गई है।" मेरे पिता के एक पुराने मन्त्री ने कहा। मैं और मेरी माँ एक-दूसरे की ओर ताक भी नहीं पाए। हमारी आखिरी उम्मीद भी बिखर गई।

एक जीप तेज़ी से आकर रुकी। सुरक्षादस्ते के पीछे की भीड़ दहशत से सर्द हो गई। पता नहीं, उनके प्रधानमंत्री के साथ क्या सलूक होगा! जेल के फाटक तेज़ी से खुले और बंद हो गए। मेरी और मेरी माँ की बारी-बारी से जेल की महिला अधिकारियों द्वारा तलाशी ली जाने लगी। पहले तब हुई थी, जब हम सिहाला से निकले थे, और फिर अब यहाँ रावलपिंडी जेल में।

"तुम दोनों एकसाथ कैसे?..." मेरे पिता ने भीतर की धधकती तपिश को दबाते हुए सवाल किया...

मेरी माँ ने कोई जवाब नहीं दिया।

"क्या यह आखिरी मुलाकात है?..." उन्होंने हमसे पूछा। मेरी माँ के लिए उत्तर को बरदाश्त करना कठिन है।

"शायद हाँ..." मैंने जवाब दिया।

उन्होंने पास खड़े जेल सुपरिंटेंडेंट को बुलाया। वह कभी भी हमें पापा से मिलते समय अकेला नहीं छोड़ते थे।

"क्या यह आखिरी मुलाकात है...?"

"हाँ," जवाब मिलता है। जेल के सुपरिंटेंडेंट की आवाज़ में इस निज़ाम में उसकी हिस्सेदारी के लिए शर्मिंदगी है।

"क्या तारीख तय हो गई...?"

"कल सुबह," जेल सुपरिंटेंडेंट जवाब देता है।

"किस समय...?"

"जेल के नियम के मुताबिक, पाँच बजे।"

"तुम्हें कब खबर मिली...?"

"कल रात," वह मुरझाया हुआ-सा जवाब देता है।

मेरे पिता उसकी तरफ देखते हैं। "मेरे पास अपने परिवार के साथ रहने के लिए कितना समय है...?"

"आधा घण्टा..."

"जेल के नियमों के हिसाब से हमें एक घण्टा मिलना चाहिए..." वह कहते हैं।

"आधा घण्टा," सुपरिंटेंडेंट दोहराता है... "यही हुक्म है।"

"मेरे नहाने और दाढ़ी बनाने का इन्तज़ाम करो!" मेरे पिता कहते हैं। "दुनिया खूबसूरत है और मैं इसे साफ-सुथरा होकर छोड़ना चाहता हूँ।"

आधा घण्टा। किसी ऐसे व्यक्ति को अन्तिम रूप से अलविदा कहने के लिए सिर्फ आधा घण्टा, जिसे मैं अपनी जान से भी ज्यादा चाहती हूँ।

मैं अपने सीने के दर्द को अपने में जकड़ लेती हूँ जिससे मैं रोऊँगी नहीं। मुझे मज़बूत

बने रहना चाहिए, मेरे पिता की अग्नि-परीक्षा और अधिक मुश्किल न हो जाए।

वह फर्श पर एक चटाई के ऊपर बैठे हैं। उनकी कोठरी में बस यही फर्नीचर बाकी बचा है। उनका पलंग तथा उनकी मेज़-कुर्सी वह ले जा चुके हैं।

''इन्हें ले जाओ,'' वह अपनी किताबें तथा पत्रिकाएँ, जो मैं पहले, उनके लिए लाई थी, मुझे थमा देते हैं... ''मैं नहीं चाहता कि वह मेरी इन चीज़ों को हाथ लगाए।''

वह मुझे कुछ सिगार देते हैं, जो उनके वकील ने उन्हें लाकर दिए थे।

''एक मैं रात के लिए रख लेता हूँ।'' वह अपनी शालीमार इत्र की शीशी भी रख लेते हैं।

वह अपनी अँगूठी भी देने की कोशिश करते हैं, लेकिन माँ उन्हें देने से रोक देती है।

''मैं अभी इसे रख लेता हूँ, लेकिन बाद में इसे बेनज़ीर को देना...'' वह माँ से कहते हैं।

''मैंने सन्देश बाहर भेज दिया है।'' मैं फुसफुसाकर कहती हूँ ताकि जेल अधिकारी न सुन सकें।

मैं उन्हें संक्षेप में बताती हूँ और लगता है कि वह सन्तुष्ट हैं। मौत की उस कोठरी में रोशनी धीमी है। मैं उन्हें साफ-साफ नहीं देख पा रही हूँ। हर बार पहले उन्होंने हमें साथ-साथ बैठकर मुलाकात का मौका दिया है, लेकिन इस बार ऐसा नहीं है। मुझे और मेरी माँ को एकदम एक-दूसरे से सटकर सलाखों के पार फुसफुसाकर बात करनी पड़ रही है।

''दूसरे बच्चों को मेरा प्यार देना,'' वह माँ से कहते हैं। ''मीर और सनी और शाह से कहना कि मैंने अच्छा पिता बनने की कोशिश की और चाहा कि मैं उन्हें अलविदा कह सकूँ।'' माँ ने सिर हिलाया लेकिन कुछ बोल नहीं सकीं।

''तुम दोनों ने भी बहुत तकलीफें उठाई हैं। अब, जब वह आज रात मुझे मार डालेंगे, मैं तुम लोगों को भी आज़ाद कर देना चाहता हूँ। तुम लोग चाहो तो, जब तक संविधान नाकारा है और मार्शल कानून लागू है, पाकिस्तान छोड़कर जा सकते हो। यदि तुम लोग मन की शान्ति जुटाकर फिर नए सिरे से जीवन शुरू करना चाहते हो तब तुम योरुप में कहीं जा सकते हो। मैं तुम्हें इजाज़त देता हूँ, तुम जा सकती हो।''

हमारे दिल डूब रहे हैं, ''नहीं, नहीं,'' माँ कहती हैं, ''हम नहीं जा सकते, हम कभी नहीं जाएँगे। जनरल लोगों को यह नहीं सोचना चाहिए कि वह जीत गए हैं। ज़िया ने फिर चुनाव का कार्यक्रम बनाया है, हालाँकि यह कौन जानता है कि वह सचमुच ऐसा करने की हिम्मत करेगा। अगर हम चले गए, तो पार्टी को कौन चलाएगा, कौन फिर से पार्टी को खड़ा करेगा...?

''और तुम पिंकी...?'' मेरे पिता ने पूछा।

''मैं तो कभी नहीं जा पाऊँगी।'' मैंने कहा।

उनके चेहरे पर मुस्कान आ गई। ''मैं कितना खुश हूँ। तुम नहीं जानते, मैं तुम लोगों को कितना चाहता हूँ। तुम लोग मेरे हीरा-मोती हो और हमेशा से थे...''

''वक्त पूरा हो गया,'' सुपरिंटेंडेंट ने कहा, ''वक्त पूरा हो गया।''

मैं सलाखें थामे खड़ी हूँ। ''मेहरबानी करके कोठरी खोल दीजिए... मैं अपने पिता को अलविदा कहना चाहती हूँ।'' मैंने उससे विनय की।

सुपरिंटेंडेंट ने इससे इन्कार कर दिया...

''प्लीज़,'' मैं दोबारा गिड़गिड़ाती हूँ, ''मेरे पिता पाकिस्तान के चुने हुए प्रधानमंत्री हैं। मैं उनकी बेटी हूँ। यह हमारी आखिरी मुलाकात है। मैं उन्हें एक बार बांहों में भर लेना चाहती हूँ...''

सुपरिंटेंडेंट इन्कार करता है।

मैं सलाखों के बीच से बाँहें फैलाकर अपने पिता तक पहुँचना चाहती हूँ। वह बहुत दुबले हो गए हैं। मलेरिया, पेचिश और भुखमरी ने उन्हें कमज़ोर कर दिया है। लेकिन वह सीधे उठ खड़े होते हैं तथा मेरा हाथ थाम लेते हैं।

''आज रात को मैं आज़ाद हो जाऊँगा।'' उनके चेहरे पर एक चमक कौंधती है।

''मैं अपनी माँ, अपने पिता के पास पहुँच जाऊँगा। मैं अपने पुरखों की धरती, लरकाना में पहुँचकर उसकी मिट्टी का हिस्सा बन जाऊँगा...उसकी सुगन्ध, उसकी हवा... मेरे बारे में गीत गाए जाएँगे... और मैं उसके गौरव-गाथा का पात्र बन जाऊँगा।...'' वह मुस्कराते हैं... ''लेकिन लरकाना में बहुत गर्मी है...''

''मैं एक छायादार छत बनवा दूँगी...'' मैं कठिनाई से कह पाती हूँ।

जेल के अधिकारी भीतर आते हैं।

''अलविदा पापा!'' मैं अपने पिता से कहती हूँ। मेरी माँ सलाखों के पार से उन्हें छू रही है। हम दोनों एक धूल-भरे आँगन में आ जाते हैं। मैं चाहती हूँ कि मैं एक बार फिर मुड़कर देखूँ लेकिन देख नहीं पाती, लेकिन खुद पर काबू रखना भी कठिन है।

''जब तक हम दुबारा मिलें...'' मैं उनकी आवाज़ सुनती हूँ।

मेरे पैर कठिनाई से उठ पाते हैं, जैसे मैं उन्हें महसूस नहीं कर पा रही हूँ। मैं पथरा गई हूँ। मैं फिर भी चलती हूँ। जेल के अधिकारी जेल के वार्डों से होते हुए हमें रास्ता दिखाते ले जा रहे हैं। अहाता फौजी टेंट्स से भरा हुआ है। मैं अपने में गुम, खोई हुई-सी चल रही हूँ, लेकिन मेरा माथा ठनका। ऊँचा...मुझे अपना सिर ऊँचा रखना है। वह सब देख रहे हैं।

कार हमारा इन्तज़ार फाटक के अन्दर ही कर रही है, इसलिए भीड़ हमें देख नहीं पाएगी। मेरा शरीर इतना भारी हो गया है कि मैं उसे ढो नहीं पा रही हूँ। कार फाटक के बाहर गति पकड़ती है। भीड़ तेज़ी से हमारी ओर बढ़ती है लेकिन सुरक्षा बल के लोग उन्हें पीछे धकेल देते हैं। मैं अचानक भीड़ में अपनी सहेली यास्मीन को देखती हूँ, जो मेरे पिता का खाना लेकर आई है।

''यास्मीन, वह लोग उन्हें आज रात मार डालने वाले हैं।'' मैं खिड़की से चीखना चाहती हूँ।

क्या वह मेरी बात सुन पाई...?

क्या मैंने सचमुच कुछ कहा...?

सुबह के पाँच बज गए...फिर छह... मैं अपनी एक-एक साँस के साथ अपने पिता की आखिरी धड़कन सुनती रही। ''ऐ खुदा, कोई करिश्मा कर दे...!'' मैं और मेरी मां प्रार्थना कर रहे

थे। 'कुछ हो जाने दो अल्लाह!...' मेरी बिल्ली चुनचुन को, जिसे मैं यहाँ अपने साथ चोरी से ले आई थी, तनाव महसूस हो रहा था। उसने अपने बच्चे छोड़ दिए हैं, वे कहीं नज़र नहीं आ रहे हैं।

हम अभी भी कुछ उम्मीद बाँधे बैठे हैं। सुप्रीम कोर्ट ने बेबाक यह संस्तुति दी है, कि मेरे पिता का मृत्युदण्ड, आजीवन कारावास में बदल दिया जाए। इसके अलावा, पाकिस्तानी कानून में भी यह लिखा है, कि फाँसी देने का समय और तारीख, फाँसी दिए जाने के एक हफ्ता पहले बता दी जाए, लेकिन ऐसा कुछ नहीं हुआ।

पाकिस्तान पीपल्स पार्टी के नेताओं को यह बाहर से मालूम हुआ कि ज़िया ने सऊदी अरेबिया तथा अमीरात देशों को यह भरोसा दिलाया कि वह मेरे पिता के मृत्युदण्ड को बदल देंगे, लेकिन ज़िया का रिकार्ड ऐसे झूठे वादों और कानून की बेकद्री के कारनामों से भरा हुआ था। हमारी घबराहट को देखते हुए सऊदी अरब तथा लीबिया के विदेशमंत्री तथा प्रधानमंत्री ने यह आश्वासन दिया था कि फांसी की तारीख की घोषणा होते ही वह पाकिस्तान जा पहुँचेंगे। क्या उन तक बी.बी.सी. के ज़रिये हमारी खबर मिली होगी...? क्या अब उनके पास इतना मौका होगा कि वह यहाँ आ सकें...?

एक चीनी प्रतिनिधिमण्डल यहीं इस्लामाबाद में था, मेरे पिता ने पाकिस्तान की ओर से चीन की तरफ दोस्ती का हाथ बढ़ाया था। क्या वह इस नाते ज़िया का सामना करेंगे...?

सिहाला मैं और मेरी माँ गहरी उत्तेजना में, पथराये से बैठे थे। बोल पाना हमारे लिए कठिन था। ज़िया ने यह साफ कर दिया था, कि वह दया की याचिका केवल मेरे पिता से ब-खुद या उनके ज़ाती परिवार से ही स्वीकार करेंगे। लेकिन मेरे पिता ने इससे इनकार कर दिया था। यह एक-एक कदम मौत की ओर बढ़ता वक्त कैसे काटा जाए...? मेरी माँ और मैं, बस बैठे हुए थे। कभी हम रोए भी...जब हमारी भीतर की ताकत जवाब दे गई, हम अपने तकियों में मुँह छिपाकर ढह गए। वे लोग मेरे पिता के प्राण खींच लेंगे, मैं यही लगातार सोच रही थी। वे अपनी कोठरी में कितना अकेला महसूस कर रहे होंगे। कोई भी उनके पास नहीं होगा...बस केवल एक सिगार उन्होंने अपने लिए रखा। मेरा गला रुंध गया और मैंने ज़ोर से चीखना चाहा, लेकिन मैं चौकीदारों को आनंदित होने का मौका नहीं देना चाहती थी, जो लगातार हमारी कोठरी के बाहर हँसी-ठट्ठा करते हुए बातें कर रहे थे। आखिर रात डेढ़ बजे मैं चीख ही उठी.... "मैं यह बरदाश्त नहीं कर सकती माँ..." तभी उन्होंने कुछ नींद की गोली लाकर दी, "सोने की कोशिश करो..." उन्होंने कहा।

आधे घंटे बाद ही मैं अचानक बिस्तर से उठ बैठी...जैसे मैं अपने पिता की फाँसी के फंदे को अपनी गर्दन पर महसूस कर रही होऊँ।

ऐसा लगा, उस रात आसमान बर्फ के आँसू रोया और उसने हमारे खानदानी गाँव की ज़मीन को झकझोर दिया। हमारे खानदान की क़ब्रगाह जो भुट्टो के गाँव लरकाना में गढ़ी खुदाबख्श के पास है, वहाँ लोग उस रात फौजी गाड़ियों की हलचल से जाग उठे। जबकि मैं और मेरी माँ इस कैदखाने में एक खौफ़नाक रात बिता रहे थे। मेरे पिता की लाश दफनाए जाने के लिए गढ़ी खुदाबख्श ले जाई जा रही थी। मार्शल लॉ प्रशासकों के एक दल ने सारा

इन्तज़ाम हमारे एक पुराने सेवक नज़र मुहम्मद के ज़रिये किया था, जिसका परिवार पीढ़ियों से हमारे साथ था।

नज़र मुहम्मद :

'मैं अपने घर में सो रहा था कि करीब तीन बजे सुबह, 4 अप्रैल को पचास-साठ फौजी गाड़ियों की तेज़ रोशनी से उठकर बैठ गया, जो गाँव की सरहद पर नज़र आ रही थीं। मैंने पहले सोचा कि वह फिर से उस कार्यवाही का पूर्वाभ्यास कर रहे हैं, जो भुट्टो साहब को फाँसी देने के बाद की जानी है। हालाँकि वह इसे एक मामूली मशक्कत-भर बताते रहे हैं। इससे लोग बेहद आतंकित हो गए, खासतौर पर तब, जब पुलिस भुट्टो क़ब्रगाह के भीतर घुसी और मुआयना करने लगी। जब पुलिस ने मुझे घर से उस अलस्सुबह बुलाया, तब गाँव से सारे लोग बूढ़े, जवान, बच्चे, मर्द, औरतें, सब अपने-अपने घरों से बाहर निकल आए। सबको लगा कि या तो भुट्टो साहब को फाँसी दी जा चुकी है, या अब जल्द ही दे दी जाएगी। गाँववालों के चेहरों पर रोने, बिलखने और दर्द के निशान नज़र आ रहे थे।

''हमें मिस्टर भुट्टो को दफनाने की तैयारी करनी है'' बहुत सारे पुलिस तथा फौजी लोगों ने मुझसे कहा। वह जगह एक तरह से उनका अस्थायी मुख्यालय बन गई थी। ''दिखाओ, उनकी क़ब्र कहाँ बनाई जाएगी।'' मैं रो रहा था।

''हम वह जगह आपको क्यों दिखाएँ...?'' मैंने कहा, ''भुट्टो साहब हमारे आदमी हैं, उनकी यह रस्म हम अदा करेंगे...।'' उन्होंने, केवल आठ आदमियों की मदद लेकर, मुझे यह करने की इजाज़त दे दी।

हम कब्र खोदने में लग गए, इसी बीच फौज और पुलिस की गाड़ियों ने न केवल पूरा गाँव घेर लिया, बल्कि गाँव का हरेक छोटा-बड़ा रास्ता बंद कर दिया गया। न गाँव से कोई बाहर जा सकता था, न ही, कोई बाहर से गाँव में आ सकता था। हम पूरी तरह अलग-थलग कर दिए गए।

सुबह आठ बजे दो हेलीकॉप्टर गाँव की सड़क पर उतरे, जहाँ एक ऐम्बूलेंस पहले से खड़ी थी। मैंने देखा कि हेलीकॉप्टर से लाश का बक्सा ऐम्बुलेंस में रखा गया और फिर क़ब्रगाह की ओर लाया जाने लगा।

''यह घर खाली करो!'' फौजी कर्नल ने मुझे हुक्म देते हुए कब्रिस्तान के उत्तरी कोने में बनी एक छोटी-सी जगह दिखाई, जहाँ इमाम, जो कब्रों की देखभाल भी करता था, अपने परिवार के साथ रहता था। मैंने प्रतिवाद किया कि यह उस पेशइमाम के लिए असुविधाजनक क्रूरता होगी, लेकिन कर्नल नहीं माना। बीस, वर्दी से लैस सशस्त्र सैनिकों ने उस कोठरी की छत पर अपनी जगह बनाई और क़ब्रिस्तान की तरफ राइफलें तानकर खड़े हो गए।

नज़दीकी रिश्तेदारों को दिवंगत व्यक्ति का चेहरा देखना होता है, यह एक रस्म है। क़ब्रगाह के पास ही गढ़ी में भुट्टो के एक चचेरे भाई रहते थे। भुट्टो साहब की पहली बीवी भी पास के गाँव नौदेरो में थी। बड़ी बहस के बाद अधिकारियों ने मुझे इजाज़त दी कि मैं जाकर उसे ले आऊँ। उसके आने पर कोफीन बॉक्स खोला गया और शरीर को बंसहट (रस्सी से बुनी चारपाई) पर उतारा गया, जिसे मैं अपने घर से साथ लाया था। मुस्लिम समाज में औरतें पर्दे में रहती हैं तथा उन पर गैरमर्दों की नज़र पड़े, यह ठीक नहीं माना

जाता, लेकिन फौजी लोगों ने उस इमाम के घर में घुसकर शिष्टता की सभी हदें तहस-नहस कर दीं। जब भुट्टो साहब की मृत देह बाहर लाई गई, करीब आधे घंटे बाद, मैंने कर्नल से पूछा, कि वह शपथपूर्वक जवाब दें, कि शव को धार्मिक रीति-रिवाज के अनुसार नहलाया गया है। उन्होंने कसम खाई कि ऐसा किया गया है। मैंने जाँच की, कि जिस्म पर कफ़न बाकायदा है, या नहीं... वह था। हम शोकाकुल थे और चिन्तातुर भी, कि हम उनका पूरा शरीर देख पाएँ। मुझे शक था कि वह ऐसा होने देंगे, क्योंकि उससे उनकी करतूत खुलकर सामने आ जाएगी। लेकिन भुट्टो साहब का चेहरा मोती जैसा चमक रहा था। वह वैसा ही खिला हुआ था, मानो वह एक सोलह साल के जवान का चेहरा हो। उनकी खाल बदरंग नहीं हुई थी। न ही उनकी आँखें या जुबान लटककर बाहर आई थी, जैसी कि हम उन लोगों की तस्वीरों में देखा करते थे, जिन्हें ज़िया ने खुलेआम चौराहों पर फाँसी पर लटकाया था। रिवाज के मुताबिक, मैंने भुट्टो साहब का चेहरा पश्चिम की तरफ कर दिया, जिधर मक्का शरीफ है। उनका सिर एक तरफ लुढ़का हुआ नहीं था, उनकी गर्दन भी टूटी नहीं थी। उनकी गर्दन पर अजीब से लाल-काले निशान थे, जैसे कि वह कोई सरकारी मोहर हों।

कर्नल गुस्से में तमतमाया हुआ था। गाँव के करीब डेढ़ हज़ार लोग ज़ोर लगा रहे थे कि वह पास आएँ और अपने शहीद के चेहरे की चमक की एक झलक ही देख पाएँ। उनका विलाप मर्मस्पर्शी था। कर्नल ने धमकी दी कि अगर लोग पीछे नहीं हटे तो वह सबको संगीन से छलनी कर देगा।

''दफनाने की रस्म अभी तुरत होनी चाहिए'' कर्नल ने कहा, ''अगर ज़रूरत पड़ी तो हम ताकत के दम पर उसे कर गुज़रेंगे।''

''वे लोग गमगीन हैं और मातम कर रहे हैं।''

बन्दूक के ज़ोर पर दिवंगत के लिए आखिरी प्रार्थना की गई और शरीर को कब्र में उतार दिया गया। क़ुरान शरीफ के पाठ के स्वर में घरों से औरतों का दुख-भरा रोना अपनी आवाज़ दर्ज करता रहा।'

अपने पिता की मौत के बाद सिहाला में कई दिन तक मैं कुछ खा-पी नहीं सकी। मैं घूँट-भर पानी पीती, लेकिन तुरन्त ही उसे बाहर उलीच देती। कुछ भी मेरे हलक से नीचे नहीं उतरता। न ही मैं सो सकती थी। जब भी मैं आँखें बंद करती, मेरी नज़र के आगे वही सब घूम जाता।

मैं डिस्ट्रिक्ट जेल के बाहर खड़ी हूँ...एक आकृति मेरी ओर बढ़ती आ रही है...पापा...! मैं उसकी तरफ दौड़ पड़ती हूँ...!

''आप आ गए...मैंने सोचा उन्होंने आपको मार डाला है। लेकिन आप तो ज़िन्दा हैं–'' लेकिन जैसे ही उनके नज़दीक पहुँचती, मेरी आँख खुल जाती और मैं फिर उसी एहसास में लौट आती, कि सब कुछ खत्म हो चुका है।

''कुछ खा लो पिंकी...'' मेरी माँ मुझे समझाती, मेरे लिए थोड़ा सूप लाती कि मैं पी लूँ, ''तुम्हें अपने को मज़बूत करना चाहिए। हमें यहाँ से निकलकर चुनाव की तैयारी करनी है, तुम्हें अपने पिता के सिद्धान्तों की लड़ाई लड़नी है...तो फिर कुछ खा लो...'' और मैं

ज़रा-सा कुछ खा लेती।

मैंने ज़ोर लगाकर खुद को तैयार किया, कि मैं वह शोकसन्देश पढ़ूँ, जो हमारे पास जेल में भेजे गए थे।

"प्रिय आंटी और बेनज़ीर," पाँच अप्रैल को हमारे एक पारिवारिक मित्र ने लाहौर से लिखा था : "मेरे पास अपने दुःख को बता पाने के लिए शब्द नहीं हैं। जो तुम्हारे साथ हुआ है उसके लिए पूरा देश ज़िम्मेदार है—हम गुनहगार हैं... हरेक पाकिस्तानी दुःखी है, निराश है और असुरक्षित महसूस कर रहा है। हम अपराध और पाप-बोध से घिर गए हैं।"

उसी दिन दस हज़ार लोग रावलपिंडी के लियाकत बाग चौक पर इकट्ठा हुए, जहाँ डेढ़ बरस पहले, पहली चुनाव सभा को सम्बोधित करते हुए मेरी माँ खड़ी थी, क्योंकि मेरे पिता जेल में थे। उसी पाकिस्तान पीपल्स पार्टी के उत्साह को देखकर ज़िया ने चुनाव का विचार रद्द करके मेरे पिता को मृत्युदण्ड सुनाया था। इस बार भी, मेरे पिता को श्रंद्धाजलि देते समय उनके अनगिनत लोगों पर पुलिस ने आँसू गैस छोड़ी थी। लोगों में भगदड़ मची, पुलिस पर पथराव किया गया, पुलिस भी संगीन लेकर सक्रिय हुई और गिरफ्तारियाँ की गईं। यास्मीन ने अपनी दो बहनों और अपनी माँ के साथ उस प्रार्थना सभा में भाग लिया। इसी तरह अमीना पिराचा भी आई, मेरी दोस्त, जिसने मेरे पिता के सुप्रीम कोर्ट के मुकदमे में मेरे पिता के वकीलों की मदद की थी। अमीना की दो बहनें, उसकी भतीजियाँ और उसकी सत्तर बरस की आया, सभी दस औरतें गिरफ्तार हो गईं और सैकड़ों लोगों के साथ उन्होंने दो हफ्ते की कैद भुगती।

मेरे पिता की मौत की कहानी चारों तरफ फैलने लगी। वह जल्लाद जिसने मेरे पिता को लटकाया था, पागल हो गया। वह पायलट जिसे मेरे पिता की लाश को हेलीकॉप्टर में लाना था, जब उसे पता चला कि वह क्या ले जाएगा, तो वह इतना उत्तेजित हो गया कि अधिकारियों को दूसरा पायलट लाना पड़ा। अखबार—मेरे पिता की दर्दनाक और सनसनीखेज मौत की खबरों से भरे हुए थे। मौत के पहले उन्हें बेतरह प्रताड़ित किया गया था, कि जब वह फाँसी के फंदे तक लाए गए, तब तक उनकी देह में प्राण बमुश्किल अटके हुए थे। उन्हें फाँसी चढ़ाने के लिए स्ट्रेचर पर लाने की नौबत आई थी। दूसरी उत्तेजित करने वाली खबर यह भी थी कि मेरे पिता उस जेल में लाए जाने के दौरान ही हवाई जहाज़ में दम तोड़ चुके थे। फौजी अधिकारी मेरे पिता से इस दस्तावेज़ पर दस्तख़त कराना चाह रहे थे कि उन्होंने खुद बुलाकर ज़िया को सत्ता सौंपी है। मेरे पिता ने ऐसे झूठ पर मोहर लगाने से इनकार कर दिया, जिसे सरकार खड़ा करना चाह रही थी। इस ब्यौरे में यह भी था कि एक अफसर ने मेरे पिता को ज़बरदस्त धक्का दिया और उनका सिर दीवार से टकराया। वह बेहोश हो गए और फिर उन्हें कभी होश नहीं आया। उन्हें होश में लाने के लिए डॉक्टर बुलाए गए, उन्होंने मेरे पिता के दिल पर मालिश करने की कोशिश की और साँस की नली में छेद करके उनमें साँस भरने की कोशिश की। यह निशान उसी बात की सफाई देते हैं जो नज़र मोहम्मद ने अपने बयान में कही। लेकिन उसका कोई फायदा नहीं हुआ।

मैं इस बात पर विश्वास कर सकती हूँ, नहीं तो भला मेरे पिता के शरीर पर फाँसी लटकाने के सबूत क्यों नहीं दिखाई पड़े...क्यों यकायक दो बजे रात को मैं सोने से उठ बैठी जबकि उनको फाँसी देने के समय में पूरे तीन घंटे बाकी थे। दूसरे राजनीतिक कैदी,

जनरल बाबर भी बताते हैं कि अचानक रात के दो बजे, उनकी भी नींद यकायक टूट गई थी। दुनियाभर में, मेरे पिता के दूसरे राजनीतिक शुभचिन्तकों के साथ भी ऐसा ही हुआ, मानो मेरे पिता की आत्मा उन सबको छू गई, जो उन्हें प्यार करते थे।

और भी कहानियाँ, अफ़वाहें फैलीं।

"लाश बाहर निकालो और उसका पोस्टमार्टम कराओ!" मेरे पिता के एक चचेरे भाई ने मुझे उसी समय फोन पर सुझाया, जब वह खबर सुनकर मुझसे बात कर रहे थे। वह, जनाब मुमताज भुट्टो, एक राजनीतिज्ञ भी थे, जो पाकिस्तान पीपल्स पार्टी के लिए काम कर रहे थे, "इसका हमें राजनीतिक फायदा मिल सकता है।" उन्होंने कहा था।

"राजनीतिक फायदा...? मेरे पिता मर चुके हैं और क़ब्र से निकाल उन्हें ज़िन्दा नहीं किया जा सकता...मरते दम तक उन लोगों ने मेरे पिता को जानलेवा तकलीफ़ें दीं...अब वह आज़ाद हैं, अब तो उन्हें चैन से रहने दें।"

"तुम नहीं समझ रही हो कि इसका क्या ऐतिहासिक महत्त्व हो सकता है... ।" अंकल मुमताज़ ने जोर दिया।

मैंने अपने सिर को झटका दिया, "इतिहास उन्हें उनकी ज़िन्दगी के कामों के दम पर याद रखेगा। उनकी मौत के कारण कोई खास मतलब नहीं रखते।"

मेरी माँ की भतीजी, फ़ाख़री को सिहाला में हमारे ग़म में हिस्सेदार होने की इजाज़त मिल गई थी। इसी तरह मेरी बचपन की दोस्त सामिया वाहिद भी हमारे साथ थी और उन्हें इस बात की राहत थी कि हम साथ-साथ हैं।

"हमने सुना था कि तुम इतनी दुखी हो गई हो कि आत्महत्या करने की कगार पर हो।" सामिया ने इसी तरह और एक अफ़वाह को याद किया जो फौजी निज़ाम फैला रहा था।

फ़ाख़री ने भी मुझे गले से लगाया। वह, करीब एक बरस पहले मेरे पिता के मृत्युदण्ड की खबर कराची में पाकर मेरे घर पुलिस को चकमा देकर आ गई थी, जहाँ मैं कैद थी। मैं अपनी बैठक में थी, जब वह तेज़ी से वहाँ विलाप करते हुए पहुँची थी और फर्श पर अपना सिर पटक रही थी। करीब घंटे भर में ही फौजी अफसर फ़ाख़री की गिरफ्तारी का सम्मन लेकर हाज़िर हो गए थे। वह औरत जिसने ज़िन्दगी में कभी राजनीति की कोई समझ नहीं जुटाई, उसे मेरे साथ जेल में पूरे हफ्ते रखा गया और वह अपने पति तथा छोटे बच्चे से दूर रखी गई।

अब फिर हम साथ-साथ रोये। उसने बताया कि सैकड़ों लोग, कारखानों के मज़दूर, टैक्सी ड्राइवर, राहगीर, कराची में हमारे बाग में इकट्ठा हो रहे हैं कि धर्म के मुताबिक, मौत के तीसरे दिन की रस्म में भाग ले सकें। हफ्तों पहले से, हमारे घर रात को औरतें बसों में भर-भर कर आती रहीं और अपने सिर पर पवित्र क़ुरान उठाए प्रार्थना करती रहीं।

फौजी वर्दी, जो कि हमेशा मुल्क की शान हुआ करती थी अब नफरत का कारण बन गई। फ़ाख़री ने बताया कि कराची से आते समय, जहाज़ में उसने एक फौजी वर्दी पहने आदमी के साथ बैठना नामंज़ूर कर दिया। 'हत्यारे!' वह चीखी थी। दूसरे सहयोगियों ने कुछ भी प्रतिवाद नहीं किया। गुज़रे हुए के सम्मान में सिर झुकाया। सबकी आँखों में आँसू भर आए।

मौत के तीसरे दिन होने वाली रस्म के लिए हमने फौजी अधिकारियों से इजाज़त माँगी कि हम उनकी क़ब्र तक जा सकें। सात अप्रैल को सुबह सात बजे हमें बताया गया कि हम सिर्फ पाँच मिनट में तैयार होकर चलें। हमारे पास ग़मी में पहनने वाले काले कपड़े नहीं थे, सो हम, जो भी पहने थे उन्हीं में चल पड़े। "जल्दी करो, जल्दी करो!" का शोर मचाते मार्शल लॉ के अधिकारी हमें कार में लेकर एयरपोर्ट की तरफ चले। वह इसलिए जल्दी मचा रहे थे कि लोग हमें निकलते देख न लें। उन्हें डर था कि लोग हमें सलाम करेंगे, और अपने हाव-भाव से हमारे साथ होना ज़ाहिर करेंगे जिसका सीधा मतलब मार्शल लॉ की तौहीन होगी।

लेकिन सब-के-सब फौजी इंसानियत भूलकर मशीन नहीं हो गए थे। एयरपोर्ट पर, सैनिक जहाज़ के कर्मचारी ऐसे खड़े थे मानो हमें सम्मान दे रहे हों और उनके सिर झुक गए। जब मेरी माँ कार से उतरीं, उन्हें सलाम किया गया। यही उस इन्सान की विधवा के साथ किया गया ठीक व्यवहार था, जो हिन्दुस्तान से जेलखानों में कैद नब्बे हज़ार सैनिकों को हिफ़ाज़त से वापस लाया था। हमारी छोटी-सी हवाई यात्रा के दौरान हमें चाय, कॉफी, सैंडविच दिए गए। उनके चेहरे दुख और आघात से भरे हुए थे। कुछ लोगों के बुरे कारनामों ने बहुतों को शर्मिन्दा होने पर मजबूर किया था।

जहाज़ मोइनजोदारो एयरपोर्ट पर नहीं उतरा, जो गढ़ी के पास था, बल्कि एक घंटा और जाकर जाकोबाबाद में उतरा, न ही फौजी अधिकारियों ने वहाँ से गाँव तक का सीधा रास्ता चुना, जो अच्छी सड़क वाला था, बल्कि वह ऊबड़-खाबड़ रास्ते से अनजान रास्तों से गुज़रते हुए चले। ड्राइवर उन रास्तों से बचकर चल रहा था, जिनसे हमारी पर्दो वाली गाड़ी में से हमारे पहचाने जाने का खतरा हो। हम जब अपने खानदानी क़ब्रगाह में पहुँचे, हम पसीने और धूल से तर हो चुके थे।

जब हम सँकरी पगडण्डी से चले तो एक फौजी अफसर हमारे साथ बढ़ रहा था। मैं रुक गई।

"नहीं, आप नहीं आ सकते...यह हमारा ज़ाती क़ब्रगाह है। इसमें आपका कोई हक नहीं है।"

"हमें यही आदेश है कि हम आपको अपनी नज़रों से दूर न जाने दें।" उसने जवाब दिया।

"लेकिन मैं तुम्हें यहाँ की पवित्रता भंग करने की इजाज़त नहीं दे सकती। तुम लोगों ने मेरे पिता को मार दिया, उन्हें यहाँ का रास्ता दिखाया। अब हम उनका शोक करना चाहते हैं तो हम अकेले में करेंगे।"

"हमें यही आज्ञा मिली है कि हम हर क़दम आपके पास रहें।" उसने ज़ोर देकर कहा।

"तब फिर हम क़ब्र तक भी नहीं जाना चाहते, हमें वापस ले चलो।" मेरी माँ यह कहकर कार की तरफ़ मुड़ गईं।

वह फौजी पीछे हट गया और हम क़ब्रगाह की चौहद्दी में चले गए, हमने वहाँ का सम्मान करते हुए अपने जूते बाहर ही छोड़ दिए।

कितना शांत लग रहा था, कितना जाना-पहचाना सा। भुट्टो खानदान की कितनी ही

पीढ़ियाँ वहाँ चैन से सोई हुई थीं—मेरे बाबा, सर शाहनवाज़ खान भुट्टो, जो जूनागढ़ स्टेट के कभी प्रधानमंत्री रहे तथा जिन्हें ब्रिटिश सरकार ने विभाजन के पहले, मुम्बई प्रेसीडेंसी की सेवाओं के लिए सर की उपाधि दी। उनकी बेगम, लेडी ख़ुर्शीद, मेरे चाचा सिकंदर भुट्टो, उनके मुँहबोले भाई इमदाद अली, इतने ख़ूबसूरत कि जब वह कराची की सड़कों पर अपनी घोड़ागाड़ी लेकर निकलते थे तो एलीफ़िन्स्टन स्ट्रीट के मुख्य बाज़ार में, कितनी ही फिरंगी औरतें उन्हें देखने के लिए भागी चली आती थीं। और भी बहुत-से सम्बन्धी यहाँ दफ़न हैं। जिसकी मिट्टी ने हमें जन्म दिया है और मरने के बाद हम यहीं आकर सुपुर्दे-ख़ाक हो जाएँगे।

मेरे पिता मुझे यहाँ लाए थे, ठीक उसके पहले, जब मैं 1969 के साल में पाकिस्तान छोड़कर हार्वर्ड यूनिवर्सिटी में पढ़ने निकली थी।

"तुम दूर देश अमेरिका जा रही हो।" उन्होंने कहा था जब हम अपने पुरख़ों की क़ब्रों के बीच खड़े थे।

"तुम बहुत-सी ऐसी चीज़ें देखोगी, जो तुम्हें हैरत से भर देंगी! तुम बहुत-सी ऐसी जगहों पर भी जाओगी, जिनका तुमने कभी नाम भी नहीं सुना होगा, लेकिन याद रखना, जो भी हो, तुम्हें अन्ततः यहीं लौटना है। यहीं तुम्हारी जगह है और यहीं तुम्हारी जड़ें हैं। इसी लरकाना की धूल, मिट्टी, कीचड़, गर्मी तुम्हारी हड्डियों में है और यहीं ही तुम्हें दफन होना है।"

अपनी आँसू-भरी नज़रों से मैंने उनकी क़ब्र को देखा। मुझे पता भी नहीं है कि उन्होंने उन्हें कहाँ दफ़नाया है। मैं यकायक देखकर उसे बतौर क़ब्र चीन्ह भी नहीं पाई। वह बस मिट्टी का एक ढेर-सा था। सादा, अनगढ़, जिस पर फूलों की कुछ पंखुड़ियाँ पड़ी थीं।

मैं और मेरी माँ उस कब्र के एक सिरे पर बैठ गए। मुझे विश्वास ही नहीं हुआ कि मेरे पिता इसमें दफ़न हैं। मैं झुकी और अंदाज़ से, जहाँ उनके पैर हो सकते थे, मैंने वहाँ की मिट्टी को चूम लिया।

"मुझे माफ़ करना अब्बा, अगर कभी मैंने आपको दुख पहुँचाया हो।" मैंने बहुत धीमी आवाज़ में कहा।

अकेला...इतना अकेला...किसी भी बच्चे की तरह, मैंने खुद को महसूस किया। मैंने जैसे मान लिया था कि मेरे पिता तो हैं ही और हमेशा रहेंगे...कितना सरल और अबोध यह मान लेना था।

अब, जब मैंने उन्हें खो दिया है, मैंने एक खालीपन महसूस किया, जो कभी नहीं भर पाएगा। लेकिन मैं रोई नहीं, मुस्लिमों की इस बात पर विश्वास करते हुए कि आँसू मरे हुए की आत्मा को फिर धरती की ओर खींचते हैं और उसे कभी आज़ाद नहीं होने देते।

मेरे पिता ने आज़ादी अर्जित की है। उन्होंने अपनी शान्ति की बहुत बड़ी कीमत चुकाई है। उनकी यातना अब खत्म हुई। "उस ख़ुदा की मेहरबानी है, जिसका हर चीज़ पर काबू है।" मैं क़ुराने-पाक से या-सिन सुराह पढ़ती हूँ, "उसके लिये, तुम सब वापस लौटोगे।" मेरे पिता की आत्मा भी जन्नत में ख़ुदा के पास थी।

वह हमें वापस एयरपोर्ट उससे भी ज़्यादा तकलीफ़देह और अलग रास्ते से ले गए।

लेकिन एयरपोर्ट पर वही दस्ता फिर तना खड़ा मिला। न तो हमारी तलाशी लेने में, और न ही सिहाला में गेट पर, कोई भी फ़र्क़ नहीं आया। कमरे वैसी ही बदहाली में हमें मिले, लेकिन अजीब-सी शान्ति–निश्चिंतता मेरे भीतर आकर बैठ गई थी।

चुनौती के लिए उठ खड़े हो। तमाम कठिनाइयों को जीतते हुए लड़ो। दुश्मन को जीतो। मेरे पिता ने बचपन में हमें सुनाई हुई कहानियों में बार-बार यही बताया था, सच की झूठ पर, अच्छाई की बुराई पर हमेशा जीत होती है।

"तुम चाहे किसी कारगर मौक़े को पकड़ लो या उसे दूर कर खो जाने दो, तुम प्रेरणा से भरे रहो या संशय में घिर जाओ, तुम अपना मनोबल भरपूर ऊँचा रखो, या झुकते चले जाओ, यह तुम्हें खुद तय करना है।" उन्होंने हमें हमेशा यही बताया कि इन्सान अपनी नियति, अपना भाग्य खुद तय करता है।

अब, जब पाकिस्तान को एक दुःस्वप्न ने घेर लिया है, तब मेरे पिता का काम अब मेरा है। अपने पिता की क़ब्र के पास खड़े हुए मैंने महसूस किया कि उनकी आत्मा की ताकत तथा दृढ़ता मेरे भीतर भरती जा रही है। मैंने तय किया कि मैं तब तक चैन से नहीं बैठूँगी, जब तक पाकिस्तान में लोकतन्त्र की बहाली नहीं हो जाती।

मैंने ख़ुद से वादा किया कि आशा की वह किरण, जो उन्होंने मेरे भीतर रोपी है, वह हमेशा ज़िन्दा रहेगी। वह पाकिस्तान के पहले ऐसे नेता थे, जो देश की सारी जनता के लिए बोले थे, केवल फौज के लिए या केवल आभिजात्य वर्ग के लिए नहीं...अब यही हमें भी जारी रखना है।

उस समय, जब मैं और मेरी माँ, मेरे पिता की मृत्यु के तीसरे दिन की रस्म के बाद सिहाला वापस जा रहे थे, उस समय फौजी सैनिक 70 क्लिफ्टन में हमारे बगीचे में इकट्ठा उन लोगों पर आँसू गैस छोड़ रहे थे, जो मेरे पिता के लिए प्रार्थना करने आए थे। वह गोलाबारी इतनी ज़बरदस्त थी कि आँगन के ऊपर तनी चादर ने आग पकड़ ली थी। लोग क़ुराने-पाक को पकड़कर रखे हुए ग़म से बेज़ार घुटती साँस लिए भाग रहे थे।

जेल में बिताए हुए बरस

2

अपने ही घर में बंदी

मेरे पिता की मौत के सात हफ़्ते बाद मई 1979 के अन्त में मैं और मेरी माँ सिहाला से रिहा कर दिए गए। और हम अपने घर 70, क्लिफ्टन, कराची लौटे।

सब कुछ वैसा ही था, लेकिन कुछ भी पहले जैसा नहीं था। ज़ुल्फ़िकार अली भुट्टो, बार-एट-लॉ खुदी एक नेमप्लेट थी पीतल की जो 70, क्लिफ्टन के गेट के पास लगी हुई थी। उसी के ऊपर एक और पीतल की प्लेट लगी थी जिस पर मेरे बाबा सर शाहनवाज़ भुट्टो का नाम खुदा हुआ था। मेरी दादी ने मेरे जन्म के बाद ही, 1953 में यह दुमंज़िला बँगला बनवाया था जिसमें मैं और मेरे भाई-बहन खेलकर बड़े हुए थे। यहाँ बस कुछ ही दूर से अरब सागर की ठंडी समुद्री हवा आती थी। उस समय भला किसे पता था कि इस सुख-शान्ति भरे घर-परिवार को एक दिन हिंसा और विपत्ति का ऐसा ग्रहण लग जाएगा।

हर रोज़ सैकड़ों लोग हमारे नारियल, ताड़, आम और रंग-बिरंगे फूलों से सजे बाग में आते और अपनी शोक-संवेदना प्रकट करते। उतने ही लोग फाटक के बाहर शान्तिपूर्वक अपनी बारी आने का इन्तज़ार करते। मेरी माँ का अभी वही समय चल रहा था, जिसमें बाहर वालों का आमना-सामना करना मना था। तब मुझे ही उन सबसे दुआ-सलाम करने जाना पड़ता था। अपने घर से गहरा लगाव और घनिष्ठता दुःस्वप्नों को कुछ और कठिन बना देती है। मेरे पिता की फाँसी के दो दिन पहले, जैसा कि हमारे घर काम करने वालों ने बताया, फौज ने हमारे 70, क्लिफ्टन वाले घर पर दो बार छापा मारा था। उन्होंने छत, बगीचा, माँ का सेफ तथा पिता की अलमारी, सबको बुरी तरह खँगाला था। "क्या आपके पास कोई तलाशी का वारंट है?" अभी भी नागरिक अधिकारों के अभ्यास में हमारे एक स्टाफ ने पूछा था, तो पुलिस के साथ आए एक फौजी अधिकारी ने जवाब दिया था कि, "जब मैं ख़ुद पुलिस के साथ आया हूँ तो तलाशी-वारंट की कोई ज़रूरत नहीं बचती।"

करीब दस घंटे की कवायद ने पूरा घर रौंद डाला था। मेरे निजी ख़त तथा मेरे बेडरूम से दो काले ब्रीफ़केस वह उठा ले गए जिनमें बैंक ऑर्डर्स तथा ख़ारिज किए हुए चेक थे, जो बतौर सबूत मैंने फौजी हुकूमत द्वारा अपने पिता के खिलाफ लगाए गए भ्रष्टाचार के इल्ज़ाम की सफाई में इकट्ठा किए थे।

"यहाँ पर खुफ़िया अलमारियाँ और रास्ते हैं, हमें दिखाओ!" फौजी अधिकारी हमारे स्टॉफ को हुक्म दे रहे थे। जब वह कह रहे थे कि यहाँ ऐसा कुछ नहीं है तो हमारे स्टॉफ की पिटाई हो रही थी। जब और तलाशी की गई, तब सारे नौकर और स्टॉफ के लोग रिसेप्शन

में एक कमरे में बंद कर दिए गए। सुबह दूधवाला आया, उसे भी बंद कर दिया गया। इसी तरह अखबारवाला भी बंद कर दिया गया। फौजी लोग बौखलाहट की हालत में आ चुके थे। एक अफसर ने, हमारे एक स्टॉफ के आदमी को एक काग़ज़ देकर कहा कि इस पर दस्तख़त कर दो। उसने मना कर दिया।

"तुमने देखा है कि हमने तुम्हारे साहब का क्या हाल कर दिया है।"

अफ़सर ने धमकी दी, "अगर तुमने दस्तख़त नहीं किए तो सोच लो, तुम्हारा क्या हाल किया जाएगा।"

वह आदमी इतना डर गया कि उसने दस्तख़त कर दिए।

जब तलाशी कुछ कारगर नहीं हुई तो एक ट्रक फाटक के भीतर आया। फौजियों ने एक लाल कालीन उतारा, उससे उन काग़ज़ों-दस्तावेज़ों को ढंका जो ट्रक में आए थे और प्रेस फोटोग्राफरों को बुलाकर मेरे पिता के ख़िलाफ़ इन सबूतों की तस्वीर खिंचवाई, जो इन्होंने मेरे पिता के ख़िलाफ़ जुटाए गए बताए थे। फौजी शासकों को यह अन्दाज़ा था कि सुप्रीम कोर्ट मेरे पिता को दिए गए मृत्युदण्ड को घटाकर आजीवन कारावास में बदल देगा, इसलिए वह नए आरोप गढ़ने में चूक नहीं रहे थे। जब तलाशी दल उस शाम वापस गया, वह अपने साथ बहुत-सा हमारा निजी सामान भी समेट ले गया जिसमें मेरे पिता के सँजोए हुए कुछ बेहद पुराने नक्शे थे।

अब 70, क्लिफ्टन में मैं लरकाना जाकर अपने पिता की क़ब्र पर अपना सम्मान प्रकट करने का कार्यक्रम बनाती हूँ। हुकूमत को हमारे इरादों का पता चलता है, तो वह निर्धारित उड़ानें रद्द कर देती है। हम रेलगाड़ी से जाते हैं। हर स्टेशन पर हमें भारी भीड़ मिलती है। जहाँ स्टेशन नहीं भी है, वहाँ लोग पटरियों पर लेटकर गाड़ी को रोकने के लिए मजबूर करते हैं।

"बदला...बदला!" भीड़ चीखती है।

"हमें अपने दुख को अपनी ताकत बनाकर ज़िया को चुनाव में हराना चाहिए...।" मैं उन्हें बताती हूँ। भीड़ के ऐसे उमड़ पड़ने ने मुझे उत्साहित कर दिया।

भीड़ ही हमारी ताकत है, जो हमारे राजनीतिक विरोधियों के इस प्रचार का मुँहतोड़ जवाब दे सकती है कि, 'भुट्टो की ताकत, उसकी पार्टी, उसके ही साथ दफ़न हो गई है।'

कराची वापस आकर मैं पाकिस्तान पीपल्स पार्टी के नेताओं और पक्षधर लोगों से सारा दिन, दस-दस मिनट के बीच में छुट्टी लेकर मिलती। मेरा सुबह-से शाम तक ऐसा ही नियम रहता और दस मिनट की उस छूट के दौरान मैं उन लोगों को देख लेती जो हमारे बाग में मेरे पिता के लिए प्रार्थना करने में जुटे हुए रहते। वह मुझे देखते तो उनके चेहरों पर एक गहरा विश्वास भर आता। बाग़ में लगातार, एक ग्रुप आता और दूसरा शान्तिपूर्वक चला जाता।

रात को मैं खुद को संगठन के कामों में लगा देती। नीतिगत मामले, शिकायतें, राजनीतिक गिरफ़्तारियाँ, वह सब काम, जिनकी संक्षिप्त सूची मेरी माँ मेरे लिए बनाकर रखती। मैं कभी भी अपनी स्कूल की सहेलियों, सामिया और अमीना के बगैर अपने बहुत से काम पूरे न कर पाती और यास्मीन, वह दो युवतियाँ, जो मेरी मददगार साथिनें तब बनीं, जब मैं अपने पिता के मृत्युदण्ड के खिलाफ कानूनी व्यवस्था से संघर्ष कर रही थी। वेस्टर्न प्रेस

ने सामिया, अमीना और यास्मीन गुट को 'चार्ली की देवदूत' नाम दिया था हालाँकि मैं बखूबी मानती हूँ कि चार्ली की असली देवदूत मंडली भी, हमारे जैसे काम के आगे हार मान जाती। एक रात मैं एक रिपोर्ट को पढ़ते-पढ़ते गोद में लेकर ही गहरी नींद में सो गई। अगली ही रात मैं अपना टूथ-ब्रश और टूथ-पेस्ट अपने स्टडी रूम में ले गई।

लोगों को शान्त रखने के लिए, मेरे पिता को मृत्युदण्ड घोषित करने के पहले ज़िया ने यह वादा किया था कि देश में सैनिक शासन के बजाय लोकतन्त्र कायम करने के लिए चुनाव कराएँगे। लेकिन क्या वह पाकिस्तान पीपल्स पार्टी को जीतने देंगे...? ज़िया ने जनता के बीच ऐलानिया तौर पर यह कहा था कि वह उनके हाथ में सत्ता फिर दुबारा नहीं जाने देंगे, जिनसे मैंने सत्ता हथियाई है और चुनाव के केवल अनुकूल परिणाम ही उन्हें मंज़ूर होंगे।

ज़िया ऐसी दुर्गति में पहले भी फँस चुके हैं, जब वर्ष 1977 में मेरे पिता से गद्दी ले लेने के बाद उन्होंने चुनाव की घोषणा कर दी थी। लेकिन जब उन्हें लगा कि पाकिस्तान पीपल्स पार्टी का जीतना एकदम तय है, तो उन्होंने चुनाव रद्द करके पार्टी के सभी प्रमुख नेताओं को गिरफ्तार कर लिया था। वह इस बार क्या करेंगे...?

पहले, सितंबर में स्थानीय चुनाव हुए। पाकिस्तान पीपल्स पार्टी ने उन्हें भारी बहुमत से जीत लिया। अब राष्ट्रीय चुनावों की बारी थी। यह, वह चुनाव थे, जिन्हें, सत्ता में बने रहने के लिए जीतना ज़रूरी था। इस बात का अन्दाज़ा रखते हुए कि पी.पी.पी. के खिलाफ ज़बरदस्त धाँधलेबाज़ी की जाएगी, पार्टी की एक मीटिंग 70, क्लिफ्टन में हुई, कि पार्टी चुनाव लड़े या उसका बहिष्कार करे। मेरा अटूट मत था कि चुनाव का मैदान कभी दुश्मन के लिए खाली नहीं छोड़ना चाहिए, जैसा कि मेरे पिता ने मुझे सिखाया था। बेशक हालात कितने कठिन हों, बेशक कानून जानबूझकर टेढ़े कर दिए गए हों, कभी मैदान नहीं छोड़ना है, मैं यही तर्क बार-बार दे रही थी। कानून तो निस्सन्देह हमारे लिए टेढ़े ही थे। जैसा कि हमें शक था जब ज़िया को पता चला कि पी.पी.पी. चुनाव में हिस्सा लेगी, उसने यह ऐलान किया कि पहले पी.पी.पी. का पंजीकरण (रजिस्ट्रेशन) करना होगा, बतौर राजनीतिक दल, नहीं तो वह चुनाव में शामिल नहीं किया जा सकता। उसके लिए हमने एकदम इनकार कर दिया। पंजीकरण करने का सीधा मतलब था कि हम ज़िया के फौजी शासन को मान्यता दे रहे हैं।

हमने फैसला लिया कि हम स्वतन्त्र उम्मीदवारों की तरह चुनाव में उतरेंगे। हमें पूरी तरह से इसका एहसास था कि इसमें भारी खतरा है। हम उस जनता के बीच अपने चुनाव चिह्न बदलकर उतरेंगे, जिनमें वास्तविक साक्षरता बस आठ प्रतिशत है।

अब हुकूमत ने एक नई चाल चली। कानून आया कि स्वतन्त्र उम्मीदवारों को कुल दिए गए मतों का, जीतने के लिए इक्यावन प्रतिशत वोट हासिल करना होगा।

"ठीक है..." हमने कहा, और शर्त मान ली।

लेकिन 15 अक्तूबर, 1979 को, चुनावों से एक महीना पहले, पी.पी.पी. के बड़े अधिकारियों के सामने एक नया असमंजस आया। प्रश्न उठा कि चुनाव में भाग लेने या न लेने का मुद्दा फिर से विचार के लिए लाया जाए। इस मुद्दे पर दल दो भागों में बँट गया।

"बहिष्कार...बहिष्कार...!" बहुत से पार्टी के वरिष्ठ नेताओं की आवाज़ 70, क्लिफ्टन के डाइनिंग हॉल में भर गईं, जो उन दिनों कॉन्फ्रेंस रूम में बदल गया था। कुछ नेताओं

ने, दबी ज़ुबान से मुझे 'एक नासमझ नादान छोटी बच्ची' कहा, लेकिन मैं अड़ी रही। मैंने कहा कि बार-बार कानून-नियम बदलने से ज़िया खुद अपनी छवि खराब कर रहा है और अपना विश्वास खो रहा है। हमें डटे रहना चाहिए। जैसे हमने भारी बहुमत से स्थानीय चुनाव जीते, वैसे ही हम यह मोर्चा भी मार लेंगे। आख़िरकार उस दिन देर रात को, भारी कशमकश के बाद यही तय हुआ कि पी.पी.पी. चुनाव में उतरेगी।

जब ज़िया को हमारा यह निर्णय पता चला तो उसकी बौखलाहट और बढ़ गई। मार्शल लॉ के मुख्य प्रशासकों ने 1977 की कहानी दोहराते हुए फिर चुनाव का कार्यक्रम रद्द कर दिया। एक बार फिर सैनिकों ने 70, क्लिफ्टन को घेर लिया। हमारे एक स्टॉफ ने हमें आधी रात को यह खबर दी। मैंने तुरत-फुरत मेहनत-मशक्क़त से सारे काग़ज़ात, पार्टी के सदस्यों की सूची, चिट्ठियाँ, उन लोगों के नाम जो जेल में हैं, सब काग़ज़ समेटे और उन्हें जला दिया, एकदम नष्ट कर दिया। मैं नहीं चाहती थी कि हमारी कोई भी सूचना हुक़ूमत के हाथ लगे। कुछ ही मिनटों में फौजी दस्ते हमारे घर के अन्दर पहुँच गए। बंदूक की नोक पर मैं और मेरी माँ हमारे गाँव वाले घर 'अल-मुर्तज़ा' ले जाए गए जो लरकाना में है। हम वहाँ अब छह महीने की कैद में रहेंगे।

मैं अल-मुर्तज़ा के गलियारे में चहलकदमी कर रही हूँ। हालाँकि यह मेरी माँ की नौवीं और मेरी सातवीं राजनीतिक क़ैद है, फिर भी दो सालों में मैं इस ज़बरन एकाकीपन की सज़ा के साथ सहज नहीं हो पाई हूँ। हर बार यह मुझमें नए सिरे से एक गुस्सा पैदा करता है। शायद यह उम्र का तकाज़ा है कि मैं बस छब्बीस बरस की हूँ, लेकिन मैं नहीं समझती कि मैं किसी भी उम्र में इसे आसानी से झेल पाऊँगी, खास तौर से, इस अल-मुर्तज़ा में...

अल-मुर्तज़ा हमारे खानदान का दिल है। इसमें हम सारे जहान का चक्कर लगाकर सर्दियों की छुट्टियों में ज़रूर लौटते हैं। रमज़ान के मुबारक महीने के बाद ईद हम यहीं मनाते हैं। अपने पिता का जन्मदिन भी यहीं मनाया जाता है। परिवार में होने वाले शादी-ब्याह, ग़मी, सभी कुछ सैकड़ों सालों से यहीं होता आया है, और अब हुकूमत ने इसी अल-मुर्तज़ा को मेरे लिए और मेरी माँ के लिए एक जेल में बदल दिया है।

'वेस्टर्न प्रेस' को हुकूमत यह बता रही है कि हम लोग बस 'हाउस अरेस्ट' किए गए हैं। लेकिन यह गलतबयानी है। पाकिस्तानी कानून में 'हाउस अरेस्ट' होना बहुत अनौपचारिक है। इसमें लोग अपने दोस्तों, परिजनों से मिल-जुल सकते हैं, प्रेस को इण्टरव्यू दे सकते हैं, स्थानीय तथा दूर कहीं टेलीफोन कर सकते हैं, किताबें पढ़ सकते हैं और यहाँ तक कि कभी-कभार बाहर निकलकर भी घूम-फिर सकते हैं। उपनियमों के अनुसार, अल-मुर्तज़ा को पूरी तरह जेलखाना बना दिया गया है। हमारे टेलीफोन काट दिए गए। मैं और मेरी माँ केवल काले घेरे में ही बने रहने के लिए मजबूर कर दिये गए। हमारे पास किसी के भी आने पर पाबंदी थी, केवल यदा-कदा सनम से ही मिल सकते थे।

घर की सभी दीवारें, भीतर की ओर और बाहर से भी, फ्रंटियर सेना के जवानों ने घेर रखी हैं। यह उत्तर-पश्चिम प्रान्त के पठान कबीलेवालों का उपसेना दल है। मेरे पिता के शासनकाल में विशेष कमांडो यहाँ अल-मुर्तज़ा पर तैनात थे, जो किसी बाहरी आदमी को भीतर आने से रोकने की ज़िम्मेदारी निभाते थे। अब फ्रंटियर दस्ता यह काम कर रहा

है कि मैं और मेरी माँ भीतर ही कैद रहें। ज़िया यह चाहते हैं कि दुनिया और यहाँ तक कि पाकिस्तान भी भूल जाए कि कोई भुट्टो परिवार कभी यहाँ हुआ करता था।

पाकिस्तान के अखबारों में शायद ही, कभी हमारा नाम भी आता हो। 16 अक्टूबर, 1979 में चुनाव रद्द करने और मुझे तथा मेरी माँ को गिरफ़्तार करने के बाद ज़िया ने मार्शल लॉ के कानून में प्रेस पर पूरी पाबंदी जैसा नया दमन-चक्र भी जोड़ दिया। मार्शल लॉ के कानून नम्बर 49 के तहत कोई भी प्रकाशक, सम्पादक पाकिस्तान की अखण्डता और सुरक्षा के लिए खतरनाक पाया जाएगा, या जो किसी भी जनादेश की अवहेलना करेगा उसे दस कोड़ों की सज़ा और पच्चीस बरस की जेल बामशक्क़त भुगतनी पड़ेगी।

हमारे दल का अख़बार *मुसावात* जिसकी प्रसार संख्या एक लाख केवल लाहौर शहर में थी, बंद कर दिया गया और उसकी प्रेस ज़ब्त कर ली गई। दूसरे अख़बारों पर भी यही खतरा मँडराया कि उनके लिए कागज़ और विज्ञापन जिस पर सरकार का नियन्त्रण है, बंद कर दिया जाएगा, अगर उन्होंने ज़रा भी इधर-उधर किया। अगले वर्ष तक, किसी भी अख़बार में मेरे पिता की, मेरी माँ या मेरी कोई तस्वीर नहीं छप पाएगी। न ही हमारे नामों के हवाले से कोई सहानुभूतिपूर्ण सामग्री कहीं छपेगी। अगर सेंसर बोर्ड को, किसी भी सामग्री में, ज़रा भी सन्देह हुआ कि वह हमारे प्रति हमदर्दी पैदा कर सकती है, तो उसे अख़बार के मैटर में से हटा दिया जाएगा। हरेक अख़बार को छपने के पहले सेंसर के पास से गुज़रना ज़रूरी था। अक्सर अख़बारों के सभी स्तम्भ वाले पन्ने कोरे छोड़ दिए जाते थे। पत्रकारों के पास यही एक तरीका यह जताने का था कि छापी जाने लायक ख़बर या सामग्री, सेंसर ने हटा दी है।

पी.पी.पी. की संगठन शक्ति ने भी ज़िया को मजबूर किया कि वह राजनीतिक दमन चक्र को और कठोर कर दें। वर्ष 1977 में मार्शल लॉ लागू होने के बाद किसी का भी, किसी राजनीतिक गतिविधि में भाग लेना, जेल में ठूँसे जाने और कोड़े खाने का कारण बन गया था। लेकिन 16 अक्टूबर, 1977 के बाद तो फौजी हुकूमत ने सारी राजनीतिक पार्टियों को ही गैर-कानूनी करार दे दिया। यह एक साफ़ कोशिश थी, कि मेरे पिता की नीतियों के पक्ष में जनाधार को कुचल दिया जाए। जनरल ज़िया के मार्शल लॉ नम्बर 48 ने दो टूक कहा, ''पाकिस्तान की सारी राजनीतिक पार्टियाँ, उनकी शाखाएँ, उनसे जुड़े दूसरे दल, सब की मान्यता रद्द की जाती है।'' किसी भी राजनीतिक दल का कोई भी सदस्य, अपनी निजी बातचीत में भी अगर खुद को दल से जोड़कर कहता पाया जाएगा, तो उसकी सज़ा चौदह बरस की कठोर जेल, सारी सम्पत्ति पर सरकार का कब्ज़ा तथा पच्चीस कोड़े होगी। उसी दम से, जब भी कोई प्रेस में पी.पी.पी. का हवाला देगा, उसे उसके पहले 'नाकारा' शब्द लगाना होगा। इस तरह मैं और मेरी माँ एक नाकारा पार्टी के नाकारा नेता रह गए। लोकतन्त्र तो नाकारा हो ही गया।

मेरे दादाजी की वर्ष 1931 की तस्वीरें, जो लन्दन के राउण्ड टेबल कॉन्फ्रेंस में खींची गई थीं, मेरे पिता की उनके जन्म-दिनों पर ली गई तस्वीरें, यह सब हमारे परिवार का इतिहास इस अल-मुर्तज़ा से जुड़ा है। मेरे पिता और उनकी तीन बहनों का जन्म यहीं हुआ। वह दाई, जिसने सबका प्रसव कराया, वह लरकाना के पास वाले गाँव में ही रहती थी और मेरे दादाजी के बनवाए हुए ज़नानखाने में इस काम के लिए आती थी। हालाँकि पुराना

घर अब नये आधुनिक ढंग से फिर से सजाया गया है, लेकिन अल-मुर्तज़ा भुट्टो खानदान की पुश्तैनी शान माना जाता है।

नीली-सफेद टाइलों से सजा सामने का दरवाज़ा, मोइनजोदड़ो के स्त्री-पुरुषों की तस्वीर दिखाता है।

मोइनजोदड़ो ईसा से 2500 वर्ष पूर्व के अवशेषों के ज़रिये सिंधु घाटी की बहुत ही उन्नत सभ्यता का इतिहास सामने लाता है।

बचपन में मैं समझती थी कि उस प्राचीन शहर का नाम 'मुंज-जो-डेरो' है, जिसका सिंधी में मतलब है, 'मेरा स्थान'। मेरे भाई-बहन और मैं इस बात में बहुत गौरव महसूस करते थे कि हम सिंधु नदी के किनारे पले-बढ़े हैं, जो सदियों से लोगों को जीवन देती रही है। किसी भी दूसरी जगह मैंने अपने अतीत से इतना गहरा जुड़ाव महसूस नहीं किया क्योंकि हमारे पूर्वजों का इतिहास भारत पर मुस्लिम आक्रमणकारियों के रूप में सीधे जोड़कर देखा जाता है, जो ईसा के 712 वर्ष बाद आए। लेकिन हमें बचपन में बताया गया था कि हम मूलतः उन राजपूतों की सन्तान हैं, जो हिन्दुस्तानी वीर योद्धा थे और उन्होंने मुस्लिम आक्रमण के समय में इस्लाम कबूल कर लिया था, या हम उन अरबवासियों की पीढ़ी के हैं, जो हमारे गृह प्रान्त सिंध के रास्ते भारत आए, जिसे 'गेट-वे-ऑफ इस्लाम' का नाम दिया गया।

भुट्टो कबीलों की सूची में लाखों लोग भारत और पाकिस्तान से हैं, उनमें से सबसे अधिक सिंध में हैं। वह किसान भी हैं और ज़मींदार भी। हमारे परिवार की शाखा कबीले के प्रमुख, सरदार दादो खान भुट्टो से अंकुरित होती है। अपर सिंध में बहुत से गाँव हैं, जिनमें से मीरपुर भुट्टो है, जहाँ मुमताज चाचा का परिवार रहता है। गढ़ी खुदाबख्श भुट्टो, जहाँ हमारी खानदानी क़ब्रगाह है। यह सब जगहें हमारे पुरखों के नाम से जानी जाती हैं, जिनके पास प्रान्त की अधिकांश ज़मीन थी और सैकड़ों बरसों तक उनका वहाँ की राजनीति में पूरा दखल रहा था।

मेरे अपने परिवार ने अपना घर गढ़ी खुदाबख्श भुट्टो के पास नौदेरो में रखा, जहाँ मेरे पिता और भाई ईद पर मेहमानों को खीर देने जाया करते थे लेकिन मेरे दादाजी के समय से ही हमारा असली पारिवारिक निवास-स्थान लरकाना में अल-मुर्तज़ा में ही हो गया।

1958 में पहले भूमि-सुधार के समय भुट्टो प्रान्त के सबसे बड़े असामी थे, जो खेतिहर मज़दूरों को काम पर रखते थे। हमारी ज़मीनें, दूसरे ज़मींदारों की ज़मीनों की तरह वर्गमील में नापी बताई जाती थीं, न कि एकड़ में। बचपन में हमें चार्ल्स नेपियर के किस्से सुनने में बड़ा मज़ा आता था, जिसने 1843 में बतौर ब्रिटिश योद्धा, सिंध को जीता था। प्रान्त में घूमते समय वह बार-बार अपने ड्राइवर से पूछता था कि यह ज़मीन किसकी है और ड्राइवर जवाब देता था, भुट्टो की। बार-बार एक ही जवाब से उकताकर वह सो गया, यह कहते हुए कि, जब भुट्टो की ज़मीन खत्म हो जाए तो जगा देना। थोड़ी देर चलने के बाद जब उसकी आँख अपने-आप खुली, तो उसने ड्राइवर से फिर वही सवाल किया, ''यह ज़मीन किसकी है?'' ड्राइवर का जवाब फिर वही था, ''भुट्टो की।''

मेरे पिता को ऐसी ही बहुत-सी परिवार-कथाएँ याद करना बहुत अच्छा लगता था। ''मीर गुलाम मुर्तज़ा भुट्टो एक इक्कीस साल के हिम्मती और खूबसूरत नौजवान थे और वह तुम्हारे परदादाजी थे...''

मेरे पिता अपना एक मनपसन्द किस्सा शुरू कर देते थे...

''...सिंध की बहुत-सी औरतें जिनमें एक फिरंगी छोकरी भी शामिल थी, उनसे इश्क़ करती थीं। उन दिनों किसी विदेशी से शादी करना हराम था, यानी मज़हब में इसकी बन्दिश थी, लेकिन वह अपना दिल उस पर आ जाने से रोक नहीं पाए। एक अंग्रेज़ अफसर कर्नल मेह्यू को जब यह पता चला तो उसने तुम्हारे परदादाजी रो जवाब-तलब किया।

उस ब्रिटिश अफसर को इससे मतलब नहीं था कि वह लरकाना में भुट्टो की ज़मीन पर खड़ा है। उसे इस बात से भी मतलब नहीं था कि जहाँ तक नज़र देख पाती है, उतनी दूर तक सिर्फ भुट्टो-ही-भुट्टो की ज़मीन दिखती है। उसे हमारी ख़ानदानी इज्ज़त से भी कुछ लेना-देना नहीं था, बस उसे हमारी काली चमड़ी सूझी...''

''तुमने हिम्मत कैसे की एक अंग्रेज़ औरत से प्यार करने की?...'' कर्नल ने गुलाम मुर्तज़ा, यानी तुम्हारे परदादाजी को ललकारा, जो उनके सामने पेश थे, ''मैं तुम्हें सबक सिखाता हूँ...'' कहकर कर्नल ने अपना चाबुक उठा लिया। जैसे ही कर्नल ने अपना हाथ उठाया, तुम्हारे परदादा ने वह चाबुक कर्नल से छीना और उस पर ही चाबुक बरसाने लगे। कर्नल मदद के लिए चिल्लाया और डर के मारे मेज़ के नीचे घुस गया।

''यह फिरंगी तुम्हें मार डालेगा...तुम भागो!'' तुम्हारे परदादाजी, गुलाम मुर्तज़ा, के साथियों ने उन्हें राय दी तो वह अपने कुछ साथियों और उस फिरंगी औरत को लेकर भाग निकले। उस औरत ने भी यही कहा कि वह भी उनके साथ ही रहेगी। गुलाम मुर्तज़ा साहब के भाग जाने पर ब्रिटिश आगबबूला हो गए। तब मुर्तज़ा ने अपने साथियों को दो हिस्सों में बाँट दिया। एक दल उनके साथ गया और दूसरे दल को उस औरत के साथ भेजा गया, इस हिदायत के साथ, कि किसी भी हालत में अंग्रेज़ उसे नहीं ले जा पाएँ...यह आन की बात है। दोनों दल अलग-अलग दिशाओं में दौड़ गए। उन्होंने सिंधु नदी पार की। अंग्रेज़ उनके पीछे लगे थे। एक जगह मुर्तज़ा के साथियों के तमाम चकमा देने के बावजूद, अंग्रेज़ उस दल के पास पहुँच जाने वाले थे, जिनके साथ वह फिरंगी औरत थी, तो वह दल घबराया और उन्होंने एक सुरंग खोदी और उसमें उस औरत को छिपाकर उसके सुरंग के मुँह पर घास-फूस रख दी। लेकिन अंग्रेज़ धोखे में नहीं आए और उन्होंने वह सुरंग पकड़ ली। अब उस दल के लिए कठिन समस्या थी, कैसे वह गुलाम मुर्तज़ा, तुम्हारे परदादाजी को दिए गए वचन का पालन करें। उनके सामने एक ही चारा था...जैसे ही अंग्रेज़ उस औरत के पास पहुँचे, तुम्हारे दादाजी के साथियों ने उस औरत को मार डाला।''

हम बच्चों की आँखें इस किस्से पर फटी-की-फटी रह गईं...लेकिन किस्सा तो अभी शुरू ही हुआ था। हमारे परदादा, स्वतन्त्र रियासत बहावलपुर की तरफ भाग निकले। इस पर अंग्रेज़ों ने बहावलपुर रियासत पर कब्ज़ा करने की धमकी दी, तो परदादाजी ने नवाब का शुक्रिया अदा करते हुए एक बार फिर सिंधु नदी पार की और अफ़गान की बादशाहत वाले इलाके में चले गए। वहाँ पर शाही मेहमान के तौर पर रहे। गुस्से में भर अंग्रेज़ अफसरों ने परदादाजी की सारी जायदाद ज़ब्त कर ली। हमारे सोना-चाँदी के बरतन, रेशमी कालीन,

सारा शाही सामान, सब अंग्रेज़ों ने लूट लिया। हमारा घर नीलाम कर दिया गया। गुलाम मुर्तज़ा को सज़ा देनी ही थी। ब्रिटिश हुकूमत से लोहा लेना कोई खेल नहीं था। उनके राज में कोई उस रास्ते पर नहीं चल सकता था, जिससे वह गुज़र रहे होते थे। उन्हें जवाब देना तो दूर की बात थी।

आख़िर एक समझौता हुआ। गुलाम मुर्तज़ा लरकाना वापस लौटे लेकिन तब उनके गिने-चुने दिन रह गए थे। वह बीमार हो गए और उनका वज़न गिरना शुरू हो गया।

"तुम्हारे परदादाजी के पास हुनरमन्द लोग थे, जो खाना-पीना जाँचने के बाद ही उन्हें देते थे लेकिन उन्हें ज़हर दिया जाता रहा और वह इसी से मरे। उस समय उनकी उम्र बस सत्ताइस बरस की थी। वह तो बहुत बाद में पता चला कि उन्हें ज़हर हुक्के के ज़रिये दिया जाता रहा था।"

मुझे और मेरे भाई-बहनों को यह किस्से सुनना अच्छा लगता था। मीर मुर्तज़ा और शाहनवाज़, दोनों ही उस समय छोटे थे लेकिन हमारे पुरखों ने जो मुसीबतें झेलीं उन्होंने हमें बहुत समझ दी और नैतिकता सिखाई। जैसे मेरे पिता ने मुझे सिखाया—वफ़ादारी, सम्मान और उसूल (सिद्धान्त)।

गुलाम मुर्तज़ा के बेटे, मेरे दादाजी, सर शाहनवाज़ वह पहले व्यक्ति थे जिन्होंने भुट्टो की आनेवाली पीढ़ी को उस सामन्ती राह से अलग एक राह दी। उसके पहले की नवाबी चाल समाज के लिए सचमुच दमघोंटू थी। उस समय तक भुट्टो परिवार की शादियाँ केवल भुट्टो में ही, परिवार के चचेरे, ममेरे दायरे में होती थीं। इस्लाम में औरतों को जायदाद में हक का फैसला था उस तरह परिवार की सम्पत्ति शादियों के ज़रिये परिवार में ही रहती थी। ऐसी ही 'सौदेबाज़ी' की शादी मेरे पिता और उनकी चचेरी बहन अमीर के साथ तय हुई थी, जब वह केवल बारह साल के थे और अमीर केवल आठ साल की। मेरे पिता तो शादी के लिए तैयार ही नहीं थे, और वह तब राज़ी हुए थे, जब मेरे पिता ने उन्हें इंग्लैंड से लाकर क्रिकेट सेट देने का वादा किया था। उन दोनों की शादी के बाद अमीर अपने घर चली गई और मेरे पिता स्कूल की ओर लौटे। तभी से उनको यह एहसास घर करने लगा कि गैर-बराबरी, खास तौर से स्त्रियों के मामले में, बहुत गलत तस्वीर बनाती है, जब ज़बरदस्ती परिवार के ही अन्दर शादी हो जाती है।

कम-से-कम, अमीर की शादी तो हुई। जब तक परिवार में कोई ठीक-ठाक चचेरा, ममेरा भाई नहीं मिलता था, तब तक भुट्टो लड़कियों का ब्याह नहीं होता था। मेरे परदादा की बेटियाँ, जो उनकी पहली बीवी से हुईं, इसी वजह से सारी उम्र अनब्याही रह गईं।

गहरे दबाव के बावजूद मेरे परदादाजी ने अपनी दूसरी बीवी से हुई बेटियों को भुट्टो परिवार के दायरे से बाहर शादी करने की इजाज़त दे दी। हालाँकि वह प्रेम का मामला नहीं या बल्कि पूरी तरह तय किया गया सम्बन्ध था। पीढ़ियों बाद, मेरी बहन सनम, वह पहली भुट्टो लड़की हुई जिसने अपनी मर्ज़ी से शादी की। मेरी अपेक्षा के ख़िलाफ़, मैं परम्परा का निर्वाह करूँगी और तय किया हुआ विवाह करूँगी। फिर भी, मेरे दादाजी, बहुत प्रगतिशील माने जाते थे। उन्होंने अपने बच्चों को पढ़ाया। यहाँ तक कि अपनी बेटियों को भी स्कूल

भेजा, जो कि दूसरे ज़मींदारों की नज़रों में एक बेहद चर्चा का विषय बन गया। बहुत-से ज़मींदार तो अपने बेटों तक को स्कूल भेजने के पक्ष में नहीं थे। 'मेरे बेटों के पास ज़मीन है। उनकी आमदनी का ज़रिया तय है। उन्हें किसी की चाकरी नहीं बजानी है...मेरी बेटियों को भी विरासत में ज़मीन मिलेगी और उनके पति उनकी देखभाल करेंगे या भाई लोग... इसलिए पढ़ाई की चिन्ता क्यों की जाए...'' इस तरह के सामन्ती विचार समाज में प्रचलित थे।

मेरे दादाजी ने अपनी आँखों के सामने पढ़े-लिखे हिन्दू परिवारों तथा शहरी मुसलमानों को मुम्बई में तरक्की करते देखा था।, जहाँ वह ब्रिटिश राज के दौरान सरकारी नौकरी पर काम कर रहे थे। अपने बच्चों को पढ़ाई की राह पर डालकर सर शाहनवाज़ ने यह उदाहरण दूसरे सिंधी ज़मींदारों के सामने रखा जिससे 1947 में हिन्दुस्तान के बँटवारे और स्वतन्त्र पाकिस्तान के बनने के बाद हमारा समाज पिछड़ा हुआ नहीं रह गया। तमाम उठती उँगलियों के बावजूद मेरे दादाजी ने मेरे पिता को बाहर पढ़ने भेजा। मेरे पिता ने उन्हें निराश भी नहीं किया। मेरे पिता ने बर्कले में कैलीफोर्निया यूनीवर्सिटी से ग्रेजुएशन किया, आनर्स के साथ। फिर वह वकालत पढ़ने क्राइस्ट चर्च ऑक्सफोर्ड गए और 'बार एट लिंकन्स इन' कहलाए और तभी वकालत करने पाकिस्तान लौटे।

मेरी माँ दूसरी ओर नए औद्योगिक घराने के शहरी परिवेश से आई थीं, जिसमें ज़मींदारी व्यवस्था के माहौल से बहुत फर्क था और उसमें महानगरीय संस्कृति रची-बसी थी। जहाँ एक ओर भुट्टो स्त्रियाँ पर्दे में रहती थीं और शायद ही कभी अपनी चारदीवारी से बाहर जाती थीं, मेरी माँ और उनकी बहनें बिना बुरके-ओढ़नी के कराची में घूमती थीं और अपनी कार खुद चलाती थीं।

ईरानी व्यापारियों की यह बेटियाँ कॉलेज में पढ़ीं और पाकिस्तान बनने के बाद उन्होंने नेशनल गार्ड में, जो कि एक उप-फौजी दस्ता है, बतौर महिला अधिकारी नौकरी भी की। ऐसी खुली ज़िन्दगी किसी भुट्टो औरत के लिए तो असम्भव थी।

1951 के बरस में, जब मेरे पिता और माँ की शादी हुई, मेरी माँ दूसरी भुट्टो औरतों की तरह पर्दे में आ गईं। उन्हें पहले-पहल केवल हफ्ते में एक बार अपने घर जाने की इजाज़त थी। लेकिन पुराने तरीके सबके लिए मुश्किल बन रहे थे। जब दादी को बाहर जाना होता, कराची—और कोई ड्राइवर नहीं मिलता, तो अक्सर मेरी माँ को याद किया जाता कि वह कार लेकर चलें। जब हमारा परिवार अल-मुर्तज़ा आया, तो मेरे पिता ने मेरी माँ के साथ ज़नानखाने (औरतों के रहने के कमरे) में रहना तय किया बजाय इससे कि वह मर्दाने (मर्दों के रहने के कमरे) में रहें। और जब हम 70, क्लिफ्टन आ गए तो वहाँ मर्दों और औरतों के अलग-अलग हिस्से बनाए ही नहीं गए थे। इस तरह एक नई और जागती हुई पीढ़ी पाकिस्तान में तैयार हो रही थी।

हमारे पुरुष-प्रधान समाज में लड़कों को हमेशा लड़कियों के मुकाबले ज्यादा महत्त्व दिया गया है। न सिर्फ यह कि उन्हें पढ़ाई-लिखाई का मौक़ा ज़्यादा मिला है, बल्कि यहाँ तक कि उन्हें खाना हमेशा लड़कियों से पहले दिया जाता रहा है। माँ और बेटियों ने उसके बाद ही खाया है। हमारे परिवार में, इस लिहाज से, ऐसा कोई भेदभाव नहीं रहा। किसी भी मामले में, मुझे पूरा हिस्सा और महत्त्व मिला। मैं चारों भाई-बहनों में सबसे बड़ी थी। मेरा जन्म कराची

में, 21 जून, 1953 को हुआ था। मेरी त्वचा इतनी गुलाबी थी, कि मेरा नाम तुरंत पिंकी रख दिया गया। मेरे भाई मीर मुर्तज़ा का जन्म मेरे एक साल बाद हुआ, सनम 1957 में पैदा हुई और छोटा शाहनवाज़ 1958 में जन्मा। पहला बच्चा होने के कारण मुझे परिवार में कुछ खास महत्त्व मिला और कभी-कभी अकेलापन भी। मैं केवल चार वर्ष की थी और मेरे पिता अट्ठाइस बरस के, जब उन्हें प्रेसिडेण्ट इस्कंदर मिर्ज़ा ने संयुक्त राष्ट्र संघ में भेजा। उसके बाद मेरे पिता वाणिज्य मन्त्री रहे और बाद में अय्यूब खान की सरकार में ऊर्जा मन्त्री और विदेश मन्त्री रहे और पाकिस्तान के प्रतिनिधि मंडल के नेता बनकर सात सालों तक कई बार संयुक्त राष्ट्र संघ में आते-जाते रहे। इस दौरान मेरी माँ और मेरे पिता को अक्सर एक-दूसरे से दूर रहना पड़ा।

मैंने अपने पिता को कई बार अखबारों के पहले पेज पर देखा। उन्हें संयुक्त राष्ट्र संघ में पाकिस्तान और तीसरी दुनिया के देशों के हित में बहस करते और आर्थिक-तकनीकी मसले सुलझाते, सोवियत संघ के साथ 1960 में जुड़ा पाया। 1963 में वह प्रतिबन्धित पीकिंग से लौटते समय बेहद प्रसन्न थे, जब सीमा समझौते के तहत उन्होंने 750 वर्ग मील के विवादग्रस्त भूमि क्षेत्र को पाकिस्तान के पक्ष में जुटा लिया था। मेरी माँ प्रायः उनके साथ जाती थीं और सारे भाई-बहन घर पर घरेलू नौकरों के भरोसे रहते थे। मुझसे कहा जाता था कि छोटे भाई-बहनों का ध्यान रखना, तुम सबसे बड़ी हो।

मैं तब केवल आठ वर्ष की थी, जब मुझे पापा और माँ के जाने के बाद घर सौंप दिया जाता था। मेरी माँ मुझे सामान वगैरह के लिए पैसे देकर जाती थीं, जो मैं अपने तकिये के नीचे रखती थी। रसोई में स्टूल पर बैठकर मैं बाबू के साथ, जो कि हमारा बहुत पुराना वफादार नौकर था, हिसाब मिलाती थी। सब हिसाब और बचे हुए पैसे ठीक जुड़ते थे, यह तो मुझे याद नहीं, लेकिन उस समय मैं स्कूल में बस हिसाब करना सीख ही रही थी। वह सस्ते का ज़माना था, पैसे बहुत ज्यादा नहीं हुआ करते थे, बस कुछ सिक्के और दस रुपये भर में पूरे घर का सारा सामान आ जाता था।

हमारे घर में पढ़ाई सबसे महत्त्वपूर्ण मानी जाती थी। मेरे पिता के भी पहले, उनके पिता के समय से। मेरे पिता चाहते थे कि वह आने वाली पीढ़ी को पढ़े-लिखे प्रगतिशील पाकिस्तानियों की पौध सौंपे।

तीन साल की उम्र में मैं लेडी जेनिंग नर्सरी स्कूल जाने लगी और पाँच बरस की उम्र में कराची एक बहुत अच्छे स्कूल में मेरा नाम लिखाया गया जिसका नाम जीसस मेरी कॉन्वेंट था। स्कूल में पढ़ाई अंग्रेज़ी में होती थी। घर में हम अपने माँ-पिता की भाषा सिंधी या फारसी में बात करते थे, या उर्दू में जो हमारी राष्ट्र-भाषा है। हालाँकि आयरलैंड की ईसाई अध्यापिकाएँ हमें पढ़ाती थीं, और उन्होंने बच्चों के अलग-अलग हाउस बना रखे थे, जिनके नाम बड़े प्रेरणादायी थे, जैसे 'अनुशासन', 'नम्रता', 'साहस', 'सेवा' वगैरह, लेकिन किसी ने भी कभी किसी को ईसाई बनाने की कोशिश नहीं की। वह स्कूल ईसाई मिशनरियों के लिए आमदनी का अच्छा ज़रिया था, जो खतरा उठाते हुए कुछ गिने-चुने रईस मुसलमान लोगों के उन बच्चों को पढ़ा रहा था, जिनके परिवार वाले दूरदर्शी थे।

'मैं बस तुम लोगों से एक बात चाहता हूँ कि तुम लोग पढ़ाई में अच्छे निकलो।'' मेरे पिता हमसे बस यही बार-बार कहते थे। जैसे-जैसे हम बड़े हुए, उन्होंने हमारे लिए गणित और अंग्रेज़ी की ट्यूशन का इन्तज़ाम किया, कि हम शाम को स्कूल के बाद भी पढ़ा करें।

वह दुनिया में चाहे किसी भी कोने में रहे, उन्होंने हमेशा हमारी स्कूल रिपोर्ट्स का ध्यान रखा। सौभाग्य से मैं पढ़ाई में अच्छी थी और मेरे पिता के मन में मेरे लिए बड़े सपने थे कि मैं पाकिस्तान से जाकर विदेश में पढ़ने वाली पहली महिला बनूँ।

''तुम लोग अपने-अपने सूटकेस लगाओ और मैं तुम लोगों को एयरपोर्ट पहुँचाकर आऊँगा।'' जब से मुझे याद है वह ऐसे ही कहते थे।

''पिंकी छोटी नन्हीं बच्ची की तरह जाएगी और एक सुन्दर-सी साड़ी में सजी युवती बनकर लौटेगी। शाहनवाज़ अपने सूटकेस में इतने कपड़े भर लेगा कि फिर सूटकेस बंद नहीं कर पाएगा और हर बार उसे बाबू को बुलाना होगा कि इस सूटकेस पर बैठो, तो उसे बंद किया जा सके।''

हमारे परिवार में ऐसा कोई विचार नहीं था कि हम बहनों को भाइयों से कुछ कमतर मिले। न ही, ऐसा कुछ इस्लाम में लिखा है। हमें बहुत बचपन से यही बताया गया था कि यह केवल धर्म के बारे में पुरुषों का सोच है कि औरतों पर पाबंदियाँ लगाई जाएँ, वरना इस्लाम शुरू से ही स्त्रियों के प्रति बहुत खुली सोच रखता आया है। हज़रत मोहम्मद साहब ने अरब में उस समय भी लड़कियों को पैदा होते ही मार डालने की प्रथा पर पाबंदी लगाई थी और लड़कियों की पढ़ाई पर ज़ोर दिया था। औरतों के जायदाद पर हक़ के लिए इस्लाम ने उससे पहले ही राय दी थी, जब पश्चिम में इस पर सोच-विचार किया जा रहा था।

बीबी खदीजा, वह पहली मुस्लिम धर्म स्वीकार कर आई हुई औरत थीं जो विधवा थीं और अपना कारोबार चलाती थीं। उन्होंने हज़रत मोहम्मद साहब को नौकरी पर रखा और बाद में उन दोनों की शादी हो गई। उम्मे उमरा अपने मर्द सिपाहियों के साथ बहादुरी से अपने दुश्मनों के ख़िलाफ लड़ीं और उनकी तलवार ने हज़रत मोहम्मद साहब की जान बचाई। चाँदबीबी, जो दक्षिण भारत की रियासत अहमदनगर की रानी थीं, वह अकबर के खिलाफ बहादुरी से लड़ीं और उसे संधि करने पर मजबूर कर दिया। नूरजहाँ, जो जहाँगीर की बीवी थीं और दरअसल बादशाह जहाँगीर के साथ हिन्दुस्तान पर शासन चलाती थीं, अपनी प्रशासकीय सूझबूझ के लिए प्रसिद्ध थीं। मुस्लिम इतिहास ऐसी औरतों की कथाओं से भरा पड़ा है, जिन्होंने जनता के बीच अपना काम किया और किसी भी मायने में पुरुषों से कमतर नहीं साबित हुईं। इस्लाम में उन्हें कतई हतोत्साहित नहीं किया गया। मुझे भी कभी ऐसा भेदभाव पढ़ाई के दौरान महसूस नहीं हुआ। ''मैंने सब जगह औरतों को राज करते पाया और उन्होंने अपनी प्रजा को, अपनी सत्ता के नाते सब कुछ दिया।'' क़ुरान शरीफ़ में भी यह लिखा है कि ''मर्द, जो कमाते हैं, वह उन्हें हासिल होता है और औरतें भी अपना कमाया हासिल करती हैं।''

हर शाम हम क़ुरान शरीफ़ से वह पाठ पढ़ते, जो हमें एक मौलवी साहब घर पर, स्कूल की ट्यूशन ख़त्म होने के बाद पढ़ाने आते। क़ुराने-पाक को अरबी भाषा में पढ़ना और उसके पाठ को समझना हमारे लिए बेहद ज़रूरी था। हम देर तक कठिन अरबी लिखावट में उलझे रहते, जिनमें अक्षर तो हमें उर्दू से मिलते-जुलते से लगते लेकिन उसकी व्याकरण और उन शब्दों के अर्थ उर्दू से ऐसे ही अलग होते, जैसे जर्मन और फ्रेंच।

''माँ के कदमों में स्वर्ग है।'' हमारे मौलवी ने हमें उन्हीं शाम की क्लास में पढ़ाया था। क़ुरान की यह सीख हमें अपने माँ-बाप का कहना मानना तथा उनकी इज़्ज़त करना

बताती थी। यही बात मेरी माँ भी हमें समझाते समय बताती थीं। मौलवी साहब भी हमें यही बताते थे कि हमारा इस दुनिया में किया हुआ ही हमारी मौत के बाद का नतीजा तय करेगा।

''तुम्हें आग का दरिया पार करना होगा, जिस पर सिर्फ़ एक बाल का पुल बना होगा।'' जानते हो, बाल कितना बारीक होता है...?'' मौलवी साहब ड्रामाई अंदाज़ में हमसे सवाल करते।

''जो बुरे काम करेंगे, वह नरक की आग में गिरकर झुलस जाएँगे, जिन्होंने नेक कार्य किए होंगे, वह पार होकर स्वर्ग पहुँचेंगे, जहाँ दूध और शहद की नदियाँ बहती हैं।''

वह मेरी माँ थीं, जिन्होंने मुझे प्रार्थना करने की पारंपरिक रीति बताई। उन्होंने अपने विश्वास को बहुत गंभीरता से लिया। वह चाहे जहाँ, दुनिया के किसी भी कोने में रहीं, उन्होंने पाँचों वक़्त की नमाज़ का नियम निभाया। मैं नौ साल की थी, जब उन्होंने मुझे भी उसमें शामिल करना शुरू किया। वह मेरे कमरे में आ जातीं और मुझे सुबह की नमाज़ में अपने साथ ले जातीं। हम साथ-साथ वुज़ू करते, यानी हाथ धोते, पैर धोते ताकि हम ईश्वर की प्रार्थना के लिए पवित्र हो जाएँ। उसके बाद हम पश्चिम की ओर मुँह करके खड़े हो जाते, जिधर मक्का है।

अधिकांश ईरानियों की तरह, मेरी माँ शिया मुस्लिम थीं, जबकि बाकी सारा परिवार सुन्नी था। लेकिन इस बात से कभी कोई परेशानी नहीं हुई। सैंकड़ों बरसों से शिया और सुन्नी साथ-साथ रहते रहे हैं और आपस में ब्याह-शादी भी होती हैं। दोनों में समानताएँ ज़्यादा और फ़र्क कम है। जो बात हम मुसलमानों में किसी भी भेदभाव से ऊपर उठकर है, वह है, हमारा खुदा की मर्ज़ी के आगे सिर झुका देना। हम अल्लाह में विश्वास करते हैं और यह मानते हैं कि मोहम्मद साहब हमारे आख़िरी पैगंबर हैं। क़ुरान में मुसलमान की यही परिभाषा है और यही बात हमारे परिवार में सबसे ज्यादा महत्त्वपूर्ण है।

पैगम्बर के पोते इमाम हुसैन और उनके परिवार के कत्लेआम की याद में मुहर्रम मनाया जाता है। मुहर्रम के दौरान कभी-कभी मैं और माँ काले कपड़े पहनकर दूसरी शिया औरतों के साथ करबला जाते थे। ''सबको देखकर वैसा ही करो।'' माँ मुझसे कहतीं। वहाँ पर कोई एक व्यक्ति, इमाम हुसैन और उनके साथियों की कहानी बहुत ही नाटकीय ढंग से सुना रहा होता, कि जब वे करबला पहुँचे तो कैसे यज़ीद के सैनिकों ने बेदर्दी से उन पर हमला करके उन सबकी हत्या कर दी। मेरी नज़रें इसी कहानी सुनानेवाले पर गड़ी रहती थीं। हत्यारे की तलवार के नीचे आने से कोई नहीं छूटा था, छोटे बच्चे भी नहीं। इमाम हुसैन का सिर काट दिया गया था। उसकी बहन ज़ेनिब को नंगे सिर यज़ीद के दरबार में ले जाया गया था, जहाँ उसे अपने भाई के सिर से ज़ालिमों को खेलते देखना पड़ा था। लेकिन अपना मनोबल गिराने के बजाय, बीबी ज़ेनिब ने धैर्य बनाए रखा। यही लोग आज शिया मुसलमानों की तरह जाने जाते हैं, जो करबला के दुख को कभी नहीं भूलते।

''सुनो, छोटा बच्चा पानी के लिए चिल्ला रहा है।'' बोलने वाली कहती। उसकी आवाज़ भावात्मक आवेग से काँपती। ''उस माँ की हालत का अंदाज़ा लगाओ, जिसका बच्चा तड़प रहा है। उस सुंदर से नौजवान को देखो जो घोड़े पर पानी लेने जा रहा है। वह नदी पर

झुकता है। हमने देखा, वह झुका...देखो, देखो उस पर तलवार से हमला किया जा रहा है...'' जैसे ही उन्होंने यह कहा, कुछ औरतों ने मातम शुरू कर दिया।

बार-बार उस कहानी का दोहराया जाना मन को बेहद छू जाता था, मैं अक्सर उस वक्त रो पड़ती थी।

मेरे पिता अपने देश को और अपने बच्चों को बीसवीं सदी में ले जाना चाहते थे। ''क्या मेरे बच्चे परिवार में ही शादी करेंगे...?'' एक दिन मैंने अपनी माँ को मेरे पिता से पूछते सुन लिया। यह अनायास ही हुआ, मैं सामने नहीं थी, लेकिन मैं साँस रोककर उनका जवाब सुनने को बेताब हो गई।

''मैं नहीं चाहता कि बेटे अपनी ही किसी चचेरी-ममेरी बहनों से शादी करें और फिर उन्हें हमारी ही चारदीवारी में पड़ा रहने दें... न ही यह कि मेरी बेटियाँ यहाँ से जाकर किसी दूसरे रिश्तेदार की दीवारों के बीच ज़िंदा दफन हो जाएँ।'' उनकी बात सुनकर मुझे राहत मिली। उन्होंने आगे कहा, ''उन्हें पहले अपनी पढ़ाई पूरी कर लेने दो, फिर वह खुद तय कर लेंगे कि उन्हें ज़िंदगी में क्या करना है।''

उनका यह कहना आगे वह दिन लाया, जब मेरी माँ ने मुझे पहले-पहल बुरका पहनाया। हम रेलगाड़ी से कराची से लरकाना गए थे। वहाँ मेरी माँ ने अपने बैग में से काला बुर्का निकाला था और मुझे ओढ़ा दिया था। ''अब तुम बच्ची नहीं रहीं...'' उन्होंने कहा और उनकी आवाज़ में एक बारीक-सा रंज था। जैसे ही उन्होंने पुराने विचारों वाले मालदार परिवारों की सदियों पुरानी यह रस्म अदा की, मैं बचपन की दहलीज़ पार करके बड़ों में शुमार हो गई। लेकिन इसने मेरी दुनिया को कैसी निराशा से भर दिया। आसमान, फूल और हरी घास, सब एकदम बदरंग होकर छितर गए। सारा नज़ारा एकदम धुँधला-सा गया। जैसे ही मैं रेलगाड़ी से उतरी, उस लिबास ने, जिसने मुझे सिर से पैर तक ढंक दिया था, मेरा कदम बढ़ाना दूभर कर दिया। बंद कर दिए वह सारे रास्ते, जहाँ से ताज़ा हवा आ सकती थी। मेरा चेहरा पसीने से तर होने लगा।

''पिंकी ने आज पहली बार बुर्का पहना है।'' मेरी माँ ने मेरे पापा को बताया, जब वह अल-मुर्तज़ा पहुँचीं। एक लंबा मौन उनके बीच ठहर गया। ''उसे यह पहनने की ज़रूरत नहीं है।'' मेरे पिता ने कहा, ''पैगंबर साहब ने खुद कहा है कि आँख का पर्दा ही सबसे उचित पर्दा है। उसकी बुद्धि और उसके कामकाज को उसकी पहचान बनने दो, उसके कपड़ों को नहीं।'' और इसके साथ ही मैं वह पहली भुट्टो महिला बनी जो उम्र-भर बने रहने वाले धुँधलके से आज़ाद हो गई।

मेरे पिता ने हमेशा मेरा हौसला बढ़ाया कि मैं किसी बड़ी दुनिया को अपने लिए महसूस करूँ, हालाँकि कभी-कभी उनकी बातें मुझे बिल्कुल समझ में नहीं आती थीं। 1963 में एक बार मैं उनके साथ विदेश मंत्री के निजी रेलवे कोच में जा रही थी। सर्दियों का मौसम था, कि उन्होंने मुझे सोते से जगा दिया। 'यह सोने का समय नहीं है।'' उन्होंने हड़बड़ाहट में कहा।

''एक बड़ा हादसा हो गया है। अमेरिका के नौजवान राष्ट्रपति को गोली मार दी

गई है।" हालाँकि मैं उस समय बस, दस बरस की थी और मैंने अमेरिका के राष्ट्रपति के बारे में बस ज़रा-बहुत सुना ही था, मेरे पिता ने मुझे एकदम अपने पास बैठा लिया और वह अन्तिम बुलेटिन सुना, जिसमें जॉन एफ. कैनेडी के बारे में बताया जा रहा था। मेरे पिता कैनेडी से कई बार व्हाइट हाउस में मिल चुके थे और वह उनके उदार सामाजिक विचारों के प्रशंसक थे।

अक्सर वह मुझे और मेरे भाई-बहनों को पाकिस्तान आए विदेशी प्रतिनिधिमंडल से मिलवाने ले जाते थे। एक बार जब उन्होंने कहा कि हमें चीन से आए किसी महत्त्वपूर्ण व्यक्ति से मिलने जाना है, मैं बहुत खुश हो गई। मेरे पिता ने अक्सर चीन की क्रांति तथा उसके नेता माओ-त्से-तुंग की तारीफ की थी कि उन्होंने कैसे पुराने शासन को हटा फेंकने के लिए एड़ी-चोटी का ज़ोर लगा दिया था। मैं मान रही थी कि हम माओ से मिलने जा रहे हैं, जिनकी निजी टोपी, जो उन चीनी क्रांतिकारी नेता ने मेरे पिता को भेंट की थी, अब भी मेरे पिता के पास सँजो कर रखी है। उस मौके के लिए मैंने वह ड्रेस पहनी, जो मेरे पिता सॉक्स, फिफ्थ एवेन्यू, न्यूयार्क से लाए थे, जहाँ की सेल्स लेडी के पास हमारे कपड़ों की नाप वगैरह पहले से ही दी हुई है। मुझे बेहद निराशा हुई, जब वह चीनी प्रतिनिधि माओ नहीं थे, बल्कि हम चाऊ-एन-लाई से मिलने पहुँचे थे, जिनके साथ उनके दो मंत्री, चेन-यी और लीऊ-शाओ-ची थे, जो बाद में सांस्कृतिक क्रांति के दौरान जेल में ही मर गए थे।

चाऊ-एन-लाई कराची में वह अकेले ऐसे महत्त्वपूर्ण मेहमान नहीं थे, जो मेरी उम्मीदों पर खरे नहीं उतरे थे, लेकिन हम उनसे मिले नहीं थे। हमें यह पता था कि कोई बहुत महत्त्वपूर्ण व्यक्ति हमारे यहाँ डिनर पर आ रहा है क्योंकि घर के बाहर बिजली की सजावट की गई थी। जब एक शानदार लिमोसिन कार 70 क्लिफ्टन के भीतर घुसी हमने खिड़की से झाँककर देखा, प्रेसिडेंट अय्यूब खान के साथ एक अमेरिकन व्यक्ति थे। मैंने उस अमेरिकन शख्स को अपनी देखी हुई फिल्मों के सहारे पहचान लिया। अगली सुबह मैंने अपनी माँ से ज़रा लापरवाही से पूछा, "कल बॉब होप से मिलकर मज़ा आया?"। "ओ, पागल..." मेरी माँ ने जवाब दिया, "वह अमेरिका के वाइस प्रेसिडेंट हबर्ट हंफ्रे थे।" बाद में मुझे पता चला कि हबर्ट हंफ्रे वियतनाम से अमेरिका की लड़ाई के मामले में यह ज़ाहिर करना चाह रहे थे कि पाकिस्तान अमेरिका के साथ है। इसे वह पाकिस्तान द्वारा अमेरिकी दस्तों को बैडमिंटन रैकेट देने जैसे सांकेतिक तरीके से उजागर करना चाहते थे। मेरे पिता ने इस पर ऐसा कोई भी इशारा करने से साफ मना कर दिया था। वियतनाम की सिविल वार में वह किसी प्रकार की विदेशी दख़लंदाज़ी को नैतिक रूप से गलत मान रहे थे।

जब मैं दस बरस की थी और सनम सात की, हम उत्तर में स्थित पहाड़ी शहर मरी के बोर्डिंग स्कूल में भेजे गए, जो चीड़ के दरख्तों के बीच एक सुंदर जगह में था। हमारी गवर्नेस को अचानक बहुत कम समय की सूचना पर इंग्लैंड जाना पड़ा था, ऐसे में मेरे पिता को यही ठीक लगा, कि हमारी व्यवस्था बोर्डिंग स्कूल में की जाए। उनका सोचना था कि यह अनुभव हमें कुछ मज़बूत करेगा। वहाँ, पहली बार मुझे अपने काम खुद करने पड़े। अपना बिस्तर समेटना, जूते पॉलिश करना, नहाने और टूथ ब्रश करने के लिए बार-बार पानी लाना। मेरे पिता ने वहाँ नन से कहा था, "मेरे बच्चों के साथ वैसा ही व्यवहार करना

जैसे दूसरे बच्चों के साथ हो..." और वह वैसा ही कर रही थीं। किसी भी कड़े नियम के भंग होने पर हम सबको एक जैसे ही सज़ा मिलती थी।

मरी में रहने के दौरान, हमारे पिता ने सनम और मेरी राजनीतिक शिक्षा डाक के द्वारा जारी रखी। जकार्ता से गुटनिरपेक्ष देशों के सम्मेलन से वापस आते ही उन्होंने हमें एक लंबा ख़त लिखा, और बताया कि संयुक्त राष्ट्र संघ में महाशक्तिशाली राष्ट्रों के स्वार्थी रवैये पर बहस की गई, जिसकी वजह से तीसरी दुनिया के देशों की उपेक्षा हो रही थी।

एक नन ने मेरे और सनम के साथ बेंच पर बैठकर वह पूरा खत हमें पढ़कर सुनाया, हालाँकि वह हमें थोड़ा-बहुत ही समझ में आया।

मरी में अपने दूसरे और अंतिम वर्ष के दौरान, मैंने और सनम ने कुछ राजनीतिक समझ पैदा की। 6 सितंबर, 1965 को कश्मीर के मुद्दे पर भारत और पाकिस्तान की लड़ाई शुरू हुई। मेरे पिता संयुक्त राष्ट्र संघ गए, यह कहने के लिए कि इस मुद्दे पर निर्णय लेने का अधिकार कश्मीर के लोगों पर ही छोड़ दिया जाए और संघ भारत के आक्रमण पर हस्तक्षेप करे। उस समय जीसस मेरी स्कूल, मरी की नन्स ने हमें इसके लिए तैयार किया कि किसी भी हमले के वक्त हमें क्या करना है। कश्मीर के लिए रास्ता मरी होकर ही जाता था और लोगों के मन में यह संभावना थी कि हिंदुस्तानी फौजें इधर से ही गुज़र कर जाएँगी।

जहाँ कभी हम रात को खाना खाने के बाद, बकरे की हड्डियों से झंडा, झंडा खेला करते थे और एनिड ब्लिटन की किताबें पढ़ा करते थे, वहीं हमें अचानक हवाई हमले और ब्लैक आउट (घुप्प अँधेरा) का अभ्यास कराया जाने लगा। नन ने बड़ी लड़कियों को छोटी लड़कियों की ज़िम्मेदारी सौंपी और मैंने सनी को बताया कि वह अपनी चप्पलें रात को पैर में बाँध ले, ताकि अचानक भागने की नौबत पर उसे खोजनी न पड़े। हममें से बहुत-सी लड़कियाँ सरकारी अफसरों या फौजी अफसरों की बेटियाँ थीं। जोश में आकर हमने तय किया कि अगर हम दुश्मन के हाथ लग गए तो हम अपने क्या नाम बताएँगे। किशोर उम्र की तरंग में हम पकड़े जाने की संभावना को बहुत नाटकीय ढंग से ले रहे थे, लेकिन सचमुच सत्रह दिन की लड़ाई का अनुभव काफी दहला देने वाला था।

संयुक्त राष्ट्र संघ पाकिस्तान के लिए हालात को कठिन बना रहा था। इस बात से आशंकित होकर कि पाकिस्तान, अमेरिका द्वारा कम्युनिस्ट देशों से लड़ने के लिए दिए गए हथियारों का इस्तेमाल भारत के ख़िलाफ़ कर रहा है, जॉनसन प्रशासन ने पूरे उपमहाद्वीप को हथियार देने पर पाबंदी लगा दी। जबकि भारत को रूस से हथियार मिल रहे थे। इस अड़चन के बावजूद हमारे जवान तब तक पूरी हिम्मत के साथ लड़े, जब तक 23 सितंबर को संयुक्त राष्ट्र संघ द्वारा युद्धविराम नहीं घोषित कर दिया गया। देश में हर्ष की लहर दौड़ गई। हमने, न केवल हिंदुस्तानी हमले का कड़ा जवाब दिया, बल्कि इससे कहीं ज़्यादा सीमा पर कब्ज़ा कर लिया, जितना हमारा कब्ज़ा उन्होंने किया हुआ था।

हमारा उत्साह कुछ ही दिन रहा। दक्षिणी रूस के शहर ताशकंद में प्रेसीडेंट अय्यूब खान ने वह सब गँवा दिया जो हमने लड़ाई के मैदान में जीता था। ताशकंद समझौते के तहत, दोनों देश इस बात के लिए तैयार हो गए थे कि वह युद्ध के पहले की अपनी-अपनी सीमाओं पर लौट जाएँगे। मेरे पिता इससे बहुत हताश हुए और उन्होंने विदेश मंत्री के पद से इस्तीफा दे दिया। जब भारत के प्रधानमंत्री लालबहादुर शास्त्री का देहांत उस समझौते

के तीसरे दिन दिल का दौरा पड़ने से हो गया, तब मेरे पिता ने खटास-भरे मन से व्यंग्य किया कि वह खुशी के कारण मर गए होंगे।

जैसे ही इस समझौते की ख़बर फैली, पंजाब और सिंध के इलाकों में भयंकर प्रदर्शन हुए जिसमें पुलिस की क्रूरता-भरी कार्यवाही की भी रिपोर्ट आई। प्रदर्शन फिर भी जारी रहे... और भुट्टो लोगों की ज़िंदगी हमेशा के लिए बदल गई।

जून, 1966 में अय्यूब ने आखिरकार मेरे पिता का इस्तीफा मंजूर कर लिया। मेरे पिता और अय्यूब के मतभेद अब साफ होकर सामने आ गए थे और मेरे पिता का मन भी खटास से भर गया था। हम जब अंतिम बार विदेश मंत्री के विशेष कोच में रेल द्वारा लरकाना जा रहे थे, तब लोग दीवाने हो गए थे। वह गाड़ी के साथ-साथ भाग रहे थे। फख्रे-एशिया ज़िंदाबाद, भुट्टो ज़िंदाबाद के नारे लग रहे थे। लोग भुट्टो, जुग-जुग ज़ियो के नारों से धरती हिला दे रहे थे। जब मेरे पिता लाहौर में गाड़ी से उतरे और पंजाब के गवर्नर के साथ एक भोज एवं मीटिंग पर गए, मैं बहुत घबरा रही थी। कोई चिल्लाया था कि भुट्टो साहब की कमीज़ पर खून है। जब तक मैंने पापा को वापस आने पर देख नहीं लिया, मेरा दिल डूबता रहा। जब वह खुश होकर, हाथ हिलाते आते दिखे, तब मुझे चैन आया। उन्हें कुछ नहीं हुआ था, भीड़ में उनकी कमीज़ फट गई थी। और उन्हें हल्की-सी खरोंच लगी थी। उनकी टाई भी चली गई थी। बाद में पता चला था कि वह टाई हज़ारों रुपयों में नीलाम होकर गई। जब वह विदेश मंत्री के रेल के कोच में वापस लौटे, तब तक जय-जयकार होती रही, जब तक गाड़ी चली नहीं गई।

सुरक्षापूर्वक पापा के घर लौटने के बाद बात राजनीति पर ज्यादा गहराई से चलने लगी। छोटे बच्चों के रूप में हमारी सीमित शब्दावली में 'शीतयुद्ध' तथा 'हथियारों पर पाबंदी' जैसे शब्द आ जुड़े थे। जैसे दूसरे बच्चे वर्ल्ड कप फुटबाल का स्कोर सुनते-जानते थे, हम लोग गोलमेज़ कॉन्फ्रेंस तथा शांति वार्ताओं के परिणाम के बारे में कहते-सुनते थे। 1966 में मेरे पिता के अय्यूब से अलग होने के बाद 'नागरिक उदारता' तथा 'लोकतंत्र' जैसे शब्द हमारे परिवार के बीच बहुतायत में सुने जाते थे। यह ऐसे शब्द थे, जो आम पाकिस्तानी के लिए कल्पना जैसे थे जिन्होंने अय्यूब का केवल प्रतिबंधित राजनीतिक तौर-तरीका देखा था। ऐसा तब तक रहा, जब तक मेरे पिता ने 1967 में अपने दल, पाकिस्तान पीपल्स पार्टी का गठन नहीं कर लिया। रोटी, कपड़ा और मकान यह साधारण से वादे, पी.पी.पी. का मुद्दा बन गए। "जैसे मुस्लिम लोग अल्लाह के आगे झुककर उसके रहमो-करम की भीख माँगते हैं, वैसे ही गरीब-गुरबा लोग अमीरों के आगे घुटने टेकने को मजबूर हैं। उठ खड़े होओ। दूसरों के आगे मत गिड़गिड़ाओ। तुम लोग भी इन्सान हो और तुम्हारे भी इन्सानी हक़ हैं।" मेरे पिता ने अपनी यह बात ऐसी-ऐसी जगह जाकर लोगों के सामने रखी, जहाँ कभी कोई राजनीतिक नेता गया भी नहीं था। 'वह लोकतंत्र लाना है, जहाँ सबसे गरीब के वोट की भी वही कीमत है, जो किसी दौलमतंद के वोट की है।"

'कौन है भुट्टो...? भुट्टो क्या है...? लोग क्यों कहते हैं कि उसकी बात सारे लोग सुन रहे हैं, जबकि केवल ताँगेवाले, रेहड़ी वाले, रिक्शावाले उसकी मीटिंग में होते हैं। यह सवाल अय्यूब खाँ के गवर्नर ने सरकार के नियंत्रण में फँसी प्रेस में उठाया। एक आदर्शवादी व्यक्ति की तरह मैं अचंभित थी। हालाँकि हम व्यवस्थित जीवन जी रहे थे और अच्छे स्कूल में

पढ़ रहे थे। मैंने बिना पैर में जूते, बदन पर कमीज़ के लोगों को देखा था। छोटी लड़कियाँ, गोद में छोटा बच्चा लिए घूमतीं, उनके चीकट बाल, गरीब आदमी क्या इंसान नहीं होता...? हमने क़ुरान में पढ़ा था कि इस्लाम में, खुदा की नज़र में सब बराबर हैं...। हमें हमारे माँ-बाप ने भी सिखाया था कि सबके साथ इज़्ज़त से बर्ताव करो, किसी को मजबूर मत करो कि वह तुम्हारे पैर छुए। यह कोई ख़ुदा का हुक्म नहीं है कि पाकिस्तान गरीब रहे। मेरे पिता ने ग़रीबों से लगातार बातचीत जारी रखी। वह उन औरतों से कहते, जो भीड़ में शरमाई-सी खड़ी दिखतीं...'हमारा मुल्क़ गरीब नहीं है। उसके पास बहुत ज़रिये हैं, तब फिर यहाँ गरीबी, भूख और बीमारी क्यों रहे...?''

यह बात लोगों को समझ में आ रही थी। अय्यूब का यह वादा कच्चा निकल गया कि वह पाकिस्तान का आर्थिक ढाँचा सुधारेंगे जबकि उनके तथा उनके कुछ गिने-चुने लोगों के घर में अमीरी और बढ़ गई। अय्यूब के ग्यारह साल के शासन में एक ग्रुप ने, जिसे पाकिस्तान के बाईस परिवार कहा जाता है, देश के सारे बैंकों, इंश्योरेंस कंपनियों और मुख्य उद्योगों में भरपूर पैसा लगाया और कमाया। इस पुकार को सैकड़ों-हज़ारों लोगों ने सुना, जो मेरे पिता ने लगाई कि सामाजिक-आर्थिक सुधार का काम होना चाहिए।

अपने मकान 70, क्लिफ्टन की पहली मंज़िल पर हमने पी.पी.पी. की एक शाखा का दफ़्तर खोला। ग्यारह बरस की मेरी बहन और चौदह की मैं, दोनों जोश में भरकर चार-चार आने देकर हम पी.पी.पी. के सदस्य बन गए। हमने अपने पुराने घरेलू नौकर बाबू की इस काम में मदद की, जो रोज़ एक-एक करके मेंबर बनाता जा रहा था। इसी तरह, अपने एक-एक करके बीतते हुए दिनों के बीच, जिनमें क्रिकेट और नेट-बॉल की चर्चा पीछे हटती जा रही थी, हमने सुनना शुरू किया कि मेरे पिता को अय्यूब की हुकूमत में लालच दिया जा रहा है, उन्हें घूस दिखाई जा रही है, ''सुनो, तुम अभी जवान हो, तुम्हारी पूरी ज़िंदगी तुम्हारे आगे पड़ी है। पहले ज़रा अय्यूब को राज कर लेने दो, फिर तुम्हारा भी नंबर आएगा। हमारे साथ मिलकर काम करो, हमारे खिलाफ मत जाओ। हम तुम्हारी ज़िंदगी आसान कर देंगे...'' अय्यूब और उसके साथियों ने मेरे पिता को इस तरह खूब मनाने की कोशिश की। जब अय्यूब की लालच देने की कोशिश नाकाम हो गई, तो उसने जान की धमकी देनी शुरू कर दी।

तब तक खून-खराबे की दुनिया का मुझे पता नहीं था। एक राजनीति की दुनिया थी, जिसमें मेरे पिता रहते थे और एक स्कूल की दुनिया, जिसमें खेलना-कूदना और हँसी-मज़ाक था। लेकिन यह दोनों संसार चूर-चूर होने लगे, जब मेरे पिता पर हथियारों से हमलों की खबरें सुनाई पड़ने लगीं। अय्यूब के साथियों ने रहीमयार खाँ, सांघर और दूसरे पड़ावों पर मेरे पिता पर वार किया, जब वह पी.पी.पी. की विस्तार यात्रा पर निकले हुए थे।

खुदा का शुक्र है कि निशाने चूक गए। सांघर पर मेरे पिता के साथियों ने खुद पर गोलियाँ झेलीं और घायल हुए लेकिन मेरे पिता को बचा लिया।

हमारा घर तनाव से भर गया, लेकिन मैंने निडर रहने की पूरी कोशिश की। डरने से क्या होगा? पाकिस्तान में राजनीतिक जीवन का तो यही आधार है, इसलिए जो जीवन हम जी रहे हैं, उसमें यही सब होना है। मौत का साया, भ्रष्टाचार, हिंसा, यही सब तो... मैंने कभी अपने-आपको भयभीत नहीं होने दिया। मैंने हमेशा यही कोशिश की, कि मैं हर

हाल में संयत रहूँ, तब भी, जब पी.पी.पी. के बनने के ग्यारह महीने बाद मेरे पिता को उनके कई सीनियर नेताओं के साथ पकड़कर जेल में डाल दिया गया। तानाशाहों का यही तरीका होता है। जहाँ कहीं भी प्रतिरोध हो, उसे कुचल दो, जहाँ लोग असहमत हों उन्हें क़ैद में डाल दो। किस कानून के तहत...? हम खुद कानून हैं...

1968 में होने वाली हिंसक घटनाएँ केवल पाकिस्तान तक सीमित नहीं रहीं। एक क्रांतिकारी ज्वर पूरी दुनिया को अपनी गिरफ्त में लेने लगा। छात्रों ने अपने-अपने कैंपस में पेरिस, टोकियो, मैक्सिको सिटी, बर्कले तथा रावलपिंडी सब जगह अशांति खड़ी की। पाकिस्तान में दंगे इस खबर के साथ भड़के कि मेरे पिता को अय्यूब ने गिरफ्तार करके मियाँवाली जेल में रखा है, जिसे पाकिस्तान की सबसे खराब जेल माना जाता है। यह दंगा तब भी जारी रहा जब वह मेरे पिता को साहीवाल जेल में ले आए, जो चूहों के आतंक के लिए मशहूर थी। इन फसादों पर काबू पाने की कोशिश में हुकूमत ने सारे स्कूल और यूनीवर्सिटी बंद करा दी।

इस बीच मैं अपनी पढ़ाई के मामले में, एक नाज़ुक दौर से गुज़र रही थी। मेरी ओ-लेवल की परीक्षा होनी थी, जिसमें पूरे तीन साल का कोर्स शामिल था। अमेरिकी विश्वविद्यालय के रैडक्लिफ कॉलिज में दाखिला लेने के लिए मुझे एस.ए.टी. परीक्षा की तैयारी भी करनी थी। मैंने अपने पिता से निवेदन किया कि वह मुझे बर्कले में पढ़ने की इजाज़त दे दें, ताकि मैं, जहाँ वह थे, वहाँ जा सकूँ। लेकिन उन्होंने ऐसा होने नहीं दिया। उन्होंने कहा कि कैलीफोर्निया का मौसम बहुत अच्छा है। उन्होंने समझाया कि वहाँ की बर्फ़बारी का मौसम तुम्हें ज़बरदस्ती पढ़ने के लिए मजबूर करेगा।

इसका तो सवाल ही नहीं था कि मैं परीक्षा में न बैठूँ। क्योंकि वह बस साल में एक बार होती थी। 'तुम कराची में रहकर पढ़ाई करो।'' मेरी माँ ने कहा। और वह छोटे बच्चों को लेकर लाहौर चली गईं, जहाँ वह हाइकोर्ट में मेरे पिता की गिरफ़्तारी के विरुद्ध बंदी प्रत्यक्षीकरण का मुकदमा दायर कर सकें। मैं अपने घर 70, क्लिफ्टन अकेली रह गई, उस जगह से काफ़ी दूर बाज़ार में दंगा हो रहा था।

अपने पिता के जेल में होने की लगातार फिक्र से ख़ुद को हटाने के लिए मैंने अपना पूरा ध्यान पढ़ाई में लगा दिया। मैं अपने पाठ को बार-बार दोहराती। शाम को हर रोज़ ट्यूटर पढ़ाने आते। कभी-कभी मैं अपनी सहेलियों, फिफी, थामिनेह, फातिमा और सामिया के साथ सिंध क्लब जाती, जहाँ कभी ब्रिटिश राज में देसी लोगों और कुत्तों का प्रवेश वर्जित था और वह अब अमीर घरों के पाकिस्तानियों का क्लब बन गया था। हम स्क्वैश खेलते और पूल में तैराकी करते। हालाँकि हमें मालूम था कि हालात उतने ठीक नहीं है जितने बाहर से दिखाई देते थे, जब से मेरे पिता ने अय्यूब को चुनौती देना शुरू किया। मेरी सहेलियों को उनके शुभचिंतकों ने समझाना शुरू कर दिया कि भुट्टो परिवार के लोगों से दोस्ती करना खतरनाक है। सामिया के पिता को एक इंस्पेक्टर जनरल ने समझाया कि सामिया का मुझसे दोस्ती रखना उनके परिवार के लिए मुसीबत बन सकता है। इस स्थिति का सामिया तथा मेरी कई सहेलियों ने बहादुरी से सामना किया, जबकि दूसरी कई स्कूल की लड़कियाँ मुझसे

दूरी रखने लगीं।

28 नवंबर को मेरे पिता ने खत लिखते हुए मुझे मेरे ओ-लेवल के इम्तहान के लिए शुभकामनाएँ भेजीं। ''मुझे सचमुच अपनी बेटी पर गर्व है जो केवल पंद्रह बरस की उमर में ओ-लेवल करने जा रही है, जबकि मैंने खुद इसे अठारह साल की उमर में किया था। इस तरह से तुम एक दिन कालिज यूनियन की प्रेसिडेंट बन जाओगी।''

हालाँकि मेरे पिता एकाकी कारावास झेल रहे थे, लेकिन उनकी यही चिंता थी कि मेरी पढ़ाई कैसी चल रही है। ''मुझे पता है कि तुम बहुत पढ़ती हो लेकिन तुम्हें साहित्य और इतिहास के लिए भी कुछ समय निकालना चाहिए।'' उन्होंने आगे लिखा, ''तुम्हारे पास सारी किताबें हैं। नेपोलियन बोनापार्ट के बारे में पढ़ो, वह आधुनिक इतिहास का सबसे अधिक भरा-पूरा इन्सान है। अमेरिका की क्रांति तथा अब्राहम लिंकन के बारे में पढ़ो। जॉन रीड की 'वह दस दिन जिसने दुनिया को हिला दिया' पढ़ो। बिस्मार्क, लेनिन, अतातुर्क और माओ-त्से-तुंग को पढ़ो। पुरातन समय के भारत के इतिहास को पढ़ो और सबसे ऊपर इस्लाम का इतिहास पढ़ो।'' उस जेल के कागज़ पर दस्तखत थे—ज़ुल्फ़िकार अली भुट्टो।

किसी भी दूसरी ज़रूरत से ज़्यादा, मैं लाहौर में अपने परिवार के साथ रहना चाहती थी लेकिन मैं नहीं रह सकी। सनम ने मुझे फोन करके बताया कि मेरी माँ उन प्रतिरोधी आवाज़ों की अगुआ स्त्री हैं जो मेरे पिता की गिरफ्तारी के विरोध में हर दूसरे-तीसरे दिन बाद निकलती हैं। वह यह देखती हैं कि हर प्रदर्शनकर्ता अपने साथ एक प्लास्टिक के थैले में पानी से भीगा हुआ तौलिया ले जाए जो उस समय काम आए जब अय्यूब के सैनिक आँसू गैस के गोले छोड़ें।

कई बार अय्यूब की पुलिस ने जुलूस पर लाठी चार्ज किया, फिर भी उनकी गिनती बढ़ती रही। अय्यूब ने हुक्म जारी किया कि प्रदर्शनकर्ताओं को गिरफ़्तार कर लिया जाए, लेकिन सिपाहियों ने औरतों को गिरफ्तार करने से मना कर दिया। अय्यूब के राज तक औरतों की इज़्ज़त-आबरू का ख्याल रखा जाता था।

जब दिसंबर में 'ओ-लेवल' की परीक्षा का समय आया, कॉन्वेंट ऑफ जीसस मेरी ने वेटिकन एम्बेसी में ही परीक्षा की व्यवस्था कर दी, जो कि क्लिफ्टन में ही स्थित थी। इसकी बाज़ार से दूरी तथा जगह का महत्त्व इसे एक सुरक्षित ठिकाना होने का आभास देता था। जहाँ ब्रिटेन में बच्चे क्लास-रूम में बैठकर परीक्षा दे रहे थे, हम यहाँ पाकिस्तान में रोम के चर्च में दुबके हुए पर्चे दे रहे थे। इसी बीच दंगा बढ़ता गया। अय्यूब के खिलाफ लोगों का गुस्सा पुलिस की गोलीबारी के कारण भड़का, जिसमें बहुत से प्रदर्शनकारी मारे गए। अब प्रदर्शनकारियों ने मेरे पिता और उनके साथियों की जेल से विदाई के साथ-साथ अय्यूब के इस्तीफ़े की माँग भी शुरू कर दी।

मेरे पिता की गिरफ़्तारी के तीन महीने बाद, पाकिस्तान में मची तबाही ने अय्यूब को मजबूर कर दिया कि वह मेरे पिता तथा पी.पी.पी. के नेताओं को छोड़ दे। इस बीच एक अफ़वाह सुनने को मिली कि इनको छोड़े जाने के बाद, जो हवाई जहाज़ मेरे पिता को लाहौर से लरकाना लाएगा, उसे नष्ट करते हुए मेरे पिता मार दिए जाएँगे। अचानक, मेरी माँ को एक प्रेस कॉन्फ्रेंस बुलाकर इस संभावना को खबर देने का मौका मिल गया और अय्यूब का यह इरादा कामयाब नहीं हुआ। मेरे पिता लरकाना रेलगाड़ी से लाए गए।

इसके पहले मैं अपनी ज़िंदगी में कभी किसी को देखकर इतना खुश नहीं हुई थी, जितना उस दिन हुई। लेकिन मेरे पिता का अय्यूब के साथ टकराव अभी और आगे तक चलना बाकी था।

"उतरो," मेरे पिता ने मुझे और सनम को देखकर उत्तेजना में आवाज़ लगाई थी, जब वह कैद से लौटकर एक विजय-यात्रा पर लरकाना में निकले थे। हमारी खुली हुई कार, भीड़ के बीच से होकर, धीरे-धीरे जा रही थी..."जिये भुट्टो..." तथा 'गिरती हुई दीवार को आखिरी धक्का दो' जैसे नारे लगाए जा रहे थे कि तभी अय्यूब के एक एजेंट ने ठीक मेरे पिता के सामने आकर पिस्तौल तान दी थी। पता नहीं क्या चमत्कार हुआ कि पिस्तौल का घोड़ा जाम हो गया। लेकिन इस घटना ने भीड़ को बेकाबू कर दिया। मैंने अपने पिता की, बांहों के बीच से उस नौजवान को देखा, जिसे भीड़ सचमुच चीर डालने पर उतारू थी। उसकी गर्दन, उसका सिर, उसकी बाँहें अलग-अलग दिशा में खींची जा रही थीं। उसके मुँह से खून बह रहा था।

"मत देखो," मेरे पिता ने तेज़ी से मेरा सिर नीचे कर दिया और मैं अपने घुटनों के बीच सिर छिपाकर बैठ गई। इस बीच मेरे पिता ने चिल्लाकर कहा कि उनके इस मुजरिम को ज़िंदा छोड़ दो...मारो मत..." भीड़ को अनमने भाव से रुक जाना पड़ा लेकिन वह दर्दनाक दृश्य मेरी आँखों के आगे महीनों तक नाचता रहा।

ऐसा ही एक नज़ारा मेरे पिता के भूख हड़ताल पर बैठने का है। जब वह अय्यूब की तानाशाही का विरोध कर रहे थे। जेल से छूटने के कई दिन बाद तक लरकाना में, मेरे पिता अल-मुर्तज़ा के सामने एक शामियाना लगाकर खुलेआम भूख-हड़ताल पर बैठे रहे। पूरा लरकाना उन्हें देखता रहा और परेशान होता रहा। वह बहुत दुबले और कमज़ोर हो गए थे। "मेरे पिता को इस से छुटकारा दिला दो।" मैंने मन-ही-मन अय्यूब से कहा। मुझे हैरत थी कि मेरे पापा के साथ भूख-हड़ताल पर बैठे दूसरे लोग इतने स्वस्थ, इतने ठीक-ठाक कैसे हैं...वह रात को चुपके से अपने कमरे में खाना मँगाकर खाते हैं...इसलिए..." मेरे एक स्टाफ के आदमी ने ख़ुद मुझे बताया, लेकिन यह भी कहा कि अपने पापा को यह मत बताना...

झुंड के झुंड भूख हड़तालियों के समूह बार एसोसिएशन तथा अन्य व्यस्त सड़कों के आसपास दिखाई देने लगे। पूरा पाकिस्तान अय्यूब के विरोधियों से भर गया। अय्यूब के इस्तीफ़े की माँग होने लगी। यह देखने पर कि, पुलिस भी भुट्टो के पक्ष में नैतिक समर्थन दे रही भीड़ पर काबू नहीं रख पा रही है, आखिर 25 मार्च, 1969 को अय्यूब ने गद्दी छोड़ने की घोषणा कर दी। लेकिन यह एक खोखली सफलता थी। संविधान के मुताबिक राष्ट्रीय असेंबली के स्पीकर को सत्ता देने की बजाय, अय्यूब ने सेना-प्रमुख याहया खान को पाकिस्तान का नया नेता बना दिया। उस तरह एक बार फिर पाकिस्तान फौजी शासन की पकड़ में आ गया। याहया खान ने तुरन्त सारे नागरिक कानून समाप्त करते हुए मार्शल लॉ लागू कर दिया।

अप्रैल में मेरी माँ ने मुझे रेडक्लिफ से आया एक पत्र दिया, जिसे मैंने बेमन से खोला, "क्या मैं सचमुच वहाँ जाना चाहती हूँ...?"

कॉलेज ने मेरे पिता को समझाया था कि केवल सोलह साल की उमर में मैं, रेडक्लिफ

जाने के लिए छोटी हूँ...बेहतर हो, कि मैं एक बरस इंतज़ार कर लूँ। लेकिन मेरे पिता को कोई कारण नज़र नहीं आया, जो वह मुझे जाने से रोकें। उन्होंने अपने एक मित्र जॉन गॉलब्रेथ से, जो कि हार्वर्ड में अर्थशास्त्र के प्रोफेसर हैं, तथा भारत में अमेरिका के भूतपूर्व राजदूत थे, की मदद माँगी।

लिफाफा खोलने पर पता चला कि मैं 1969 के शरद सत्र में प्रवेश पा गई हूँ।

मेरे पिता ने मुझे सीपियों मढ़ा क़ुरान शरीफ का बेहद सुंदर तोहफा दिया। ''तुम अमेरिका में बहुत कुछ देखोगी जो तुम्हें हैरत में डाल देंगे...बहुत कुछ देखकर तुम्हें झटका भी लगेगा, लेकिन मुझे पता है कि तुम उस सबके साथ खुद को व्यवस्थित कर लोगी। इस सबके बावजूद, तुम मन लगाकर पढ़ना। पाकिस्तान में बहुत कम लोगों को वहाँ पहुँचने का मौका मिल पाता है, जहाँ तुम हो और तुम्हें उस मौके का पूरा फायदा उठाना चाहिए। मत भूलना कि तुम्हें वहाँ भेजने का पैसा उस ज़मीन और उन लोगों से आता है जो उस ज़मीन पर खून-पसीना बहाते हैं। तुम पर उनका कर्ज़ है और वह कर्ज़ तब उतर पाएगा, जब तुम खुदा की मेहरबानी से पढ़-लिखकर अपनी योग्यता से उनकी ज़िंदगी को बेहतरी दे पाओगी।''

अगस्त के आख़िरी हफ्तों में 70, क्लिफ्टन के नक्काशीदार लकड़ी के दरवाज़े पर मैं बाहर जाने को खड़ी थी, जब मेरी माँ ने मेरे सिर पर क़ुरान शरीफ़ छुआया और मैंने उसे इज्ज़त से चूम लिया। इसके बाद हम दोनों एयरपोर्ट जाने के लिए निकल पड़े, जहाँ से मुझे अमेरिका के लिए रवाना होना था।

3

लोकतंत्र का मेरा पहला अनुभव

अल-मुर्तज़ा में मेरी और मेरी माँ की कैद का दूसरा महीना शुरू होते-होते हमारा बगीचा सूखने लगा था। अपने पिता की कैद, और मौत के पहले ही, हमने बगीचे और ज़मीन की देखभाल के लिए दस आदमियों की माँग की थी, लेकिन चूँकि अल-मुर्तज़ा हमारे लिए जेल बन चुकी थी, ज़िया के फौजी राज ने केवल तीन माली हमें दिए। ऐसे में, बगीचे को बनाए रखने के लिए मैं भी साथ जुट गई।

यह मेरे लिए बरदाश्त के बाहर था कि मैं फूलों को, खास-तौर से अपने पिता के गुलाबों को कुम्हलाता देखूँ। जब भी वह विदेश जाते, वहाँ से हमारे बाग के लिए नए और आकर्षक किस्म के पौधे लेकर आते—बैंगनी गुलाब, नारंगी गुलाब, ऐसे गुलाब जो देखकर लगते ही नहीं कि गुलाब के फूल हों, लेकिन ऐसी खूबसूरती से तराशे हुए से, जैसे कि मिट्टी के बने हों। नीला गुलाब उनका प्रिय फूल था, जिसे शान्ति का गुलाब कहा जाता है। अब गुलाब की झाड़ियाँ मुरझा रही थीं और अनदेखी होने के कारण बदरंग हो रही थीं।

बढ़ती जा रही गर्मी के दिनों में, मैं रोज़ सुबह सात बजे तक बाग में पहुँच जाती और माली के साथ उसकी मदद करती। कैनवस के भारी पाइप से सिंचाई करने के लिए उन्हें एक क्यारी से दूसरी क्यारी तक खींचकर ले जाती। घर के कोनों से फ्रंटियर दस्तों के सिपाही मुझे देखते। स्टॉफ को पूरे बाग में सिंचाई करने में तीन दिन लगते थे। हमें आठ दिन लगते हैं। जब तक हम गुलाबों की आखिरी पंक्ति तक पहुँचते थे, पहली वाली सूखने लगती थी। इन पौधों और बाग की पानी और देखभाल न मिलने की हालत को बेहतर बनाने के संघर्ष में, मैं अपनी आज़ादी और ज़िन्दा रहने की हालत को नकार रही थी।

मेरी ज़िन्दगी के सबसे खूबसूरत पल इन्हीं गुलाबों और अल-मुर्तज़ा के फलों के पेड़ों की ठण्डी छाँह में बीते हैं। दिन के समय हवा में 'दिन के राजा' (गुलाब) के फूलों की खुशबू तैरती। इनके छोटे सफेद फूलों के गजरे दूसरी पाकिस्तानी औरतों की तरह, मेरी माँ भी पहनना पसन्द करती। सूरज डूबने के बाद रात की रानी की महक से शाम गमक उठती और हम परिवार के साथ छत पर बैठकर उसका मज़ा लेते।

और ज्यादा होज़ पाइप... ज्यादा पानी। मैं आँगन से पत्तियाँ बुहारती, बाग की सफाई तब तक करती, जब तक मेरी बाहें दुखने नहीं लगतीं। मेरी हथेलियों में छाले पड़ गए और

वह सूख गईं। "यह सब तुम खुद क्यों कर रही हो?" मेरी माँ मेरी फिक्र करती हुई पूछतीं। मैं दोपहर तक थककर निढाल हो जाती। यही तो कुछ है जो किया जा सकता है, मैं उन्हें बताती। लेकिन बात सिर्फ इतनी-सी नहीं है। मैं इतना काम, इतनी मेहनत करना चाहती थी कि मेरी एक-एक नस थककर चूर हो जाए, मैं इतना थक जाऊँ कि मेरे लिए सोचना भी मुश्किल हो जाए। मैं अपनी उस ज़िन्दगी के बारे में सोचना भी नहीं चाहती थी, जो इस मार्शल लॉ के चलते बेकार होती जा रही थी।

मैं एक नई क्यारी खोदकर उसमें गुलाब रोपती हूँ, लेकिन वह पनपती नहीं। मेरी माँ मुझसे ज्यादा कामयाबी से भिण्डी, मिर्ची और पुदीने की पौध उगा पा रही हैं। शाम को मैं पुचकारकर अपने पालतू सारस के जोड़े को बुलाती हूँ तो वह अपने पंख पसारते हुए मेरी ओर दौड़े चले आते हैं और रोटी का टुकड़ा ले लेते हैं। जानवर को पुकारना और उन्हें आता हुआ देखना, पौध लगाना और उसे उगता हुआ देखना, यह ज़रूरी हो गया है। यह मेरे होने का सबूत है।

जब मैं बगीचे में काम नहीं कर रही होती, तब समय सिर्फ बिताया जाता है। मैं बार-बार अपने दादाजी की किताबें, अर्ल स्टेनली गार्डनर को पढ़ती हूँ, हालाँकि अक्सर बिजली गुल रहती है और मुझे मेरी माँ के साथ दिन और रात अँधेरे में बिताने पड़ते हैं। एक टेलीविज़न है। जब बिजली रहती भी है, तब भी उसमें देखने जैसा कुछ नहीं होता। मेरे पिता के समय नाटक, फिल्में, धारावाहिक कार्यक्रम दूरदर्शन पर दिखाए जाते थे। टॉक शो होते थे, साक्षरता कार्यक्रम होते थे, जो लोगों को पढ़ना सिखाते थे। अब, जब भी टेलीविज़न खोलो, बस ज़िया, ज़िया, ज़िया, ... और कुछ नहीं। ज़िया के भाषण, ज़िया के भाषणों पर चर्चा, सेंसर की हुई खबरें, और यह, कि ज़िया की किससे मुलाकात हुई।

हर रोज़ रात को 8.15 पर हम, बिना चूके, बी.बी.सी. का उर्दू प्रोग्राम ज़रूर सुनते। बी.बी.सी. पर ही हमें नवम्बर में पता चला कि इस्लामाबाद में अमेरिकन ऐंबेसी को गुस्साई भीड़ ने जलाकर राख कर डाला, क्योंकि ऐसा अन्दाज़ा था कि अमेरिका मक्का की मस्जिद पर कब्ज़ा करने वाला है। जब बात और खुली तो पता चला कि सुरक्षा के लिए सचेत हुकूमत और मार्शल लॉ के बावजूद बसों में भर-भरकर कट्टरपन्थी छात्र लाए गए और उन्हें अमेरिकन ऐंबेसी जला डालने के लिए सौंप दी गई। ऐंबेसी देर तक सुलगती रही और कोई अधिकारी वहाँ नहीं पहुँचा, जबकि इसी हुकूमत के लोग पी.पी.पी. के ज़रा-से प्रदर्शन पर पलक झपकते पहुँच जाने में माहिर हैं। अमेरिकन ऐंबेसी जल गई, एक आदमी मारा गया और तब ज़िया ने टेलीविजन पर पछतावा दिखाते हुए अपना दुख प्रकट किया और कहा कि वह इसका मुआवज़ा देने को तैयार हैं। लेकिन क्या मुआवज़ा दिया गया, यह आज तक पता नहीं चला।

एक महीने बाद बी.बी.सी. पर एक और भड़काने वाली खबर आई। 27 दिसम्बर, 1979 को रूसी फौजें अफगानिस्तान की ओर कूच करती हैं। मैं और मेरी माँ एक-दूसरे का चेहरा ताकते रह जाते हैं, क्योंकि हमें पता है कि इस कदम के राजनीतिक नतीजे गम्भीर होने वाले हैं। महाशक्तियों के बीच लड़ाई, पाकिस्तान के दरवाज़े पर आ पहुँची है। अगर अमेरिका एक ऐसा देश चाहता है, जो अन्दर से इतना मज़बूत हो कि सोवियत रूस का होना झेल सके, तब वह पाकिस्तान में तेज़ी से लोकतन्त्र बहाल करने की कोशिश करेगा।

अगर वह ज़रा भी इस इन्तज़ार में बैठते हैं, कि देखें अफगानिस्तान में क्या होता है, तो ज़िया की तानाशाही और ज़बरदस्त हो जाएगी। अमेरिका...अमेरिका में ही मैंने पहली बार, लोकतन्त्र क्या है, यह जाना था। वहाँ मैंने अपनी ज़िन्दगी के चार खूबसूरत साल बिताए। मैं अभी भी आँख बंद करके अपने सामने हार्वर्ड और रेडक्लिफ का कैंपस देख सकती हूँ। शरद ऋतु में पेड़ों का गहरा लाल और पीला रंग...सर्दियों में बर्फ की नरम चादर और वह बसन्त की मोहक हरियाली की पहली झलक... साथ ही रेडक्लिफ में बतौर छात्र मैंने बेहद नज़दीक से तीसरी दुनिया की वह बेबसी भी देखी जो महाशक्तियों की अपनी स्वार्थ-भरी नीति के कारण बनी हुई थी।

''पाक-इ-स्तान? कहाँ है पाक-इ-स्तान?'' मेरे नये सहपाठी मुझसे पूछने लगे, जब मैंने पहली बार रेडक्लिफ में कदम रखा। मेरा जवाब आसान था।

''पाकिस्तान दुनिया का बड़ा मुस्लिम देश है।'' मैंने वैसे ही जवाब दिया जैसा ऐंबेसी के कागज़ों में लिखा हुआ है। ''भारत के पूर्व और पश्चिम में पाकिस्तान के दो हिस्से हैं।''

''ओह भारत...'' एक राहत-भरा जवाब मिला... ''तुम भारत के पास से हो...''

मैं हर बार, जब भारत का नाम आया, सचेत हो गई, जिसके साथ हमने दो कड़ुवाहट-भरी लड़ाइयाँ लड़ी थीं। पाकिस्तान, अमेरिका का सबसे ज़बरदस्त सह-राष्ट्र है, जैसे सोवियत का गहरा प्रभाव भारत पर है। और हमारे दूसरे सीमावर्ती देश हैं, चीन, जो एक कम्यूनिस्ट देश है, अफगानिस्तान तथा ईरान; अमेरिका हमारे हवाई ठिकानों का इस्तेमाल, उत्तरी पाकिस्तान में, अपनी यू 2 सर्वेक्षण उड़ानों के लिये करता है, जिसमें 1960 की दुर्भाग्यपूर्ण गैरी पावर्स की उड़ान भी शामिल है। 1971 में हेनरी कीसिंजर की इस्लामाबाद से चीन की उड़ान बहुत सफल गतिविधि थी, जिसने प्रेसिडेंट निक्सन की अगले वर्ष की यात्रा का रास्ता खोला। फिर भी, अमेरिकन मेरे देश के वजूद तक से अनजान थे।

सम्भवतः भुट्टो के नाम से अपरिचित थे, जिससे मुझे अपने जीवन में गुम- नामियत का सबसे बड़ा धक्का लगा। पाकिस्तान में मुझे कभी नहीं पता चला कि लोग मुझ तक मेरी योग्यता के आधार पर आते थे, या मेरे परिवार के नाम के कारण। हार्वर्ड में, मैं पहली बार, सिर्फ अपने नाम के कारण जानी गई। मेरी माँ कुछ हफ्ते मेरे साथ रहीं, ईलियट हॉल में मेरा कमरा ठीक करती रहीं और वहाँ से मक्का की दिशा का अंदाज़ा लगाती रहीं, कि उधर ही घूमकर मैं नमाज़ पढ़ा करूँ। जब वह गईं, वह मेरे लिए एक गर्म शलवार-कमीज़ छोड़ गईं, जो उन्होंने न जाने कितना भटककर मेरे लिए बनवाया था। उसके भीतर रेशमी अस्तर लगा हुआ था, ताकि ऊनी कपड़ा मुझे चुभे नहीं।

मैं उनकी नमाज़ के बारे में दी गई हिदायतों के बारे में पूरी तरह ईमानदार थी, लेकिन उनके कपड़ों के बारे में कतई नहीं, जो बारिश और बर्फबारी में पहने जाने लायक नहीं थे और उन्हें पहनकर मैं सबसे अलग-थलग दिखने लग सकती थी।

उनके जाने के बाद मैंने तुरन्त शलवार-कमीज़ बदलकर जीन्स और स्वेट-शर्ट पहन ली, जो मुझे हार्वर्ड के को-ऑपरेटिव में मिल गई। मैंने अपने बाल बढ़ाए और मैं गद्‌गद

हो गई, जब मेरे साथियों ने कहा कि तुम जोन बेज़ जैसी दिखती हो। मैंने खूब-खूब सेब का रस पिया, अनगिनत पिपरमिण्ट वाली स्टिक आइसक्रीम खाई, जिस पर 'जिम्मीज़' का छिड़काव हुआ करता था और बृघैम के आइसक्रीम पार्लर में मिलती थी। मैंने नियमित रूप से बोस्टन में आयोजित रॉक संगीत के कार्यक्रम सुने और प्रोफेसर मिसेज़ गॉलब्रिथ की गार्डन पार्टीज़ में भाग लिया जो उनके घर पर आयोजित होती थीं। मैंने अमेरिका की सारी अनूठी खूबियों का भरपूर आनन्द लिया।

युद्ध-विरोधी आन्दोलन अपने पूरे जोश में था और मैंने हज़ारों दूसरे साथियों के साथ मिलकर शहीद दिवस की रैली में, हार्वर्ड से लेकर बोस्टन कॉमन तक प्रदर्शन किया। वाशिंगटन डी.सी. में एक बड़ी रैली में मैंने हिस्सा लिया जहाँ मैं, पहली बार आँसू गैस की लपेट में आई। मैं घबरा रही थी कि मैंने 'लड़कों को वापस घर लाओ' नारे वाला बिल्ला अपने बस्ते पर लगा रखा था। यह पहला मौका था, बतौर विदेशी, मेरे लिए किसी राजनीतिक रैली में हिस्सा लेना कानून के खिलाफ था, जिस पर मुझे वापस भी भेजा जा सकता था। लेकिन मैंने पाकिस्तान में भी वियतनाम युद्ध का विरोध किया था। मेरे तथा मेरे दूसरे साथियों के संघर्ष का उद्देश्य एक जैसा था कि अमेरिका को एशिया के गृह-युद्ध से परे रहना चाहिए। पाकिस्तान में चार स्कूलों की छह अलग-थलग शाखाओं में पढ़ने की निरंतरता के साथ मुझे हार्वर्ड के चार साल अच्छे लगे। वहाँ बहुत कुछ करने को मिला। महिला आन्दोलन का ज़ोर बढ़ रहा था और हार्वर्ड की किताब की दुकानें, महिलाओं से जुड़ी सामग्री से भरी हुई थीं ... ढेर-सी किताबें तथा पत्रिकाएँ... इसमें *कैंपस बाइबिल* तथा *केट मिलेट* की *'सेक्सुअल पोलिटिक्स'* तथा *मिज़* पत्रिका के शुरुआती अंक... रात-दर-रात मेरे दोस्त और मैं अपने संकल्पों और अपने भविष्य की योजनाओं के बारे में बातें करते, तय करते कि अगर हमने कभी शादी की, तो किन शर्तों पर हम अपने सम्बन्धों का निर्वाह करना चाहेंगे।

पाकिस्तान में मैं उन गिनी-चुनी लड़कियों में से थी, जो परिवार तथा शादी को अपनी ज़िन्दगी का असली मकसद नहीं मानतीं। हार्वर्ड में मैं उन महिलाओं में से थी जो अपने स्त्री होने के कारण ज़रा भी विचलित नहीं थीं। यहाँ मेरा आत्मविश्वास बढ़ा और मैं उस झिझक से पूरी तरह बाहर आ गई, जो स्त्री होने के नाते, शुरुआती वर्षों में मेरे ऊपर हावी थी।

पाकिस्तान में मैं और मेरे भाई-बहन दोस्तों के सीमित दायरे में, और रिश्तेदारों के बीच रहते थे। इसलिए मैं अनजान लोगों के बीच असुविधा महसूस करती थी। हार्वर्ड में, मैं, पीटर गॉलब्रिथ के अलावा किसी को भी नहीं जानती थी। उनसे भी मेरा परिचय, कॉलेज शुरू होने के ज़रा ही पहले कराया गया था। मेरी सकुचाई हुई सहमी आँखें देखकर पीटर गॉलब्रेथ को गहरा अचम्भा हुआ था। उसके बाल लम्बे थे। उसके कपड़े पुराने ढंग के थे तथा बेतरतीबी से पहने हुए थे। वह अपने माँ-बाप के सामने भी सिगरेट पीता था। वह एक यतीम जैसा दिखता था, जिसे भारत के भूतपूर्व राजदूत घर लाए थे, बजाय इसके कि वह एक वरिष्ठ राजनयिक और एक प्रतिष्ठित प्रोफेसर का बेटा जैसा दिखे। मुझे तब यह नहीं पता था कि यही पीटर, जो मेरा दोस्त बन गया था, आगे पन्द्रह साल बाद, पाकिस्तान में मुझे कैद से छुड़वाने में अपनी महत्त्वपूर्ण भूमिका अदा करेगा।

लेकिन पीटर हार्वर्ड में पढ़ रहे हज़ारों छात्रों में से बस एक छात्र था। मुझे अजनबी लोगों के पास जाकर लाइब्रेरी का रास्ता पूछना, लेक्चर हॉल तथा दूसरी जगहों का पता पूछना पड़ता क्योंकि ज़बान बंद करके रखने से मेरा काम चलने वाला नहीं था। मुझे घोर अनजान और विदेशी लोगों के तालाब में फेंक दिया गया था। अगर मुझे किनारे लगना था, तो मुझे खुद ही कोशिश करनी थी।

मैं जल्दी ही वहाँ व्यवस्थित हो गई थी क्योंकि पहले ही साल इलियट हॉल की सेक्रेटरी होने के नाते, हार्वर्ड के अखबार *द क्रिमसन* के लिए कोशिश करने के दौरान, तथा *क्रिमसन* को सोसायटी के लिए कैंपस के तयशुदा भ्रमण कराने के ज़रिये मेरी झिझक काफी दूर हो गई थी। इस बिल्डिंग का पूरा नाम 'सेण्टर ऑफ इण्टरनेशनल अफेयर्स' था लेकिन हम सब मज़ाक करते कि हमें पता था कि सी.आई.ए. का क्या मतलब है। (अमेरिका की गुप्तचर एजेंसी—सेंट्रल इण्टेलिजेंस एजेंसी)। मैं जानबूझकर नए छात्रों को कुछ ऐसा ही बताती और जोश में आकर मज़े लेती। जैसा मुझे भी बताया गया था हार्वर्ड की विवादास्पद, वीज़ुअल आर्ट की बिल्डिंग एक फ्रेन्च वास्तुकार ला-कार्बूज़िए ने डिज़ाइन की थी, और इस बिल्डिंग के बारे में बात की जाती थी, मज़ाकिया लहज़े में, कि बनाने वाले ने इसका नक्शा उल्टा पकड़ रखा था!

वहाँ पर कुछ सांस्कृतिक टकराव के कारण भी थे, जिनसे निपटने में मुझे मुश्किल आई थी। जैसे मैं कभी भी नौजवान लड़कों के इतने पास बने आवास में रहना सहजता से नहीं ले पाई, खास कर के तब, जब ईलीयट हॉल में, मेरे जूनियर बैच से लड़कियों और लड़कों की पढ़ाई साथ-साथ शुरू हो गई। यहाँ तक कि अपने लांड्री रूम में किसी अण्डरग्रेजुएट लड़के का दिख जाना काफी होता था कि मैं अपना कपड़े धोने का प्रोग्राम रद्द कर दूँ। यह समस्या तब हल हुई, जब हम ईलियट हाउस के हार्वर्ड कैंपस में चले गए, जहाँ मेरी रूममेट योलांदा क्रोद्रज्की के साथ मैंने अपना कमरा लिया, जिनमें सामुदायिक लांड्री रूम काफी बड़ा था।

मैंने सोचा था कि मैं मनोविज्ञान का कोर्स करूँगी। लेकिन जब मुझे पता चला कि उसके साथ ही मुख्य चिकित्सा के विषय भी जुड़े हुए हैं, जिनमें जानवरों की चीर-फाड़ शामिल है, मैं घबरा गई और मैंने तुलनात्मक राजकीय विषय पढ़ने का निर्णय लिया। मेरे पिता इससे प्रसन्न हुए। मेरे पिता ने रेडक्लिफ की प्रेसिडेंट मेरी बंटिंग को एक गुपचुप पत्र लिखा था कि वह मुझे राजनीति-सम्बन्धी विषय चुनने की प्रेरणा दें। इस पर मिसेज बंटिंग ने मुझसे जानना चाहा था कि मैं अपनी ज़िन्दगी में क्या करना चाहती हूँ। उन्होंने मुझे कभी ज़ाहिर नहीं किया कि मेरे पिता का पत्र उनके पास आया है। सरकारों का तुलनात्मक अध्ययन करना पढ़ाई के रूप में सचमुच एक बेहतर निर्णय रहा।

हार्वर्ड में राजनीति पढ़ते समय मैंने पाकिस्तान को और अधिक समझना शुरू किया, उससे कहीं ज्यादा, जितना वहाँ रहते हुए समझा था। "जब पुलिस वाला अपना हाथ उठाकर रुक जाओ कहता है तो सब रुक जाते हैं, लेकिन जब मैं या आप हाथ उठाकर किसी को रुक जाओ कहते हैं, तो कोई नहीं रुकता... क्यों?" प्रोफेसर जॉन वुमैक ने हमारे एक ग्रुप से 'क्रान्ति' विषय पर चल रही एक शुरुआती छात्रों की सेमिनार में पूछा... क्योंकि पुलिस वाले के पास संविधान और सरकार ने यह अधिकार दिया है कि वह कानून लागू करे। उसे रुक जाओ कहने का अधिकार है। मेरे या आपके पास नहीं है। मुझे याद है कि मैं

प्रोफेसर वुमैक की उस सेमिनार में जड़वत् बैठी थी क्योंकि पूरी क्लास में सिर्फ मैं ही अकेली छात्र थी, जिसने तानाशाही में सचमुच दिन बिताए थे। केवल एक उदाहरण से प्रोफेसर वुमैक ने पाकिस्तान की उस अराजकता तथा कानून की अवमानना उजागर करके रख दी थी, जो अय्यूब खान, याहया खान, तथा बाद में ज़िया उल-हक़ की हुकूमत में नज़र आई थी। इन तानाशाहों के अधिकार उन्हें किसी जनादेश या संविधान ने नहीं दिए थे, बल्कि वह इन्होंने खुद ले लिए थे। यहाँ आकर मुझे समझ में आया था कि क्यों पाकिस्तान में लोगों ने इनकी हुकूमत को अस्वीकार करते हुए रुकने से इन्कार कर दिया था, क्योंकि यह हुकूमत का कोई संवैधानिक अधिकार नहीं था, अराजकता थी।

मैं अपने चालू सत्र के मध्य में थी, जब कानूनसम्मत सरकार एक हकीकत बनकर पाकिस्तान में लागू हुई। 7 दिसम्बर, 1970 को याहया खान ने चुनाव करा ही दिए थे जो पिछले तेरह साल से सिर्फ एक सपना था। उधर, दुनिया के दूसरे कोने में, कैंब्रिज में, जहाँ मैं सारी रात पढ़ती रही थी, सिरहाने टेलीफोन रखकर बैठी थी। तभी मेरी माँ का फोन आया था और पता चला था कि पी.पी.पी. ने उम्मीद से कहीं ज्यादा, 138 में से 82 सीटें जीतकर कामयाबी हासिल की थी। यह मेरे पिता की जीत थी, वे राष्ट्रीय असेंबली में पहुँच गए थे। पश्चिमी पाकिस्तान में वही नेता थे, जबकि पूर्वी पाकिस्तान की ओर से शेख मुजीबुर्रहमान ने जीत हासिल की थी, जो अवामी लीग के नेता थे। वे लोग जो मुझसे कभी मिले भी नहीं थे, उन्होंने भी आगे बढ़कर मुझे मुबारकबाद दिया था और अगले ही दिन *न्यूयार्क टाइम्स* में मेरे पिता की जीत की खबर छपी थी।

मेरा यह उत्साह-आनन्द बस थोड़े ही समय तक कायम रहा। मेरे पिता के साथ सहयोगपूर्वक काम करने की बजाय, कि वह पश्चिमी पाकिस्तान के लोगों के साथ मिलकर उन्हें ऐसा संविधान लिखने में मदद करें, जो पूर्व और पश्चिम दोनों पाकिस्तान को ठीक लगे, पूर्व पाकिस्तान के नेता मुजीबुर्रहमान ने पूर्वी पाकिस्तान या पुराने पूर्वी बंगाल को पश्चिमी पाकिस्तान से अलग करने की माँग कर दी। मेरे पिता ने उनसे बार-बार अनुरोध किया कि वह पश्चिमी पाकिस्तान के लोगों के साथ मिलकर देश को एक बनाए रखें, याहया के फौजी शासन को पूरी तरह हट जाने में मदद करें, लेकिन मुजीबुर्रहमान अड़े रहे। उन्होंने राजनीतिक ज़िम्मेदारी का फर्ज़ नहीं निभाया। मुजीब ने हठधर्मी का व्यवहार किया जो मुझे आज तक चुभता है। पूर्वी बंगाल के लोगों ने उनकी बात मानते हुए एयरपोर्ट पर कब्ज़ा कर लिया। बंगाली नागरिकों ने टैक्स देना बंद कर दिया। केन्द्रीय सरकार के विभागों में बंगाली कर्मचारी हड़ताल पर चले गए। मार्च तक गृहयुद्ध पूरी तरह से फैल गया।

मेरे पिता ने मुजीब से बातचीत की कोशिश जारी रखी। वह इस उम्मीद में थे कि वह पाकिस्तान का टूटना रोक लेंगे। मार्च 27, 1971 को वह सचमुच पूर्वी पाकिस्तान की राजधानी ढाका पहुँचे, जहाँ वह मुजीब से वार्ता का एक और दौर चलाना चाहते थे। तभी उनकी आशंका का सबसे खतरनाक चेहरा सामने आया। याहया खान ने सेना को उस आन्दोलन को रौंद डालने का आदेश दे दिया। अपने होटल के कमरे में अकेले रहते हुए मेरे पिता ने ढाका को आग की लपटों में जलते देखा। वह एक नासमझ जनरल की सोच पर दुखी हो रहे थे, जिसे केवल फौजी तरीका ही समझ में आया। इधर मैं, कैंब्रिज में, वहाँ से छह हज़ार मील दूर बैठी, एक ऐसा पाठ सीख रही थी, जिसका स्वाद बेहद कड़ुवा था।

लूट, बलात्कार, अपहरण, हत्या... यही सब। जहाँ पहले किसी को पाकिस्तान का पता भी नहीं था, जब मैं हार्वर्ड आई थी, वहीं सब पाकिस्तान को जान गए थे। और सभी की ज़ुबान पर पाकिस्तान की निन्दा थी। पहले तो मैंने पश्चिम के प्रेस के समाचारों पर विश्वास नहीं करना चाहा, जो हमारी सेना पूर्वी पाकिस्तान के विद्रोही लोगों के साथ निर्दयतापूर्वक कर रही है, सरकार-नियंत्रित अखबारों के अनुसार, जो मेरे पास नियमित आते थे, यह एक छोटा-सा विद्रोह था जो कुचला जा रहा था। लेकिन वह कौन-से अपराध थे जिनके लिए ढाका को जलाकर राख कर दिया गया था, दस्तों को यूनीवर्सिटी में भेजकर छात्रों, अध्यापकों, कवियों, लेखकों, डॉक्टरों और वकीलों को बर्बरतापूर्वक सताया गया था। मैंने अविश्वासपूर्वक अपने सिर को झटका दिया। जैसा बताया गया, हज़ारों की तादाद में शरणार्थी भाग रहे थे। कितनों को तो पाकिस्तानी जहाज़ों से गोलीबारी करके मार डाला गया और फिर उनकी लाशों को ही सड़क रोकने के लिए इस्तेमाल किया गया।

यह कहानियाँ इतनी मार्मिक थीं कि मैं सोच भी नहीं पा रही थी। बलात्कारों की विभीषिका पर जो लेक्चर हमें रेडक्लिफ में शुरू में दिया गया था, हमें अविश्वसनीय लगा था। जब तक मैं अमेरिका नहीं आई थी, मैंने बलात्कार के बारे में सुना तक नहीं था, और उसकी ज़रा-सी सम्भावना ने मुझे, अगले चार सालों तक, रात में कहीं अकेले जाने से रोके रखा था। उस लेक्चर के बाद मुझे हार्वर्ड में भी बलात्कार हो जाने की सम्भावना लगने लगी थी, लेकिन पूर्वी बंगाल में बलात्कार, मुझे अभी भी विश्वास नहीं हो रहा था। मुझे यही लगा था कि यह खबरें बढ़ा-चढ़ाकर आ रही हैं और यह पश्चिमी प्रेस की इस्लामी देश की छवि खराब करने की साज़िश है। मेरे लिए हार्वर्ड में अपने सहपाठियों को समझा पाना कठिन था। "तुम्हारी सेना खूँखार है..." यह आरोप लगाए जा रहे थे। "तुम लोग बंगालियों का कत्लेआम कर रहे हो।" मेरा चेहरा इस सबसे बदरंग हो जाता था, तब भी मैं जवाब देती थी, "क्या जो भी तुम अखबार में पढ़ते हो, उस पर विश्वास करते हो?" सभी पाकिस्तान के खिलाफ होते जा रहे थे, यहाँ तक कि वह भी जिनके साथ इसी साल के शुरू में पूर्वी पाकिस्तान से समुद्री तूफान आने के समय, मैंने घर-घर जाकर वहाँ के लोगों के लिए मदद जुटा कर भेजी थी। आरोप लगाए गए, "तुम लोग फासिस्ट हो, तानाशाह हो..." फिर मैंने सुना कि हिन्दुस्तान हज़ारों बंगाली शरणार्थियों को छापामार युद्ध की ट्रेनिंग देकर उन्हें फिर वापस भेज रहा है। "हम एक ऐसी विपत्ति से मुकाबला कर रहे हैं, जिसे हिन्दुस्तान बढ़ावा दे रहा है। हम अपने देश को टूटने से बचाने की कोशिश कर रहे हैं जैसे तुम लोगों ने गृहयुद्ध के समय अपने देश में किया था।" मैं कहती।

पाकिस्तान की निन्दा को रोके जाने की कोई गुजाइश नहीं थी, जबकि उसका कारण पूरी तरह साफ नहीं था। "पाकिस्तान ने बंगलादेश के लोगों पर अपनी मर्ज़ी बताने की पांबदी लगा दी है।" प्रोफेसर बाल्डोर ने 'युद्ध और नैतिकता' पर एक भाषण देते हुए कहा। तब मैं अपने जूनियर वर्ष के शरद् सत्र में पढ़ रही थी।

मैं दो सौ छात्रों से भरे लेक्चर हॉल में एकदम खड़ी हो गई और कांपती हुई आवाज़ में बोली, "यह पूरी तरह से झूठ है प्रोफसर! बंगाल की जनता ने 1947 में अपना मत व्यक्त कर दिया था कि वह पाकिस्तान के साथ ही रहना चाहती है।" मेरे यह कहते ही वहां एक स्तब्ध सन्नाटा-सा छा गया। जो मैंने कहा था, वह एकदम सच था। लेकिन जो

दुःख-भरी सच्चाई जिसे मैं मानने को तैयार नहीं थी, वह वो विश्वास-भग था जो पूर्वी पाकिस्तान बनने के बाद हुआ।

कितनी ही बार मैंने खुदा से अपनी नासमझियों की माफी माँगी। लेकिन मैं नहीं देख पाई कि लोकतान्त्रिक जनादेश की पाकिस्तान में अनदेखी हो रही है। पूर्वी पाकिस्तान का बहुसंख्यक हिस्सा, अल्पसंख्यक पश्चिमी पाकिस्तान द्वारा एक उपनिवेश की तरह रखा जा रहा है। पूर्वी पाकिस्तान की इकत्तीस अरब की निर्यात की कमाई से पश्चिमी पाकिस्तान में सड़कें, स्कूल, यूनीवर्सिटी और अस्पताल बन रहे हैं और पूर्वी पाकिस्तान में विकास की कोई गति नहीं है। सेना, जो पाकिस्तान की सबसे अधिक रोज़गार देने वाली संस्था रही, उसमें नब्बे प्रतिशत भर्ती पश्चिमी पाकिस्तान से की गई। सरकारी कार्यालयों की अस्सी प्रतिशत नौकरियाँ पश्चिमी पाकिस्तान के लोगों को मिलती हैं। केन्द्र सरकार ने उर्दू को राष्ट्रीय भाषा बताया है, जबकि पूर्वी पाकिस्तान के कुछ ही लोग उर्दू जानते हैं और इस वजह से भी बंगाली सरकारी नौकरियों में नहीं जा पा रहे हैं। ऐसे में अगर उन्होंने खुद को शोषित और वंचित महसूस किया, तो इसमें क्या हैरत है!

मैं हार्वर्ड में पढ़ते समय बहुत नासमझ थी, जो यह जान पाती कि पाकिस्तानी फौज ऐसा कोई भी अन्यायपूर्ण अत्याचार कर सकती थी, जो कोई भी फौज खुली छोड़ दिए जाने पर नागरिकों के ऊपर करती। यहाँ मनोवैज्ञानिक सच वैसा ही था, जैसा 1968 में अमेरिका की सेना के साथ था, जिसने मैलाई के निर्दोष नागरिकों पर भयंकर मारकाट मचाई थी। वर्षों बाद वैसा दमन ज़िया ने मेरे गृहप्रान्त सिंध में किया। फौजी लोग नागरिकों का सामना करते समय नियन्त्रण खो बैठते हैं। वह उन्हें दुश्मनों की तरह ही देखते हैं कि उन्हें भून दें, लूट लें या उनका बलात्कार करें। फिर भी 1971 की लड़ाई मुझे मेरी बचपन की स्मृति में ले जाती है, जिसमें 1965 में हमारी बहादुर सेना ने भारत का मुकाबला किया। अपनी सेना की बहादुरी की यह छवि अब धीरे-धीरे धूमिल होनी शुरू हो जाएगी।

"पाकिस्तान एक गम्भीर अग्नि-परीक्षा से गुज़र रहा है," मेरे पिता ने मुझे एक लम्बे पत्र में लिखा, जो बाद में प्रकाशित एक किताब, 'द ग्रेट ट्रेजिडी' में छपा, "एक पाकिस्तानी ही दूसरे पाकिस्तानी को मार रहा है, यह दुःस्वप्न अभी टूटा नहीं है। खून अभी भी बहाया जा रहा है। हिन्दुस्तान के बीच में आ जाने से स्थिति और भी गम्भीर हो गई है। पाकिस्तान उद्देश्यपूर्वक तभी ज़िन्दा रह पाएगा, अगर हम यह विप्लव झेल सकें, वरना हम पूरी तरह मिट जाएँगे।"

वह निर्णायक और मारक आघात तीन दिसम्बर, 1971 को सामने आया। "नहीं," मैं चीखी और मैंने ईलियट हॉल में अखबार उठाकर फेंक दिया। व्यवस्था ठीक करने के बहाने, ताकि, हिन्दुस्तान में बढ़ती शरणार्थियों की भीड़ वापस भेजी जा सके, हिन्दुस्तान की फौज पूर्वी पाकिस्तान में घुस आई और उसने पश्चिमी पाकिस्तान पर हमला बोल दिया। रूस के बनाए हुए मारक मिसाइलों के निशानों से हमारे युद्धपोत कराची के बंदरगाह में दफन होने लगे। हिन्दुस्तानी जहाज़ शहर के महत्त्वपूर्ण ठिकानों पर गोलाबारी करते रहे। हमारे हथियार पुराने थे, हम उसका जवाब भी नहीं दे सके। अब हमारा बचा रह पाना भी खतरे में पड़ गया।

"तुम खुशकिस्मत हो, जो यहाँ नहीं हो।" सामिया ने मुझे कराची से खत में लिखा,

"यहाँ हर रात हवाई हमले होते हैं और हम लोगों ने अपनी खिड़कियों पर काले कागज़ लगा दिए हैं, ताकि रोशनी बाहर न जा सके। स्कूल और यूनीवर्सिटी बंद हो गए हैं इसलिए हमारे पास, चिन्ता करने के अलावा और कोई काम नहीं है। हमेशा की तरह अखबार हमें कुछ नहीं बता रहे हैं। हमें तो पता ही नहीं चला कि हिन्दुस्तान ने हमला कर दिया है, जब तक लोगों ने हमारे फाटक पर आकर शोर नहीं किया कि लड़ाई हो रही है। अब सात बजे की खबर बताती है कि हम जीत रहे हैं, जबकि बी.बी.सी. की खबर है कि हम कुचले जा रहे हैं। बी.बी.सी. यह भी कह रहा है कि पूर्वी पाकिस्तान में हमारी सेना भयंकर जुर्म कर रही है। क्या तुमने ऐसा कुछ सुना है? तुम्हारा भाई शाहनवाज़ सबसे ज्यादा जोश में है। वह तेरह बरस का लड़का, उसने कराची में सिविल डिफेंस में नाम लिखा दिया है और वह पड़ोस में निगरानी करता हुआ मोटर साइकिल दौड़ाता है। सबसे कहता है, लाइटें बुझा दो। हम सब डरे हुए हैं। एक बार हमले के समय मैं तुम्हारे घर सनम के साथ थी, तब तुम्हारी माँ हमें नीचे खाने के कमरे में ले गई, जहाँ कोई खिड़की नहीं है। मैं अपनी माँ के साथ सो रही हूँ और सब कोई बहुत डरे हुए हैं। तीन बम, सड़क पर हमारे घर के ठीक सामने गिरे। खुशकिस्मती से कोई फटा नहीं। हमारा बाग काँच के टुकड़ों से भरा हुआ है। हिन्दुस्तानी जहाज़ हमारी खिड़की के इतने पास इतने नीचे से गुज़रते हैं कि हम पायलट को भी देख सकते हैं लेकिन कोई भी हमारा जवाबी हमला उन्हें मार नहीं पा रहा है। तीन रातें पहले विस्फोट इतने तेज़ थे कि मुझे लगा कि उन्होंने हमारे पड़ोस में ही बम गिरा दिया है। जब मैं छत पर गई और देखा, तो आसमान एकदम गुलाबी हो रहा था। अगली सुबह पता चला कि कराची बंदरगाह पर तेल के ठिकाने पर मिसाइल दागी गई थी। वहाँ आग अभी भी जल रही है। हम अमेरिकी मदद की इन्तज़ार कर रहे हैं।"

अमेरिका से फौजी मदद कभी नहीं आई। हालाँकि पाकिस्तान का अमेरिका से सुरक्षा समझौता है। यह गड़बड़ दरअसल समझ की भूल की वजह से हुई। अमेरिका हमें अपने दुश्मन रूस के हमलों से बचाने के लिए तैयार था, लेकिन हमारा सबसे बड़ा दुश्मन तो हिन्दुस्तान है जिससे उसे हमेशा खतरा बना रहता है। अभी भी, जो सैनिक सहायता, अफगान विद्रोहियों के सोवियत रूस के खिलाफ लगाई गई है, वह भी दरअसल भारत पर सम्भावित हमलों में इस्तेमाल के लिए है।

1971 की विपत्ति के समय, प्रेसिडेण्ट सैनिक हस्तक्षेप से बचते रहे ताकि राजनयिक गतिविधियों से अमेरिका के पाकिस्तान के प्रति झुकाव का आरोप न लग सके। 4 दिसम्बर को, जो तेरह दिन तक चलनेवाले युद्ध का दूसरा दिन था, अमेरिका ने भारत के कन्धों पर विद्वेष का आरोप लाद दिया। पाँच दिसम्बर को अमेरिका ने संयुक्त राष्ट्र संघ की सुरक्षा परिषद् में युद्धविराम का प्रस्ताव रखा। छह दिसम्बर को निक्सन प्रशासन ने भारत को दिए जाने वाले 850 लाख अमेरिकी डालर विकास ऋण की स्वीकृति निरस्त कर दी। लेकिन यह हस्तक्षेप पर्याप्त नहीं था। हमले के एक सप्ताह बाद ढाका, जो हमारा मज़बूत गढ़ था, वह गिरने को हो गया। भारतीय फौजों ने पश्चिमी पाकिस्तान की सीमा पार कर ली। लड़ाई के मैदान में पूरी तरह से मात खा जाने के बाद, याहया खान ने, मेरे पिता की ओर रुख किया, जो कि देश के चुने गए नेता थे। उन्होंने मेरे पिता को लिखा,

“मैं संयुक्त राष्ट्र संघ में जा रहा हूँ। मुझे न्यूयार्क में आकर मिलो। मैं नौ दिसम्बर को पीयरे होटल में मिलूँगा।”

“क्या तुम्हें लगता है कि संयुक्त राष्ट्र संघ में हमें न्याय मिलेगा?” जब हम न्यूयार्क में मिले तो पापा ने मुझे पूछा।

“क्यों नहीं, पापा...” मैंने अपने अल्हड़ अठारह बरस के सीमित अनुभव को सामने रखकर उत्तर दिया, “इससे कोई भी इनकार नहीं कर सकता है कि हिन्दुस्तान ने अन्तरराष्ट्रीय नियमों का उल्लंघन करते हुए दूसरे देश पर हमला किया है और उस पर कब्ज़ा कर लिया है।”

“...और तुम सोचती हो कि सुरक्षा परिषद्, हिन्दुस्तान की दलीलों को खारिज करते हुए उससे कहेगी कि वह अपनी फौजें हटा लें?”

“वह कैसे नहीं फौजें हटाएँगे...?” मैंने अविश्वाससूचक उत्तर दिया, “ऐसे चुपचाप बैठे रह जाना तो उस अन्तरराष्ट्रीय शान्ति बनाए रखने वाली संस्था के लिए अपना मज़ाक बनाना हो जाएगा, जबकि हज़ारों लोग मौत के घाट उतारे जा रहे हैं और मुल्क छिन्न-भिन्न हो रहा है।”

“पिंकी, तुम अन्तरराष्ट्रीय कानून की बहुत अच्छी छात्रा हो। मैं हार्वर्ड की छात्रा से कैसे मतभेद रख सकता हूँ...” उन्होंने हँसते हुए जवाब दिया, “लेकिन तुम ताकत की राजनीति अभी नहीं समझती हो...”

नाकामी के उन चार दिनों की तस्वीरें जब मेरे पिता संयुक्त पाकिस्तान को बचाने में लगे रहे, मुझे हमेशा याद रहेंगी। मैं सुरक्षा परिषद् में अपने पिता के पीछे वाली तीसरी पंक्ति में बैठी हूँ। जनरल असैंबली के एक सौ चार देश, अमेरिका तथा चीन ने भारत के विरुद्ध अपना मत दिया है। लेकिन सोवियत रूस के वीटो की आशंका से, सुरक्षा परिषद् के स्थायी सदस्य युद्धविराम तक के लिए राज़ी नहीं हो सकते। सात अलग-अलग मीटिंगों और भारत के टकराव पर कई-कई मसौदों के बावजूद सुरक्षा परिषद् ने किसी भी प्रस्ताव को स्वीकार नहीं किया। वह सारा कुछ जो पापा ने मुझे तीसरी दुनिया के देशों और महाशक्तियों के तिकड़म के बारे में बताया था, यहाँ वह सब आज़माया जा रहा है। महाशक्तियों के अपने स्वार्थ के आगे पाकिस्तान पूरी तरह अपना बचाव करने में नाकाम है।

“ग्यारह दिसम्बर, पाँच बजकर चालीस मिनट पर... हमारी सेना बहादुरी से लड़ रही है, लेकिन बिना हवाई और नौसेना दलों के साथ के अपनी कुल क्षमता के छठे हिस्से भर कारगर हो पा रही है। इस हालत में तो वह छत्तीस घंटे से ज्यादा नहीं टिक सकती, जो गुज़रे कल से ही गिने जा सकते हैं।” मैंने यह पंक्तियाँ होटल पीयरे के एक कागज़ पर लिखी। अगले दिन जो मैंने लिखा, वह और ज्यादा विध्वंसकारी था। सुबह साढ़े छह बजे राजदूत शाहनवाज़ ने बताया कि हालत नाज़ुक है। केवल यही रास्ता है कि चीन हस्तक्षेप करते हुए अमेरिका के साथ मिलकर रूस पर दबाव डाले कि वह अपना हाथ खींच ले। जनरल नियाज़ी, जो पूर्वी पाकिस्तान में हमारी फौज के कमाण्डर हैं, उन्होंने जवाब दिया कि हम आखिरी दम तक आगे बढ़ेंगे।

12 दिसम्बर, मेरे पिता ने सुरक्षा परिषद् से युद्धविराम करवाने की माँग की और कहा

कि पाकिस्तान की सीमा से भारतीय फौजें हटाई जाएँ। वहाँ संयुक्त राष्ट्र की सेना भेजी जाए जिससे पूर्वी पाकिस्तान में हिंसा रुके। लेकिन मेरे पिता की इस बात का वहाँ कोई असर नहीं हुआ। बल्कि मुझे तो यह सुनने को मिला कि घंटे-भर की बातचीत के बाद सुरक्षा परिषद् कल सुबह साढ़े नौ बजे मिलेगी या वही ग्यारह बजे से वार्ता शुरू होगी। जबकि जैसा हम जानते हैं, पाकिस्तान दम तोड़ रहा है। "हमें याहया खान से कहना चाहिए कि वह पश्चिमी मोर्चा खोल दें।" मेरे पिता तत्काल पाकिस्तानी प्रतिनिधिमण्डल से कहते हैं—पश्चिम से आक्रमण होने पर भारत का ध्यान उधर चला जाएगा और पूर्वी पाकिस्तान पर उनका दबाव कम हो जाएगा। बिना उसके, हमारे सामने पाकिस्तान को खो देने का खतरा है—मैं अपने पिता के लिए याहया खान को पाकिस्तान में फोन मिलाती हूँ, लेकिन याहया का फौजी सहायक बताता है कि प्रेसिडेण्ट सो रहे हैं। मेरे पिता फोन मुझसे छीनकर ज़ोर से बोलते हैं, "यहाँ लड़ाई चल रही है। प्रेसिडेण्ट को जगाओ—वह चिल्लाते हैं—उन्हें तुरन्त पश्चिमी सीमा पर हमला बोल देना चाहिए। हमें पूर्वी पाकिस्तान में तुरन्त दबाव हटाना है।

एक पश्चिमी पत्रकार बताता है कि जनरल नियाज़ी ने पूर्वी पाकिस्तान में भारत की फौज के आगे आत्मसमर्पण कर दिया है। मेरे पिता याहया पर लगभग बिगड़ उठते हैं। "अफवाहों पर ध्यान मत दो।" मेरे पिता फोन पर पाकिस्तान के सेना सचिव पर चीखते हैं क्योंकि याहया उपलब्ध नहीं हैं। "मैं कैसे कोई कारगर समझौता कर सकता हूँ जब तक मेरे पास सौदेबाज़ी की कोई बुनियाद नहीं है।"

पीयरे होटल के टेलीफोन लगातार बज रहे हैं। एक शाम अमेरिका से राज्य सचिव हेनरी किसिंजर का फोन आता है और पीपल्स रिपब्लिक के चेयरमैन, चीन से हुआंग हुआ भी फोन करते हैं। किसिंजर को लगता है कि चीन की सेना पाकिस्तान के पक्ष में खड़ी होगी। मेरे पिता का मानना है कि ऐसा नहीं होगा। जब पापा इस बात की योजना बना रहे हैं कि याहया को चीन में बीजिंग जाने की सलाह दें, तभी पता चलता है कि हेनरी किसिंजर न्यूयार्क के सी.आई.ए. के 'सुरक्षित घरों' में चीन के लोगों से बातचीत कर रहे हैं। सोवियत रूस का प्रतिनिधिमण्डल मेरे पिता के पास होटल में आता है और वापस चला जाता है। इसी तरह अमेरिकी प्रतिनिधिमण्डल का भी आना होता है, जिसकी अगुवाई जार्ज बुश कर रहे थे। "मेरा बेटा भी हार्वर्ड में है। जब भी आपको ज़रूरत पड़े आप मुझे बुला सकते हैं।" जार्ज बुश बताते-बताते अपना कार्ड थमा देते हैं। इस पूरी वार्ता के दौरान मैं बेडरूम में फोन के बगल में बैठी हुई सारे सच्चे टेलीफोन संदेश लेती रहती हूँ और आगे झूठे संदेश भेजती जाती हूँ।

"मीटिंग को खत्म कर दो।" मेरे पिता मुझसे कहते हैं, "अगर रूसी दल हो, तो मुझसे कहो कि चीन का दल लाइन पर है। अगर अमेरिकन हो तो मुझे कहो कि रूसी या हिन्दुस्तानी लाइन पर है। सचमुच किसी को भी मत बताओ कि कौन है इधर। कूटनीति का एक पाठ समझ लो, वह यह कि संदेह पैदा करो और अपने सारे पत्ते मेज़ पर मत फैलाकर रखो।" मैं उनके निर्देश को मानती हूँ, लेकिन यह पाठ नहीं मानती। मैं हमेशा अपने सारे पत्ते खोलकर रखती हूँ।

कूटनीति का खेल न्यूयार्क में जारी है और सब कुछ अचानक थम जाता है। याहया पश्चिमी सीमा पर हमला नहीं करते। फौजी हुकूमत ने मन-ही-मन पूर्वी पाकिस्तान का खो

जाना स्वीकार कर लिया है और उम्मीद हार चुके हैं। चीन ने कोई हस्तक्षेप नहीं किया। हालाँकि वह सैनिक सहायता की बात कहते रहे। इस अफवाह ने भी चोट पहुँचाई कि हमने बीच में ही घुटने टेक दिए, हालाँकि बाद में इसका सुधार किया गया। अब हिन्दुस्तान जानता है कि पूर्वी पाकिस्तान में हमारा कमाण्डर मोर्चा छोड़ देना चाहता है। इसी तरह सुरक्षा परिषद् के स्थायी सदस्य भी अब समझ गए हैं कि ढाका अब गिरने ही वाला है। 15 दिसम्बर को मैं सुरक्षा परिषद् में अपनी पुरानी सीट पर अपने पिता के पीछे बैठी हूँ, जहाँ चुपचाप बैठकर देखने-समझने का धैर्य खत्म हो चुका है। ''उदासीन प्राणी जैसा कुछ नहीं होता।'' मेरे पिता ब्रिटेन और फ्रांस की ओर उँगली उठाते हैं, जिन्होंने उपमहाद्वीप में अपने निजी स्वार्थों के कारण वोट नहीं दिया था। ''आपको किसी एक ओर अपनी राय रखनी होगी, चाहे न्याय की ओर या अन्याय की ओर। आपको किसी एक का पक्ष चुनना ही होगा, चाहे आक्रामक का, या उसका जिस पर हमला किया गया है। उदासीनता जैसी कोई स्थिति नहीं होती।'' ऐसा लगा जैसे मेरे पिता के भाव-विभोर शब्दों से वह कमरा भर उठा, मैंने एक पाठ सीखा, स्वीकृति या विरोध। महाशक्तियाँ जैसे हठपूर्वक पाकिस्तान के विरोध में हैं, इसका मतलब यही है कि उनकी इसमें स्वीकृति है। लेकिन महाशक्तियों की स्वीकृति मान लेने का मतलब है आक्रमण को न्यायसंगत मान लेना, कब्ज़ा जमा लेने को उचित ठहराना, उस सबको मान्यता देना जो 15 दिसम्बर, 1971 तक गैरकानूनी था। ''मैं इस निर्णय में भागीदार नहीं हूँ।'' मेरे पिता फट पड़ते हैं, ''सँभालिए अपनी सुरक्षा परिषद्, मैं जा रहा हूँ।'' और इसके साथ ही मेरे पिता उठते हैं और बाहर चल पड़ते हैं। मैं तेज़ी से सारे कागज़ बटोरती हूँ। हॉल में गहरा सन्नाटा छा गया है। मैं अपने पिता के पीछे-पीछे चल पड़ती हूँ। पाकिस्तान का पूरा प्रतिनिधिमण्डल मेरे साथ बाहर आ जाता है।

'वाशिंगटन पोस्ट' ने मेरे पिता के सुरक्षा परिषद् में उठाए गए कदम को 'जीता-जागता नाटक' बताया। लेकिन हमारे लिए इसने एक असमंजस खड़ा कर दिया जिसका असर हमारे देश के भविष्य पर नज़र आ रहा था, कि क्या सचमुच पाकिस्तान जैसा कोई देश बचा रहेगा... ''अगर हम ढाका में फौजी आत्मसमर्पण करते भी हैं, तब भी यह हमारा राजनीतिक रूप से हार मान लेना नहीं होना चाहिए।'' मेरे पिता ने मुझे सुरक्षा परिषद् से बाहर निकलकर न्यूयार्क की सड़कों पर चलते हुए कहा था, ''इस तरह वहाँ से बाहर निकल आने के ज़रिये मैंने यह सन्देश छोड़ा था कि हम भले ही भौतिक रूप से हार गए हों, हमारी कौमी इ़ज़्ज़त इस तरह नहीं कुचली जा सकती।''

मेरे पिता चलते जा रहे थे, चलते जा रहे थे... वह बहुत परेशान थे। वह देख रहे थे कि पाकिस्तान के सामने एक उजाड़ देने वाला प्रतिघात खड़ा है। ''अगर मामला राजनीतिक बातचीत के ज़रिये तय किया गया होता, तो संयुक्त राष्ट्र संघ के माध्यम से यही होता कि पूर्वी पाकिस्तान को अपनी राय रखने का मौका मिलता कि वह पाकिस्तान का हिस्सा बने रहना चाहते हैं, या अलग बांग्लादेश चाहते हैं। जो भी होता, लेकिन अब तो पाकिस्तान को शर्मिन्दगी से हिन्दुस्तान के आगे घुटने टेकने पड़ेंगे। इसे उसकी बड़ी कीमत चुकानी पड़ेगी।

अगले दिन मेरे पिता पाकिस्तान के लिए रवाना हो गए। मैं कैंब्रिज वापस चली गई,

और ढाका हमारे हाथ से चला गया। बांग्लादेश का हाथ से निकल जाना एक बहुत बड़ा धक्का था, जो कई-कई मायनों में समझा जा सकता है। हमारा संयुक्त धर्म इस्लाम, जिसे हम सोचते थे कि हिन्दुस्तान के हज़ार मील तक फैलेगा, जिसने पूर्वी और पश्चिमी पाकिस्तान को अलग किया और हमें एक बनाकर रखने में नाकामयाब हो गया। हमारा विश्वास, कि हम एक देश के रूप में बने रह पाएँगे, टूट गया। पश्चिमी पाकिस्तान के चार सूबों के बीच का जुड़ाव कमज़ोर पड़ गया। हमने इतनी नैतिक हताशा कभी नहीं महसूस की थी, जितनी भारत के आगे पाकिस्तान की इस हार से की।

जनरल नियाज़ी जनरल अरोड़ा की तरफ बढ़े। यह ढाका के रेसकोर्स का दृश्य था। मुझे अपनी आँखों पर विश्वास नहीं हुआ कि मैंने देखा जनरल नियाज़ी ने ढाका के विजेता से तलवारें बदलीं और दोनों गले मिले (यह दोनों कभी सैन्ढर्स्ट में साथ-साथ रहे थे) इतना शर्मसार होकर तो जर्मन नाज़ियों ने भी हार नहीं मानी थी। नियाज़ी हारी हुई सेना के कमांडर थे। उनके लिए यह ज़्यादा ठीक होता कि वे खुद को गोली मार लेते।

मेरे पिता जब इस्लामाबाद पहुँचे, शहर आग की लपटों में झुलस रहा था। उत्तेजित भीड़ उन दुकानों में आग लगा रही थी, जिन्होंने याहया खान और उनकी हुकूमत के लोगों को शराब बेची थी। हफ्तों यह खबर सुनते रहने के बाद, कि पाकिस्तान जीत रहा है, टेलीविज़न पर पाकिस्तान की ज़बरदस्त हार के दृश्य देखना लोगों को और उत्तेजित कर रहे थे और लोग उस ओर बढ़े थे कि वह कराची के दूरदर्शन केन्द्र में आग लगा देंगे। हिन्दुस्तानी प्रेस के लड़ाकू सम्पादकीय ललकारकर कह रहे थे कि पाकिस्तान एक झूठमूठ-सा देश है जिसे होना ही नहीं चाहिए था। इसने पाकिस्तान के लिए संकट को और बढ़ा दिया था।

20 दिसम्बर, 1971 को, ढाका के पतन के चार दिन बाद, लोगों ने ज़बरन याहया खान को गद्दी से उतार दिया और मेरे पिता, जो बहुत बड़ी संसदीय इकाई के चुने हुए प्रतिनिधि थे, पाकिस्तान के नए राष्ट्रपति बनाए गए। क्या विडम्बना थी, कि कोई संविधान न होने की स्थिति में, वह एक पहले नागरिक थे जो मार्शल लॉ प्रशासन के अध्यक्ष बन रहे थे। यह एक नया इतिहास था।

अब तक हार्वर्ड में मुझे पिंकी नाम से कोई नहीं जानता था। लेकिन पिंकी भुट्टो, पाकिस्तान के राष्ट्रपति की बेटी, सब जान गए थे। लेकिन मेरा गौरव, जो मेरे पिता की उपलब्धि से बढ़ा था, ज़रा-सा धूमिल भी था, जिसका कारण हिन्दुस्तान से हमारी हार और उस कीमत का असर भी जो पाकिस्तान को चुकानी पड़ी थी। दो हफ्तों की लड़ाई में हमारी एक चौथाई वायुसेना साफ हो गई थी, आधी नौसेना डूब गई थी।

हमारा खज़ाना खाली हो गया था। केवल पूर्वी पाकिस्तान ही नहीं गया था, हिन्दुस्तानी फौजों ने हमारा पाँच हज़ार वर्ग मील का इलाका जो पश्चिमी पाकिस्तान में था, हड़प लिया था। हमारे 93,000 लोग हिन्दुस्तान में युद्धबंदी थे। लोगों की भविष्यवाणी के बावजूद पाकिस्तान टिक नहीं पाया। वह संयुक्त पाकिस्तान, जो 1947 में मोहम्मद अली जिन्ना ने स्थापित किया था, बांग्लादेश के जागने के साथ ही मर गया।

शिमला, 28 जून, 1972 : मेरे पिता, पाकिस्तान के राष्ट्रपति और इन्दिरा गाँधी, भारत की प्रधानमंत्री के बीच एक बातचीत। उस बातचीत पर पूरे उपमहाद्वीप का भविष्य निर्भर करता था। मेरे पिता की मर्ज़ी फिर यही थी, कि मैं भी वहाँ उनके साथ रहूँ। ''परिणाम चाहे जो भी हो, यह वार्ता पाकिस्तान का भाग्य बदलने वाली होगी।'' मेरे पिता ने गर्मियों की छुट्टियों में मेरे हार्वर्ड से वापस आने पर एक हफ्ते बाद मुझे बताया और यह भी कहा कि वह चाहते हैं कि मैं भी वहाँ उनके साथ रहूँ और इसका खुद अनुभव करूँ।

अगर अभी से छह महीने पहले संयुक्त राष्ट्र संघ में वातावरण में तनाव था, तो अब यह कह सकते हैं कि शिमला में अब वह टूटने की हद पर था। मेरे पिता इन्दिरा गाँधी से बात करने आ रहे थे और निहत्थे थे जबकि हिन्दुस्तान के पास वह सारे पत्ते थे, जिनसे वह सौदेबाज़ी कर सकता था। हमारे युद्धबंदी, आगे और लड़ाई की स्थिति और हमारी पाँच हज़ार वर्ग मील ज़मीन। चण्डीगढ़ की भूमि पर हिन्दुस्तान में, मेरे पिता एक वरिष्ठ प्रतिनिधि मण्डल के साथ बुझे हुए-से बैठे थे। क्या शिमला हम दो देशों के बीच सहजता ला पाएगा...? क्या हम भारत के साथ शान्ति बना पाएँगे...? या हमारे देश का अब अन्त आ गया है?

''हर कोई इस बात के संकेत खोजने के चक्कर में रहेगा कि मीटिंग कैसी चल रही है, इसलिए बहुत होशियार रहना।'' मेरे पिता ने मुझे सलाह दी। ''तुम हँसना-मुस्कराना मत, कहीं यह न लगे, कि हमारे फौजी तो हिन्दुस्तानी जेल में सड़ रहे हैं और हम मज़े लूट रहे हैं... तुम उदास चेहरा भी मत बनाकर रखना... जो यह लगे कि हम मन में कोई उम्मीद नहीं रखते। उनको कोई ऐसा मौका नहीं मिलना चाहिए जो वह कह सकें, उसका चेहरा तो देखो... ज़रूर मीटिंग नाकामयाब हो रही है...''

''तो, मुझे कैसा दिखना चाहिए...?'' मैंने पूछा।

''मैंने अभी बताया। न तो बहुत खुश दिखो, न ही एकदम गमगीन, दुखी...'' मेरे पिता ने कहा।

''यह तो बहुत मुश्किल है।''

''नहीं, यह कतई मुश्किल नहीं है।'' उन्होंने कहा।

इस बार वह गलत थे। यह बहुत मुश्किल था कि चेहरे पर हमेशा तटस्थता का भाव बनाए रखा जाए। हम चण्डीगढ़ से हेलीकॉप्टर में शिमला पहुँचे। तब तो और भी मुश्किल था चेहरे का तटस्थ भाव बनाए रखना जब शिमला के एक फुटबॉल मैदान में हमारा हैलीकॉप्टर उतरा, जहाँ कदम-कदम पर टेलीविज़न कैमरे लगे थे और हमारा स्वागत करने के लिए श्रीमती इन्दिरा गाँधी मौजूद थीं। देखने में वह कितनी छोटी और नाज़ुक लगती थीं...उससे भी कहीं ज़्यादा छोटी, जितनी हम उन्हें उनकी तस्वीरों में देखते रहे हैं। कितनी भव्य थीं वह उस बरसाती के बावजूद जो उन्होंने साड़ी के ऊपर उस बरसात के मौसम में पहन रखी थी।

''अस्सलामालेकुम!'' मैंने उन्हें मुस्लिम तहज़ीब के हिसाब से अभिवादन दिया। ''नमस्ते!'' उन्होंने मुस्कराते हुए जवाब दिया। मैंने भी उन्हें वैसा ही भाव दिखाया, जिसे मेरे अन्दाज़े से, तटस्थ कहा जा सकता है...आधी मुस्कान...अगले पाँच दिन मेरे पिता तथा दूसरे लोग, जो पाकिस्तानी प्रतिनिधि में शामिल थे भावात्मक ऊहापोह से गुज़रते रहे। ''बातें तो ठीक चल रही हैं...'' एक प्रतिनिधि ने मुझे पहले सत्र के बीच में बताया। उसी शाम

दूसरे प्रतिनिधि का भी विचार मुझ तक आया कि 'अच्छा नहीं हो रहा है'... अगला दिन और भी अनिश्चित-सा रहा... आशा-निराशा की धूप-छाँह चलती रही। अपनी मज़बूत स्थिति में बैठीं श्रीमती इन्दिरा गाँधी एक समूचे निर्णायक फैसले पर पहुँचना चाहती थीं जिसमें कश्मीर का विवादित हिस्सा भी था। पाकिस्तानी प्रतिनिधिमण्डल चाहता था कि एक-एक मुद्दे पर अलग-अलग फैसले लिए जाएँ, जैसे सरहद के मामले, युद्धबन्दियों के मामले और कश्मीर का विवाद... कोई भी विश्वासघात जैसा निर्णय पाकिस्तान की जनता को स्वीकार नहीं होगा और किसी नई लड़ाई का कारण बनेगा।

लेकिन जब समझौते की वार्ता एक अटकाव में फँस गई, तब सड़कों पर एक अजीब-सी बात देखने में आई। जब भी मैं हिमाचल भवन से आती-जाती, जो कि कभी, ब्रिटिश राज में पंजाब के गर्वनर का आवास था और जहाँ हम ठहरे हुए थे, चहकते हुए लोगों की भीड़ लग जाती। वह उधर ही आते, जिधर मैं जाती... पुराने कॉटेज के आस-पास, बगीचों में पेड़ों के इर्द-गिर्द, सब जगह। जब मैं 'माल' पर टहलने निकलती, जहाँ अंग्रेज़ों के अधिकारी कभी अपनी पत्नियों के साथ घूमने जाते थे, वहाँ मेरे निकलने से इतनी भीड़ जमा हो जाती कि ट्रैफिक को रोकना पड़ता। यह मेरे लिए असुविधाजनक था... ऐसा मैंने क्या किया है, जो मैं इतने लोगों का ध्यान खींच रही हूँ।

तार और पत्रों का अम्बार लग गया, जिनमें हिन्दुस्तान में मेरा स्वागत किया गया था। किसी ने सलाह दी कि मेरे पिता को मुझे भारत में पाकिस्तान का राजदूत नियुक्त कर देना चाहिए। पत्रकारों और फीचर लेखकों ने मुझे घेर लिया और मेरे इण्टरव्यू लिए तथा मुझे ऑल इण्डिया रेडियो पर वार्ता के लिए बुलाया गया। मैं खीझ उठी कि मेरे कपड़े जैसे राष्ट्रीय फैशन का विषय बन गए। मुझे इस बात से अजीब लग रहा था कि वह कपड़े सारे, सामिया की बहन से माँगे हुए थे, और मेरा वार्डरोब भी अनौपचारिक कमीज़ों, जीन्स, स्वेटशर्ट्स वगैरह से भरा हुआ था, मेरे लिए कपड़ों का सवाल बेमानी था। मैं अपने को हार्वर्ड की एक प्रबुद्ध लड़की ज्यादा समझती थी, जिसका दिमाग दुनिया की बड़ी, युद्ध और शान्ति की समस्याओं से जूझता रहता था। लेकिन प्रेस वाले मुझसे फिर-फिर कपड़ों के बारे में ही पूछे जा रहे थे। फैशन मेरे लिए बुर्जुआ लोगों के मनबहलाव की चीज़ थी और ऐसा मैंने एक इण्टरव्यू लेने वाले से कह भी दिया, लेकिन अगले ही दिन मैं फिर फैशन की ही राह पर खड़ी दिखाई गई थी।

मेरे पिता, तथा दूसरे और प्रतिनिधि भी समझ नहीं पा रहे थे कि मैं इतना लोगों का ध्यान क्यों खींच रही हूँ।

"तुम यहाँ के गम्भीर मुद्दों के बीच बदलाव जैसा लाती रहो।" मेरे पिता ने एक दिन तय किया। उस दिन अखबार के मुखपृष्ठ पर मेरा एक फोटो दिखाते हुए उन्होंने मुझे छेड़ा जिसमें मैं भीड़ को हाथ हिलाकर सम्बोधित कर रही थी, "संभल जाओ... तुम मुसोलिनी जैसी लग रही हो।" मेरे पिता की यह बदलाव वाली तरकीब ठीक थी। बातें पूरी तरह गुप्त ढंग से हो रही थीं और अन्तरराष्ट्रीय पत्रकारों की अकूत सेना शिमला में बाहर पड़ी थी जिसके पास देख पाने को कुछ नहीं था, सिवाय मुझे देखने को; लेकिन मुझे लगा कि मेरा इस तरह का भव्य स्वागत होना कुछ और संकेत भी देता है।

मैं नई पीढ़ी की प्रतिनिधि हूँ। इसके पहले मैं हिन्दुस्तान कभी नहीं आई। मेरा जन्म

स्वतन्त्र पाकिस्तान में हुआ। मैं उन जटिलताओं से और पूर्वाग्रहों से मुक्त थी, जो हिन्दुस्तान के बँटवारे के खूँखार माहौल से पैदा हुआ था। शायद लोगों को लग रहा था कि नई पीढ़ी उस कड़ुवाहट को दूर कर पाएगी, जिसके चलते दोनों देशों के बीच तीन-तीन युद्ध हो गए और बीता हुआ टकराहट-भरा दौर भुलाकर फिर वैसा ही भाई-चारे का माहौल हो जाएगा, जैसा हमारे पुरखों ने देखा है। शिमला की इन स्वागत से भरी सड़कों से गुज़रते हुए मुझे लगा कि ऐसा ज़रूर मुमकिन है। क्या ज़रूरी है कि इन दोनों देशों के बीच हमेशा दीवारें खिंची रहें? क्यों नहीं हम, दूसरे आपस में लड़ने वाले योरुपीय देशों की तरह फिर से मैत्री भाव में नहीं बँध सकते...?

इस प्रश्न का उत्तर ब्रिटिश राज के इस भवन के कांन्फ्रेंस रूम में गहरे दबा हुआ है, जिसमें लम्बे थका देने वाले घण्टों के वाद-विवाद के बाद भी कुछ हासिल नहीं हो रहा है। मेरे पिता ने अपना कुछ और ठहर जाना इसी उम्मीद पर तय किया था कि कुछ बात बनेगी लेकिन वह आशावादी नहीं रह पाए। हिन्दुस्तान लगातार कश्मीर में पाकिस्तान के होने तक से इन्कार करता रहा, इस बात से इन्कार करता रहा कि यह जनमत से ही तय किया जाए, कश्मीर के लोग खुद ही तय कर लें, कि उन्हें कौन-से देश का हिस्सा बनना है। मेरे पिता को इन्दिरा गाँधी से बात करते रह पाना भी कठिन लग रहा था, हालाँकि वह उनके पिता, जवाहरलाल नेहरू के बड़े प्रशंसक थे। मेरे पिता के अनुसार, इन्दिरा गाँधी में उस दृष्टिकोण का अभाव था, जो उस समय के प्रधानमंत्री जवाहरलाल नेहरू में पाई जाती थी और अन्तरराष्ट्रीय स्तर पर भारत की छवि बनाने में मदद की थी। मुझे खुद इन्दिरा गाँधी के बारे में ज्यादा कुछ नहीं पता था। एक बार, 30 जून को उन्होंने हमारे प्रतिनिधिमण्डल को काम के दौरान साधारण भोज पर बुलाया था, और उस दौरान वह मुझे लगातार देखती रही थीं, जिसने मुझे परेशान किया था। मुझे उनकी राजनीतिक यात्रा का पता था और मैं उनके धैर्य की तारीफ करती थी। 1966 में उनको प्रधानमंत्री के रूप में चुनने के बाद भारतीय कांग्रेस के दिग्गजों का विचार था कि उन्होंने एक प्रतीक नेता बना इन्दिरा गाँधी को आगे रखा है और वह पीठ पीछे उन्हें गूँगी गुड़िया कहते थे। लेकिन इस रेशमी इस्पात की महिला ने सबको दरकिनार कर दिया। अपनी बेचैनी छुपाने के लिए मैंने उनसे बातचीत करना शुरू कर दिया लेकिन वह बहुत चुप्पा बनी रहीं। एक तनाव-भरा ठंडा दुराव वहाँ पसरा हुआ था, जो उनके मुस्कराने से, ज़रा-सा टूट जाता था।

मैं इस वजह से भी कुछ परेशान थी, कि मैंने अपनी माँ की दी हुई सिल्क की साड़ी पहनी हुई थी। हालाँकि उन्होंने मुझे उसे बाँधना सिखाया था, मुझे डर लग रहा था कि अगर वह खुल गई तो क्या होगा। मुझे अपनी मुमताज आंटी की घटना याद आ रही थी जिनकी साड़ी एक बार जर्मनी में सुपर मार्केट के एस्केलेटर (बिजली की स्वचालित सीढ़ी) में फँस कर खुलने लगी थी और यह खुलना तभी रुका था जब किसी ने वह एस्केलेटर रोक दिया था। इस घटना को याद करने से मुझे कोई फायदा नहीं हुआ। मिसेज़ इन्दिरा गाँधी का घूरना जारी रहा।

मैंने अपने-आप अंदाज़ा लगाया कि शायद वह अपना ज़माना याद कर रहीं थीं, जब वह अपने पिता के साथ एक राजनीतिक यात्रा पर गई थीं। क्या वह मुझमें अपने-आपको देख रही थीं? एक दूसरे राजनेता की बेटी... क्या वह एक पिता के अपनी बेटी के प्यार

को याद कर रही थीं, उनके पिता, एक पुत्री के पिता... वह कितनी कमज़ोर-सी और छोटी-सी थीं... उन्होंने इतनी निष्ठुरता, इतनी बेरहमी कहाँ से सीखी जिसके लिए वह मशहूर हैं... उन्होंने अपने पिता की इच्छा के खिलाफ एक पारसी लड़के से शादी की। उनकी शादी सफल नहीं हुई और दोनों अलग हो गए। अब दोनों, पति और पिता, ज़िन्दा नहीं हैं... क्या वह एकदम अकेली हैं...?

मुझे यह भी लगा, कि इस पाकिस्तानी प्रतिनिधि मण्डल की शिमला में बैठक उन्हें और भी कुछ ऐतिहासिक घटनाएँ याद दिला गई। शिमला में ही, उनके पिता जवाहरलाल नेहरू, मोहम्मद अली जिन्ना और लियाकत अली से मिले थे, जब नए मुस्लिम राष्ट्र की, हिन्दू भारत के बीच से, सीमाएँ तय करने का सवाल था। अब, स्वयं प्रधानमंत्री के तौर पर वह अलग मुस्लिम राष्ट्र के होने, न होने का मसला हल कर सकती हैं या उसे मिटाने की ओर हाथ बढ़ा सकती हैं। वह किधर की ओर झुकेंगी... उसका जवाब चार दिन बाद आया।

"चलो," 2 जुलाई को मेरे पिता ने कहा, "हम कल घर जा रहे हैं।"

"बिना किसी समझौते के...?" मैंने पूछा।

"बिना किसी समझौते के..." उन्होंने कहा। "मैं बिना किसी समझौते के पाकिस्तान लौटना ज्यादा पसंद करूँगा, बजाय इसके कि मैं हिन्दुस्तान का लादा हुआ कोई फैसला मान लूँ... हिन्दुस्तान सोचता है कि मैं बिना कोई समझौता किए नहीं जा सकता, इसलिए मैं उनकी कोई भी बात मान लूँगा... लेकिन मैं उनका छल समझ रहा हूँ। मैं कोई मोह-भंग की स्थिति पाकिस्तान में ज्यादा पसन्द करूँगा, न कि मुल्क को बेच देने जैसे किसी समझौते को मान लेना।"

हिमाचल भवन में थके हुए प्रतिनिधि मण्डल पर एक अँधेरा-सा छा गया। केवल कागज़ समेटे जाने की आवाज़ से सन्नाटा टूट रहा था। मेरे पिता की ओर से बस शिष्टाचार के नाते इन्दिरा गाँधी से एक भेंट बाकी थी जिसमें हमारे प्रतिनिधि मण्डल ने भारतीयों को आमन्त्रित किया था। उसके बाद हमें इस्लामाबाद वापस चले जाना था।

मैं अपने बेडरूम के फर्श पर बैठी थी, तभी मेरे पिता अचानक दरवाज़े पर नज़र आए। "किसी से कहना मत," उनके चेहरे पर एक नई चमक थी–"लेकिन मैं इस बार एक नई शिष्ट कोशिश के साथ इन्दिरा गाँधी के पास जा रहा हूँ। मेरे पास एक तरकीब है। लेकिन, अगर वह काम न आए तो निराश मत होना..." और इतना कहकर वे चले गए।

मैं खिड़की पर खड़ी उनके लौटने का इन्तज़ार करती रही। मैं उस धुंध को देख रही थी जिसने पहाड़ पर पेड़ों और घुमावदार सड़कों को धुँधला दिया था। शिमला, मरी से कितना मिलता-जुलता था, फिर भी सीमा के दोनों ओर रहने वाले लोग, एक-दूसरे से मिलने से मजबूर थे। तभी अचानक मैंने अपने पिता को लौटते देखा।

"उम्मीद जागी है," उन्होंने होठों पर गहरी मुस्कान के साथ कहा, "अगर खुदा ने चाहा, समझौता हो जाएगा।"

"आपने यह कैसे किया, पापा...?" मैंने उनसे पूछा और एक सन्नाटे से भरा माहौल उस गुनगुनाहट से भर गया, जिसमें कोई प्रतिनिधि दूसरे से खबर का साझा करता है।

"मैंने देखा कि वह बहुत तनाव से भरी हुई थीं..." मेरे पिता ने कहना शुरू किया। "कुछ भी हो, यह केवल हमारे लिए ही दुखद भविष्य जैसा नहीं था, बल्कि उनके लिए भी था। हम दोनों के ही राजनीतिक प्रतिद्वंद्वी उसका फायदा उठा सकते थे। बेचैनी में वह लगातार अपने बैग को खोल-बंद कर रही थीं और लग रहा था कि अपनी गर्म चाय का स्वाद नहीं ले पा रही हैं... तो मैंने एक गहरी साँस ली, और मैं लगातार आधे घंटे तक बोलता रहा।"

मेरे पिता ने उन्हें बताया कि "वह दोनों लोग ही अपने-अपने जनादेश से चुने गए नेता हैं। हम या तो अपने क्षेत्र में वह शान्ति वापस ला सकते हैं, जो विभाजन के बाद से ही छिन्न-भिन्न हो गई है, या घावों को और नासूर बनाते हुए पराजय को गले लगा सकते हैं। युद्धभूमि के परिणाम इतिहास में दर्ज हो जाते हैं, लेकिन राजनीतिज्ञता के नतीजे दूर तक साथ चलते हैं। राजनीतिज्ञता भविष्य की ओर झाँकती हुई दूरदृष्टि की माँग करती है और किन्हीं पलों में अपनाया गया उदार रवैया आगे चलकर सुखद उपहार ही देता है। आज की तारीख में विजेता भारत है, न कि पाकिस्तान, और वही उदारता दिखाने की स्थिति में है, जिसका उपहार हमें शान्ति के रूप में मिल सकता है।"

"क्या वह इस पर राज़ी हुईं...?" मैंने गहरी जिज्ञासा से भर के अपने पिता से पूछा।

"उन्होंने इससे इन्कार भी नहीं किया।" उन्होंने अपना सिगार जलाते हुए कहा, "उन्होंने कहा कि वह अपने निजी सलाहकारों से बात करेंगी और तभी रात्रिभोज के समय जवाब देंगी।"

वहाँ कैसे स्वागत-परम्परा का निर्वाह हुआ, कैसा क्या भाषण दिया गया, क्या मनोरंजन जैसा वहाँ था, मुझे कुछ नहीं पता, मैं तो बस मिसेज़ गाँधी का चेहरा ही पढ़ने की कोशिश करती रही, लेकिन वह तो एकदम बंद किताब जैसा था। भोज के बाद मेरे पिता और मिसेज़ गाँधी एक छोटी बैठक में चले गए और बाकी सारा दल बिलियर्ड वाले कमरे में बैठा दिया गया, जो एक सभाकक्ष में बदल गया थी। बिलियर्ड की मेज़ ही, लिखने-पढ़ने की मेज़ बन गई। जब भी कोई राय बनती तो कोई एक दल बिलियर्ड के कमरे से मसौदा लिखकर उस कमरे में ले जाता जहाँ मेरे पिता और मिसेज़ गाँधी बैठी थीं और वहीं से कुछ अन्तिम निर्णय होता।

घण्टों मसौदे बनते रहे, सुधारे जाते रहे। वह सभाकक्ष पत्रकारों से और दोनों देशों के प्रतिनिधियों और टेलीविज़न के कैमरामैनों से भरता चला गया। मैं इसी बीच उस पत्रकारों वाले कमरे से ऊपर अपने कमरे के बीच चक्कर काटती रही। बार-बार पूछती कि क्या प्रगति है। जब तक कोई सूचना पुष्ट होकर आधिकारिक रूप से पूरी नहीं हो जाती, तब तक उस पर कोई घोषणा नहीं की जा सकती थी, तो एक पाकिस्तानी पत्रकार ने तरकीब निकाली। अगर कोई समझौता हो जाएगा, तो कहा जाएगा कि लड़का हुआ है और अगर नहीं हुआ तो कहा जाएगा कि लड़की हुई है। "कितना पुरुषवाद है...!" मैंने धीमे-से कहा, जिसे किसी ने सुना नहीं।

मेरे पिता ने मुझे सलाह दी थी कि जब भी समझौता हो, मैं नीचे वाले कमरे में ही रहूँ, वह एक ऐतिहासिक पल होगा। लेकिन जब वह पल आया, मैं ऊपर अपने कमरे में ही थी। "लड़का है, लड़का है," का स्वर गूँज रहा था। वह रात 12.40 का समय था। मैं नीचे दौड़ी लेकिन पत्रकारों तथा अन्य लोगों की भीड़ के कारण ठीक समय पर

नहीं पहुँच पाई, जो मैं देख पाती कि क्या मसौदा है, जो शिमला समझौता कहा जाने वाला है। लेकिन इससे क्या फर्क पड़ता है... एक शान्ति-भरा नतीजा तो इस उपमहाद्वीप के लिए आया ही है।

शिमला समझौते ने पाकिस्तान को 5000 वर्गमील का वह इलाका वापस दिलाया, जो हिन्दुस्तान जीत चुका था। इससे पाकिस्तान और हिन्दुस्तान के बीच बातचीत और व्यापार की राह बनी, और काश्मीर के मामले में कोई फर्क नहीं आया, वह जस-का-तस ही रहा। प्रस्ताव में उन युद्धबन्दियों की रिहाई की बात भी रखी गई थी, जो मुजीब के बांग्लादेश के संघर्ष के दौरान गिरफ्तार हुए थे, लेकिन वह उस समय तय न हो सका। मिसेज़ गाँधी ने शर्त रखी कि केवल एक ही चीज़ वापस लौटाई जा सकती है... 5000 वर्ग मील का भूमिक्षेत्र या 93,000 युद्धबंदी। चुनाव मेरे पिता को ही करना था... दोनों में से कोई एक। मेरे पिता मेरे पास आए और अपना असमंजस मेरे पास रखा।

"मैं क्या चुनूँ...?"

"मैं क्या कहूँ पापा, लेकिन पाकिस्तान के लोग ज्यादा खुश तो उनके लोगों की रिहाई से ही होंगे..."

"वह तो हो ही जाएँगे...." मेरे पिता ने मुझे समझाना चाहा, "कैदी लोगों को लम्बे समय तक रखना समस्या है। इनकी गिनती 93 हज़ार है। हिन्दुस्तान के लिए इन्हें संभालना मुश्किल होगा। उन्हें खिलाने और रखने में भी कठिनाइयाँ आएँगी। जबकि सीमा और ज़मीन उनके कब्ज़े में रहने से कोई मुश्किल उनके सामने नहीं आएगी। दूसरी ओर ज़मीन पर उनका कब्ज़ा बने रहने से उसे फिर वापस ले पाना आसान नहीं होगा, देखो, अरब 1967 में हारी हुई अपनी सीमा, अभी तक नहीं वापस ले पाया। कैदियों के ज्यादा देर हिन्दुस्तान में रह जाने पर अन्तरराष्ट्रीय शोर-शराबा भी होगा, जो उनकी वापसी की राह खोलेगा।"

बिना किसी समझौते के वापस लौटना, मेरे पिता के लिए एक कठिन बात होती। यह भी था कि विपक्ष के राजनीतिज्ञों और बन्दियों के परिवारजनों की ओर से उठने वाले हंगामों का अंदाज़ा उन्हें था। शायद हिन्दुस्तान भी यही सोच रहा था कि इस बात का दबाव मेरे पिता को इस ओर ही झुकाएगा, लेकिन ऐसा नहीं हुआ... और बाद में, 1974 में जब पाकिस्तान ने बांग्लादेश को मान्यता दे दी, तो सारे 93 हज़ार युद्धबंदी छोड़ दिए गए।

3 जुलाई को जब हम रावलपिंडी के लिए वापस चले, तो हमारा मन आनन्द-विभोर था। एयरपोर्ट पर हज़ारों लोग हमारे इन्तज़ार में खड़े थे और हमें भव्य स्वागत दिया गया।

"आज एक बहुत महत्त्वपूर्ण दिन है," मेरे पिता ने भीड़ को सम्बोधित करते हुए कहा था, "इसमें एक बड़ी जीत हुई है... यह मेरी या मिसेज़ गाँधी की जीत नहीं है बल्कि यह हिन्दुस्तान और पाकिस्तान दोनों ही देशों के लोगों की जीत है, जिन्होंने तीन लड़ाइयों के खून-खराबे के बाद शान्ति जुटाई है, अमन पाया है।" 4 जुलाई, 1972 को शिमला समझौते को सुरक्षा परिषद् की निर्विरोध स्वीकृति मिल गई। विपक्ष ने भी इसको उत्साहपूर्वक स्वीकार किया। शिमला समझौता आज भी लागू है। लेकिन बदकिस्मती से पाकिस्तान का वह संविधान, जो 1973 में बना था, अब निरस्त हो चुका है।

एक साल बाद 1974 में, 14 अगस्त को, जब पूरा परिवार प्रधानमंत्री की गैलरी में

बैठा था, नेशनल असेंबली ने निर्विरोध पाकिस्तान को इस्लामी ढाँचे में ढला देश होने की घोषणा कर दी, जिसे अविश्वसनीय रूप से, पूरा जनमत मिला था और सभी राजनीतिक और धार्मिक नेताओं का समर्थन प्राप्त था। नेशनल असेंबली में बहुमत से चुने गए दल के नेता के रूप में, मेरे पिता पाकिस्तान के प्रधानमंत्री घोषित किए गए।

जब तक ज़िया ने मेरे पिता को सत्ता से हटाकर, और पाकिस्तान के संविधान को खारिज नहीं किया, चार वर्ष तक पाकिस्तान में देश का पहला संविधान लागू रहा। जिसमें, बुनियादी मानवीय अधिकारों की रक्षा का पाकिस्तान के इतिहास में, पहली बार भरोसा दिलाया गया। 1973 के संविधान में देश में जाति, धर्म या स्त्री-पुरुष जैसे किसी भी भेदभाव की जगह नहीं थी, वह सबके लिए समान था। उसने तय किया था कि न्यायपालिका का अधिकार क्षेत्र, कार्यकारी प्रशासन से मुक्त रहेगा। यह पहली प्रतिनिधि सरकार थी, जो पाकिस्तान में कानूनी ढाँचे का वह रूप सामने लाई थी जो मुझे मेरे समिनार के दौरान प्रोफेसर वूमैक ने दिया था। मैं जिस समय, 1973 की वसन्त ऋतु में, हार्वर्ड छोड़ने की तैयारी कर रही थी, उस समय अमेरिका का संविधान अपनी छवि साफ तौर पर दिखा रहा था। हार्वर्ड में, सुहावने मौसम के बीच खिलंदड़पने में वक्त गुज़ारने के बावजूद, हम सब टेलीविज़न पर वाटरगेट की चल रही सुनवाई से गहराई से जुड़े हुए थे। या खुदा... अमेरिका की जनता अपने प्रेसिडेंट को लोकतन्त्र के संवैधानिक तरीके से हटा पा रही है। एक ताकतवर प्रेसिडेण्ट रिचर्ड निक्सन, जिसने वियतनाम के युद्ध को समाप्त करके अमेरिका के लिए चीन का रास्ता खोला, वह भी अपने देश के कानून से नहीं बच पाए... मैंने लोके, रूसो और जॉन स्टुअर्ट मिल को पढ़ा था जिन्होंने समाज और राज्य के बारे में लिखा था कि उसे जनता के अधिकारों की रक्षा की पूरी ज़िम्मेदारी निभानी होती है। लेकिन किताबी बातें करना अलग है और उसे अपनाकर दिखा देना एकदम अलग बात है।

वाटरगेट काण्ड की कार्यवाही ने मुझे बहुत गहराई से राष्ट्रीय कानूनों के महत्त्व की स्वीकृति जैसे भाव से भर दिया। यह नहीं, कि कानूनों को मनमाने ढंग से कोई कैसे भी तोड़-मरोड़ ले। जब प्रेसिडेण्ट निक्सन ने अगस्त, 1974 में अपने पद से त्याग-पत्र दिया, कितने शान्तिपूर्ण ढंग से उनके उत्तराधिकारी को सत्ता मिल गई। अमेरिका जैसे देश के लोकतन्त्र में, नेता आते-जाते रहते हैं, लेकिन जो चीज़ निरन्तर बनी रहती है, वह है अमेरिका का संविधान। हम पाकिस्तान में इतने भाग्यशाली नहीं हैं।

ज्यों-ज्यों मेरी हार्वर्ड में पढ़ाई पूरी होती रही, मैं भीतर से इस बात से दुखी होती रही कि मुझे कैंब्रिज और अमेरिका छोड़ना पड़ेगा। मैं ऑक्सफोर्ड में रम गई थी जिसमें मेरे दूसरे साथियों के साथ पीटर गालब्रेथ भी था। लेकिन मैं अमेरिका से जाना नहीं चाहती थी। मैं जानती थी कि मेरा रास्ता कैंब्रिज से बोस्टन होता हुआ जाता है और मैंने वहाँ के लोगों को समझाते हुए एम.टी.ए. तक जाने की राह सीख ली थी।

मैंने अपने पिता से अनुरोध किया कि वह मुझे पाकिस्तान लौटने से पहले कानून और कूटनीति पढ़ने के लिए टफ्ट में फ्लेचर स्कूल जाने दें। लेकिन उनकी ज़िद थी कि मैं ऑक्सफोर्ड ही जाऊँ। एक ही जगह चार साल काफी होते हैं, यह उन्होंने मुझे लिखा। 'अगर तुम अमेरिका में ज्यादा समय रहोगी तो तुम वहीं जड़ जमाने लगोगी। अब समय है कि तुम चलो।'

पहली बार मुझे लगा कि मेरे पिता मुझ पर ज़बरदस्ती कर रहे हैं, लेकिन मैं क्या करती, आखिर वही मेरा खर्च उठा रहे थे। मेरे पास कोई दूसरा रास्ता नहीं था और मैं एक समझदार लड़की हूँ।

मेरी माँ, मेरे भाई मीर के साथ मेरी मदद के लिए आईं। मेरा भाई उस समय हार्वर्ड में अपना पहला साल पूरा कर चुका था। मेरी रूममेट योलांदा कोद्रजिस्की ने और मैंने अपना फर्नीचर उठा लिया और दीवारों से अपने पोस्टर उतार लिए। हमारा कमरा वीरान- सा दिखने लगा, जैसे हार्वर्ड का अहाता और कोऑपरेटिव की किताबों की दुकान के शेल्फ वीरान हो गए थे। शायद अब यह जाने का ही समय था।

जैसे ही हवाई जहाज़ ने लोगान एयरपोर्ट छोड़ा, मैं बोस्टन का आकाश अन्तिम बार देखने के लिए उचक गई। मन-ही-मन में फिलेन शॉपिंग सैंटर के बेसमेण्ट में खरीदारी, डर्गिन पार्क में सार्वजनिक मेज़ पर बैठकर मिल-जुलकर खाना-पीना, हमने जो बोस्टन यूनिवर्सिटी से हॉकी मैच हारा था, उसे भूलकर कासाब्लांका जाना, सारी यादें उमड़ रही थीं। हवाई जहाज़ में बैठे, एक प्रसिद्ध अंग्रेज़ी गीत के शब्द मेरे दिमाग में घूम रहे थे, *''आई एम लीविंग ऑन ए जैट-प्लेन डोनूट नो वैन आई विल बी बैक अगेन''*...वास्तव में मैं नहीं जानती थी कि अब फिर कब मैं अमरीका लौटूंगी।

4

बुलंदी के शिखर छूते ऑक्सफोर्ड के सपने

जनवरी, 1980 : हमारे अल-मुर्तज़ा में कैद के तीसरे महीने में मेरे कान में दुबारा तकलीफ शुरू हो गई। क्लिक...क्लिक... की एक आवाज़ से मैं परेशान होती रहती। यह परेशानी 1978 से शुरू हुई थी, जब मैं पहले जेल में बंद रखी गई थी। मार्शल लॉ अधिकारियों ने जब कराची में डॉक्टर को बुलाया, तो उसने बताया कि यह साइनस की बीमारी है, जो मेरे हर दो हफ्ते बाद उन हवाई यात्राओं से पैदा हुई है, जो मैं अपने पिता से जेल में मिलने आने के लिए किया करती थी। उन्होंने मेरा ऑपरेशन करके मेरी नाक की नली को खोला जो साइनस बिगड़ जाने के कारण बंद हो गई थी। अब मैं फिर कान में उसी आवाज़ को सुनती थी और उसकी तकलीफ महसूस करती थी। स्थानीय डॉक्टरों के इलाज के बावजूद कोई आराम नहीं हो रहा था। मैं जेल अधिकारियों से उसी डॉक्टर को कराची से बुलाने का अनुरोध करती हूँ, जिसने मेरा ऑपरेशन किया था। मुझे हर बार, जब वह किसी और डॉक्टर को ले आते हैं, हैरत होती है। मैं उनमें से किसी को भी नहीं जानती। वह एक सीधे-सादे आदमी हैं और मीठा बोलते हैं, ''आराम करो, तुम बहुत ज्यादा तनाव में रही हो...'' वह मेरा कान देखते समय मुझे समझाते हैं।

''उफ...'' मैं चिल्ला पड़ती हूँ ''दुखता है... आप तकलीफ दे रहे हैं।''

''नहीं, नहीं, ऐसा मत सोचो, मैं सिर्फ तुम्हारा कान भीतर से देख रहा हूँ।''

अगले दिन जब मैं सोकर उठी, मेरे तकिये पर तीन बूँद खून के निशान हैं।

''तुमने अपने कान के पर्दे में छेद कर लिया है...ज़रूर तुमने हेयर पिन से उसे छेड़ा होगा...'' डॉक्टर आने पर यही कहता है।

''हेयर पिन...? क्यों भला, मैं क्यों हेयर पिन अपने कान में डालूँगी!''

वह मेरे लिए दो दिन की दवा लिख देता है, जो मुझे, डॉक्टर की हिदायत के अनुसार, दिन में तीन बार लेनी है। लेकिन वह सारी दवाएँ मुझे दिन-भर सुलाए रखती हैं और जब मैं जागती हूँ, तब मैं सुस्त और उदास रहती हूँ। जब तीसरे दिन धूप चढ़ने के बावजूद मैं नहीं उठी, बाग में नहीं गई, न ब्रश किया, न कुछ खाना-पीना, तो मेरी माँ घबरा गई और उसने मेरी दवा उठाकर फेंक दी। दिनों-दिन वह दर्द, अपने-आप शुरू होता और खत्म हो जाता और कान में आवाज़ का बजना तेज़ हो जाता। मैं सो नहीं पाती, बेचैन रहती। क्या फौजी डॉक्टर ने जान-बूझकर मेरा कान फोड़ दिया, या उससे गलती से ऐसा हो गया...?

मेरा कान बजता रहता और मेरा ठीक से सुन पाना मुश्किल होने लगा।

मैं दिन-भर खुद को मेहनत के काम में बहलाए रखने की कोशिश करती और बाग में लगी रहती। कान के छेद के ज़रिये पसीना चला जाता। नहाते समय पानी मेरे कान में जाता। मुझे किसी डॉक्टर ने यह नहीं बताया था कि मुझे कान को सूखा रखना है और कान में छेद के ज़रिये पानी के जाने से सेप्टिक हो जाने का खतरा है।

रात को नींद न आने के कारण मैं अल-मुर्तज़ा में रात को उठकर टहलती। 70, क्लिफ्टन की तरह अल-मुर्तज़ा में भी कई बार छापे पड़े। चीज़ें हटाई गईं, उठा ले जाई गईं। मेरे पिता की कितनी ही पुरानी बंदूकें, जिन्हें उन्होंने हमारे दादा-परदादा के समय से चली आ रही सम्पदा के रूप में सँजोकर रखा था, वह कब्ज़े में ले ली गईं और उन्हें बाग में एक गोदाम में सील करके रख दिया गया। मार्शल लॉ के अधिकारी हर हफ्ते आकर देखते कि कहीं मैंने या मेरी माँ ने उस गोदाम की सील तोड़ तो नहीं दी है। शायद उन्हें डर था कि उन पुरानी ऐतिहासिक बंदूकों के सहारे मैं और माँ, कहीं भाग निकलेंगे।

मैं टहलते हुए उस खाली बंदूकघर से गुज़रती हूँ जिसे हमने खाने के कमरे में बदल लिया था...मैं आगे बढ़कर लकड़ी की दीवारों वाले बिलियर्ड रूम में सामने पहुँचती हूँ, जहाँ मेरे भाई मेरे ऑक्सफोर्ड से आए दोस्तों को चुनौती देते थे। यहाँ मेज़ पर, एक मोटे चीन के आदमी की मूरत रखी है, जिसके आगे ढेर-से हसीन से बच्चे उसे घेरे बैठे हैं। दरअसल, यह खाने के कमरे में रखी जानी वाली मूर्तियाँ हैं। मैं उनमें से एक मूर्ति अनायास उठाती हूँ और फिर वापस रख देती हूँ। मेरे पिता को यह मूर्तियाँ बहुत पसन्द थीं। वह कभी-कभी मज़ाक में कहते थे कि मैं भी बहुत-से बच्चे चाहता था कि एक क्रिकेट टीम बना दूँ, लेकिन इस महँगाई के ज़माने में ग्यारह बच्चों की पढ़ाई-लिखाई...वह तौबा करके, बस चार में ही तसल्ली कर बैठे।

ऑक्सफोर्ड, ऑक्सफोर्ड, ऑक्सफोर्ड... वह ऑक्सफोर्ड का ढोल हमारे सामने पीटते रहते। ऑक्सफोर्ड दुनिया की सबसे अच्छी और प्रतिष्ठित यूनीवर्सिटी मानी जाती थी। ऑक्सफोर्ड की जड़ें अंग्रेज़ों के इतिहास जितनी गहरी थीं। अंग्रेज़ी साहित्य, चर्च, बादशाहत, संसद, सबका कुछ-न-कुछ जुड़ाव ऑक्सफोर्ड से रहा। अमेरिका की पढ़ाई भी अच्छी थी और इसीलिए मेरे पिता ने मेरे वहाँ जाने की व्यवस्था की थी, लेकिन वहाँ कुछ ज्यादा ही खुलापन था। ऑक्सफोर्ड में मुझे शिक्षा का नया आकाश तो मिलेगा ही, साथ ही वहाँ अनुशासन का वातावरण भी मिलेगा। मेरे पिता ने हम सब भाई-बहनों को शुरू से ही वहाँ की राह पर पहुँचा दिया था, लेकिन सबसे बड़ी होने के नाते केवल मुझे ही वहाँ शिक्षा पूरी करने का सौभाग्य मिला और राजनीतिक उथल-पुथल शुरू होने से पहले मैंने वहाँ पढ़ाई पूरी कर ली। मीर को अपना दूसरा साल शुरू होते ही, मेरे पिता की ज़िन्दगी की लड़ाई में खड़े होने के लिए, ऑक्सफोर्ड छोड़ना पड़ा। सनम बेचारी तो वहाँ पहुँच ही नहीं पाई। अपने पिता की प्रिय यूनीवर्सिटी में पढ़ पाना मुझे बहुत कुछ दे गया।

1973 के वसन्त के मौसम में, ज्यों ही मैं ऑक्सफोर्ड पहुँची, रावलपिंडी के प्रधानमंत्री आवास से मेरे पिता ने मुझे पत्र लिखा, ‘‘मुझे एक अजीब-सा हलचल-भरा एहसास होता है, जब

मैं याद करता हूँ कि अब तुम मेरे उन नक्शे-कदम (पदचिह्न) पर चल रही हो, जिन्हें मैं ऑक्सफोर्ड में बाईस साल पीछे छोड़ आया हूँ।" उन्होंने आगे लिखा था, "मुझे तुम्हारे रेडक्लिफ में होने से भी खुशी तो खैर हुई थी लेकिन चूँकि मैं खुद कभी हार्वर्ड में नहीं रहा था, इसलिए मैं तुम्हारे वहाँ होने की कोई तस्वीर नज़र के सामने नहीं ला पा रहा था। यहाँ मैं तुम्हारी वहाँ हाज़िरी वैसे ही देख पा रहा हूँ, जैसे मैं वहाँ ब-खुद हाड़-मांस का इनसान, वहाँ रहा। ऑक्सफोर्ड की सड़कों के हरेक गली-कूचों में, जब तुम चलोगी, बर्फ-सी ठंडी पत्थर की सीढ़ियों पर अपना एक-एक कदम रखोगी, मैं तुम्हें बाकायदा वैसे ही देख पाऊँगा और महसूस करूँगा और तुम पढ़ाई और सीख की एक-एक पायदान पार करती चली जाओगी। तुम्हारे ऑक्सफोर्ड में होने ने मेरा एक सपना सच कर दिया है। मैं खुदा से यह दुआ करूँगा कि हमारा यह जो सपना सच हुआ है, वह तुम्हारे लिए एक बढ़िया कार्यक्षेत्र भी सौंपे जो तुम अपने लोगों की सेवा कर सको।" वह मेरे ऑक्सफोर्ड में होने से उससे कहीं ज्यादा खुश थे जितना मैं हुई थी। हार्वर्ड के माहौल से बिल्कुल अलग, जहाँ मेरे और मेरी रूममेट के पास अपना अलग 'सूइट' (कमरा) था, यहाँ मेरे पास लेडी मार्गरेट हॉल में एक अकेला कमरा था जिसके साथ एक छोटा-सा सामूहिक बाथरूम था। यहाँ ऑक्सफोर्ड में मुझे हार्वर्ड के अपने टेलीफोन की बड़ी याद आती थी। यहाँ मुझे इन्हीं के सिस्टम पर निर्भर होना पड़ता था, जिसमें कोई खबर मिलने में दो दिन लग जाते थे। यहाँ अंग्रेज़ साथी ज्यादा मिलनसार नहीं थे, जबकि हार्वर्ड में लोग तुरन्त ही दोस्त बन जाते थे। हफ्तों तक मेरा मिलना-जुलना ज्यादातर अपने हार्वर्ड के पुराने साथियों से ही होता रहा, जो अब ऑक्सफोर्ड आ गए थे। इस बीच मेरे पिता मुझसे लगातार जुड़े रहे। उन्होंने मुझे सदियों पुराने रोम का एक चित्र भेजा जो उनके कमरे में, 1950 में क्राइस्ट चर्च में टँगा रहता था। उन्होंने मुझे अल-मुर्तज़ा से लिखा था, "जब तक तुम ऑक्सफोर्ड नहीं गई थीं, तब तक इसे तुम्हें देने की कोई बात नहीं बनती थी। अब जब तुम वहाँ हो, मैं यह तुम्हें भेज रहा हूँ। तुम चाहो, तो इसे अपने कमरे में टाँग लो," मैंने इसे कमरे की दीवार पर लटका दिया, जो मुझे याद दिलाता रहा कि पाकिस्तान की धूल-भरी गलियों से निकलकर हम कहाँ आ गए हैं... यहाँ ऑक्सफोर्ड की चमचमाती सड़कों पर।

मेरे पिता ने मुझे सचेत किया था कि हार्वर्ड के मुकाबले मुझे यहाँ काम का ज्यादा दबाव झेलना पड़ेगा। वह ठीक कह रहे थे, यहाँ मुझे प्रति सप्ताह दो आलेख अपने राजनीतिशास्त्र, दर्शनशास्त्र तथा अर्थशास्त्र के लिए देने ही पड़ते थे। वह इस राय के साथ भी ठीक थे, कि मुझे ऑक्सफोर्ड की यूनियन में हिस्सा लेना शुरू करना चाहिए।

इस सब के साथ, ऑक्सफोर्ड में बहुत-सी गतिविधियों की सोसायटीज़ थीं, जैसे, समाजवादी, संकीर्ण तथा उदारवादी राजनीति के क्लब, जो उछल-कूद, धूम-धड़ाका और शिकारी कुत्तों की तरह की आक्रामकता से भरे थे। सबसे ज्यादा मशहूर थी वाद-विवाद की सोसायटी... यह 1823 में शुरू हुई थी और ब्रिटेन की लोकसभा का ही एक रूप थी। यूनियन को एक पाठशाला की ही तरह से देखा जाता था, जहाँ भावी राजनीतिज्ञ ट्रेनिंग पाते थे। मेरा राजनीति में जाने का कोई इरादा नहीं था, मैंने उसमें होने वाले तनाव और दबावों को बहुत नज़दीक से देखा था। मेरा मन पाकिस्तान की विदेश सेवा में जाने का था, फिर भी, अपने पिता की इच्छा पूरी करने के लिए यूनियन से जुड़ गई। पिता की इच्छा

के अलावा मुझे वाद-विवाद की कला ने भी अपनी ओर आकर्षित किया। एशिया के उपमहाद्वीप में, जहाँ ज्यादातर लोग अनपढ़ हों, वहां बोलने की कला एक बहुत बड़ी ताकत-सा असर पैदा करती है। लाखों लोग महात्मा गाँधी, जवाहरलाल नेहरू, मोहम्मद अली जिन्ना तथा खुद मेरे पिता के शब्दों के जादू में बँध जाते थे। किस्सागोई, शे'रो-शायरी और बतकही हमारी परम्परा का एक हिस्सा रहा है। मुझे पता ही नहीं चला कि कैसे मेरा, विनम्र और अनुशासित वातावरण में, ऑक्सफोर्ड यूनियन से जुटाया हुआ अनुभव, मुझमें बोलने की वह क्षमता भरता चला गया कि मैं पाकिस्तान में लाखों की भीड़ को अपने बोलने से जीत सकी।

मेरे शुरुआती तीन वर्ष, राजनीतिशास्त्र, दर्शनशास्त्र तथा अर्थशास्त्र पढ़ने में बीते और चौथे वर्ष में अन्तरराष्ट्रीय कानून तथा कूटनीति में पोस्ट ग्रेजुएट पढ़ाई मैंने की। इस बीच ऑक्सफोर्ड यूनियन मेरे जीवन का एक महत्त्वपूर्ण मंच रही, जो मेरी नज़र से कभी ओझल नहीं हुई।

उसके बगीचे और उसकी बिल्डिंग जो ऑक्सफोर्ड के बीच में बनी थी, जिसमें एक छोटा-सा रेस्तराँ था, दो लाइब्रेरियाँ, और बिलियर्ड रूम, यह सब मेरे लिए उतने ही अपने ही जाने-पहचाने और अपनापन लिए हो गए, जितना अल-मुर्तज़ा के कमरे हमारे लिए थे। वहाँ के वाद-विवाद के हॉल में हमने बहुत से वक्ताओं को सुना, स्त्रीवादी लेखक जरमेइनी ग्रीअर से लेकर मज़दूर संगठन के अधिवक्ता आर्थर स्कारगिल को... लार्ड स्टॉकटन और एडवर्ड हीथ, ब्रिटेन के दो भूतपूर्व प्रधानमंत्री हमारे रहते ऑक्सफोर्ड यूनियन में आए। छात्र वक्ताओं के लिए औपचारिक कपड़े पहनने का प्रतिबन्ध था। अपनी जीन्स छोड़कर मुझे अन्ना बिलिन्डा की रेशमी ड्रेस पहनकर, जिसमें गुलाबी रंग की पट्टी हो, प्रस्तुत होना पड़ा और मोमबत्ती की मद्धिम रोशनी में आयोजित रात्रिभोज के बाद हम देर तक उस कार्यक्रम से जुड़े बहस-मुबाहिसों में उलझे रहे।

ज़िन्दगी भी क्या-क्या खेल हमारे साथ खेलती है। वह, जो पहला भाषण मुझे उस मुख्य चैम्बर में देना था जहाँ भूतपूर्व राजनयिक ग्लाडस्टोन और मैक्मिलन चाहते थे कि मैं किसी राष्ट्र के चुने हुए अध्यक्ष के, वैधानिक रूप से, न कि बंदूक की नोक पर, हटाए जाने का प्रस्ताव रखते हुए अपना भाषण दूँ। यूनियन के प्रेसिडेंट ने मुझे बताया कि मैं, "यह सदन निक्सन पर महाभियोग लगाता है..." जैसा प्रस्ताव अपने वक्तव्य में रखूँ।

"यह एक विडम्बना ही है कि उस व्यक्ति ने, जिसने कानून और व्यवस्था के लिए लगातार कोशिश की, वही कानून तोड़ते हुए समूचे देश की व्यवस्था छिन्न-भिन्न करने पर उतर आया।" मैंने अपनी बहस शुरू की।

"...लेकिन अमेरिका का इतिहास ऐसी विडम्बनाओं से भरा हुआ है। मैं आपको जॉर्ज वाशिंगटन और उनके पिता की एक कहानी सुनाती हूँ। एक दिन बालक जॉर्ज के पिता ने देखा कि उनका चेरी का पेड़ किसी ने काट दिया है, तो वह गुस्से में आगबबूला हो उठे और यह जानने के लिए परेशान हो उठे कि यह हरकत किसकी है। बालक जॉर्ज आगे बढ़े और उन्होंने अपने पिता से कहा कि वह झूठ नहीं बोलेंगे और यह काम उन्होंने ही किया है। अमेरिका के लोग पहले कभी ऐसा प्रेसिडेंट पाते थे, जो झूठ नहीं बोलता था और अब ऐसा है, जो सच नहीं बोल सकता।"

अपने बाईस वर्षीय अनुभव से मैंने सहजतापूर्वक वह सारे आरोप बता डाले, जो अमेरिका

के राष्ट्रपति के खिलाफ महाभियोग का कारण बनते थे। इनमें वियतनाम में लड़ाई के सम्बन्ध में इनका अपनी अधिकार सीमा को अनदेखा करना, कम्बोडिया पर गुप्त बमबारी, टैक्स से बचाव के लिए उपहार सम्बन्धी इन दस्तावेज की तारीखों में फेरबदल करना, जो उनके उपाध्यक्ष से सम्बन्धित थे, उनका वाटरगेट काण्ड से जुड़ाव और इस सिलसिले में उनका सेक्रेटरी के टेप्स से छेड़-छाड़... सब शामिल थे।

"दोस्तो, इसमें गलती न की जाए..." मैंने बात खत्म करते हुए कहा, "यह आरोप गम्भीर हैं। निक्सन ने लगातार खुद को कानून से ऊपर समझते हुए मनमानी की। ब्रिटिश सम्प्रभुता में ऐसा करने की सज़ा मौत होती है। हम उससे कम गम्भीर सज़ा का प्रस्ताव कर रहे हैं, जो उतनी ही असरदार है। कहा जाता है कि निक्सन एक बार खुद को एक मनोचिकित्सक को दिखाने गए थे, उसने कहा था, प्रेसिडेंट, आप मानसिक रोगी नहीं हैं, लेकिन आप से लोग नफरत करते हैं। आज निक्सन न केवल नफरत की नज़र से देखे जाते हैं बल्कि वह अपनी साख पूरी तरह से खो चुके हैं। लोगों के बीच विश्वास गँवा देने के बाद निक्सन के पास कोई नैतिक अधिकार नहीं रह जाता कि वह अमेरिका राष्ट्र के नेता बने रहें। यही अमेरिका तथा निक्सन की त्रासदी है।"

कानून की संहिता, विश्वसनीयता, नैतिक अधिकार, इन सब लोकतान्त्रिक सिद्धान्तों को जिन्हें मैंने पश्चिम में सहज रूप से लागू होते देखा—वह पाकिस्तान में नहीं पाए जाते। निक्सन के विरुद्ध महाभियोग प्रस्ताव 345 के मुकाबले 2 वोट से ऑक्सफोर्ड यूनियन में पास हो गया था। पाकिस्तान में मेरे पिता वोट से नहीं, बंदूक के ज़ोर से हटा दिए जाएँगे।

जब मैं ऑक्सफोर्ड में थी, तब पाकिस्तान मेरी नज़रों से काफी दूर था। जैसा कि मेरे पिता ने भविष्यवाणी की थी, वह मेरे जीवन के खुशी-भरे और उजियारे दिन गुज़र रहे थे। मैं दोस्तों के साथ चेरविल नदी से नाव में घूमती और वुडस्टॉक के पास ब्लैनहैम महल के पास पिकनिक के लिए जाती थी। किन्हीं दूसरे सप्ताहांत को मैं अपनी पीली खुली छत की गाड़ी निकालकर लम्बी ड्राइव पर जाती थी, जो मेरे पिता ने मुझे ग्रेजुएट हो जाने पर भेंटस्वरूप दी थी, ताकि मैं स्ट्राटफोर्ड-ऑन एवन में शेक्सपीयर देख सकूँ या लन्दन घूम सकूँ। उसके पहले अमेरिका में, मैं केवल पीपरमेंट स्टिक आइसक्रीम से बहल जाती थी जो बास्किन रोब्बिन्स की नई खुली दुकान से मिलती थी। उन आठ हफ्तों के दौरान जब उधम मचाता कॉलेज के बच्चों को रेला एक-दूसरे को धकियाता नदी पर होता, हम सब कॉलेज के बोट हाउस में गार्डन पार्टी मनाते, जिसमें लड़के नाविकों जैसी ड्रेस में आते और लड़कियाँ हैट लगाए, फूलों वाली लम्बी फ्राक में। हमने परीक्षा के लिए जाते समय बिना उसे बहुत गम्भीरता से लिए, पारम्परिक सफेद कमीज़ के साथ काली स्कर्ट पहनी और काले, बिना बांहों वाले गाउन लिए जिसे देखकर उन्होंने भी हमें परीक्षा के लिए शुभकामनाएँ दीं, जो छात्र नहीं थे।

जहाँ हार्वर्ड में मेरे साथ केवल गिने-चुने ही विदेशी साथी थे—रेडक्लिफ में केवल चार जिसमें एक अंग्रेज़ लड़की भी थी, जिसे विदेशी कहना मुझे बड़ा अजीब लगता था, यहाँ ऑक्सफोर्ड में हमारे साथ बहुत लोग थे। इमरान खान, पाकिस्तानी क्रिकेट खिलाड़ी वहाँ

था, बहराम देहकानी ताफ्ती, जिसके पिता ईरानी थे। बहराम, जो मई, 1980 में ईरान क्रान्ति के तुरन्त बाद मार डाला गया था, हमें घण्टों अपने प्यानो से आनन्दित किए रखता था। उसकी पसन्द गिलबर्ट, सुलीवान, स्कॉट जॉपलिन से काउरे के *रिक्वीम* तक थी। लेकिन, जैसे एशिया के लोग ऑक्सफोर्ड में ज़रा मस्ती वाले लोगों की तरह माने जाते हुए हमजोली बना लिए जाते थे, वह किसी खास वर्ग का प्रतिनिधित्व नहीं करते थे और इसीलिए बहुत से अंग्रेज़ दोस्तों को बहुत प्रभावित नहीं करते थे।

1974 में, मैं अपने घर पाकिस्तान गई, जहाँ मेरे पिता लाहौर में एक इस्लामी सम्मेलन की अध्यक्षता कर रहे थे। उस कार्यक्रम में करीब-करीब हरेक मुस्लिम देश के बादशाह, प्रेसिडेंट, प्रधानमंत्री तथा विदेशमन्त्री आए थे तथा अड़तीस देश, अमीरात तथा साम्राज्यों का वहाँ जमावड़ा था। मेरे पिता के बांग्लादेश को मान्यता देने के बाद, मुजीबुर्रहमान भी आए थे, जिनका आना प्रेसिडेंट बोएमदीन के निजी जहाज़ से हुआ था। वह सम्मेलन मेरे पिता और पाकिस्तान के लिए एक बड़ी सफलता मानी गई थी। मेरे पिता ने मुजीब को जैतून की टहनी भेंट करते हुए शान्तिपूर्वक वह युद्धबंदी वापस करने का संवाद दिया था जिसके लिए बंगाली चिन्तित थे तथा युद्ध की सुगबुगाहट महसूस कर रहे थे।

मैं बड़े उत्साह के साथ एशियाई पहचान का गौरव समेटे वापस इंग्लैण्ड लौट रही थी, कि तभी नस्लवाद का पहला कड़ुवा अनुभव मुझे हुआ।

"आप इंग्लैण्ड में कहाँ ठहरेंगी...?" इमीग्रेशन ऑफिसर ने मेरा छात्रों वाला पासपोर्ट देखते हुए पूछा।

"ऑक्सफोर्ड..." मैंने विनम्रता से जवाब दिया, "मैं वहाँ पढ़ती हूँ।"

"ऑक्सफोर्ड...?" उसने व्यंग्य से, अपनी भौंहें तानते हुए दोहराया, अपनी खीझ दबाते हुए मैंने उसे अपना छात्र पहचान-पत्र दिखाया।

"भुट्टो, मिस बेनज़ीर, कराची, पाकिस्तान।" उसने अवमानना स्वर में पढ़ा... "तुम्हारा पुलिस कार्ड कहाँ है...?"

"यहीं है..." कहते हुए मैंने उसे वह अपना ठीक-ठाक पुलिसकार्ड दिखा दिया, जिसे सब विदेशियों को साथ रखना होता था।

"और आपका खर्चा ऑक्सफोर्ड में कैसे चलता है...?" उसने फिर पूछा।

"मेरे माँ-बाप मुझे मेरे बैंक अकाउंट में पैसे भेजते हैं।" यह कहकर मैंने उसे अपनी बैंक की किताब थमा दी। इसके बावजूद उस दुष्ट अधिकारी ने मुझे वहाँ खड़ा रखा, वह मेरे कागज़ बार-बार उलटता-पलटता रहा, मेरा नाम अपनी उस मोटी किताब में खोजता रहा और आखिर नहीं ढूँढ़ पाया। "कोई पाकी किस तरह इतना पैसे वाला हो सकता है कि अपने बच्चों को ऑक्सफोर्ड में पढ़ा सके...?" आखिर उसने कह ही दिया और मेरे कागज़ात मुझे वापस किए।

मैं गुस्से में थी। मैं तेज़ी से घूमी और एयरपोर्ट के बाहर चली गई। अगर एक इमीग्रेशन अधिकारी का प्रधानमंत्री की बेटी के साथ ऐसा बर्ताव है, तो वह आम पाकिस्तानियों के साथ क्या करता होगा, जिन्हें फर्राटेदार अंग्रेज़ी भी नहीं आती और जो बहुत तेज़-तर्रार नहीं हैं। बहुत पहले, मैं जब ऑक्सफोर्ड गई भी नहीं थी, तब मेरे पिता ने मुझे सचेत किया था कि पश्चिम में भेदभाव-भरा बर्ताव होता है। उन्होंने खुद इस अपमान को झेला था।

एक बार एक छात्र के रूप में उन्हें सान डियेगो, कैलीफोर्निया में होटल के क्लर्क ने कमरा देने से इन्कार कर दिया था। इसलिए नहीं कि वह पाकिस्तानी थे, बल्कि इसलिए, कि काली चमड़ी के कारण उन्हें मैक्सिकन समझा गया था।

उन्होंने मुझे फिर एक बार नस्लवाद के खतरों के बारे में चेतावनी दी, जब उन्होंने पाया कि मेरे ऑक्सफोर्ड से लिखे गए पत्रों में पश्चिम का रंग भी उतना ही साफ दिखने लगा था जितना देसी का। उनको इससे चिन्ता होने लगी। उन्हें लगने लगा कि कहीं मैं पश्चिम के राग-रंग से बँधकर वहीं न बस जाऊँ और पाकिस्तान कभी न लौटूँ। उन्होंने मुझे समझाते हुए लिखा, "यह पश्चिम वाले यह बात अपने दिल में पक्की तौर पर जानते हैं कि कोई उम्र-भर वहाँ एक छात्र बनकर नहीं रह सकता। वह बतौर छात्र तुम्हें अपना मान लेते हैं, क्योंकि उनके ख्याल से तुम उनके मुल्क में बस नहीं जाने वाले हो। वह तुम्हें एक विजातीय नागरिक की तरह नहीं देखते। उनका बर्ताव, उनका नज़रिया एकदम बदल जाता है, जब उन्हें पता चलता है कि एक और पाकिस्तानी, एक और एशियन उनके देश में शरणार्थी बनकर आ गया है, तब वह तुम्हारी ओर ओछी नज़रों से देखने लगेंगे। उन्हें लगेगा कि किसी भी मैदान में तुम उनके मुकाबले में उतरो, यह ठीक नहीं है, अन्याय है।

उनकी इस चेतावनी की कोई ज़रूरत मुझे नहीं थी, क्योंकि मैंने कभी सपने में भी पाकिस्तान न लौटने का इरादा नहीं बनाया था। मेरा दिल वहाँ था। मेरी विरासत, मेरी संस्कृति सब वहीं है और इसलिए मेरा भविष्य भी वहीं है। मुझे विश्वास था कि अपने पिता की बेटी होने के नाते, मैं इस राजनीतिक उथल-पुथल के समय में पूरा राजनीतिक अनुभव बटोर पा रही हूँ। 1973 में अमेरिका की सरकारी यात्रा के दौरान, जहाँ मेरे पिता, पाकिस्तान को हथियार देने पर पाबंदी के खिलाफ प्रस्ताव लेकर गए थे, एक औपचारिक रात्रि-भोज में, मैं व्हाइट हाउस में हेनरी किसिंजर के पास ही बैठी थी और सूप पीते-पीते मैं एकदम बे-सिर पैर का सोच रही थी... *हार्वर्ड लैम्पून* नामक पत्रिका के उस अंक की मुझे याद आई जिसमें अजगर की खाल पर लेटे हुए सिगार पीते राज्य-सचिव का चित्र छपा था। वह अंक मैंने बहुमूल्य वस्तु की तरह संभाल रखा था—जिसे बाद में मैंने अपनी बहन और सामिया को पाकिस्तान भी भेजा था। बहुत कुछ बेकार का... अपने ध्यान को बंटाए रखने के लिए, मैंने मछली खाते-खाते उनसे कुछ बात करनी शुरू की... हार्वर्ड में कुलीनता, और इसी जैसे दूसरे ऐसे विषयों पर, जिसमें किसी विवाद-विरोध का खतरा न हो। अगली रात जब किसिंजर ने मेरे पिता को रात्रि भोज पर यह बताया—"जनाब प्राइम मिनिस्टर, आपकी बेटी आपसे कहीं ज्यादा दबंग है।" तो मैं भौंचक रह गई थी। मेरे पिता ठठाकर हँसे, जैसे यह मेरी तारीफ की गई हो। "पता नहीं..." उन्होंने बस इतना कहा।

1974 में जब मेरे पिता जॉर्ज पोंपिदो के अन्तिम संस्कार में भाग लेने गए, तब फ्रांस में नाभिकीय शक्ति चर्चा का विषय थी। इसके एक वर्ष पहले पांपिदो से पाकिस्तान ने नाभिकीय सहायता समझौता किया था, जिसमें एक रि-प्रोसेस प्लांट लगना तय हुआ था। हमें अब यह नहीं पता था कि पांपिदो का उत्तराधिकारी उस वादे को निभाएगा भी या नहीं। "तुम क्या सोचती हो, अगला प्रेसिडेंट यहाँ कौन बनेगा?" मेरे पिता ने भोज के

दौरान मुझ से पूछा, हम उस समय मैक्सिम में थे और हमारे साथ एक और मित्र थे। "गिस्कार्ड डी ईस्टैंग।" मैंने क्राइस्ट चर्च में पढ़ाई के दौरान, फ्रांस की राजनीति पर अपने गुरुजी पीटर पल्सर के पढ़ाए पाठ के आधार पर जवाब दिया। खुशकिस्मती से मैं सही निकली और इन नए प्रेसिडेंट ने किसिंजर और अमेरिका के साथ मिलकर उस प्रस्ताव को भी पूरा करना मान लिया जो पांपिदो की मौत से संशय में पड़ गया था।

मेरे राजनीतिक मामलों में किए गए अनुमान चतुराई-भरे तब नहीं निकले थे, जब तीन बरस पहले मेरे पिता ने चीन में कम्यूनिस्ट देश का जायज़ा लेने मुझे, मेरी बहन और मेरे दोनों भाइयों को वहाँ भेजा था। एक शिष्ट भेंट के दौरान चीन के नेता चाऊ एन लाई ने मुझसे पूछा था कि मेरे विचार से अमेरिका का अगला राष्ट्रपति कौन बनेगा। "जॉर्ज मेक्गॉवर्न।" मैंने तेज़ी से जवाब दिया था, मैंने अपने उत्तर को दोहराया भी था, जबकि चाऊ ने बताया था कि उनकी अमेरिकी सूचना के आधार पर निक्सन को बनना चाहिए। एक वफादार युद्धविरोधी, हार्वर्ड में इसी पक्ष की सक्रिय कार्यकर्ता, इस नाम के अतिरिक्त कोई दूसरा नाम सोच भी नहीं सकती थी। "जब तुम अमेरिका वापस लौटो, तब तुम अपनी राय मुझे दुबारा लिख भेजना।" चाऊ एन लाई ने मुझसे कहा। मैंने फिर भी "मेक् गॉवर्न" का नाम ले दिया।... मेरी बतौर एक छात्र, इतनी भर ही थी राजनीतिक समझ उस समय।

1976 में मेरे अपने, और विशेष रूप से प्रेसिडेंट के चुनाव वसन्त काल में होने वाले थे, और इसने मुझे व्यस्त कर रखा था। जब मैं एक साल की पोस्ट-ग्रेजुएट पढ़ाई के लिए ऑक्सफोर्ड वापस लौटी। हालाँकि मैं अब पढ़ाई-लिखाई की दुनिया छोड़कर राजनीति में उतर जाने को बेचैन थी लेकिन मेरे पिता चाहते थे कि प्रधानमंत्री की बेटी होने के नाते, मैं दूसरे लोगों के मुकाबले इतनी पढ़-लिख जाऊँ कि मुझे कहीं भी पहुँच जाने पर पक्षपात का सवाल न उठे।

मेरा भाई मीर ऑक्सफोर्ड में अपना पहला साल शुरू कर रहा था और मैं चाहती थी कि मुझे उसके साथ और भी समय बिताने का मौका मिले। लेकिन असली लालच यह था कि मुझे इस साल ऑक्सफोर्ड यूनियन में प्रेसिडेंट के लिए चुनाव लड़ने का मौका मिल गया था। मैंने कई साल ऑक्सफोर्ड यूनियन में बतौर कोषाध्यक्ष काम किया था, लेकिन पहली बार मैं, प्रेसिडेंट पद के लिए चुनाव में हार गई थी। इस बार मैं जीती थी। मेरी जीत ने दिसम्बर, 1976 में लड़कों की क्लब का समीकरण गड़बड़ा दिया था, जहाँ दस साल से कोई महिला ऊपर नहीं जा पा रही थी और सदस्यता में भी, सात लड़कों पर एक लड़की का अनुपात था। मेरी इस जीत से सबको, यहाँ तक कि मेरे पिता को भी हैरत हुई थी।

1976 में अमेरिका के अध्यक्ष के चुनाव के पहले मेरे पिता ने लिखा था, कि चुनाव में एक पक्ष जीतता है, और दूसरा पक्ष हारता है, जैसे कि जिराल्ड फोर्ड ने जिमी कार्टर के हाथों मात खाई थी। तुम्हें अपनी तरफ से पूरी कोशिश करनी चाहिए लेकिन परिणाम जो भी हो, उसे अच्छी भावना से स्वीकार किया जाए।" यह मेरे पिता ने मुझे लिखा था। उसके एक महीने बाद मुझे अपने पिता की एक अलग ही भावना वाला सन्देश मिला, "ऑक्सफोर्ड यूनियन के लिए तुम प्रेसिडेंट चुन ली गई हो, इस खबर ने मुझे खुशी से पागल कर दिया है। तुमने तो कमाल कर दिखाया है। तुम्हारी इस कामयाबी पर तुम्हें बहुत-बहुत बधाई—पापा।"

मेरा, बतौर प्रेसिडेंट तीन महीने का कार्यकाल जनवरी, 1977 से शुरू होना था। जब मीर और मैं छुट्टियों में घर की ओर रवाना हुए, तब आने वाले तूफ़ान का कोई नामो-निशान भी न था।

''अल-मुर्तज़ा में, मेरे पिता के जन्म-दिन की सालाना पार्टी के कुछ दिन बाद मेरे पिता के एक साथी ने मुझसे कहा था कि ''आओ और आकर ज़िया उल-हक़ से मिलो,'' और, ज़िन्दगी में पहली और अन्तिम बार मेरा आमना-सामना उस ऐसे आदमी से हुआ था, जो छह महीने बाद मेरे पिता को सत्ता से हटाकर उनकी जान ले लेने वाला था।

यह जानकर कि पद के लिए ठीक-ठाक चुनाव करने में कठिनाई आ रही है, मैं भी उत्सुक थी कि मैं अपने पिता के सम्भावित सेनाप्रमुख से मिलूँ। छह दूसरे जनरल परखे जा चुके थे लेकिन सबमें इण्टेलिजेंस विभाग को कुछ-न-कुछ कमज़ोरी नज़र आई थी... शराब-खोरी, बदचलनी, वफादारी में शक, वगैरह-वगैरह। जनरल ज़िया भी कमियों से बचे हुए नहीं थे। अफवाह थी कि उनके *जमाते इस्लामी* से रिश्ते हैं, जो एक धार्मिक कट्टरपन्थी संगठन है जिसने पी.पी.पी. का विरोध करके यह चाहा था कि धर्मनिरपेक्ष सरकार की बजाय धार्मिक सरकार बने। मेरे पिता के एक राजदूत ने यह भी कहा कि वह कुछ लालची, भ्रष्ट किस्म के व्यक्ति भी हैं। लेकिन एक बात ज़िया के पक्ष में बेहद मज़बूत थी कि पूर्वी पाकिस्तान के हत्याकाण्ड के सन्दर्भ में उनकी छवि पर कोई दाग नहीं था, क्योंकि उस गृहयुद्ध के दौरान वह मुल्क के बाहर गए हुए थे। यह भी पता चला था कि सेना में उनकी इज़्ज़त की जाती थी और जो बात मेरे पिता को उनमें सबसे ज्यादा भा गई थी, वह यह थी कि ज़िया बहुत उत्साहपूर्ण व्यक्ति कहे जाते थे। जब सभी फौजी सूत्रों ने ज़िया के बारे में अच्छी राय जाहिर की, मेरे पिता ने उन्हें चुन लिया। गैर फौजी सरकार को फौज के कामकाज में बहुत ज्यादा दखलंदाज़ी नहीं करनी चाहिए,'' ये मेरे पिता की राय थी... और इस तरह, अल-मुर्तज़ा में 5 जनवरी, 1977 को मैं उस आदमी से आमने-सामने मिली, जो एक दिन हमारी ज़िन्दगी को एकदम बदल देने वाला था।

मुझे याद है मैंने उसे भरपूर देखा था। किसी बच्ची की तरह नहीं, बल्कि एक ऊँचे, तन कर खड़े हुए जेम्स बॉण्ड की तरह, जिसकी नसें इस्पात की बनी हों, मैं उस जनरल के सामने थी, जबकि वह एक छोटा-सा, घबराया हुआ-सा बेअसर आदमी की तरह मेरे सामने खड़ा था। उसके बाल तेल से चुपड़े हुए थे और उसने बीच की माँग निकालकर बाल किनारे किए हुए थे। वह मुझे एक अंग्रेज़ी कहानियों का कार्टून-खलनायक ज्यादा लगा था, न कि एक उम्मीद जगाने वाला फौजी नायक। वह मुझे एक अजीब चापलूस, जी-हुजूरी करने वाले आदमी जैसा लगा जो लगातार यही कहता जा रहा था कि वह एक महान इन्सान ज़ुल्फिकार अली भुट्टो की बेटी के सामने खड़ा होकर बहुत ही सम्मानित महसूस कर रहा है। निश्चित रूप से मेरे पिता को कोई दूसरा सेनाध्यक्ष मिल सकता था, जो ज्यादा कड़क और शासक जैसा होता, लेकिन मैंने अपने पापा से कुछ कहा नहीं।

अपने जन्म-दिन की शाम को जब हम अल-मुर्तज़ा के बगीचे में टहल रहे थे, मेरे पिता ने मुझे बताया कि वह भूमि-सुधार के काम को और तेज़ करने जा रहे हैं। मैं चुनाव भी मार्च

में कराने की सोच रहा हूँ हालाँकि संविधान के हिसाब से अभी हम अगस्त तक रुक सकते हैं, फिर भी, मुझे इन्तज़ार की कोई वजह नज़र नहीं आती। संविधान के हिसाब से हमने जो लोकतांत्रिक संस्थाएँ बनाई हैं, वह अपना काम कर रही हैं और संसद तथा राज्य सरकारें भी चल रही हैं। आगे जनादेश पाकर हम उन योजनाओं को लागू करने के दौर में जा सकते हैं। देश का औद्योगिक आधार मज़बूत करना है। नए ट्यूबवेल लगाकर, बीजों का सही वितरण करके और खाद का प्रोडक्शन बढ़ाकर हम खेती को तरक्की की राह पर ला सकते हैं। जैसे-जैसे हम चलते जा रहे थे, उनके भीतर से विचार उमड़ रहे थे और उनके सामने आधुनिक, मुकाबला कर सकने लायक मुल्क की तरह, पाकिस्तान का नक्शा साफ हो रहा था।

उनके बहुत-से सुधार लागू होने शुरू हो गए थे। पी.पी.पी. ने चुनाव सभाओं के दौरान गरीब लोगों से किए हुए वादे पूरे किए थे। सामन्त लोगों के पास दबी हुई ज़मीन का बँटवारा किया गया था और सामन्ती कानून बदले गए थे। मेरे पिता ने भी अपनी आर्थिक नीतियों में समाजवाद को जगह देनी शुरू कर दी थी। बहुत-से ऐसे उद्योगों का राष्ट्रीयकरण किया गया था, जिन पर पाकिस्तान के चुने हुए बाईस रईस परिवारों की बपौती थी। ताकि इनके लाभ का हिस्सा देश की पूँजी बन सके। सरकार ने कम-से-कम मज़दूरी तय की ताकि मज़दूरों को आदिवासी मुखिया तथा सरमायेदार से ठीक-ठाक पैसा मिल सके। कामगारों को यूनियन बनाने के लिए उत्साहित किया गया था, ताकि उनकी आवाज़ ठीक से मालिकों तक पहुँच सके। यह सब पाकिस्तान में एकदम पहली बार हो रहा था।

बहुत-से गाँवों में बिजली पहुँचाई गई थी, साक्षरता कार्यक्रम चलाकर औरतों, मर्दों को पढ़ना सिखाया जा रहा था। गरीबों के लिए नए स्कूल बन रहे थे। शहर के धूल-भरे मैदानों में पार्क और बगीचे बनाए जा रहे थे। प्रान्तों को पक्की सड़कों से जोड़ा जा रहा था, जहाँ कि पहले केवल पथरीले रास्ते थे। चीन के साथ एक समझौता करके एक हाईवे बनाया जा रहा था, जो हिन्दूकुश को पार करता हुआ चीन की सीमा तक जाने वाला था। मेरे पिता पाकिस्तान के लिए आधुनिक, खुशहाली लाने पर तुले हुए थे।

एक बार एक किसान ने बलूचिस्तान में मेरे पिता से शिकायत की, ''मेरा गधा नई सड़क पर फिसलता है।''

''मैं तुम्हें एक नए तरह का गधा दिलाऊँगा जो तुम्हारी फसल को तीन गुना ज्यादा तेज़ी से बाज़ार पहुँचा देगा'', मेरे पिता ने जवाब दिया और अगले ही हफ्ते उन्होंने किसान के पास एक जीप भेज दी।

निश्चित रूप से, मेरे पिता का विरोध भी किया जा रहा था। वह उन उद्योगपतियों को एक काँटे-सा ही लग रहे थे जिनके निजी उद्योगों का राष्ट्रीयकरण हो गया था। न ही उन ज़मींदारों को वह भले लग रहे थे, जिनकी ज़मीनें उन किसानों के नाम कर दी गई थीं, जो ग्यारहों पीढ़ी से उस ज़मीन को जोत-बो रहे थे, और उनके हाथ बस आधी फसल ही आती थी। जमाते इस्लामी के सदस्यों ने, जिनमें से ज्यादातर, छोटे दुकानदार थे, विरोध की आवाज़ उठाई थी।

वह मेरे पिता के समाज-सुधार के नए कानूनों के खिलाफ थे, खासतौर से उन कानूनों के जो औरतों के पक्ष में बनाए गए थे। औरतों को घर और बाहर दोनों जगह काम करना पड़ता था और नए कानूनों में मर्दों और औरतों के बीच भेदभाव खत्म कर दिया था। मेरे

पिता की एकजुटता बनाने वाली नीति ने भी उन लोगों को नाराज़ कर दिया था जो अलगाववाद तथा मतभेद बनाए रखने में विश्वास करते थे। बलूचिस्तान तथा उत्तर पूर्व फ्रंटियर में स्वतन्त्र हो जाने की अकुलाहट थी, आदिवासी मुखिया अपने हज़ारों लोगों पर अपने ही निजी कानून चलाते रहना चाहते थे और केन्द्र सरकार की सत्ता से उनका विरोध हो गया था।

दरअसल, वह सारे घटक जो 1947 में पाकिस्तान बनने के समय से चले आ रहे थे, 1977 में भी थे। क्षेत्रीय भावना का ज़ोर केन्द्र सरकार के पक्ष में नहीं था। पूँजीवादी समाजवाद के खिलाफ खड़े थे, सामन्तवादी और पठान सरदार लोग पढ़े-लिखे और विकासशील लोगों के विरुद्ध थे, कट्टरतावादी आधुनिकता को पनपने नहीं देना चाहते थे और सबसे ऊपर सेना का राक्षसी साया जो शक्तिशाली भी था और संगठित भी और उसका नज़रिया भी पाकिस्तान को तोड़ने वाला ही था।

कुछ पाश्चात्य राजनीतिज्ञों का और पाकिस्तान की फौजी सोच वालों का मत था कि लोकतन्त्र ऐसे अलग-अलग भाषा संस्कृति वाले देश में नामुमकिन है, जहाँ साक्षरता भी बहुत कम है और प्रतिव्यक्ति आय भी। जहाँ प्रान्तों के बीच भाषा और रीति-रिवाजों के अन्तर के कारण आपस में संवाद नहीं है... वहाँ तो बस फौजी शासन ही कारगर हो सकता है। बहस चलती रही। मेरे पिता ने सफलतापूर्वक लोकतन्त्र लाकर और ऐसी सरकार बनाकर, जो बंदूक के ज़ोर पर नहीं, जनमत से बनी, सारे संशय को झुठलाकर दिखा दिया। 1977 की शुरुआत में, इस बारे में कोई सन्देह नहीं रह गया कि मार्च में होने वाले चुनावों में यही सरकार दुबारा सत्ता में नहीं लौटेगी।

जब मेरे पिता पाकिस्तान में चुनाव की तैयारी कर रहे थे, मैं ऑक्सफोर्ड यूनियन में एक वाद-विवाद कार्यक्रम बनाने के लिए लौटी। विषय था, "पूँजीवाद जीतेगा।" यह मेरे प्रेसिडेंट बनने के बाद पहला वाद-विवाद कार्यक्रम था। इसमें मैंने यूनियन के भूतपूर्व प्रेसिडेंट तारिक अली को आमन्त्रित किया था, जोकि एक महत्त्वपूर्ण वामपन्थी थे और वह इस विषय के विपक्ष में बोलने वाले वक्ता थे। "पश्चिम अब ज्यादा समय तक तीसरी दुनिया के देशों की कीमत पर नहीं पनप पाएगा।" यह दूसरे विवाद के लिए विषय चुना गया था, जो उत्तर-दक्षिण मतभेद की ओर ध्यान खींचने की कोशिश थी।

जब राजनीतिक विपक्ष पी.पी.पी. के खिलाफ एकजुट हो रहा था, तो नौ क्षेत्रीय, धार्मिक कट्टरपन्थी, तथा औद्योगिक सरमायदारों का गठबन्धन तैयार हुआ, जिसका नाम पाकिस्तान नेशनल एलायंस (पी.एन.ए.) दिया गया। उसी समय मैं ऑक्सफोर्ड यूनियन में अपना पाँचवाँ आयोजन करने में लगी हुई थी। इस बार विषय लिया था, "...इस घर में तो अब रॉक एण्ड रोल (अंग्रेज़ी नृत्य-संगीत) होगा।" उस मौके पर वाद-विवाद की जगह पर उस हॉल में रॉक संगीत गूँज रहा था जो अपने तरह की पहली घटना थी। उसमें मैगडेलन कॉलेज के दो दोस्तों ने पूरे ज़ोर-शोर से 'जीसस क्राइस्ट सुपरस्टार' की तर्ज पर यूनियन का गीत गाया था, जो इतना पसन्द किया गया कि लोगों ने मुझे कन्धे पर उठा लिया।

उस दौरान, जब मैं ऑक्सफोर्ड यूनियन के प्रेसिडेंट ऑफिस को शक्ति का केन्द्र बनाते हुए उसके कार्यक्रमों को हरे और सफेद (पाकिस्तानी झण्डे के रंग) रंगों में छपवा रही थी, पाकिस्तान विपक्ष पार्टी पी.एन.ए. का नेता असगर खान, जो पहले वायुसेना का प्रमुख कमाण्डर

था, यह घोषणा कर रहा था कि वह लोग मार्च के चुनाव परिणामों को मान्यता नहीं देंगे क्योंकि उसमें उन्हें पी.पी.पी. द्वारा भारी बेइमानी किए जाने की आशंका है। मैंने इस पर बहुत ज्यादा ध्यान नहीं दिया क्योंकि मुझे पता था कि मेरे पिता सारी दुनिया में अपनाए गए चुनाव के अनुशासन का पूरा पालन कर रहे हैं, उन्होंने एक स्वतन्त्र चुनाव आयोग का गठन किया हुआ है और उच्चतर न्यायपालकों की पूरी निगरानी है कि चुनाव निष्पक्ष हो सकें, फिर भी, असगर खान की यह रणनीति अजीब लगी, कि वह मुल्क को इस बात के लिए तैयार कर रहा है कि चुनाव में पी.पी.पी. की जीत को मान्यता न मिले।

चुनाव कार्यवाही उस समय बहुत अचरज में आ गईं, जब 18 जनवरी तक, जोकि नामांकन की आखिरी तारीख थी, पी.एन.ए. के किसी भी उम्मीदवार ने, किसी भी उस चुनाव क्षेत्र से अपने पर्चे नहीं भरे। जहाँ से मेरे पिता और चार प्रान्तों के मुख्य चुनाव में खड़े हुए थे। अजीब बात है... मैंने सोचा, जब मैंने यह खबर इंग्लैण्ड में पढ़ी। क्यों पी.एन.ए. वाले प्रधानमंत्री तथा मुख्यमंत्री जैसे उम्मीदवारों को निर्विरोध चुने जाने दे रहे हैं...? शायद वह जानते हैं कि उनके लिए उन्हें हरा पाना मुश्किल होगा। लेकिन मेरा यह सोचना बेहद नासमझी-भरा साबित हुआ। इसका जवाब न केवल बेतुका था, बल्कि अखबारों की सुर्खी भी बन गया था।

विपक्ष ने दावा किया था कि उनका अपहरण करके उन्हें नामांकन भरने से रोक दिया गया था। उन्होंने कहा कि उनको प्रस्तावित करने वाले तथा प्रस्ताव का अनुमोदन करने वाले भी बंदी बना लिए गए थे। और पुलिस ने हमें तब तक रोके रखा, जब तक आखिरी तारीख बीत नहीं गई। मुझे इंग्लैण्ड में, उनके यह आरोप बेहद हास्यास्पद लगे। मुझे ज़रा भी विश्वास नहीं हुआ कि पी.एन.ए. वालों के साथ सचमुच ऐसा हुआ होगा। मुख्य चुनाव कमिश्नर ने भी उनके इस अभियोग को खारिज कर दिया क्योंकि पी.एन.ए. के पास उसे सिद्ध करने का कोई प्रमाण नहीं था। कहा गया कि अपहरण का होना, उन्हीं लोगों की एक कोई योजना रही होगी। लेकिन यह एक धूर्ततापूर्ण चाल थी क्योंकि अपहरण उन दिनों पाकिस्तान में बहुतायत से होते थे और कई लोगों को यह विश्वास भी हो गया कि हो सकता है कि पी.एन.ए. की बात सच हो।

मैंने चुनाव-अभियान की खबरों को और बारीकी से पढ़ना शुरू कर दिया। मैं इंग्लैण्ड के और पाकिस्तान से मेरे पिता द्वारा भेजे गए अखबारों को गौर से पढ़ने लगी। पी.एन.ए. दिनों-दिन और भी ज्यादा उग्र और गैर ज़िम्मेदार होती जा रही थी। विपक्ष यही गा रहा था कि भुट्टो का भरोसा नहीं किया जा सकता। उसकी योजना हर निजी घर का राष्ट्रीयकरण कर लेने की है, और वह हर औरत के गहने-ज़ेवर ज़ब्त कर लेगा। उन्होंने कहा कि भुट्टो, एक संभ्रांत परिवार का आदमी है, वह आम आदमी का हमदर्द नहीं हो सकता। वह बेशकीमती रेशमी सूट पहनता है, इटैलियन जूते पहनता है और स्कॉच शराब पीता है।

अय्यूब खान के मन्त्रियों ने भी ऐसे ही आरोप लगाए। इस पर मेरे पिता का जवाब मुझे बहुत अच्छा लगा। वह एक खुले विचारों वाले व्यक्ति थे और उन्होंने जनता से वह कभी नहीं छुपाया, जो वह निजी जीवन में भी करते थे। उन्होंने कहा, " मैं इससे कतई इनकार नहीं करता कि अठारह घंटे की मेहनत-भरा दिन पार करने के बाद, मैं कभी-कभी शराब पी लेता हूँ।" एक जनसभा में उन्होंने चीखकर कहा था, "...लेकिन दूसरे राजनीतिक लोगों की तरह मैं जनता का खून नहीं पीता।"

मैंने चुनाव के नतीजों पर कभी सन्देह नहीं किया। पी.एन.ए. के नेता कोई बड़े आदमी या बेहतर आदमी नहीं थे। उनके पास न तो मेरे पिता जैसी शिक्षा की योग्यता थी, न ही, सरकार का और अन्तरराष्ट्रीय कूटनीति चलाने का अनुभव। फौजी माहौल की राजनीति ने सारी शक्ति सिविल सर्विस, सेना और सरमायादारी उद्योगों में समेट रखी थी। ज्यादातर जो मेरे पिता का विरोध कर रहे थे, वह छोटे, प्रांतीय लोग थे, जिनकी अदूरदर्शिता ने पाकिस्तान को अब तक उठने नहीं दिया था और वह आगे भी ऐसा करने वाले थे।

कितने बेमतलब के झूठ वह लोग बोल रहे थे। भुट्टो एक खराब मुसलमान है। वह अब जाकर सीख रहा है कि नगाज़ कैसे पढ़ी जाती है और पाँच बार दिन में पढ़ी जानी चाहिए। मैंने जब फरवरी में *फार ईस्टर्न इकोनॉमिक रिव्यू* में पी.एन.ए. का मेरे पिता के बारे में यह आरोप पढ़ा, मुझे इस पर यकायक विश्वास नहीं हुआ। मैंने खुद कई बार अपने पिता के साथ घर पर नमाज़ पढ़ी है। लेकिन इस बार भी मुझे अपने पिता की प्रतिक्रिया पसन्द आई। जब, फिलीस्तीनी मुक्ति मोर्चा पी.एल.ओ. के नेता यासिर मेरे पिता से मिलने आने वाले थे, तब एक पत्रकार ने मेरे पिता से पूछा था कि यासिर क्यों आ रहे हैं? मेरे पिता का जवाब था, ''वह मुझे नमाज़ पढ़ना सिखाएँगे।''

चुनाव अभियान के एक नारे की आवाज़ थी ''निज़ामे-मुस्तफा'' जो पी.एन.ए. वालों की पेशकश थी, जिसका मतलब था ''पैगम्बर का राज''। वह गठबन्धन दल पी.एन.ए. राजनीति में धर्म की भावनाओं को ला रहा था। जमाते-इस्लामी पार्टी के नेताओं ने एक जनसभा में, दूरदराज गाँव में कहा कि उनकी पार्टी के खिलाफ वोट देना, खुदा के खिलाफ वोट देने जैसा है। पी.एन.ए. को दिया गया एक वोट एक लाख साल तक की गई प्रार्थना के बराबर है।

मेरे पिता ने विदेश सेवा, सिविल सेवा और पुलिस सेवा तक में महिलाओं के लिए जगह बनाई। स्त्री-शिक्षा को बढ़ावा देने के लिए उन्होंने इस्लामाबाद यूनीवर्सिटी में एक महिला को वाइस चांसलर बनाया। एक महिला को सिंध का गर्वनर नियुक्त किया और नेशनल असेम्बली में एक महिला को डिप्टी स्पीकर बनाया। जन संचार के क्षेत्र भी उन्होंने महिलाओं के लिए खोले। दूरदर्शन पर महिला समाचार पढ़ने वाली, सबसे पहले उन्हीं के राज में देखी गई।

उन्होंने मेरी माँ को भी उत्साहित किया कि वह अधिक सक्रिय भूमिका निभाएँ। 1975 में वह संयुक्त राष्ट्र संघ में, मैक्सिको सिटी में हुए अन्तरराष्ट्रीय महिला सभा में पाकिस्तान के प्रतिनिधिमण्डल की नेता बनकर गईं। मुझे बड़ा गौरव महसूस हुआ जब वह उस सभा की उपाध्यक्ष (वाइस प्रेसिडेंट) बनाई गईं।

लेकिन, ज्यों-ज्यों चुनाव पास आते गए, पी.एन.ए. का पी.पी.पी. पर हमला तेज़ होता गया। असगर खान यह ऐलान कर रहा था कि वह अपनी सरकार बनाने के बाद, 8 मार्च को पी.पी.पी. के सारे नेताओं को यातना शिविरों में भेज देगा, जहाँ उन पर भयंकर ज़ुल्म किए जाएँगे और असगर खान का वादा था कि वह मेरे पिता को खत्म कर देगा। ''मैं भुट्टो को अटक पुल से लटकाकर फाँसी दूँ, या उसे किसी लैंप पोस्ट पर लाहौर में फाँसी लटका दूँ...'' ऐसी असगर की ललकार थी। उसने मुझे ज़बरदस्त झटका दिया था। खबर थी कि असगर खान का कोई रिश्तेदार फौज में जूनियर अफसर है, जिसने 1974 में शासन के तख्ता पलट की नाकाम कोशिश की थी। क्या वह फौज के ज़रिये फिर ऐसी कोई शरारत की चाल चलने वाला है...?

मैं ऑक्सफोर्ड में बैठी, इतनी दूर तक सोच गई थी। मेरे पिता ने पाकिस्तान में लोकतन्त्र लाने की पहल की थी। लेकिन ऐसा नहीं लग रहा था कि सारे लोगों को, लोकतन्त्र और अनुशासन की कीमत समझ में आई है। कराची में, एक पी.एन.ए. का पोस्टर लगा देखा गया, जिसमें मेरे पिता के हाथ में एक मशीनगन है और वह 12 छोटे बच्चों के ऊपर गोलियाँ बरसा रहे हैं।

"विपक्ष इस तरह से पेश आ रहा है, इतनी बुरी तरह कि मैं भी, जोकि राजनीति की तरफ से बेखबर रहती हूँ, देखकर हैरान हो गई हूँ..." यह मेरी एक स्कूल की सहेली ने मुझे कराची से फरवरी में लिखा। आगे, "...अब ज्यादा गहराई से पाकिस्तान को महसूस हो रहा है कि उसे तुम्हारे पापा की बहुत ज़रूरत है। खुदा न करे, अगर कोई और हुकूमत पाकिस्तान में आती है, तो वह हमें एक देश जैसा नहीं रहने देगी।" चुनाव की रात को मैं, मीर के साथ क्राइस्ट चर्च कॉलेज के सामने उसके कमरे में, फोन के पास चिपकी बैठी थी। लन्दन में पाकिस्तान के राजदूत और मेरे पिता के एक मन्त्री, इन दोनों ने मुझसे वादा किया था, कि वह नतीजे आते ही मुझे खबर देंगे। मीर का अन्दाज़ था कि पी.पी.पी. को 150 से 156 तक सीटें मिलेंगी। जब फोन बजा, मेरे पिता की ही आवाज़ सुनाई दी, जिसमें खबर थी कि पी.पी.पी. ने 200 सीटों में से 154 सीटें जीत ली हैं। "मुबारक हो पापा, मैं बहुत खुश हूँ..." मैं पी.पी.पी. की जीत से उत्तेजित थी और मुझे चैन मिला था कि चुनाव का दौर खत्म हुआ, लेकिन यह सच नहीं था...जैसी की आशंका थी, पी.एन.ए. ने दावा किया कि इन चुनावों में बेइमानी हुई है और उन्होंने कहा कि तीन दिन बाद होने वाले प्रान्तीय चुनावों का वह बॉयकाट करेंगे और उनका असन्तोष भड़क उठा।

लड़कों के झुण्ड-के-झुण्ड स्कूटरों पर निकल पड़े और कराची की सड़कों पर दौड़ने लगे। सिनेमाघर, बैंक तथा शराब की दुकानें छोड़कर, बाकी सब और जहाँ पी.पी.पी. का झण्डा लगा दिखा वहाँ आग लगाई गई। एक घर के तेरह सदस्य जलाकर कोयला कर दिए गए। एक पी.पी.पी. के सदस्य को गले में रस्सी बाँधकर एक लैम्प पोस्ट से टांग दिया गया, जिसे भागकर पुलिस ने बचाया। पी.पी.पी. के मन्त्रियों तथा दूसरे प्रतिनिधियों को मार डालने की धमकी दी जाने लगी, डराया गया कि उनके बच्चे स्कूल से उठवा लिए जाएँगे।

कराची में एक दुःस्वप्न-सा सच्चाई में बदल रहा था। हर सुबह मैं सेंट कैथरीन कॉलेज के कॉमन रूम में से अंग्रेज़ी अखबार उठाती और अपने 'मेल बॉक्स' में आए पाकिस्तानी अखबार भी और फिर मीर और मैं उनको ध्यान से घंटों तक पढ़ते। पाकिस्तान में जो हो रहा था, उस पर हम दोनों को विश्वास नहीं हो रहा था... हमने अमेरिका और इंग्लैण्ड में लोकतन्त्र देखा था, जहाँ कोई भी राजनीतिक दल इस तरह की गुण्डागर्दी और आतंकवाद पर नहीं उतरता। हम दोनों को ही पी.एन.ए. का यह तरीका बेहद आपत्तिजनक लग रहा था। हमें इसके नतीजे बड़े सन्देहजनक नज़र आने लगे थे। इससे यह साफ पता चलता था कि पी.एन.ए. को चुनाव से कोई लेना-देना नहीं है। शायद उनका यह दंगा भड़काना इस बात की राह खोल रहा था कि सरकार, या खासतौर से सेना, अपना हस्तक्षेप करे।

सेना ही वह चाबी थी, लेकिन कोई कारण नहीं था, जो सेना की वफादारी पर शक किया जाए। मेरे पिता सेना में काफी लोकप्रिय थे और उनके चुने हुए सेना के मुख्याध्यक्ष

ज़िया तथा उनके छह और अधिकारियों का उन्हें भरोसा था। हमारी संस्कृति में उसके साथ दगाबाज़ी की कोई परम्परा नहीं थी, जो आपके साथ एहसान से पेश आए। असगर खान फौज को प्रभावित करने की कोशिश कर रहा था। उसने सेना को एक पत्र लिखा था कि वह इस हालत में शासन अपने हाथ में ले ले। लेकिन इसका कोई फायदा नहीं निकला। बल्कि जलसेना, वायुसेना और ज़मीनी फौज सबने मेरे पिता की जीत के बाद उनके पक्ष में ही अपना बयान जारी किया। पी.एन.ए. को कोई रास्ता नहीं सूझ रहा था। करीब तीन हफ्ते तक कराची और हैदराबाद में अशान्ति जारी रखने के बाद पी.एन.ए. ने लाहौर में लूट तथा दंगे शुरू किए। फिर वही तरीका रहा। झुण्ड के झुण्ड बीस-तीस लड़के स्कूटरों पर निकलते और बाज़ारों में दुकानों को निशाना बनाते। उन पर पथराव करते और ज़बरदस्ती शटर गिराने को मजबूर करते। कुछ जगहों पर, दंगाइयों ने बैंकों और बसों पर भी पेट्रोल छिड़ककर आग लगाने की हरकत की।

ऑक्सफोर्ड में मैं और मीर अखबार पढ़कर बेहद परेशान होते कि आखिर पी.एन.ए. इस उत्पात से क्या करना चाह रहा है? वह कायदे से, चुनाव हारने के बाद, इस बात को मान क्यों नहीं लेता। पुरातनपन्थी यह नेता हिंसा पर उतारू हैं और अफवाहें फैला रहे हैं, ''बेगम भुट्टो अपना सामान समेटकर भाग गई हैं और भुट्टो की बारी है...''

मेरे पिता को पी.पी.पी. की ताकत का बखूबी पता था। उन्होंने प्रस्ताव रखा कि फिर से चुनाव करा लिए जाएँ और देखें कि पी.एन.ए. को बहुमत मिलता है, लेकिन पी.एन.ए. ने तो बैठकर बात करने तक से इनकार कर दिया। उन्हें कुछ भी दूसरी बात नहीं चाहिए थी, कि बस मेरे पिता इस्तीफा दें। ज़ाहिर है, इस ज़बरदस्त बहुमत से जीतकर आने के बाद मेरे पिता को यह मंज़ूर नहीं होता।

पी.एन.ए. की आतंकवादी कोशिशों की दस्तक मुझ तक भी ऑक्सफोर्ड में आ पहुँची। मार्च के अन्त में एक शाम को, मैंने अपने लिए एक स्कॉटलैण्ड यार्ड के व्यक्ति को मेरी प्रतीक्षा करते पाया। जब मैं वोडलियन लाइब्रेरी से वापस लौट रही थी।

''मैं आपको घबराहट में नहीं डालना चाहता, लेकिन मिस भुट्टो, हमें खबर मिली है कि आप पर कुछ खतरा हो सकता है।'' उस ब्रिटिश अधिकारी ने मुझे बताया।

मैं नहीं सोचती कि वह स्कॉटलैण्ड यार्ड का आदमी, यूँ ही, मुझ तक यह सब बताने आएगा। ज़रूर इसमें कुछ मेरी भलाई का सवाल है। उसके बाद से, जब तक मैंने जून में ऑक्सफोर्ड छोड़ा, मैं उनके निर्देश मानती रही। मैं अपनी कार को किसी बम वगैरह के लिए चेक करती, अपने ताले की जाँच अच्छी तरह करती। मैंने अपने रोज़ के नियम में आगे- पीछे का बदलाव लाना शुरू किया। अपनी दस बजे की क्लास के लिए मैं कभी 9:30 बजे निकल जाती और कभी 9:55 तक नहीं निकलती। मैं अभी भी स्कॉटलैण्ड यार्ड के सुझाए कुछ सुरक्षा नियमों का आज तक पालन कर रही हूँ।

पाकिस्तान में पी.एन.ए. का आन्दोलन अप्रैल के शुरू तक उतार पर आ गया। लगता था कि अब मुश्किल दूर हो गई है और तभी घर से एक नई अशुभ खबर आई।

लोगों की जेबें अमेरिकन डॉलरों से भर रही थीं और लोग पाकिस्तान में नौकरियाँ छोड़ रहे थे। मेरी सहेली सामिया ने लिखा कि उसके तथा उसकी चचेरी बहिन फाखरी के नौकर ने काम छोड़ दिया है। ऐसा बहुतों के साथ हुआ। उनका कहना है कि, ''हमें पी.

एन.ए. के लिए प्रदर्शन करने का बेहतर दाम मिलता है, तो हम यह काम क्यों करें...?" उसने लिखा कि मार्च के बाद पाकिस्तान में अमेरिकन पैसे की बाढ़ आ जाने जैसी स्थिति है, इससे काले बाज़ार में अमेरिकन डॉलर की कीमत तीस प्रतिशत गिर गई है। प्राइवेट ट्रक ड्राइवर, बस के ड्राइवर, सब हड़ताल पर चले गए हैं जिससे कराची में फैक्टरी तथा बाज़ारों, दुकानों पर ज़बरदस्त असर पड़ा है। कारखानों में कामगार काम पर नहीं आ रहे हैं। और वह सारे ड्राइवर, बसें, तथा ट्रक पी.एन.ए. वालों के प्रदर्शन में काम आ रहे हैं। एशियन हमेशा से हर बात में कोई षड्यन्त्र खोजने के आदी रहे हैं, लेकिन इस बार मेरे पिता और पी.पी.पी. के दूसरे सदस्यों को भी लगा कि इस अशान्ति में अमेरिका का हाथ है। यह मैंने भी पाया कि जब ट्रक ड्राइवर हड़ताल पर गए उसकी आर्थिक हलचल की बनावट वैसी ही थी, जैसी चिली में, सी.आई.ए. की फौज ने प्रेसिडेंट ऐलेन्दे और उनकी संवैधानिक रूप से चुनी हुई सरकार को गिराने की साज़िश रची थी। हमारी इण्टेलिजेंस ने कई बार पी.एन.ए. के सदस्यों को अमेरिकी कूटनीतिज्ञों से मिलते-जुलते देखा था।

पी.एन.ए. द्वारा जारी की गई हड़ताल का तरीका भी शक पैदा करने वाला था। जब मेरे पिता सत्ता में आए थे, तब उन्हें पता चला था कि 1958 में अमेरिका ने कुछ बेहद गोपनीय तरीके पाकिस्तानी फौजों को सिखाए थे, जिनके ज़रिये सरकार का तख्ता-पलट किया जा सकता है। हड़ताल करना उन्हीं पाठों में से एक था। इन गुप्त योजनाओं को नाम दिया गया था, "ऑपरेशन चक्का जाम।" और इस समय पी.एन.ए. ने अपनी हड़ताल को क्या नाम दिया था...? वही..."ऑपरेशन चक्का जाम।"

मैं इस बात पर विश्वास नहीं करना चाह रही थी कि अमेरिका जानबूझकर संवैधानिक रूप से चुनी हुई सरकार को गिराना चाहता है। लेकिन मैं बार-बार 1976 की हेनरी किसिंजर की उस टिप्पणी पर अटक जा रही थी, जो उन्होंने मेरे पिता से अपनी पाकिस्तान यात्रा में की थी। मुद्दा यह था कि मेरे पिता काफी ज़ोरों से फ्रांस से नाभिकीय रि-प्रोसेसिंग प्लांट पर बातचीत करने में लगे हुए थे। इस प्लांट के ज़रिये पाकिस्तान को उस समय ऊर्जा मिलती, जब तेल की आसमान छूती कीमतें पश्चिमी देशों तक की हालत खराब कर रही हों। डॉ. किसिंजर पूरी तरह से आमादा थे कि वह मेरे पिता की इस बातचीत को सफल नहीं होने देंगे। अमेरिका की सरकार ने उस प्लांट को एक नाभिकीय उपकरण की तरह देखा, जिसको "इस्लामिक बम" का नाम दिया जा रहा था और इसका पाकिस्तान के पास होना दुनिया की आज़ादी के लिए ठीक नहीं माना जा रहा था।

वह मीटिंग ठीक नहीं हुई। मेरे पिता गुस्से से भरे हुए घर लौटे। उन्होंने मुझे बताया कि हेनरी किसिंजर ने उनसे बहुत अशिष्ट और कठोर ढंग से बात की। अमेरिका के सचिव ने बहुत साफ तौर पर कहा कि प्रोसेसिंग प्लांट का समझौता अमेरिका को मंज़ूर नहीं है। यह समझौता या तो रद्द कर दिया जाएगा, या तब तक के लिए रोक दिया जाएगा, जब तक कोई दूसरी टेक्नोलॉजी ऐसी नहीं आ जाती, जिसका नाभिकीय इस्तेमाल नहीं हो सके। मीटिंग के दौरान किसिंजर ने कहा कि वह मेरे पिता को एक बुद्धिमान राजनीतिज्ञ समझते थे। उन्होंने एक शुभचिन्तक की तरह मेरे पिता को चेतावनी दी कि वह फ्रांस से इस समझौते की बात को परे कर दें वरना गम्भीर परिणाम होंगे।

मैं अभी भी इस बातचीत को अपने दिमाग से नहीं निकाल पाई हूँ, हालाँकि अब

जिमी कार्टर अमेरिका के प्रेसिडेंट हैं और साइरस वेन्स सेक्रेटरी हैं, न कि किसिंजर। लेकिन अमेरिका के प्रशासन में लोगों के बदलने से अमेरिका का नीतिगत ढाँचा नहीं बदलता। मेरे सात साल की राजकीय संरचना पढ़ाई ने मुझे यही अनुभव दिया है कि सी.आई.ए. अक्सर स्वतन्त्र रूप से निर्णय लेती है और उसकी नीतियाँ रातों-रात नहीं बनती-बदलतीं। तो क्या यह उनका नीतिगत कदम था कि वह मेरे पिता को सत्ता से हटा दें, अगर वह उन्हें रिप्रोसेसिंग प्लांट वाला समझौता रद्द करने से रोक नहीं पाए। क्या यह मेरे पिता का अमेरिकियों के कुचक्र में फँस जाना था, जो उन्होंने तय समय से एक साल पहले ही चुनाव घोषित कर दिए...? मैं अब अपने पिता पर सी.आई.ए. का घूमता शिकंजा देख पा रही थी। वह एक ऐसे आदमी थे, जो वियतनाम युद्ध को लेकर अमेरिका की नीतियों के खिलाफ बोले थे। जिसने कम्युनिस्ट चीन से सम्बन्ध सुधारने का कदम उठाया था, जिसने 1973 में युद्ध के दौरान अरब का समर्थन किया था और कांफ्रेंस में कहा था कि तीसरी दुनिया के देशों को महाशक्तियों से आज़ादी मिलनी चाहिए। क्या मेरे पिता अपने कद से कहीं ज्यादा उठते नज़र आ रहे थे...?

इण्टेलिजेंस की एक और रिपोर्ट सामने आई। यह एक बातचीत जो दो अमेरिकी कूटनीतिज्ञों के बीच इस्लामाबाद में चल रही थी और खुफिया तौर पर रिकार्ड की गई थी।

"अब पी.पी.पी. खत्म हो गई। वह गया..."

एक बार मेरे पिता ने नेशनल असेम्बली में बोलते हुए कहा था... "साथियो, पी.पी.पी. अभी खत्म नहीं हुई है और वह एक बड़ा मिशन पूरा होने के पहले खत्म होगी भी नहीं। उसे देश को महान् बनाना है" इसी बीच बिक गए हुए कट्टरपन्थी राह चलते एक नया नारा छोड़ते हैं, "भुट्टो हिन्दू है... भुट्टो यहूदी है..." जैसे कि यह दोनों धर्म, हिन्दू और यहूदी, मेरे पिता जिनमें से कोई भी नहीं है, आपस में एक ही हों...

मेरी माँ ने लिखा, "मैं नहीं जानती कि मैं यहाँ के हालात के बारे में क्या लिखूँ...? मैं वही जानती हूँ जो अखबारों में पढ़ती हूँ और वही अखबार तुम भी पढ़ती हो... *मॉर्निंग न्यूज* सबसे ज्यादा सच्चा अखबार है जो बिना ज़रूरत सनसनी फैलाने में विश्वास नहीं करता। इसलिए मैं भी बस उतना ही जानती हूँ, जितना तुम्हें पता है।" मैंने सनम को लिखा, जो 1975 में रेडक्लिफ में चली गई थी, और मीर को, कि उन गर्मियों में वह अपने-अपने दोस्तों को न बुलाएँ। मुझे नहीं पता कि उन्हें मेरे पत्र मिले भी या वह भी दूसरे पत्रों की तरह गुम हो गए। अगर तुम्हें यह खत मिले तो दूसरों को भी यह बता देना।

पी.एन.ए. के नेता लगातार मेरे पिता के साथ बैठकर बात करने के प्रस्ताव को ठुकराते रहे। लूट, दंगा, पी.पी.पी. के सदस्यों की हत्याएँ इस सबको देखकर मेरे पिता को पी.एन.ए. के कुछ सदस्यों को गिरफ्तार भी करना पड़ा। शायद यह कुछ देर को ठहरा हुआ उनका फसाद मुल्क में शान्ति लाए। लेकिन बीस अप्रैल को काफी समय से तय किया हुआ 'ऑपरेशन चक्का जाम', कराची की सड़कों पर सन्नाटा बिछ गया। ट्रक ड्राइवर हड़ताल पर चले गए, दुकानें, बैंक, बाज़ार और कपड़ा मिलें बंद रहीं। इक्कीस अप्रैल को, संविधान की शर्तों के अनुसार, मेरे पिता ने नागरिक व्यवस्था बनाए रखने के लिए मुख्य शहरों, जैसे कराची, लाहौर, तथा हैदराबाद में सेना को तैनात किया। इससे आन्दोलन कुछ दब गया। बाईस अप्रैल को की जाने वाली देश-भर की हड़ताल और प्रदर्शन नहीं किया जा सका। न ही वह लांग मार्च हुआ, जो

एक हफ्ते बाद पी.एन.ए. ने आयोजित करने की पेशकश की थी। जिसमें बीस लाख लोगों को रावलपिंडी में जाकर प्रधानमंत्री आवास का घेराव करना था। इस लांग मार्च के असफल हो जाने ने पी.एन.ए. को बुरी तरह हताश कर दिया। आन्दोलन पूरी तरह, हमेशा के लिए ठंडा हो गया। मेरे पिता रावलपिंडी की सड़कों पर गाड़ी में निकले और उन्होंने खुश होती जनता को अपने होने का एहसास दिलाया।

लेकिन पी.एन.ए. के आन्दोलन ने नई करवट ली। हज़ारों नई कारें तथा बसें फूँक दी गईं। कराची में कारखाने बंद हो गए और उनका काम पिछड़ गया। लाखों रुपयों की सम्पत्ति को नुकसान पहुँचाया गया। न जाने कितनी जानें गईं। आखिर तीन जून को मैंने चैन की साँस ली, जब मैंने पढ़ा कि पी.एन.ए. मेरे पिता से बात करने को तैयार हो गया है और मेरे पिता ने उस विचार पर सहमति की सम्भावना जताई है कि वह अपनी सरकार भंग करके फिर से चुनाव की तैयारी कर सकते हैं।

अब मेरे सामने पाकिस्तान लौटने के कारण साफ थे। चार दिन की बातचीत के बाद मेरे पिता ने सेना को हटा लिया। एक हफ्ते बाद पी.एन.ए. के गिरफ्तार सदस्य और नेता छोड़ दिए गए। मेरे पिता की इस घोषणा से, कि वह अक्टूबर में चुनाव कराएँगे, पी.एन.ए. के सबसे ज्यादा ज़िद्दी नेताओं को उम्मीद नज़र आई। मेरे पिता से मीटिंग के बाद तेरह जून के *न्यूज़वीक* में विपक्ष के एक सदस्य ने लिखा, ''अब मुझे सुरंग के दूसरे छोर पर रोशनी की एक किरण दिखने लगी है। खुदा करे, यह कोई धोखा न हो..''

ऐसा आभास भी हुआ कि अमेरिका से भी रिश्ते सुधरेंगे। पाकिस्तान के विदेश सचिव मिस्टर अज़ीज़ अमेरिका के सचिव साइरस बेंस से बात करने पेरिस पहुँचे। उनके पास एक पचास पेज की विदेश कार्यालय की रिपोर्ट थी, जिसमें वह सारी बातें लिखी थीं, जिनके आधार पर सरकार के गिरने में अमेरिका का हाथ माना जा सकता था। मेरे पिता ने बताया कि सचिव बेंस ने उस रिपोर्ट को परे सरकाते हुए अपनी बात कही—''नहीं, नहीं, मिस्टर अज़ीज़...हम एकदम नए सिरे से पाकिस्तान से रिश्ते शुरू करना चाहते हैं। हम आपके देश पाकिस्तान से पुराने और गहरे रिश्तों का सम्मान करते हैं।''

क्या अमेरिका ने मेरे पिता की सरकार गिराने में कोई भूमिका निभाई थी...? हमें इसका कोई सबूत कभी नहीं मिलेगा। मैंने बहुत कोशिश की, कि सूचना के अधिकार के नियम के सहारे मैं कुछ जानकारी पा सकूँ, लेकिन सफलता नहीं मिली। इस मामले में सी.आई.ए. ने हमें छह दस्तावेज़ भेजे जिसमें 1965 में पाकिस्तान की भारत से लड़ाई पर चीन की विश्लेषण रिपोर्ट भी शामिल थी, जब मेरे पिता पाकिस्तान के विदेश मन्त्री थे और एक सूचना उसी दौरान नागरिक दस्तों की रावलपिंडी की सड़कों पर आने-जाने के बारे में भी थी। केवल एक दस्तावेज़ मिला था, जो मेरे पिता और पी.पी.पी. के बारे में था, वह भी 1973 में बन रहे संविधान के समय उनके प्रतिरोध को लेकर था।

उनका पत्र, जो हमें मिला था, वह कहता था कि, ''हम न तो इसे स्वीकार करते हैं, न ही इससे इनकार करते हैं कि सी.आई.ए. के रेकार्ड्स में कोई ऐसा दस्तावेज़, जिसे आपने माँगा है, है—या नहीं है।'' उसी पत्र में आगे लिखा था—''ऐसी सूचना, निश्चित रूप से जब तक विभागीय तौर पर स्वीकार न की जाए, राष्ट्रीय सुरक्षा से सम्बन्धित रखी जाती है। इस प्रकार, हम न तो स्वीकार करते हैं, न इनकार करते हैं, कि हमारे रिकार्ड में ऐसा

कोई दस्तावेज़ है, या नहीं है, जो आपने ज़ुल्फिकार अली भुट्टो के सम्बन्ध में माँगा है...''

पाकिस्तान में 1977 में वही हुआ, जो वहाँ के लोगों ने वहाँ होने दिया। अगर पी.एन.ए. के नेताओं ने वह किया होता जो पाकिस्तान के राष्ट्रीय हित में था, बजाय उनके हित में होने के, और अगर मेरे पिता के मुख्य सेनाध्यक्ष ने वही किया होता जो देश के हित में था, बजाय उनके हित में होने के, तो इस सरकार का ऐसे पतन न होता। यह हम सबके लिए एक सीख-भरा पाठ था और है। अमेरिका अपने देश के हित में सोच रहा था, और वैसा ही कर रहा था, लेकिन हमारी कार्यवाही हमारे देश के हित वाली नहीं थी। कुछ लोग बड़ी आसानी से सारा दोष अमेरिका के सिर थोपकर 1977 की नुकसानदेह घटना से अलग बच सकते हैं लेकिन अगर हमारे ही कुछ लोग जो इस षड्यन्त्र का हिस्सा बने, और उन्होंने सिर्फ अपना फायदा देखा, वह देश के बारे में सोचते तो पाकिस्तान में जनता की चुनी हुई सरकार यूँ न गिरती। लेकिन मैं महज़ एक ऑक्सफोर्ड की छात्र अभी भी समझ नहीं पा रही हूँ कि ऐसा क्यों हुआ।

सूरज पूरी चमक के साथ आसमान में था, जब मैंने अपनी चौबीसवीं सालगिरह की सुबह आँख खोली थी। 21 जून को गर्मी-भरा दिन होता था और मैं तैयार थी कि एक बड़ी-सी अपनी जन्मदिन की पार्टी के साथ खुद को एक विदाई की पार्टी भी दूँ, और पाकिस्तान लौटूँ। मैं यह पार्टी क्वीन एलिज़ाबेथ हाउस के बाग में दे रही थी। मैंने अपने ऑक्सफोर्ड की पते की सूची में से, लगभग सबको बुलाया होगा और सब आए भी। स्ट्राबेरी के कप और क्रीम की हलचल के बीच हमने-अपने अपने घरों के पतों का लेन-देन किया।

मैं ऑक्सफोर्ड छोड़ते समय दुखी थी जैसा कि और भी सारे लोग दुख महसूस कर रहे थे। मैं अपनी पीली कार को छोड़ने का भी दुख महसूस कर रही थी, जो मीर मुझे सर्दियों में देने वाला था। इन चार सालों में मेरी गाड़ी ने एक बुलेटिन बोर्ड का भी काम किया था, जहाँ मेरे दोस्तों के सन्देश आते थे, लेकिन मैं उन कामों के लिए भी बेहद उत्तेजित थी जो पाकिस्तान में मेरा इन्तज़ार कर रहे थे। मेरे पिता ने अपनी कुछ योजनाओं के बारे में मुझसे बातचीत की थी, जिसमें गर्मियों में प्रधानमंत्री कार्यालय में कुछ काम करने का प्रस्ताव था और इण्टर-प्राविंशियल काउंसिल की सामान्य रुचि का भी कुछ काम शामिल था। इसका फायदा यह होने वाला था कि इसी के ज़रिये मैं प्रान्तों के बीच सामान्य हितों के मुद्दे समझ सकती थी। सितम्बर में मेरे पिता ने मुझे बताया कि वह मुझे संयुक्त राष्ट्र संघ में, एक प्रतिनिधिमण्डल के साथ भेज रहे हैं, जो मुझे एक अनुभव देगा। मैं उसके बाद पाकिस्तान नवम्बर में लौटूँगी और दिसम्बर में विदेश विभाग की परीक्षा की तैयारी करूँगी। यह मेरा तयशुदा भविष्य था, एकदम साफ और उजला। मेरे पिता मेरे लौटने का इन्तज़ार उतनी ही बेसब्री से कर रहे थे, जितनी बेताबी से मैं घर पहुँचने की राह देख रही थी। 'मैं वादा करता हूँ कि मैं अपनी क्षमता भर तुम्हारे लिए वह सब कुछ करूँगा, जो जल्दी-से-जल्दी और आनन्दपूर्वक तुम्हें पाकिस्तान में जम जाने में मदद करें, उन्होंने लिखा था–'उसके बाद तुम अपने आप अपना आकाश बनाकर उड़ोगी। यह ज़रूर है कि तुम्हें मेरा मज़ाक करने का खराब तरीका ज़रा बरदाश्त करना पड़ेगा। बदकिस्मती से मैं, इस उम्र में अपनी आदत

नहीं बदल सकता, हालाँकि मैं अपनी पहली सन्तान के साथ चल पाने की पूरी कोशिश करूँगा। मुश्किल यह है कि तुम्हारा मिजाज़ भी तो कम नहीं है। आँसू तुम्हारी पलकों पर ढुलकने के लिए तैयार रखे होते हैं। जैसा कि मेरे साथ भी होता है। ऐसा इसलिए है क्योंकि हम दोनों एक ही खून से बने हैं।'

'चलो, हम एक समझौता करते हैं कि हम एक-दूसरे को समझेंगे। तुम एक उत्साही लड़की हो। कोई उत्साह से भरा व्यक्ति कैसे किसी रेगिस्तान को गर्मी के बिना और पहाड़ को बर्फ की पर्तों के बगैर समझ सकता है? तुम्हें अपना चढ़ता सूरज, अपना इन्द्रधनुष अपने ही सोचने के तरीके से मिलेगा और उसी से तुम्हें अंदरूनी नैतिकता का बल मिल पाएगा। यह हर हालत में ज़बरदस्त होगा। हम दोनों मिलकर बड़े कामों का बीड़ा उठाएँगे और मैं दावे से कह सकता हूँ कि उन्हें पूरा करेंगे।'

25 जून, 1977 को मैं और मीर अपने माँ-बाप से मिलने रावलपिंडी के लिए उड़ चले। शाहनवाज़ स्विट्ज़रलैण्ड के स्कूल से वापस पाकिस्तान लौटेगा और बहन सनम हार्वर्ड से। यह वह एकदम आखिरी बार होगा, जब हमारा पूरा परिवार एकसाथ, एक जगह मिलेगा।

5

ज़िया उल-हक़ का विश्वासघात

अल-मुर्तज़ा में मैं अपनी खिड़की से फरवरी के सूरज की चौंध कैदखाने के रखवालों के हाथों में सधी बंदूकों पर चमकती देखती हूँ। जैसे-जैसे हमारी कैद का समय अपने चौथे महीने की तरफ बढ़ता है, मुझे लगता है कि हमारे साथ जैसे यह घर भी एक कैदी बन गया है। यहाँ मेरे पिता से मिलने कई राष्ट्राध्यक्ष, अन्तरराष्ट्रीय राजनेता, शाहे-ईरान और पर्शिया, सब आते थे। आग़ा खाँ प्रिंस करीम, अमेरिका से सीनेटर जॉर्ज मैक गवर्न, ब्रिटेन के कैबिनेट मंत्री डकन सैंडिस, सबका यहाँ आना होता था। मेरे पिता अक्सर अपने मेहमानों के साथ शिकार का कार्यक्रम बनाते थे, हालाँकि खुद मेरे पिता को शिकार का शौक नहीं था। मेरा भाई ज़रूर कभी-कभी अपनी बंदूक से चिड़िया या हिरन मारकर लाता था और मेहमानों का मान बढ़ाता था।

यहाँ तक कि, सामान्य दिनों में भी अल-मुर्तज़ा ठहाकों और मौज-मस्ती से भरा रहता था। अक्सर मेरे पिता जोश में कोई सिंधी लोकगीत या कोई अंग्रेज़ी गाना गा उठते थे, जो ज़रा बेसुरा भले ही होता, पर मज़ेदार लगता था। संगीतमय *साउथ पेसिफिक* जो उन्होंने न्यूयार्क में देखी थी, *स्ट्रेंजर इन द नाइट* फ्रैंक सिनाट्रा की हिट फिल्म जिसने कराची में उन दिनों धूम मचा रखी थी, जब मेरे पिता की मेरी माँ के साथ शादी के पहले की दोस्ती चल रही थे, खासतौर से *क्यू सेरा सेरा...* मैं अभी भी उनको गुनगुनाते हुए सुन सकती हूँ, *व्हॉटेवर विल बी, विल बी, द फ्यूचर्स, नॉट अवर्स टू सी...*

किसने वह काला भविष्य देखा था जो उन्हें अचानक उठा ले गया—5 जुलाई, 1977 की अलस्सुबह, जो हमारी निज़ी ज़िन्दगी को भी अँधेरे से भर गया और पाकिस्तान को भी।

5 जुलाई, 1977, 1.45 सुबह : प्रधानमंत्री का आवास, रावलपिंडी :

'जागो, जागो, कपड़े पहनो, जल्दी...' मेरी माँ ने चीखकर कहा और भागकर मेरे कमरे में आईं कि मेरी बहन को जगा दें। फौज ने कब्ज़ा कर लिया है, कुछ ही मिनटों बाद मैं अपनी माँ के कमरे में आ गई, बिना यह समझे कि आखिर क्या हुआ है... हमला? यहाँ हमला कैसे हो सकता है...? पाकिस्तान पीपल्स पार्टी और विपक्ष के बीच एक समझौता हो चुका है... अभी कल की ही तो बात है। और अगर फौज ने तख्ता पलट दिया हो,

तो क्या फौजी अब तक ड्रामा कर रहे थे...? जनरल ज़िया और फौज के दूसरे कमाण्डर अभी दो दिन पहले ही तो मेरे पिता के पास आकर अपनी वफादारी का वादा करके गए हैं...मेरे पिता फोन पर फौजी प्रमुख जनरल ज़िया तथा उनके मन्त्रियों से बात कर रहे हैं। सबसे पहले शिक्षा मन्त्री के घर पर फोन मिल पाया। तब तक फौज यहाँ पहुँच चुकी थी। ''सैनिक आए और मेरे पिता को पीटते हुए बाहर ले गए।'' हफीज़ पीरज़ादा की बेटी ने सुबकते हुए बताया, जो अभी कुछ ही देर पहले मेरे पिता के पास से समझौते का जश्न मनाकर गया था। मैंने देखा था कि बाहर फौजियों के सिगार चमक रहे हैं और उनके हँसी-ठट्ठे की आवाज़ अन्दर तक आ रही है। मैं अन्दर अपनी बहन के साथ बात कर रही थी। मेरे पिता ने पीरज़ादा की बेटी को समझाते हुए, सधी संभली आवाज़ में कहा, ''शान्त रहो और अपने परिवार की इज़्ज़त बनाए रखो।'' तभी, जब मेरे पिता की बात फ्रंटियर के गवर्नर से हो रही थी, टेलीफोन का कनेक्शन कट गया।

मेरी माँ का चेहरा घबराहट से पीला पड़ गया। पापा को हमले का पता चल गया है, यह मेरी माँ ने फुसफुसाकर मुझे बताया। एक पुलिस वाला, जिसने फौज को हमारे, प्रधानमंत्री निवास को घेरते हुए देखा, वह अपनी जान का जोखिम उठाते हुए, फौजियों के बीच किसी भी तरह छिपते-छिपाते हमारे दरवाज़े तक आया और उसने हमारे एक नौकर, उर्स, से हड़बड़ाहट- भरी आवाज़ में धीमे से कहा, ''भुट्टो साहब को खबर दो कि फौज उनको मार डालने के लिए बढ़ रही है, वह तुरन्त कहीं हिफाज़त से छिप जाएँ।'' मेरे पिता ने वह खबर पूरे धीरज से सुनी... ''मेरी ज़िन्दगी खुदा के हाथ में है।'' उन्होंने उर्स से कहा, ''अगर फौज मेरी जान लेने आ रही है, तो आए... मेरे छिपने का कोई सवाल नहीं है, न ही इसकी कोई ज़रूरत कि तुम लोग उन्हें रोको। उन्हें आने दो।'' फिर भी उस पुलिस वाले की चेतावनी ने हमारी सबकी जान बचा ली।

''प्रधानमंत्री मुख्य सेनाध्यक्ष से बात करना चाहते हैं।'' मेरे पिता ने सनम का फोन इस्तेमाल करते हुए कहा। उस फोन पर सनम लगातार बात करती रहती है और खुशकिस्मती से वह फोन चल रहा था।

ज़िया तुरन्त फोन सुनते हैं। उन्हें हैरत होती है कि उन्हें फौजी हमले का पता चल गया है।

''सर, मुझे अफसोस है, लेकिन मुझे यह करना पड़ा...'' ज़िया भीतर से फट पड़े... उन्होंने उस समझौते का कोई ज़िक्र नहीं किया जो बस अभी-अभी हुआ था। ''मुझे आपको अभी बस कुछ समय के लिए हिरासत में लेना पड़ रहा है, लेकिन तीन महीने में, मैं दुबारा चुनाव करवाऊँगा, आप फिर से प्रधानमंत्री बनेंगे और मैं आपको सलाम करूँगा।''

अब मेरे पिता समझ गए कि इस फसाद के पीछे कौन है...? उनकी आँखें ज़रा सिकुड़ीं, जब ज़िया ने कहा कि आप हिरासत के दौरान जहाँ चाहेंगे, वहाँ ही ले जाए जाएँगे। प्रधानमंत्री के रेस्ट हाउस मरी में, अपने घर लरकाना में, जहाँ कहीं भी आप चाहें। ज़िया ने अपनी मर्ज़ी ज़ाहिर की, कि हमारा परिवार एक महीने के लिए प्रधानमंत्री आवास, रावलपिंडी में रहे। उन्होंने मेरे पिता को बताया कि फौज उनके पास 2.30 बजे पहुँचेगी।

''मैं लरकाना जाना चाहूँगा और मेरा परिवार कराची वापस आएगा। यह प्रधानमंत्री

के रहने की जगह है और मैं समझता हूँ कि मैं अब प्रधानमंत्री नहीं रहा। मेरा परिवार शाम तक चला जाएगा।''

मेरे पिता का चेहरा फोन रखते समय कठोर हो आया। वह जब फिर, दूसरा नम्बर मिलाने के लिए फोन उठाते हैं, तब तक सनम का भी फोन कट चुका होता है।

मेरे भाई, मीर और शाहनवाज़ तेज़ी से कमरे में आते हैं, वह बहुत हड़बड़ी में तैयार हुए हैं।

''हम मुकाबला करेंगे।'' मीर कहता है।

''नहीं, फौज से बिल्कुल मत उलझना। जनरल हमें मार डालना चाहता है। हमें उनको कोई बहाना नहीं देना चाहिए, जो वह हमारी हत्या को जायज़ बता सकें।''

मुझे दो वर्ष पहले हुई प्रेसिडेंट मुजीब की हत्या याद आ जाती है और मैं थरथरा उठती हूँ। उस समय उनका पूरा परिवार उनके घर पर बांग्लादेश में था। बांग्लादेश की सेना इसी पाकिस्तानी फौज का एक टूटा हुआ टुकड़ा थी, वह भला इससे किसी भी तरह अलग कैसे हो सकती थी...?

''ज़िया ने इस फौजी फसाद को उकसाया है,'' मेरी माँ ने मेरे भाइयों को ज़रा पास खींचते हुए बताया, जो कुछ थोड़ा-बहुत हम जान पाए थे, उसका सार यही था। ''असगर खान और दूसरे पी.एन.ए. के नेता लोग गिरफ्तार हो गए हैं, और उनके साथ उनके मंत्री, पीरज़ादा, मुमताज़, नियाज़ी और खार भी जेल में हैं। ज़िया का कहना है कि वह असगर अली को इस गद्दारी के लिए बख्शेगा नहीं और नब्बे दिन बाद चुनाव कराएगा।''

''वह क्या सचमुच ऐसा करेगा और नब्बे दिन बाद चुनाव होंगे...?'' शाह पूछता है। वह परिवार में सबसे छोटा है और हम सबके मुकाबले घर में सबसे ज्यादा रहा भी है, इसलिए राजनीतिक रूप से वह सबसे ज्यादा सयाना भी है। और भी ऐसे कई सवाल हवा में ठहरे हुए हैं, जिनके जवाब हमारे पास नहीं हैं। ज़िया ने क्यों, सिर्फ उन्हीं राजनीतिक नेताओं को कैद में लिया, क्या यह उनकी गिरफ्तारी सिर्फ एक दिखावा है। क्या असगर वगैरह लोगों से उनकी मिलीभगत है...? हम टुकड़ा-टुकड़ा खबरों से कुछ समझने की कोशिश करते हैं लेकिन तभी यह भी लगने लगा हमें कुछ भी समझ में नहीं आ रहा है।

आखिर ज़िया ने इस तख्ता-पलट करने में इतना वक्त क्यों लगाया? आन्दोलन अप्रैल में शुरू हो चुका था और अभी चंद घंटे पहले ही उनसे बात पूरी भी हो चुकी है... ''ज़िया का अन्दाज़ा गलत निकला...'', मेरे पिता ने कहना शुरू किया, ''उनका अन्दाज़ा था कि हमारी पी.एन.ए. से बातचीत फिर टूट जाएगी और उनको कब्ज़ा कर लेने का एक ठोस बहाना मिल जाएगा, समझौते पर आखिरी दस्तखत होने पर वह भौंचक हुए। ''खुदा जाने हमारा क्या होगा...'' मेरी माँ ने शान्तिपूर्वक कहा। वह अपने कमरे में गईं और कुछ पैसे लेकर लौटीं, उन्होंने मेरे भाइयों से कहा, ''तुम लोगों को सुबह ही कराची निकल जाना है। मैं, बेनज़ीर और सनम तुम्हें वहीं आकर मिलेंगे। अगर हम शाम तक न पहुँचे, तुम लोग पाकिस्तान से बाहर चले जाना।'' कहकर माँ ने उन्हें पैसे पकड़ा दिए।

रात के दो बज रहे थे। हम इन्तज़ार में थे कि फौजी दस्ते आकर मेरे पिता को ले जाएँ। हममें से कोई इस पर राज़ी नहीं था कि उठें और अपने जाने की तैयारी शुरू करें। हमें अभी भी नहीं पता था कि आगे क्या होने वाला है। क्या ज़िया इस बात का इन्तज़ार

कर रहा था कि हमारा पूरा परिवार यहीं पाकिस्तान आ जाए, और वह तभी हम सबका एक-साथ सफाया कर दे। कितना डरावना ख्याल था...। मैं इन ख्यालों को परे ढकेलना चाहती, लेकिन ऐसा कर नहीं पाती। प्रेसिडेंट मुजीब की दो बेटियाँ उस समय देश के बाहर होने के कारण मारे जाने से बच गई थीं और उनमें से एक विपक्ष की नेता बन गई। क्या पाकिस्तानी फौज वैसी ही गलती दुबारा नहीं दोहराना चाहती है, इसलिए...

मेरी बहन, मेरे भाई और मैं, हम तीनों अलग-अलग जगहों से घर पहुँचे थे। भाई शाह स्विट्ज़रलैण्ड में स्कूल में था, सनम हार्वर्ड में थी, और मैं मीर के साथ ऑक्सफोर्ड में। हमारे माँ-बाप हमें कभी एकसाथ एक जहाज़ में नहीं जाने देते थे, ताकि किसी दुर्घटना में हम सभी न खत्म हो जाएँ। खुदा का शुक्र है कि हमारी पढ़ाई पूरी हुई और हम घर में एकसाथ हैं। अभी दस दिन पहले मेरे पिता ने हमसे कहा था, ''अब तुम सब मेरी मदद करोगे...''

मैंने अपने पिता के प्रधानमंत्री कार्यालय के पास एक दफ्तर में जाना शुरू किया। गोपनीयता की शपथ लेकर कुछ सरकारी खुफिया दस्तावेज़ लिए और उन पर काम शुरू किया। मैं उनकी एक संक्षिप्त रिपोर्ट बनाती और उन पर अपनी राय देती। एक हफ्ते में कितना कुछ बदल गया था!

मेरी माँ उठकर रेडियो ऑन करती है कि शायद कहीं से कुछ खबर सुनाई पड़े, हालाँकि इस सुबह के समय में, किसी भी प्रसारण का होना सम्भव नहीं है। और सचमुच, रेडियो चुप था। हम जब फौज का इन्तज़ार कर रहे थे, मेरे पिता लगभग, तनावमुक्त थे। ''अब ज़िम्मेदारी मेरे कन्धों पर नहीं है। जब तक यह मुझ पर रही, मैंने इसे ईमानदारी से निभाया। अब मैं इससे फारिग हो गया।''

हम बेचैनी से भरे अपने माँ-बाप के कमरे में सोफे पर बैठे हैं, जबकि मेरे पिता शान्ति से अपना काम कर रहे हैं, वह फाइलें निपटाते जा रहे हैं, जो उनकी आराम कुर्सी के पीछे लदी हुई हैं। एक काली फाइल है जिसे वह नहीं पढ़ते हैं, बस उस पर दस्तखत कर देते हैं–प्रधानमंत्री के तौर पर मेरा एक काम मौत की सज़ा पाए कैदियों के लिए माफीनामे देखना, मेरा आखिरी काम भी यही होगा। मुझे ज़िन्दगी की भीख माँगते दस्तावेज़ पढ़ना बहुत बुरा लगता है।–मैं आवेश में उठकर अपने पापा को बांहों में भर लेने के लिए लपकती हूँ। वह मुझे परे करते हुए कहते हैं, ''यह भावुक होने का नहीं, मज़बूत होने का वक्त है...''

2.30 बज गए, फिर 3.30 बज गए, मेरे पिता के पास कोई नहीं आया। मेरी बेचैनी बढ़ने लगती है। आखिर फौज चाहती क्या है...? सुबह चार बजे मेरे पिता का सेना सचिव आता है। उसकी आँखें लाल हैं और लगता है कि उसे धक्का पहुँचा है। वह अभी जनरल के मुख्यालय से ही आ रहा है, उसे ज़िया ने बुलवाया था, वह बताता है। ज़िया को मेरे पिता को लरकाना भेजना मंज़ूर नहीं है। अगर बहुत ज्यादा असुविधा न हो, तो मेरे पिता मरी के प्रधानमंत्री आवास में ले जाए जाएँ जहाँ उनका रहना रेस्ट हाउस में हो, वह अपना दफ्तर संभालें। इन्तज़ाम हो गया है, सुबह छह बजे उनको जाना है।

''मुझे समझ में नहीं आता, यह अपनी योजना, बदलते क्यों रहते हैं...?'' सनम खीझती है। ''मेरे फोन ने ज़िया को हिला दिया होगा,'' मेरे पिता कहते हैं, ''ज़िया शायद इस बात

से घबराते हैं कि मैं कहीं अपने वफादार अफसरों को भड़काकर कोई जवाबी हमला न करा दूँ...'' और इस तरह हम फिर परेशान होते इन्तज़ार करने लगे। एक घंटे बाद हमारे एक नौकर ने बताया कि हमारे मैनेजर को जगाकर मरी भेज दिया गया है, ताकि वह वहाँ का रेस्ट हाउस तैयार करा सके...''

जनरल ज़िया ने कहा था कि हम 2.30 बजे जाएँगे... इस समय 6.00 बज रहा है और अभी तक रेस्ट हाउस भी तैयार नहीं किया गया है।

''उन्होंने बाकी सबके साथ मेरी भी गिरफ्तारी की बात पहले नहीं सोची होगी...'' मेरे पिता ने शान्ति से कहा। उनकी बात की गहराई कमरे के सन्नाटे में फैल गई।

''वह हरामज़ादा हम सबको यहीं हमारे सोते-सोते खत्म कर डालना चाह रहा था।'' शाह फुसफुसाकर मुझसे कहता है। ''जाओ और सामान तैयार करो,'' मेरी माँ मेरे भाइयों से कहती है, ''तुम्हारी फ्लाइट 7.00 बजे जाती है।'' हम सुबह की खबर के लिए बी.बी. सी. रेडियो लगाते हैं। उर्दू की खबर में बस इतना ही है कि पाकिस्तान की सरकार पर फौजी कब्ज़ा हो गया है।

''तुमने दुनिया की सरकारों के बारे में पढ़ाई की है, क्या तुम्हें लगता है कि ज़िया चुनाव कराएगा...?'' मेरे पापा मुझसे पूछते हैं। ''हाँ पापा, लगता है...'' मैं उन्हें एक आदर्शवाद-भरा जवाब देती हूँ जिसके किताबी तर्क दिए जा सकते हैं... ''अपनी देख-रेख में चुनाव करा कर ज़िया विपक्ष को यह भरोसा दिलाना चाहता है कि चुनावों में कोई धाँधली-बेईमानी नहीं हुई है, और इस तरह उनके किसी दूसरे फसाद का रास्ता बंद कर देना चाहता है।''

''पागल मत बनो पिंकी...'' मेरे पिता मुझसे शान्तिपूर्वक कहते हैं, ''फौजें सत्ता कभी वापस लौटाने के लिए नहीं हथियातीं, न ही चुनाव कराने और लोकतन्त्र बहाल करने के लिए जनरल गद्दारी करते हैं।''

तैयारी करने के लिए बेमन से मैं अपने पिता का कमरा छोड़ती हूँ। मेरे पिता ने हमें इस बात के लिए हमेशा तैयार कराया है कि हम कभी भी प्रधानमंत्री आवास छोड़ सकें, लेकिन मैंने कभी नहीं सोचा था कि ऐसा मौका बंदूक की नोक पर हमें मजबूर करेगा। हमने कभी भी प्रधानमंत्री आवास को अपने घर जैसा नहीं समझा था, वह हमारे लिए बस एक सरकारी भवन जैसा था। जब चुनाव परिणाम उनके खिलाफ गए थे, मेरे पिता ने हमेशा उस आवास को जल्दी-से-जल्दी खाली किया था, जबकि उनके फौजी साथी और उत्तराधिकारी याहया खान अपने दफ्तर छोड़ने के बाद महीनों तक वहीं जमे रहे थे। ''अब यहाँ एक दिन भी नहीं रुको और सामान समेटो।'' मेरे पिता ने हमसे कहा था। लेकिन मैंने इस नियम को तोड़ने की कोशिश की थी। मैं ऑक्सफोर्ड से सीधे रावलपिंडी आई थी, अभी दो हफ्ते पहले... मेरे साथ मेरी किताबों और कपड़ों का अम्बार था, जिसे मैं अपने पिता के लिए काम करने की व्यस्तता के कारण समेट नहीं पाई थी। मैं अब उन्हें समेटते समय बहुत उथल-पुथल से भरी हुई हूँ। मैं अपने कमरे से अपने पिता के कमरे में तेज़ी से आ-जा रही हूँ। मुझे यह भी फिक्र है कि कहीं वह मेरे पिता को, मेरे पीछे ही न लेकर चले जाएँ और मुझे पता ही न चले। मैं बार-बार अपनी फारसी बिल्ली, सूगर की तरफ भी जाती हूँ जो हवा में तनाव सूँघती है और बार-बार अपने हाथ-पाँव झटककर बेचैन दिख रही है। कमरा लगभग खाली हो गया है, तभी माँ मेरे पास आती हैं। आठ बज गए हैं और फौजी

अभी तक नहीं आए हैं। सहायता कैम्प हमें बताता है कि वह अभी भी मरी रेस्ट हाउस में तैयारी कर रहे हैं। लेकिन क्या पता...? शुक्र है कि लड़कों को जाने दिया गया है।

सुबह की रोशनी से कुछ सहजता आई है। मेरा तनाव भी सामान समेटने के मेहनत-भरे काम के दौरान कम हुआ है। मैं और मेरी माँ गलियारा पार करके सनम के कमरे में जाते हैं और देखते हैं कि वह तेज़ी से अपने ट्रंक में सब कपड़े, तस्वीरें और रेकार्ड एलबम भर रही है। उसमें उसकी हार्पर बाज़ार और *वोग* से खरीददारी की पर्चियाँ भी हैं। "मैं किसी को अपना सामान छूने नहीं दूँगी", मेरी बहन चिल्लाकर कहती है। उसने जीन्स और अपनी 'स्वेटशर्ट' पहन ली, लेकिन उसके लम्बे बाल अभी भी उलझे हुए हैं जिनपर ब्रश किया जाना बाकी है।

"पिंकी, सनी, जल्दी आओ... पापा जा रहे हैं!" मैं अपनी माँ की पुकार करीब नौ बजे सुनती हूँ।"

"जल्दी... *हरी*... साहब जा रहे हैं।" सफेद वर्दी और पगड़ी से लैस प्रधानमंत्री आवास का हमारा स्टॉफ हमसे कहता है, उसकी आँखों में आँसू हैं।

मेरी आँखों में भी आँसू उमड़ आए हैं। सनम की भी आँखें लाल हैं। मैं तेज़ी से कहती हूँ "मेरे पास आँख में डालने की दवा है, जिससे आँखों को आराम आएगा।" मैं भागकर दवा लाती हूँ और हम दोनों बहनें एक-दूसरे की आँखों में दवा डालते हैं। मैं बाहर लॉन में हलचल सुनकर जान जाती हूँ कि वहाँ स्टॉफ के लोग इकट्ठा हो गए हैं। पापा प्रधानमंत्री की काली मर्सडीज़ गाड़ी में बैठ गए हैं। जैसे ही गाड़ी चलना शुरू करती है, मैं और सनी भागकर, रोते हुए स्टॉफ के पीछे से होकर पोर्च में पापा को सामने से हाथ हिलाकर विदा करते हैं, "अलविदा पापा!" मैं चिल्लाती हूँ, बदहवासी में हाथ हिलाती हूँ। वह घूमते हैं और एक हल्की-सी मुस्कान देते हैं और कार प्रधानमंत्री के घर के फाटक से पार हो जाती है। सुबह के सूरज की किरणें प्रधानमंत्री आवास पर लगी सोने की मोहर जैसी नेमप्लेट को झिलमिल कर रही है।

मेरे पिता मरी ले जाए गए, जहाँ सेना का सुरक्षा दस्ता उन्हें हिफाज़त से रखेगा, जैसा ज़िया ने कहा है, ताकि ज़िया अपने विरोधियों की गिरफ्तारी को ठीक ठहरा सकें। मेरे पिता वहाँ तीन हफ्ते तक गोरों के लिए बनाए गए रेस्ट हाउस में रहेंगे, कश्मीर की ओर बढ़ती इन पर्वतश्रेणियों के पास यह रेस्ट हाउस, ब्रिटिश राज में बनवाया गया था। हमने सपरिवार वहाँ गर्मियों की छुट्टियाँ बिताई हैं और शानदार खम्भों से सजे पोर्च में हम घण्टों खेलते रहे हैं। अब मेरे पिता उसी जगह मरी में, हिरासत में ले जाकर रखे गए हैं। मेरे पिता की नागरिक सरकार अब खत्म हो गई है, एक बार फिर जनरल पाकिस्तान पर राज कर रहे हैं।

मुझे समझ लेना चाहिए था कि इस तरह का राजद्रोह तो होना ही था, मेरे पिता की गिरफ्तारी ने ही लोकतन्त्र की बात को पाकिस्तान में खत्म कर दिया था। 1973 का संविधान खत्म हो गया और मार्शल लॉ लागू हो गया। लेकिन फिर भी मैं कहीं यह विश्वास पाले बैठी थी कि ज़िया, जैसा कि उसने कुछ हफ्तों से बार-बार वादा किया है, चुनाव कराएगा। "मैं यह बात बहुत अच्छी तरह साफ कर देना चाहता हूँ कि न यह कोई मेरी राजनीतिक आकांक्षा

है, न ही ऐसी कोई फौज की लालसा है कि वह सत्ता संभाले। मेरा कुल मकसद यह है कि मैं इस बरस अक्टूबर में स्वतन्त्र और निष्पक्ष चुनाव करा सकूँ। चुनावों के तुरन्त बाद सत्ता, चुने हुए प्रतिनिधियों को वापस सौंप दी जाएगी। मैं अपने कार्यक्रम से कतई नहीं हटूँगा...'' लेकिन वह झूठ बोल रहे थे।

मार्शल लॉ नं. 5 : जो कोई भी बिना मार्शल लॉ प्रशासन की इज़ाज़त के कोई राजनीतिक ट्रेड यूनियन, छात्र संगठन या राजनीतिक पार्टी की किसी मीटिंग में भाग लेगा या उसे संगठित करेगा, उसे दस कोड़ों और पाँच बरस की कैद की सज़ा दी जाएगी।

मार्शल लॉ नं. 13 : लिखित रूप से या किसी बयान/भाषण में फौज की आलोचना करना अपराध माना जाएगा और उसकी सज़ा दस कोड़े और पाँच साल की कैद होगी।

मार्शल लॉ नं. 16 : अगर कोई किसी को फौज के मुख्याध्यक्ष या जनरल ज़िया उल-हक़ के खिलाफ, फौज का काम न करने के लिए भड़काएगा, तो उसकी सज़ा मौत होगी।

मार्शल लॉ नं. 6 : कोई भी व्यक्ति चोरी नहीं करेगा। चोरी करने की सज़ा में हाथ काट दिए जाएँगे।

लोगों को इस बात से डरा दिया गया कि धार्मिक रीति-रिवाजों का पालन करना ज़रूरी हो गया था। रमज़ान के पाक महीने में रोज़े रखना लोगों की मर्जी पर नहीं था बल्कि यह उनके लिए ज़रूरी नियम तय कर दिया गया था। ज़िया के हुक्म से सारे रेस्तराँ, खाने-पीने के ठिकाने, सुबह सूरज उगने के साथ से सूरज डूबने तक, बंद करा दिए जाते थे। सब यूनीवर्सिटियों में पानी की सप्लाई उस दौरान के लिए बंद करा दी गई थी। यहाँ तक कि बागों में फव्वारों तथा स्नानागारों तक में पानी बंद करा दिया जाता था ताकि कोई पानी न पी सके। कट्टरपन्थियों का दल घूम-घूमकर यह निगरानी करता था कि कोई पानी तो नहीं पी रहा है। इसी तरह वह रमज़ान के महीनों के दौरान रात को घर में दरवाज़े पीटकर लोगों को जगाते थे कि वह रोज़े का वक्त शुरू होने के पहले खाने का नियम (सहरी) निभा लें। सिगरेट पीना, पानी पीना, सब एकदम बंद करा दिया गया था। अपनी इच्छा जैसी कोई भी चीज़ नहीं बची थी, पाकिस्तान में केवल धार्मिक रिवाजों के लिए जगह थी।

मेरे पिता की कैद से बेचैन लोग, जिन्हें पाकिस्तान अँधेरे में घिरता नज़र आ रहा था, 70, क्लिफ्टन के हमारे बाग में आकर इकट्ठे होते, जहाँ हम रावलपिंडी से आकर रह रहे थे। मेरी माँ उस समय लगातार संघर्ष के चलते बीमार हो गई थीं और मीर उन लोगों को समझाता था, उन्हें धीरज बँधाता था। मेरी माँ उस हाल में भी औरतों के पास जाकर उन्हें समझाती थीं, ''हौसला रखो।'' वह मुझे भी औरतों को यह समझाने के लिए भेजती थीं और बताती थीं कि मैं भी औरतों से कहूँ ''हौसला रखो।'' हालाँकि आठ बरस पाकिस्तान के बाहर इंगलैण्ड-अमेरिका रहने के दौर में मेरी उर्दू ज़बान उतनी साफ नहीं रह गई थी।

ज़िया ने मेरे पिता को बदनाम करने के लिए अखबारों के ज़रिये अभियान चलाए।

'भुट्टो ने मुझे जान से मारने की कोशिश की', 'भुट्टो ने मुझे अगवा कर लिया था' इस तरह की खबरें ज़िया की तरफ से अखबारों की सुर्खियाँ बनने लगीं। यह सब मेरे पिता के उन विरोधियों के ज़रिये किया जा रहा था, जोकि अब बाकायदा सलाखों के बाहर, आज़ाद थे। "तुम लोग ऐसी अफवाहों का सामना करने के लिए तैयार रहना।" एक बार मेरे पिता ने मरी से हमें फोन पर बात करते समय बताया।

"ज़िया इसे 'ऑपरेशन फेयर प्ले' का नाम दे रहा है।" मेरे पिता ने कहा, और बताया कि ज़िया धीरे-धीरे मरी से स्टॉफ कम करता जा रहा है।

मेरे पिता का मनोबल ऊँचा था और इसी तरह उनकी हँसी-मज़ाक की समझ भी... एक बार उन्होंने हमें बताया कि एक पत्रकार ने उनसे पूछा कि आप अपना समय कैसे बिताते हैं... मैंने जवाब दिया कि मैं आजकल नैपोलियन को पढ़ रहा हूँ कि वह अपने सेनाध्यक्षों को कैसे लगाम लगा कर रखता था। मैं आजकल यह कर पाने में ज़रा चूक रहा हूँ।

मेरे पिता के ऊँचे मनोबल ने हमें भी घर पर संतुलित रहने में मदद की। हारे हुए या परेशान रहने के बजाय हम आत्मविश्वास से भरे रहते थे, जैसे हम विजयी हों। पहली बात मेरे पिता जीवित थे। दूसरे, लोग उनके साथ थे और पी.पी.पी. हमेशा की तरह एक लोकप्रिय पार्टी थी। इस दौरान जब पापा ने मीर को लरकाना में अपने चुनाव क्षेत्र में देख-रेख के लिए भेजा, मैंने और शाह ने यहाँ 70, क्लिफ्टन में उन लोगों से मीटिंग की, जो यहाँ हमारा साथ देने आते थे। एक रिपोर्टर और एक फोटोग्राफर, उन मीटिंग्स का ब्योरा लेकर हमारे अपने अखबार *मुसावात* में छापता था और रोज़ यह ब्योरे *मुसावात* में आते थे। उनसे फौज के अपने अखबारों के विरोधी प्रचार का जवाब जाता था। मेरे पिता की गिरफ्तारी के बाद *मुसावात* का प्रसार कुछ हज़ार कॉपियों से उठकर एक लाख हो गया, जो कि सिर्फ लाहौर की गिनती है। जब प्रेस बढ़ती हुई माँग को पूरा नहीं कर पाई, तब चतुर बाज़ार वालों ने *मुसावात* की कॉपियों की काला-बाज़ारी करनी शुरू कर दी और इस अखबार की एक प्रति दस रुपये में जाने लगी। दस रुपये तो उस समय एक पाकिस्तानी की रोज़ाना की औसत कमाई से भी ज्यादा की रकम थी। *मुसावात* की बिक्री की यह शक्ल हैरान करने वाली थी खासतौर पर वहाँ, जहाँ निरक्षरता का बोलबाला है और उसके वितरण की कोई बहुत अच्छी व्यवस्था नहीं है।

"ज़िया आज मुझसे मिलने आ रहे हैं।" 15 जुलाई को मेरे पिता ने हमें फोन करके बताया। अगले दिन अखबारों में छपे फोटोग्राफ्स में वह बहुत दुबले नज़र आए। उनका चेहरा मुल्क की राजनीतिक टकराव की हालत बता रहा था। दूसरी तरफ ज़िया बहुत अपराध-बोध से घिरे दिखे। उनकी बांहें आधी उनके सीने को ढक रही थीं और उनके चेहरे पर एक चापलूसी भरी मुस्कान थी। ज़िया ने अपना यह इरादा फिर दोहराया कि "वह चुनाव ज़रूर कराएँगे और राजनीतिक दलों के बीच ईमानदार भूमिका निभाएँगे।" मेरे पिता ने हमें फोन किया और कहा कि, ज़िया को यह बार-बार क्यों ज़रूरी लग रहा है कि वह अपने ईमानदार होने का शोर करें...? मेरे पिता को यह विश्वास नहीं था कि ज़िया कोई संतुलित व्यवहार चुनावों में दिखाएँगे। हमें भी यह विश्वास नहीं था। जिस तरह का खतरनाक प्रयास मेरे पिता और पी.पी.पी. के खिलाफ किया जा रहा था, और हुकूमत ने जैसी लगाम अखबारों और दूसरे तरीकों पर लगा रही थी, उससे ज़िया की इस

बात पर भरोसा कर लेना बहुत मुश्किल था।

उसमें बहुत कुछ था, जो हमें पता नहीं था। पाकिस्तान के इतिहास में इससे पहले और दो बार मार्शल लॉ लगा था, पर यह पहली बार ऐसा हुआ कि नौकरशाही को गिरफ्तार किया गया। इनमें अफज़ल सईद थे जो प्रधानमंत्री के सचिव थे, राव राशिद, प्रधानमंत्री के सलाहकार, खालिद अहमद हमारे गृह ज़िले लरकाना के डिप्टी कमिश्नर, और फेडरल सुरक्षा दलों के अध्यक्ष मसूद महमूद, दूसरे बहुत-से लोगों के साथ कैद में थे। सरकारी नौकरों का भला राजनीति से क्या काम था, लेकिन हुकूमत तो उन्हें भी नहीं छोड़ रही थी।

ज़िया ने कई जगहों पर इण्टरव्यू दिए और मीडिया को बताया कि फौज के पास इस दमनकारी कार्यवाही की काफी पुरानी योजना थी और उसकी तैयारी बहुत पहले से की जा रही थी। उससे यह ज़ाहिर हुआ था कि सरकारी अधिकारियों की गिरफ्तारी कोई अचानक उठाया गया कदम नहीं था, बल्कि फौज का काफी पहले से सोचा-समझा कदम था। इसके पीछे कौन था...? फौजी हुकूमत प्रेस में हमारे खिलाफ जो ज़हरीली और खतरनाक कहानियाँ उगल रही थी, वह भी परेशान करने वाली थी। ऐसे में यह बात गले उतरने वाली नहीं थी, कि ज़िया ईमानदारी से चुनाव करवाएँगे।

इस बीच पत्रकार लगातार हमारे 70, क्लिफ्टन फोन करके मेरे पिता के बारे में, पी.पी.पी. के बारे में और उस चुनाव के बारे में जानना चाह रहे थे जिसके लिए ज़िया लगातार वादे कर रहे हैं। मेरे पिता ने सुझाव दिया, कि मैं पत्रकारों को चाय पर बुला लूँ। मैंने ऐसा ही किया और मेरी हैरत का ठिकाना नहीं रहा, जब मैंने देखा कि कमरा ठसाठस भर गया है, इतना कि एयर कंडिशनिंग का भी गर्मी पर कोई असर नहीं हो रहा। मेरे चचेरे भाई फाखरी और लालेह हमारी मदद करने के लिए आए थे। सामिया और उसकी बहन भी हमारे साथ थी। मैं पत्रकारों के सवालों के जवाब देते-देते परेशान थी लेकिन उनके एक सवाल ने मुझे पूरी तरह झकझोर दिया।

''क्या यह सच है कि यह तख्तापलट, मिस्टर भुट्टो और जनरल ज़िया ने, मिस्टर भुट्टो की लोकप्रियता बढ़ाने के लिए मिलकर किया...?'' एक पत्रकार ने चाय की चुस्की के साथ पूछा।

''कतई नहीं...'' मैं बस इतना ही कह पाई, कि मुझे वह रात याद आ गई, जब मेरे पिता गिरफ्तार किए गए थे। जब अगले दिन मैंने इस सवाल का जिक्र पी.पी.पी. के समर्थन करने वालों से किया, तो पता चला कि यह अफवाह तो बेहद गर्म है और शायद हुकूमत की फैलाई हुई है, जिससे वह हमारे लोगों को गुमराह कर सकें। पाकिस्तान जैसे इस देश में, जहाँ साक्षरता इतनी कम है, अफवाहें और बाज़ारछाप गप्पें अक्सर सच की जगह ले लेती हैं। भले ही कितनी भी बेबुनियाद हों, अफवाहें अपनी ही रफ्तार से दौड़ती हैं, यहाँ तक कि पढ़े-लिखे लोग भी उनके बहकावे में आ जाते हैं। ''क्या यह सच है कि तुम एक छोटा वीडियो कैमरा लेकर आती हो और अपनी राजनेताओं से मीटिंग की फिल्म उतार लेती हो...?'' मैं भौंचक...यह कैसे हो सकता है...? मैंने अपनी एक स्कूल की सहेली का सवाल सुनकर कहा था, तो वह तुरन्त बोली... ''मैंने भी यही सोचा था, लेकिन मैंने यह एक अखबार में पढ़ा था...''

यहाँ तक कि इस तख़्तापलट होने के बाद जब गर्मी के मौसम में ज़बरदस्त बारिश हुई थी, तो इसका भी इल्ज़ाम मेरे पिता पर लगाया गया था। पी.पी.पी. के एक समर्थक

ने बताया कि अफवाह यह है कि भुट्टो साहब ने बारिश की मुश्किल अपनी गद्दी छिन जाने का बदला लेने के लिए खड़ी की है। कुछ लोगों ने इस अफवाह पर विश्वास किया और बाढ़ से गाँवों के डूबने और फसलों के नष्ट होने के लिए भी भुट्टो को ज़िम्मेदार ठहराया, लेकिन लाहौर में इस अफवाह का कोई असर देखने को नहीं मिला। जबकि वहाँ बाढ़ की ज्यादा तबाही देखने में आई थी। लाहौर को पी.पी.पी. का गढ़ माना जाता है।

"लाहौर जाओ और उन लोगों के दुख में शरीक हो, जो बाढ़ से तबाह हो गए हैं, जहाँ बाढ़ की सबसे ज्यादा मार पड़ी है।" मेरे पिता ने मुझसे कहा।

"अपने-आप लाहौर जाऊँ...?" इसके पहले मैं कभी ऐसे पार्टी के काम पर नहीं गई थी। घबराहट से मेरे पेट में उमेठ उठने लगी। "*मुसावात* में अपने जाने का कार्यक्रम घोषित करो और शाह को साथ लेकर जाओ।" मेरे पिता ने मुझे समझाया। चौबीस घंटे के भीतर मैं और शाह लाहौर पहुँच गए।

सैकड़ों पी.पी.पी. समर्थकों ने एयरपोर्ट पर हमारा स्वागत किया और वहाँ पर, बावजूद मार्शल लॉ के कानून नम्बर 5 के, जिसमें राजनीतिक जनसभा करने की सज़ा पाँच बरस की कैद थी, लोगों ने ज़ोर-शोर के साथ पी.पी.पी. समर्थन के नारे लगाए। भीड़ इतनी ज़बरदस्त थी कि मुझे और शाह को अपनी कार तक पहुँच पाने में मुश्किल हो रही थी। मेरा अठारह बरस का भाई और मैं उस जोश और भीड़ को देखकर बेहद उत्तेजित थे। आखिर हम प्रधानमंत्री के बच्चे ही तो थे, कोई राजनेता तो थे नहीं...

बेगम काकवानी, जो कि महिला विंग पंजाब की प्रधान थीं, उनके बँगले के आगे तो भीड़ और भी ज़बरदस्त थी। जहाँ उनके बहुत बड़े बाग के बाहर तक लोग सड़कों पर आ गए थे। मैं और शाह दोनों पसीने से तर-बतर थे और हमारी आँखें कैमरे की फ्लैश लाइट से चौंधिया गई थीं, न जाने कितने अनगिनत लोगों ने हमारे फोटोग्राफ लिए थे। इसी बीच खबर आई थी कि "प्रधानमंत्री भुट्टो टेलीफोन लाइन पर मेरे लिए हैं..." भीड़ में लहर दौड़ गई कि चेयरमैन भुट्टो का फोन आया है। मेरे साथ कमरे में बहुत सारे लोग आ गए। "तुम कैसे हो...?" मेरे पिता ने पूछा... उन्हें नहीं पता था कि हमारा यहाँ कैसा स्वागत हो रहा है। जब मैंने उन्हें बताया कि एयरपोर्ट से यहाँ तक सैकड़ों की भीड़ हमारा स्वागत कर रही है, तो वह बहुत खुश हुए उन्होंने कहा कि वहाँ सबको मेरा सन्देश दो। मैंने फोन रखा और मैं लोगों की भीड़ की तरफ घूम गई। "मेरे पिता ने उन सब लोगों के लिए संवेदना का सन्देश भेजा है, जिनका इस बाढ़ में नुकसान हुआ है, जिनकी फसल, जिनके घर डूब गए हैं। ऐसे परिवारों के लिए पी.पी.पी. सहायता की माँग करती है।"

मेरे पिता और पी.पी.पी. को भारी समर्थन मिलता देखकर ज़िया ने ऐसे ही पी.एन.ए. की लोकप्रियता भी बढ़ानी चाही। उसने मार्शल लॉ में यह छूट, जुलाई के मध्य में घोषित की, कि जनता अपने गिरफ्तार नेताओं से मिल सकती है, लेकिन इस चाल का उसे कोई फायदा नहीं मिला। मेरे पिता के पास प्रधानमंत्री रेस्ट हाउस मरी में मिलने वालों की भीड़ उमड़ पड़ी लेकिन पी.एन.ए. के नेताओं की जेलें सूनी ही रहीं, वहाँ कोई समर्थक नहीं पहुँचा। इससे ज़िया को तुरन्त असलियत का एहसास हुआ और उसने 19 जुलाई को यह छूट यह कहकर वापस ले ली, कि इसका दुरुपयोग किया जा रहा था।

तख्तापलट की साज़िश ज़िया की योजना के अनुसार चलती नहीं नज़र आ रही थी। पाकिस्तान में परम्परा थी कि जब किसी की सत्ता गिर जाती थी, तो लोगों की श्रद्धा और समर्थन उस नये नेता की ओर घूम जाता था, जो सत्ता में आता था, लेकिन मेरे पिता के साथ ऐसा नहीं हो रहा था। बल्कि उनका समर्थन ज़िया के इस तख्तापलट के बाद सौ गुना बढ़ गया नज़र आ रहा था। तख्तापलट के तीन हफ्ते बाद जब ज़िया ने मेरे पिता तथा दूसरे राजनीतिक कैदियों को छोड़ा, सचमुच लाखों लोग मार्शल लॉ के बावजूद मेरे पिता को मुबारकबाद देने के लिए उमड़ पड़े, वह जहाँ-जहाँ भी, पाकिस्तान के जिस किसी शहर में गए, उनका इतना भव्य स्वागत हुआ कि बताया नहीं जा सकता।

वह सबसे पहले कराची पहुँचे, जहाँ भारी समर्थक भीड़ के कारण, उनका आगे बढ़ना, बस इंच-इंच भर हो रहा था। जहाँ रेलगाड़ी के स्टेशन से हमारे घर तक का रास्ता, बस आधे घंटे का होता, उन्हें पहुँचने में दस घंटे लग गए। जब तक उनकी कार 70, क्लिफ्टन पहुँचती, उस पर न जाने कितनी खरोंचें, कितने धक्के लगे थे। मैं और मेरे भाई-बहन इतनी भीड़ में कुचल जाने के डर से हिम्मत नहीं कर पा रहे थे कि गेट पर भी पहुँचकर उन्हें बांहों में भर लें। बल्कि हम छत पर चले गए कि हम उनका आना देख सकें। हालाँकि उन्होंने अपनी ज़िन्दगी में बहुत कुछ देखा था, लेकिन इतनी भीड़, इतने समर्थक, उन्होंने भी ज़िन्दगी में पहली बार देखे। इतने सारे लोग उन्हें देख पाने के लिए और छू भर पाने के लिए उतावले थे कि हमारे घर के चारों ओर की 12 फीट ऊँची सीमेण्ट की दीवार भी उनके दवाब से टूट गई।

"ओह पापा... आप छूट गए..." मैं कितनी खुश हूँ... मैंने कहा, जब हम सब रात को अपने पिता के कमरे में इकट्ठा हुए।

"बस, ज़रा देर के लिए आज़ाद हूँ... ठीक है।" मेरे पापा ने कहा।

"ज़िया अब आपको गिरफ्तार करने की हिम्मत नहीं करेगा, उसने यह भीड़, यह समर्थन तो देखा ही है..."

"मत कहो..." मेरे पिता ने मुझे सावधान किया और इशारे से उँगली चारों ओर घुमाते हुए बताया... "दीवारों के भी कान होते हैं..."

मैं ज़िद में बोल ही पड़ी, "ज़िया एक कायर तानाशाह है। उसने बड़ी बगावत की है।" मैंने ज़ोर से कहा, जैसे मेरे शब्द सुने जा रहे हैं और मेरे पिता के समर्थकों की भारी भीड़ उन्हें सँजो लेने के लिए तैयार है,

"तुम लापरवाह हो रही हो..." मेरे पिता ने तेज़ी से कहा, "तुम इस समय पश्चिम में नहीं हो, जहाँ लोकतन्त्र है, यहाँ तुम्हारे देश में मार्शल लॉ लागू है।"

मार्शल लॉ का साया और गहरा हो गया, जब हम लोग अपने घर लरकाना गए। वहाँ भी भारी भीड़ ने मेरे पिता का स्वागत किया, जिससे मेरे मन में एक झूठी तसल्ली घर कर गई कि और एक खुशी, कि मेरे पिता और हमारे परिवार के पीछे इतने लोगों का साथ है। जब हम अपने पिता के कमरे में रात को इकट्ठा हुए, हमें सब कुछ ठीक-ठाक, सब कुछ बेहद जाना-पहचाना लगा। लेकिन यह सच नहीं था। मेरे पिता के एक रिश्तेदार, इस्लामाबाद से किसी बड़े अफसर का सन्देश लेकर मेरे पिता के पास आए। बताया गया कि हुकूमत मेरे पिता को हत्या के किसी मामले में फँसाने की योजना बना रही है।

"हत्या...?" कमरे में एक शीत लहर-सी दौड़ गई। मेरे पिता और मेरी माँ ने खामोश एक-दूसरे की तरफ, पल-भर को देखा, "तुम बच्चों को बाहर स्कूल भेजने का इन्तज़ाम करो।" मेरे पिता ने मेरी माँ से कहा, "उनके सारे बैंक के कागज़ और दूसरे कागज़ात दुरुस्त होने चाहिए। खुदा जाने क्या होने वाला है।" माँ ने सहमति में सिर हिलाया।

"पिंकी!" मेरे पापा मेरी तरफ घूमे, "पिंकी, तुम भी गम्भीरता से पाकिस्तान छोड़ने की सोचो, बाहर से अपना ग्रेजुएट कोर्स करो और जब तक हालात न सुधरें, बाहर ही रहो।" मैंने चुप उनकी तरफ देखा।

"पाकिस्तान छोड़ दूँ...? मैं अभी ही तो आई हूँ..."

"नौकरों को भी मुश्किल आ सकती है।" मेरे पिता ने बात जारी रखी, "मार्शल लॉ में कोई भी सुरक्षित नहीं है।" सवेरे उन्होंने अपने स्टॉफ को बुलाया, "तुम लोगों को आने वाले वक्त में मुश्किल आ सकती है। अगर तुम लोग यहाँ से काम छोड़कर जाना चाहो, तो अपने गाँव वापस जा सकते हो, और जब तक हालात ठीक नहीं हो जाते वहीं ठहर सकते हो। मुझे कोई दिक्कत नहीं है। जनरल ज़िया के राज में मैं तुम लोगों को कोई भी बचाव दे पाने की हालत में नहीं हूँ।"

किसी भी स्टॉफ ने जाने की पेशकश नहीं की, न ही मैंने, और मेरे पिता लाहौर चले गए।

"जिये भुट्टो, जिये भुट्टो..." लाहौर में भीड़ उमड़ पड़ी। लाहौर पंजाब की राजधानी है और फौज का बहुत मज़बूत गढ़ है, वहाँ करीब तीस लाख लोगों की भीड़ थी, जितनी शायद पाकिस्तान में पहले कभी नहीं थी...। ऐसे में यह कतई सम्भव नहीं था कि ज़िया मेरे पिता को उनके समर्थन के बावजूद राजनीतिक रूप से हटा सकते कि तभी एक खबर और आई। "सर..." उस इण्टेलिजेंस के अधिकारी ने कहा, "जनरल ज़िया और फौज यह तय कर चुकी है कि आपको मार डालना है... वह लोग कैद में बंद अधिकारियों को इस बात के लिए दबा रहे हैं कि वह आपके खिलाफ कोई संगीन जुर्म, जैसे हत्या का केस बनाएँ..." वह अधिकारी काँप रहा था, "सर, आपकी जान खतरे में है... आप पाकिस्तान छोड़कर निकल भागिए।" लेकिन मेरे पिता ऐसी धमकियों के आगे झुकने वाले इन्सान नहीं थे। उन्होंने इस सन्देश का कुल मतलब यही लिया कि वह बहुत ज्यादा दिन तक आज़ाद नहीं रह पाएँगे और इस बात की खबर उन्होंने रात को हमें लाहौर में फोन से भेजी।

जब वह 70, क्लिफ्टन लौटे, राजनीतिक मीटिंगों का सिलसिला जारी था। ज़िया ने 18 अक्टूबर की तारीख चुनाव के लिए तय की, जिसका प्रचार अभियान 18 सितम्बर से एक महीने के लिए शुरू हो जाना था। जब मेरे पिता नीचे के कमरे में राजनीतिक नेताओं से बातचीत में लगे रहते थे, मैं अपने कमरे में उर्दू के पाठ ले रही होती थी, "तुम अपनी उर्दू भाषा को बेहतर बनाओ।" मेरे पिता मुझसे कहते। "मुझे ज़रूरत पड़ सकती है कि तुम मेरी जगह खड़ी होकर बोलो।" इसलिए हर रोज़ दो घंटे मैं उर्दू अखबार पढ़ती। उर्दू की शब्दावली अपने ट्यूटर से सीखती। मेरे पिता बीच-बीच में, अपनी मीटिंग से ब्रेक के दौरान आकर मेरे ट्यूटर से मेरी प्रगति का हाल लेते।

अगस्त के अन्त में मैं अपने पिता के साथ रावलपिंडी चली गई। रेलवे स्टेशनों पर भारी भीड़ की स्थिति को देखते हुए ज़िया ने यह आदेश दिए थे कि कोई भी राजनेता,

रेलगाड़ी से सफर नहीं करेगा। रावलपिंडी में ज़िया ने बड़ी तैयारी से एयरपोर्ट के सारे रास्ते बंद कर दिए ताकि लोग न जुट सकें, फिर भी बहुत से लोग बाधाओं को पार करके उस सड़क के किनारे खड़े दिखे जिससे हमारी कार को एयरपोर्ट जाना था। लोग उत्साह से हाथ हिलाकर हमारा मनोबल बढ़ा रहे थे।

जब हमारी कार रावलपिंडी में भीड़ के बीच थी, एक पत्रकार बशीर रियाज़, जो कराची में एक पी.पी.पी. समर्थक भी थे, मेरी माँ से कह रहे थे, "मैं आपसे विनती करता हूँ कि भुट्टो साहब को समझाइए कि वह पाकिस्तान छोड़कर चले जाएँ। ज़िया के एक भरोसेमन्द अफसर और मेरे दोस्त ने मुझे बताया है कि भुट्टो का अब दुबारा गद्दी पर आना असम्भव है, ज़िया उन्हें हत्या के मुकदमे में फँसाकर फाँसी चढ़ा देने वाले हैं। उन्होंने मुँहमाँगी कीमत पर मेरी भी वफादारी खरीदने की कोशिश की थी लेकिन मैं तैयार नहीं हुआ।"

...और ज़िया ने पहली बार अपना शिकंजा मेरी ओर भी कसना शुरू किया। रावलपिंडी में अगले दिन मैं खोखर के घर, (जो एक पी.पी.पी. समर्थक परिवार थे), चाय पर आमंत्रित थी। वहाँ करीब सौ औरतों के बीच तीन खोखर बहनों ने मुझसे उन्हें सम्बोधित करने के लिए कहा। उन तीनों में, दो बहनें पी.पी.पी. की अधिकारी थीं, और तीसरी आबिदा, प्रधानमंत्री आवास पर मेरी माँ की एक सचिव थी। "हौसला रखो," मैंने अपनी दो मिनट के उर्दू में दिए गए भाषण में कहा। जब मैं चली, तो यह देखकर मैं हैरान हो गई कि बाहर पुलिस का काफी बड़ा दस्ता मौजूद था, जिसमें महिला पुलिस भी थी। "यह तुम्हारे लिए यहाँ तैनात हैं।" उनमें से एक बहिन ने मुझे बताया। मुझे तब और भी ज्यादा हैरत हुई, जब रात को मुझे एक नोटिस मिला, जो जनरल ज़िया चीफ मार्शल लॉ के प्रशासक की ओर से आया था और जहाँ तक मुझे याद है, जनरल आरिफ ने उस पर दस्तखत किए थे... उस नोटिस में मुझे चेतावनी दी गई थी कि मैं राजनीतिक गतिविधियों में भाग न लूँ। मार्शल लॉ लगने के बस डेढ़ महीने के भीतर ही मुझे जनरल ज़िया का चेतावनी पत्र मिल गया था, लेकिन मैंने इसे गम्भीरता से नहीं लिया, मैंने अपने पिता को फोन पर हँसते हुए बताया, "ज़रा सोचिए, मार्शल लॉ को मेरा एक चाय पर जाना भी डरा रहा है..." मेरे पिता ने शान्त भाव से जवाब दिया, "यह हँसने की बात नहीं है। मार्शल लॉ बहुत ही जानलेवा और खतरनाक चीज़ है..." और इस जानलेवा चीज़ का दायरा बढ़ता चला गया। अब तक सबके सामने यह साफ हो गया था कि मेरे पिता की पार्टी पी.पी.पी. को चुनाव में नहीं हराया जा सकता। चुनाव प्रचार शुरू होने के दो हफ्ते पहले ही ज़िया ने फिर अपने आदमियों को मेरे पिता को गिरफ्तार करने के लिए भेज दिया।

3 सितम्बर, सुबह 4 बजे : 70 क्लिफ्टन, कराची :

मैं अपने कमरे में सोई पड़ी हूँ, जब मैं सीढ़ियों पर दबे पाँव किसी के आने की आहट सुनती हूँ। रमज़ान का महीना है, इसलिए मुझे लगता है कि मेरा ही कोई स्टॉफ मेरे लिए भोर के पहले कुछ खाने को ला रहा होगा। लेकिन तभी अचानक पाँच आदमी सभी सादे कपड़ों में मेरे दरवाज़े से भीतर आ जाते हैं। मैं पहचान लेती हूँ कि वह पाकिस्तान फौज के कमाण्डो हैं। उनका हट्टा-कट्टा शरीर और बालों की कटाई उनकी पहचान साफ बताते

हैं। मैंने कितनी ही बार उन्हें प्रधानमंत्री आवास पर ड्यूटी देते देखा है, लेकिन यह सादे लिबास में कैसे हैं...? इनकी वर्दी कहाँ है?

वह सारे मेरी ओर बंदूक तान देते हैं और तभी छठा आदमी कमरे में कूदता है। वह मेरी मेज़, मेरे कागज़, सब कुछ छितरा देता है। मेरी किताबें इधर-उधर फेंक दी जाती हैं। वह मेरे टेबिल लैम्प की तार और मेरे टेलीफोन का तार खींचकर अलग कर देता है।

''तुम्हें क्या चाहिए...?'' मैं डरी हुई पूछती हूँ, ''मर्द कभी भी किसी मुसलमान औरत के कमरे में ऐसे नहीं आते।'' ''ज़िन्दा रहना चाहती हो तो खामोश रहो।'' उनका लीडर कहता है। वह सारे मेरे कमरे की दुर्गति करके दरवाज़े की तरफ बढ़ते हैं।

''क्या तुम मेरे पिता को मार डालने आए हो...?''

''नहीं,'' वह पलभर की हिचकिचाहट के बाद कहता है। उसके बाद उसका चेहरा फिर सख्त हो जाता है। ''अगर तुम अपनी खैर चाहती हो तो हिलो मत।'' वह अपनी पिस्तौल मेरी तरफ लहराता है और दरवाज़ा ज़ोर से बंद करके, बाकी सबके साथ दौड़ पड़ता है।

तेज़ी से मैं फर्श के ढेर से उठाकर अपनी टी-शर्ट के ऊपर कुछ और पहनती हूँ। इस बीच मेरी बहन घबराहट में भरी हुई कहती है... ''रुको...रुको, कहाँ जा रही हो, वह लोग हमें मार डालेंगे...'' मेरी बहन सनम चिल्लाती है। ''चुप रहो!'' मैं उसे डपट देती हूँ। ''मुझे पापा के पास जाना है,'' मैं सनम के साथ कमरे के बाहर दौड़ती हूँ। और देखती हूँ कि हॉल कमाण्डो लोगों से भरा हुआ है। सब-के-सब हाथ में बंदूक लिए हैं, लेकिन सादे कपड़ों में हैं। उनको हमारी आवाज़ नीचे हॉल में सुनाई पड़ती है। वहाँ भी कमाण्डो भरे हुए हैं। मैं सामने का दरवाज़ा बंद करती हूँ कि अहाता पार करके उधर चली जाऊँगी, जहाँ भाइयों का कमरा है, लेकिन कमाण्डों बंदूक तानकर हमें सोफे पर बैठा देते हैं। सारे लोगों को कहा जाता है कि वह जोड़े बनाकर उस कमरे में सारे दरवाज़ों पर खड़े हो जाएँ और अपनी बंदूकें तानकर रखें।

मुझे अपने पिता के पास पहुँचना है। वह खतरे में हैं। मुझे उनको बताना है कि कमाण्डो हमारे दरवाज़े फाँदकर आधी रात को, बिना वर्दी के भीतर घुस आए हैं। पता नहीं इस सबकी क्या ज़रूरत थी...? वह मेरे पापा को वैसे ही गिरफ्तारी का वारंट लाकर या मार्शल लॉ का ऑर्डर लाकर ले जा सकते थे। वह बिना कारण ऐसा बेहूदा बर्ताव क्यों कर रहे हैं? वह चाहते क्या हैं...? शायद उनकी मर्ज़ी है कि लोगों को पता न चले कि मेरे पिता के साथ क्या हो रहा है... लेकिन मैं ऐसा नहीं होने दूँगी...

''क्या आप फौजी हैं...?'' मैं रसोई के दरवाज़े के पास खड़े एक आदमी से उर्दू में पूछती हूँ। वह एक-दूसरे की तरफ देखते हैं लेकिन फौजी अनुशासन रखते हुए कोई जवाब नहीं देते। मैं गहरी साँस खींचती हूँ, ''ज़रा देखो तो इन फौजियों को...'' मैं ज़ोर से उर्दू में अपनी बहन से कहती हूँ, ''यह इतने बेशरम हो गए हैं। वह इनके प्रधानमंत्री ज़ुल्फिकार अली भुट्टो ही थे, जो इन्हें हिन्दुस्तान के कैम्प से छुड़ाकर लाए थे, वरना तो इनके जनरल लोगों ने इन्हें वहीं सड़ने के लिए छोड़ दिया था। और यह लोग उनको इसका यह इनाम दे रहे हैं कि उन्हीं के घर में सारी तहज़ीब पर पानी फेरते हुए घुस आए...''

मैं कनखियों से देखती हूँ कि घबराकर वह सारे कमाण्डो एक-दूसरे को देख रहे हैं। ''यह किसका घर है...?'' उनमें से एक कमाण्डो पूछता है।

मुझे अचानक लगता है कि इनमें से कुछ को यह भी नहीं पता है कि वह कहाँ लाए गए हैं।

''क्या तुम्हें पता नहीं है कि तुम लोग पाकिस्तान के प्रधानमंत्री के घर में ज़बरदस्ती घुस आए हो...?'' मैं उनसे तिरस्कार-भरे शब्दों में पूँछती हूँ। वह डरी हुई भेड़ों की तरह अपनी बंदूकें नीचे कर देते हैं। अब मेरी बारी है। मैं तीर जैसी तेज़ी से ज़ीने की तरफ लपकती हूँ और अपने माता-पिता के कमरे की ओर दौड़ पड़ती हूँ। मुझे कोई नहीं रोकता।

पापा बिस्तर के किनारे बैठे हैं। मेरी माँ भी तकिये से टिककर बैठी हुई है। उन्होंने अपना चेहरा कपड़े से अपनी ठुड्डी तक ढक रखा है। उनके हाथ में उनके कान ढाँकने के प्लग हैं, जिन्हें वह रात को लगाकर सोती हैं, ताकि पापा के देर रात तक काम करके लौटने पर उनकी नींद न खराब हो। तनी हुई बंदूकें लिए कमाण्डो लोगों ने उन्हें घेर रखा है। वह आदमी, जो मेरे कमरे में सामान इधर-उधर फेंक रहा था, अब यहाँ मौजूद है और दरवाज़े पर लटकी मेरे पिता को सम्मानस्वरूप भेंट की गई तलवारों से छेड़-छाड़ कर रहा था।

''क्या कर रहे हो...?'' मेरे पिता उस आदमी से कहते हैं, जो अभी-अभी उनके कमरे में आ गया है। मेरे पिता की आवाज़ कभी भी वह अधिकार-भरी खनक नहीं खोती, और वह आदमी एकदम रुक जाता है।

मेरे पिता मुझे अपने पास बैठने का इशारा करते हैं। एक भोंड़ी-सी शक्ल वाला बेहद मोटा-सा आदमी मेरी माँ की नाजुक नीली सफेद लुई 15 कुर्सी पर लदा हुआ है।

''कौन है यह आदमी?'' मैं अपने पिता से धीमी आवाज़ में पूछती हूँ।

''सग़ीर अनवर, फेडरल जासूसी एजेंसी के डायरेक्टर हैं।'' मेरे पिता मुझे बताते हैं।

''आपके पास मुझे गिरफ्तार करने का वारंट है...?'' मेरे पिता उस डायरेक्टर से पूछते हैं।

''नहीं।'' वह जवाब देता है। उसकी नज़र झुकी हुई है।

''तो फिर किस आरोप के आधार पर मुझे मेरे घर से ले जा रहे हैं।'' मेरे पिता पूछते हैं।

''मैं आपको मिलेट्री क्वार्टर ले जाने के आदेश का पालन कर रहा हूँ।'' अनवर कहता है।

''किसके आदेश...?'' मेरे पिता फिर पूछते हैं।

''जनरल ज़िया के...'' वह आदमी जवाब देता है।

''चूँकि मुझे आपके आने की खबर नहीं थी, मैं तैयार होने के लिए आधा घण्टा लूँगा।'' मेरे पिता शान्तिपूर्वक कहते हैं, ''मेरे नौकर को भेजिए, मेरे कपड़े निकाले...''

अनवर मना कर देता है। किसी को भी प्रधानमंत्री से मिलने की इजाज़त नहीं है।

''उर्स को भेजिए।'' मेरे पिता शान्तिपूर्वक अपना आदेश दोहराते हैं। अनवर अपने एक कमाण्डो को इशारा करता है।

मुझे बाद में पता चला कि उर्स, दूसरे स्टॉफ के साथ बंदूक की नोक पर आँगन में

रोक रखा गया है। ''चुप रहो और अपने हाथ पीछे करके रखो।'' कमाण्डो ने उन्हें अंग्रेज़ी में हुक्म दिया। जो अंग्रेज़ी न समझ में आने के कारण हिचके, उन्हें मार पड़ी और उनकी घड़ी, उनके पैसे छीन लिए गए। ''उर्स कौन है?'' उस कमाण्डो ने पूछा जो कमरे से वहाँ भेजा गया था। ''मैं हूँ।'' उर्स ने जवाब दिया और उसे बोलने के लिए पिस्तौल के बट से सिर में मारा गया। उसके बाद कमाण्डो एक के बाद एक उस पूरी कतार के पास गया और पूछता गया कि यही उर्स है। सब ने सिर हिलाकर जवाब दिया। तब वह कमाण्डो फिर मेरे पिता के नौकर के पास आया जो अब तक सीख गया था कि सिर हिलाकर ही जवाब देना है। उर्स को गर्दन और पैरों से उठाकर वहाँ लाया गया, जहाँ उसने मेरे पिता का सामान पैक किया। जब उर्स मेरे पापा का बैग लेकर उन्हें बिना नम्बर की कार में रखने के लिये निकला, छह कमाण्डो अपनी बंदूकें उनके सीने पर और सिर पर ताने रहे। ऊपर मेरे पिता नहाकर कपड़े पहन रहे हैं। मैं उनका चेहरा नहीं देख पा रही हूँ। इन तनी हुई बंदूकों से ज्यादा उनकी कायरता की और क्या मिसाल हो सकती है...। ''पीछे रहें।'' एक कमाण्डो चिल्लाता है, जब मैं पापा के साथ सीढ़ियों पर नीचे चलने लगती हूँ। मैं उसकी बात को अनसुना कर देती हूँ। वह मुझे जाने देता है। नीचे सनम और पापा की निगाहें एक-दूसरे से मिलती हैं।

'अरे बेशर्म कायरो!' हमेशा से शर्मीली मेरी बहन उन लोगों पर चीखती है, ''ओ बेशर्म बुज़दिलो...''

मैं एक बार फिर देख रही हूँ कि मेरे पिता ले जाए जा रहे हैं, कहाँ, यह नहीं पता, नहीं पता कि हम उन्हें फिर कभी देख भी पाएँगे या नहीं। एक पल के लिए मैं काँप जाती हूँ। मेरा दिल डूब रहा है, मेरा दिल जैसे सर्द हो गया है... ''पिंकी!'' मैं एक पुकारे जाने की आवाज़ सुनती हूँ। मैं गर्दन घुमाकर देखती हूँ कि मेरा भाई शाहनवाज़ स्टॉफ के साथ आँगन में घिरा हुआ है। ''उसको छोड़ो!'' मैं सिपाहियों के ऊपर चीखती हूँ जो उसे पकड़े हुए हैं। मैं अपनी आवाज़ के नए स्वर से खुद डर जाती हूँ लेकिन सिपाही पीछे हट जाते हैं। पीछे, घर के अन्दर, मेरी माँ का चेहरा सफेद हो गया है। उनका ब्लड प्रेशर एकदम गिर गया है। मैं, बहन सनम और भाई शाहनवाज़ उनके पैरों पर हथेलियाँ रगड़कर उनमें गर्माहट लाने की कोशिश करते हैं, कोशिश करते हैं कि उसमें खून का दौड़ना तेज़ हो। मैं डाक्टर को फोन करने की कोशिश करती हूँ, लेकिन लाइन काटी जा चुकी है। मैं चौकीदारों से कहती हूँ कि वह मुझे डॉक्टर को बुलाने जाने दें, लेकिन कोई फायदा नहीं होता।

सुबह, जब 70, क्लिफ्टन में हमारा निजी नौकर आता है, और सिंधी गार्ड से हमदर्दी जुटाकर सारी जानकारी ले लेता है। दोस्त मोहम्मद कराची-भर में मोटर साइकिल पर घूम-घूमकर पार्टी के नेताओं और अल-मुर्तज़ा में मेरे भाई मीर को सारा हाल बताते हैं। मेरे रिश्तेदारों को खबर देते हैं और मेरी माँ के लिए डॉक्टर का इन्तज़ाम करते हैं। लेकिन जब मेरी माँ की डॉक्टर अशरफ अब्बासी आती हैं, उनको गेट के भीतर नहीं जाने दिया जाता। फौजी हुकूमत का डॉक्टर कहीं दोपहर में आता है और माँ को इंजेक्शन देता है जिसकी उन्हें बहुत ज़रूरत थी।

शाम को एक फौज का कर्नल हमारे पास एक सादा कागज़ लेकर आता है। ''जनरल ज़िया का हुक्म है कि आप और आपकी माँ इस कोरे कागज़ पर दस्तखत कर दें।'' वह कर्नल कहता है। उसने फौजी वर्दी पहनी हुई है, जिस पर उनके नाम की पट्टी लगी है, ''फारुख।'' मैं दस्तखत करने से इनकार कर देती हूँ।

''मैं तुमसे दस्तखत करवाकर रहूँगा।'' कर्नल मुझे धमकाता है। उसकी कठोर नज़र और कठोर हो जाती है। मैं अपनी आवाज़ में एक नयापन महसूस करते हुए कहती हूँ, ''तुम तो क्या, तुम्हारे जनरल ज़िया भी यहाँ मेरे दस्तखत नहीं ले सकते।''

''तुम नहीं जानतीं, तुम अपने लिए बुरा कर रही हो।'' वह गुर्राकर कहता है और घूमकर वापस चला जाता है।

शाम पाँच बजे घर से फौज हटा ली जाती है। मैं और शाहनवाज़ फुर्ती से पी.पी. पी. के ऑफिस पहुँचते हैं, वहाँ बैठे हुए कुछ अधिकारियों के चेहरे पहले से ही एक डर लिए हुए हैं। वहाँ कुछ नेता राष्ट्रव्यापी हड़ताल और प्रदर्शन करने का प्रस्ताव रखते हैं, तो कुछ का कहना है कि पहले हमें भुट्टो साहब से बात करनी चाहिए। मेरे पिता से बात...? कौन जाने उसमें कितना समय लगेगा, ऐसा कब हो पाएगा...?

अगले दिन मेरी माँ की हालत और भी ज्यादा खराब है। उन्होंने मेरे पिता के वकील से बात की तो पता चला कि मेरे पिता को जो खुफिया चेतावनी मिली थी, वह ठीक थी। मेरे पिता पर हत्या की साज़िश का इल्ज़ाम लगाया गया है।

''हत्या...?'' मुझे पता भी नहीं था कि किसकी हत्या के षड्यन्त्र के इल्ज़ाम में मेरे पिता फँसाए जा रहे हैं।

एक मामूली राजनीतिक कार्यकर्ता, जिसका नाम अहमद रज़ा कसूरी है और जो अभी भी ज़िन्दा है, मेरी माँ ने मुझे बताना शुरू किया। करीब तीन बरस पहले लाहौर के पास, जब वह और उसके पिता जो एक रिटायर्ड मजिस्ट्रेट थे, एक कार में जा रहे थे। किसी से उनकी कार में मुठभेड़ हुई थी। उसमें इसके पिता मारे गए लेकिन वह आदमी बच गया। यह आदमी नेशनल असेम्बली का मेम्बर था और पी.पी.पी. के टिकट पर चुना गया था। उसने दावा किया कि मुठभेड़ का असली निशाना वह था। उस दौर में राजनीतिज्ञों पर, जो विपक्ष के दल के थे उन पर ऐसे हमले होना मामूली बात थी। खुद उसी पर, जैसा कि वह बताता था, पन्द्रह हमले हो चुके थे, जिनमें वह बच निकला था। उस बार उसने इल्ज़ाम लगाया था कि उस पर हमला भुट्टो ने करवाया था। इस बारे में उसने पुलिस में रिपोर्ट लिखवाई थी। उस समय पाकिस्तान में ऐसी ही आज़ादी का माहौल था, जहाँ पुलिस प्रधानमंत्री तक के खिलाफ केस दर्ज कर सकती थी। मामले की जो छानबीन हाईकोर्ट ने की, उस आधार पर मेरे पिता निर्दोष पाए गए थे और लोग मामला भूल गए थे।

1977 में यह कसूरी पी.पी.पी. में आ गया था और उसने मार्च में होने वाले चुनावों के लिए टिकट माँगा था। जब पी.पी.पी. ने किसी और को टिकट दे दिया, तो कसूरी ने तय किया और मेरे पिता के विरुद्ध दुबारा मामला दायर कर दिया। अब जबकि चुनाव प्रचार अभियान शुरू होने में बस दो हफ्ते बचे थे ज़िया ने मेरे पिता के खिलाफ वही केस उठाते हुए उन्हें गिरफ्तार करवा लिया, लेकिन ज़िया को फिर मुँह की खानी पड़ी। न्यायमूर्ति,

जिसने इस मुकदमे की सुनवाई की, उसे कोई कारण नहीं मिला, जिसके आधार पर मेरे पिता को अपराधी घोषित किया जाए और उसने मेरे पिता को निर्दोष घोषित कर दिया। ''जब सिविल कोर्ट ने प्रधानमंत्री को बरी कर दिया है, तब मुझे इसका कोई कारण नहीं दिखता कि उन्हें मार्शल लॉ में गिरफ्तार रखा जाए।'' ज़िया ने यह बयान प्रेस को देते हुए मेरे पिता को मुक्त कर दिया।

13 सितम्बर को मेरे पिता सीधे कराची में घर आए, इस योजना के साथ कि वह अगली सुबह जल्दी ही शाहनवाज़ के साथ मीर के पास लरकाना, रमज़ान खत्म होने के बाद ईद मनाने जाएँगे। असली दबाव अब शुरू हुआ था। चुनाव प्रचार शुरू होने में बस पाँच दिन बचे थे। मेरे पिता ने इन तीस दिनों में नब्बे जन-सभाएँ करने का इरादा बनाया था। हमेशा की तरह हम सब अपने पिता के कमरे में बैठे थे कि बातचीत ने अचानक एक बेहद अनपेक्षित मोड़ ले लिया।

''तुम्हें पता है नुसरत, अब वक्त आ गया है जब पिंकी की शादी हो जानी चाहिए।'' मेरे पिता ने अचानक बिस्तर में लेटे-लेटे, सिगार पीते हुए कहा। ''मैं अब उसके लिए दूल्हा खोजने जा रहा हूँ।''

मैं कोच पर तनकर बैठ गई। मैंने अपनी मां के ताश के खेल *पेशेंस* के पत्ते फर्श पर लगभग बिखरा दिए, ''मुझे शादी नहीं करनी है...'' मैंने विरोध किया, ''मैं अभी-अभी तो घर वापस आई हूँ।''

सनम और शाह को फिर बचपन वाला, मुझे छेड़ने का मौका मिल गया।

''तुम्हें शादी करनी पड़ेगी... करनी पड़ेगी,'' उन लोगों ने यह रट लगानी शुरू कर दी।

''दरअसल...,'' मेरी माँ ने बात जारी रखी, ''...मैंने एक लड़का पहले से देख रखा है...''

''मैं अभी शादी नहीं करना चाहती और तुम मुझसे अभी हाँ नहीं करा सकतीं।'' मैंने माँ को जवाब दिया।

''तुम अपने पापा को इन्कार नहीं कर सकतीं...'' मेरे पापा ने कहा, जिसमें सनम तथा शाह ने, हाँ में हाँ का शोर मिला दिया। ''नहीं, नहीं, नहीं'' मैं कहती रही और मेरे पिता के खाने की ट्राली के आ जाने ने मुझे बचा लिया। बात का विषय बदल गया, लेकिन जो नई बात शुरू हुई वह और भी ज्यादा डराने वाली थी। ''मुझे पता चला है कि ज़िया मुझे छोड़ेगा नहीं, और इसलिए मुझे भाग जाना चाहिए।'' पापा ने हम लोगों के साथ खाना खाते-खाते कहा :

''पी.पी.पी. के एक नेता ने मुझसे पैसे की माँग की ताकि वह कहीं भागकर जा सके। उसने मुझसे भी भाग चलने को कहा।''

''तुम जाओ, अगर तुम्हें जाना है, लेकिन मैं कोई चूहा नहीं हूँ जो छिपता फिरूँ। मैं यहीं रहूँगा और ज़िया का मुकाबला करूँगा।'' यह मेरे पिता का जवाब था।

''और आप चुनाव जीतेंगे तथा जनरल ज़िया को भारी विश्वासघात के लिए सज़ा देने की कार्रवाई करेंगे।'' मैंने ऊंची आवाज़ में कहा।

''सावधान रहो, पिंकी!'' मेरे पिता ने मुझे दीवारों की ओर इशारा करते हुए सचेत किया लेकिन मैं अपने पिता को जेल के बाहर देखकर सब भूल गई। मैं ज़िया की बर्बरता के बारे में और भी कुछ कहती, लेकिन मेरे पिता नाराज़ हो गए।

"चुप रहो!" उन्होंने मुझे डपट दिया। "तुम नहीं जानती हो तुम क्या कह रही हो।"

हम एक-दूसरे को उस कमरे में कुछ देर ताकते रहे, फिर दुख और क्रोध समेटकर मैं कमरे से बाहर हो गई।

अब मुझे इस बात का एहसास होता है कि उनको अनुभव था कि कैसे अप्रिय नतीजे सामने आते हैं। शुरू से वह उन बातों को सच होता देखते आ रहे थे, जिन्हें मैं नकार रही थी। उनको पता था कि ज़िया कितना क्रूर आदमी था और वह मुझसे लगातार ऐसी बातें कहलवाने की कोशिश कर रहा था, जो मेरी गलती का कारण बनें। लेकिन अपनी ज़िद और नासमझी के कारण मैं इन बातों को समझने के लिए तैयार ही नहीं थी। "कल रात की बातें दिल पर मत लो..." उन्होंने मेरे बिस्तर पर बैठकर मुझसे कहा, "मैं कतई नहीं चाहता कि तुम्हें कोई नुकसान पहुँचे..." उन्होंने मुझे बांहों में भर लिया। "मैं समझती हूँ पापा, और माफी भी माँगती हूँ।" मैंने उनसे कहा। मुझे अब तक भी उनकी वह सलेटी रंग की शलवार-कमीज़ नहीं भूलती, और न ही शालीमार इत्र की वह गन्ध। मैंने उन्हें बस तभी आखिरी बार आज़ाद देखा था।

17 सितम्बर, 1977, 3.30 सुबह, अल-मुर्तज़ा।

बहावल, हमारा लरकाना के स्टॉफ का एक मुलाज़िम, बताता है कि उस दिन क्या हुआ, क्योंकि तब मैं वहाँ नहीं थी।

रात के करीब दो बजे थे। सत्तर फौजी कमांडो और पुलिसवाले अल-मुर्तजा की दीवारों को फाँदकर अंदर आ गए और सभी चौकीदारों को पीटने लगे।

"दरवाज़ा खोलो।" वह चिल्लाए थे जबकि मैं, दूसरे नौकरों के साथ अन्दर था और दरवाज़ा भीतर से बंद था।

"तुम्हें क्या चाहिए...?" हमने पूछा।

"भुट्टो!"

"रुको, मैं उन्हें जगाता हूँ।"

"दरवाज़ा खोलो!" वह चीखे और उन्होंने तब तक दरवाज़े पर अपना दबाव बनाए रखा, जब तक दरवाज़ा ढुलक नहीं गया।

मीर यह हंगामा सुनकर जाग गया और उसने भागकर भुट्टो साहब को जगाया।

"उनसे कहो दरवाज़ा तोड़ने की ज़रूरत नहीं है," भुट्टो ने मीर से कहा, "दो अफसरों को अन्दर आने दो! मुझे अपना सामान बटोरने के लिए कुछ वक्त चाहिए।" लेकिन उन्हें पता था कि वह ज़रूर अन्दर घुस आएँगे। उनका सूटकेस और ब्रीफकेस पैक हो चुका था।

दस मिनट बाद भुट्टो साहब ले जाए गए। घर के भीतर और बाहर सब जगह फौज का जमावड़ा था। हम रो पड़े। मीर बहुत नाराज़ थे। उन्होंने कराची फोन करना चाहा लेकिन फोन लाइनें काट दी गई थीं। अगले दिन मैं गार्ड को चकमा देकर निकला और मैंने पास के घर से बेगम साहिबा को खबर दी। तब तक खबर फैल चुकी थी और गाँव से सैकड़ों

लोग आकर अल-मुर्तज़ा के फाटक पर जमा हो गए थे। ''जिये भुट्टो...भुट्टो ज़िन्दाबाद!'' के नारे लग रहे थे।

पुलिस आई और उन्हें गिरफ्तार करके ले गई।

मेरे पिता को सक्खर जेल ले जाया गया, फिर कराची जेल और उसके बाद लाहौर। ज़िया ने इस बात का जोखिम नहीं उठाया कि लोगों को यह पता चले कि भुट्टो कहाँ कैद हैं। इस बार ज़िया यह तय कर चुके थे कि वह मेरे पिता को खत्म करके ही दम लेंगे। इस बार फिर उन पर उसी हत्या का आरोप लगाया गया लेकिन इस बार उसे और संगीन बना दिया गया था।

6

न्यायपालिका के हाथों मेरे पिता की हत्या

मार्च, 1980 : एक-एक पल काटना मुश्किल था। अल-मुर्तज़ा में मुझे ऐसा लग रहा था, जैसे मैं ज़िन्दा दफन कर दी गई हूँ। किसी भी तरह की इन्सानी मेल-मुलाकात से मैं दूर कर दी गई थी। मेरी माँ न जाने कितने, कभी न खत्म होने वाले घंटे, ताश के खेल 'पेशेंस' के साथ बिता देती हैं। लेकिन अल-मुर्तज़ा में, पाँच महीने की कैद के बाद मैं इतनी बेचैन थी, जितनी कभी नहीं रही। मुझे यह कतई नहीं पता कि हम कब आज़ाद होंगे... होंगे भी या नहीं। सब कुछ ज़िया के हाथ में है। सर्दियाँ बीतते-बीतते अमेरिका ने अपना विचार पक्का कर लिया और बता दिया कि उसे पाकिस्तान में फौजी हुकूमत ही चाहिए, लोकतन्त्र नहीं। अफगानिस्तान में रूसियों के बढ़ते जमावड़े को देखते हुए, प्रेसिडेंट कार्टर ने पाकिस्तान को 40 करोड़ डॉलर की सहायता का प्रस्ताव मार्च 1980 में दिया, लेकिन ज़िया ने इस 'दो कौड़ी' की मदद को ठुकरा दिया। पाकिस्तान में अफगानिस्तानी लोगों की लगातार बढ़ती हुई तादाद से ऐसा साफ दिख रहा था कि गृहयुद्ध की स्थिति में शरणार्थियों की भीड़ पाकिस्तान में बढ़ती ही जाएगी। हमारे दरवाज़े पर एक ओर से शरणार्थी अफगानी और दूसरी ओर से रूसी फौजें, दोनों का सीधा मतलब था, पाकिस्तान के लिए विदेशी सहायता की बारिश। अफगानिस्तान पर रूस के हमले को पाकिस्तान के लिए ब्रेझनेव की ओर से दिया जाने वाला क्रिसमस का तोहफा कहा जाने लगा। और हमारे लिए नतीजा यही था कि हम अल-मुर्तज़ा की कैद में ही बने रहें।

सनम का हमारे पास कभी-कभी ही आना होता है और जिसका हमें बेहद इन्तज़ार रहता। हमेशा की तरह हम जेल और फौजियों के जमावड़े में जकड़े हुए थे। यहाँ तक कि, एक बेटी भी अपनी माँ और बहन से, बिना फौजी निगरानी के नहीं मिल सकती थी। मेरी माँ लगातार बीमार चल रही हैं और अपने कमरे में बिस्तर पर पड़ी हैं। उनका ब्लड-प्रेशर गिर रहा है। मैं पूछती हूँ कि क्या सनम और हम लोग किसी महिला अधिकारी की निगरानी में मिल सकते हैं, ज्यों ही सनम और मैं ज़नानख़ाने की तरफ बढ़ते हैं, मुझे अपने पीछे पैरों की आहट सुनाई पड़ती है। वह पुलिस की मैट्रन (महिला प्रतिनिधि) नहीं है बल्कि कैप्टेन इफ्तेखार हैं, एक फौजी अधिकारी। मैं इस पर विश्वास नहीं कर पाती और उनकी तरफ देखती रह जाती हूँ। कोई भी मर्द, अगर वह रिश्तेदार नहीं है, तो वह ज़नानख़ाने में नहीं

घुस सकता। हमारी संस्कृति में तो लोग ऐसा अपवित्र दुर्व्यवहार झेलने की बजाय मर जाना ज्यादा पसन्द करते हैं।

"यहाँ तक कि जेल के कानून भी कहते हैं कि औरतों की जेल में केवल महिला अधिकारी कर्मचारी ही जा सकते हैं।" मैं बताती हूँ।

"मैं यहाँ रहूँगा..." वह कहता है।

"तब हम मुलाकात नहीं करेंगे, मैं अपनी बहन को रोक लूँगी।" तब तक सनम बढ़कर मेरी माँ के कमरे तक पहुँच गई, इसलिए मैं भी चलती चली गई कि ज़नानख़ाने में जाकर अपनी माँ और बहन को बता दूँ कि मिलने में कठिनाई है। मेरे पीछे कैप्टेन इफ्तेखार के आने की आहट है।

"आपको मालूम है आप कहाँ जा रहे हैं? आप यहाँ नहीं आ सकते।" मैं पल-भर चुप रहकर बोल पड़ी।

लेकिन कैप्टेन ज़िद में है—"आप जानती हैं, मैं कौन हूँ," वह ज़ोर से कहता है, "मैं पाकिस्तानी फौज का कैप्टेन हूँ और मैं जहाँ चाहूँ, वहाँ जा सकता हूँ।"

"आप जानते हैं मैं कौन हूँ...?" मैं भी ज़ोर से जवाब देती हूँ। "मैं उस आदमी की बेटी हूँ जो आपको, आपके बेहयाई से ढाका में घुटने टेक देने के बाद, वापस लाए थे।"

कैप्टेन इफ्तेखार मुझे मारने के लिए हाथ उठाते हैं और मेरा गुस्सा, जो अब तक मैं दबाए बैठी थी, फट पड़ता है—"तुम इस घर में मेरे ऊपर हाथ उठा रहे हो... बेशर्म आदमी...तुम उस आदमी की कब्र की छाया के पास खड़े इस घर में मुझे मारने को तैयार हो, जिसने तुम्हारी जान बचाई। तुम और तुम्हारी फौजें हिन्दुस्तानी जनरल लोगों के कदमों में गिरकर नाक रगड़ रहे थे, तब वह मेरे पिता ही थे, जो तुम्हें इज़्ज़त से वापस लाए थे। और तुम उसी आदमी की बेटी को पीटने का हौसला कर रहे हो।" अचानक उसका हाथ नीचे गिर जाता है। "ठीक है, देखते हैं, क्या होता है?" वह पलटकर वापस चला जाता है। सनम का आना बेकार हो जाता है।

तब मैंने अदालत को एक पत्र लिखा जिसमें मैंने अपनी और अपनी माँ की कैद को चुनौती दी। 1979 के मार्शल लॉ में सिविल कोर्ट को इस बात का अधिकार था कि वह फौजी शासन में हुई गिरफ्तारियों की सुनवाई कर सकें। मैंने उसमें यह भी लिखा, जो हमारे साथ उस ज़नानख़ाने में बीता। जनरल ज़िया अक्सर चादर और चारदीवारी की बात करते हैं, जिसमें औरतों की इज़्ज़त-आबरू सलामत रहती है, लेकिन लगता है कि न तो ज़िया को, न ही कैप्टेन इफ्तेखार को इसकी कोई परवाह है। मैं यह पत्र जेलर को देती हूँ। वह वादा करता है कि वह उसे अदालत तक भिजवा देगा और वह मुझे उसकी रसीद दे देता है। मुझे तब तक इस बात का अन्दाज़ा नहीं था कि वह रसीद मेरे लिए कितने काम की चीज़ साबित होगी।

'मैं हूँ, इसलिए कि मैं सोचती हूँ। मेरा वजूद, मेरे सोचने के दम पर है।' मैं जब तक ऑक्सफोर्ड में रही, यह सिद्धान्त मुझे मुश्किल में डालता रहा। यहाँ आकर तो यह मेरे लिए और कठिन लगने लगा। मैं सोचती हूँ, कई बार तब भी, जब मैं सोचना नहीं चाहती,

और दिन एक-एक करके गुज़रते जाते हैं। लगता नहीं, कि मैं सचमुच हूँ। सचमुच होना सिद्ध करने के लिए आदमी कुछ करता नज़र आए, कोई प्रतिक्रिया, कैसी भी, लेकिन यहाँ तो ऐसा कुछ नहीं है, जो मेरे होने की छाप छोड़े। मेरे होने की गवाही दे।

खैर, मेरे ऊपर मेरे पिता की छाप, मेरे होने की गवाही है। वही मुझे चला रही है, सहनशीलता, सम्मान और सिद्धान्त। कहानियों में मेरे पिता बचपन से यह सब बताते रहे थे। भुट्टो लोगों ने नैतिक लड़ाई में हमेशा जीत हासिल की है। ''राक्षस मेरे ऊपर वुडस्टॉक के जंगल में कूद पड़ा,'' मेरे पिता एन्थोनी होप के उपन्यास के एक काल्पनिक राक्षस टेण्टाऊज के रूपर्ट से ऑक्सफोर्ड में हुई मुठभेड़ का किस्सा शुरू करते। अपने कदम बढ़ाकर वह हवा में एक काल्पनिक तलवार... ''वह राक्षस मेरे कन्धों को चीर देता था, मेरे पैरों को काट देता था, मैं तब भी बिना हार माने लड़ता रहता था, क्योंकि कोई भी इज़्ज़तदार आदमी मरते दम तक लड़ता, जूझता है।'' हम सब साँस रोककर उन्हें देखते रहते। पापा बताने लगते, वह जूझते, वह अपने पेट में लगे घाव से बहते खून की परवाह न करते हुए लड़ते रहते और आखिरकार उस राक्षस को खत्म ही कर डालते...फिर वह कुर्सी पर निढाल हो जाते।

''यह देखो निशान अभी तक बाकी हैं।'' और वह कमीज़ उठाकर हमें वह निशान दिखाते, जो उन्हें अपेंडिक्स के ऑपरेशन से मिला था।

ऐसे, और इसी तरह के दूसरे भुट्टो लोगों के किस्सों से मुझे कभी भी नहीं लगता था कि मेरे पिता ऐसे ही ज़िया को भी हराकर अपना झण्डा लहराएँगे। मैं अभी भी अपने पिता का हौसला बढ़ाने वाली कहानियों में और उस असली राक्षस से लड़ाई में फर्क नहीं कर पा रही थी, जिसने उन्हें खत्म कर दिया।

सितम्बर, 1977 : ईंट की ऊँची दीवारें और काँटेदार तार से घिरी चौहद्दी। छोटी-छोटी खिड़कियाँ, वह भी ज़ंग लगी लोहे की जाली से ढकी हुईं। भारी, लोहे के फाटक, यह कोट लखपत जेल थी। फाटक में लगा छोटा दरवाज़ा हिला और शोर कर गया, जिससे मैं अन्दर दाखिल हुई। इसके पहले मैं कभी भी जेल के अन्दर नहीं गई थी।

आगे मुझे लोहे की एक और दीवार नज़र आई। इसकी पहरेदारी में बंदूकधारी पुलिस वाले थे। मेरे चारों तरफ मर्द, औरतें, बच्चे अपने खाने के डिब्बे लिए एक-दूसरे को धकियाते हुए एक लोहे के दरवाज़े के पार जा रहे थे। पाकिस्तान की जेलों में कोई सुविधा नहीं है। कपड़े, बिस्तर, बर्तन, यहाँ तक कि खाना भी जेल में बंद कैदियों के रिश्तेदारों को लाना पड़ता था। जिन कैदियों के रिश्तेदार, इतने गरीब थे कि इन शौकीनी का इन्तज़ाम नहीं कर सकते थे, या जिन्हें कैद बामशक्कत दी गई थी, वह 'सी' क्लास के कैदी कहलाते थे। एक कोठरी में पचास कैदी, जुओं-भरी चटाई पर सोते थे। उस कोठरी में बस एक निकास होता था, जहाँ से वह अपने शौच आदि बाहर बहाते थे और वहीं से उन्हें सरकाकर खाना दिया जाता था। दो कटोरी पनियल दाल और एक टुकड़ा चपाती। तपती गर्मी के लिए पंखा नहीं था, नहाने-धोने के लिए कोई पानी का नल नहीं। ऐसे नज़ारे के बीच से पुलिस मुझे मेरे पापा से मिलाने जेल सुपरिंटेंडेंट के दफ्तर में ले गई।

''इसी दुबारा गढ़े गए हत्या के आरोप के साथ अब ज़िया खुलकर हमारे खिलाफ

खेल रहा है। मेरे बच्चों को तुरन्त यह मुल्क छोड़ देना चाहिए। इसके पहले कि ज़िया कोई और मुश्किल खड़ी करे, मैं चाहता हूँ कि मेरे बेटे चौबीस घण्टों के अन्दर पाकिस्तान छोड़ दें।'' मेरे पिता मुझसे कहते हैं। ''ठीक है पापा'', मैं कहती हूँ, हालाँकि मुझे पता है कि मीर और शाहनवाज़ कतई पाकिस्तान छोड़कर नहीं जाना चाहेंगे। वह अपनी पढ़ाई में कैसे ध्यान दे सकते हैं, जबकि उनके पिता जेल में बंद हैं। वह दोनों लरकाना और कराची में उन चुनावों के लिए जी-तोड़ मेहनत कर रहे थे, जिनके लिए ज़िया अभी भी यही कहता था कि वह चुनाव कराए जाएँगे।

''तुमने अपनी पढ़ाई पूरी कर ली है, लेकिन अगर तुम भी इंग्लैण्ड लौटकर अपनी सुरक्षित ज़िन्दगी बसर करो तो मुझे ठीक लगेगा...''

मेरे पिता कहना जारी रखते हैं, ''तुम जा सकती हो, और अगर यहीं रुकने की मर्ज़ी है, तो यह समझ लो कि हमारे सामने कड़ी चुनौती है।''

''मैं यहीं रुकूँगी पापा और आपके लिए काम करूँगी।'' मैं कहती हूँ।

''तब तुम्हें बहुत मज़बूत बनना पड़ेगा...'' वे कहते हैं।

मीर बेमन से, कुछ दिन बाद इंग्लैण्ड चला गया। वह अब कभी अपने पिता को नहीं देख पाएगा। ऐसे ही शाहनवाज़ भी, जो कोट लखपत जेल में पापा के पास जाने के कुछ दिन बाद अपनी पढ़ाई पूरी करने के लिए स्विट्ज़रलैण्ड निकल गया।

''मेरे पास अपने पिता से मिलने की इजाज़त है'' शाहनवाज़ ने पहले फाटक में घुसने के बाद गार्ड से कहा, ''मैं उन्हें अलविदा कहने आया हूँ।''

''हमारे पास कोई इजाज़त नहीं है, जो हम तुम्हें जाने दें।'' गार्ड ने कहा, ''हम तुम्हें अन्दर नहीं जाने दे सकते।''

मेरे पिता, अनायास, दीवार के उस पार अपने वकीलों से बात कर रहे थे। उन्होंने शाह की आवाज़ को सुनकर पहचाना, जो जेलर से बहस कर रहा था।

मेरे पिता ने वहीं से, ज़ोर से बोलकर शाह से कहा, ''तुम मेरे बेटे हो, किसी से कोई रियायत मत माँगो। जाओ, मेहनत से पढ़ो और मेरा नाम रोशन करो।''

शाहनवाज़ दो दिन बाद लेसिन के अमेरिकन कॉलेज के लिए चला गया। उसके बाद ही सनम भी हार्वर्ड के लिए रवाना हो गई। उसके दस दिन बाद, 29 सितम्बर को मैं पहली बार गिरफ्तार की गई।

भीड़, झुण्ड के झुण्ड लोग। नौजवान लोग शलवार-कमीज़ पहने पेड़ों की डालियों पर और लैम्प पोस्टों पर टँगे हुए, बसों, ट्रकों की छत पर किसी तरह संभलकर टिके हुए... परिवार के परिवार अपनी-अपनी खिड़कियों से बाहर लटकते हुए, छत पर, छज्जों पर... लोग एक-दूसरे से इस कदर सटे हुए, कि अगर कोई बेहोश भी हो जाए तब भी खड़ा ही रहे। बुरका ओढ़े औरतें भी भीड़ में निकली हुईं, इस कदर उतावली, कि बेहिचक घरों के बाहर आ गईं। इन सबके प्रधानमंत्री की बेटी उनसे बात करने आई थी। एक औरत, जो मंच पर खड़ी होकर राजनीतिक प्रतिनिधि बनी है, वह जनता के लिए उतनी अपरिचित नहीं है, जितनी मुझे लगी। दूसरे

उपमहाद्वीपों की औरतों ने भी अपने पतियों के, भाइयों और पिताओं के राजनीतिक झण्डे उठाए ही हैं। राजनीतिक परम्परा में धीरे-धीरे स्त्रियों का भी जुड़ते जाना दक्षिण एशिया में सहज होता जा रहा था। हिन्दुस्तान में इन्दिरा गाँधी, सिरीमावो बंदारनाइके श्रीलंका में, फातिमा जिन्ना और मेरी अपनी माँ हमारे पाकिस्तान में ही। मैंने कभी नहीं सोचा था कि ऐसा मेरे साथ भी हो जाएगा।

वहाँ तैयार किए गए मंच पर, फैसलाबाद की औद्योगिक नगरी में, मैं खड़ी होकर घबराहट महसूस कर रही थी। अपनी चौबीस बरस की उम्र में, मैं न तो राजनीतिक नेता होने के लिए खुद को तैयार कर पा रही थी, न ही लोगों के बीच बोलने के लिए। लेकिन और कोई चारा नहीं था... "तुमको चुनाव-प्रचार अभियान के लिए निकलना ही पड़ेगा..." मेरी माँ ने प्यार से कहा था। हमें अपने परिवार के कार्यक्रम में हिस्सेदारी करनी ही होगी। पी.पी.पी. के दूसरे नेता, या तो जेलों में थे, या अपने-अपने कार्यक्रमों में लगे हुए थे। बस, हम ही बचे थे। "लेकिन मैं बोलूँगी क्या...?" मैंने अपनी माँ से कहा था, "उसकी फिक्र मत करो, तुम्हें, जो बोलना है, वह हम लिखकर देंगे।"

"भुट्टो को रिहा करो!" भीड़ यही नारे लगा रही थी। यह पुकार वहाँ रावलपिंडी में एक दिन पहले भी सुनी गई थी, जब मेरी माँ का कार्यक्रम था। मैं तब उनके पीछे स्टेज पर खड़ी देख रही थी और सीख रही थी, "चिन्ता मत करो, अगर पिता जेल में हैं, तो माँ यहाँ आज़ाद खड़ी है, आपके पास..." उन्होंने भीड़ से कहा था। "मेरे पास टैंक और तोपें नहीं हैं, लेकिन मेरे पास बेसहारा जनता की ऐसी मज़बूत ताकत है, जिसे दुनिया की कोई फौज जीत नहीं सकती।"

उनकी आवाज़ सधी हुई थी लेकिन उनके हाथ कुछ-कुछ काँप रहे थे, जब वह लोगों से बात कर रही थीं। मेरी माँ कभी भी घर के बाहर की ज़िन्दगी नहीं जीना चाहती थीं, वह कभी भी पी.पी.पी. की नेता बनने के लिए राज़ी नहीं थीं, वह अभी भी बीमार थीं, उनका ब्लड-प्रेशर कम हो रहा था और वह बहुत कमज़ोर हो गईं थीं। जब पार्टी के नेताओं ने उनसे, उनकी चेयरपर्सनशिप में, एक उम्मीदवार बनने के लिए कहा तो उन्होंने तुरन्त मना कर दिया, लेकिन जब मेरे पिता ने उन्हें जेल से लिखा कि वह पार्टी के लोगों की बात मानें, तो उन्हें "हाँ" करना पड़ा। वादे के मुताबिक चुनाव दो हफ्ते बाद होने वाले थे। और लोग पूरी तरह तैयार थे, वह उतावले थे कि वह पी.पी.पी. को वापस सत्ता में ले आएँ। ज़िया का "ऑपरेशन फेयर प्ले" बहुत बड़े जनमत के साथ न्यायपूर्ण नहीं था। तख्तापलट के दो महीने के भीतर ही, ज़िया ने वह धान और आटे की मिलें, जिनका भुट्टो ने राष्ट्रीयकरण कर दिया था, वह वापस उनके पुराने दावेदारों को लौटा दीं और वादा किया कि तमाम दूसरे उद्योगों का भी राष्ट्रीयकरण रद्द कर दिया जाएगा और वह सरमायादारों को वापस मिल जाएँगी। इस तरह से संगठन इकाइयों की धज्जियाँ उड़ाते हुए ज़िया ने जश्न मनाया था। केवल लाहौर में पचास हज़ार कामगारों की छंटनी कर दी गई थी और मिल-मालिक बड़े व्यंग्य से बोली बोल रहे थे, "कहाँ है तुम्हारा बाप भुट्टो?" कामगारों को पहली बार मिला हुआ पक्की नौकरी का भरोसा, फिर टूट गया था।

दूसरे कामगारों को भी दिहाड़ी में ज़बरदस्त कटौती और बरखास्तगी का सामना करना

पड़ रहा था। किसानों को जहाँ उम्मीद रहती थी कि वह तयशुदा कीमत पर अपनी फसल बेच पाएँगे वहाँ उनको जो दिया जा रहा है, वही लो, या भागो, पर मजबूर किया जा रहा था। अब फिर सामन्ती ज़मींदार और सरमायादार फायदे से जेबें भर रहे थे और गरीब मारे जा रहे थे। 1975 की कीमतों के मुकाबले प्याज पाँच गुना महँगा हो गया था। आलू भी दुगुनी कीमत में बिक रहे थे। अण्डे और चाय भी तीस प्रतिशत महँगे हो गये थे। मेरे पिता की नीतियों में जो यह उलट-फेर हो रहा था उसके लिए पी.पी.पी. लगातार रैली-प्रदर्शन कर रही थी और नारे जारी थे कि भुट्टो को रिहा करो।

फैसलाबाद में मैंने अपना भाषण, जिसे मैंने न जाने कितनी बार रटा था, वही पकड़ा। ऊपर देखो, नीचे मत देखो, दीवार की तरफ मुँह करके बोलो। यही सब कितना मुश्किल था, जो ऑक्सफोर्ड यूनियन में सीखा था। अब एक खेल के मैदान में मेरे सामने एक अपार भीड़ थी। "फौजी दल को ऐसे मत उकसाओ कि उन्हें चुनाव रद्द कर देने का बहाना मिल जाए," मेरी माँ ने मुझे चेतावनी देते हुए समझाया था। लेकिन भीड़ तो ऐसी थी कि उसके सामने टिके रहना कठिन था..."विश्वास नहीं होता..." एक स्थानीय नेता ने सभा देखकर कहा था—"मैंने अपनी ज़िन्दगी में कभी इतनी बड़ी जनसभा नहीं देखी है..."

किसी ने मुझे माइक्रोफोन थमा दिया जिसके लाउडस्पीकर से जुड़े हुए तार बिना अर्थिंग के थे। तारों से चिंगारियाँ फूट रही थीं। जब मैंने बोलना शुरू किया, लोगों ने तार पर कपड़ा लपेट दिया, या मेरे लिए माइक पकड़कर खड़े हो गए। नहीं, यह ऑक्सफोर्ड यूनियन का मंच नहीं था।

"जब मैं हिन्दुस्तान में थी और मेरे पिता की इन्दिरा गाँधी से बातचीत चल रही थी, मेरे पिता ने बिस्तर पर सोने से इनकार कर दिया था और ज़मीन पर ही सोते थे।" यह प्रसंग मैं अपने उस भाषण में जोड़कर बताती थी, जिसे मैंने रट रखा था, "आप ज़मीन पर क्यों सोते हैं?" जब मैंने पूछा, तो उनका जवाब था कि "मैं बिस्तर पर कैसे सो सकता हूँ, जबकि यहाँ हिन्दुस्तान में मेरे कैद सिपाही फर्श पर सोते हैं।" और भीड़ ज़ोरदार शोर के साथ तालियाँ बजाती थी। एक दिन कसूर, दूसरे दिन ओकारा, एक के बाद एक खेतों से गुज़रते हुए, किसानों को देखते हुए जो झुककर खाद-पानी में लगे हुए थे... पी.पी.पी. खेती के बादशाह इलाके पंजाब के चक्कर लगा रही थी। ज़बरदस्त भीड़ के कारण हमारी चाल सड़कों पर धीमी थी। हमारे बहुत-से फौजी जवानों और अफसरों के घर पंजाब में थे और वहां के लोग मेरे पिता के समर्थक थे। मेरे पिता फौजियों की अच्छी देखभाल करते थे—पश्चिमी पाकिस्तान की ठंडी ऊंचाइयों में रहने वाले फौजियों की गर्म वर्दी, अच्छी तनख्वाहें और तरक्की के बेहतर रास्ते उन्होंने उपलब्ध कराए थे। शायद इसी वजह से इन फौजियों के परिवार वाले हमारे साथ अब जुड़ रहे थे। इस तरह हम ज़िया के नाज़ुक तंत्रस तक पहुंचते जा रहे थे।

जब मैं अपने दौरे के तीसरे पड़ाव साहीवाल पहुँची, वह 29 सितम्बर की तारीख थी। तब मेरी मेज़बान ने घबराहट में आकर मुझे बताया था कि मजिस्ट्रेट आपसे मिलना चाहते हैं।

"यह घर एक जेलखाने में बदल दिया गया है। आप पन्द्रह दिनों के लिए हिरासत में हैं।" मजिस्ट्रेट ने मुझे बताया, तो मुझे विश्वास नहीं हुआ। मकान को पुलिस ने घेर लिया था। टेलीफोन काट दिए गए थे और बाद में बिजली और पानी भी काट दी गई। आसपास के सारे रास्ते घेर लिए गए कि लोग भी घरों से न निकल पाएँ। जहाँ मैं रह रही

थी, उन लोगों ने भी उसके बाद पार्टी छोड़ दी। तीन दिन मैंने गुस्से में फुफकारते, बेचैनी से टहलते हुए बिताए। बाहर मेरे ऊपर एक पुलिस वाली महिला अधिकारी का पहरा था।

मेरे ऊपर क्या आरोप थे...? मैंने कोई कानून नहीं तोड़ा था, यहाँ तक कि किसी मार्शल लॉ का भी उल्लंघन नहीं किया था। मैं केवल अपने पिता के लिए उस चुनाव अभियान में काम कर रही थी, जो ज़िया ने खुद घोषित किया था। तब मैं उस खतरनाक जाल को भला कहाँ समझ पाई थी, जो मेरे चारों ओर फैलाया गया था। "मेरी बेटी, जिसने कभी सोने के ज़ेवरात पहने हैं, अब वह उसी शान से कैद की ज़ंजीरें भी पहनेगी।" मेरी माँ ने कराची में अपनी मीटिंग में कहा था, जिसमें लोगों की भीड़ ने पिछले सारे रेकार्ड तोड़ दिए थे। हमारे कार्यक्रमों में उमड़ती भीड़ ने ज़िया के उस मंसूबे को, कि वह पी.पी.पी. को चुनाव में हरा देगा, ज़बरदस्त धक्का पहुँचाया था। जेल में भुट्टो उससे कहीं ज्यादा ताकतवर था, जितना वह अगर चुनाव-प्रचार में होता, तो हो सकता था।

अगले दिन, ज़िया ने दूरदर्शन पर चुनावों को रद्द कर दिये जाने की घोषणा कर दी।

24 अक्टूबर, 1977 : मेरे पिता पर हत्या के षड्यन्त्र रचने के मुकदमे की शुरुआत हुई। किसी भी दूसरे हत्या के मुकदमों से अलग, जिनकी सुनवाई, निचली अदालतों से शुरू होती थी, इसको सीधे लाहौर हाई कोर्ट में ले जाया गया, जिससे मेरे पिता के पास से अपील करने की एक सीढ़ी छिन गई। वह जज, जिसने पहले मेरे पिता को छह हफ्ते की ज़मानत पर छोड़ दिया था, उसे हाई कोर्ट से हटा दिया गया और पाँच जजों की विशेष टीम बनाई गई। इस नई टीम के जज लोगों का पहला काम मेरे पिता की जमानत खारिज करना था। अब उनका मामला मुख्य मार्शल लॉ प्रशासक ज़िया उल-हक के हाथ में था और उन पर आपराधिक आरोप लगाए गए थे।

अब मैं इस बात के लिए आज़ाद थी, कि मैं अपने पिता के पहले अपनी माँ के साथ काम कर सकूँ। चुनाव रद्द हो जाने के बाद मैं कैद से छोड़ दी गई थी। पार्टी के एक समर्थक ने मेरे लिए एक मकान का इन्तज़ाम कर दिया था, जिसे हमने लाहौर में, जो पंजाब की राजधानी है, अपना दफ्तर बना लिया था, जहाँ से मेरे पिता के मुकदमे के दौरान पी.पी.पी. अपना काम कर सकती थी। और जहाँ लोग मिल-बैठ सकते थे। हर रोज़ हममें से कोई न कोई अदालत में सुनवाई के दौरान उस बिल्डिंग में मौजूद रहता जिसे वर्ष 1866 में ब्रिटिश सरकार ने बेहद सुन्दर बनवाया था। अदालत के साज़ो-सामान से सजी, नक्काशीदार लकड़ी की छतें, और लाल कालीन से ढंके फर्श। जज के आते ही सब इज़्ज़त से खड़े होते, साथ में एक लम्बा हरा कोट पहने, सफेद पगड़ी बाँधे दरबारी आता जिसके हाथ में एक राजदण्ड होता, जिस पर चाँदी की मूठ लगी होती। जज काले कोट, सफेद टोपे पहने, पाँच ऊँची पीठ वाली कुर्सियों पर बैठते जिसके ऊपर लाल साटन की छत बनी होती। मेरे पिता के वकील पहले से ही दरबार में हाज़िर होते। उनके काले कोट, रेशमी गाउन, कड़क कलफ लगी सफेद कमीज़, नुकीले कॉलर, इस सब से मुझे एक इत्मीनान होना चाहिए था कि यह मुकदमा कायदे से अंग्रेज़ी तौर-तरीके के साथ चलेगा, लेकिन ऐसा नहीं था।

मेरे पिता का मुकदमा, पूरी तरह से फेडरल सिक्यूरिटी फोर्स के महानिदेशक मसूद

महमूद के इकबालिया बयान पर टिका था। मसूद एक सरकारी नौकर था, जिसे तख्तापलट के बाद गिरफ्तार किया गया था और जैसा हमें बताया गया, उसे इस हद तक सताया गया था कि उसने मेरे पिता के खिलाफ गवाही देना स्वीकार कर लिया था। करीब-करीब दो महीने की कैद के बाद मसूद, गवाह बन जाने पर मजबूर कर दिए जाने के बाद कह रहा था कि मेरे पिता ने उसे हुक्म दिया था कि राजनीतिज्ञ कसूरी को खत्म कर दो।

मसूद महमूद का यह बयान वह अकेली कड़ी थी जो मेरे पिता को इस षड्यन्त्र से जोड़ती थी। दूसरे चार आरोपी, जो इस मामले में लपेटे गए थे, वह भी फेडरल सिक्यूरिटी फोर्स के सदस्य थे और बयान यह आया था कि उन्होंने अपने महानिदेशक मसूद महमूद के आदेश पर उन पर हमला किया था। यह चारों भी, मसूद की गिरफ्तारी के कुछ दिनों बाद ही गिरफ्तार किए गए थे। मामले का कोई चश्मदीद गवाह नहीं था। उस समय, जब वह चार आरोपी अपने-अपने वकीलों के पास बैठे हुए थे, मेरे पिता को इण्टेलिजेंस के एजेण्ट्स ने घेर रखा था। लकड़ी का यह कटघरा खासतौर पर इस मुकदमे के लिए बनवाया गया था।

"मुझे मालूम है कि आप बड़े आराम की ज़िन्दगी के आदी हैं, इसलिए मैंने खासतौर पर आपके लिए कुर्सी का इन्तज़ाम किया है, बजाय इसके कि आपको बेंच पर बैठाया जाए।" कार्यकारी मुख्य न्यायाधीश मौलवी मुश्ताक हुसैन ने व्यंग्यपूर्वक कहा। वह उस पाँच महीने तक चलने वाले मुकदमे का पहला दिन था। मौलवी मुश्ताक को ज़िया ने यहाँ खासतौर पर नियुक्त किया था। मौलवी हिन्दुस्तान के जालंधर में उसी जगह के रहने वाले थे, जहाँ के ज़िया थे और मेरे पिता के दुश्मनों में से थे। जब मेरे पिता ने अय्यूब खान को चुनौती दी थी, उस समय चलाए गए मुकदमे में यही मौलवी मुश्ताक हुसैन जज थे। पी.पी.पी. की सरकार रहने के दौरान उन्हें मुख्य न्यायाधीश बनाकर तरक्की पर सुप्रीम कोर्ट भेजने से रोक दिया गया था क्योंकि उस समय के एटार्नी जनरल कानून मन्त्री और मेरे पिता ने उन्हें इस पद के लिए उपयुक्त नहीं पाया था। तख्तापलट के कुछ दिनों बाद, उन्होंने ज़िया के प्रस्ताव पर मुख्य चुनाव कमिश्नर का पद संभाला था और इस दौर में सरकार की कार्यकारी तथा वैधानिक मशीनरी की स्वायत्तता की धज्जियाँ उड़ा दी थीं। स्पष्ट है, वह निष्पक्ष निर्णय नहीं ले सकते थे।

अदालत की नीयत सबके सामने थी। पहले ही दिन, मियाँ अब्बास ने जो एक भले और बहादुर इन्सान थे और फेडरल सिक्यूरिटी फोर्स के आरोपी थे, उन्होंने खड़े होकर अपनी गवाही से इन्कार कर दिया। उन्होंने कहा कि मेरा इकबालिया बयान ज़बरन लिया गया है। अगले दिन वह अदालत में हाज़िर नहीं हुआ और बताया गया कि वह बीमार है।

बचाव के पक्ष ने यह माँग रखी, कि गवाहों के बयानों की प्रतियाँ, जो उन लोगों ने मेरे पिता के खिलाफ दिए हैं, उन्हें दी जाएँ। मुख्य न्यायाधीश ने वह निवेदन खारिज कर दिया, कहा कि वह 'समय आने पर' उन्हें मिल जाएँगी। जब कार्यवाही चल रही थी, मिस्टर डी.एम. अवान, जो बचाव के प्रमुख वकील थे, उन्हें मुख्य न्यायाधीश के चैम्बर में बुलाकर धमकी दी गई कि वह 'अपना अंजाम सोच लें।' जब मिस्टर अवान ने फिर भी केस से जुड़े रहना जारी रखा, तब उनके, एक-दूसरे मुकदमों में, जो उसी अदालत में चल रहे थे, एकदम गलत और खिलाफ निर्णय देने शुरू कर दिए। हारकर अवान ने खुद को इस मुकदमे से हटा लिया।

मैं उस दिन वहीं थी, जब मौलवी मुश्ताक ने मसूद महमूद के ड्राइवर की गवाही को गलत ढंग से पेश करना चाहा, जिससे मेरे पिता और महानिदेशक के बयान में जुड़ाव पैदा किया जा सके। ''क्या यह सच है कि तुम मसूद महमूद साहब को प्रधानमंत्री से मिलवाने ले गए थे?''

''नहीं...?'' ड्राइवर ने डरते हुए जवाब दिया।

''लिखो, मैं मसूद महमूद को प्रधानमंत्री के पास ले गया था।'' मौलवी मुश्ताक ने अदालत के उस स्टेनोग्राफर से कहा, जो कार्यवाही लिख रहा था।

जब बचाव के वकील ने आपत्ति ज़ाहिर की, तो मौलवी मुश्ताक ने उसे घुड़क दिया और गुस्से में कहा ''आपत्ति नहीं मानी जा सकती।'' और वह तब गवाह की ओर घूमे।

''क्या तुम कहना चाहते हो कि तुम्हें याद नहीं है... लेकिन तुम महमूद को प्रधानमंत्री से मिलाने ले गए थे...''

''नहीं सर, मैं उन्हें नहीं ले गया था...'' ड्राइवर ने फिर कहा ''लिखो, मसूद खुद गाड़ी चलाकर प्रधानमंत्री से मिलने गए।'' मुख्य न्यायाधीश ने स्टेनोग्राफर को आदेश दिए...।

''आपत्ति करता हूँ।'' बचाव के पक्ष ने दुबारा कहा।

''बैठ जाओ!'' मौलवी मुश्ताक चीखे और ड्राइवर की तरफ घूमे, ''मसूद महमूद खुद गाड़ी चलाकर प्रधानमंत्री के पास गए होंगे, वह क्यों नहीं जा सकते...?''

''नहीं, नहीं सर...'' ड्राइवर ने फिर डरते हुए कहा।

''क्यों...?'' मुश्ताक चीखे।

''क्योंकि चाबी मेरे पास रहती है...'' ड्राइवर ने स्पष्ट किया।

जॉन मैथ्यू क्यू. सी. एक इंगलैण्ड के वकील, जो उस मुकदमे को सुनने नवम्बर से आए हुए थे, एकदम भौंचक रह गए। ''मैं हैरान हूँ कि कैसे एक गवाह का बयान जो साफ बात सामने ला रहा है, एकदम काट दिया जाए। बेंच ऐसा कैसे कर सकती है...'' उन्होंने एक अंग्रेज़ पत्रकार को बताया कि ऐसे में गवाह के बयान में काट-छाँट या उसमें बदलाव करने का किसे हक है...? बचाव के वकील इस बारे में और भी परेशान थे। मुकदमा खत्म होने पर 706 पेज की कार्यवाही में वह एक भी आपत्ति वहाँ दर्ज की हुई नज़र नहीं आई, जो उठाई गई थी।

इस मुकदमे में निष्पक्ष दिखने की भी कोशिश नहीं की गई। एक दिन जब मैं अदालत में पहुँची, मैंने वह सुन लिया जो फेडरल जाँच एजेंसी के डिप्टी डायरेक्टर अब्दुल खालिक़ गवाहों को समझा रहे थे कि, क्या गवाही देनी है। ''यह किस तरह का इंसाफ है...?'' मैंने ज़ोर से चिल्लाकर कहा था। लोग घिरने शुरू हो गए। ''इसे ले जाओ!'' खालिद ने पुलिस से कहा। ''मैं नहीं जाऊँगी!'' मैं चिल्लाई ताकि लोगों का ध्यान इधर जाए, जैसे ही पुलिस मेरी तरफ बढ़ी, खुसफुसाहट होने लगी कि मेरे पिता को जेल से अदालत में लाया जा रहा है। मैं यह नहीं चाहती थी कि मेरे पिता को यह पता चले कि उनकी बेटी को अदालत में बेइज़्ज़ती झेलनी पड़ रही है इसलिए मैं वहाँ से हट गई। बाद में पता चला कि इन लोगों ने अदालत के पास एक घर लिया, जहाँ खाने-पीने का शाही इन्तज़ाम किया गया, ताकि गवाहों को फुसलाकर रखा जा सके। रैम्से क्लार्क, अमेरिका के भूतपूर्व अटार्नी जनरल मेरे

पिता के मुकदमे की कार्यवाही देखने आए थे। बाद में उन्होंने इस पर *द नेशन* अखबार में एक लेख लिखा :

"आरोपी पक्ष का यह मुकदमा पूरी तरह ऐसे गवाहों से भरा हुआ था, जो तब तक गिरफ्तार रहे, जब तक उन्होंने उनकी मनचाही गवाही नहीं दे दी। उनके बयान बार-बार बदलवाए गए, जिनमें खुद ही विरोधाभास नज़र आया, सिवाय मसूद महमूद के, बाकी सबके बयानों में आपस में कोई ताल-मेल नहीं रहा, उनकी न तो कोई अपने में गवाही थी, न ही वह दूसरे गवाहों की बात को पूरा कर रहे थे।"

मैं न्याय-व्यवस्था पर विश्वास रखती थी। मेरा भरोसा न्यायिक प्रक्रिया में होने वाली शपथ लेकर की गई सभी उन कार्रवाइयों पर था जो नैतिकतापूर्वक की जातीं, लेकिन मेरे पिता के मुकदमे में ढोंग के अलावा किसी भी सच की जगह नहीं थी। बचाव पक्ष ने सेना की लॉग बुक पेश की, जिसमें यह साफ ज़ाहिर था कि जो जीप कसूरी पर हमले में इस्तेमाल दिखाई गई है, वह वारदात वाले दिन लाहौर में ही नहीं थी। रजिस्टर उन्होंने दिखाया, वह सही साबित नहीं हुआ। बचाव पक्ष ने इस पर आपत्ति भी उठाई, और वह दस्तावेज़ उन्होंने ही अदालत में मामले के सम्बन्ध में पेश किए थे।

बचाव पक्ष ने फेडरल ऑफ सिक्योरिटी फोर्स एफ.एस.एफ. के ट्रेवेल वाउचर्स (आने-जाने का रिकार्ड दिखाती पर्ची) पेश की, जो दिखाती थी कि गुलाम हुसैन, वह अधिकारी जिसके द्वारा वह हत्या की कार्यवाही की गई बताई गई थी, वारदात के दस दिन पहले से कराची किसी दूसरे काम से गया था और वह वहाँ आगे भी दस दिन तक रहा था। आरोप पक्ष ने बाद में इन वाउचर्स को फर्जी बताया था, जबकि उसके पहले उन्होंने इस बारे में कोई बयान अदालत को नहीं दिया था।

एक ऐसा सबूत जो इस हत्या के मामले को झूठा साबित करता था, वकीलों के सामने तब आया, जब गोलियों के चलने से सम्बन्धित रिपोर्ट सामने आई। जिस जगह से हत्यारों ने गोली चलाई, यह बताया गया था, कार में गोली के निशान उस बताई गई स्थिति से मेल नहीं खाते थे। इनके अलावा, जिस बंदूक का इस्तेमाल, एफ.एस.एफ. के इकबालिया बयान में बताया गया था, मिले हुए कारतूस उस बंदूक से भी मेल नहीं खाते थे। यह दोनों ज़बरदस्त सबूत थे, जो मामले को झूठा सिद्ध करते थे। मेरे पिता के वकील की बहन रेहाना सरवर ने उत्तेजना से भरकर कहा था, "हम मुकदमा जीत गए।"

मैं चाय के दौरान यह बात बताने अपने पिता के पास भागी। जिस दौरान वह आरोपी, जो जुर्म का इकबाल कर चुके थे, आराम से देर तक अपने रिश्तेदारों से बात करते रहते थे, मेरे पिता को एक कोठरी में पहुँचा दिया जाता था, जहाँ पुलिस का कड़ा पहरा रहता था। "पापा, हम जीत गए!" मैंने उन्हें गोली की रिपोर्ट के बारे में बताया। मैं उनका वह चेहरा कभी नहीं भूलूँगी, जो वह पूरे धीरज से मुझे उत्तेजनापूर्वक बोलते हुए सुन रहे थे। "तुम समझती नहीं हो पिंकी!" उन्होंने शान्तिपूर्वक कहा, "वह मुझे मार ही डालेंगे। इससे कोई फर्क नहीं पड़ता कि सबूत और गवाह क्या कहते हैं...वह मेरी हत्या एक ऐसी हत्या की आड़ में कर देंगे, जो मैंने नहीं की है।" मैंने जड़ होकर उनकी ओर देखा। मुझे उनकी बात का विश्वास नहीं हुआ। मैंने विश्वास करना भी नहीं चाहा। उस कमरे में किसी ने भी नहीं, यहाँ तक कि उनके वकीलों ने भी इस बात पर विश्वास नहीं किया, लेकिन उन्हें

पता था। उन्हें तब से पता था जब ज़िया के सैनिक उनके पास आधी रात को, कराची में पहुँचे थे। "भाग जाओ!" उनकी बहन ने उनसे उस समय प्रार्थना की थी, जब उन्हें यह पता चला था कि उन पर हत्या का मुकदमा गढ़ा जा रहा है। दूसरों ने भी उन्हें भाग जाने की सलाह दी थी लेकिन उनका जवाब हमेशा से एक ही था, "मेरी ज़िन्दगी खुदा के हाथ में है और किसी के हाथ में नहीं।" उन्होंने मुझसे चाय के कमरे में भी कहा था, "जब भी खुदा मुझे बुलाए, मैं उससे मिलने को तैयार हूँ। मेरा मन साफ है। सबसे ज्यादा महत्त्वपूर्ण मेरा नाम, मेरी इज़्ज़त और इतिहास में मेरी जगह है... और मैं उसके लिए लड़ता रहूँगा।"

मेरे पिता को मालूम था कि किसी आदमी को कैद में रखा जा सकता है, उसके विचारों को नहीं। आप उसे देशनिकाला दे सकते हैं, लेकिन उसके विचारों को नहीं। आप किसी आदमी को मार सकते हैं, लेकिन उसकी सोच को नहीं। लेकिन ज़िया अन्धा हो रहा था और वह लोगों तक कोई दूसरा ही सन्देश पहुँचाना चाहता था। अपने प्रधानमंत्री की तरफ देखो। वह किसी साधारण आदमी की ही तरह हाड़-मांस का पुतला है। उसके सिद्धान्त अब क्या काम आ रहे हैं? वह भी उसी तरह मार डाला जा सकता है, जैसे तुम लोग... देखो, हम तुम्हारे प्रधानमंत्री की क्या दुर्गति कर रहे हैं। सोचो, तुम्हारा क्या हाल किया जा सकता है...

मेरे पिता मुझे बताना चाहते थे कि आगे क्या है, लेकिन उनके शब्द मुझ तक, मानो बहुत दूर से पहुँच रहे थे। और मैं उन्हें दूर ही रखना चाहती थी, नहीं तो मैं उन पर लगाए जा रहे एक के बाद एक नए आरोपों के खिलाफ लड़ने नहीं खड़ी होती। उनके सम्मान का प्रश्न अब मेरा भी लक्ष्य बन गया था।

मेरे पिता को कराची में गिरफ्तार किए जाने के अगले दिन, ज़िया ने मार्शल लॉ ऑर्डर नम्बर 21 जारी किया। नेशनल असेम्बली के सारे सदस्यों, 1970 से 1977 के सीनेटर्स तथा प्रान्तीय सरकार के सारे सदस्यों को फौजी हुकूमत को एक वित्तीय जानकारी लिखित रूप से देनी होगी, कि उनके पास क्या सम्पत्ति, ज़मीन की खरीद, मशीनरी, ज़ेवरात, बीमा पॉलिसी तथा अन्य दफ्तरी साज़ो-सामान है। इसके न दिए जाने पर सात साल की सज़ा बामशक्कत दी जाएगी और सारी जायदाद को ज़ब्त कर लिया जाएगा। अगर हुकूमत को ऐसा लगेगा कि वह सम्पत्ति और जायदाद, राजनीतिक प्रभुता के बल पर जुटाई गई है या उसके कमाए जाने में सरकारी सम्पत्ति का दुरुपयोग हुआ है, तो दोषी पाई जाने वाली पार्टी की मान्यता रद्द कर दी जाएगी और उसे चुनाव में भाग लेने से रोका जाएगा या उसको राजनीतिक पद से बरखास्त कर दिया जाएगा।

अपनी मर्ज़ी से यह तय करने की ताकत के दम पर, कि किसे इस कानून के आधार पर अयोग्य घोषित किया जाए, मार्शल लॉ के अधिकारी संसद सदस्यों को धमका रहे थे कि वह फौजी हुकूमत के साथ बने रहें। एक बार अयोग्य घोषित किए जाने पर अपनी अपील उसी हुकूमत की ट्रिब्यूनल में की जा सकती थी, जिसने अयोग्य घोषित किया था। ज़ाहिर है कि जो बाद में हुकूमत के साथ सहयोग करने लगते थे, वह दुबारा योग्य भी घोषित कर दिए जाते थे।

इस प्रकार अयोग्य घोषित किए जाने वाले लोगों की पहली सूची में मेरी माँ का नाम आया, हालाँकि उन्हें संसद सदस्य बने, बस तीन महीने ही हुए थे। इसके बाद मेरी माँ को उस ट्रिब्यूनल में कई बार हाज़िर होना पड़ा। हुकूमत के पास कोई ठोस वजह नहीं बन पा रही थी, जो वह मेरी माँ पर कोई आरोप लगा सकें, इसलिए उनकी सुनवाई की तारीख बार-बार आगे खिसका दी जा रही थी।

दरअसल 1977 में, सर्दियों से वसन्त तक, असली निशाना मेरे पिता थे, जिनकी छवि ज़िया खराब करना चाह रहे थे—'भुट्टो ने सरकारी पैसे से पार्टी के कार्यकर्ताओं के लिए साइकिलें और मोटर साइकिलें खरीदीं। भुट्टो ने लरकाना और कराची में अपना घर सरकारी खर्चे पर एयर कंडीशंड कराया। भुट्टो ने विदेश में हमारी ऐंबेसियों का प्रभाव इस्तेमाल करके सरकारी पैसे से निजी ज़रूरत का सामान खरीदा।—' हुकूमत ने इस तरह मेरे पिता के खिलाफ आरोपों का ढेर खड़ा कर दिया, यह जानते हुए कि जेल से उनके लिए अपना बचाव कर पाना मुश्किल होगा। उन्होंने यह भी चालाकी चली कि उन्होंने मेरे पिता के निजी सचिव को भी गिरफ्तार कर लिया। लेकिन मेरे पिता का दस्तावेज़ तथा रेकार्ड संभालने का तरीका इतना लाजवाब था कि साठ से ज्यादा मामलों में हुकूमत के लिए उसके आगे टिकना मुश्किल हो गया।

मुझे वह सारे कागज़ात मिल गए, जो मेरे पिता को जेल में बैठे-बैठे निर्दोष सिद्ध कर सकते थे। दिनों-दिन मैं घरेलू हिसाब-किताब संभालती रही, वह कागज़ात जुटाती रही जो वकीलों को ज़रूरत होती। नई जानकारी जुटाती रही, जो आगे काम आ सकती थी। मेरे पिता के पास एक-एक, छोटी-से-छोटी चीज़ की खरीद का रेकार्ड था। और सारे खर्च का हिसाब लिखा हुआ था। थाईलैण्ड जाते समय, 24 डॉलर का कपड़ा 1973 में लिया गया, उसकी रसीद थी। 1975 में 218 डॉलर का इटालियन वॉलपेपर का पेस्ट लिया गया, उसकी भी रसीद थी। मुझे हैरत हुई कि उन्होंने अपना चश्मा तक अपने पैसों से खरीदा था, जब कि प्रधानमंत्री को निःशुल्क स्वास्थ्य सेवाओं का नियम है। अखबारों में कभी यह नहीं छपा कि हम किन आरोपों से बरी होते गए, केवल यह छपता था कि हम पर कौन-कौन से आरोप लगाए गए हैं। हमने इस काम के अपने ब्योरे तैयार कराकर लोगों में बँटवाए जो वह जान सकें कि बहुत से आरोप खारिज भी हो गए हैं।

हमने बहुत से इश्तेहारी परचों को इकट्ठा करके एक किताब के रूप में बनवाकर छपवाया, 'भुट्टो, अफवाहें और सच' इसमें उन सारी अफवाहों को उठाया गया, जो हुकूमत ने मेरे पिता के बारे में फैलाईं, और फिर हमने उनकी असलियत बताई। अफवाहों के खण्डन का इश्तेहारी परचा छापकर बँटवाना खतरनाक था क्योंकि कोई भी ऐसी बात, जो पिता के हक में जाती हो, उसे छापना, बाँटना, हुकूमत को खतरनाक लगता था और हुकूमत उसके लिए सज़ा, गिरफ्तारी, कुछ भी कर सकती थी, जब कि उनके खिलाफ अफवाहों का खुला भंडार हुकूमत के पास था। लेकिन फिर भी बहुत कुछ था, जो हम कर सकते थे।

"हमें लोगों से हड़ताल और प्रदर्शन के लिए आवाज़ उठानी चाहिए..." मैं अपनी परेशानी में कहती। पार्टी के वह लीडर लोग, जो वहाँ उस किराए के घर में एक गुप्त मीटिंग के लिए आए थे, मेरी बात सुनकर, सहमे से यह सलाह देते कि हम तब तक कुछ न करें, जब तक हमारी पार्टी की पूरी नीति तय होकर सामने न आ जाए। मैं अधीर हो उठती।

कुछ दूसरे नौजवान लोग भी बेचैनी महसूस करने लगे। ''हम चलें और मज़ारों पर दुआ करें।'' मैंने यह सोचकर राय दी, कि हुकूमत इस्लामियत का बहुत शोर मचा रही है। इसलिए जब हम एक साथ अपने सन्तों की मज़ार पर दुआ करेंगे तो वह हमें गिरफ्तार करने में हिचकेंगे। यह विचार बन गया। पी.पी.पी. के लोग मस्जिदों में इकट्ठे होने लगे। लोग मज़ारों पर जुटने लगे। सारे देश में लोग इकट्ठे होकर क़ुराने पाक पढ़ते और मेरे पिता के लिए दुआ करते। लेकिन जल्दी ही मेरा यह सोचना भी गलत सिद्ध हुआ। फौज अपने दस्तों के साथ मज़ारों पर भी आ पहुँचीं।

गिरफ्तारियाँ जारी रहीं और दिसम्बर, 1977 तक उनकी गिनती सात सौ तक पहुँच गई। खालिद अहमद का मामला, जो कि लरकाना के डिप्टी कमिश्नर थे उनका मामला साफ बताता है, कि हुकूमत ने मसूद महमूद और दूसरे सिविल अधिकारियों के साथ कैसा बर्ताव किया होगा जो वह राजद्रोह के बाद मेरे पिता के खिलाफ गवाह बनने को राज़ी हो गए। दो फौजी लोग खालिद अहमद के घर ज़िया का लिखित आदेश लेकर आए। उनकी बीवी अज़रा ने मुझे बताया। ''अगर मैं कल तक तुम्हें फोन न करूँ, तो समझना कुछ गड़बड़ है।'' वह जाते-जाते अपनी बीवी से कह गए थे। फोन नहीं आया। जब वह अपने पति को एक महीने बाद इस्लामाबाद जेल में देखने जा पाईं, तो उनके होश उड़ गए। ''मैं वह दिन भूल नहीं सकती,'' उन्होंने बताया, ''उनका चेहरा सफेद पड़ गया था, होंठ सूखकर चिटख गए थे, उनके मुँह से थूक बह रहा था। उन्हें बिजली के झटके दिए गए थे। फौजी चाहते थे कि वह भुट्टो के खिलाफ अदालत में गवाह बन जाएँ।''

खालिद को जेल में अकेले बंद करके पाँच महीने तक रखा गया। अज़रा रोज एक पब्लिक गार्डन में जाकर जेल की छत की ओर ताका करती थी। खालिद को रोज़ आधे घंटे के लिए कसरत करने की इजाज़त मिल गई थी। अजरा बताती थी कि वह समुद्र के किनारे बैठकर हर रोज़ अपने पति की एक झलक पाने के लिए बेताब रहती थी, कि उसे कम-से-कम यह तो पता रहे कि वह ज़िन्दा हैं। खालिद अहमद की ज़िन्दगी के साथ बहुतेरे दूसरों को इससे तब राहत मिली थी, जब मेरे पिता की पहली गिरफ्तारी के बाद मेरी माँ ने सुप्रीम कोर्ट में एक याचिका दायर की थी, जिसमें उन्होंने मार्शल लॉ के अधिकारों को, मेरे पति की गिरफ्तारी के मामले में चुनौती दी थी। 1977 में सुप्रीम कोर्ट ने मार्शल लॉ को उचित ठहराया था कि मार्शल लॉ वक्त की ज़रूरत का कानून है। उसने हवाला दिया था कि क़ुराने पाक में लिखा है कि कोई मुसलमान, अगर कोई दूसरा रास्ता न हो और खाने को और कुछ न मिले, तो सूअर का गोश्त भी खा सकता है, वह माफ है। लेकिन कोर्ट ने यह भी साफ किया था कि मार्शल लॉ हद से हद, नौ महीने के लिए लगाया जा सकता है ताकि इस बीच चुनावों का इन्तज़ाम किया जा सके।

न्यायाधीशों ने इस बात को खारिज किया कि उच्चतर सिविल कोर्ट को यह अधिकार रहेगा कि वह फौजी अदालतों द्वारा किए गए निर्णयों पर सुनवाई या फिर से विचार कर सकें। अब तक इस व्यवस्था के होने से हज़ारों लोग, जिसमें राजनीतिक नेता भी शामिल हैं, तख्तापलट के बाद गिरफ्तार होकर अपील कर सके थे, हालाँकि उनकी अपीलों पर, जिसमें मेरी भी अपील शामिल है महीनों लग गए थे कि वह न्याय के लिए पहुँचे, फिर भी वह एक उम्मीद की किरण तो थी।

हाई कोर्ट ने खालिद को दिसम्बर, 1977 में छोड़ा था क्योंकि न तो उनके खिलाफ कोई सबूत था, न ही उनके लिए कोई गिरफ्तारी का वारंट जारी किया गया था। फौज के अफसर ने बस इतना कहा था कि हमें ऊपर से आदेश मिले हैं। जिस तरह से फौजी हुकूमत हर तरह से अलग-अलग अदालतों के ज़रिये, मेरे पिता को बार-बार गिरफ्तार कर ले रही थी, वही खालिद के साथ हुआ था। छोड़े जाने के एक सप्ताह बाद ही उसे किसी ने बताया कि वह सरकारी कार और एयर कंडीशनर के दुरुपयोग के इल्ज़ाम में फिर गिरफ्तार कर लिया जाने वाला है और उस पर मार्शल लॉ नम्बर 21 लगाया जाएगा। ''एयर कंडीशनर, मैंने उससे हाथ जोड़े कि तुम भाग जाओ।'' अज़रा, उसकी बीवी ने आँख में आँसू भरकर बताया। उसका पति उसी रात लन्दन भाग गया। उसके खिलाफ मुकदमे अभी भी खुले हैं जो उसे लन्दन ही बैठे रहने पर मजबूर कर रहे हैं। अज़रा ने अपने दो बच्चों को अकेले पाला है। उसके परिवार को सताया जाना दिसम्बर, 1977 से ही शुरू हो गया था जो दो हफ्ते बाद बहुत विकट हो गया।

आँसू गैस, चीख-पुकार, भगदड़, मेरे कन्धे में भयंकर दर्द, ''मम्मी, तुम कहाँ हो... क्या तुम ठीक हो मम्मी?''

16 दिसम्बर, 1977 : पाकिस्तानी सेना के हिन्दुस्तान के आगे आत्मसमर्पण की सालगिरह। कद्दाफी स्टेडियम, लाहौर। मैं और मम्मी मुकदमे के तनाव से कुछ राहत पाने के लिए क्रिकेट मैच देखने जाने का मन बनाते हैं। हमारे पास महिलाओं वाले क्लास का टिकट है। हम जब पहुँचते हैं, तो पता चलता है कि सारे गेट बंद हैं, केवल एक गेट खुला है। जैसे ही हम पर लोगों की नज़र पड़ती है, हमारा स्वागत तालियों से होने लगता है। लोग खुश होकर हमारे पास आने लगते हैं। अचानक क्रिकेट के खिलाड़ी मैदान से बाहर भागते हैं। जहाँ क्रिकेट टीमें हैं, वहाँ पुलिस वाले ही चारों ओर भर गए हैं।

उफ! मेरे चेहरे के सामने से कुछ भारी-सा गुज़र जाता है। आँसू गैस, आँसू गैस, मैं चीख-पुकार सुनती हूँ।

लोग घबरा गए हैं और बंद फाटकों की तरफ दौड़ रहे हैं। मैं साँस नहीं ले पा रही हूँ। मुझे कुछ नज़र नहीं आ रहा है। मैं ज़हरीले धुएँ में घुटन महसूस करती हूँ। ज़हरीले धुएँ के बादल हमारे चारों ओर घिर रहे हैं। क्या फेफड़ों में भी आग लग सकती है? मेरा कन्धा...! मैं धक्के से लगभग गिर पड़ने को होती हूँ। जहाँ तक मेरी नज़र जाती है, सिर्फ पुलिस है, जो लोगों को रौंद रही है।

''मम्मी!'' मैं पुकारती हूँ, ''मम्मी!''

वह एक स्टैण्ड की रेलिंग पर झुकी हुई हैं। मेरी पुकार पर वह सिर उठाती हैं। उनके सिर के घाव से खून बह रहा है।

''अस्पताल!'' मैं चिल्लाती हूँ कि ''मुझे मेरी माँ को अस्पताल ले जाना है।''

''नहीं,'' मेरी माँ शान्तिपूर्वक कहती है, ''पहले हम मार्शल लॉ के प्रशासक के पास जाएँगे।''

खून उनके चेहरे को भिगो रहा है। उनके कपड़ों पर लाल बूँदें टपक रही हैं। हम भीड़ के बीच से जगह बनाते हुए कार तक पहुँचते हैं, ''मुझे मार्शल लॉ के प्रशासक के घर ले चलो।'' वह कहती हैं।

वहाँ सिक्योरिटी वाला हमें उस हाल में देखकर सन्न रह जाता है और हमें रोकता नहीं। जैसे ही मेरी मां कार के बाहर आती हैं, जनरल की जीप भी आकर रुकती है।

''तुम्हें आज का यह दिन याद है जनरल...?'' वह जनरल से पूछती हैं। इकबाल उसका नाम है, जो पंजाब में ज़िया द्वारा मार्शल लॉ का प्रशासक नियुक्त किया गया है। ''इसी दिन तुमने ढाका में हिन्दुस्तानी फौजों के सामने घुटने टेके थे। तुमने आज फिर मेरा खून बहाकर अपनी बेशर्मी ज़ाहिर की है। जनरल, तुम्हें सम्मान जैसा कोई शब्द नहीं आता, तुम केवल अपमान जानते हो, सिर्फ अपमान...''

इकबाल, अवाक् रह गया है। बहुत गौरवपूर्ण ढंग से मेरी माँ घूमती हैं और कार में बैठ जाती हैं। हम वहाँ से सीधे अस्पताल आते हैं। वहाँ मेरी माँ के घाव पर बारह टाँके लगे हैं। उसी शाम मुझे घर पर गिरफ्तार कर लिया गया। मेरी माँ को अस्पताल में ही गिरफ्तार कर लिया गया था।

अगले दिन ज़िया टी.वी. पर नज़र आता है। उसने पंजाब प्रशासन को बधाई दी है कि उन्होंने घटना को बहुत अच्छी तरह संभाला। मेरे पिता भी अदालत से हटा दिए गए। ''ले जाओ इसे और इसके होश दुरुस्त कर दो।'' उन्होंने, अदालत में, ''डैम इट!'' बोल दिया था, जब वह हमारा हाल पता करने की कोशिश कर रहे थे। अगले दिन मेरे पिता एक याचिका दायर करते हैं कि उनकी सुनवाई ठीक से नहीं हो रही है। वह याचिका खारिज हो जाती है।

यहाँ लाहौर में एक वीरान से घर में, जिसमें कोई सामान नहीं है, मैं कैद हूँ और मेरी माँ अस्पताल में है। मैंने अच्छी तरह देख लिया है कि ज़िया हमारा हौसला गिराने के लिए किस हद तक जा सकता है। मेरे दिमाग में इस बात को लेकर कोई सन्देह नहीं रह गया था, कि उस दिन क्रिकेट मैच में जो हमला हम पर हुआ, वह पहले से बनी योजना का हिस्सा था। पुलिस ने सारे दूसरे फाटक इसलिए बंद कर दिए थे, ताकि हम मजबूरन उधर से ही निकलें, जिधर उन्होंने अपने बैरेज में आँसू गैस के गोले और लाठियाँ रखी हुई थीं। आने वाले समय में इन बातों का भयंकर प्रभाव सभी को महसूस होने वाला था। इससे पहले औरतों पर किसी भी प्रकार के अत्याचार नहीं किए गए थे। पाकिस्तान एक ऐसे युग की ओर बढ़ रहा था जैसा पहले कभी अनुभव नहीं हुआ था।

हफ्ते भर के भीतर मेरी माँ अस्पताल से मेरे ही साथ, कैद में आ गई थीं। उनके सिर की चोट अब कुछ ठीक थी। यह हो क्या रहा है, हम एक-दूसरे से ऐसे पूछते, जैसे हमें इस होने पर विश्वास न हो रहा हो... क्या सचमुच वही हो रहा है, जो हम देख रहे हैं? हमारे दिमाग उसे मान लेने को तैयार नहीं थे लेकिन यही कुछ था, जिसने हमें अब तक बचा रखा था। हर नई क्रूरता हमारे लिए नया आघात लाती थी और इसी से हमें नई दृढ़ता भी मिल जाती थी। गुस्से की हालत से हटकर अब मैं चुनौती और समाधान

की स्थिति में आ गई थी। वह क्या सोचते हैं कि वह मुझे अपमानित महसूस करा सकते हैं...? कतई नहीं, मुझे सोचना आ गया है।

मैंने अपना यह नया साल पाकिस्तान वापस लौटकर, कैदखाने में बिताया है। अभी पिछले ही साल मैं इस दिन ऑक्सफोर्ड से लौटी थी और अल-मुर्तज़ा में सचमुच, अपने पिता के जन्म-दिवस पर ज़िया से मिली थी। अब मेरे पिता अपना जन्म-दिन जेल में बिता रहे हैं। मैंने और मेरी माँ ने अपने पन्द्रह दिन की कैद के एक-एक दिन गिन-गिन कर बिताए। मेरी माँ ताश का खेल *पेशेंस* खेलते हुए और कभी-कभी टी.वी. देखकर समय काटतीं। हमारे पास सुनने को केवल टी.वी. की आवाज़ थी।

मेरा, अपने पिता से मिलने जाने का दिन आता और गुज़र जाता। मैं उस दिन बहुत उदास रहती। पहले मुझे उनसे मिलना बहुत खुशी देता था। वह मुझे बहुत-सी बातें बताते थे, लिखकर देते थे। उनकी कोठरी में पीली पर्चियों का ढेर लगा था, जिन पर लिखकर वह मुझे काम देते थे। मुझे तब लगता था कि उनकी कोठरी बहुत बुरी है। उसका फर्श, पानी का इन्तज़ाम, सब खराब लगता था, लेकिन तब तक मैंने कुछ देखा ही कहाँ था...? उनके लिए तो उससे भी खराब कोठरियाँ उनका इन्तज़ार कर रही थीं। अधिकारियों ने उन्हें दिमागी तौर पर बीमार कैदियों के पास वाली कोठरी में रख छोड़ा था। वह सारी रात शोर और हुड़दंग मचाते थे। अधिकारियों ने यह भी ध्यान रखा था कि मेरे पिता को दूसरे राजनीतिक कैदियों पर सामने आँगन में बरसते कोड़ों की आवाज़ सुनाई पड़ती रहे। कभी-कभी उन कैदियों के मुँह में माइक्रोफोन घुसेड़ दिया जाता। इस पर भी हुकूमत उन्हें तोड़ नहीं पाई। ''मेरा हौसला बुलन्द है,'' मेरे पिता ने मुझे हमेशा यह भरोसा दिलाया, मैं जब भी उनसे मिलने पहुँची। ''मैं काठ का बना हुआ नहीं हूँ, जो आसानी से जलकर राख हो जाऊँगा।''

अत्याचार की आग जेल के बाहर धधक रही थी, खासतौर पर जनवरी, 1978 की शुरुआत में, जब हुकूमत ने भयंकर नरसंहार मचाया। मेरे और मेरी माँ के गिरफ्तार होने के पहले, पी.पी.पी. ने 5 जनवरी, मेरे पिता के जन्मदिन को लोकतन्त्र दिवस के रूप में मनाने का निर्णय लिया। मुल्तान में टेक्सटाइल मिल की कॉलोनी में जहाँ कामगार हड़ताल पर थे, वहीं प्रदर्शन करने की योजना बनी। कामगारों को जो बोनस पहले दिया जा चुका था, सरमायादार मालिकों ने उसे काटकर वापस ले लिया था। हड़ताल इसी बात की थी और प्रदर्शन भी इसी बुनियाद पर होना था, लेकिन उसका मौका कभी नहीं आया।

लोकतन्त्र दिवस के तीन दिन पहले सेना ने मिल के फाटक पर ताला लगा दिया और छत पर चढ़कर कामगारों पर गोलियाँ बरसाईं। कामगार अन्दर फंस गए थे। वह सबसे भीषण नरसंहार था जो उपमहाद्वीप ने अब तक देखा था। हमें पता चला कि सैकड़ों लोग मारे गए, लेकिन सच किसी को भी नहीं पता कि कुल कितने...? कोई अनुमान नहीं। लाशें कई दिनों तक पड़ी सड़ती रहीं। सब जगह, लाशें-ही-लाशें थीं। ज़िया ने उन सारे कामगारों को, जो पी.पी.पी. का समर्थन कर रहे थे और उसके लिए जान दे सकते थे, उनको धमकी दी, झुक जाओ या काट डाले जाओगे।

लोकतन्त्र दिवस दमन का सबसे भीषण दिन साबित हुआ। पी.पी.पी. के हज़ारों कार्यकर्ता देश-भर में गिरफ्तार किए गए और निर्ममता की हद पार हो गई।

जिन्होंने भी 'भुट्टो ज़िन्दाबाद' का नारा बोला, उस पर कोड़े बरसाए गए और उन पर भी, जिन्होंने पी.पी.पी. का झण्डा अपने घरों, दफ्तरों पर लगा रखा था। यह कार्यवाही तुरन्त, चंद घंटे के भीतर ही की जा रही थी क्योंकि तब तक सिविल कोर्ट में अपील किए जाने पर रोक नहीं लागू हुई थी। कोट लखपत जेल में कैदियों को हाथ-पैर फैलाकर चाबुक सटकारते शिकंजे से बाँध दिया गया था। बीच-बीच में डॉक्टर आकर उनकी नब्ज़ देख जाते थे ताकि उनका दम न निकल जाए। अक्सर उन्हें सुंघनी सुंघाकर फिर होश में लाया जाता था ताकि कोड़ों की सज़ा पूरी की जा सके जो प्रायः दस से पन्द्रह होते थे। जेल के बाहर भी लोगों पर खुले आम कोड़े बरसाने की घटनाएँ बढ़ती जा रही थीं। तुरन्त निर्णय और सज़ा के लिए अकेला मार्शल लॉ अधिकारी बाज़ार में घूमता था यह तय करने के लिए कि व्यापारी, कम तो नहीं तौल रहे, महंगा सौदा तो नहीं दे रहे या रद्दी माल तो नहीं बेच रहे... सक्खर में एक ऑफिसर ने माँग की, कि उसे कोई आदमी, कोई भी आदमी चाहिए, जिसे वह कोड़े मार सके। जिससे कहा गया, वह परेशान हो गया, कि किसे बताए, फिर उसने एक आदमी की ओर इस शक पर इशारा किया कि वह ब्लैक में चीनी बेच रहा है। हालाँकि बाज़ार ऐसे ब्लैकियों से भरा पड़ा था, लेकिन उस आदमी को उसी जगह कोड़ों से छील दिया गया।

मुझे अपनी ज़िन्दगी की किसी भी घटना ने इतनी निर्दयता सहने के लिए तैयार नहीं किया था। समाज का जो भी ढांचा मेरे मन में इंग्लैण्ड और अमेरिका में रहते हुए बना था, वह 1973 में पाकिस्तान के संविधान के बीच एकदम गायब हो गया। जिस दिन हमारी कैद खत्म हुई, गेट खुले, लेकिन इसलिए नहीं, कि हम बाहर जा सकें, बल्कि इसलिए कि मजिस्ट्रेट अन्दर आए। मजिस्ट्रेट ने आकर हमें पन्द्रह दिन की और कैद का नया आदेश थमा दिया। एक और कानूनी परम्परा लड़खड़ा गई। मेरे पिता की सरकार के समय, बचाव की कार्यवाही के रूप में कैद रखना, बहुत कम ही किया जाता था। किसी को भी एक साल में इस तरह तीन महीने से ज्यादा कैद नहीं रखा जा सकता था, वह तीन महीने भी एक साथ लगातार नहीं हो सकते थे। अदालतें चौबीस घंटे में याचिका पर सुनवाई कर लेती थीं। अब पाकिस्तान का एक नया, भयानक इतिहास लिखा जा रहा था। छोड़ दिए गए, पकड़े गए, कैद बढ़ा दी गई, फिर गिरफ्तार हुए, मेरे पिता के मुकदमे की सुनवाई के दौरान मैं और मेरी माँ इस चक्रवात में फँसकर एकदम बौखला गए। ऐसे में कोई योजना बनाकर कुछ कर पाना एकदम असम्भव था। 1978 के कुछ महीनों तक मैं लगातार गिरफ्तार होती रही और छूटती रही, यहाँ तक कि हुकूमत को भी नहीं मालूम होता था कि मैं जेल में हूँ या बाहर हूँ।

जनवरी के बीच में मेरी मां को और मुझे लाहौर में कैद से छोड़ा गया। मैं तुरन्त कराची के लिए चल पड़ी, जहां मुझे इनकम टैक्स के अधिकारियों के सामने पेश होना था... कारण...? यही कि मैं अपने दादाजी की सम्पत्ति और उनकी देनदारी का लेखा-जोखा उन्हें दूँ। मेरे दादाजी जब मरे थे, तब मैं बस चार बरस की थी और मैं उनकी सम्पत्ति की वारिस भी नहीं थी, इसलिए मेरी कोई ज़िम्मेदारी नहीं बनती थी जो मैं उन्हें यह ब्योरा दूं। कोई

भी सिविल या फौजी कानून ऐसी शर्त के पक्ष में नहीं था, लेकिन अधिकारियों को इससे कोई मतलब नहीं था और ऐसा न करने पर मेरे खिलाफ इकतरफा कार्यवाही और निर्णय ले लिए जाने की धमकी थी। मैं आधी रात को घर में 70, क्लिफ्टन पहुँची।

"धमाधम... धमाधम..." मैं रात को दो बजे बिस्तर से उछल पड़ी... "यह क्या हो रहा है...?" मैं घबराहट में चीखी। मेरे मन से वह दहशत अभी भी गई नहीं थी, जो चार महीने पहले मेरे कमरे में कमाण्डो घुस आने पर पैदा हुई थी। मेरे नौकर दोस्त मोहम्मद ने बताया कि पुलिस ने घर को चारों ओर से घेर लिया है। मैंने कपड़े बदले और मैं नीचे आ गई। "हमने आपके लिए सुबह सात बजे लाहौर का हवाई टिकट बुक कराया है। आपको सिंध प्रान्त से निकाला जा रहा है।"

"क्यों...?" मैंने पूछा, "मैं अभी-अभी पहुँची हूँ और आपकी हुकूमत के जवाब में मुझे पेश होना है?"

"जनरल ज़िया ब्रिटेन के प्रधानमंत्री कैलेघन को क्रिकेट मैच में ले जाना चाह रहे हैं।" ऑफिसर ने मुझे बताया।

मैं अचानक समझ नहीं पाई कि क्या कहूँ, "उसका मुझसे क्या सम्बन्ध है...?" मैंने पूछा, "मुझे तो यह भी नहीं पता कि यहाँ क्रिकेट मैच है..."

"मुख्य मार्शल लॉ प्रशासक यहाँ कोई गड़बड़ी नहीं चाहते हैं। आप भी मैच देखने जा सकती हैं, यह सोचकर आपको कराची से निकाला जा रहा है।"

सुबह 6.00 बजे मुझे पुलिस के घेरे में एयरपोर्ट ले जाया गया और लाहौर के जहाज़ में बैठा दिया गया। मुझे कराची में ही एक दिन के लिए कैद क्यों नहीं कर लिया गया...?

दो दिन के बाद मैं लाहौर में दोस्तों के साथ खाना खा रही थी, जब पुलिस ने मेरा घर घेर लिया। "आपको पाँच दिन के लिए हिरासत में लिया जाता है।"

"क्यों?" मैंने पूछा।

"दाता साहब की बरसी है," ऑफिसर ने कहा। यह बात मुझे भी पता थी। दाता साहब हमारे एक बहुत सम्मानित सन्त थे। "आप उनके मकबरे पर जाने का इरादा कर सकती हैं..." उसका जवाब था।

मैं वापस अपनी माँ के साथ फिर कैद में आ गई। वह ताश का खेल *पेशेंस* खेलती रही, जबकि मैं फर्श पर पैर पटकती रही। हमारी डाक रोक दी गई थी। हमारे टेलीफोन काट दिए गए थे। जब मैं फरवरी के शुरू में बरी हुई, मैं तुरन्त अपने पिता से मिलने भागी। इस बीच मुझसे वह तीन दिन चूक गए जब मुझे इनसे मिलने जाना था, लेकिन मैंने एक बार भी उनकी अदालती कार्यवाही में जाना नहीं गँवाया।

हालाँकि मुख्य न्यायाधीश ने दुनिया-भर के अखबारों को यह भरोसा दिलाया था कि सुनवाई खुली अदालत में की जाएगी, 25 जनवरी के बाद से अदालत के दरवाज़े सभी बाहरी लोगों के लिए बंद हो गए, जब मेरे पिता ने अपने सबूत सामने रखने शुरू किए। दुनिया भर को मुकदमा सुनने के लिए बुलाया गया था लेकिन बचाव पक्ष के बयान सुनने के लिए वहाँ कोई नहीं था। अदालत के इस रवैये से परेशान होकर उन्होंने अपने वकील वापस ले लिए थे और कोई भी सबूत सामने रखने से इन्कार कर दिया था और वह पूरी कार्यवाही-भर खामोश बैठे रहे थे। पंजाब के मुख्य न्यायाधीश ने इस बंद अदालत में कैमरे के सामने

होने वाली कार्यवाही का फायदा उठाया, जहाँ सिंधियों के खिलाफ जातीय विद्वेष की भावना खुलकर सामने नज़र आ रही थी। मेरे पिता तथा पी.पी.पी. के दूसरे नेता सिंध के ही रहने वाले थे। इस आधार पर मेरे पिता तथा दूसरे लोगों को दुबारा मौका मिला कि वह अपनी बात रखें, लेकिन उसका भी कोई फायदा नहीं निकला। जिस दौरान मैं अपने पिता के मुकदमे के लिए काम कर रही थी, मेरी माँ पंजाब के कई इलाकों का दौरा कर रही थीं। इसी दौरान वह कसूर भी गईं, जहाँ उन्होंने मुस्लिम सन्त बुल्लाशाह की मज़ार पर प्रार्थना की। ''मैं सिंध जाना चाहता हूँ।'' मेरे पिता ने मुझसे कहा, जब मैं उनसे मिलने कोट लखपत जेल में गई। ''तुम और तुम्हारी माँ, काफी समय तक पंजाब में काम कर चुके हो, पी.पी.पी. के कार्यकर्ताओं से कहो कि वह दौरे का इन्तज़ाम करें।'' मुझे खतरा लग रहा था, जब मैं कराची से लरकाना जाने की तैयारी इस तर्क पर कर रही थी कि मैं अपने पुरखों की कब्र पर प्रार्थना करने जाना चाहती हूँ। माँ ने मेरे पास एक चेतावनी भेजी थी कि मैं वहाँ ज़िया के खिलाफ कोई टिप्पणी न करूँ, केवल महँगाई का मुद्दा उठाऊँ। ''तुम वहाँ पार्टी का झण्डा उठाने जा रही हो।'' मेरी माँ ने यह चेतावनी मुझे तब लिखकर भेजी थी जब वह मुल्तान की गुप्त यात्रा पर, वहाँ की टेक्सटाइल मिल में हुए नरसंहार से पीड़ित लोगों को राहत देने पहुँची हुई थीं। उन्होंने मुझे उन परिवारों के नाम-पते लिखकर भेजे थे जिनके सदस्य गिरफ्तार हो गए थे। मुझे उनसे मिलने भी जाना था और बताना था कि उन परिवारों को, उनके परिवारों में सदस्यों की संख्या के हिसाब से, क्या सहायता राशि दी जाए। यह राशि, उनके सदस्यों के कैद से छूटने तक, हर महीने दी जानी थी। ''तुम मर्सिडीज़ गाड़ी में जाओ। यह मज़बूत है और तेज़ जाती है... प्यार, तुम्हारी माँ।''

मुसावात ने मेरा कार्यक्रम और वह रास्ता, जिससे मुझे गुज़रना था, छापा। 14 फरवरी को मैं अपने सिंध के दौरे पर निकली, मेरे साथ मेरा एक भाषण लिखने वाला, एक रिपोर्टर, एक फोटोग्राफर जो *मुसावात* से थे, सब निकले। पी.पी.पी. सिंध की महिला संगठन की प्रमुख, बेगम सूमरु, मेरी संरक्षिका बनकर आईं।

थट्टा, जहाँ सिकंदर महान ने कभी अपनी सेना को ठहराया था, हैदराबाद, (पाकिस्तान), जहाँ पुरानी छतों पर बने हवाई झरोखे नीचे घरों में ठण्डी हवा फेंकते थे, वहीं, रास्ते-भर हमारी कार के दोनों तरफ ज़बरदस्त भीड़ हमें देखने को उमड़ी थी। जनसभा करने पर ज़िया की पाबंदी थी, इसलिए हमने वह बड़े आँगन वाले घर खोजे थे, जो चारदीवारी के भीतर लोगों को बुला सकते थे। छत पर खड़े होकर नीचे देखते हुए, जहाँ अपार जनसमूह इकट्ठा था, मैंने भरपूर ऊंची आवाज़ में बोलना शुरू किया था, क्योंकि माइक्रोफोन का इस्तेमाल नहीं किया जा सकता था।

''मेरे भाइयो और मेरे आदरणीय बुज़ुर्गो, मैं आप सबको नमस्कार करती हूँ... ज़ुल्फिकार अली भुट्टो, चेयरमैन साहब की ओर से आपको सलाम करती हूँ। उन पर ढाया जा रहा ज़ुल्म जनता पर ढाए जा रहे ज़ुल्म की तरह है।'' थेरपारकर, सांघर जहाँ भी बन पड़ा, मैंनेबार एसोसिएशन और प्रेस क्लब को भी सम्बोधित किया और हुकूमत की गैरकानूनी हरकतों और ज्यादतियों के बारे में बात की, जो मेरे पिता और पी.पी.पी. के दूसरे समर्थक झेल रहे थे।

सांघर पार करते ही एक फौजी ट्रक ने हमारी कार का रास्ता काटा और हम आगे-पीछे से घिर गए। बंदूक की नोक पर हम वहाँ ले जाए गए, जहाँ हमें रात को ठहरना था।

"आप आगे का दौरा नहीं कर सकतीं।" मजिस्ट्रेट ने हमें बताया। "आदेश कहाँ हैं, मैं उसे लिखित में देखना चाहती हूँ..." मैंने कहा। उनके पास ऐसा कोई लिखित आदेश नहीं था।

"हुकूमत ने इन्हें सिर्फ हमें डराने के लिए भेजा है," मख्दूम खालिक ने, जो कि एक पी.पी.पी. के नेता हमारे साथ चल रहे थे, उन्होंने कहा। "हम चलेंगे..." हमने तय किया।

अगले दिन हम नवाबशाह के लिए निकले, जहाँ सबसे बड़ी जनसभा होनी थी लेकिन जैसे ही हम खैरपुर-नवाबशाह की सीमा पर पहुँचे, हमने देखा कि सड़क फौजी सिपाहियों से एकदम रोक दी गई थी। इस बार वह लिखित आदेश लेकर आए थे।

मुझे नवाबशाह से कराची, 18 फरवरी को, वापस भेज दिया गया और मेरे शहर छोड़ने पर भी पाबंदी लगा दी गई। एक बार फिर मैं अपने पिता से मिलने का, पन्द्रह दिन में एक बार वाला, मौका चूक गई।

मार्च, 1978 : एक पत्रकार ने कराची में बताया कि लाहौर हाईकोर्ट भुट्टो साहब को सज़ाए मौत सुनाएगा और यह निर्णय ज़िया की तरफ से आया है। मैंने बिना ज्यादा सोचे इस खबर को लाहौर में अपनी माँ को बताया और पी.पी.पी. प्रमुख तथा दूसरे नेताओं को भी, हालाँकि मैं इस पर विश्वास नहीं करना चाहती थी। लेकिन चारों तरफ यही संकेत थे।

तीन अपराधियों को, जो कि राजनीतिक कैदी नहीं थे उन्हें मार्च के शुरू में, खुलेआम फाँसी चढ़ाने का हुक्म हुआ था। लाहौर में सरेआम फाँसी...अखबारों और टेलीविज़न ने इस खबर को भरपूर प्रकाशित-प्रसारित किया। इसका विज्ञापन, कि फाँसी एक मैदान में दी जाएगी, ऐसे किया जा रहा था, जैसे किसी तमाशे का खेल हो। दो लाख लोग उस खूनी नज़ारे को देखने पहुँचे। काले टोपे पहनाए हुए लोग खींचकर लाए गए। मुझे समझ में आया कि हुकूमत लोगों को मनोवैज्ञानिक रूप से मेरे पिता की फाँसी के लिए तैयार कर रही है। लेकिन मुझे यह एक बेहद अशगुन भी लगा। मुझे याद आया कि एक चुनाव प्रचार के दौरान असगर खान ने करीब साल-भर पहले कहा था कि वह भुट्टो को अटक के पुल या लैम्प-पोस्ट पर फाँसी लगा देगा।

अदालत के निर्णय का माहौल गर्मा रहा था। सादे लिबास में सैनिक सभी सरकारी बिल्डिंगों और बैंकों पर तैनात थे। रावलपिंडी में हथियारबंद गाड़ियाँ, सैनिकों से भरी हुई गश्त लगाने लगी थीं। सिंध में मशीनगनों से लैस ट्रक सड़कों पर देखे जा सकते थे। फिर बड़े पैमाने पर पी.पी.पी. के लोगों की गिरफ्तारी शुरू हुई, जो किसी तरह से गुनहगार नहीं थे, लेकिन वह मेरे पिता की सज़ाए मौत सुनकर मुश्किल पैदा कर सकते थे। उनकी चार्जशीट में लिखा था, "चूँकि आप...(नाम) भुट्टो के मुकदमे का फैसला सुनकर फसाद खड़ा कर सकते हैं, इसलिए आपको गिरफ्तार किया जाता है।"

"हुकूमत को कैसे पता था कि निर्णय क्या होगा...? अगर अदालत स्वतन्त्र रूप से काम कर रही थी, जैसा ज़िया ने दावा किया है, तो ऐसा कैसे हो सकता था...?"

पंजाब से अस्सी हज़ार लोग गिरफ्तार हुए, तीस हज़ार फ्रंटियर प्रान्त से, साठ हज़ार सिंध से, इतने लोग, सोचा भी नहीं जा सकता। इतने लोग कि, फौजी हुकूमत को पाकिस्तान-

भर में कैदियों के कैम्प बनाने पड़े। रेस कोर्सों को खुली जेल में बदल दिया गया। खुले खेत, जहाँ कोई सुविधा नहीं थी, काँटेदार-तार से घेरा और वहाँ कैदी भर दिए। उनके चारों ओर फौज के दस्तों का पहरा लगा दिया गया। खेल के स्टेडियम भी अस्थायी जेलों में बदल गए। औरतें भी, यहाँ तक कि अपने नन्हे बच्चों के साथ, जेलों में ठूँस दी गईं।

15 मार्च, 1978 को, एक प्रान्तीय असेम्बली के भूतपूर्व सदस्य की पत्नी, किश्वर कय्यूम नज़मी ने बताया :

''मेरे पति और मुझे रात को एक बजे गिरफ्तार किया गया। पुलिस ने पूरे घर को घेर लिया था। हमारा बच्चा बस कुछ ही महीनों का था इसलिए मुझे उसे साथ ही लेना पड़ा। हम एक खुले फौजी ट्रक में ले जाए गए। कोट लखपत जेल में बताया गया कि वहाँ राजनीतिक कैदी औरतों के लिए कोई इन्तज़ाम नहीं है। तब उन्होंने मुझे एक छोटे से गोदाम में बंद कर दिया, जिसमें छह दूसरी औरतें पहले से थीं। उनमें रेहाना सरवर भी थी, जो भुट्टो के वकील की बहन थी और बेगम खाकवानी थीं, वह पंजाब महिला विंग की प्रेसिडेंट थीं। ''हमें क्यों गिरफ्तार किया गया है?...'' बेगम खाकवानी ने सवाल किया था... पुलिस का जवाब था, ''क्योंकि भुट्टो साहब के मुकदमे का फैसला आने वाला है।'' यह पूछने पर कि तुम्हें कैसे पता कि फैसला भुट्टो के खिलाफ जाएगा..., उस पुलिस वाले के पास कोई जवाब नहीं था। हमारी गहरी तलाशी ली गई थी। मेट्रन ने मेरी शादी की अँगूठी और घड़ी तक रखवा ली थी। जब मैं छोड़ी गई, उन्होंने कहा कि वह खो गई है। कमरे में कोई शौचालय नहीं था, केवल कोने में एक ओर ईंटों का ढाँचा बना दिया गया था। कोई बिछौना नहीं था। हम वैसे भी सो नहीं सकते थे। पुलिस ने राजनीतिक कैदियों पर आँगन में, आधी रात को कोड़े बरसाने शुरू कर दिए थे। उनकी पीठ पर जितने कोड़े लग चुकते थे, उतनी लाइनें पेंट से लगा दी जाती थीं। एक पहलवान पूरे बदन पर तेल चुपड़े, कमर में कपड़ा लपेटे, दूर से दौड़ता हुआ आता था और कोड़ा फटकार देता था। दूर बैठा एक फौजी अफसर कोड़ों की गिनती करता था। एक बार में बीस से तीस लोगों पर कोड़े चलाए जाते थे और पूरा आँगन सारी रात चीख-पुकार और 'जिये भुट्टो' के नारों से गूँजता रहता था। कैदी कोड़े की हर फटकार पर 'जिये भुट्टो' चीखते थे। मैंने अपने कान ढंक लिए थे और प्रार्थना करने लगी थी, कि ऐ खुदा, इनमें मेरे पति न हों। सितम्बर, 1977 में वह कोड़ों की मार झेल चुके थे। अगली सुबह हम जेल से छोड़ दिए गए। हम जैसे ही गेट तक भागकर पहुँचे, हमें फिर गिरफ्तार कर लिया गया। इस बार हमारे ऊपर कानून तोड़ने और शान्ति भंग करने का इल्ज़ाम था। हुकूमत को समझ में आ गया था कि भुट्टो के मुकदमे के फैसले के कारण गिरफ्तारियाँ ठीक नहीं हैं और हम फिर उसी गोदाम में वापस आ गए थे।

भुट्टो साहब की जेल कोठरी को हम अपने गोदाम से देख सकते थे और भुट्टो साहब को हमारा वहाँ होना पता चल गया था। उन्होंने अपने वकील के ज़रिये हम तक फलों की टोकरी भिजवाई थी और एक खत लिखा था.. ''देख लो, ज़िया इज़्ज़तदार घरों की औरतों के साथ कैसा बर्ताव कर रहा है।'' उसके दो हफ्ते बाद मैं वहाँ से

आकर घर पर ही बंदी बना दी गई थी क्योंकि मेरा बच्चा वहाँ बीमार हो गया था और मेरे पास कोई दवा नहीं थी। दूसरी औरतें वहाँ से एक महीने तक छूट नहीं पाई थीं।

मेरी भी गिरफ्तारी के आदेश 18 मार्च को सुबह आए थे, उनकी गिरफ्तारी के तीन दिन बाद। सुबह 4.30 बजे की बात है। "पुलिस तुम्हें देखने आई है," मुझे ऐसी खबरों की बहुत आदत थी। कारण मैं समझ गई थी लेकिन मैं जानना नहीं चाहती थी। मेरा मन हुआ कि मैं भागकर माँ के पास पहुँच जाऊँ, लेकिन मेरी माँ भी लाहौर में गिरफ्तार हो चुकी थी। मेरा मन हुआ कि मैं भागकर अपने पिता के पास पहुँच जाऊँ, मैं कहीं भी भागकर छिप जाऊँ, सामिया के पास, अपने वकीलों के पास, भाई मीर या शाहनवाज़... मैं यह बात अकेले नहीं सुनना चाहती थी, या खुदा मेरी मदद कर... मैं खाली घर की दीवारों के बीच यही कहती छटपटा रही थी।

हलचल शाम से ही शुरू हो गई थी। मैंने उसे रसोई से, बाग से तथा 70, क्लिफ्टन के फाटक से सुनना शुरू कर दिया था। मेरा दिल तेज़ी से धड़कना शुरू हो गया था, कि अब बस फट पड़ेगा। अचानक सामने का दरवाज़ा खुला और मेरी चचेरी बहिन फाखरी सामने आकर फर्श पर ढह गई। "हत्यारे!" वह चीखी। उसने अपना सिर दुख में फर्श पर पटकना शुरू कर दिया। "हत्यारे!" वह फिर चीखी।

ज़िया के न्यायाधीशों ने मेरे पिता को दोषी पाया था और उन्हें मौत की सज़ा सुनाई थी। फाखरी, जो बदहवासी में फौजी गार्डों के बावजूद भागती हुई अन्दर चली आई थी, उसे घंटे भर के अन्दर कैद कर लिया गया था। उसे एक हफ्ते के लिए मेरे साथ कैद में रहने का आदेश मिला था। मुझे तीन महीने तक कैद में रहना था।

एक के बाद एक लोहे के फाटक। बीच में लम्बे, गन्दे गलियारे। पुलिस की मेट्रन मेरी तलाशी ले रही है। मेरे बालों में, मेरी बाज़ू, मेरी पीठ, छाती, कन्धे सब जगह उसकी उँगलियाँ सरसराती हैं। एक और लोहे का फाटक, फिर तीन छोटी कोठरियाँ जिनके दरवाजों पर सलाखें हैं।

"पिंकी, तुम...?"

मैं कोठरी में जाती हूँ, लेकिन मैं अँधेरे के कारण कुछ देख नहीं पा रही हूँ। जेल के अफसर दरवाज़ा खोलते हैं और मैं पिता की मौत की कोठरी में दाखिल होती हूँ। उसमें सीलन और बदबू है। सूरज की रोशनी कभी भी उसकी मोटी दीवारों को भेदकर यहाँ नहीं पहुँची है। बिछौने ने उस छोटी-सी कोठरी की आधे से ज्यादा जगह घेर ली है और वह ज़मीन पर मोटी चेन से जड़ दी गई है। पिछले चौबीस घण्टों से मेरे पिता यहाँ थे। उन्हें चेन के ज़रिये बिस्तर से बाँध दिया गया था। उनकी एड़ियों पर अभी भी उसके निशान थे। इसके अलावा, खाट में एक खुला छेद है। इस कोठरी में शौच की यही व्यवस्था है। बदबू से जी मिचलाने लगा है।

"पापा!"

मैं उन्हें बांहों में भर लेती हूँ। मेरी बाँहें आसानी से उन्हें पूरा घेर पाती हैं। उनका वज़न बेहद ज्यादा घट गया है। जब मेरी नज़रें उस रोशनी में कुछ देख पाने की हालत

में आती हैं, मैं देखती हूँ कि उनका पूरा बदन जैसे कीड़ों ने काटा है। उस नम और गर्म कोठरी में मच्छर पनपते हैं और उनके शरीर का कोई भी हिस्सा ऐसा नहीं बचा है, जहाँ लाल निशानों की सूजन न हो।

मैं आँसुओं की घुटन अपने गले में महसूस करती हूँ। मैं उन्हें ज़ब्त कर लेती हूँ। मैं खुद को उनके सामने रोने नहीं दूँगी। लेकिन वह मुस्करा रहे हैं... मुस्कान उनके होंठों पर है।

''तुम यहाँ तक कैसे पहुँचीं...?'' वह पूछते हैं।

''मैंने एक याचिका दायर की और प्रान्तीय प्रशासन से यह कहा कि परिवार के सदस्य के नाते मैं अपने हक से, हफ्ते में एक बार आपसे मिलने के हक से, वंचित की जा रही हूँ, जो कि जेल मैनुअल के मुताबिक मुझे मिलना चाहिए।''

मैं उन्हें बताती हूँ कि गृह सचिव ने मुझे आपसे मिलने की इजाज़त दी है।

मैं उन्हें बताती हूँ कि मैं कैसे कोट लखपत जेल में एक ट्रकों, कारों और जीप के हुजूम में लाई गई हूँ। ''हुकूमत बहुत घबराई हुई है,'' मैं उन्हें बताती हूँ। उनकी जानकारी में लाती हूँ कि एक हफ्ते के भीतर ही, उनको मौत की सज़ा सुनाए जाने के बाद पूरे सिंध में फसाद हुए और फिर वहाँ कर्फ्यू लगा दिया गया। लरकाना के पास 146 झोंपड़ीनुमा घरों से 120 लोग गिरफ्तार किए गए। पुलिस ने एक दुकानदार को भी गिरफ्तार किया, जिसने मेरे पिता की तस्वीर अपनी दुकान पर एक फिल्मस्टार की तस्वीर के साथ लगा रखी थी।

मैं अपने पिता को बताती हूँ कि, कितने ही देशों ने ज़िया से रहम की अपील की है। मैंने बी.बी.सी. पर सुना है कि ब्रेझनेव ने ज़िया को पत्र लिखा है। ऐसे ही हुआ कू फेंग ने भी उस सहयोग का हवाला दिया है, जो मेरे पिता ने चीन को दिया। सीरिया से असद ने अपील की है, अनवर सादात ने काहिरा से, इराक के प्रेसिडेंट, सऊदी सरकार ने भी अपील की कि रहम बरता जाए। इन्दिरा गाँधी, सीनेटर मेक गोवर्न... तकरीबन, सिवाय प्रेसिडेंट कार्टर के, सारी दुनिया ने ज़िया से यही कहा है कि भुट्टो पर रहम किया जाए। कनाडा के हाउस ऑफ कामन्स में एक निर्विरोध प्रस्ताव पास हुआ कि ज़िया से मेरे पिता के मृत्युदण्ड को आजीवन कारावास में बदलने की अपील की जाए। ब्रिटिश संसद के 150 सदस्यों ने अपनी सरकार से यह अनुरोध किया है कि वह हस्तक्षेप करें। ग्रीस, पोलैण्ड, एमनेस्टी इंटरनेशनल, संयुक्त राष्ट्र संघ के महासचिव, आस्ट्रेलिया, फ्रांस...पापा कोई सम्भावना ही नहीं है, जो इन सबको अनसुना करके ज़िया अपनी मर्ज़ी चला जाए।''

''यह एक अच्छी खबर है, लेकिन हम कोई अपील नहीं करेंगे।''

''नहीं पापा, आपको अपील करनी चाहिए...''

''ज़िया के दरबार में...? जब सारी कार्यवाही ही एक नाटक है तब फिर, इसे और लम्बा क्यों खींचा जाए?''

जब हम बात कर रहे थे, उन्होंने मुझे इशारा किया कि मैं पास आ जाऊँ। जेलर ठीक कोठरी के बाहर हैं, देख-सुन रहे हैं। मैं अपनी हथेली में एक कागज़ का रखा जाना महसूस करती हूँ। मैं महसूस करती हूँ कि वह कागज़ मेरी मुट्ठी में बंद कर दिया गया है।

''पापा, आप ऐसे हार नहीं मान सकते,'' मैं ज़ोर से कहती हूँ, ताकि जेलर का ध्यान दूसरी तरफ जाए।

''मेरा खुदा जानता है कि मैं बेकसूर हूँ। मैं क़यामत के दिन खुदा के दरबार में अपनी अर्ज़ी पेश करूंगा। अब तुम जाओ, एक घण्टा पूरा होने वाला है। अपनी मर्ज़ी से जाओ, बजाय इसके कि यह लोग तुम्हें जाने को कहें।''

मैं उन्हें बांहों में भर लेती हूँ। ''यह कागज़ किसी भी परिस्थिति में अफसरों के हाथ मत लगने देना, नहीं तो तुम्हारा आना वह बंद कर देंगे।'' वह मेरे कान में धीमे से कहते हैं। ''अलविदा पापा, जब तक हम दुबारा मिलें।'' जेल से लौटते समय मेरी तलाशी हुई, कुछ नहीं मिला। जब मैं माँ से मिलने उनके जेलखाने में गई, जो कि लाहौर में पास में ही था, तब भी मेरी तलाशी ली गई, कुछ नहीं मिला। कभी-कभी तलाशी लेने वाले सहानुभूति रखते, केवल ऊपर-ऊपर से तलाशी लेते और जाने देते लेकिन एक मौका आया एयरपोर्ट पर जब मुझे जेल में कराची वापस ले जाना था, मुझे तीन घंटे की निगरानी में कार में बैठना पड़ा था। जहाँ सब तरफ फौजी अमला था। आखिरकार, जहाज़ तैयार था। मैं कार की खिड़की से जहाज़ में यात्रियों को चढ़ते देख पा रही थी। इंजिन ऑन हुए। रन वे की लाइटें जलीं। पुलिस ने मुझे कार से उतारा और मुझे तेज़ी से चलाते हुए ले जाने लगे। वह लोग हमेशा ही तेज़ चाल से ले जाते हैं। एक बंदूक वाला आगे, एक पीछे। एक रेडियो सन्देश खड़का और अचानक मैं वापस उलटी दिशा में ले जाई जाने लगी। मेरी नज़र उस मोटी औरत पर पड़ गई। वह तेज़ी से मेरी तरफ आ रही थी। उसके हाथ उसकी कमर पर थे। मैं उसे अच्छी तरह से जानती थी। वह सिक्यूरिटी चेक की औरत थी और जब भी मैं आती थी, वह हमेशा ड्यूटी पर रहती थी।

चाहे मैं आ रही होऊँ, या बाहर जा रही होऊँ। वह बेहद कठोर थी, कोई सहानुभूति नहीं। मुझे लगता कि हुकूमत ने जानबूझकर उसे मुझ पर तैनात कर रखा था। वह बहुत नीच लगती थी, वैसी ही, जैसी घड़ी और अँगूठी उतरवाकर, वापस न करने वाली। उसकी नज़र से बचने के लिए कुछ भी बहुत छोटी चीज़ नहीं थी। वह लिपस्टिक को भी उसके केस से बाहर निकालकर देखती थी, मेरी डायरी का एक-एक पन्ना पढ़ती थी, उसे अपने काम में मज़ा आता था।

''मैं इसे तलाशी नहीं दूँगी, मैं तलाशी दूँगी ही नहीं,'' मैं चीखी। और कार से दूर जाने लगी, ''मैं जब जेल में अपने पिता से मिलने गई, तब तलाशी हुई, वहाँ से बाहर आते समय मेरी तलाशी ली गई, जब मैं माँ के पास दूसरी जेल में गई, तब भी मेरी तलाशी ली गई, आते समय फिर... मेरी बहुत बार तलाशी हो चुकी है... अब बस, बहुत हुआ।''

फौजी गाड़ियों का काफिला मेरे चारों ओर घिर आया। और ज्यादा लोग, और ज्यादा बंदूकें और ज्यादा पुलिस।

''तुम्हें तलाशी देनी होगी, नहीं तो तुम्हें जहाज़ में जाने नहीं दिया जाएगा।''

''कोई बात नहीं,'' मैं चीखी, ''मेरे पास बचा ही क्या है...? आपने मेरे पिता को मौत की सज़ा सुना दी, आपने मेरी माँ का सिर फोड़ दिया। आपने मुझे अकेले कराची रहने पर मजबूर किया, जबकि मेरी माँ अकेले लाहौर में है। मेरे पिता मौत की कोठरी में हैं। हम एक-दूसरे से बात भी नहीं कर सकते, एक-दूसरे को तसल्ली भी नहीं दे सकते।

मुझे कोई परवाह नहीं कि मैं मरूँ या ज़िन्दा रहूँ, आपकी जो मर्ज़ी हो, वह करिए।''

मैं लगभग ऐसे तड़प रही थी, जैसे मुझे दौरा पड़ गया हो। मेरे पास और कोई रास्ता भी नहीं था। मैं बेहद मजबूर हो गई थी। वह सिक्योरिटी वाली औरत मेरे इस विलाप से घबरा गई थी। उसने अगर तलाशी ली होती, तो वह ज़रूर मेरे पिता का वह कागज़ पकड़ लेती।

''आओ, उसे जाने दो!'' लोगों ने फुसफुसाना शुरू कर दिया।

''आप जा सकती हैं।'' अफसर ने कहा। कराची वापसी की फ्लाइट में मैं लगभग निढाल हो गई थी।

मेरे कान में पहली बार यहीं शुरू हुआ था उस आवाज़ का आना, क्लिक...क्लिक...

वह आवाज़ इतना परेशान कर रही थी कि मेरे लिए उसे सहते हुए, सो पाना भी मुश्किल था। जब मैं 70 क्लिफ्टन पहुँची तो हुकूमत ने आखिरकार डॉक्टर बुलाया और उसने देखभाल शुरू की।

मैंने अपने पिता का कागज़ पढ़ा। उसमें मेरे लिए कुछ निर्देश थे जिनसे मैं अपनी गिरफ्तारी को गैरकानूनी बताते हुए अपनी अपील कर सकती हूँ। मैंने कोशिश की कि मैं उसके आधार पर कोर्ट के लिए एक चिट्ठी तैयार कर लूँ, लेकिन मैं बहुत बीमार महसूस कर रही थी।

जानवर... हमारे परिवार के पालतू जानवरों को जो हो रहा था, वह हैरत में डालने वाला था। जिस दिन मेरे पिता को मौत की सज़ा सुनाई गई, उनका एक पूडल मर गया। एक मिनट पहले वह एकदम ठीक था, लेकिन दूसरे ही पल वह खत्म हो गया। दूसरे दिन दूसरी पूडल मर गई। फिर इसका कोई कारण समझ में नहीं आया। स्याम से लाई हुई हमारे पास एक बिल्ली थी, जिसे हम 70 क्लिफ्टन में पाल रहे थे, तीसरे दिन वह मर गई।

मुसलमान इस बात में विश्वास करते हैं, कि जब भी घर के मालिक पर कोई खतरा आता है, पाले हुए जानवर उस खतरे को अपने ऊपर झेल जाते हैं और मालिक को बचाने की कोशिश करते हैं। बीमारी में पड़े-पड़े मैं बस यही सोच रही थी कि मेरे पिता पर आया खतरा इतना ज़बरदस्त है कि वह एक-दो नहीं, हमारे तीन पालतू जानवरों की जान ले गया। हर रोज़ जब मैं बी.बी.सी. रेडियो लगाती, मैं खुदा से दुआ करती कि वह ज़िया के मर जाने की खबर सुनाए, लेकिन ऐसा हुआ नहीं। वह अभी तक ज़िन्दा था। अपने पिता की दी हुई राय के मुताबिक मैंने अपने जेल में होने को चुनौती दी। अदालत ने मेरी सुनवाई पहले अप्रैल में, फिर मई में रोक दी। हर बार मुझे नए सिरे से अपील करनी पड़ी।

14 जून को मेरा वकील मेरे लिए एक बहुत अच्छा तोहफा लाया, अभी मेरा जन्मदिन तो दूर था। न्यायमूर्ति फखरुद्दीन ने फैसला दिया था कि मेरी गिरफ्तारी की कोई बुनियाद नहीं है। मैं आज़ाद कर दी गई थी। आखिरकार मैं अब अपनी सेहत पर ध्यान दे सकती थी।

जून के आखिर में, मैंने अपने कान और साइनस का पहला ऑपरेशन मिड ईस्ट अस्पताल कराची में कराया। जब मैं उसके बाद होश में आई, मेरे सारे वह डर, जो दुबके बैठे थे सामने आ गए। ''वह लोग मेरे पिता की हत्या कर रहे हैं, उन्हें मार डाल रहे हैं।'' मैं खुद अपनी चीख सुनती थी। मेरी नाक में रूई भरी हुई थी और मैं ठीक से साँस नहीं ले पा रही थी। कुछ तसल्ली यह थी कि मेरी माँ को, भले ही पुलिस की चौकसी में, मेरे पास होने की इजाज़त मिल गई थी। जब मैं कुछ ठीक हुई तो मुझे ज़िन्दा रखने के लिए कैसी

दुनिया मिली। हमारे अखबार *मुसावात* की कराची शाखा को हुकूमत ने अप्रैल में बंद करा दिया और उसकी प्रेस पर कब्ज़ा कर लिया। उसके सम्पादक और मुद्रक दोनों को 'आपत्तिजनक सामग्री' छापने के जुर्म में कैद कर लिया गया। हुकूमत ने, मेरे पिता के पक्ष की बात को यही नाम दिया था। दूसरे अखबारों के पत्रकार इसके विरोध में हड़ताल पर चले गए। नब्बे लोगों को गिरफ्तार किया गया और चार को कोड़ों की सज़ा सुनाई गई, इसमें पाकिस्तान टाइम्स का मुख्य सम्पादक भी था, जो शारीरिक रूप से विकलांग आदमी था।

दुनिया-भर के लोग अब इस तरफ ध्यान देने लगे थे कि गर्मियों तक *मुसावात* के दोनों, सम्पादक और मुद्रक को एमनेस्टी इण्टरनेशनल ने, जो कि विश्वस्तर की मानव अधिकार की संस्था है, पचास दूसरे राजनीतिक कैदियों के साथ अपना लिया। अब यह संस्था इनका हित स्वयं देखने को तैयार थी। यह संस्था बत्तीस और दूसरे कैदियों के मामले की जाँच कर रही थी, जिसमें उसे हुकूमत की कोई मदद नहीं मिल रही थी। हालाँकि ज़िया ने यह वादा किया था कि वह इस संस्था के दो प्रतिनिधियों को जाँच के दौरान पूरी मदद करेगी। यह कार्यवाही साल के शुरू में ही होनी थी, लेकिन हुकूमत ने, एमनेस्टी की मार्च की दी हुई रिपोर्ट का कोई जवाब नहीं दिया।

मैं भी उन प्रतिनिधियों से उनकी जनवरी में यात्रा के दौरान मिली थी। मैंने उन्हें ज़िया के मार्शल लॉ के दौरान मानवीय अधिकारों की होने वाली अनदेखी की जानकारी दी थी। उन्हें बताया था कि क्रूर दण्ड व्यवस्था और फौजी अदालत दोनों मिलकर अत्याचार कर रहे हैं। चोरी के आरोप में दोनों हाथ काट दिए जा रहे हैं। मैं इस बारे में भी कोशिश कर रही थी कि उन्हें जानकारी दूँ कि कैसे अन्यायपूर्ण ढंग से मुकदमा चलाकर मेरे पिता को सज़ा दी गई और अब वह किस बुरी हालत में एकाकी कैद भुगत रहे हैं। ज़ाहिर है कि वह लोग इस बात की पुष्टि करना चाहते थे। उन्होंने मेरे पिता से जेल में मिलने की इजाज़त माँगी, जो उन्हें नहीं दी गई।

28 अप्रैल, 1978, कोट लखपत जेल : डॉक्टर ज़फर नियाज़ी, मेरे पिता के दाँतों के डॉक्टर :

जब मैंने मिस्टर भुट्टो को कोट लखपत जेल में जाकर देखा, तो पाया कि उनके मसूड़े तेज़ी से खराब हो रहे थे। उस जेल की साफ-सफाई बहुत खराब थी और उनको पर्याप्त खुराक नहीं मिल रही थी। उनके मसूड़ों के तन्तुओं में सूजन आ गई थी और उनमें दर्द हो रहा था लेकिन मेरे पास कोई सुविधा नहीं थी, जो मैं उनका इलाज कर सकूँ। इन अमानवीय स्थितियों में, कोई भी इलाज कामयाब नहीं हो सकता, यह मैं जानता था, फिर भी मैंने एक रिपोर्ट अपनी जाँच के बाद हुकूमत को दे दी जिसमें मैंने कहा कि जब तक हालात नहीं सुधारे जाते, तब तक मैं मिस्टर भुट्टो के दाँत के डॉक्टर के नाते कुछ नहीं कर पाऊँगा। मुझे पता था कि हुकूमत ऐसी रिपोर्ट को पसन्द नहीं करेगी। मेरे बहुत-से मरीज़ विदेशी कूटनीतिज्ञ थे और हुकूमत को

यह बात पता थी। यह तय था कि मैं हालात उन सबसे साझा करता, फिर भी मैंने इसकी एक प्रति अपनी बीवी को दे दी कि अगर फौज मुझे गिरफ्तार कर ले, तो इसे विदेश के अखबार के पास भिजवा देना। पुलिस मेरे पास दो दिन बाद आई।

डॉ. नियाज़ी और उनके परिवार पर अत्याचार अब शुरू ही हुआ था। उन्हें दो बार गिरफ्तार किया गया। एक बार तब, जब वह अपने एक मरीज़ को उसे अचेत करके ऑपरेशन कर रहे थे। ''मुझे बस एक घंटे का समय दे दो, मैं अपने मरीज़ का ऑपरेशन कर लूँ।'' उन्होंने पुलिस से बस इतना समय माँगा था, जो उन्हें नहीं दिया गया और उन्हें अपने मरीज़ को उसी तरह कुर्सी पर छोड़ना पड़ा। पहली गिरफ्तारी के समय पुलिस ने उनका घर दो बजे रात को पूरी तरह छान मारा था। उनके गद्दे, गिलाफ, कपड़े—सब कुछ, जिसके ज़रिये डॉ. नियाज़ी को घेरा जा सके। उनको बस वहाँ से शराब की आधी बोतल मिली, जो उनके अमेरिकी साथी डॉक्टर वहाँ छोड़ गए थे। वह भी एक दाँत के डॉक्टर थे और उनके क्लीनिक में हर तीन महीने बाद मरीज़ देखने आते थे। डॉ. नियाज़ी को घर में शराब रखने के जुर्म में गिरफ्तार किया गया था।

डॉ. नियाज़ी, जो पी.पी.पी. के सदस्य भी नहीं थे, न ही उनकी कोई राजनीतिक गतिविधि थी, उन्हें छह महीने तक जेल में रखा गया था क्योंकि उनके घर में शराब पाई गई थी। जब डॉ. नियाज़ी जेल से छूटे, तब तक मेरे पिता को मौत की सज़ा सुनाई जा चुकी थी और उन्हें कोट लखपत जेल की मौत की कोठरी से हटाकर रावलपिंडी में सेंट्रल जेल की मौत की कोठरी दी गई थी। डॉ. नियाज़ी ने तुरन्त इस बात के लिए आवेदन किया कि वह मेरे पिता को देखना चाहते हैं, उनकी यह अर्ज़ी खारिज कर दी गई।

21 जून, 1978, सेंट्रल जेल रावलपिंडी, मेरा 25वाँ जन्म-दिन।

मैं रावलपिंडी के फ्लैशमैन होटल के छोटे-से कमरे में बैठी अपने पिता से मिलने का इन्तज़ार कर रही हूँ। मैं बार-बार घड़ी देखती हूँ... मम्मी कहाँ हैं? मेरे पिता के वकीलों ने कोर्ट से यह आदेश पा लिया कि मैं और मेरी माँ, मेरे पिता से, मेरे जन्म-दिन के मौके पर, एकसाथ मिल सकते हैं। लेकिन, दोपहर हो रही है। मैं सुबह 9.00 बजे से इन्तज़ार कर रही हूँ कि पुलिस मेरी माँ को लाहौर से उड़ान भरने दे, लेकिन वह रुके ही हुए हैं। मुझे मेरी माँ की फिक्र हो रही थी। उन्हें ज़बरदस्त सिर-दर्द था और वह हमेशा थकी-थकी रहती थीं। इस भाग-दौड़ का असर उन पर बुरा पड़ रहा था और उनका ब्लड-प्रेशर गिरता जा रहा था। दो बार ऐसा हुआ, जब वह लाहौर से रावलपिंडी मेरे पापा से मिलने हवाई जहाज़ से आ रही थीं, वह बेहोश हो गईं। वकीलों ने इस बात की याचिका दायर की थी कि उन्हें लाहौर से लाकर इस्लामाबाद जेल में रख दिया जाए, जो मेरे पिता के जेल से ज्यादा दूर नहीं है और कार से वहाँ जाया जा सकता है, लेकिन वह अभी भी लाहौर में ही थीं। इस बार फिर वह अकेली ही थीं, सिवाय उस छोटी बिल्ली के, जिसे मैं चुपके से जेब में छिपाकर साथ ले आई थी। वह बिल्ली चाऊ-चाऊ, उन्हें सुख देती थी, ऐसा मम्मी का कहना था। वह बिल्ली मेरी माँ के हाथों पर अपने पंजे रख देती थी, जब मेरी माँ अपने ताश के खेल 'पेशेंस' के लिए पत्ते बिछाती थीं।

मैं अपनी शलवार-कमीज़ की सिलवटें हटाती हूँ। मैं अपने जन्म-दिन पर अपने माँ-बाप

को चुस्त दिखना चाहती हूँ, ताकि वह समझें कि मेरा हौसला बुलन्द है। दोपहर का एक बज गया, दो बजे... यह फौजी हुकूमत की बहुत जानी-पहचानी चाल है। अपनी कैद के दौरान, कितनी ही बार, यह मैं गिन भी नहीं सकती, मेरे साथ ऐसा हुआ है कि मैं अपने पापा से मिलने जाने के लिए तैयार बैठी रही हूँ, लेकिन कार्यक्रम बताने के बावजूद मुझे बिना किसी सूचना के, घण्टों लटके रहना पड़ा है। हफ्ते में दो बार, मेरा उनसे मिलने जा पाना मुझे ज़िन्दा रख रहा है। हुकूमत को यह पता है। इसलिए, वह, या तो इसमें देर करते हैं ताकि मुझे उनके साथ केवल आधा घंटे का समय मिले या वह मुझे लेने आते ही नहीं। वह आये क्यों नहीं...? हुकूमत अदालत का आदेश कैसे ठुकरा सकती है...?

तीन बज गए, साढ़े तीन, जेल का नियम है कि मिलने वाले सूर्यास्त तक वापस चले जाएँ। मुझे अपना पिछला जन्म-दिन याद है। ऑक्सफोर्ड के लॉन में हुई उस पार्टी को लगता है कि दसियों बरस बीत गए हैं। शायद वैसा फिर कभी हो भी पाएगा या नहीं... 4.00 बजे सूचना आती है कि माँ पहुँच गई है, ''पिंकी, जन्मदिन मुबारक हो!'' उन्होंने मुझे बधाई देते हुए बांहों में भर लिया था और हम जेल में पिता की कोठरी की तरफ चल पड़े थे।

''यह तुम्हारा सौभाग्य है पिंकी, कि तुम साल के सबसे लम्बे दिन को पैदा हुईं। तुम्हारे जन्म-दिन के दिन हुकूमत भी सूरज को जल्दी नहीं अस्त कर सकती।''

मेरे पिता को दूसरी अँधेरी कोठरी में ले जाया जा रहा है, जो आँगन में पिछवाड़े की ओर है। कोठरी के दरवाज़ों पर सलाखों के ऊपर तक की जाली नहीं लगी है क्योंकि यह कोठरी गार्ड्स की कोठरी के ठीक उसके बगल में है। हवा में भरपूर मक्खियाँ और मच्छर भरे हैं। छत से एक सोता हुआ-सा चमगादड़ लटका है और एक सफेद पीली-सी छिपकली दीवारों पर इधर से उधर रेंग रही है।

हम उनकी नंगी चारपाई को देखते हैं, ''उन्होंने तुम्हें गद्दा नहीं दिया, मैंने दो हफ्ते पहले भिजवाया था...?'' मेरी माँ पूछती हैं। 'नहीं,' उन्होंने जवाब दिया। मेरे पिता को पीठ पर जेल के पतले बिछौने के कारण घाव हो गए हैं। मेरे पिता को दो बार इन्फ्लूएंज़ा और पेट की भयंकर तकलीफ, बिना उबला पानी पीने के कारण हुई। तीन अलग-अलग, मौकों पर उन्होंने खून की उल्टी की और उनकी नाक से खून आया। वह इतने खुश हैं, इस पर विश्वास नहीं होता। हालाँकि वह बहुत दुबले हो गए हैं। लेकिन यह भी है, कि वह मुझे हर बार बहुत ठीक मिले हैं... शायद, मैं इससे अलग उन्हें देखना भी नहीं चाहती।

''मैं ईद पर लरकाना जाना चाहता हूँ और अपने पुरखों की कब्र पर जाकर दुआ करना चाहता हूँ।'' वह कहते हैं।

''लेकिन पापा, तब मैं आपसे अपनी अगली बार कैसे मिल पाऊँगी...?'' मैं शिकायत करती हूँ।

''तुम्हारी माँ कैद में हैं, तुम्हारे अलावा और कौन है, जो मेरे साथ जा सकता है।'' वह कहते हैं।

मेरे ऊपर बात बहुत कठिन गुज़रती है। मैं ईद पर अपने खानदानी कब्रिस्तान में कभी नहीं गई हूँ, या मुझे कभी उसके पास के ही नौदेरो गाँव से पारम्परिक ढंग से गाँव वालों और उनके रिश्तेदारों से ईदी नहीं मिली है। हमेशा मेरे परिवार के मर्द ही मेरे पिता

के साथ गए हैं। मेरे भाई, अगर उनकी छुट्टियाँ रमज़ान खत्म होने के साथ पड़ रही हों। मैं इस एकाकीपन में काँप उठी। मैंने उम्मीद बाँधी कि मेरे पिता जल्दी ही छोड़ दिए जाएँगे।

"लाल शाहबाज़ कलंदर के पास दुआ करने जाओ!" मेरे पिता कहते हैं। मैं ईद पर वहाँ कभी नहीं गई। लाल शाहबाज़ कलंदर हमारे बहुत मशहूर सन्त हैं। मेरी दादी ने वहाँ जाकर एक बार दुआ माँगी थी, जब बचपन में मेरे पिता बहुत बीमार हुए थे और करीब-करीब जान से हाथ धो बैठे थे। क्या खुदा उसी आदमी के लिए, अब उसकी बेटी की दुआ कबूल करेगा...? हम एक घंटे तक आँगन में बैठे रहे, हमारे सिर एक-दूसरे से जुड़े हुए थे और तीन अफसर जो हमारे ऊपर तैनात थे, हमारी बातें नहीं सुन सकते थे। लेकिन उनका रवैया इस बार हमदर्दी का है, वह हमारे ऊपर किसी तरह का दबाव नहीं दे रहे हैं। "तुम अब पच्चीस साल की हो गई हो..." मेरे पिता हँसी करते हैं, "...और दफ्तर संभालने की शर्त को पूरा करती हो... अब ज़िया कभी भी चुनाव नहीं कराएगा।"

"ओह पापा..." मैं कहती हूँ।

हम हँसते हैं... हम कैसे हँस सके...? जेल के भीतर हमारी नज़रों के सामने जल्लाद की शक्ल बराबर बनी हुई है। मेरे पिता बताते हैं कि हर रात फौजी इस कोठरी की छत पर चढ़ जाते हैं और अपने बूट से वहाँ धौल-धप्पा करते हैं। यही तरीका इन्होंने मुज़ीबुर्र-रहमान के साथ, बांग्लादेश में अपनाया था। फौज मेरे फट पड़ने का इन्तज़ार कर रही है। वह उम्मीद करती है कि किसी दिन मैं अपना-आपा खोकर, चीखना-चिलाना शुरू करूँगा, गाली-गलौज करूँगा, उन्हें, फौजियों को बुरा-भला कहूँगा और ऐसे में तैश खाकर कोई गार्ड मुझे अपनी गोली का निशाना बना देगा। खेल खत्म...

लेकिन मेरे पिता को हुकूमत की इस चालाकी का पता है। वह चुप रहते हैं, बजाय इसके कि अपनी कानूनी सुरक्षा की कोशिशों को कमज़ोर करें।

मैं फ्लैशमैन लौटती हूँ। साथ में दो या तीन फौजी गाड़ियों का काफिला है, जो बाद में कभी बढ़कर सात, आठ या दस का भी हो सकता है, जिसमें अलग-अलग तरह के मिलिट्री ट्रक शामिल हों। सड़क से गुज़रते हुए लोग मुझे काफिले से घिरे जाते देखते हैं। कुछ की नज़रों में सहानुभूति है, दूसरे देखकर अपनी नज़रें झुका ले रहे हैं, मानो वह उस पर विश्वास न कर पा रहे हों।

शहर के ऊपर तक ठहरा हुआ सन्नाटा तन गया है, बल्कि पूरे देश के ऊपर ही... पूरा जीता-जागता मुल्क जैसे जड़ हो गया हो। करीब एक लाख से ज्यादा लोग गिरफ्तार हुए हैं। "ज़िया प्रधानमंत्री को मौत की सज़ा नहीं देगा, ऐसा सम्भव नहीं है..." लोग आपस में फुसफुसाकर बात करते। उनके बीच बातचीत का मुद्दा ही, सिर्फ मेरे पिता का मुकदमा रह गया था, उनकी मौत की सज़ा और उनकी सुप्रीम कोर्ट में की गई अपील।

मेरे पिता की अनिच्छा के बावजूद, हमने सुप्रीम कोर्ट में एक अपील की। पाकिस्तान, रावलपिंडी के सुप्रीम कोर्ट को मेरे पिता ने लिखा, "मैं अपनी पत्नी और बेटी की भावनाओं का आदर करते हुए अपना आभार प्रकट करता हूँ, इसलिए नहीं कि वह मेरी रिश्तेदार हैं, बल्कि इसलिए कि इन दोनों ने ही मेरे इन खतरनाक दिनों में बहुत साहस और बहादुरी-

भरी भूमिका अदा की है।'' उन्होंने इसे जनाब याहिया बख्तियार को सम्बोधित किया, जो पाकिस्तान के भूतपूर्व एटार्नी जनरल थे और सुप्रीम कोर्ट में मेरे पिता का मामला देख रही कानूनी टीम के अगुवा थे, उन्होंने आगे लिखा, ''मेरे इस फैसले में उनकी राजनीतिक और स्वयंसिद्ध दावेदारी है।''

अदालत ने मामले की सुनवाई मई में शुरू की। जहाँ दूसरे मामलों में आरोपी को अपील करने के लिए एक महीने का समय दिया गया, वहाँ मेरे पिता को केवल एक सप्ताह का वक्त मिला। मेरे पिता के वकीलों का दल होटल फ्लैशमैन में ठहरा हुआ था। जहाँ हमने एक ऑफिस बना लिया था ताकि अपील का काम जारी रखा जा सके और ढंग से चलता रहे। यास्मीन नियाज़ी, डॉ. नियाज़ी की युवा बेटी भी हमारे साथ काम कर रही थी, कि मेरा कार्यक्रम, मिलना-जुलना कायदे से चले। अमीना पिराचा भी थी, जो वकीलों और विदेशी प्रेस के बीच ताल-मेल बनाए रख रही थी। इसके अलावा मेरी ऑक्सफोर्ड की पुरानी सहेली, जिसने मेरे बाद ऑक्सफोर्ड यूनियन के प्रेसिडेंट का पद संभाला था, विक्टोरिया स्कॉफील्ड भी मेरी मदद के लिए आई हुई थी।

कुछ दिन तक मुझे ज़बरन सुबह जल्दी उठना पड़ा। जल्दी उठो, तैयार हो, और दिन का सामना करने के लिए तैयार हो जाओ। बढ़ते हुए उन इल्ज़ामों को झेलो जिनका खण्डन करना है। कुछ उन पार्टी कार्यकर्ताओं से मिलो जो जेल में नहीं हैं। रावलपिंडी में पत्रकारों के जमघट को इण्टरव्यू दो। हुकूमत के पक्ष वाले अखबार केवल हम पर लगाए गए आरोपों की खबर छापते थे। लाहौर में *मुसावात* चल रहा था, हालाँकि वह कराची में बंद हो गया था। हमारा दूसरा भरोसा पाकिस्तान के बाहर दुनिया के अखबारों पर था, जहाँ से सच्ची कहानी उजागर होती थी। *गार्जियन* के संवाददाता पीटर नीज़वॉण्ड और *डेली टेलीग्राफ* के ब्रूस लॉउडन हमारे जाने-पहचाने चेहरे हो गए थे।

हुकूमत ने जुलाई के अन्त तक श्वेत पत्रों की पहली खेप जारी की, जिसमें मार्च, 1977 के चुनावों के दौरान व्यवहार पर शिकायती टिप्पणी की गई। फ्लैशमैन में हम मेरे पिता के सवाल-जवाबों को निपटा रहे थे जो उन पर लगाए गए झूठे आरोपों से सम्बन्धित थे और मेरे पिता चाहते थे कि उनके जवाबों को सुप्रीम कोर्ट में बचाव पक्ष के ज़रिये पहुँचाया जाए। हर दिन मैं और विक्टोरिया उन हाथ के लिखे कागज़ों को फिर से लिखने में लगे रहते, जिन्हें मेरे पिता के वकील रावलपिंडी की सेंट्रल जेल से लाते। मेरे पिता की, कागज़ के दोनों तरफ लिखी गई लिखावट पढ़ना मुश्किल का काम था। यह लिखना तो मेरे पिता को अपनी मौत की कोठरी में, भूख से जूझने, रमज़ान में अगस्त की गर्मी में और भी मुश्किल लगा होगा। पापा के वकील यहाँ से टाइप किए हुए पन्ने ले जाते, पापा उन्हें देखकर उन्हें ठीक करते, फिर उनको दुबारा टाइप किया जाता और इस तरह हमारे उत्तर-प्रत्युत्तर तैयार होते। लाहौर की गुप्त प्रेस में हमारा खुफिया संकेत था, रिगी। लेकिन इससे पहले कि वह तैयार दस्तावेज़ सुप्रीम कोर्ट तक पहुँच पाते, वह ज़ब्त कर लिए जाते। उन्हें फिर से तैयार करने के लिए, कि उन्हें सुप्रीम कोर्ट में दाखिल किया जा सके और विदेशी प्रेस को भेजा जा सके, पी.पी.पी. के कार्यकर्ता सारी रात फोटोकॉपी करते रहते और तब जाकर तीन सौ पेज का दस्तावेज़ पूरा होता। हमें अपने फोटोकॉपी करने की मशीन के अड्डे का पता-ठिकाना और काम कर रहे लोगों की पहचान को बेहद छिपाकर रखना पड़ता।

फ्लैशमैन के चारों ओर घेराबंदी बढ़ती जा रही थी। एक दिन पुलिस ने होटल के सामने, आतंकित करने वाला धावा बोला, और हमारे एक सहायक को गिरफ्तार कर लिया। उसे तत्काल फौजी अदालत में सज़ा भी सुना दी गई। हम बेहद तनाव-भरे माहौल में काम कर रहे थे, जहाँ अगले पल की भी खबर हमें नहीं होती थी।

जब सारे जवाब, पूरी तरह से सुप्रीम कोर्ट तक पहुँच गए, न्यायाधीश ने इनके प्रकाशन पर पाबंदी लगा दी। लेकिन, तब तक इनकी बहुत-सी प्रतियाँ विदेश में अखबारों को जा चुकी थीं। यह सारा उत्तर-प्रत्युत्तरों का सिलसिला, किताब के रूप में, सबसे पहले हिन्दुस्तान में छपा। *'इफ, आई एम ऐसैसिनेटिड* (अगर मेरी राजनीतिक हत्या हुई)' नाम की उस पुस्तक ने एक बेस्टसेलर के रूप में हाथों-हाथ बिक्री का यश प्राप्त किया।

इस बात की खूब अफवाहें थीं, कि सुप्रीम कोर्ट का नतीजा कभी भी सामने आ सकता है। सुनवाई की शुरुआत में, मुख्य न्यायाधीश अनवर उल-हक़ ने घोषणा की, कि अपील पर कार्यवाही जल्द-से-जल्द पूरी हो जाएगी। इससे मेरे पिता के वकील अपनी उम्मीद बाँधने लगे। नौ में से पाँच जज इस तरह के सवाल-जवाब कर रहे थे और कार्यवाही को जाँच रहे थे, जैसे वह लाहौर कोर्ट के फैसले को पलट देंगे। अचानक, जून में अनवर उल-हक़ ने अदालत बरखास्त कर दी और वह एक कान्फ्रेंस के लिए जकार्ता रवाना हो गए। हमें लगा कि अपील में देर हो जाएगी, लेकिन जज लोग हमारे पक्ष में हैं, उनमें से केवल एक, जिसे हत्या के ऐसे मुकदमों को सुलझाने का लम्बा अनुभव था, वह जुलाई के अन्त तक रिटायर हो रहा था। हमने बार-बार यह निवेदन किया, कि इन जज साहब को, मामले की सुनवाई पूरी होने तक बने रहने दिया जाए, लेकिन अनवर उल-हक़ ने इस निवेदन को नामंज़ूर कर दिया। उसके बाद हमारे पक्ष के एक और जज को अलग होना पड़ा, जब उसकी बाईं आँख की नस फट गई और उन्हें कुछ समय के लिए धुँधला नज़र आने लगा। हमारा यह निवेदन भी मंज़ूर नहीं हुआ, कि इन जज के ठीक होकर लौटने तक कार्यवाही रोक कर रखी जाए। इस घटना से हमारे पक्ष के जजों की गिनती, चार से तीन रह गई।

सुप्रीम कोर्ट का मुख्य न्यायाधीश उतना ही पक्षपातपूर्ण था, जितना लाहौर हाईकोर्ट का न्यायाधीश था। जैसे सुप्रीम कोर्ट का मुख्य न्यायाधीश, ज़िया से दोस्ताना रखने वाला आदमी था, अनवर उल-हक़ भी ज़िया के ही शहर जालंधर (हिन्दुस्तान) का था। उस समय न्यायपालिका और प्रशासन के बीच ड्रामे-भर भी अलगाव नहीं था। सितम्बर 1978 में, जब ज़िया हज करने मक्का गए, तब अनवर उल-हक़ को कार्यकारी राष्ट्राध्यक्ष की गद्दी संभालने का मौका मिला। उनके पास चीफ जस्टिस के चैम्बर से सीधे चीफ मार्शल लॉ के प्रशासक के दफ्तर तक सीधी हॉट लाइन आ गई।

मुझे मालूम हुआ कि अनवर उल-हक़, सुप्रीम कोर्ट के दूसरे मुख्य न्यायाधीश सफदर शाह से कितनी खिलाफत रखता था, कि उसे उसने देश-निकाला भी दिया था। अपील की सुनवाई के दौरान, अनवर उल-हक़ जस्टिस शाह को अलग ले गया और उन्हें विश्वास में लेकर उनसे कहा कि, हमें मालूम है कि भुट्टो बेकसूर है, फिर भी पाकिस्तान को बचाने के लिए उसे रास्ते से हटाना ही होगा। सफदर शाह ने बाद में मेरे पिता के बचाव में अपना वोट दिया था, जिसके कारण अनवर उल-हक़ ने सफदर शाह पर मुकदमा चलाया और उन्हें देश-निकाले की सज़ा सुनाई थी। इस सबके बावजूद, मेरे पिता की अपील की सुनवाई के

दौरान, ज़िया और अनवर उल-हक़ यही दावा करते रहे कि मेरे पिता की सुनवाई एक निष्पक्ष न्यायपीठ कर रही है। हम गवाह और सबूतों को खुले मन से देख पा रहे हैं। ऐसा अनवर उल-हक़ का भी दावा था।

हम क्या कर सकते थे। फौजी हुकूमत का अदालतों पर ज़ोर था। फौज, अखबार, रेडियो, टेलीविज़न, सब हुकूमत के ही कब्ज़े में थे। दूसरे, सुविधापूर्वक समय देखकर निकाले गए श्वेतपत्र जो झूठे आरोपों से भरे हुए थे और मेरे पिता की छवि खराब करने की नीयत से गढ़े गए थे, हुकूमत उन्हें चार भाषाओं में छपवाकर बँटवा रही थी और विदेशी दूतावासों में भिजवा रही थी।

उसी समय में, मेरे पिता पर इल्ज़ाम लगाने वाला अहमद रज़ा कसूरी यूरोप और अमेरिका का दौरा करता हुआ महँगे होटलों में रुक कर प्रेस कान्फ्रेंस कर रहा था और सबको यह बता रहा था कि पाकिस्तान में मेरे पिता का मुकदमा न्यायपूर्ण ढंग से चलाया जा रहा है। कसूरी का दावा था कि वह यह सारी कार्यवाही अपने खर्च पर कर रहा है लेकिन जैसा कि सबने और पी.पी.पी. के कार्यकर्ताओं ने भी अपनी सम्पत्ति वगैरह का ब्योरा ज़िया के दरबार में पेश किया था, उसके हिसाब से कसूरी की ऐसी हैसियत साबित नहीं होती थी... तो फिर हुकूमत के अलावा इस खर्च को कौन बरदाश्त कर रहा था?

''मैं चाहता हूँ तुम फ्रंटियर के दौरे पर निकलो,'' मेरे पिता ने मुझसे सितम्बर में कहा। ''हमें लोगों का हौसला बनाए रखना चाहिए। मेरी माओ कैप ले जाओ। वह 70, क्लिफ्टन में मेरे कमरे में मिल जाएगी। बोलते समय वह कैप लगाए रहो, फिर उसे उतारकर ज़मीन पर रख दो। उनसे कहो कि मेरे पिता का कहना है, यह कैप हमेशा जनता के कदमों पर होनी चाहिए।''

मैंने उनकी बात गौर से सुनी, लेकिन मैं उनकी सेहत के बारे में परेशान थी। जितनी बार भी मैं जेल में अपने पिता से मिलने आई हूँ, मैंने उन्हें और ज्यादा दुबला होते पाया है। उनके मसूड़े एकदम सुर्ख लाल हो गए हैं और जगह-जगह से जैसे घायल हो गए हैं। उन्हें अक्सर बुखार रहता है। मैं और मेरी माँ जब भी उनसे मिलने जाते थे, उनके लिए चिकन सैंडविच लेकर जाते थे। लेकिन वह उन्हें तुरन्त खाने की बजाय भीगे कपड़े में लपेटकर रख लेते थे।

सितम्बर में उनके पास जाकर मैंने पाया कि वह अपने खाने पर बहुत कम ध्यान दे रहे हैं। उनका ध्यान मुझे बोलने के तौर-तरीके सिखाने पर ज्यादा रहा है। ''स्वाधीनता के मुद्दे को नये सिरे से सोच में लाने की ज़रूरत है कि वह मार्शल लॉ के दौर में क्या से क्या हो गया है।'' उन्होंने कहा, ''लोगों को याद दिलाओ कि मैंने लोकतन्त्र के ज़रिये पूरे पाकिस्तान को एक बनाए रखने का विश्वास दिया था और केवल लोकतन्त्र ही देश को बाँधे रख सकता है।''

जब मैं चलने को तैयार हुई उनका चेहरा फिक्र से भरा हुआ नज़र आया, ''पिंकी, मैं तुम्हें खतरे में डालना कतई नहीं पसन्द करता, तुम एक बार फिर गिरफ्तार हो सकती हो। मैंने शुरू से इस कठिनाई का सामना किया है लेकिन फिर मुझे उन हज़ारों लोगों का ध्यान आता है, जो हमारे लक्ष्य से जुड़कर कोड़े खा रहे हैं और ज़ुल्म सह रहे हैं...''

''पापा, प्लीज!'' मैंने अधीर होकर कहा, ''मैं बतौर पिता आपका सरोकार समझती हूँ, लेकिन आप मेरे लिए पिता से बढ़कर हैं। आप मेरे लिए वैसे ही एक राजनीतिक नेता हैं, जैसे उन दूसरों के लिए, जो संघर्ष कर रहे हैं।''

''ध्यान रखना पिंकी!'' उन्होंने मुझसे फिर कहा, ''तुम कबीलाई इलाकों में जा रही हो। यह मत भूलना कि वह कितने अंधविश्वासी हैं। कभी तुम्हारा दुपट्टा तुम्हारे सिर से, बोलते समय सरके, तो उसे तुरन्त फिर सिर पर ढक लेना।''

''ठीक है पापा, मैं ध्यान रखूँगी!'' मैंने उन्हें भरोसा दिलाया।

''गुड लक पिंकी!'' मेरे पलट के चल देने पर मैंने उन्हें कहते सुना।

विक्टोरिया मेरे साथ उत्तर-पश्चिम फ्रंटियर प्रान्त के दौरे पर निकली। यह कबीलाई इलाका है जो पश्चिम में अफगानिस्तान की सीमा से और उत्तर में चीन से जुड़ता है। यास्मीन भी मेरे साथ आई। एक बहादुरी का काम दिखाया उसने, वह पाकिस्तान के पारम्परिक ढंग से चल रहे परिवार में पली-बढ़ी लड़की है। जब तक एक बार मेरे कहने पर देर तक काम करने के बाद फ्लैशमैन में मैंने उसे रोका था, तब तक उसने कभी अपने घर के बाहर रात नहीं बिताई थी।

लेकिन नियाज़ी लोग, जो दूसरे बहुत से लोगों की तरह हुकूमत के ज़ुल्मों को देखकर उग्रवादी हो गए थे, उन्होंने तमाम खतरे उठाते हुए हमें होटल में नहीं ठहरने दिया और अपने घरों में ठहराया, ताकि हमें कुछ अपनेपन से भरा हुआ माहौल मिले। इसके जवाब में उनके परिवार को बहुत भुगतना पड़ा। उनके ऊपर टैक्सों की भरमार कर दी गई। उनके घर के आगे मिलिट्री के ट्रकों की भीड़ लगा दी गई, जो मिसेज़ नियाज़ी का बाज़ार तक और उनके बच्चों का स्कूल तक पीछा करते। डॉक्टर नियाज़ी के मरीज़ों को परेशान किया जाने लगा था, इस हद तक कि उनकी प्रैक्टिस चौपट हो गई थी।

वहाँ के पी.पी.पी. लीडरों के साथ हम मरदान तक गए, जो कभी गांधारों की बौद्ध संस्कृति की राजधानी हुआ करता था। हम ऐबटाबाद गए जो ब्रिटिश राज का एक पहाड़ी स्टेशन था। हम पेशावर पहुँचे, जो उत्तर-पूर्व फ्रंटियर की राजधानी है। जिसकी गेरुई मोटी दीवारों ने सदियों तक सेंट्रल एशिया से आने वाले आक्रमणकारियों से उसकी रक्षा की भूमिका निभाई थी। शब्द मेरे भीतर से खुद-ब-खुद उमड़ पड़ते थे, जब मैं हर ठहराव पर बोलने खड़ी होती थी। वह फ्रंटियर प्रान्त के स्वशासी कबीलाई इलाके थे जिनमें पठानों के अपने कड़े नियम-कानून लागू थे। पठान अपनी सम्मानप्रियता के लिए जाने जाते हैं अपमान का बदला लेंगे और मेहमान के लिये जान भी दे देंगे। मेरे पिता केवल अपने सम्मान के लिए नहीं संघर्ष कर रहे हैं, बल्कि उनका मकसद पूरे देश के सम्मान के लिए है। मैं उस भीड़ से बात कर रही थी, जिनके चेहरे उतने ही ऊबड़-खाबड़ थे, जितना वह खैबर दर्रे वाला पहाड़...हम स्वात गए, जहाँ हरे-भरे धान के खेत थे और हमने कोहाट भी देखा जहाँ की हवा में नमक के कण तैरते हैं, जिसके कुछ ही दूरी पर नमक के पहाड़ हैं। मैं उर्दू में बोल रही थी, क्योंकि वहाँ की भाषा, पश्तो मुझे आती नहीं थी, लेकिन पठान उसे भी समझ रहे थे। वहाँ मेरा कोई प्रतिरोध नहीं था, औरत होने के नाते भी नहीं, जहाँ औरतों को

ज़बरदस्त परदे में रखा जाता है। देश की दर्द-भरी हालत, मेरे परिवार की दुर्दशा और हम सबका हाल, यह सब मिलकर दूसरे सारे बंधनों, से ऊपर हो गए थे, "स्वागत है, स्वागत है, बेनज़ीर, स्वागत है!"

"ब्रेवो..." मेरे पिता ने सुनकर मुझे बधाई दी। अपनी कोठरी के दरवाज़े पर खड़े होकर हाथ से ताली बजाते हुए उन्होंने मेरा स्वागत किया, जब मैं बस थोड़े समय के लिए रावलपिंडी लौटी। मुझे आगे पंजाब के दौरे पर निकलना था।

पी.पी.पी. के एक कार्यकर्ता के घर पर मुझे सुनने के लिए सैकड़ों पी.पी.पी. के लोग इकट्ठे हुए। हुकूमत के कड़ी सज़ा के ऐलान के बावजूद पार्टी के लोगों की लगन तारीफ की बात थी। "यह मुकदमा अन्यायपूर्ण है, हम इसका विरोध खुद को गिरफ्तार करा कर करेंगे।" पी.पी.पी. के वफादार लोगों ने कहा, "ज़िया को हम सबको गिरफ्तार करना पड़ेगा, इसके बिना भुट्टो को मौत की नींद नहीं सुलाया जा सकता।" सरगोधा में, जहाँ अभी भी सामन्ती ज़मींदारों का बोल-बाला था, बहुत भीड़ इकट्ठा हुई। लोगों में जोश उमड़ पड़ रहा था जिसे कुचलने के लिए हुकूमत एकबारगी चल पड़ी थी। मेरे सरगोधा छोड़ने के बाद ही मेरे मेज़बान सहित पी.पी.पी. के बहुत से समर्थक गिरफ्तार कर लिए गए थे। मेरे मेज़बान का कसूर केवल इतना था कि उन्होंने मुझे अपने घर में ठहराया था। इतने भर के लिए उन्हें साल-भर की कैद बामशक्कत और उन पर एक लाख रुपये या दस हज़ार डॉलर का जुर्माना ठोंका गया था।

"हुकूमत भड़की हुई है, हमें मुलतान न जाकर, लौट चलना चाहिए।" किसी ने पार्टी में से हमें सलाह दी। दूसरों की राय थी कि हम जोश में हैं तो बढ़ते रहें। "हम भी गिरफ्तार हो सकते हैं, अगर हम अभी ज़रा बचाव कर लें तो हमें समय मिल जाएगा और हम और ज्यादा लोगों तक पहुँच सकते हैं।" बहस जारी रही। दूसरी रणनीति भारी रही और हम कराची की तरफ लौट चले। उसे हुकूमत को बहुत से आरोपों का खण्डन सौंपना था।

इस बीच लोगों का लोकतन्त्र के प्रति उत्साह आकाश छू रहा था। एक के बाद एक, अलग-अलग शहरों में लोगों ने अपने नेता के पक्ष में आत्मदाह करना शुरू कर दिया था। मैंने *मुसावात* में उनके फोटोग्राफ्स देखे। उन फोटो को देखकर मुझे याद आया कि उनमें से दो लोगों से मैं मिल चुकी हूँ। एक तो अज़ीज़... वह होटल फ्लैशमैन में मेरे पास आया था, इस इच्छा के साथ कि मैं उसके साथ फोटो खिंचवा लूँ। यह कुछ महीने पहले की बात है। हालाँकि मैं बहुत थकी हुई थी, मैं तैयार हो गई। खबर पढ़कर मैं स्तब्ध रह गई थी कि उसी अज़ीज़ ने मेरे पिता के साथ हो रहे अन्याय के खिलाफ खुद को ज़िन्दा जला डाला था। दूसरा नाम था परवेज़ याक़ूब। वह एक ईसाई था। उसने सबसे पहले आत्मदाह की शुरुआत की थी। मुझे याद है, मेरे पिता की गिरफ्तारी के बाद सितम्बर 1977 में मेरे पास वह इस प्रस्ताव के साथ आया था कि वह एक हवाई जहाज़ का उसके यात्रियों समेत हाईजैक (अपहरण) कर लेगा और शर्त रख देगा कि पहले भुट्टो साहब को छोड़ो, तब मैं जहाज़ और यात्रियों को छोडूँगा। "तुम्हें यह नहीं करना चाहिए, नादान लड़के... उसमें एक तो निर्दोष लोगों को खतरे में डालना है, दूसरे ऐसा करने से तुममें और उस बेरहम हुकूमत में क्या फर्क रह जाएगा। हमें अपने कायदे-कानून के मुताबिक संघर्ष करना चाहिए, न कि उनको परे करके... उस इन्सान ने हार कर अपने-आपको आग के हवाले करते हुए लाहौर

में अपनी जान दे दी।

परवेज़ की ज़िन्दगी वह भीड़ बचा सकती थी जो आग की लपटें देखकर उस ओर दौड़ी थी, लेकिन मार्शल लॉ के अफसरों ने भीड़ को ऐसा नहीं करने दिया। वह चाहते थे कि सारे लोग इस नज़ारे को देखें और सीख लें कि भुट्टो की तरफदारी का क्या नतीजा होने वाला है और आगे कोई भुट्टो के पक्ष में बोलने से घबराए। लेकिन इससे लोगों की भावनाएँ भड़कीं। अगले एक महीने में पाँच और लोगों ने आत्मदाह करके अपने प्रधानमंत्री की ज़िन्दगी बचानी चाही। हुकूमत ने अफवाह फैलाई, कि जिन्होंने ऐसे खुद को ज़िन्दा जला डाला, उन्हें पी.पी.पी. ने ऐसा करने के लिए पैसे दिए थे। मैंने अपने नोट्स में लिखा, जिसका इस्तेमाल मुझे मुलतान के आने वाले दौरे में करना था, "क्या इन्सान की ज़िन्दगी की कोई कीमत लगा सकता है...? नहीं... यह बहादुर आदर्शवादी थे, लोकतन्त्र के लिए उनकी लगन में ईमानदारी थी। हम उन्हें सलाम करते हैं। लेकिन मुझे यह भाषण देने का मौका कभी नहीं आया।

4 अक्टूबर 1978; मुल्तान एयरपोर्ट :

हमारे पंजाब के दौरे को जारी रखती हुई हमारी कराची से मुलतान की उड़ान देर करती जा रही है। देर, और देर... मैं और यास्मीन एयरपोर्ट पर सुबह 7.00 बजे पहुँच जाते हैं। दोपहर तक उड़ान नहीं शुरू होती। जब हम मुलतान पहुँचते हैं, तब हमें उसकी वजह पता चलती है। उतरने के बाद, ठीक जगह जाने की बजाय, जहाज़ हवाई पट्टी पर दूर जाकर लगता है और तुरन्त ही उसे फौज के ट्रक, जीप, घेर लेते हैं।

"मिस बेनज़ीर भुट्टो कहाँ बैठी हैं...?" सादे कपड़ों के दो लोग पूछते हैं, जो जहाज़ पर चढ़ आए हैं।

एक स्टीवर्ड मेरी तरफ इशारा करता है।

"हमारे साथ आइए..."

"किसलिए...?"

"सवाल मत पूछिए..."

जब हम नीचे उतरते हैं तो देखते हैं कि एक छोटा जहाज़ नीचे खड़ा है। यास्मीन मेरे साथ है।

"आप सेस्सना में चलिए।" अफसर कहता है, "यह यहीं रहेगी।" मैं यास्मीन की तरफ देखती हूँ। उसकी आँखें फटी पड़ रही हैं। यहाँ, एक अनजान शहर में, जवान लड़की, अकेले। खुदा जाने उस पर क्या बीतेगी।

'कुत्ते...कट्टरपन्थी मार्शल लॉ के अफसर...' पाकिस्तान की औरतों की वह बेहाली, जो सदियों बाद अब अपने घरों से निकलना शुरू कर रही हैं। उनकी आँखों में, अपने पिता, अपनी माँ, अपने पति तथा दूसरे देशवासियों की गिरफ्तारी के प्रति आक्रोश है। यास्मीन भी परेशान है कि मेरा क्या होगा... एक से दो भले।

"मैं इसके बगैर नहीं जाऊँगी।" मैं पुलिस से कहती हूँ।

"जहाज़ में बैठो।" वह कहते हैं, उनकी आँखों में गुस्सा है।

“मैं नहीं बैठूँगी।” मैं कहती हूँ और यास्मीन का हाथ कसकर पकड़ लेती हूँ।

मुझे विश्वास नहीं हुआ। वह मेरी तरफ झपटे और मुझे पकड़कर घसीटने लगे। “छोड़ना मत यास्मीन!” मैं चीखकर उससे कहती हूँ और वह मुझसे छूट न जाने के लिए संघर्ष करती है।

उस जहाज़ में से, जिससे हम अभी उतारे गए हैं, यात्री लोग मुझे और यास्मीन को यूँ घसीटकर ले जाते देखते हैं। मैं और यास्मीन ज़मीन पर गिर गए हैं और घसीटे जा रहे हैं। मेरी शलवार फट गई है, पैरों की खाल छिल गई है और खून बह रहा है। यास्मीन भी चिल्ला रही है, लेकिन हम दोनों ने एक-दूसरे का साथ नहीं छोड़ा।

सेस्सना जहाज़ के पास खड़ी पुलिस के दुतरफा रेडियो खड़खड़ाने लगते हैं। हमेशा की तरह वह नहीं जानते कि क्या करना है और वह आगे के लिए आदेश माँग रहे हैं। जब पुलिसवालों का ध्यान बँट गया है, मैं और यास्मीन भागकर उस छोटे तीन यात्रियों वाले जहाज़ में चढ़ जाते हैं। उसका पायलट पुलिस को बता रहा है कि अगर तुरन्त रवाना नहीं हुए तो अँधेरे के कारण वहाँ जहाज़ उतारने में मुश्किल होगी। वहाँ का मतलब कहाँ?... हमें नहीं पता। मुलतान का फौजी कमाण्डर बौखला जाता है, जब पायलट का सन्देश उसको मिलता है। वह पुलिस को निर्देश देता है कि चले जाओ, लेकिन जहाज़ फिर भी हवाई पट्टी पर खड़ा ही है।

“मैंने सुबह सात बजे से कुछ भी नहीं खाया-पिया है” पायलट पुलिस से कहता है। वह तुरन्त उसके लिए खाने का पैकेट लाते हैं। जब हमारा जहाज़ हवा में उड़ चला, वह हमारी तरफ घूमा। उसने पानी के लिए हमारी माँग को सुना था, जिसे फौजी कमाण्डर ने नकार दिया था। पायलट वह खाने का पैकेट हमारी तरफ बढ़ाता है, “मैंने पहले ही खा लिया था। यह मैंने आपके लिए मँगवाया था।” वह कहता है।

पाँच घंटे बाद, हम रावलपिंडी वापस पहुँचे हैं। मैंने जब उस परिचित पुलिस वाले को देखा, जो हमें जहाज़ से लेने आया है, तभी मैं जान पाई कि यह रावलपिंडी है। कम-से-कम यास्मीन तो घर वापस पहुँच गई। जैसे ही मैं घिसटकर जहाज़ के दरवाज़े तक आती हूँ, पायलट हमारी तरफ घूमता है। मैं अभी उसके चेहरे पर उसकी चिन्ता देख सकती हूँ। उसकी आँखों में आँसू भरे हैं।

“मैं सिंधी हूँ।” उसने कहा।

बस इतना... इतना काफी था।

मेरी माँ मुझे देखकर बहुत खुश हुईं जब मैं उनके पास पहुँची। उनकी कैद को तब तक दस महीने हो चुके थे। “क्या अच्छा संयोग हुआ।” उन्होंने सोचा कि मैं उनसे मिलने आई हूँ। उनकी आँखें फटी-की-फटी रह गईं, उन्होंने जब मेरा हाल देखा। खून से तर मेरे पैर और फटे कपड़े...

“ओह...अब समझी...!” उनकी आवाज़ लड़खड़ा गई।

हम दोनों फिर कैद में आ गए।

मैंने मीर को अमेरिका में एक खत लिखा, जहाँ वह संयुक्त राष्ट्र संघ के ज़रिये हुकूमत पर और दबाव बढ़ाने के लिए कोशिश कर रहा था।

"पापा ने मुझसे तुम्हें (मीर) कुछ और निर्देश देने के लिए कहा है। वह सलाह दे रहे हैं, आलोचना नहीं कर रहे हैं इसलिए हमें इस पर ध्यान देना चाहिए :

1. यहाँ के अखबार प्रचारित करते हैं कि तुम वहाँ लन्दन में ऐश की ज़िन्दगी जी रहे हो, जबकि पापा को पता है कि तुम भी परेशान हो, फिर भी वह चाहते हैं कि तुम अपनी निज़ी ज़िन्दगी को हालात के हिसाब से ढंग से बनाए रखो। फिल्में नहीं, फिज़ूलखर्ची नहीं, वरना लोग कहेंगे कि तुम मौज कर रहे हो जबकि तुम्हारे पिता मौत की कोठरी में पड़े हैं।

2. किसी को कोई इण्टरव्यू नहीं देना। हिन्दुस्तान और इज़राइल से खुद को बचाए रखना। हिन्दुस्तान के अखबारों में तुम्हारे दिए गए इण्टरव्यू को गलत ढंग से देखा जा रहा है। वगैरह-वगैरह।

मुझे मीर को ऐसे उपदेश देते पत्र लिखना बुरा लग रहा है। यह मैं अच्छी तरह जानती हूँ कि वह कितनी मेहनत कर रहा है। उसने मेरी छोटी गाड़ी (एम.जी.बी. कार) बेचकर उसके पैसे से मेरे पिता के उत्तर-प्रत्युत्तरों की प्रतियाँ छपवाईं ताकि उनके ऊपर लगे आरोपों की असलियत सामने आ सके। वह हर उस विदेशी सरकारी प्रतिनिधि से मिल रहा था जो उसके सामने पड़ते और वह उन प्रदर्शनों की अगुवाई करता जो मेरे पिता के मृत्युदण्ड के खिलाफ आयोजित किये जाते। मेरी बहुत इच्छा थी कि हम सब मिलकर एकसाथ संघर्ष करते, लेकिन यह सम्भव नहीं था। मीर और शाहनवाज़, दोनों अपनी-अपनी पढ़ाई छोड़कर बाहर रहते हुए संघर्ष जारी रख रहे थे। पाकिस्तान आकर गिरफ्तार हो जाने का कोई लाभ नहीं था। हम सबको अकेले-अकेले लड़ना था।

18 दिसम्बर, 1978; सुप्रीम कोर्ट रावलपिंडी :

अदालत का कमरा लोगों से ठसाठस भरा हुआ था, और लोग प्रधानमंत्री की एक झलक देख पाने को बेचैन थे। एक लम्बी अदालती लड़ाई के बाद मेरे वकील इस बात की व्यवस्था कर सके थे, कि मेरे पिता खुद सुप्रीम कोर्ट में हाज़िर होकर अपनी पैरवी कर सकें। अदालत का कमरा, जिसमें केवल सौ लोगों के बैठने की जगह थी, उसमें तीन-चार सौ लोग भर गए थे, और यह नज़ारा पूरे चार दिन चला था। लोग इधर-उधर, रेडिएटर पर, किताबों के ढेर पर, बेंचों के नीचे, सब तरफ बैठे थे। हज़ारों लोग, जिन्हें भीतर आने की इजाज़त नहीं मिली थी, वह बाहर ही, मेरे पिता के आने का इन्तज़ार कर रहे थे जिन्हें सुबह नौ बजे आकर, दोपहर बाद फिर जेल लौटना था।

मैं भी वहाँ ज़रूर होना चाहती थी लेकिन मैं कैद में थी और मेरी अर्ज़ी नामंज़ूर कर दी गई थी, जिसमें मैंने वहाँ जाने की आज्ञा माँगी थी। मेरी माँ को नवम्बर में अदालत ने बरी कर दिया था इसलिए वह वहाँ पहुँची थीं। मेरे पिता का वफादार नौकर, वह भी अदालत का पास जुटाने में कामयाब हो गया था। मिसेज़ नियाज़ी थीं, यास्मीन थी और विक्टोरिया के साथ अमीना भी पहुँच सकी थी। विक्टोरिया मेरे पिता की इस अग्निपरीक्षा को लेकर एक किताब लिख रही थी, "भुट्टो : ट्रायल एण्ड इक्ज़ीक्यूशन"। उसका नाम "जुडीशियल मर्डर" (विधानसम्मत हत्या) होना चाहिए था। मेरी माँ ने बताया कि मेरे पिता

का बयान बहुत बुद्धिमत्ता-भरा था। उन चार दिनों में, जो अदालत ने उनके लिए मंज़ूर किए थे, उन्होंने उस हत्या से जुड़े सारे आरोपों को छिन्न-भिन्न कर दिया। उन्होंने लाहौर की जिरह के दौरान गवाहों के बयानों में नज़र आई कमियों और उनके आपस में अन्तर्विरोध को उजागर किया। इस आरोप का गहराई से खण्डन किया कि वह सिर्फ नाम-भर के मुसलमान हैं। उन्होंने इस बात का भी गलत और बेबुनियाद होना साबित किया कि उन्होंने चुनाव में धाँधली और बेईमानी की। "मैं हर उस बात और फितूर की ज़िम्मेदारी नहीं ले सकता, जो इस उपजाऊ, सिंधु घाटी के अफसरों और गैर-अफसरों के दिमाग में पैदा होते हैं।" उन्होंने कहा। मेरे पिता, जैसा मेरी माँ ने बताया, वह धाराप्रवाह, बिना कोई कागज़ देखे बोलते रहे और एक बार फिर उन्होंने अपनी योग्यता, बुद्धिमत्ता और अपने श्रेष्ठ वक्ता होने का जादू वहाँ बिखेर दिया। लोग वहाँ मन्त्रमुग्ध हुए बैठे रहे।

"हर कोई जो हाड़-मांस का बना पुतला है, उसे एक दिन ज़रूर दुनिया से जाना है। मैं जीने के लिए ज़िन्दगी नहीं चाह रहा हूँ, मैं इन्साफ माँग रहा हूँ," उन्होंने कहा, "सवाल यह नहीं है कि मुझे खुद को बेकसूर साबित करना है, ज़िम्मेदारी यह है कि आरोपी पक्ष अपना दावा ऐसे सामने लाए, जो कोई भी तर्कसंगत सन्देह उभरकर न आ सके। मुझे अपनी पैरवी, ज़ुल्फिकार अली भुट्टो को बेकसूर साबित करने के लिए नहीं करनी है, मैं यह बात गहराई से सोचने के लिए सामने लाना चाहता हूँ कि यह मुकदमा एक भोंडी-बदशक्ल नाइंसाफी का उदाहरण बन गया है।"

मेरे पिता ने जैसी कोशिश अदालत में दिखाई, वह और भी तारीफ के काबिल हो जाती है, जब हम यह सोचते हैं कि वह इस दौर में किस हालात में रहे। उन्हें फौज ने रात-रात भर सोने नहीं दिया। पूरे छह महीने तक उन्होंने सूरज की रोशनी नहीं देखी और पूरे पच्चीस दिन, मौत की कोठरी में रहने के दौरान वह ताज़े पानी को तरस गए। वह कमज़ोर हो गए थे और पीले पड़ गए थे। मेरी माँ ने बताया कि ज्यों-ज्यों वह बोलते जा रहे थे, उनमें जैसे ताकत भरती जा रही थी। "मुझे ज़रा चक्कर आ रहा है," उन्होंने अदालत में बताया, "मैं अभी शोर-शराबों, हलचल और लोगों की भीड़ में सहज नहीं हो पा रहा हूँ।" उन्होंने अदालत में भरी भीड़ को देखते हुए कहा, "हाँ, लोगों को देखना अच्छा लगता है।" वह कहकर ज़रा मुस्कराए।

अदालत में लोग उनके सम्मान में उनके आने पर उठ खड़े हुए और उनके जाते समय भी। मेरे पिता ने हमेशा इस बात को निभाया, कि लोगों के सामने वह एकदम सलीके से कपड़े पहनकर, एक प्रधानमंत्री की तरह हर बात का ध्यान रखकर आएँ। उस दिन भी उन्होंने 70, क्लिफ्टन से उर्स के ज़रिये कपड़े मँगवाए थे। उन्होंने अदालत में पहले दिन रेशमी कमीज़, टाई और सूट पहना था और एक रंगीन रूमाल उनकी जेब में था। केवल पतलून का ढीला हो जाना इस बात को दिखा रहा था कि उनका वज़न कितना गिर गया है।

पहले अधिकारियों ने मेरे पिता को अदालत में स्वतन्त्र रूप से आने दिया था, लेकिन जब उन्होंने पाया कि लोग उन तक उत्साहपूर्वक पहुँचकर उनसे हाथ मिला रहे हैं और सुरक्षा घेरे को पार करके उनको देख-छू पा रहे हैं, तो सिक्योरिटी के लोग उनके चारों ओर घेरा बनाकर खड़े होने लगे। बाद के तीन दिन वह अदालत में सख्त पहरेदारों के घेरे में आए। छह लोगों का दायरा उन्हें हाथ में हाथ लिए घेरकर खड़ा रहा।

23 दिसम्बर को अपील पूरी हुई। 25 दिसम्बर को मैंने तथा मेरी माँ ने, मोहम्मद अली जिन्ना के जन्मदिन पर, पापा से मिलने की इजाज़त माँगी, जो नहीं दी गई। हमें नए साल के दिन भी उनसे नहीं मिलने दिया गया, और पाँच दिन बाद भी नहीं, जब मेरे पापा का इक्यावनवाँ जन्मदिन था।

6 फरवरी 1979 को सुप्रीम कोर्ट का फैसला आ गया। चार लोगों ने मेरे पिता के खिलाफ वोट दिया और तीन लोग उनके पक्ष में थे, और इस तरह मेरे पिता की फाँसी की सज़ा को नहीं बदला जा सका।

मेरी माँ और मैंने फैसले की यह खबर सुबह 11.00 बजे सुनी, ठीक तभी, जब वह घोषित हुई। हमें ज़िया की इस न्यायपीठ से चमत्कार की कुछ उम्मीद थी। उस दल में चार पंजाबी न्यायाधीश फौज से थे और उनके दिल और दिमाग फौज जैसे ही चलते थे—दो लोगों को हाल में ही अस्थायी तौर पर रखा गया था और उनकी पक्की नियुक्ति इस फैसले के बाद हुई थी। इन चारों ने मौत की सज़ा के निचली अदालत के फैसले को ठीक बताया। दूसरे-तीसरे न्यायाधीशों ने, जो पुराने तथा अनुभवी थे उन्होंने, मेरे पिता के पक्ष में अपना मत रखा था। अपने पिता की सज़ाए मौत को अब सच में बदलते देखकर मैं बीमार महसूस करने लगी थी।

अपने नियमित मंगलवार के कार्यक्रम के अनुसार माँ मेरे पिता से मिलने के लिए बस निकल ही रही थीं, कि मार्शल लॉ के अधिकारी उनकी गिरफ्तारी का आदेश लेकर आ पहुँचे। मेरी माँ ने उन्हें चकमा दिया और जब तक उन्हें कुछ पता चलता, वह दरवाज़े से बाहर निकलीं और तेज़ जाने वाली अपनी कार ''जगुआर'' तक पहुँचने लगीं। ''दरवाज़ा खोलो!'' उन्होंने पुलिस गार्ड को हुक्म दिया। उसे मेरी माँ की गिरफ्तारी के आदेश का पता नहीं था और उसने फाटक खोल दिया। और मेरी माँ तेज़ी से, खुद कार चलाते हुए रावलपिंडी सैन्ट्रल जेल पहुँच गईं। तेज़ चलकर वह पीछा करती पुलिस की जीप को पीछे छोड़ आई थीं। चूँकि उनका आज आने का कार्यक्रम तय था, जेल के अधिकारियों ने उन्हें जाने दिया।

वह एक फाटक पार कर चुकीं, फिर दूसरा। वह जेल में उस गिरफ्तारी के आदेश के आगे-आगे आ रही थीं—जिसके अनुसार वे मेरे पिता से मिलने की इजाज़त नहीं पा सकती थीं। वे तेज़ी से पहुंचीं। भीतर का आँगन ठीक उनके सामने था। वह फौजी तम्बू पार करते हुए सीधे मेरे पिता के अहाते में पहुँच जाने में कामयाब हो गईं। और फिर अन्तिम फाटक भी खुल गया।

मेरे पिता मौत की काल कोठरी में थे। ''अपील रद्द हो गई है!'' मेरी माँ ने पुलिस के आकर उन्हें पकड़ने से पहले ही मेरे पिता को बताया। जब वह घर लौटीं तो उनका चेहरा बहुत शान्त था। 'मैं बता पाई,' माँ ने बताया, ''मैं नहीं चाहती थी कि उन्हें यह खबर तुम्हारे पापा को देने का निर्दय सुख मिले।'' एक बार फिर हम दोनों कैद हो गए। अब हमारे पास पापा के लिए फिर अपील करने के लिए सिर्फ एक हफ्ता बचा था।

फ्लैशमैन में वकीलों ने याचिका पर फिर से गौर करने की अपील की। तैयारी दिन-रात जारी रखी। उन्होंने सुप्रीम कोर्ट के 1500 पेज के निर्णय की चार प्रतियों की माँग की थी, जिसमें 800 पेज अनवर उल-हक़ ने लिखे थे। उन्हें केवल एक प्रति दी गई। एक सचिव

इसीकी फोटोकॉपी करने के लिए भेजा गया। इसी दौरान वह गिरफ्तार हो गया क्योंकि वह उस फोटोकॉपी मशीन का मालिक भी था।

किसी तरह बचाव पक्ष ने इन्तज़ाम किया और एक फोटोकॉपी मशीन फ्लैशमैन्स में ले आए। यह बहुत जोखिम का काम था। साल के शुरू में ही हुकूमत ने टाइप मशीनों और फोटोकॉपी मशीनों की बिक्री पर रोक लगा दी थी ताकि पी.पी.पी. के लोग इनका इस्तेमाल न कर सकें या कोई भी दूसरे संगठन, खुफिया तौर पर राजनीतिक साहित्य न तैयार कर सकें। सिर्फ टाइपराइटर या फोटोकॉपी मशीन इस्तेमाल करना राज्य-विरुद्ध अपराध समझा जाने लगा था। किसी का भी हमें ऐसी कोई मशीन बेचना सीधे-सीधे गिरफ्तार होने का रास्ता चुनना था। खैर, हमारे वकीलों ने इसका इन्तज़ाम किया।

अपनी माँ के साथ इस्लामाबाद में कैद हो जाना, मेरे लिए एक न खत्म होने वाला डरावना सपना हो गया। सुप्रीम कोर्ट के फैसले के बाद गिरफ्तारी का दूसरा दौर शुरू हो गया। स्कूल और यूनीवर्सिटी बंद हो गए। ज़िया इस बात पर आमादा हो गया कि वह किसी भी आन्दोलन को उभरने के पहले कुचल देगा। उसने किसी भी विरोधी स्वर का आगे फैलने के पहले सफाया कर दिया।

फौजी हुकूमत के दमन-चक्र ने लोगों को बौखला दिया। वह इतना तनावपूर्ण और खतरनाक हो गया कि लोग अब अपने में सिमटकर सिर्फ अपनी जान बचाने के फेर में रहने लगे। उन्होंने खुद को किसी भी गतिविधि से अलग कर लिया। केवल चुप बैठने में खैरियत है, लोग यह मानने लगे। वह उदासीन हो गए, कुछ भी हो, हमें क्या...। उनमें यह डर बैठ गया कि ज़रा भी बोलने पर वह भी हुकूमत का शिकार बन जाएँगे। लेकिन मेरी ऐसी किस्मत कहाँ थी... मैं अपने को इस तरह खुद में समेट नहीं सकती थी... खुद को अपने पिता की ओर बढ़ती आ रही मौत से अलग नहीं रख सकती थी। जब भी मैं आईना देखती, मेरे लिए खुद को पहचान पाना मुश्किल हो जाता। मेरा चेहरा लगातार तनाव के कारण लाल हो गया और इस पर चकत्ते उभर आए। मेरा वज़न इतना घट गया कि मेरी ठुड्ढी, मेरे जबड़े और मेरी भौंहें, उभरकर बाहर आ गईं। मेरे गाल पिचक गए, मेरी चमड़ी में खिंचाव भर गया। मैंने अपनी कसरत शुरू की, पन्द्रह मिनट तक एक जगह ठहरकर दौड़ना, हर रोज़ सुबह, लेकिन मेरी एकाग्रता टूटने लगी। मैं रुक जाती। मैं सो भी नहीं पाती। माँ ने मुझे वैलियम दी, मैंने 2 मिलीग्राम की गोली खाई लेकिन सो नहीं सकी, दिमाग में एक तूफान-सा चलता रहा। 'एटिवन' लेकर देखो, माँ ने सलाह दी। उसने मुझे रुला दिया। मैंने मोगाडोन भी लेकर देखी, लेकिन बेकार... चैन नहीं पड़ा।

12 फरवरी, 1979; सिहाला पुलिस कैम्प :

अफसर लोग सुबह आए और उन्होंने मेरी माँ से कहा कि उन्हें और मुझे पुलिस ट्रेनिंग कैम्प सिहाला में ले जाया जा रहा है। वह जगह रावलपिंडी में, मेरे पिता की जेल से बस कुछ मील दूर है। हमें एक निर्जन पड़े मकान में ले जाया गया, जो काँटेदार तारों से घिरा हुआ था और एक पहाड़ी के ऊपर बना था। हमें कुछ नहीं दिया गया। न खाना, न कम्बल...एकदम कुछ नहीं। हमारे दो नौकर जो अल-मुर्तज़ा में साथ थे, उन्हें हर रोज़

इस सब इन्तज़ाम को लेकर अपने-अपने घरों से आना-जाना पड़ता था। 13 फरवरी, 1979 को वकीलों ने याचिका लिखने का अपना काम पूरा कर लिया। सुबह 5.00 बजे वह उसी दिन पूरा हुआ, जिस दिन उसे जमा किया जाना था। अदालत ने फाँसी देने की कार्यवाही तब तक रोक दी, जब तक इस याचिका पर सुनवाई पूरी न हो जाए। 24 फरवरी को उस याचिका पर सुनवाई शुरू हुई। एक बार फिर दया की अपील सारी दुनिया के प्रमुख अध्यक्षों की तरफ से पाकिस्तान पहुँचने लगी। ऐसे सन्देशों का अम्बार लग गया। "सारे राजनीतिज्ञ लोग, दूसरे राजनीतिज्ञ को बचाने की कोशिश कर रहे हैं... अभी तक बहुत थोड़े-से ही ग़ैर-राजनीतिक लोगों की दया की अपील मुझ तक पहुँची है।" ज़िया ने तपाक से अपनी टिप्पणी की। उनकी नज़र में विभिन्न राष्ट्राध्यक्षों की यह अपील बस ट्रेड यूनियन की कार्यवाही-भर थी।

मार्च के शुरू में मैंने अपने पिता से भेंट की। पता नहीं, वह कैसे ज़िन्दा थे... मौत की सज़ा के पक्के हो जाने के बाद उन्होंने कोई दवा, इलाज लेना बंद कर दिया था। उन्होंने खाना-खाना भी बंद कर दिया था, सिर्फ इसलिए नहीं, कि उनके मसूड़े दर्द और सूजन से बेहाल हो गए थे बल्कि अपने इलाज में हो रही लापरवाही के खिलाफ, आवाज़ के तौर पर भी। अब उन्हें उनकी कोठरी में ताला बंद रखा जा रहा था। वह चूँकि शौच के लिए कमोड इस्तेमाल नहीं कर पा रहे थे, उन्हें दूसरी कोठरी में ले जाया गया था।

हमेशा की तरह मैं अपने पिता को देखने के लिए बेचैन थी, खासतौर से उस दिन क्योंकि मेरे पास उनके लिए एक अचरज-भरा तोहफा था। मेरी माँ की गिरफ्तारी के पहले मैं जब कराची गई थी, तो मैं अपने पिता का कुत्ता साथ ले आई थी। उसका नाम हैप्पी था। उस छोटे प्यारे से सफेद कुत्ते को हम बहुत प्यार करते थे। उसे मेरी बहन ने मेरे पिता को दिया था। "अब तुम खामोश रहना हैप्पी..." मैंने उससे फुसफुसाकर कहा था। जब मैं रावलपिंडी के सेंट्रल जेल पहुँची, उसे मैंने अपने कोट के नीचे छिपा रखा था। तलाशी के पहले नाके पर मैंने देखा, न जेल सुपरिंटेंडेंट था, न कर्नल रफी, जो फौजी दस्ते का प्रमुख था और जेल में तैनात किया गया था। वह हमारी हर एक हरकत पर नज़र रखता था। मैं और हैप्पी दूसरे नाके तक आ गए। खुशकिस्मती से पुलिस वाले ने हमारी तलाशी के वक्त एतराज़ नहीं किया। "हमें यह हुक्म नहीं है, कि हम कुत्ते के लिए भी एतराज़ करें।" उनमें से एक ने सहानुभूतिपूर्वक कहा। मैं जेल की आखिरी चौकी तक पहुँच गई और मैंने हैप्पी को छोड़ दिया, "जाओ, उन्हें खोज लो!"

हैप्पी अपनी नाक से ज़मीन सूँघता हुआ कोठरी के अन्दर दौड़ पड़ा। मैंने उसे खुशी से किलकते हुए सुना, जब उसने मेरे पिता को खोज लिया। "इनसान के मुकाबले कुत्ते कितने वफादार होते हैं," मेरे पिता ने खुशी से कहा, जब मैंने उन दोनों को साथ-साथ देखा।

जेल के अफ़सर इस बात पर नाराज़ हुए कि कुत्ता वहाँ क्यों लाया गया। उसके बाद हैप्पी वहाँ कभी नहीं लाया जा सका, लेकिन मैं अपने पिता को, एक बार ही सही, वह एक पल दे सकी जो उन्हें ज़िन्दगी याद दिला गया... जब हम सहज ज़िन्दगी जी रहे थे, मेरे पिता, मेरी माँ, हम चार भाई-बहन सब एक छत के नीचे और हमारे कुत्ते और बिल्लियाँ बगीचे में।

मार्च के पहले हफ्ते में हमारे वकीलों ने अदालत को ऐसे बहुत से कारणों से भर दिया, जिसके आधार पर मामलों को फिर से विचार के लिए लिया जा सकता था। हमारे सारे वकील काम के बोझ से टूट गए थे। सिहाला में मार्च की शुरूआत में ही, जब मैंने और मेरी माँ ने बी.बी.सी. रेडियो लगाया तो शाम की खबरों में, हमने सुना कि मेरे पिता के बचाव पक्ष के एक सदस्य और पाकिस्तान के एक जाने-माने वकील, गुलाम अली मेनन, फ्लैशमैन में अपनी मेज़ पर काम करते-करते अचानक दिल का दौरा पड़ने से चल बसे। उस समय वह एक मसौदे का आखिरी हिस्सा बोलकर लिखवा रहे थे, कि अचानक उनके मुख से फूट पड़ा, "अल्लाह... या अल्लाह!" और वह हमेशा के लिए खामोश हो गए। जनाब गुलाम अली मेनन मार्शल लॉ के एक और शिकार हुए। हम क्या कह सकते थे...?

तेईस मार्च को पाकिस्तान के संस्थापक मोहम्मद अली जिन्ना ने एक स्वतन्त्र इस्लामी राष्ट्र की माँग उठाई थी, और उस यादगार की सालगिरह मनाई जाती थी। उसी दिन ज़िया ने घोषणा की, कि वह चुनाव सर्दियों में कराएगा। अगले दिन सुप्रीम कोर्ट ने अपना फैसला सुनाया। हालाँकि उनकी अपील खारिज हो गई। लेकिन अदालत ने बिना विरोध यह प्रस्ताव पास किया कि मेरे पिता की फाँसी की सज़ा को आजीवन कारावास में बदल दिया जाए। इससे एक बार फिर उम्मीद जाग उठी। अब सारा निर्णय ज़िया के हाथ में था।

सात दिन... यह किसी के लिए बस गिनती के सात दिन हो सकते हैं, किसी को ज़िया को इस बात के लिए मनाना था कि वह मेरे पिता की मौत की सज़ा को बदल दें। एक बँटा हुआ फैसला, जिसमें सात में से तीन लोग आरोपी को कसूरवार न मान रहे हों, मौत की सज़ा, पाकिस्तान के कानूनी इतिहास में अब तक नहीं सुनी गई थी, और इस महाद्वीप के इतिहास में, कहीं भी, हत्या के षड्यन्त्र के लिए भी, मौत की सज़ा कहीं नहीं सुनी गई थी।

ज़िया के ऊपर भी दबाव था। विदेश से सन्देशों की बाढ़ लगी हुई थी, सारे राष्ट्रों के अध्यक्ष यही सन्देश भेज रहे थे कि दया की जाए। ग्रेट ब्रिटेन के प्रधानमंत्री, कैलेघन ने लगातार तीसरी बार यही अपील भेजी थी। सऊदी अरब, जो कट्टरवादी इस्लाम का गढ़ माना जाना है, वहाँ से भी यही अपील आई थी। ज़िया की तरफ से किसी को कोई जवाब नहीं गया था।

बदशकुनी के संकेत बढ़ते जा रहे थे। रावलपिंडी के सेंट्रल जेल में मेरे पिता की कोठरी में, जो कुछ भी थोड़ा-बहुत टूटा-फूटा फर्नीचर था, वह भी हटाया जा रहा था। उनकी चारपाई भी चली गई थी। उन्हें ज़मीन पर सोना पड़ रहा था। उन्होंने उनका रेज़र तक उठा लिया था। हमेशा दाढ़ी बनाकर चुस्त रहने वाले मेरे पिता के चेहरे पर सफेद दाढ़ी घिर आई थी। वह बीमार और कमज़ोर हो गए थे।

सिहाला में मुझे एक और गिरफ्तारी का आदेश मिला, जिसमें मेरे ऊपर यह पाबंदी थी कि मैं आन्दोलनकारी राजनीति नहीं करूँगी और अपने पिता को छोड़े जाने के लिए आखिरी ज़ोर नहीं लगाऊँगी। इससे शान्ति और व्यवस्था को खतरा पहुँचने का अंदेशा था और इस तरह मार्शल लॉ के चुस्त अफसरों ने मेरे ऊपर पन्द्रह दिनों की और बंदिश लगा दी थी। क्या होने वाला है, यह किसी को भी पता नहीं था। क्या ज़िया, सारी दुनिया की अपीलों, कोशिशों और याचिकाओं के बावजूद आगे बढ़कर मेरे पिता को फाँसी पर लटका देगा...?

अगर हाँ, तो कब...? इस सवाल का जवाब दर्दनाक तरीके से तब मिला, जब तीन अप्रैल को मैं और मेरी माँ उनसे आखिरी बार मिलने ले जाए गए।

"यास्मीन, यास्मीन, वह लोग उन्हें आज की रात खत्म कर देंगे!"
"अमीना, तुम पास रहो, आज ही, बस आज ही..."

वकीलों ने एक और नई याचिका तैयार की... अमीना और मेरे पिता के एक और वकील जनाब हाफिज़ लाखो कराची उड़ चले, कि उस अपील को अदालत को सौंपा जा सके। रजिस्ट्रार ने उसे लेने से मना कर दिया। कहा कि जज को दो। एक जज धीरे-से पीछे का दरवाज़ा देखकर निकल गया, कि इनसे सामना न करना पड़े। अमीना और लाखो एक सीनियर जज के घर पर गए, लेकिन उसने मिलने से इन्कार कर दिया। हारकर दोनों इस्लामाबाद वापस आ गए।

तीन अप्रैल, 1979 :

टिक, टिक... मार्शल लॉ की फौजें हमारे खानदानी कब्रिस्तान को घेर रही हैं। गढ़ी खुदाबख्श की सारी सड़कों को बंद कर रही हैं। टिक...टिक... अमीना सीधे हवाई अड्डे से नियाज़ी के घर जाती है, वह अकेले नहीं रहना चाहती। टिक...टिक... बस आज ही रात... डॉ. नियाज़ी बार-बार फोन पर यही दोहरा रहे हैं। यास्मीन और अमीना खामोश पड़ी हैं और अँधेरे कमरे में फटी आँखें लिए जाग रही हैं। टिक...टिक...।

एकदम सुबह रावलपिंडी सेंट्रल जेल से एक ट्रक तेज़ी से निकलता है। उसके ज़रा देर बाद यास्मीन एक छोटे जहाज़ के इस्लामाबाद से उड़ने की आवाज़ सुनती है। वह खुद को बहलाने की कोशिश करती है कि वह जहाज़ किसी अरब नेता को जेल में डालने ले जा रहा है, इस तरह वह मेरे पिता के संकट से मुँह चुराती है। लेकिन वह जहाज़, मेरे पिता के मृत शरीर को लेकर हमारे गाँव लरकाना जा रहा है।

7

मार्शल लॉ को लोकतंत्र की चुनौती

जैसे-जैसे मेरे पिता की मौत की सज़ा की सालाना तारीख 4 अप्रैल, 1980 पास आती जा रही है लोग गढ़ी खुदाबख्श में मेरे पिता की क़ब्र के पास उमड़ते आ रहे हैं। अब अपनी कैद के छह महीने हो जाने के बाद मैंने और मेरी माँ ने हुकूमत से इजाज़त माँगी थी कि हमें मेरे पिता की क़ब्र पर जाने दिया जाए, हालाँकि हमें पता था कि यह इजाज़त हमें मिलेगी नहीं। हुकूमत किसी भी ऐसे प्रदर्शन की सम्भावना से बहुत घबराई हुई है, जो मेरे पिता की याद को हवा दे, या पी.पी.पी. को मज़बूत करे। हमारे खानदानी गाँव की ओर जाने वाली सड़कों तक को सौ मील के दायरे में, बंद कर दिया गया है। चाहे जितनी भी बंदूकें यह हुकूमत तान ले, मेरे पिता का भूत ज़िया को हमेशा डराता रहेगा। अपने जीते-जी, मेरे पिता एक राजनीतिज्ञ और दूरदर्शी नेता की तरह याद किए जाते थे। उनकी हत्या ने उन्हें लोगों के दिलों में एक शहीद और एक सन्त की तरह रख दिया। किसी भी इस्लामी देश के लिए इनसे बड़ी कोई दूसरी ताकतें नहीं हो सकतीं।

मेरे पिता की क़ब्रगाह से चमत्कार की खबरें सुनाई देने लगी हैं। एक अपंग लड़का चलने-फिरने लगा। एक बाँझ औरत के बेटा पैदा हुआ। मेरे पिता की हत्या के बाद के साल से, हज़ारों लोगों ने हमारी खानदानी क़ब्रगाह की किसी तीर्थस्थान की तरह यात्रा की और वहाँ के गुलाब की पंखुड़ियाँ और मेरे पिता की क़ब्र की मिट्टी को ज़ुबान से लगाकर दुआ पढ़ी। स्थानीय प्रशासन ने वह रास्ते का निशान फाड़ दिया, जो मेरे पिता की क़ब्र की ओर जाने का रास्ता बताता था, फिर भी लोग सुनसान उपेक्षित पड़ी उस जगह पर आते हैं। आने वाले लोगों को पुलिस और फौज के लोग तंग करते थे। उनसे उनके नाम पूछते, उनकी गाड़ियों के नम्बर लिख लेते, पैदल आने वालों का पता-ठिकाना लिखने का नाटक करते। गाँव के आने वाले लोगों का खाना-पीना छीन लिया जाता, फिर भी लोग आते, ढेरों गुलाब, गेंदे के फूल मेरे पिता की क़ब्र पर चढ़ाया जाता और मेरे पिता की मढ़ी हुई तस्वीरें वहाँ रख दी जातीं।

मेरे पिता की बरसी के आठ दिन बाद, हमारी क़ैद को चुनौती देते हुए कराची की अदालत में सुनवाई शुरू हुई। जब मेरे वकील ने मेरे लिखे हुए इस पत्र का हवाला दिया, जिसमें मैंने कैप्टेन इफ्तेखार के सनम से दुर्व्यवहार की शिकायत महीनों पहले की थी,

एडवोकेट जनरल इस पर बताते हैं कि उन्हें ऐसी किसी चिट्ठी की खबर नहीं है। लेकिन मेरे पास जेलर की दी हुई रसीद है और हमारा वकील उसे दिखाने के लिए एक दिन का वक्त माँगता है। इस खत को अदालत तक पहुँच पाने से रोकने के मामले को अदालत की अवमानना कहते हुए छह महीने की सज़ा का नियम है। उन्हें पता है कि हमारे पास इस बात का सारा सबूत है। अफसरों को कुछ-न-कुछ करना होगा, जो वह ऐसे आरोप में फँसने से बच सकें।

उसी रात अचानक मैं और मेरी माँ आज़ाद कर दिए गए। इसके बाद मैंने उस जेलर को कभी नहीं देखा। बाद में मुझे पता चला कि उस जेलर की तरक्की रोक दी गई और उसका तबादला ऐसी जगह किया गया जिसे सज़ा काटने के बराबर माना जाता था।

आज़ादी... लेकिन कब तक, यह कौन जाने...? मेरी माँ कराची में रही, जबकि मैं रावलपिंडी चली आई कि वहाँ का हाल पता करूँ... पिछली छह महीनों की क़ैद ने मुझे उससे अलग कर रखा था। मेरे कान में ज़बरदस्त दबाव की शिकायत चली आ रही थी जो उड़ान के समय में बरदाश्त के बाहर हो गया, खासतौर पर तब, जब जहाज़ रावलपिंडी में उतर रहा था। जब मैं अगले दिन यास्मीन के घर में सोकर उठी, मेरे तकिये का गिलाफ खून और मवाद से बदबू दे रहा था। मेरी सहेली मुझे तुरन्त अस्पताल लेकर गई। ''आप बहुत खुशकिस्मत हैं...,'' डॉक्टर ने मेरा कान साफ करने के बाद मुझे इमरजेंसी रूम में बताया, ''हवाई जहाज़ में हवा के दबाव ने ज़हरीले असर को बाहर को निकाल दिया। अगर यह भीतर की तरफ बहा होता, तो बहुत खतरनाक होता।''

मैं समझ नहीं पाई कि क्या सोचूँ...? पहले हुकूमत के डॉक्टर ने अल-मुर्तज़ा में कहा कि मैं एक झूठ-मूठ की तकलीफ कान में बता रही हूँ... फिर उसने मुझे इस बात का दोषी ठहराया कि मैंने अपने कान के पर्दे में छेद कर लिया है। अब यह डॉक्टर बता रहे हैं कि मैं बहुत खुशकिस्मत हूँ। इनका बस इतना कहना है कि मैं हर दो हफ्ते बाद कराची में अपना कान अपने डॉक्टर को दिखा लूँ। क्या दूसरे डॉक्टर नाकाबिल थे, या वह जानबूझकर मेरी हालत को अनदेखा कर रहे थे। किसी ने भी मुझे यह नहीं बताया कि मेरे कान में एक नासूर पनप रहा है जो धीरे-धीरे मेरे कान की नाजुक हड्डियों को गला रहा था। उसी के कारण मैं थोड़ा बहरापन महसूस कर रही थी। बिना ऑपरेशन के वह पुराना नासूर मेरे लिए हमेशा का बहरापन ला सकता था और मेरे चेहरे पर भी फालिज गिर सकता था। लेकिन किसी ने मुझे बताया नहीं।

जब मैं कराची लौटी, मेरी माँ बहुत चिन्तित थी। ''फौजी हुकूमत को लिखो और उनसे कान के चेकअप के लिए बाहर जाने की इजाज़त माँगो,'' उन्होंने मुझसे ज़िद की। मैंने लिखा, लेकिन मुझे उसका कोई जवाब नहीं मिला। हुकूमत हमें वहीं रखना चाहती थी, जहाँ वह हम पर नज़र रख सके।

70, क्लिफ्टन के सामने चौबीसों घंटे फौजी इण्टेलिजेंस की गाड़ी खड़ी रहती। जब भी मैं या मेरी माँ कहीं निकलतीं, वह हमारा पीछा करते। जो भी हमारे घर आता, वह

उनके फोटो खींच लेते, उनकी गाड़ियों के नम्बर लिख लेते। हमारे टेलीफोन भी शायद खुफिया तौर पर सुने जाते, कभी-कभी हम उनमें क्लिंग-क्लिंग की आवाज़ सुनते। अक्सर लाइनें बंद भी रहतीं।

"तुम लरकाना क्यों नहीं चली जातीं और वहाँ खेती-बाड़ी का हिसाब-किताब देख लेतीं?" मेरी माँ ने मुझसे तब कहा, जब मैं ज़रा ठीक हो गई। "पिछले दो साल से वहाँ कोई भी नहीं गया है, जो वह हिसाब देखे।"

इण्टेलिजेंस वालों ने मेरा पीछा तब भी नहीं छोड़ा जब मैं अल-मुर्तज़ा वापस लौटी कि मैं अपने खेत-फार्म के मैनेजर से बात करूँ और खेती-उपज की रिपोर्ट देखूँ। मुझे यह भी नहीं आता था कि इसमें क्या देखना है। हमेशा मेरे पिता या भाइयों ने यह काम संभाला था।

मैं जब हिसाब की बही को देख रही थी, मुझे याद आ रहा था, जैसे मैं बचपन में, रसोई के भीतर घरेलू हिसाब में बाबू के साथ उलझी हुई हूँ। लेकिन इसमें एक राहत यह थी कि मेरे पास करने के लिए कुछ था और कुछ देर के लिए ही सही, मुझे दिमाग में चल रही चकरघिन्नी से छुटकारा मिल जाता था। हर सुबह, गर्मी के बावजूद मैं अमरूद के बाग में निकल जाती, धान के खेत में, या गन्ने के खेतों की तरफ मेरी जीप दौड़ रही होती और इस तरह मैं अपनी नई ज़िम्मेदारी पर अपनी पकड़ बना रही थी। मैं खेतों में ट्रैक्टर के साथ घूमती। मेरे सिर पर तेज़ धूप से बचने के लिए स्कार्फ बँधा होता, या हैट होता। मैं अपने सिंचाई के इन्तज़ाम के बारे में जानकारी लेती। नहरें, ट्यूबवेल, गर्मियों में धान की बुआई में मदद करती, कपास की बुआई देखती, गन्ने की खेती के बारे में समझती और गड्ढों में पानी के जमाव और उससे पैदा होने वाली गन्दगी का हल निकालती। इस तरह मेहनत ने मेरे लिए मरहम का काम किया।

हमारे किराये के खेतिहर, जिन्हें कामदार या मैनेजर कहा जाता, हिसाब संभालने के लिए मुंशी, यह सब बहुत राहत महसूस कर रहे थे कि भुट्टो परिवार से कोई उनके पास वापस आ गया था। "मालिक के पैरों में सोना होता है, अब आप यहाँ हैं, तो हमारी भी खुशहाली होगी।" एक आदमी ने हमसे कहा, "अब हम यतीम नहीं रहे।" मुझे खेती देखने में आनन्द आने लगा। फिर भी लरकाना में मर्दों के साथ काम करते नज़र आना अजीब लगता था। गाँव के इलाकों में औरतें बहुत दकियानूसी थीं, वह कभी भी बिना बुरका ओढ़े घर के बाहर नहीं निकलती थीं। गाड़ी चलाना तो खैर दूर की बात है। लेकिन मेरे पास कोई चारा नहीं था। मेरे परिवार का कोई मर्द पाकिस्तान में नहीं था। मेरे पिता गुज़र गए थे और मेरे भाई अगर पाकिस्तान लौटते तो तुरन्त गिरफ्तार हो जाते। वह अफगानिस्तान में बसे हुए थे, इसलिए हर रोज़ मैं सुबह खेतों में जाती। मेरी ज़िन्दगी में, या कहें हमारी ज़िन्दगी में, वहाँ के तौर-तरीके निभाने की कोई गुंजाइश नहीं बची थी।

इस तरह से मैंने खुद को औरत से एक मर्द में बदल लिया था। ऐसा कोई भी नहीं था, जो मेरी उन परिस्थितियों से अनजान हो जिनके कारण मैं मजबूर होकर खेतों में आई हूँ, नहीं तो ज़मींदारों के परिवारों में तो जवान औरतें, लड़कियाँ हमेशा पहरे में रखी जाती थीं और शायद ही कभी, अगर इत्तेफाक से बाहर जाने का मौका भी मिला, तो मर्द लोग साथ जाते थे। हमारी परम्परा कहती है कि औरतें परिवार की इज़्ज़त हैं। उनकी और खानदान

की इज़्ज़त बनाए रखने के लिए उन्हें पर्दे में, और घर की चारदीवारी में छिपाकर रखा जाता है। मेरी चार बुआ लोगों ने, जो कि मेरे दादाजी की पहली शादी की सन्तानें हैं, उन्होंने इस परम्परा का निर्वाह किया है। उनको कोई चचेरा-ममेरा भाई भुट्टो खानदान में नहीं मिला, इसलिए उन्होंने पूरी उमर हैदराबाद की चारदीवारी में बंद, पर्दे में काट दी। उनकी परिवार में बड़ी प्रतिष्ठा थी क्योंकि सब जानते हैं कि उन्होंने शादी क्यों नहीं की। वह हमेशा मस्त रहती थीं और उन्हें किसी दूसरी तरह की ज़िन्दगी का पता ही नहीं था। उनके चेहरों पर कभी चिन्ता की रेखाएँ नहीं देखी गईं।

मेरे लिए यह एक बेकार ज़िन्दगी थी लेकिन मेरी बुआएँ बहुत खुश थीं। वह भरपूर हँसती थीं। उन्होंने इतनी अरबी सीखी थी कि क़ुरान शरीफ पढ़ सकें। वह रसोई की देख-भाल करती थीं। गाजर का अचार और मिठाइयाँ लाजवाब बनाती थीं। सिलाई-बुनाई करती थीं। कसरत के तौर पर, वह आँगन में टहलती थीं। कभी-कभी कपड़े वाला बाहर दीवार पर नए कपड़ों को रख जाता कि वह उसमें से चुन लेतीं जो उन्हें पसन्द हो। वह पुरानी पीढ़ी की थीं, मैं नई पीढ़ी की थी।

शाम को अल-मुर्तज़ा में, मैं छात्रों के प्रतिनिधि दल से बातचीत करती थी। दूसरे मिलने वाले भी आते जो उनकी खबर लाते, जो अब भी फौजी हुकूमत का विरोध कर रहे हैं। उन्होंने उन लोगों की सूची बनाई है, जिनसे जेल में मिलने जाना है और जिन परिवारों को दिलासा देने जाना है। आखिरकार शाम को मुझे समय मिला कि मैं अपने पिता की क़ब्र पर शामियाना लगवाने का इन्तज़ाम कर सकूँ। मुझे जैसा माँ ने कहा था, मुझे अल-मुर्तज़ा में, पुरानी लकड़ी की खिड़कियों में शीशे भी लगवाने थे। उन्होंने कहा था कि बाहर देख पाने के सुख के लिए उन्हें ज़रा ठण्ड बरदाश्त कर लेना मंज़ूर है। ''अल-मुर्तज़ा में कैद रहने के दौरान, हमेशा बिजली चली जाने पर माँ यही कहती थी। ''पता नहीं, कब हम फिर कैद हो जाएँगे, इसलिए अभी से तैयारी कर लेना ठीक रहेगा।''

मुझे एहसास हुआ कि मैं इस अनजान पूरब की परम्परा में धँसती जा रही हूँ। चूँकि मैं यहाँ अकेली भुट्टो थी, मैं यहाँ बड़ी समझी जाने लगी थी। यहाँ के गाँव वाले आते और मिट्टी की झोंपड़ी में ज़मीन पर बैठकर अपनी कठिनाइयाँ और झगड़े बताते, कि मैं उन पर अपनी राय दूँ, उन्हें सुलझाऊँ। सामन्ती समय का झुटपुटा अभी भी मिटा नहीं था, जहाँ दल के बड़े उन सब निर्णयों को अपनी मुट्ठी में रखते थे, जिनका लोगों पर असर पड़ता हो। कबीलाई न्याय-व्यवस्था का यह बदला हुआ रूप था, जो अभी भी बना हुआ था। हालाँकि मैं भुट्टो परिवार की मुखिया नहीं हूँ, लेकिन लोग अभी भी मेरे पास आते हैं। पाकिस्तान में न्याय-व्यवस्था बहुत ही धीमी, बहुत ही महंगी और बहुत ही भ्रष्ट है और लोग उसपर ज़्यादा विश्वास नहीं रखते। पुलिस की तस्वीर ऐसी है, कि वह किसी को भी जेबखर्च वसूल करने के लिए गिरफ्तार करती है, और घूस लेकर ही छोड़ती है। इसलिए लोग, जिन परिवारों पर भरोसा करते हैं, उनके पास फैसले के लिए जाते हैं। लेकिन आठ बरस पश्चिम में बिता देने के बाद मुझे लगता है कि मैं गाँवों के पेचीदा मामलों को समझने के लिए अभी कच्ची हूँ।

एक दिन मैं सवेरे, रस्सी की बुनी खाट पर चौपाल लगाए बैठी थी और एक बूढ़ा

आदमी, जिसके मुँह में दाँत नहीं थे, बता रहा था, ''इसके भतीजे ने चालीस बरस पहले मेरे बेटे का कत्ल कर दिया था। उस समय आपके बड़े ताऊजी ने यह फैसला किया था कि इसके परिवार में जो पहली बेटी होगी, यह उसकी शादी मुझसे कर देगा। इसके परिवार में बेटी हुई। वह देखिए, बैठी है, अब यह आदमी इस लड़की को मुझे देने से मुकर रहा है।'' मैंने उस आठ साल की लड़की की तरफ देखा, जो अपने पिता के पीछे दुबकी बैठी थी।

लड़की के पिता ने जवाब दिया, ''इसने तब कुछ भी नहीं कहा, जब मेरे घर में यह लड़की पैदा हुई। मैंने सोचा कि इसने उस जुर्म के लिए माफ कर दिया है, जो इतने साल पहले हुआ था। अगर मुझे पता होता कि यह इस लड़की को माँग लेगा, तो मैं इसकी परवरिश दूसरी नज़र से करता, कि यह हमारी बेटी नहीं है। अब हम इसकी शादी करने की तैयारी कर रहे हैं। एक परिवार ने इसे पसन्द भी कर लिया है और मैं उन्हें ज़बान दे चुका हूँ। मैं अब अपनी ज़बान से कैसे फिर सकता हूँ?''

मैं इस नादान लड़की के बारे में सोचकर काँप गई, जिसकी किस्मत से खिलवाड़ हो रहा था। गाँव में औरत का नसीब हमेशा बिगड़ा हुआ ही रहा। क्या कभी किसी ने उनमें से किसी से पूछा कि आखिर तुम्हारी मर्ज़ी क्या है...?

''तुम्हें यह लड़की नहीं मिलेगी,'' मैंने उस बूढ़े को अपना फ़ैसला बताया, ''...उसके बदले में यह आदमी तुम्हें एक गाय और बीस हज़ार रुपये देगा... यह मेरा फैसला है। तुम्हें यह बात पहले कहनी चाहिए थी, जब इसकी मँगनी नहीं हुई थी।''

एक लड़की के बदले गाय, यह कैसी बराबरी हुई... स्त्री आन्दोलन के बारे में बात करते समय ऐसा तो कभी रेडक्लिफ में सामने नहीं आया, लेकिन यह पाकिस्तान था। वह बूढ़ा आदमी गुस्से में था और ज़ोर-ज़ोर से बड़बड़ाता हुआ चला गया।

मेरे अगले दिन का फैसला दुर्भाग्यपूर्ण निकला।

''मेरी पत्नी का अपहरण हो गया है,'' एक आदमी मेरे सामने चिल्लाया। उस आदमी के ससुर ने आग में घी डालने का काम किया... ''मेरी बेटी के बच्चे अपनी माँ के लिए रो-रोकर बेहाल हैं। आप हमें उस औरत को लाने में मदद करिए...''

''क्या तुम्हें किसी पर शक है...?'' मैं उस औरत के लिए परेशान हो गई हूँ। वह लोग बताते हैं। मैं किसी को उस गाँव भेजती हूँ कि वह जाकर वहाँ उधर के बड़े लोगों से बात करके देखें। बात बनती है और वह नौजवान औरत सही-सलामत आ जाती है, लेकिन वह बिलख रही है।

''मैं अपने पति के साथ नहीं रहना चाहती...'' उस औरत ने मुझे यह संकेत दिया कि वह किसी और से प्यार करती है, ''मैं तीसरी बार उस घर से भागी हूँ और वापस पकड़कर लाई गई हूँ...'' उस औरत ने अपनी बात जारी रखी, ''...मैं समझती थी कि एक औरत होकर आप मेरा दर्द समझ पाएँगी...''

मैं धक् रह गई। मुझे क्या, वह सबको पता था कि निर्मम कबीलाई परम्परा के चलते कोई भी स्त्री केवल अपहरण के ज़रिये ही अपने पति का घर छोड़ सकती है। एक दुखी स्त्री अपनी मर्ज़ी से दुखी करने वाले परिवार से अलग नहीं हो सकती। वह बेचारी औरत...मुझे बाद में पता चला कि वह औरत फिर कभी नहीं भाग पाई। यह पहली बार

नहीं था, जब मुझे कबीलाई परम्परा और इन्सानी भावनाओं के बीच के टकराव का एहसास हुआ।

लोकतन्त्रीय पाकिस्तान और फौजी हुकूमत के पाकिस्तान के बीच फासला बढ़ता जा रहा था। जहाँ मैं लरकाना के मैदान में फैसले कर रही थी, वहीं, ज़िया के फौजी शासन ने भी एक विशेष फौजी अदालत लगाई थी, जिसमें एक जज और दो ऐसे अफसर थे जिन्हें कोई कानूनी ट्रेनिंग नहीं थी। ऐसी फौजी अदालतें हर एक प्रान्त में थीं। वह ज़्यादातर मामलों में सज़ाए मौत या उम्र कैद की सज़ा सुनाते थे। इसी तरह का अन्याय दूसरी फौजी अदालतों में हो रहा था जहाँ एक, बिना कोई ट्रेनिंग पाए, अफसर सुनवाई करता था और एक साल की कैद बामशक्कत और पन्द्रह कोड़ों की सज़ा तुरन्त सुना सकता था। जो फैसले मैं सुनाती थी, उसकी कोई बंदिश नहीं थी और यह मामले किसी भी दूसरी अदालत में ले जाए जा सकते थे। जबकि फौजी अदालत से निपटारा किए जाने के बाद किसी भी दूसरे वकील, दूसरी अदालत में जाने की इजाज़त नहीं थी। केवल रिश्वत देकर सम्बन्धित अधिकारी, दस हज़ार रुपये के बदले, एक कोड़े की छूट दे देता था। मार्शल लॉ का शिकंजा कसता जा रहा था।

मार्शल लॉ के आर्डर नं. 77, जो 27 मई, 1980 को जारी हुआ, के तहत फौजी शासन से गद्दारी और बेईमानी जैसे मामलों की सुनवाई का हक केवल फौजी अदालतों का रह गया और सिविल कोर्ट इन्हें देखने के हकदार नहीं रह गए। मौत की सज़ा, कोड़े या उम्र कैद, यह सब तय करना केवल फौजी अदालतों का अधिकार रह गया। मार्शल लॉ नम्बर 78 के अनुसार, बिना किसी मुकदमे या सुनवाई के किसी भी राजनीतिक कैदी की सज़ा दोहराई जा सकती थी। इसमें एक पेंच और था कि इसके लिए कैद किए गए व्यक्ति को, कैद का कोई कारण बताने की ज़रूरत नहीं थी और इसे कितने समय के लिए बढ़ाया जा सकता है, यह फौजी अफसरों की मर्ज़ी का मामला था।

ऐसे में, कोई भी, कहीं भी बिना किसी अपील के अधिकार या सुनवाई के, कितने भी समय के लिए, बिना कोई कारण बताए गिरफ्तार किया जा सकता था।

19 जून को वकीलों का एक जुलूस इस माँग को लेकर निकला कि यह नए आदेश वापस लिए जाएँ, सिविल सरकार बनाने के लिए चुनाव हों। लाहौर के इस जुलूस में छियासी वकील गिरफ्तार हुए और उनकी पिटाई की गई। इसी तरह अगस्त में कराची में 1973 के संविधान की वापसी की माँग करते हुए बारह और वकीलों ने सज़ा पाई। छात्र और ट्रेड यूनियन के नेता भी पकड़े गए और हुकूमत ने उन पर भी एक अन्तहीन बर्बरता का सिलसिला शुरू कर दिया।

गर्मियों में, जब मैं कराची पहुँची, मेरी माँ ने मुझे सावधान किया कि मैं बहुत सतर्क रहूँ। लेकिन हुकूमत कोई भी खतरा उठाने को तैयार नहीं थी। जब हम अगस्त में अपने एक पारिवारिक मित्र के घर शादी में लाहौर गए, हमारा होटल पुलिस ने घेर लिया और हम पंजाब प्रान्त से बाहर भगा दिए गए। हथियारबंद गारद हमें सीधे एयरपोर्ट ले गई और हम कराची के जहाज़ में बैठा दिए गए।

इतना तो साफ था कि तख़्तापलट के तीन साल के बाद भी, ज़िया का शासन, न तो लोगों का विश्वास जीत पाया था, न ही उनमें से उनकी लोकतन्त्र की भावना को पूरी तरह कुचल पाया था। बल्कि, उसकी बुनियाद कमज़ोर हो रही थी। यहाँ तक कि, पी.एन.ए. के लोग भी, जो 1977 में पी.पी.पी. की और मेरे पिता की खिलाफत कर रहे थे, और ज़िया के मंत्री बन गए थे, वह भी उनका साथ छोड़ते जा रहे थे। मेरे पिता की हत्या के छह महीने बाद, जब ज़िया ने अपने मन्त्रालयों में काट-छाँट की और सारे राजनीतिक दलों पर प्रतिबन्ध लगा दिया, पी.एन.ए. को खुद की ज़मीन खिसकती हुई महसूस हुई।

इसका नतीजा यह हुआ कि जब अक्टूबर, 1979 में मेरी माँ को और मुझे अल-मुर्तज़ा में कैद किया गया, पी.एन.ए. के कुछ लोग ज़िया का साथ छोड़कर पी.पी.पी. से आ मिले। उस समय हमें लगा कि यह पी.एन.ए. की फौजी हुकूमत के साथ सौदेबाज़ी का कदम है, कि अगर आप हमें मन्त्री नहीं बनाकर रखेंगे, तो हम पी.पी.पी. के साथ मिल जाएँगे। अब 1980 में सर्दियों में वह पुरानी कहानी पी.एन.ए. में दुबारा दोहराती दिखी तो हमने इसे गम्भीरता से लेना शुरू किया। अपनी राजनीतिक बुनियाद बनाए रखने की परेशानी में, ज़िया और उसके कुछ समर्थकों ने रिश्वत का सहारा लेना शुरू कर दिया। हर रोज ज़िया के नए फुसलाने वाले कारनामों की खबर सामने आने लगी। ढोकी, जो एक गरीब पी.पी.पी. लीडर का बेटा था और एक साइकिल की दुकान में दो रुपये रोज़ कमाता था, उसे एक हज़ार रुपये देकर मुस्लिम लीग में शामिल कर लिया गया। मुस्लिम लीग अभी भी ज़िया को समर्थन दे रही थी। पी.पी.पी. का एक प्रभावशाली नेता गुलाम मुस्तफा जतोई, जो सिंध में पी.पी.पी. का प्रेसिडेंट था और पहले सिंध का मुख्यमन्त्री था, उसे ज़िया ने फुसलाकर खुद हुकूमत में प्रधानमंत्री बनाने का सपना दिखा दिया। यह राजनीतिक उथल-पुथल मचाने वाला एक बड़ा खतरा बन गया, जो ज़िया ने खड़ा कर दिया। ज़िया ने लोगों को यह झाँसा देना शुरू किया कि वह खुद लोकतान्त्रिक दिशा में झुकते हुए सिविल सरकार की ओर कदम बढ़ा रहा है।

"इसके पहले कि ज़िया हमें मात दे, हमें ही उसे चित कर देना चाहिए।" मेरी माँ ने मुझसे सितम्बर में कहा, जब ज़िया ने जतोई को प्रधानमंत्री बनाने के लिए फुसलाया। माँ ने कहा कि, "उन्हें खुद ऐसे खेल पसन्द नहीं हैं, लेकिन हमें पी.एन.ए. की पेशकश की नब्ज़ टटोलनी चाहिए। इसमें कोई अक्लमंदी नहीं है कि हम विरोधियों को (पी.एन.ए. को) ज़िया से मिल जाने दें।" पहले तो मेरी माँ के इस प्रस्ताव ने मुझे चौंका दिया, "इससे हमारी पार्टी के नेताओं में हड़कंप मच जाएगा।" मैंने विरोध किया, "हम कैसे भूल सकते हैं कि वह पी.एन.ए. ही थी, जिसने पी.पी.पी. के खिलाफ चुनाव में बेईमानी के गलत इल्ज़ाम लगाए थे। जिसने फौजी हुकूमत के आने का रास्ता खोला था। वह लोग ज़िया के मंत्री थे, जब मेरे पापा को मौत की नींद सुलाया गया।"

"लेकिन हमारे पास और दूसरा क्या रास्ता है...?" माँ ने कहा। "आज जतोई है, कल कोई और भी यही राह पकड़ेगा। जब सच्चाई की राह की गुंजाइश न हो, तब बदशक्ल असलियत का सामना करने में ही अक्लमंदी है।" उन्होंने पी.पी.पी. की केन्द्रीय कार्यकारी कमेटी के तीस लोगों की एक गुप्त मीटिंग बुलाई। हमें पता था कि हम बड़ा जोखिम उठा रहे हैं। राजनीतिक जमावड़ों पर बंदिश लगी हुई है। लेकिन अगर हम बस हाथ पर हाथ

धरे बैठे रहें, इसका मतलब यह हुआ कि हम हुकूमत के हवाले हो रहे हैं। हमेशा की तरह वह मीटिंग 70, क्लिफ्टन में ही बुलाई गई थी। नेता लोग उत्तर-पश्चिम फ्रंटियर और बलूचिस्तान तक से आए। और जैसा कि अंदेशा था, बहस में कड़ुवाहट आने से बच नहीं पाई थी।

''पी.एन.ए. वाले हत्यारे हैं, हत्यारे! अगर आज हम उनसे समझौता कर रहे हैं, तो कल का क्या पता हम ज़िया से सीधे हाथ मिला लें...''

''लेकिन माओ-त्से-तुंग ने चियांग-काई-शेक से तब समझौता किया था, जब जापान ने चीन पर आक्रमण किया था।'' बुज़ुर्ग शेख राशिद ने प्रतिवाद किया। वह दल में एक मार्क्सवादी व्यक्ति थे। ''अगर वह देश के हक में यह समझौता कर सके, तो हमें भी पी. एन.ए. से हाथ मिला लेना चाहिए।''

बहस-मुबाहिसा चलता रहा। हमने यह माना कि ''वह लोग मौकापरस्त हैं और खुदगर्ज़ हैं, लेकिन हम और क्या कर सकते हैं...?'' मैंने कहा, ''या तो हम खामोश बैठे मौके को हाथ से गंवाँ दें या मजबूरी में ही सही, मौका हाथ से न जाने दें और पी.एन.ए. से जुड़ जाएँ... हम ऐसा समझौता करें, जिससे हमारी पार्टी की अपनी अलग पहचान बनी रहे।'' यह मेरा मत था। सात घंटे की कवायद के बाद हम सबने बुझे मन से तय किया कि पी. एन.ए. को अपने साथ जोड़कर नया गठन बनाया जाए। इस तरह एम.आर.डी. मूवमेंट टू रिस्टोर डिमोक्रेसी (लोकतन्त्र वापस लाओ संगठन) बना।

''इसमें कोई अक़्लमन्दी नहीं है कि मैं और तुम दोनों एकसाथ फिर जेल में बंद हो जाएँ, इसलिए तुम राजनीतिक रूप से जरा अलगाव बनाकर चलो।'' मेरी माँ ने कहा, ''इस तरह हम दोनों में से कोई एक बाहर रहे और पार्टी को राह दिखाता रहे।''

मन मसोसकर मैं तैयार हो गई और साथ ही मुझे ज़रा राहत भी मिली। हालाँकि इस तरह से एम.आर.डी. का गठन राजनीतिक रूप से एक अच्छा कदम था, लेकिन फिर भी अपने पिता के पुराने दुश्मनों से गठजोड़ करना मुझे तकलीफ दे रहा था। इसी तरह से पी.एन.ए. के नेताओं के लिए भी पी.पी.पी. के लोगों से बातचीत, आमना-सामना करने में मुश्किल थी। बेहद सन्देह से भरे हुए एक-दूसरे के धुर-विरोधी दल, शुरुआती मीटिंगों में ऐसे बात कर रहे थे, जैसे कोई भेदिया टोह लेने की कोशिश करे।

इस मेल-मिलाप का रास्ता कठिन था जिसे उन यादों ने और कठिन कर दिया था, जिसमें इन दोनों दलों के बीच कड़ुवाहट-भरे सम्बन्ध थे। कुछ ऐसे मुद्दे भी थे, जिनका ज़िक्र मुश्किल पैदा करता था जैसे, 1977 के चुनावों में धाँधली हुई थी या नहीं हुई थी। मेरे पिता के मृत्युदण्ड के बारे में बात होने पर उसे ''सज़ा देना'' कहा जाएगा या ''हत्या''। ज़ाहिर है यह अपने-अपने पक्ष की बात थी। कुल मिलाकर, इस बुनियादी मतभेद को दूर होने में चार महीने लग गए। अक्टूबर 1980 से लेकर फरवरी 1981 तक का समय बीच के गतिरोधों को जीतने में लगा और तब जाकर दस पार्टियों के बीच एक सहमति का मसौदा तैयार हो पाया।

मुस्लिम लीग पार्टी जिसके मुखिया मोहम्मद खान जुनेजो थे, ज़िया का प्रधानमंत्री बनने के लिए चला दल था, अचानक, ऐन मौके पर पीछे हट गए। आखिर पार्टी के दूसरे लीडर लोग और साथी आमने-सामने 5 फरवरी, 1980 को 70 क्लिफ्टन में पहली बार मिले।

मैंने देखा कि मेरे पिता के पहले के विरोधी अब उन्हीं के घर एक राजनीतिक समझौता,

उनकी विधवा, जो पी.पी.पी. की मुख्य अध्यक्ष हैं, और उनकी बेटी से कर रहे हैं। यह एक अजीब-सी राजनीतिक चाल थी। नसीरुल्ला खान जो पाकिस्तान डेमोक्रेटिक पार्टी के नेता हैं, मेरी माँ की दाहिनी ओर बैठे हैं। मेरे सामने बैठे हैं कसूरी, जो असगर खान के प्रतिनिधि हैं, जो तहरीके-इस्तिकलाल को लेकर चल रहे हैं। दाढ़ी वाले नेता लोग, धार्मिक पार्टी जमात-उल-उलेमा-इस्लाम के साथ हैं, मेरे एक ओर हैं, और दूसरी तरफ हैं फतेहयाब, जो एक छोटी वामपन्थी मज़दूर पार्टी है। ये सफेद कड़क कुर्ता और चूड़ीदार पाजामा पहने हैं। यहाँ करीब बीस लोग हैं, जो अलग-अलग उन दलों को नाम देते हैं, जो पी.एन.ए. से गठबन्धन रखते हैं। मैं बार-बार अपने-आप को याद दिलाती हूँ, कि सारा मकसद ज़िया को हटाना है, भले ही हमारे सबके नज़रिए एकदम अलग-अलग हैं, लेकिन हमें इस गठबन्धन को इतना जोड़कर रखना है कि ज़िया चुनाव के लिए मजबूर हो जाएँ। यह आसान काम नहीं था।

रेशमी पर्दों वाली दीवारों और झाड़-फानूस से सजे ड्राइंग रूम में सिगरेट का धुआँ और लोगों की बहस की गर्मी जमती जा रही थी, इतनी कि मीटिंग सुबह तक चलती रही। एक जगह पी.एन.ए. के पुराने लीडर ने यह साफ करने की कोशिश शुरू की, कि 1977 में उनकी पार्टी की भूमिका गलत नहीं थी। मुझे हैरत थी कि हमें पी.पी.पी. की आलोचना अपने ही घर में बैठकर सुननी पड़ रही है।

"हम यहाँ लोकतन्त्र के लिए गठबन्धन तैयार करने जुटे हैं, न कि यह बताने कि आप हमारे बारे में क्या सोचते हैं, या हमारे आपके बारे में क्या ख्याल हैं।" मैंने मुलामियत से कहा—"ठीक बात है, हमें आगे का भविष्य देखना चाहिए, न कि वह सब जो बीत गया है..." नसरुल्ला खान ने दोनों को शान्त करते हुए कहा। फिर भी मेरे लिए यह आसान नहीं था कि मेरे ही पिता की प्यालियों में कॉफी पीते हुए, हमारे ही सोफा पर बैठकर, हमारे ही टेलीफोन को इस्तेमाल करते हुए यह सब हो रहा था... "हाँ, हाँ, मैं 70, क्लिफ्टन में हूँ... सचमुच... मिस्टर भुट्टो के घर पर..."

यास्मीन, अमीना और सामिया मुझे शान्त करने आईं, "यह लोग तुम्हारे पास आए हैं। यह हमारी पी.पी.पी. की ताकत का संकेत है..." सामिया ने कहा।

"तुमने एक गठबन्धन तैयार करने का इरादा किया, इसलिए राजनीतिक ज़िम्मेदारी यही है कि तुम इसकी शुरुआती मुश्किलें भी बरदाश्त करो।" अमीना ने कहा।

मैंने अपनी शिकायतों को जज़्ब कर लिया। इसी तरह दूसरे नेताओं ने भी, और आखिरकार 6 फरवरी, 1981 को सारी पार्टियों को मिलाकर एक "मूवमेंट रि स्टोर डिमोक्रेसी" का जन्म हुआ। सबने एक-एक करके उसके मसौदे पर दस्तखत किए।

एम.आर.डी. की घोषणा के बारे में लोगों ने बी.बी.सी. पर सुना और उनमें, पूरे पाकिस्तान-भर में, चेतना की एक लहर दौड़ गई। लोगों को गहरा मनोवैज्ञानिक बल मिला। उन्हें लगा कि यह मार्शल लॉ की सारी अन्यायपूर्ण सत्ता का विरोध संकेत है। इसके जवाब में सबसे पहले फ्रंटियर प्रान्त के छात्रों पर कहर टूटा। ज़िया ने तुरन्त मेरे और मेरी माँ को परे रखने के आदेश जारी कर दिए ताकि हम घायलों के पास न पहुँच सकें।

असन्तोष जल्दी ही सिंध और पंजाब तक पहुँचा, जहाँ यूनीवर्सिटी के प्रोफेसर, वकील, डॉक्टर, सबने अपना विरोध दर्ज किया। और भी छात्रों का विरोध मुलतान, बहावलपुर, शेखूपुरा और क्वेटा में देखा गया। "एम.आर.डी. के लिए खुदा का शुक्रिया" टैक्सी ड्राइवरों, दुकानदारों

आदि छोटे-मोटे व्यापारियों ने फुसफुसाना शुरू कर दिया। ''आखिर ज़िया का वक्त अब पूरा हो गया।'' कराची की ऐम्प्रैस मार्केट से हमारा खानसामा यह रिपोर्ट लेकर आया, कि कसाई तक भी एम.आर.डी. के साथ हड़ताल करने को तैयार हैं।

ज़िया को पता चल गया कि वह घिर गया है। उसने पूरे पाकिस्तान की सारी यूनीवर्सिटी बंद करा दीं और पाँच से ज्यादा लोगों के जुटने पर पाबंदी लगा दी। लेकिन प्रदर्शन जारी रहे। *टाइम* पत्रिका ने लिखा कि यह विपक्ष की सबसे ताकतवर लहर है, जो जनरल ज़िया पर टूटी है। लाहौर में एम.आर.डी. की एक गुप्त मीटिंग 27 फरवरी को बुलाई गई। ज़िया ने इस पर तेज़ी से कार्यवाही की। उसने बहुत से एम.आर.टी. के नेताओं को 21 फरवरी को गिरफ्तार कर लिया। एम.आर.डी. और पी.पी.पी. के दूसरे सदस्यों पर प्रतिबन्ध लगाते हुए पंजाब से बाहर निकाल दिया, मेरे ही आदेश-पत्र पर यह लिखा था, ''आपका पंजाब में पहुँचना जनता की सुरक्षा के लिए और वहाँ शान्ति तथा कानून व्यवस्था बनाए रखने के लिए खतरनाक है।''

मेरी माँ ने वह समझौता और चुस्त कर दिया, जो मेरी राजनीतिक गतिविधियों को लेकर बनाया गया था। ''कुछ भी राजनीतिक मत करो,'' मेरी माँ ने मुझे कुछ समय के लिए दूर रहने की सलाह दी। ''अगर मैं गिरफ्तार हो गई, तुम यहाँ पर पार्टी को चलाने के लिए तैयार मिलो।'' स्थिति विस्फोटक हो रही थी। ज़िया का तख्ता पलटने को था, और मैं प्रतिबन्ध के दबाव में काम कर रही थी। मैंने अपनी माँ की बात मान ली और मेरी माँ अकेली लाहौर की गुप्त मीटिंग के लिए निकल गईं। शहर को जाने वाली सारी सड़कें सील कर दी गईं और हर कार की तलाशी ली जाने लगी। एम.आर.डी. के सदस्यों को मीटिंग में पहुँचने के लिए चक्करदार रास्ते अपनाने पड़े। मेरी माँ रेलगाड़ी से, एक दादी बनकर बुरका पहनकर गई और अपने साथ उन्होंने एक स्टॉफ के तेरह साल के लड़के को ले लिया।

पुलिस ने मीटिंग पर छापा मारकर लोगों को गिरफ्तार कर लिया। मेरी माँ भी वहाँ से निकाली जाकर कराची लाई गईं, लेकिन तब तक एम.आर.डी. ने अपना अल्टीमेटम (आखिरी चेतावनी) दाखिल कर दिया था। तीन महीने के अन्दर मार्शल लॉ खत्म करके चुनावों की घोषणा, ''हम माँग करते हैं कि ज़िया तत्काल गद्दी छोड़े, वरना मार्शल लॉ हुकूमत को लोगों की अदम्य इच्छा के बल पर हटा दिया जाएगा।'' एम.आर.डी. ने इसकी घोषणा लाहौर में कर दी।

एम.आर.डी. ने 23 मार्च की तारीख तय की, कि उस दिन पूरी हड़ताल रहेगी और पूरे पाकिस्तान में प्रदर्शन होंगे। कुछ काउन्सलर लोगों ने जो 1979 में चुने गए थे उन्होंने मंज़ूर किया कि वह इस्तीफा दे देंगे और हड़ताल के दौरान ज़िया से उसका इस्तीफा माँगेंगे। ज़िया के पतन की उलटी गिनती शुरू हो गई थी कि पाकिस्तान में नागरिक सरकार की वापसी होने को थी। वक्त आखिरकार ज़िया को बाहर करने आ पहुँचा था।

मार्च 2, 1981 :

मैं 70, क्लिफ्टन के मुख्य कमरे में बैठी हूँ और कुछ पार्टी कार्यकर्ताओं से बात कर रही हूँ कि तभी टेलीफोन की घण्टी बजी। शहर के कराची में प्रतिनिधि, लाइन पर थे, ''इस खबर के बारे में तुम्हारा क्या कहना है...?'' उसने पूछा।

''किस खबर के बारे में...?''

''एक पाकिस्तानी अन्तरराष्ट्रीय एयरलाइन्स का जहाज़ हाईजैक हो गया।''

''किसने किया...?'' मैंने भौंचक होकर पूछा। पाकिस्तान एयरलाइन्स का जहाज़ आज तक कभी हाईजैक नहीं हुआ था।

''अभी तक किसी को कुछ नहीं पता,'' जवाब आया, ''कोई भी कुछ नहीं जानता, कौन ले गया, कहाँ, क्यों...वह क्या चाहते हैं। यह अभी मालूम नहीं है। मैं पता करता हूँ और बताता हूँ, लेकिन आपकी क्या प्रतिक्रिया है, जानना चाहूँगा...''

''सारी ही हाइजैकिंग खराब बात है, चाहे वह जहाज़ की हो, या देश की...'' मैंने अनायास जवाब दिया। जब मैंने फोन रखा, पी.पी.पी. के लोग मेरी तरफ उत्सुकता से देख रहे थे।

''हमारा एक जहाज़ हाईजैक हो गया है,'' मैंने कहा, ''अभी सिर्फ इतना ही पता चला है।''

8

सक्खर जेल में एकाकी कैद

सक्खर सेंट्रल जेल, मार्च 13, 1981 :

मैं यहाँ क्यों हूँ? मुझे समझ में नहीं आता। जेल, अब। यह सिंध के रेगिस्तान में एक दूरस्थ जेल है। मैं जेल के घंटे की आवाज़ सुनती हूँ। 1.00, फिर 2.00, मैं सो नहीं सकती। रेगिस्तान की ठण्डी हवाएँ सलाखों वाले दरवाज़ों से आ रही हैं। चारों तरफ केवल सलाखों की दीवारें हैं, खुली हुई-सी सलाखें। यह कोठरी जैसे एक बड़ा-सा पिंजरा है, जिसमें बहुत-सी खाली जगह है और बीच में बस एक रस्सी की बुनी हुई खाट पड़ी है।

मैं उस खाट पर करवटें बदलती हूँ। मेरे दाँत बज रहे हैं। मेरे पास स्वेटर नहीं है, कम्बल नहीं है, कुछ नहीं। बस, शलवार-कमीज़, वही जो मैं पाँच दिन पहले पहने हुए थी, जब मैं गिरफ्तार हुई थी। एक जेलर को मुझ पर दया आ गई थी और उसने मुझे चुपके से एक जोड़ी मोज़े दे दिए थे। लेकिन उसके बाद वह इतनी डर गई थी कि इस दया दिखाने के लिए वह पकड़ी जा सकती है, उसने अगले दिन उन्हें वापस माँग लिया था। मेरी हड्डियाँ दुख गई थीं। जैसा मुझे सूझता था, मैं सिर्फ आस-पास चल-फिर सकती थी। लेकिन बिजली रात को 7.00 बजे बंद कर दी जाती थी, उसके बाद सिर्फ एक ठण्डा अँधेरा बचता था चारों ओर...

7 मार्च को 70, क्लिफ्टन में पुलिस मेरे लिए आई थी। लेकिन मैं घर पर थी नहीं। मैं रात को सामिया के साथ थी, उस मीटिंग से दूर, जो मेरी माँ वहाँ 70 क्लिफ्टन में पॉलिसी बनाने की कोशिश में कर रही थी। एम.आर.डी. के नेता उनके साथ थे। ज़ाहिर है, पुलिस मुझे खोजने में पगलाई हुई थी। उन्होंने मेरी चचेरी बहन फाखरी के घर और 70 क्लिफ्टन में साथ-साथ छापा मारा था, जहाँ उन्होंने पहले मेरी माँ को गिरफ्तार किया था और फिर मेरे लिए चप्पा-चप्पा छान रहे थे। मेरी बहन ने देखा कि वह माचिस की डिब्बी तक खोल कर देख रहे थे, तो मेरी बहन सनी ने कहा, "क्या वह कोई कीड़ा है, जो वहाँ छिपी बैठी होगी..."

कराची में मेरे सारे स्कूल के साथियों के घरों पर पुलिस ने छापा मारा और यहाँ तक कि मेरी एक ज़ोरास्ट्रियन सहेली के घर को भी नहीं छोड़ा। उनके घर की पच्चीस साल की लड़की परी को पुलिस पूछताछ के लिए ले गई और सात घंटे तक उससे सवाल-जवाब

करते रहे। परी और उसके परिवार वाले अल्पसंख्यक जाति के थे और ज़िया की नीति के हिसाब से, जो मुसलमान नहीं था, वह तो ज़रूर ही सज़ा का हकदार है। "हमें पता है कि गैरमज़हबी लोगों (अल्पसंख्यक धर्म के लोग) से कैसे निपटना है।" पुलिस ने परी के रिश्तेदारों को चेतावनी दी थी, जब उन्होंने उसके पकड़े जाने के बारे में अधिकारियों से बात की थी। "यहाँ की राजनीति में तुम्हारी कोई जगह नहीं है, इसलिए इस सबसे खुद को बचाकर रखो।"

दो और घरों में खोजने के दौरान, जिनमें मेरी दोस्त पुच्ची और हूमो थीं, मैं अगले दिन पकड़ ली गई। मैं डॉ. अशरफ अब्बासी के घर पर थी, जो नेशनल एसेम्बली के भूतपूर्व डिप्टी स्पीकर थे और कराची में मेरी माँ के डॉक्टर। ठीक उस समय जब मैं उसकी सीधी लाइन वाले फोन का फायदा उठाते हुए, इस्लामाबाद फोन करना चाह रही थी, डॉ. अब्बासी के बेटे सफदर ने बताया कि पुलिस आई है और तलाशी लेना चाह रही है। मैंने उसे हैरत से देखा। चूँकि मुझे छापे के बारे में कुछ पता नहीं था और मैंने समझदारी से किसी राजनीतिक या एम.आर.डी. की गतिविधि से दूर रखा था, मुझे लगा कि शायद पुलिस डॉ. अब्बासी या उनके बेटे मुनव्वर के लिए आई है। "उनसे कहो कि तलाशी की कोई ज़रूरत नहीं है।" मैंने सफदर से कहा, "पूछो कि वह किसको खोज रहे हैं...?" कुछ ही देर बाद वह वापस लौटा, उसने कहा, "पुलिस आपके लिए ही आई है..."

इस गिरफ्तारी में कुछ नया या परेशान करने जैसा ज़रूर था। मैं समझ गई जब उन्होंने मुझे इशारा किया कि मैं एक खुली जीप के पीछे के हिस्से में, जहाँ कांस्टेबिल लोग ठुँसे हुए थे, बैठ जाऊँ। मैंने उसके लिए मना कर दिया और आखिरकार उन्हें मुझे सामने की ओर बैठाना पड़ा। खाली सड़क पर दौड़ता हुआ मिलिट्री का, मेरी जीप के साथ चलता दस्ता हमेशा के मुकाबले बड़ा था और उसी बदशकुनी-भरे पुलिस स्टेशन की ओर बढ़ रहा था। इसके पहले मैं कभी पुलिस स्टेशन नहीं ले जाई गई थी... यह हो क्या रहा है, मैं परेशान थी। मैं पाँच घंटे तक उस खाली कमरे में बैठी रही। वहीं पुलिस वाले एक के बाद एक सिगरेट फूँके जा रहे थे और पान की पीक से दीवार रंग रहे थे। उन सबके चेहरे पर एक डर नज़र आ रहा था। इस बार मुझे लग रहा था कि फिक्र की बात है क्योंकि ज़िया का दमन-चक्र अपनी सारी सीमाएँ तोड़ता हुआ और भी क्रूर हो गया था। जो बात सिर्फ अफसरों को पता थी लेकिन मैं नहीं जानती थी, वह यह थी कि हज़ारों लोग पाकिस्तान-भर से, अब तक की सबसे बड़ी गिरफ्तारी के दौर में पुलिस की पकड़ में थे। ऐमनेस्टी इण्टरनेशनल, जिनकी रिपोर्ट से गिनती हमेशा कम ही बताई जाती थी, वह भी कह रहे थे कि केवल मार्च, 1981 में छह हज़ार से ऊपर लोग गिरफ्तार किए गए। पिछले पाँच दिनों में, पाकिस्तान एयरलाइन्स के जहाज़ के अपहरण के बाद, ज़िया ने हाईजैकिंग की आड़ लेते हुए एम. आर. डी. के समर्थन के सारे रास्ते बंद कर दिए। जो कोई भी जिसका ज़रा-सा भी कोई जुड़ाव एम.आर.डी. से या पी.पी.पी. से था, कैद कर लिया गया। नियाज़ी लोग इस्लामाबाद में गिरफ्तार हुए। अमीना के लिए भी पुलिस आई, लेकिन उसे पेट से होने के आखिरी महीने में पाकर, उसके बदले, उसके पति सलीम को पकड़ ले गई। उसी सदमे में अमीना के दर्द उठने शुरू हो गए। याहया बख्तियार, जो मेरे पिता के बचाव पक्ष के वकीलों में अगुवा थे, और पाकिस्तान के अटार्नी जनरल रह चुके थे, उन्हें बलूचिस्तान में पकड़ा गया। फैज़ल हयात, जो नेशनल

असेम्बली के भूतपूर्व सदस्य थे और लरकाना से डिप्टी कमिश्नर खालिद अहमद के भतीजे थे, जिन्हें ज़बरन देश से निकाल दिया गया था, वह लाहौर में गिरफ्तार हो गए। और इस क्रम में पी.पी.पी. से सम्बन्धित बहुत-सी औरतें भी जेल में बंद कर दी गई थीं। काज़ी सुलतान महमूद, जो फ्लैशमैन होटल के असिटेंट मैनेजर थे, उन्हें रावलपिंडी में तीसरी बार गिरफ्तार किया गया। इसी तरह इरशाद राव को भी, जो कराची में *मुसावात* के सम्पादक थे। परवेज़ अलीशाह, जो सिंध पी.पी.पी. के सक्रिय सदस्य थे, जेल पहुँच गए। सूची बढ़ती चली गई और हमारे साथ जेल में बर्ताव निर्दयता की हद पार करता चला गया।

''मेरी माँ कहाँ है?'' मैंने पुलिस स्टेशन में बैठे पुलिसवालों से पूछा।

''कराची सेंट्रल जेल में।'' उन्होंने जवाब दिया।

''रेस्ट हाउस में...?'' मैंने पूछा। रेस्ट हाउस, जेल के मुकाबले ज़रा बेहतर जगह है, जहाँ जेल के अधिकारियों से बातचीत हो सकती है। शुरू में मेरे पिता वहीं पर बंद थे।

''कोठरी में हैं।'' उन्होंने मुझे बताया।

मैंने हताशा में भरकर गहरी साँस छोड़ी... मेरी माँ, भूतपूर्व प्रधानमंत्री की विधवा, सी क्लास जेल में... जहाँ न पानी है, न हवा और न बिस्तर...।

''आप मुझे कहाँ ले जा रहे हैं...?'' मैंने पुलिस से पूछा।

''तुम्हारी माँ के पास...''

वह झूठ बोल रहे थे।

पाँच कठिन दिनों के लिए मुझे कराची के सेंट्रल जेल के रेस्ट हाउस में रखा गया, जहाँ से सारा फर्नीचर हटाकर उसे एक कोठरी में बदल दिया गया था। वहाँ के अफसरों ने बताया कि उन्हें मेरी माँ के बारे में कुछ नहीं पता, उन्होंने तो यह भी कहा कि वह यहाँ लाई ही नहीं गई हैं। मुझे मेरे वकील से भी मिलने की इजाज़त नहीं दी गई। मेरे पास उन कपड़ों के अलावा दूसरे कपड़े नहीं थे, जो मैं पहने थी। मेरे पास न कंघी, न टूथब्रश-टूथपेस्ट, कुछ नहीं था। मैं अपनी औरतों की किसी बीमारी के लिए दवा ले रही थी, मेरे पास वह भी नहीं थी। मेरी वह बीमारी भी ज्यादा तनाव के कारण थी। मुझे और दवा भी चाहिए थी लेकिन वहाँ पर न तो कोई डॉक्टर था, न कोई औरत, जिसे मैं अपनी मुश्किल बता सकूँ। 12 की रात को मुझे बताया गया कि सुबह 2.30 बजे मुझे ले जाया जाएगा इसलिए मैं तैयार रहूँ। जेल सुपरिंटेंडेंट ने कहा था। जेल सुपरिंटेंडेंट भी डरा हुआ लगा रहा था।

''आप मुझे कहाँ ले जा रहे हैं...?'' मैंने पूछा, लेकिन मुझे कोई जवाब नहीं मिला।

''मेरी माँ कहाँ है...?'' मैंने फिर पूछा लेकिन फिर कोई जवाब नहीं मिला। पहली बार मुझे डर लगा। मैंने सुना था कि जेल के अफसर लोग रात को ले जाकर कैदियों को रेगिस्तान में मार डालते हैं और उनकी लाशें वहीं कहीं दफन कर दी जाती हैं और उनके रिश्तेदारों को खबर भी नहीं होती। उनके रिश्तेदार भी या तो मार डाले गए होते हैं या वह खुद अचानक रहस्यमय ढंग से दिल का दौरा पड़ने पर मर चुके होते हैं। मैं जब पहले रेस्ट हाउस लाई गई थी, मैंने हाई कोर्ट को अपनी गिरफ्तारी की चुनौती देते हुए एक पत्र लिखा था। मैंने उसमें यह कहा था कि मुझे अदालत में अपनी पैरवी करने की इजाज़त दी जाए या मेरे लिए एक वकील का इन्तज़ाम किया जाए। मैं अब बहुत ज्यादा चाहने लगी थी कि मेरा वह पत्र अदालत तक पहुँच गया हो।

जब मैं एकदम सुबह हुकूमत के अफसर का इन्तज़ार कर रही थी मैंने जेलर से फिर कहा था कि वह उस पत्र को अदालत में ज़रूर भिजवा दे। उसने चुपचाप उस चिट्ठी को मोड़कर अपनी जेब में रख लिया था। मैंने खुदा का शुक्रिया अदा किया था कि अब, कम से कम, यह रिकार्ड तो रहेगा कि मैं कहाँ थी और कहाँ से ले जाई गई। रात ढाई बजे एक पुलिस वालों से भरी हुई वैन लाई गई। साथ में ही हथियारबंद पुलिसवालों के ट्रक भी थे। हम एक कार में खाली सड़क पर तेज़ रफ्तार से दौड़े जा रहे थे। कार की खिड़की के शीशे गहरे रंग के थे। हमारे रंग-ढंग से ऐसा लग रहा था जैसे हम कहीं घात लगाकर भाग रहे हों। अचानक कार रुक गई और फुसफुसाहट की आवाज़ आने लगी। रेडियो स्पीकर से भी पुलिस वाले सन्देश भेज रहे थे और सुन रहे थे।

"पक्की सड़क पर उतार दो!" मैंने सुना कि उधर से आदेश दिया गया। मेरे मन में राहत लौटी। चलो सही, मैं एयरपोर्ट पर थी। लेकिन वह मुझे ले कहाँ जा रहे थे...? मुझे अब तक हवाई उड़ानों का टाइम टेबल रट गया था। और इस समय पाकिस्तान में कहीं के लिए कोई उड़ान नहीं थी। शायद मुझे यह लरकाना ले जा रहे हैं, मैंने खुद को तसल्ली दी। शायद खबर को छुपाए रखने के लिए यह मुझे स्पेशल जहाज़ से ले जाना चाह रहे हैं। मैं वहीं ऐसे किसी जहाज़ के उतरने का इन्तज़ार करती रही लेकिन कोई जहाज़ नहीं उतरा। मैं बैठी रही, बैठी रही। चार घंटे बीत गए और सवेरा नज़र आने लगा।

सुबह साढ़े छह बजे एक साधारण यात्री जहाज़ आकर उतरा। मुझे उस पर सवार करा दिया गया। एक पुलिस वाला मेरी बगल में बैठा, दो पीछे बैठे और कुछ गैलरी में बैठा दिए गए।

"हम कहाँ जा रहे हैं।" मैंने एयर-होस्टेस से सवाल किया, "आप कैद में हैं और आप किसी से बातचीत नहीं कर सकतीं..." उसने जवाब दिया।

यह क्या हो रहा है...? मैंने पिछले पाँच दिन से कराची जेल में अखबार नहीं देखा और मुझे समझ में नहीं आ रहा था कि मुझे और मेरी माँ को इतनी बुरी तरह से क्यों रखा जा रहा है। यह जरूर एम.आर.डी. के बनाए जाने और ज़िया को चुनौती देने का नतीजा है, जो अभी हाल की गिरफ्तारी का कारण है। लेकिन हुकूमत को इतना खराब बर्ताव करने की इजाज़त कौन दे रहा है। और यहाँ पुलिस वालों और दूसरे यात्रियों के चेहरों पर इतना डर किस बात का नज़र आ रहा है।

एयर होस्टेस ने मुझे अखबार थमा दिया था। उसमें एम.आर.डी. की नहीं, बल्कि जहाज़ के हाईजैक किए जाने की खबरें छाई हुई थीं। पाकिस्तान के पचपन राजनीतिक कैदियों की रिहाई की माँग करते हुए हाईजैक करने वाले जहाज़ को काबुल, अफगानिस्तान उड़ा ले गए, और वहाँ उन्होंने एक यात्री, मेजर तारिफ रहीम को मार डाला। मेजर तारिफ जैसा कि ज़ाहिर है, एक फौजी अफसर थे और कभी मेरे पिता के समय में कैम्प सहायक रह चुके थे। पायलट से ज़बरन जहाज़ को दामास्कस, सीरिया उड़वा ले जाया गया था। जब मैंने पढ़ा, मैं सन्न हो गई, क्या जो पढ़ रही थी, वह सपना था, या एक सच...! हाईजैक करने वाला आतंकवादी गुट खुद का नाम अल-ज़ुल्फिकार बता रहा था। यह दल काबुल में गठित बताया जा रहा था, जहाँ मेरे भाई लोग थे और लिखा था कि उस दल के अगुवा का नाम है 'मीर' जो मेरा भाई था।

इकत्तीस, बत्तीस, तैंतीस... सैंतीस बार बालों में ब्रश... सत्तानवे, अट्ठानवे... मैं सौ तक गिनती हूँ, सौ बार दाँतों पर ब्रश। खुले आँगन में पन्द्रह मिनट पैदल चलना। एकदम अनुशासित दिनचर्या। इसमें कोई बदलाव नहीं लाया जा सकता। धूल-भरे जेल के अहाते में खुला हुआ सीवर बह रहा था। सामने एकदम खाली पड़ी और भी कोठरियाँ, जो मेरी बंद कोठरी के ठीक सामने हैं। इस तालाबंद कम्पाउंड को, जैसा कि जेलर ने बताया, मेरे लिए खास तौर से खाली कराया गया था। हुकूमत ने मुझे एकदम तन्हाई कैद में रखा था।

सिवाय एक जेलर के जो मेरी गुफा जैसी जेल की कोठरी को सुबह मुझे एक प्याला बेकार-सी चाय देने के लिए खोलता था, साथ में एक टुकड़ा रोटी, फीकी दाल का पानी, उबले कद्दू की सब्ज़ी, और हफ्ते में दो बार एक टुकड़ा मछली, लेकर आता था और फिर ताला लगाकर चला जाता था, मैंने कभी किसी और को नहीं देखा। इन पाँच महीनों में, मैंने शायद ही कभी किसी इंसान की आवाज़ सुनी हो। मैं सक्खर के, एकदम एकाकी कैदखाने में थी, जहाँ मुझे सिर्फ दहला देने वाली खबरें सुनने को मिलती थीं... आज पचास और गिरफ्तार हुए... आज किसी राजनीतिक कैदी पर कोड़े बरसाए जाएँगे।

सोवियत के अफगानिस्तान में बढ़ने के साथ, ज़िया के लिए हाईजैकिंग एक मुश्किल वक्त लेकर आई थी। ज़िया को उखाड़ फेंकने की पुकार ज़ोर पकड़ रही थी। ऐसे में घबराकर बहानेबाज़ी से ज़िया इस हाईजैकिंग का भी इल्ज़ाम पी.पी.पी. पर थोप रहा था। यह वक्त ऐसा नहीं था, जिस पर भरोसा किया जा सके। इस नाते यह भी बात थी कि यह हाईजैकिंग ज़िया ने खुद करवाई है। घटना के तेरह दिन बाद, जब आतंकवादी गुट के दिए हुए समय में, बस चन्द मिनट ही बाकी थे, हुकूमत ने तय किया कि वह उनकी माँग मानते हुए पचपन राजनीतिक बन्दियों को छोड़ देंगे। वह पचपन लीडर हुकूमत के लिए क्या होते, जबकि हुकूमत ने हज़ारों दूसरी राजनीतिक गिरफ्तारियाँ कर रखी थीं, जिस पर दूसरे इल्ज़ामों के साथ, आतंकवाद का भी आरोप लगाया गया था। अखबारों में एम.आर.डी. की चुनौती का कहीं ज़िक्र भी नहीं था। बस, हाईजैकिंग और अल-ज़ुल्फिकार से पूरा अखबार भरा पड़ा था।

सक्खर जेल में बंद मैं, यह नहीं जानती थी कि ज़िया इस मामले को पी.पी.पी. से, खासतौर पर मेरे भाई और मुझसे कितना जोड़कर देख रहा है। बल्कि मैं ज्यादातर इस कोशिश में थी, कि मैं इस कैद से कैसे छुटकारा पाऊँ। मुझे तब कुछ राहत मिली, जब मिस्टर लाखो, मेरे वकील, जेल में मुझसे मिलने आए और पता चला कि वह मेरी गिरफ्तारी के बारे में एक अपील दायर कर रहे हैं। एक बार फिर एक ईमानदार और सज्जन जेलर ने मेरी मदद की। मैंने जो चिट्ठी सिंध हाई कोर्ट को लिखी थी वह पहुँच गई लेकिन उस जेलर और मेरे वकील की कोशिशें कोई काम नहीं आईं।

23 मार्च को, मेरे वकील लाखो के मुझसे मिलकर जाने के बाद, फौजी हुकूमत ने "अस्थायी संवैधानिक आदेश" जारी किया जिसका मतलब था कि ज़िया के पास हमेशा, कभी भी, संविधान को बदल देने का अधिकार रहेगा। इस नए आदेश के तहत ज़िया ने सिविल कोर्ट को, मार्शल लॉ के खिलाफ, किसी भी सुनवाई के हक से बेदखल कर दिया। इसके हिसाब से मेरी अपील और हज़ारों, दूसरे कैदियों की अपील जो की जा चुकी थी,

बेकार हो गई। हम कभी भी, गिरफ्तार किए जा सकते थे, हम पर मुकदमा चलाया जा सकता था, हमें कोई भी सज़ा दी जा सकती थी। और इसके लिए हुकूमत को किसी कानूनी वजह को बताने की ज़रूरत नहीं थी। ज़िया ने इस आदेश के दम पर एक और काम यह किया कि उसने अदालतों को कानूनी तौर पर विरोध करने वालों से खाली करा लिया। सारे न्यायाधीशों से मार्शल लॉ की अन्तिम सत्ता को मानने की कसम खिलवाई गई। जिन्होंने यह शपथ लेने से मना किया, उन्हें निकाल बाहर किया गया। जिनको कभी भी विरोधी तेवर में देखा गया था, वह भी निकाल बाहर किए गए। इस तरह से पाकिस्तान की करीब एक चौथाई न्यायपालिका ज़िया के नए आदेश के ज़रिये साफ हो गई। इसमें वह जज भी बाहर हो गए, जो राजनीतिक कैदियों को मार्शल लॉ द्वारा दी गई मौत की सज़ा को उम्रकैद में बदल दे रहे थे। ''अगर यह अपनी ताकत को न्यायपालिका से बाँटकर रखने का मामला है, तो फिर मैं इसे नहीं चलने दूँगा।'' अखबार *गार्जियन* में ज़िया को यही कहते बताया गया था।

ज़िया का कहना था कि न्यायपालिका का काम बस कानून की व्याख्या करना है। अन्तरराष्ट्रीय कानून परिषद् और ऐमनेस्टी इण्टरनेशनल ने ज़िया के इस बयान के खिलाफ कड़ा विरोध दिखाया लेकिन ज़िया टस से-मस नहीं हुए। पाकिस्तान में नागरिक कानून पूरी तरह से बेकार हो गए और उसके बाद फिर लाखो को मुझसे कभी मिलने नहीं दिया गया।

वक्त मेरे लिए बहुत निर्मम और नीरस हो गया था। अपने दिमाग को सक्रिय रखने के लिए मैंने, जो कुछ घटता जा रहा था उसे एक पतली-सी डायरी में लिखना शुरू कर दिया था। वह डायरी उस दयालु जेलर ने मुझे मेरी कोठरी में छिपाकर लाकर दी थी। उससे कुछ वक्त गुज़र जाता है। मुझे रोज़ का अखबार भी मिलने लगा। *डॉन* भीतरी सिंध के अखबार का नया संस्करण है। मैं उसे धीमे-धीमे पढ़ती हूँ। उसकी एक-एक बात याद रखने की कोशिश करती हूँ। इधर-उधर की कहानियाँ, बच्चों की पहेलियाँ, मुसलमानों के अमृत वचन, पकवान बनाने के तरीके... सब कुछ पढ़ने के बावजूद वह अखबार मैं एक घंटे में पढ़कर खत्म कर लेती थी।

''क्या मुझे *टाइम* या *न्यूज़वीक* मिल सकता है?'' मैंने हफ्ते में एक बार आने वाले जेल सुपरिंटेंडेंट से पूछा।

''वह कम्यूनिस्ट प्रकाशन है, इसलिए उसकी इजाज़त नहीं है।''

''क्या खाक कम्यूनिस्ट है...? उसके भीतर तो पूँजीवाद भरा हुआ है...'' मैं बहस करती हूँ।

''वह कम्यूनिस्ट ही है।'' जवाब मिलता है।

''आपकी लाइब्रेरी में क्या-क्या किताबें हैं?'' मैंने कोशिश की।

''यहाँ लाइब्रेरी नहीं है...''

मार्च बीतते तक मैं अखबार के लिए बेचैन होने लगी। हाईजैकिंग अभी भी अखबारों का मुख्य मुद्दा था, और उसमें मेरे भाई का शामिल होना बताया जा रहा था। मैंने पढ़ा कि मेरे भाई मीर ने एक इण्टरव्यू में इस काण्ड की ज़िम्मेदारी ली, लेकिन दूसरे में इससे

इन्कार भी कर दिया। सारे सरकारी अखबार, इस बारे में इशारे-इशारे में कहते जा रहे थे कि अल-ज़ुल्फिकार पी.पी.पी. ही का एक हथियारबंद गुट है।

क्या फर्ज़ी आरोप था। वह पूरा ढाँचा, जिस पर पी.पी.पी. खड़ा था, उसे धीरे-धीरे बदलकर, राजनीतिक तरीकों से ऐसा कर लेना था कि वह कानूनी ढंग से काम करे। नहीं तो हम चुनावों पर क्यों इतना ज़ोर देते, क्यों हम चुनावों में उतर पड़े, जबकि ज़िया ने सारे तरीके हम पर आज़मा लिए थे। क्यों हम इस बात को इतना आगे रख रहे थे कि मार्शल लॉ की बंदूकों के बावजूद चुनाव हों। लोगों के दिल और उनकी वफादारी ज़बरदस्ती से नहीं जीती जा सकती। ज़िया को अब तक यह पता चल गया होगा, फिर भी हुकूमत लगातार सच्चाई को तोड़-मरोड़कर अल ज़ुल्फिकार के बहाने एम.आर.डी. और पी.पी.पी. और भुट्टो को बरबाद करने के लिए इस्तेमाल कर रही थी।

सक्खर की जेल में एकदम अकेले बैठी, मैं यह पूरी तरह से मान चुकी थी कि हुकूमत मुझे भी मार डालने की तैयारी कर रही है। जेल के एक अफसर ने घबराते हुए मुझे बताया कि यहीं, इसी जगह मेरे ऊपर खुफिया तौर पर मुकदमा चलाते हुए मुझे सज़ाए मौत दी जाएगी। दूसरे ने बताया कि मुझे वहाँ ले जाने के लिए मौत की कोठरी, दूसरी जेल में तैयार की जा रही है। सक्खर जेल की सुरक्षा टुकड़ियाँ बढ़ाई जा रही हैं। मुझे बताया गया कि मेरे भाई लोग मुझे बचाने की कोशिश करेंगे, ताकि मैं सज़ा में जान न गँवा दूँ। यह भी एक अफवाह थी कि मुझे कठोर यातना कोठरी में डाल दिया जाएगा, जो बलूचिस्तान में है, कि मैं हवाई जहाज़ की हाईजैकिंग में शामिल होने के जुर्म को स्वीकार कर लूँ। ''आगे, तुम्हारे दिन बहुत दर्दनाक हैं,'' ऐसा मेरे एक हमदर्द ने मुझे बताया। ''तुम्हें अपनी ज़िन्दगी की दुआ माँगनी चाहिए।''

जेलों का इंस्पेक्टर जनरल अफसर जो यहाँ सक्खर में दौरे पर आया था, उसने इन अफवाहों को सच बताया। ''लोगों पर गहरे ज़ुल्म किए जा रहे हैं कि वह तुम्हारे अल-ज़ुल्फिकार में शामिल होने का बयान दे दें।'' उस दयालु से दिखने वाले बुज़ुर्गवार ने फुसफुसाकर मुझे सावधान किया।

''लेकिन मैं तो बेकसूर हूँ, वह मुझे इस तरह से नहीं फँसा सकते...''

इन्सपेक्टर जनरल ने सिर हिलाकर सहमति जताई, ''मैंने तुम्हारे गाँव लरकाना का एक लड़का देखा जिसके पैरों के नाखून उखाड़े गए...'' उन्होंने आँसू भर मुझे बताया। ''मुझे नहीं पता इतने अत्याचार के दवाब में कौन नहीं टूट जाएगा...''

मैं उनकी बातों पर या जेल के किसी भी आदमी की बात पर विश्वास नहीं करना चाह रही थी। ज़िन्दा रहने के लिए उस समय सच्चाई को परे रखना ज़रूरी था। सच्चाई को मानने का मतलब था, खतरे को स्वीकार कर लेना। लेकिन कहीं किसी कोने में, वह डर मेरे भीतर, मेरे शरीर में गहरे उतर गया था। मेरी वह अंदरूनी बीमारी बिगड़ती जा रही थी। चूँकि जेल में कोई छिपाव-दुराव का इन्तज़ाम नहीं था, मेरी औरतों की बीमारी का हाल जेल की मैट्रन को पता चल गया और डॉक्टर बुलाई गई, लेकिन मुझे, मेरी बीमारी क्या है, यह नहीं बताया गया।

मैंने खाना खाना बंद कर दिया, क्योंकि मैं कुछ भी गले के नीचे नहीं उतार पा रही थी। मैं कुछ भी नहीं खा रही थी लेकिन फिर भी मुझे लगता था कि मैं मोटी हो रही हूँ। मेरा पेट जैसे निकल रहा था। मेरी पसलियों का घेरा बाहर आ रहा था। अब मुझे लगने लगा कि मेरी बीमारी, मेरी भूख मर जाने के कारण है। मेरा वज़न गिरता चला गया। जेल के वे अफसर, जो मुझे यह बताते थे कि मुझे फाँसी दी जाने की तैयारी हो रही है, अब इस बात से घबराने लगे कि कहीं मैं खुद-ब-खुद न मर जाऊँ। ''अपना सामान तुरन्त बाँधो, हम तुम्हें कराची ले जा रहे हैं।'' जेल मजिस्ट्रेट ने मुझे 16 अप्रैल को सुबह-सुबह बताया। तब तक मुझे सक्खर जेल में आए हुए पाँच हफ्ते हो चुके थे।

''क्यों?'' मैंने पूछा।

''तुम्हारी सेहत खराब है। हम तुम्हें कराची ले जा रहे हैं।''

कराची एयरपोर्ट पर पुलिस ने मुझे बताया कि वह मुझे घर ले जा रहे हैं।

70, क्लिफ्टन जाएँगे, यह खुशी का मंज़र था। साफ ठण्डा पानी, न कि पीला गँदला जेल का पानी। अपना बिस्तर, न कि जेल की रस्सी की चारपाई। चार ठोस दीवारों वाला कमरा, न कि सलाखों वाला पिंजरा। मैंने सोचा कि मेरे बुरे दिन अब खत्म हुए, लेकिन यह सच नहीं था।

''यह मेरा घर नहीं है,'' मैंने विरोध किया। जब मेरी यात्रा खत्म हुई तब मैंने पाया कि मैं एक ऐसी अनजान जगह लाई गई हूँ, जहाँ मैं पहले कभी नहीं आई। ''हम पहले तुम्हें दूसरे डॉक्टर को दिखाना चाहते हैं, फिर हम तुम्हें तुम्हारे घर ले जाएँगे।'' पुलिस के उन लोगों ने कहा, जो मुझे अपने घेरे में लेकर चल रहे थे।

फिर मैंने एक अनजान-सी औरत को अपनी तरफ आते देखा, ''आप मुझे सीधे मेरे घर क्यों नहीं ले चलते, जहाँ मेरी अपनी डॉक्टर मुझे देख लेगी।'' मैंने समर्थन पाने की कोशिश की। पुलिस वालों ने कोई जवाब नहीं दिया। उस डॉक्टर का चेहरा, कम-से-कम, भला लग रहा था। ''सक्खर की डॉक्टर का ख्याल है कि आपको मूत्राशय का कैंसर है।'' उसने मुझे बताया, ...''मैं अभी पक्की तौर पर कुछ नहीं कह सकती। मुझे पहले पूरी जाँच करनी पड़ेगी, एक ऑपरेशन होगा छोटा-सा।'' 'कैंसर? अट्ठाइस बरस की उमर में...' मैंने अविश्वासपूर्वक उसकी तरफ देखा। क्या यह कैंसर का शक सच्चा था...? या वह हमेशा की तरह मुझे भटका देना चाहते थे? यह डॉक्टर भी तो, दूसरी डॉक्टरों की तरह फौजी हुकूमत द्वारा ही बुलवाई गई थी... बातचीत के दौरान, वह एक पैड पर लिख रही थी, ''घबराओ मत, मैं तुम्हारी दोस्त और हमदर्द हूँ... तुम मुझ पर भरोसा कर सकती हो...'' लेकिन क्या मैं सचमुच ऐसा कर सकती थी...? मेरे पास किसी पर भी भरोसा कर सकने का, एक भी कारण नहीं था।

''आपने कहा था कि आप मुझे 70, क्लिफ्टन ले जा रहे हैं।'' मैंने पुलिस से जीप में बैठकर चल पड़ने पर कहा, ''लेकिन यह तो उधर का रास्ता नहीं है...''

''हम पहले आपको, आपकी माँ से मिलवाते हैं। घर बाद में जाएँगे... अभी हम कराची सेंट्रल जेल चल रहे हैं।''

मैं बहुत खुश हो गई। मैंने एक महीने से न तो अपनी माँ को देखा था, न ही उसकी

कोई खबर मुझे मिली थी। मैं बहुत बेताबी से उन्हें अपना हाल बताना चाह रही थी, एम. आर.डी. के बारे में बात करना चाह रही थी। घोर विश्वासघात के उन इल्ज़ामों के बारे में बात करना चाह रही थी, जो मैं जानती हूँ, हुकूमत ज़रूर हम पर लगाएगी।

मैं जैसे ही रेस्ट हाउस पहुँची, मैंने आवाज़ लगाई, "मम्मी...मम्मी...!" लेकिन कोई जवाब नहीं मिला। "मम्मी, मैं पिंकी!" लेकिन फिर कोई जवाब नहीं..." दूसरा झूठ... मेरी माँ दूसरे वार्ड में बंद थीं, एक जेलर ने मुझे चुपके से बताया। मैंने ज़िद की कि मैं उन्हें तुरन्त देखना चाहती हूँ, मुझे जवाब नहीं मिला। अगले दिन 70, क्लिफ्टन ले जाने की बजाय मुझे एक बड़े सरकारी अस्पताल में ले जाया गया। उसके गलियारे खाली थे, उनमें मरीज़ों के मिलने वालों, उनके रिश्तेदारों की कोई भीड़ नहीं थी, जो अक्सर, सब जगह, यहाँ तक कि ऑपरेशन थियेटर तक भी घिरे रहते हैं। बिना किसी रिश्तेदार के साथ हुए, मैं बहुत अकेला महसूस कर रही थी। जब ऑपरेशन के बाद मेरी आँख खुली, मैंने देखा मेरी बहन सनम सामने थी। मुझे उसे देखकर बड़ी राहत मिली। कम-से-कम, हुकूमत ने उसे तो मेरे पास आने की इजाज़त दी। लेकिन वह इस सब से बहुत परेशान थी।

सनम :

बहुत बड़ा अस्पताल था। मैं समझ नहीं पा रही थी कि कहाँ जाऊँ, किससे पूछँ कि मेरी बहन कहाँ है... मैं जैसे ही उसका नाम लेती, लोग सर्द हो जाते और मुझे घूरने लगते। मैं बहुत डर गई थी। मैं महीनों से घर के बाहर नहीं निकली थी। उस समय पाकिस्तान कितनी डरावनी जगह बन गया था, खासतौर से भुट्टो लोगों के लिए, और मेरे लिए जाने की दूसरी कोई जगह नहीं थी।

"प्लीज़, मेरी मदद कीजिए!" मैं लगातार, उनसे यही कहे जा रही थी। यहाँ जाओ, वहाँ जाओ, लोग ऐसे ही बेतुके बता रहे थे। अचानक मैंने एक औरत को चीखते सुना, "या खुदा, मेरी बहन..." मैंने अपने बगल की एक औरत से कहा। "नहीं, वह तुम्हारी बहन नहीं है," उस औरत ने जवाब दिया। वह शायद इण्टेलिजेंस की कोई एजेण्ट थी। "वह औरत एक छोटे-से ऑपरेशन के लिए लाई गई है, उसे ज़चकी के दर्द उठ रहे हैं।" मैं जानती थी कि वही पिंकी है, मैं जान गई थी। मैं तेज़ी से उस चीख की आवाज़ की तरफ दौड़ी और मैंने देखा कि वह उसे हॉस्पिटल की ट्राली में, ऑपरेशन के कमरे से हॉल की तरफ जा रहे थे। उसकी बाँह और नाक से नली निकल रही थी। वह चिल्ला रही थी, "यह लोग मुझे मार डालेंगे! यह लोग मेरे पापा को मार डालेंगे!" वह नीमबेहोशी की हालत में थी और पुलिस वालों ने उसे घेर रखा था।

मैंने उसके सिर में एक सफेद बाल देखा। मेरे लिए यह एक हादसा था, एक झटका। न जाने कितने जन्मदिनों पर वह जेल के अन्दर बंद रही... बंद रही जहाँ उसके पास दूर-दूर तक कोई नहीं था। और उसे मिला क्या... यह सफेद बाल...! जब तक उसको होश नहीं आया, मैं उसके सिरहाने बैठी रही। मैंने सोचा था कि वह मुझे उसके साथ दोपहर भर रहने देंगे। लेकिन उन्होंने, बस आधे घंटे की मुलाकात

मुझे करने दी। बाहर जाते समय मैंने डॉक्टर को देखा। अपनी बहन को बताया कि ठीक है... डॉक्टर ने कहा, लेकिन फिर मुझे कोई मौका नहीं मिला। उसी दोपहर वह उसे, कराची के सेंट्रल जेल में ले गए।

मेरे कानों में शोर गूँज रहा है। बीच-बीच में अँधेरा जैसा छाने लगता है। मेरी आँख कराची के सेंट्रल जेल में खुलती है और मैं पाती हूँ कि एक पुलिस वाली मेरा बैग उलट-पुलट कर रही है, और उसने वह छोटी-सी नोट बुक भी निकाल ली है, जो मैं सक्खर जेल में लिख रही थी। "आप क्या कर रही हैं...?" मैं उससे अपनी उनींदी लड़खड़ाई आवाज़ में पूछती हूँ...। "ठीक है," वह कहती है और नोट-बुक वापस रख देती है। उसके जाते ही एक अनजानी-सी चेतना मुझे उठाकर खड़ा कर देती है। मुझे बुखार जैसा लग रहा है और मैं पूरी तरह जाग्रत नहीं थी। मैं फिर भी तेज़ी से उठकर घिसटती हुई-सी बाथरूम में जाती हूँ और उस नोट-बुक को जला देती हूँ। एक घंटे के भीतर ही, वह पुलिस वाली औरत और एक पुलिस वाला वापस आते हैं।

"तुम्हारी बहन ने तुम्हें कुछ दिया था, कहाँ है...?" वह माँगते हैं।

ओह, तो यह लोग इस नोट-बुक को वही समझ रहे थे...।

"मैं समझ नहीं पा रही हूँ कि आप क्या कह रहे हैं..." मैं कहती हूँ।

"तुम झूठ बोल रही हो," वह मेरे ऊपर चीखते हैं और मेरा बैग दुबारा टटोलने लगते हैं और मेरे कपड़ों वगैरह की भी तलाशी लेते हैं। उनको कुछ नहीं मिलता तो उनका गुस्सा और भी तेज़ हो जाता है।

"उठो, जल्दी उठो!" अगले दिन सुबह ही दो पुलिस वाले मेरे ऊपर चीखते हैं। मैं बेहद कमज़ोरी महसूस करती हूँ और मुझे उठ खड़े होने में मुश्किल होती है। "डॉक्टर ने मुझे अड़तालीस घंटे हिलने-डुलने की मनाही बताई है।" मैं उन्हें बताना चाहती हूँ। पुलिस वाले कुछ नहीं सुनते। वह मेरे थोड़े-से सामान को मेरे बैग में ठूँसते हैं और मुझे जल्दी-जल्दी पहले कार में, फिर हवाई जहाज़ में बैठा देते हैं। मैं बेहद कमज़ोरी महसूस करती हूँ, उन सबकी आवाज़, मुझे बहुत दूर से आती हुई लगती है। अँधेरेपन की तरंगें मेरी आँखों के आगे नाचती-सी हैं। मैं अपने भीतर ताकत जुटाने की कोशिश करती हूँ... मुझे उनके सामने हारने मत दो मेरे खुदा, मैं होश में बने रहना चाहती हूँ, मुझे ताकत दो...लेकिन एक अँधेरा मुझे लील लेता है। जब कई घण्टों बाद मेरी चेतना लौटती है, मैं सक्खर जेल की अपनी कोठरी में हूँ और कोई कह रहा है, "यह ज़िन्दा है..." दूसरा स्वर है, "उसे इतनी जल्दी नहीं ले आना चाहिए था..." मैं फिर बेहोश होने लगती हूँ, लेकिन इस बार उतनी बेचैनी नहीं है, मैं ज़िन्दा हूँ।

मुझे नहीं पता था कि मैं इतनी खुशकिस्मत हूँ। पी.पी.पी. सरकार के कभी मन्त्री रहे जाम सादिक अली ने मुझे बरसों बाद बताया कि, उन दिनों वह देशनिकाला झेलते हुए लन्दन में रह रहे थे कि उन्हें मेरे सक्खर जेल के दौरान अस्पताल में भर्ती होने की खबर मिली थी, जो पाकिस्तान से ही भेजी गई थी। "कुछ करो," उसमें कहा गया था, कि वह लोग मुझे (बेनज़ीर भुट्टो को) ऑपरेशन टेबल पर मार डालने की योजना बना रहे हैं। सादिक अली साहब ने तुरन्त एक प्रेस कान्फ्रेंस बुलाकर इस सम्भावना को प्रेस को बता दिया और इस तरह हुकूमत की यह योजना विफल हो गई नहीं तो हुकूमत ने

मुझे मार ही डाला होता।

सक्खर में, ऑपरेशन के हफ्तों बाद तक मैं खून की कमी की वजह से थकी कमज़ोर बनी रही थी। मेरे लिए चल पाना भी दूभर था। उन दिनों जेल के कुछ जूनियर कर्मचारी मेरे साथ हमदर्दी महसूस करने लगे थे। बड़ा जोखिम उठाते हुए उन्होंने मुझे एक नई नोट-बुक, एक कलम, *न्यूज़वीक* अखबार की कुछ प्रतियाँ लाकर दीं। एक तो मेरे लिए कुछ ताज़े फल भी लाया था। मैं ज्यादा-से-ज्यादा वक्त उन घटनाओं के बारे में नोट्स बनाने में बिताती, जो सक्खर जेल के बाहर की दुनिया में घट रही थीं। मैं नोट-बुक में लिखती, अखबारों की खाली जगह में लिखती, जो भी, जैसा भी कागज़ मिलता, उस पर लिखती। जेलर लोग रात को चुपचाप आकर अखबार वापस ले जाते, ताकि रात को अचानक जाँच होने पर वहाँ अखबार न पाए जाएँ। ऐसा होने पर उनको नौकरी जाने का पूरा खतरा था। मैं हर सुबह उन अखबारों के वापस मिलने का बेसब्री से इन्तज़ार करती।

जेल की डायरी से नोट्स :

20 अप्रैल, 1981 : हुकूमत की पक्षधरता वाला अखबार *जंग* अपनी सुर्खियों में मीर मुर्तज़ा भुट्टो के बी.बी.सी. के इण्टरव्यू का हवाला देते हुए लिखता है कि मीर हाईजैकिंग के दौरान काबुल में था ज़रूर लेकिन उसे हाईजैकिंग की खबर यह घटना हो जाने के बाद ही मिली। मीर मुर्तज़ा ने बताया कि उसकी माँ और बहन ने पाकिस्तान से अल-ज़ुल्फिकार के साथ कोई हमदर्दी ज़ाहिर नहीं की है। वह पी.पी.पी. के लिए काम नहीं कर रहा है, न ही उसका अपनी माँ से या बहन से कोई सम्पर्क हो पाया है।

अप्रैल 21 : डॉन

रेडियो ऑस्ट्रेलिया ने कल रात मीर के इस बयान को प्रसारित किया, जो उसने हाल में बम्बई में दिया, कि उसका अल-ज़ुल्फिकार संगठन, जो पाकिस्तान लिबरेशन आर्मी के नाम से भी जाना जाता है, वह पाकिस्तान का तख्ता पलट कर रख देगा। उसने यह कसम खाई है कि वह हिंसा के ज़रिये वहाँ के प्रशासन को हटाकर रहेगा। मीर ने बताया कि उसके अल-ज़ुल्फिकार ने कम-से-कम *चौव्वन* कार्यवाहियाँ पाकिस्तान में भीतर घुसकर की हैं, जिसमें पोप के आने के पहले कराची स्टेडियम का बम विस्फोट भी शामिल है। यह पूछे जाने पर कि क्या अल-ज़ुल्फिकार का मुख्यालय काबुल में है, मीर ने बताया कि 'काबुल में उनकी मौजूदगी ज़रूर है, लेकिन उनका मुख्यालय पाकिस्तान के भीतर ही है।' मेरा दिल बैठ गया, लेकिन यह खबर मैंने लिख ली। काश, मैं मीर से बात कर पाती, उसे देख पाती। पाँच साल से मैंने उससे मुलाकात नहीं की है। मैं बस अखबार में छपी तस्वीरों के ज़रिये ही यह जानती हूँ कि कैसे दिखते हैं मेरे भाई लोग मीर और शाह। मेरे सामने यह साफ है कि मीर का यह गुस्सा और उसकी कुंठा, उसके यह बयान, चाहे वह सच्चे हैं, या हुकूमत के गढ़े हुए, लेकिन यह सब मेरे लिए, मेरी माँ के लिए और पी.पी.पी. के लिए बड़ा खतरा खड़ा करने वाले हैं। ज़िया इनके बहाने, पी.पी.पी. को खत्म कर सकता है। वह खैर मेरे भाइयों तक तो नहीं पहुँच सकता, लेकिन मुझे और मेरी माँ को और भी मुश्किल में डाल सकता है।

28 अप्रैल को मीर को पाकिस्तान की 'मोस्ट वांटेड' सूची में डाल दिया गया। अपने जेल के निरीक्षण कार्यक्रम के दौरान डिप्टी मार्शल लॉ प्रशासक अचानक मेरी कोठरी में आ पहुँचे। उनके साथ जेल सुपरिंटेंडेंट और जेल के दूसरे अधिकारी भी थे। केवल दो कुर्सियों पर, हम दोनों बैठे।

"मुझे क्यों कैद करके रखा गया है?" मैंने उनसे पूछा।

"अल-ज़ुल्फिकार की वज़ह से..." उन्होंने जवाब दिया।

"मेरा उनसे कोई सम्बन्ध नहीं है।" मैंने बताया।

"हमें आपके कमरे से बहुत-से कागज़ मिले हैं, जो अल-ज़ुल्फिकार का हवाला देते हैं।" उन्होंने कहा।

"मैं समझ नहीं पाई कि आप क्या कह रहे हैं..." मैंने सफाई दी।

"आपके अल-ज़ुल्फिकार से जुड़ाव का, स्टेडियम में बम धमाके का और लाला असद, इन सबका फैसला कोर्ट करेगा।"

लाला असद...? सिंध की छात्र शाखा का उपाध्यक्ष...? मैं लाला असद को जानती थी। वह खैरपुर में इंजीनियरिंग का छात्र था। मुझे विश्वास नहीं हुआ कि वह लड़का अल-ज़ुल्फिकार नाम के संगठन से जुड़ गया है, या सचमुच ऐसा कोई संगठन काम कर रहा है। लेकिन हुकूमत ज़रूर इस अल-ज़ुल्फिकार नाम का इस्तेमाल करते हुए ज्यादा-से-ज्यादा पी.पी.पी. वालों का सफाया कर देना चाहती है। डिप्टी मार्शल प्रशासक ने बात के दौरान एक और नाम लिया, जिसे गिरफ्तार किया गया, वह था नासिर बलोच। मैं उसे भी जानती थी। वह कराची स्टील मिल्स से पी.पी.पी. में मज़दूरों का प्रतिनिधि था।

"मैं आज सुबह हुई इन बातों का क्या नतीजा निकालूँ..." मैंने डायरी में लिखा। "क्या हुकूमत को लगता है कि मैंने, अल-ज़ुल्फिकार के प्रतिनिधि की तरह लाला असद और दूसरों के साथ षड्यन्त्र करके स्टेडियम में बम विस्फोट कराया? मेरे लिए उस पर विश्वास करना मुश्किल था। कितना बेहूदा और सच्चाई से परे था ऐसा सोचना। इसमें बेकसूर लोग फँसते जा रहे हैं और ज़ालिमों का राज चल रहा है... क्या दुनिया है!"

दो दिन बाद यह दुनिया और भी भयानक हो गई।

अखबार *जंग* की सुर्खी में खबर थी, "भुट्टो माँ-बेटियों को–जो कुछ हुआ, इसकी जानकारी थी, इस बात का सबूत देने वाले दस्तावेज़ मिले हैं।" यह उन्हीं दस्तावेज़ों का ज़िक्र लगता है, जो वह डिप्टी मार्शल प्रशासक उस दिन मुझे बता रहा था। मेरा दिल थम-सा गया और एक सर्द लहर मेरी रीढ़ की हड्डी तक दौड़ गई। ज़ाहिर है, हुकूमत इस तैयारी में थी कि भुट्टो परिवार पर एक और मुकदमा शुरू हो।

"हम एक गहरे दुःस्वप्न में फँस गए हैं।" मैंने अपनी डायरी में लिखा। "वह तीस अप्रैल की तारीख थी। पहले मीर और अल-ज़ुल्फिकार की खबर, और हुकूमत की साज़िश कि वह हमें एक ऐसे मामले में फँसा दे, जिसका हमसे कोई लेना-देना नहीं है। यह कितनी बेतुकी बात है...। लेकिन इसमें हैरत क्या...? यही इन लोगों ने पापा के साथ किया। अब यह लोग वही धोखा हमारे साथ दोहराना चाहते हैं, जिसके बारे में पूरी दुनिया को पता है कि यह सच नहीं है, या शायद यह सोचते हैं कि दुनिया को सच का पता नहीं होगा...। असली चीज़ तो सच्चाई है, लेकिन फौजी अदालत सच्चाई को सामने लाने का मौका कहाँ

देती है... चूँकि वह हमें राजनीतिक रूप से हरा नहीं सका, तो अब वह हमें जान से मार डालना चाहता है। ज़िया ज़ालिम है।'' लेकिन उस समय मुझे उस ज़ुल्म की गहराई का अंदाज़ा नहीं था, जिसमें हुकूमत, हमें बरबाद करने के लिए उतर चुकी थी।

कराची में बाल्डिया सेंटर और डिवीज़न 555। लाहौर का किला और लाहौर की बर्डवुड बैरकें। उत्तरी पंजाब में अटक का किला। रावलपिंडी के बाहर एयरफोर्स का बेस। बलूचिस्तान में मॉक जेल और खाली कैम्प। यह उन यातनागृहों के नाम हैं, जो पी.पी.पी. वालों की ज़िन्दगी में तबाही ला रहे थे और ऐमनेस्टी इण्टरनेशनल और दूसरी मानवाधिकार संस्थाओं की चर्चा का विषय थे। उन सबका निशाना पी.पी.पी. वालों के अलावा, मैं और मेरी माँ भी थे।

इन यातनागृहों में क्या कुचक्र चलता रहा, इसका ब्यौरा मैं बरसों बाद जान पाई। ज़ंजीरें, बर्फ की सिल्लियाँ, कैदियों की गुदा में मिर्ची घुसा देना। अपने दोस्तों और साथियों से इन कहानियों को सुनकर मैं थर्रा उठी कि इंसान किस हद तक बर्बरता से दूसरे इंसान पर ज़ुल्म ढा सकता है। ज़िया की इस मार्शल लॉ हुकूमत में क्या गुज़रा, उसका सही ब्यौरा कहीं ज़रूर दर्ज होना चाहिए।

फैसलहयात, वकील और पंजाब की नेशनल असेम्बली के भूतपूर्व सदस्य तथा एक ज़मींदार लिखते हैं :

12 अप्रैल, 1981 को सुबह 3.30 बजे एक सुपरिंटेंडेंट पुलिस और कर्नल की अगुवाई में, चार सौ पुलिस सिपाहियों ने मेरे घर के चारों ओर घेराबंदी कर ली। उन्होंने मेरे नौकर से मारपीट की और मेरे घर में घुस आए। उन्होंने मेरी बहन को उसके सोने के कमरे से खींचकर बाहर किया। उसका अभी हाल में लीवर का ऑपरेशन हुआ था और वह पूरी तरह से ठीक भी नहीं हुई थी। उन्होंने मेरी माँ को भी उसके कमरे से बाहर घसीटा और मेरे कमरे का दरवाज़ा तोड़कर उसमें घुस आए। उन्होंने मुझे गर्दन से पकड़ लिया। 'यह अल-ज़ुल्फिकार का मुख्यालय है। हम यहाँ रॉकेटलांचर्स, बाज़ूका, सब-मशीनगन, और दूसरे तरह के गोले-असलहा बरामद करने आए हैं, जो तुमने अपने तहखाने में छुपाकर रखे हैं। मैंने उनकी ओर एक भौंचक नज़र डाली, ''जहाँ तलाशी लेनी हो, ले लो... यह घर है, कोई दफ्तर नहीं, हमारे घर में कोई तहखाना भी नहीं है।'' मैंने कहा। उन्होंने फिर भी मुझे गिरफ्तार कर लिया।

मैंने जेल में पहले चौबीस घंटे बिना अन्न-जल के बिताए। फिर हमें आँख पर पट्टी बाँधकर लाहौर के किले में ले जाया गया, जो साढ़े चार सौ साल पहले मुगलों ने बनवाया था। शाहजहाँ, जिसने ताजमहल खड़ा किया, उसी की दूसरी भेंट थी लाहौर का खूबसूरत किला, जिसमें सुन्दर-सा शीशमहल है। मैं और मेरा परिवार इसके गर्मियों के लिए बनवाए गए हिस्से में मौज करते थे, जिसे मुगल बादशाहों ने पानी के फौवारों से और सुन्दर बना

दिया था लेकिन हाईजैकिंग की घटना हो जाने के बाद, वही लाहौर का किला अब सिर्फ कैदियों को दिए जाने वाले जुल्मो-सितम के लिए जाना जाता है। यह फ्रांस की बासिली की टक्कर में पाकिस्तान का जवाब बन गया है। वहाँ पर, उसी दिन उसी समय पच्चीस से तीस लोग गिरफ्तार करके लाए गए थे। जहाँगीर बदर, जो पी.पी.पी. पंजाब के अतिरिक्त महासचिव थे, शौकत महमूद, महासचिव, नज़ीम शाह, हमारे वित्त सचिव, मुख्तार अवाम भूतपूर्व मन्त्री, सभी ऊँचे सरकारी अफसर... बहुत बुरा हाल था।

मैं हर दो रोज़ बाद पूछताछ के लिए ले जाया जाता था। मुझे पता ही नहीं होता था कि कब अचानक मैं ले जाया जाऊँगा। वह मेरे पास सुबह छह बजे आए, तो शाम को भी, यहाँ तक कि आधी रात को भी मुझे ले गए, मुझे पहले कभी नहीं पता चला। हालाँकि हम जेल के भीतर ही थे लेकिन हमें ब्रिगेडियर शाहिब कुरैशी, पंजाब के मार्शल लॉ प्रशासक के चीफ लॉ स्टाफ, और अब्दुल कय्यूम, सूबे के इंटेलिजेंस के चीफ के पास पूछताछ के लिए हथकड़ी पहनाकर ले जाया जाता। इन दो लोगों के नाम और चेहरे मैं उम्र-भर नहीं भूल पाऊँगा। इनके सामने, न जाने कितने घंटे खड़े रहने के बाद मुझे सुनाया गया, ‘‘हम तुम्हें ज़िन्दगी बख्श देंगे। तुम एक नौजवान आदमी हो, अच्छे खानदान से सम्बन्ध रखते हो। तुम्हारे सामने लम्बी ज़िन्दगी पड़ी है। बस तुम बेगम नुसरत भुट्टो और मिस बेनज़ीर भुट्टो के बारे में यह कह दो कि ये जहाज़ के हाईजैकिंग के मामले में शामिल हैं।’’

मैंने मना कर दिया। उनका लालच देने का दायरा बढ़ा, ‘‘तुम राजनीति में हो, हम तुम्हें मंत्री बना देंगे।’’

‘‘तुम टेक्सटाइल के कारोबार में हो...’’ उन्होंने कहा, ‘‘तुम्हारी एक और नई मिल लगाने की दरख्वास्त, तुम्हारे राजनीति में होने की वजह से रद्द कर दी गई थी। हम तुम्हें उसकी इजाज़त अब दे देंगे, तुम अमीर हो जाओगे।’’

जब मैंने फिर भी उनके प्रस्ताव पर हामी नहीं भरी, उन्होंने चाल बदल दी, ‘‘हम तुम्हें पच्चीस साल के लिए जेल में सड़ा सकते हैं...’’ उन्होंने धमकी दी। ‘‘हम मार्शल लॉ की सरकार के दौर में हैं। हमें किसी गवाह, सबूत की ज़रूरत नहीं है। हम तुम्हें यहीं खड़े-खड़े सज़ा सुना सकते हैं।’’

मैंने पाँच फीट लम्बी, चार फीट चौड़ी कोठरी में तीन महीने काटे। मेरा छह फीट लम्बा कद है, जबकि कोठरी की ऊँचाई इससे कम थी, इस नाते पूरे वक्त कभी मैं अपने कद-भर सीधा खड़ा नहीं हो पाया। मेरे ब्लॉक में चार एक जैसी कोठरियाँ थीं। सबमें सलाखों वाले दरवाज़े थे और दोपहर से लेकर छिपने तक सूरज सीधे आँखों में चौंध पैदा करता रहता था। तापमान 46^0 सेंटीग्रेड हो जाता था, कमरा तपने लगता था। गर्मी से बचने का कोई इन्तज़ाम नहीं था। पंखे कोठरी के बाहर लगे थे, जो बाहर खुले गलियारे से तपती हुई गर्म हवा बाहर फेंकते थे। मेरे होंठ सूज गए थे और उनमें इतना दर्द होता था कि मेरा कुछ भी खाना, यहाँ तक कि पानी निगलना भी मुश्किल होता था। मेरी खाल झुलस गई थी और मेरे शरीर पर सब जगह काले चकत्ते उभर आए थे। मेरे बदन में खारिश हो गई थी। एक दोपहर को मैंने सूरज की तेज़ चौंध से बचने के लिए अपनी कमीज़ कोठरी की सलाखों से बाँध दी। जेल के गार्ड मेरी कमीज़ ही खोलकर ले गए और तीन दिन बाद ही वह कमीज़ मुझे वापस मिल पाई।

मेरे ब्लॉक की कोठरियों में, एक के बाद एक लोग लू से बीमार पड़ने लगे। मैं उनकी बेहोशी और बदहवासी में निकलती चीख-पुकार सुनता। मैं इन सबमें सबसे छोटा, सत्ताईस बरस का आदमी था, और मुझे ही सबसे लम्बे समय तक जेल में रखा गया था। लेकिन दो महीने बाद मैं भी ज़बरदस्त बीमार पड़ गया। जब दो दिन बाद मेरी आँख खुली मैं एक तहखाने की कोठरी में था, जिसे हाल-फिलहाल एक अस्पताल में बदल दिया गया था। जब डॉक्टरों को भरोसा हो गया कि मैं होश में आ गया हूँ, मुझे फिर मेरी कोठरी में वापस भेज दिया गया।

जल्दी ही, रातें दिन से ज्यादा असहनीय होने लगीं। न तो मुझे, न ही किसी और को, कोई बिछौना या चादर दी गई थी। हम कोठरी के टूटे फर्श पर सिकुड़कर लेट जाते थे। पास में ही वहीं एक नाली थी, जो शौच आदि बहाने के काम आती थी और बदबू मारती रहती थी। हमारे ऊपर से, चींटियाँ, चूहे, कॉकरोच, छिपकली, सारे के सारे रेंगते थे। गर्मी का कोई इलाज नहीं था। जेल के अधिकारियों ने बाहर पाँच सौ वॉट का बल्ब लगा रखा था, जो सारी रात तेज़ रोशनी आँखों पर मारता था। उन लोगों ने बड़ी चतुराई से बिजली के तारों का सॉकेट छत के अन्दर गहराई से लगाया था, ताकि कोई बदहवासी में उसे छूकर जान न दे दे। अगर यह सम्भव होता, तो कम-से-कम, मैं ज़रूर यह कर गुज़रता।

मेरी सेहत तेज़ी से गिरती जा रही थी। गन्दगी का यह हाल था कि लोग ज़िन्दा हैं, इस पर हैरत होती थी। वह खाना जो वह देते थे, वह कितना खराब होता था इसका अन्दाज़ा इसी से लगाया जा सकता है कि हम उसे बस दस सेकेण्ड के अन्दर किसी तरह गले के नीचे उतार देते थे। रोटी जिसमें कंकड़ और रेत होती थी, और मक्खियाँ तैरती हुई पतली सब्ज़ी। मैं कई बार मलेरिया, दस्त, हैज़ा जैसी बीमारियों की गिरफ्त में आया। एक बार मुझे 105 डिग्री बुखार हो गया। सिर दर्द के मारे फटने लगा। तेज़ रोशनी ने मेरी आँखों से नींद छीन ली। मेरा शरीर कभी तेज़ बुखार में तपता, कभी एकदम ठण्डा पड़ जाता। कई-कई दिन मैं अपनी ही कै में लिथड़ा पड़ा रहता।

'देखो, तुमसे कौन मिलने आया है!' ब्रिगेडियर कुरैशी और मेजर जनरल कय्यूम ने आकर मुझसे कहा। मैंने पलकें झपकाकर सामने खड़े चेहरे को पहचानने की कोशिश की। वह लोग मेरी माँ को मेरे पास लाए थे।

''पच्चीस साल तक यह जेल में सड़ता रहेगा...'' मार्शल लॉ के प्रशासकों ने मेरी माँ से कहा... 'पच्चीस साल..., नहीं तो यह भुट्टो परिवार के खिलाफ गवाही देने को तैयार हो जाए।'

मेरी माँ का चेहरा आँसुओं से भीग आया था। वह खुद भी एक बदकिस्मत औरत थी, जिस पर हुकूमत के ज़ुल्म टूटे थे। उसके बहनोई को यातना देकर देश के बाहर भेज दिया गया था। उनका एक और बेटा भी बरबाद कर दिया गया था। हमारी फसलें झुलसकर बरबाद हो गई थीं, क्योंकि हुकूमत ने हमारे खेतों का पानी काट दिया था। इस सबके बावजूद वह एक नरमदिल और दयालु महिला थी। उन्होंने उस दिन जो अपने अन्दर की ताकत दिखाई, वह मैंने पहले कभी नहीं देखी थी।

''फैसल, इनको कभी भी मौका मत देना, जो वह तुम्हें पालतू बनाएँ।' उन्होंने मुझसे ठीक उनके सामने कहा, 'यह कुछ भी करें अपनी मर्ज़ी के खिलाफ मत जाना, वही करना,

जो तुम्हारे दिल की आवाज़ हो।''

'मैंने अपना पूरा भरोसा अल्लाह पर छोड़ दिया है। यह लोग तो केवल इन्सान हैं। अगर खुदा की यही मर्ज़ी है कि मैं पच्चीस बरस जेल में काटूँ, तो उसे मैं कैसे रोक सकता हूँ, लेकिन मैं भुट्टो परिवार का विश्वास कभी नहीं तोड़ूँगा।'

मैंने उन्हें धोखा नहीं दिया। लाहौर फोर्ट के किसी भी राजनीतिक कैदी ने उन्हें धोखा नहीं दिया। हम अच्छे परिवारों से जुड़े हुए लोग हैं। हमारे साथ धार्मिक और सरकारी सेवा का लम्बा इतिहास जुड़ा है। हम पढ़े-लिखे लोग हैं। समाज में हमारा नाम है। भुट्टो परिवार के बारे में झूठ बोलकर हम बेग़ैरत ज़िन्दगी नहीं जी सकते थे, भले ही हुकूमत का कितना भी लालच, कितनी भी धमकी हम पर लागू हो।

कोई भी पुराना सरकारी नौकर आगे नहीं आया, जो भुट्टो परिवार के खिलाफ झूठ बोलने को तैयार होता। तीन महीने बाद हारकर हुकूमत ने हमें शहर की ज़िला जेलों में भेज दिया। मैं, लाहौर से चालीस मील दूर गुजराँवाला जेल में भेजा गया। दो महीने बाद मैं वहाँ से आज़ाद कर दिया गया। हुकूमत हमें सीधे लाहौर फोर्ट से आज़ाद नहीं करना चाहती थी। ज़रूर वह भी हमारी खुद्दारी से हार गए होंगे।

काज़ी सुल्तान महमूद, होटल फ्लैशमैन के भूतपूर्व कर्मचारी, रावलपिंडी से पी.पी.पी. के महासचिव :

मैं एक साल की कैद बामशक्कत, मियाँवाली की सेंट्रल जेल में काट चुका था। मैंने भुट्टो की सज़ाए मौत के खिलाफ एक जुलूस की अगुवाई की थी। मैं होटल में अपनी नौकरी से, बिना मेरा कोई पैसा चुकाये, निकाल दिया गया था, क्योंकि मैं पी.पी.पी. के लिए काम कर रहा था। हाईजैकिंग की घटना होने के बाद मैं फिर गिरफ्तार किया गया। पहले मुझे रावलपिंडी की जेल में रखा, फिर गुजराँवाला में और बाद में मुझे लाहौर फोर्ट में ले आए। यहाँ एक दिल को दहला देने वाला अनुभव हुआ।

''हमें बताओ कि मिस भुट्टो और अल-ज़ुल्फिकार के बीच में क्या रिश्ते हैं?'' जेल के अफसर मुझसे बार-बार यही पूछते। जब मैं कहता कि उन्होंने मुझसे कभी ऐसी बात नहीं की, मैं हाईजैकिंग के बारे में कुछ नहीं जानता, तो वह मुझे कोड़ों से, चमड़े की पेटी से मारते, सिर पर लाठी बरसाते। यह तो बस एक शुरुआत थी। मैं एक नाटा आदमी हूँ। मेरा कद तीन फीट है और मैं सिर्फ अड़तालीस किलोग्राम वज़न का इंसान हूँ। उनके लिए मुझसे खेल-तमाशे करना आसान बात है। जब मैंने उनके झूठ को अपनाने से मना कर दिया, उन्होंने मेरे हाथों में हथकड़ी डालकर कहा कि मैं उन्हें ऊपर उठाकर रखूँ, ऊपर अपने सिर से भी ऊपर। इस कोशिश में, जब मैं गिर जाता, वह मेरे ऊपर चढ़ जाते, हँसते, ठहाके लगाते। अक्सर वह मुझे मेरे पेट के मांस से पकड़कर उठाते, फिर या तो नीचे पटक देते या मुझे दाएँ-बाएँ लुढ़काकर खेलते, जैसे कि मैं कोई गेंद हूँ।

मेरी आँखों पर पट्टी बाँधकर वह मुझे चारों तरफ ले गए। ''अगर तुम भुट्टो माँ-बेटी के अल-ज़ुल्फिकार से रिश्ते की हामी नहीं भरोगे, तो बेमौत मारे जाओगे,'' वह मुझसे बार-बार

यही कहते। मेरे मना करने पर वह मेरी एक टाँग बाँधकर मुझे ऊँची दीवार पर लटका देते। "क्यों जान देना चाहते हो, चुपचाप इस बयान पर दस्तखत कर दो।"

"ठीक है, मुझे मार दो," मैं उनको जवाब देता, "लेकिन मैं झूठ नहीं बोलूँगा।"

पैंतीस दिन तक हर रोज़ उन्होंने मुझे इसी तरह तकलीफें दीं। उनकी एक बेहद क्रूर हरकत होती थी, कि वह मुझे नंगा करके अपने सामने खड़ा कर लेते थे। फिर मेरी दोनों टाँगों के बीच में एक लम्बा बाँस झुला देते थे, फिर मुझसे कहते थे कि इस पर बैठकर सधे रहो। मेरे लिए यह सम्भव नहीं होता था और मैं मुँह के बल गिर पड़ता था। मेरी नाक, मेरे दाँत से खून बहने लगता था और वह ठहाके लगाते थे।

"ओह... तुम बड़े मशहूर लीडर हो..." वह मुझ पर व्यंग्य कसते। "तुममें ऐसा क्या है, जिसे मिस्टर भुट्टो पसन्द करते थे...कुछ खास...? तुम्हारे जैसे आदमी से तो लोगों को नफरत करनी चाहिए। तुम कोई खूबसूरत आदमी नहीं हो। खास यही हो सकता है कि तुम अल-ज़ुल्फिकार के लिए कुछ खुफिया काम कर रहे होगे।" इतना कहकर वह मुझे पीटने, लतियाने लगते। मेरी पीठ, मेरे पैर और मेरे हाथों के घाव पक गए थे लेकिन वह मुझे डॉक्टर के पास कभी नहीं ले गए। मैंने पैंतीस दिन और, एक एकाकी जेल में बिताए। पूरी तरह घुप्प अँधेरा। मैं जैसे ज़िंदा ही क़ब्र में डाल दिया गया था, गर्दो-गुबार के बीच। मुझे बहुत कम खाने को दिया जाता था। एक टुकड़ा चपाती और पतली दाल। मुझे खाना कोठरी की दीवार के एक छेद से दिया जाता था। मेरे हाथ उस ऊँचाई तक पहुँचते नहीं थे और हमेशा वह खाना वहाँ से नीचे ज़मीन की धूल-मिट्टी में गिर जाता था। वैसे ही वह मेरे लिए एक प्याला चाय भी देते थे, जो हमेशा नीचे गिर जाती थी या बहुत किस्मत जागे, तो बस एकाध घूँट भर मिल पाती थी। बहुत बार तो मेरा सिर और पैर गरम चाय से जल जाते थे।

दो महीने बाद जब मैं छोड़ा गया, तब मैंने रावलपिंडी में दूसरे कैदियों को एक भाषण दिया, जिसमें जनरल ज़िया के राज में राजनीतिक कैदियों की दुर्दशा पर बात की। यह भाषण बाद में *गार्जियन* ने इंग्लैण्ड में छापा और एसोसिएटेड प्रेस के ज़रिये, सारी दुनिया के सामने आया। मैं फिर गिरफ्तार हो गया और मुझे कोट लखपत जेल में एकाकी कैद रखा गया, जहाँ से मैं दो साल चार महीने बाद छोड़ा गया। तुरन्त ही तभी फौजी कोर्ट ने मुझे तीन साल की कैद बा-मशक्कत सुना दी और मुल्तान सेंट्रल जेल में भेज दिया गया। मैं फिर अटक जेल में भेजा गया और 15 जून, 1985 को मैं सज़ा काटकर बाहर आया।

इसके बाद मेरा भतीजा मुझे लगातार मदद दे रहा है। मैं सरकारी तौर पर किसी भी काम के लिए ब्लैक लिस्ट में डाल दिया गया हूँ। मैं फिर भी पी.पी.पी. के लिए काम कर रहा हूँ और करता रहूँगा। मैं, जब तक ज़िन्दा हूँ, तब तक भुट्टो परिवार का साथ नहीं छोडूँगा।

परवेज़ अली शाह; भूतपूर्व सदस्य सिंध पी.पी.पी., प्रशासक और साप्ताहिक पत्रिका *जावेद* के मुख्य सम्पादक, अब सिंध पी.पी.पी. के वाइस प्रेसिडेंट :

24 मार्च, 1981 को मैं अपने बेटे के साथ क्रिकेट खेल रहा था। जब एक बिना नम्बर की कार आकर रुकी और एक सादे कपड़े पहने आदमी ने मुझसे उस गाड़ी में आने को कहा। उन्होंने बताया कि वह पुलिस के लोग हैं और उनके पास वारंट नहीं है। वह मुझे ले गए और इस बारे में उन्होंने मेरे परिवार को कुछ नहीं बताया कि वह मुझे कहाँ लेकर जा रहे हैं।

इससे पहले भी मैं तीन बार गिरफ्तार हो चुका था। पहली बार अपने 62 वर्षीय पिता के साथ 1 अक्टूबर, 1977 को जब ज़िया ने पहली बार चुनाव रद्द किए थे। उस समय कार और जीप भरकर पुलिस हमारे घर खैरपुर, सिंध के अंदरूनी इलाके में आई थी, जहाँ से मैं पी.पी.पी. की ओर से प्रान्तीय असेम्बली के लिए उम्मीदवार था। "आगे बढ़ते चलो!" पुलिस ने मुझे और मेरे पिता को एक हथकड़ी से साथ-साथ बाँधकर सड़कों पर परेड के लिए निकाला था। जबकि जीपें और कारें हमारे साथ-साथ पीछे आ रही थीं। हैरत से भरकर लोग फुटपाथ पर हमें देखने उमड़ पड़े थे। बड़े अपराधियों को भी इस तरह परेड पर नहीं ले जाया जाता था, जो कि इज़्ज़तदार परिवारों से होते भी नहीं थे। पहले मैंने बेहद शर्मिंदगी महसूस करते हुए अपना चेहरा रूमाल से छिपाना चाहा, लेकिन जब मैंने देखा कि लोगों की आँखों में हमारा हाल देखकर आँसू थे, तो मैंने रूमाल हटा लिया। पच्चीस दिन पुलिस स्टेशन के फर्श पर सो चुकने के बाद मेजर ने मुझे आज़ाद कर दिया, लेकिन मेरे पिता को एक साल की सज़ा सक्खर जेल में सुना दी गई। एक साल बाद, जब भुट्टो को छोड़े जाने की माँग उठाते हुए बाहर हज़ारों लोग खैरपुर में अपनी गिरफ्तारी दे रहे थे, वह फिर आए। इस बार मैं घर पर नहीं था। पुलिस मुझे खोजते हुए, हमारे ज़नानखाने में (घर में औरतों के रहने के कमरे) घुस आई, जहाँ पीढ़ियों से कभी कोई बाहरी मर्द नहीं गया था। उन्होंने अलमारी से मेरे कपड़े तक बाहर निकालकर फेंक दिए और दराज़ें तक उलट-पुलट दीं। उन्होंने बाद में मुझे तब गिरफ्तार किया, जब मैं एक दोस्त की शादी में आया था। इस बार उन्होंने मुझे दस×सात फीट की कोठरी में इक्कीस दूसरे लोगों के साथ ठूँस दिया। मुझ पर आगज़नी का इल्ज़ाम लगाया गया। बाद में जब उन्हें कोई गवाह नहीं मिला, उन्होंने मुझ पर भीड़ को भड़काने का इल्ज़ाम लगाया और एक साल के लिए कैद में डाल दिया। 1981 की गिरफ्तारी का अनुभव सबसे खौफनाक था। मैं आँख पर पट्टी बाँधकर छह घंटे की यात्रा के बाद कराची से खैरपुर सेंट्रल जेल लाया गया और वहाँ मुझे तीन दिन बिना दाना-पानी के रखा गया। उसके बाद मैं वहाँ से हैदराबाद लाया गया। फिर मैं आधी रात को कराची के फ्रेरेरे पुलिस स्टेशन पहुँचा। "मुझे कम-से-कम एक प्याली चाय तो पिला दो..." मैंने पुलिस से माँग की। "वहाँ 555 में तुम्हें वह सब कुछ मिलेगा, जो तुम्हें चाहिए..." मुझे पता था कि 555 अपनी हैवानियत के लिए बदनाम है। यह कराची में सेंट्रल इंटेलिजेंस एजेन्सी का हेडक्वार्टर है। मैं एक बार फिर पुलिस की गाड़ी में लादा गया। इस बार मैं एक काली अँधेरी कोठरी में ला पटका गया। 'बचा के' आवाज़ों से मुझे पता चला कि मेरा पैर किसी दूसरे कैदी के पैर पर पड़ गया है। मुझे नहीं पता, हम वहाँ कितनी देर अँधेरे में पड़े रहे। मुझे कर्नल सलीम के पास ले जाया गया। वह इंटेलिजेंस की इण्टर सर्विसेज़ के प्रमुख थे। उन्होंने मुझे एक कागज़ और कलम दिया। "लिखो कि मिस बेनज़ीर भुट्टो बम विस्फोट दल की नेता है। और बेगम भुट्टो जहाज़ की हाईजैकिंग के मामले में शामिल

हैं।'' मुझसे कहा गया। ''मैं वह कैसे लिख दूँ, जो मैं नहीं जानता...'' मैंने जवाब दिया। उसने फिर कहा। मैंने फिर वही बात दोहराई। तब उन्होंने लाला खान को बुलवाया। लाला खान 555 का माना हुआ ज़ालिम है। उसने मेरे पैर एक लकड़ी के शिकंजे से जकड़ दिये और मेरे घुटनों पर एक बेंत से चोट मारनी शुरू कर दी। दर्द इतना बढ़ता गया कि मेरे आँसू निकल आए। ''मुझे बम धमाके, या हवाई जहाज़ की हाईजैकिंग के बारे में कुछ पता नहीं है...'' मैं लगातार कहता रहा। लाला लगातार मारता रहा। जब वह रुका, मैं अपने पैर हिला पाने की हालत में नहीं था। ''उठ खड़े हो, वरना कभी चल-फिर नहीं पाओगे।'' उसने मुझसे बहुत ठण्डेपन से कहा।

फिर मैं दूसरी कोठरी में ले जाया गया। अक्सर चार अलग-अलग शाखाओं के इंटेलिजेंस के लोग मेरे पास आते और मुझसे कहते कि मैं बेनज़ीर और बेगम भुट्टो साहिबा को फँसाने वाले बयान दे दूँ। मैं हमेशा इन्कार कर देता। तब उन्होंने लाला को बुलाया। कभी-कभी उन्होंने मुझे यह नज़ारा दिखाया कि लाला ने लोगों को उलटा लटका रखा है और उनकी पिटाई हो रही है। इस हद तक, कि वह चीख रहे हैं। कभी-कभी मुझे भी छत से लटका दिया जाता और मैं घण्टों टँगा रहता। अक्सर रात को गार्ड आकर मुझे जगाए रखते और बेकार के सवाल पूछते रहते और जब मैं चुप रहता तो मुझे छड़ी से कोंचते। जब मैं पूरी तरह से थककर और भूख से बेहाल होता, मुझे अपने पूछताछ अधिकारी के साथ खाने पर बुलाया जाता। ''अपनी तरफ देखो, तुम एक पढ़े-लिखे, भले घर के आदमी हो,'' वह कहते। मैं उनके सामने जेल के बेतरह खराब कपड़ों में बैठता, और सामने बढ़िया खाना और गर्म चाय का गिलास होता। ''क्यों अपने लिए मुश्किलें खड़ी करते हो...? बस लिख दो कि बेनज़ीर और बेगम भुट्टो, जहाज़ की हाईजैकिंग के मामले में शामिल थीं, बस बात खत्म।'' जब मैं इससे इन्कार करता तो मैं फिर वहाँ से हटा लिया जाता और फिर वही यातना का दौर शुरू हो जाता।

तीन महीने बाद मुझे कराची के सेंट्रल जेल में भेज दिया गया। बाद में, मैं खैरपुर भेजा गया, जहाँ मेरे परिवार को मुझसे महीने में एक बार मिलने का मौका दिया गया। सात बार में भी, जब-जब मैं फौजी अदालत के सामने पेश हुआ, न तो मेरे ऊपर कोई इल्ज़ाम लगा पाया गया, न ही कोई गवाह-सबूत सामने आया। आखिर वर्ष 1985, फरवरी में हुकूमत ने मुझे एक साल की सज़ा, पाकिस्तान की विचारधारा, सुरक्षा और अखण्डता के खिलाफ राजनीतिक विद्रोह फैलाने के जुर्म में सुना दी। उसके पहले के उन चार बरसों के लिए जो मैं जेल में बिता चुका था, मुझे कोई भत्ता नहीं दिया गया। मेरी पत्नी मेरे छोटे-से व्यवसाय को संभालते हुए तीन बच्चों को पालने के तनाव में मानसिक असन्तुलन की हालत में पहुँच गई।

परवेज़ अली शाह को ऐमनेस्टी इण्टरनेशनल ने एक समझदार कैदी के रूप में पहचान दी। उस दौर में एम.आर.डी. का बढ़ना और हाईजैकिंग समेत बहुत से दूसरे मामले कैद का कारण बन रहे थे। 1981 में ऐमनेस्टी इण्टरनेशनल की रिपोर्ट के अनुसार, राजनीतिक कैदियों पर अत्याचार की हदें पार करने के मामले कहीं ज्यादा बढ़ गए थे। ज्यादातर इसके शिकार छात्र थे, राजनीतिक दलों के कार्यकर्ता थे, ट्रेड यूनियन वाले थे और वह वकील लोग थे, जो राजनीतिक दलों को कानूनी मदद पहुँचा रहे थे। हाईजैकिंग ने कैदियों की एक और श्रेणी बनाकर रख दी थी, जो वर्ष 1981 में पहली बार सुनने में आई थी। ऐमनेस्टी

इण्टरनेशनल के पास एक और प्रेस रिपोर्ट यह भी पहुँची थी कि चार महिला कैदियों पर भी यातना का दौर चलाया गया था, जो इसी समय के मामलों से जुड़ा हुआ था। उनमें नासिरा राना और बेगम आरिफ भुट्टो के नाम थे। यह पी.पी.पी. के अधिकारियों की पत्नियाँ थी। दो और, फरखन्दा बुखारी थीं, जो खुद पी.पी.पी. की सदस्य थीं, और बेगम सफूरन थीं, जो छह बच्चों की माँ थीं। मैं सबको जानती थी।

नासिरा राना, 13 अप्रैल, लाहौर :

एम.आर.डी. के सदस्य मेरे पति उस समय कराची में थे, जब पुलिस अचानक मेरे कमरे में घुस आई। "आप कौन हैं...?" मैंने डरते हुए उस आदमी से पूछा, जो राइफल लेकर मेरे सिर पर खड़ा था। वह वर्दी नहीं पहने था। उसने एक कमीज़ और काला पाजामा पहना था। मैं उसके गले में पड़ी सोने की चेन देख पा रही थी।

"मैं तुम्हें बताता हूँ मैं कौन हूँ..." उसने चबा-चबाकर शब्द निकालते हुए कहा। "मैं पाकिस्तान की फौज में मेजर हूँ।" वह मेरे माथे में अपनी बंदूक धँसाए जा रहा था, जो मुझे तकलीफ दे रही थी। मैंने उसे हटा दिया। उसने बंदूक के कुन्दे से मुझ पर वार किया, जिससे मेरे हाथ और उँगलियों की हड्डियाँ टूट गईं और मेरी बारह साल की बेटी ज़ोर से चीखी। "तुम्हारा मर्द कहाँ है...?" उसने मुझसे सवाल किया, जबकि दूसरे फौजियों ने घर में घुसकर सामान तहस-नहस करना शुरू कर दिया। "वह घर में नहीं हैं।" मैंने उसे बताया। उसने बंदूक का कुन्दा मारने के लिए फिर उठाया। "खुफिया रास्ते का दरवाज़ा किधर है...?" उसने कहा। "यहाँ कोई खुफिया रास्ता नहीं है।" मैंने जवाब दिया। उन्होंने मुझे और मेरी बेटी को एक कमरे में बंद किया और चले गए। फिर वह पन्द्रह दिन बाद लौटे।

"हमारे साथ आओ। तुम गिरफ्तार हो चुकी हो।" अतिरिक्त पुलिस सुपरिंटेंडेंट और स्थानीय जज ने मुझे बताया।

"वारंट कहाँ है...?" मैंने उनसे पूछा।

"हम ही वारंट हैं..." उन्होंने जवाब दिया।

वह मुझे जेल ले गए, जहाँ मुझे सारी रात खड़े रहना पड़ा। हर एक घंटे बाद एक नया आदमी पूछताछ के लिए आ जाता, "तुम्हारे पति बेनज़ीर भुट्टो और बेगम भुट्टो के साथ अल-ज़ुल्फिकार के सदस्य हैं। हमें यह बात पक्की तौर पर पता है। एकदम इस पर हाँ करो।"

घंटे गुज़रते रहे। मैं ज़िद पर थी कि हाँ नहीं करूँगी। मेरे घुटने टूटने लगे। मैं पास पड़ी एक कुर्सी की तरफ बढ़ी। "दूर हटो!" वह चीखे।

दो दिन बाद मैं लाहौर फोर्ट ले जाई गई जहाँ मुझे एक छोटी-सी कोठरी में बंद कर दिया गया। वहाँ एक दूसरी महिला भी कैद थीं, बेगम भट्टी, जिनके पति सूबे के मन्त्री रह चुके थे और पंजाब के रेवेन्यू मिनिस्टर भी रहे थे।

बेगम भट्टी :

ग्यारह अलग-अलग सरकारी एजेंसियों ने हमसे पूछताछ की। ''आपके पति कहाँ हैं...?'' वह लोग इसी पर ज़ोर देते रहे। ''वह आतंकवादी हैं और भुट्टो परिवार के साथ कार्यवाही कर रहे हैं।''

जेल के अफसर हमें सारी रात जगाए रखते, वह तीसरी रात थी। 'सोना नहीं मिसेज़ राना!' वह हमारी कोठरी में चीखते। हमारी कोठरी की सलाखों को बजाते, ''जागो बेगम भट्टी...।'

अगले दिन वह हमें चीफ ऑफ द इण्टेलिजेंस मेजर जनरल क़य्यूम के पास ले गए। उनके वही सवाल, हमारे वही जवाब। एक बार मेजर क़य्यूम ने मेरे बाल पकड़कर मेरा सिर दीवार से टकरा दिया।

''तुम्हारे पति कहाँ है...?'' वह मेरे ऊपर चीख रहे थे।

''मैं नहीं जानती।''

उसने मेरी बांहों पर जलती हुई सिगरेट रख दी और मेरी चमड़ी के जलने की गन्ध तक उठने लगी।

''तुम्हारे पति कहाँ हैं...?''

मैं बेहोश होने लगी। मैंने दूर से नासिरा के चीखने की आवाज़ सुनी।

''हम तुम्हें तोड़कर रख देंगे...'' मेजर जनरल क़य्यूम चीखा, और उसके बाद मैं होश में नहीं रही।

नासिरा :

हम, साल के सबसे गर्म दिनों में पाँच हफ्तों के लिए लाहौर फोर्ट में रहे। सूरज निर्दयता से तप रहा था। उन्होंने कहा, ''अब तुम मुझे बताओगी, जो मैं पूछूँ...'' हम दोपहर में गार्ड के साथ खुले आँगन में ले आए गए थे। हमें घण्टों खड़े रखा गया। हमारी आँखों के आगे काले धब्बे घूमने लगे, सिर बुरी तरह दुखने लगा और ज़बान सूख गई। गार्ड लोगों ने हमारे सामने पानी पिया और वह ठठाकर हँसे। एक घण्टा बीता... एक और घण्टा... पता नहीं हम कितनी देर वहाँ खड़े रखे गए, गार्ड लोगों की ड्यूटी हर तीन घंटे पर बदल जाती। तीन बार वह हमें एक खास कमरे में ले गए। हमारी कलाइयों से भीगा हुआ स्पंज का टुकड़ा बाँध दिया गया और उसमें तार के ज़रिये कुछ-कुछ सेकेण्ड बाद बिजली गुज़र जाती। झटके... हमें एक के बाद एक बिजली के झटके दिए जाते रहे। हमारे शरीर अकड़कर सख्त हो गए। मेरा टूटा हुआ हाथ प्लास्टर में था और उसे बचाना था। मैं भी आखिरकार रो पड़ी, खुद को रोक नहीं पाई। ''हम तुम्हारे बाप को लाकर ऐसे ही सताएँगे...'' उन्होंने धमकी दी, ''तुम्हारी बेटी को लाकर उसे भी सज़ा देंगे।'' बिजली के झटकों का क्रम दो घण्टों तक चलता रहा।

बेगम भट्टी :

हमारी कोठरी में न तो कोई खाट थी और न ही बिछौना। उन्होंने हमें एक टाट का बोरा दिया था। जब मैं उसे बिछाकर लेटने चली, तो एक तीन फीट लम्बा साँप रेंगकर भीतर आ गया। "रुको, घबराओ मत", मैंने नासिरा को दिलासा दी, और खुद को भी, लेकिन मैं साँप से बहुत घबरा गई थी। पता नहीं कैसे, मैंने बोरा फेंककर उसे बोरे में झपट लिया, उसे दीवार से मसलते हुए, उसकी गर्दन मरोड़ दी। वह पुलिस वाली औरत यह देखकर चीख पड़ी।

अफसरों ने कोशिश की कि हम एक कागज़ पर दस्तखत करके यह बयान दे दें कि साँप के घुस आने में उनकी कोई ज़िम्मेदारी नहीं है। हमने ऐसा करने से इन्कार कर दिया।

"बेनज़ीर को फँसा दो, बेगम साहिबा को फँसा दो, अपने पतियों के खिलाफ बयान दे दो..." हमारी पूछताछ होती रही। "अगर तुम्हारी बीवियाँ यहाँ हमारी जगह होतीं तो क्या वह ऐसा कर देतीं...?" मैंने एक अफसर से पूछा था, "हाँ, ज़रूर..."

"तब तो फिर वह बड़ी बेहया औरत है..."

नासिरा :

मुझे एक गार्ड से पता चला कि मेरे पति को भी पकड़कर लाया गया है और वह यहीं फोर्ट में हैं। मुझे नहीं पता कि उनके साथ क्या सलूक हुआ। मैं जानना भी नहीं चाहती। उस यातना से गुज़रने के बाद उन्हें दिल का दौरा पड़ा और उनकी साँस घुटने लगी। वे लोग उनको अस्पताल ले गए क्योंकि वे यह नहीं चाहते थे कि उनकी मौत इस पूछताछ के दौरान हुई, बताई जाए। उनका ज़िन्दा बच जाना एक चमत्कार ही कहा जाएगा।

मेरी अपनी एकान्त कैद के दौरान सक्खर में, यह काण्ड हो रहे थे, मैं नहीं जान पाई। डॉ. नियाज़ी, अपने परिवार और अपनी पत्नी की ज़िद पर हाइजैकिंग के बाद, पुलिस के आने के बस कुछ मिनट पहले पाकिस्तान से भाग निकले। पुलिस उन्हें तीसरी बार गिरफ्तार करने आई थी। उन्हें फिर काबुल में दिल का ज़बरदस्त दौरा पड़ा, जिसमें वह लन्दन में बाईपास सर्जरी के बाद बच पाए। वह लन्दन में 1988 तक रहे।

यास्मीन भी गिरफ्तारी से बाल-बाल बची। 'क्या यास्मीन नियाज़ी घर पर हैं?' पुलिस ने फाटक पर आकर पूछा था।

"नहीं।" तब यास्मीन घर पर ही थी।

तब पुलिस ने यास्मीन की जगह उसकी माँ को गिरफ्तार करने का इरादा किया था। यास्मीन ज़िद में आ गई थी कि माँ को जेल जाने से बचाने के लिए वह खुद सामने आ जाएगी। इस दौरान छिपकर माँ-बेटी में ज़रा-सी बहस हुई थी, "अगर तुम मुझे ज़िन्दा देखना

चाहती हो, तो मुझे जेल जाने दो, वरना मैं अपनी जान दे दूँगी।" यास्मीन की माँ ने कसम दिलाई थी और यास्मीन का जेल जाना बच गया था। पुलिस मिसेज़ नियाज़ी को रावलपिंडी जेल ले गई थी, जहाँ उन्हें दूसरी तीन औरतों के साथ रखा गया था। वहाँ ठीक सामने मेरे पिता की मौत की कोठरी थी। पाँच दिनों के भीतर ही वह कोठरी औरतों से इतनी ठसाठस भर गई थी, कि उन्हें सोने के लिए बारी लगानी पड़ती थी।

यास्मीन तीन महीनों तक इधर-उधर छिपती रही थी, और पुलिस सब तरफ छान-बीन कर रही थी। वह बेहद खतरे में थी। खराब सेहत और बेटी की फिक्र में डॉ. नियाज़ी ने यास्मीन के लिए पाकिस्तान एयरलाइंस का टिकट खरीदा कि वह उनके पास लन्दन आ जाए। लेकिन यास्मीन को पाकिस्तान के बाहर कैसे निकाला जाए। जेल से छूटने के बाद, मिसेज़ नियाज़ी ने ब्रिटिश एम्बेसी को फोन किया। सौभाग्य से, यास्मीन का जन्म लन्दन में ही हुआ था इसलिए एम्बेसी इस बात पर तैयार हो गई कि वह यास्मीन के लिए ब्रिटिश पासपोर्ट अड़तालीस घंटे के अन्दर भेज देंगे, बशर्ते मिसेज नियाज़ी वह पासपोर्ट दिखा पाएँ जिस पर यास्मीन एक पैदा हुई बच्ची की तरह मिसेज़ नियाज़ी के साथ गई थी। मिसेज़ नियाज़ी को वह अठारह साल पुराना पासपोर्ट अपने तहखाने में एक बक्स में रखा मिल गया।

"मैं यास्मीन के साथ एयरपोर्ट नहीं जा सकी क्योंकि तब मेरे पहचान लिए जाने का खतरा था। मैंने यास्मीन को बुरका पहनाया और उसे उसकी बहन के साथ भेज दिया।" यह बात मिसेज नियाज़ी ने मुझे बरसों बाद बताई और तब भी उनकी आवाज़ लड़खड़ा गई :

"यास्मीन की गिरफ्तारी जिय़ा के खुद के फैसले पर होनी थी। उसकी गिरफ्तारी के आदेश इस्लामाबाद में, और हर प्रान्त में पहुँचे हुए थे। ऐसी कोई भी लिस्ट नहीं थी, जिसमें यास्मीन का नाम न हो। वह तो बस खुदा की मेहर से ही निकल पाई।"

"तुम्हारे पासपोर्ट पर वीज़ा की मोहर नहीं लगी है," आप्रवासी अधिकारी ने एयरपोर्ट पर सवाल किया। "यह तो बड़ी अजीब बात है?" यास्मीन ने धोखा देने की कोशिश की, "ज़रूर कोई गलती हुई है।" जैसे ही वह लिस्ट में अपना नाम देखने के लिए घूमी, अचानक एयरपोर्ट पर लाइट चली गई और सब तरफ अँधेरा हो गया। एयरपोर्ट पर भगदड़-सी मच गई। जब बिजली आई, तो आप्रवासी अधिकारी इतनी जल्दी में था कि उसने तुरन्त उसके पासपोर्ट पर मोहर लगाई और उसे चलता किया।

यास्मीन हिफाज़त से लन्दन पहुँच गई, जहाँ उसने बाद में, मेरे चचेरे भाई तारिक से शादी की, जो खुद भी एक राजनीतिक शरणार्थी था । वह लोग अभी भी वहाँ अपने बच्चों के साथ रह रहे हैं।

मई के महीने में सक्खर में जमकर गर्मी पड़ने लगी थी। मेरी कोठरी जैसे भट्ठी हो गई थी। हवाएँ खुली सलाखों से कोठरी में बे-रोक-टोक आती थीं। सिंध का रेगिस्तान पैंतालीस डिग्री सेण्ट्रीग्रेड के ऊपर तप रहा था और हवाएँ भी इसी गर्माहट को लेकर चल रही थीं। लगातार धूल से भरी आँधी मेरी कोठरी में घुसती थी और पसीने से भीगे मेरे शरीर को जैसे कीचड़ से चिपचिपा कर जाती थी। मेरी खाल फटकर छिलने जैसी लगी थी और पर्तों में मेरे हाथ

में उतर आती थी। बहुत से फोड़े मेरे चेहरे पर उभर आए थे। उनमें जब पसीना बहकर जाता था, तो एक तेज़ाबी जलन की चिलचिलाहट पैदा कर देता। मेरे बाल, जो हमेशा मज़बूत होते थे, अब हाथ फेरने तक से टूट जाते थे। मेरे पास आईना नहीं था, लेकिन मैं उँगलियों से अपनी खोपड़ी में नमी, गन्दगी और गंजापन महसूस कर सकती थी। हर सुबह मुझे अपने सिर के नीचे टूटे हुए बालों का गुच्छा नज़र आता।

मेरी कोठरी में कीड़े-मकोड़े घुसपैठिया फौज की तरह भटकते देखे जा सकते थे। टिड्डे, मच्छर, डंक वाली मक्खियाँ और मधुमक्खी, यह सब हमेशा मेरे चेहरे पर भिनभिनाती रहती थीं, या मेरे पैरों पर रेंगती थीं। मैं अक्सर अपने हाथों से उन्हें उड़ाने की कोशिश करती थी, लेकिन वह इतनी सारी थीं कि अक्सर यह कोशिश नाकाम रहती थी। टूटे हुए फर्श की दरारों से और सलाखों के ज़रिये बाहर से कीड़े आ जाते। बड़े काले चींटे, काकरोच, लाल चींटियों की कतारें , मकड़े। मैं मुँह तक चादर खींचकर खुद को ढक लेती ताकि इनसे अपना बचाव कर सकूँ, लेकिन जल्दी ही चादर को फेंक देना भी पड़ता, जब गर्मी बरदाश्त के बाहर हो जाती। पानी, ठण्डा साफ पानी एक सपना था। जेल का पानी गँदलाया हुआ सा पीला-भूरा होता था, उसमें से सड़े अण्डे जैसी बदबू आती थी। उसका स्वाद पानी जैसा होता ही नहीं या और उससे प्यास नहीं बुझती थी। जेल के अफसरों ने उस पानी को मुझ तक पहुँचने से रोक दिया था, जो मुजीब, पास में ही रहने वाले एक वकील ने मेरे लिए भेजा था। जेल सुपरिंटेंडेंट ने मुझे समझाया था, ''यह तुम्हारे भले के ही लिए है... यह लोग दुश्मन हैं। तुम्हारी पार्टी के लीडर ही तुम्हें रास्ते से हटाना चाहते हैं। एक बार मुजीब ने मेरे लिए कुछ ताज़े सन्तरे भेजे जिन्हें सुपरिंटेंडेंट खुद खा गया। ''मैंने यह तुम्हारी जान बचाने के लिए किया... क्या पता उनमें उसने ज़हर का इंजेक्शन लगा दिया हो...!'' पर यह सब एक बेबुनियाद-सी नौटंकी थी।

''क्या मुझे कीड़ामार, छिड़कने वाली दवाई मिल सकती है...?'' मैंने जेल के अफसरों से एक बार पूछा था।

''नहीं, नहीं... वह ज़हरीली होती है। हम आपको कोई नुकसान नहीं पहुँचा सकते...''

ज़हर की यह क्या बात कर रहे हैं...? अचानक मुझे यह लगा कि यह लोग मेरे दिमाग में आत्महत्या का ख्याल डालना चाहते हैं। हुकूमत के पास इससे अच्छा और क्या नतीजा हो सकता है कि वह यह कह सके कि बेनज़ीर भुट्टो ने खुद को अपने-आप खत्म कर लिया। बस, समस्या ही हल हो गई। इसका सबूत इस तरह से सामने आया कि फिनायल, जो एक तेज़, सफाई कर सकने वाली दवाई है, हमेशा मेरे कमरे में रखी रहती है। उसके लेबिल पर एक खोपड़ी और दो हड्डियों के निशान के साथ खतरे की चेतावनी लिखी है कि यह ज़हर है। जेल का सुपरिंटेंडेंट ज़ोर-ज़ोर से सफाई वाली से कहता था कि खबरदार कभी इस बोतल को अपनी नज़र से दूर करते हुए, इस कोठरी में मत छोड़ना, क्या पता यह इसे पीकर जान देने की सोचे...'' और वह बोतल मेरी कोठरी में हमेशा वहीं-की-वहीं पड़ी रहती।

क्या वह मेरे दिमाग, मेरी सोच से भी छेड़-छाड़ कर रहे थे? मेरे कान ने मुझे फिर तकलीफ देनी शुरू कर दी थी। मेरी पुरानी बीमारी लगातार पसीने और धूल के कारण थी। जेल का डॉक्टर लगातार यही कह रहा था कि कोई बीमारी नहीं है। उसका कहना था कि एकाकी कैद की वजह से मैं बहुत तनाव में हूँ, बस यही सारी समस्या है। मुझे समझाते

हुए उसने कहा था कि ऐसी हालत में लोग अक्सर एक दर्द को बस होता हुआ महसूस करते हैं, जबकि दर्द की कोई वज़ह नहीं होती। मैंने कुछ-कुछ उसकी बात पर विश्वास करना शुरू कर दिया था। हो सकता है मैं भी सिर्फ अपने ख्यालों में उस आवाज़ को सुन रही हूँ, जो मुझे दिन-रात तकलीफ दे रही है। जबकि सचमुच ऐसा कुछ नहीं है।

23 मई को मेरी माँ ने मुझे कराची जेल से पत्र लिखा। उन्होंने मुझे गर्मी से कुछ छुटकारा पाने की एक तरकीब लिखी; ''डियर पिंकी, मैं दिन-भर में तीन-चार बार अपने-आपको पानी से भिगो लेती हूँ। यह तुम भी कर सकती हो। मैं पहले सिर को झुकाकर मग से पानी अपनी गर्दन के पीछे डालती हूँ जो मेरी पीठ को, उसके कपड़ों को भिगो जाता है। फिर मैं पानी अपने सिर पर उड़ेलती हूँ और बिस्तर पर, पंखे के नीचे बैठ जाती हूँ। इससे कपड़े सूखने तक बहुत ठण्डा एहसास होता है, सच कहूँ, तो कपड़े सूखने के बाद भी उस ठण्ड का असर बना रहता है, इसे तुम भी आज़मा सकती हो। इससे तुम्हें घमौरियाँ भी नहीं होंगी–प्यार सहित तुम्हारी माँ।''

मैंने उनकी सलाह पर काम किया। मैं पूरी बाल्टी-भर पानी अपने ऊपर उंड़ेल लेती थी। यहाँ सक्खर में कराची के मुकाबले गर्मी कहीं ज्यादा थी और पंखा भी नहीं था, फिर भी यह आरामदायक तरीका था। लेकिन इससे मेरे कान में और ज्यादा पानी जा रहा था और शायद कठिनाई बढ़ रही थी। जेल का डॉक्टर कभी भी इसे चिन्ता की कोई बात नहीं समझता था। लेकिन वह कोई कान का विशेषज्ञ नहीं था और मैं यह कभी नहीं समझ पाऊँगी कि वह जानबूझकर लापरवाही कर रहा था, या उसको उतनी समझ नहीं थी।

ढाई सौ बार, एक जगह पर खड़े होकर दौड़ना। चालीस बार, झुकने की कसरत। बांहें फैलाना। बीस बार गहरी साँस खींचकर छोड़ना, अख़बार पढ़ना, बार-बार की जा रही इस कोशिश को दिमाग खराब न करने देना, कि मैं और मेरी माँ जहाज़ की हाईजैकिंग के मामले में शामिल हैं। बल्कि कढ़ाई-कशीदाकारी के उस काम पर ध्यान देना, जो मुजीब और उसकी बीवी ने, कपड़े, दूसरे ज़रूरी सामान की किट और सिखाने वाली किताब के साथ भिजवाया है।

''मैंने ट्राली का कवर और चार नैपकीन बना डाले हैं।'' मैंने डायरी में लिखा। मई का महीना आधा बीतने को था। कशीदाकारी का काम जितनी एकाग्रता माँगता है, उसमें कहीं और ध्यान बँटने की गुंजाइश नहीं होती। इसके अलावा, एकाकी जेल में बंद रहने की हालत में, ऐसे किसी काम की बहरहाल ज़रूरत होती है, जो ध्यान को खींचकर रखे और दिन सरलता से बीत सके।

मैंने बहुत ज़बरदस्ती करके, खुद को इस बात पर लगाया है कि मैं हर दिन कम-से-कम एक घण्टा ज़रूर लिखूँ। ''फ्रेंकॉइस मितराँ को फ्रांस का पहला समाजवादी प्रेसिडेंट, लड़ाई के बाद के फ्रांस के लिए, चुना गया है।'' मैंने 11 मई को यह अपनी डायरी में लिखा था। एंग्लो-अमेरिकन मीडिया ने इसके खिलाफ ज़बरदस्त चुनाव अभियान चलाया था। यह चुनाव परिणाम, फ्रांस की राजनीति ही नहीं पूरे यूरोप की राजनीति को प्रभावित करेंगे। समाजवादी नीतियों से तालमेल बैठाने की कोशिश में फ्रांस के भीतर बहुत से अंदरूनी तनाव भी पैदा हो सकते हैं। इससे फ्रांस की आक्रामक विदेश नीति को भी बल मिलेगा। अरब

और अफ्रीकी देशों के बीच फ्रांस के प्रभाव को कौन जमाएगा? फ्रांस के सम्बन्ध अब फेडेरल रिपब्लिक ऑफ जर्मनी से क्या रूप लेंगे, जबकि टेक्नोक्रेट्स और दोस्तों की साझेदारी टूट चुकी है। इसका आगे इटली पर क्या असर पड़ेगा...?

उसी दिन मैंने आयरलैण्ड के एक राजनीतिक प्रतिरोधी बॉबी सैंड्स की मौत की भी खबर पढ़ी। "छियासठ दिन की भूख हड़ताल के बाद बॉबी सैंड्स ने आखिरकार ब्रिटिश जेल में दम तोड़ दिया। ब्रिटेन के लिए बॉबी सैंड्स एक आतंकवादी था, जबकि अपने देश के लिए बॉबी सैंड्स राजनीतिक स्वतंत्रता और हक की लड़ाई लड़ता रहा। यह है दुनिया की कहानी... अक्सर, मेरे दिन, बिना डायरी में कुछ लिखे गुज़र जा रहे थे। इसी को लेकर मैंने अपनी डायरी में दर्ज किया, "यह बात सोचने का कोई मतलब नहीं है कि लिखने को क्या विषय लाया जाए... क्योंकि अगर कुछ भी न हो, तब भी अखबारों की खबरों को तो बहरहाल, सार संक्षेप लिखा जा सकता है। लिखना छोड़ देने से खुद को व्यक्त करने का अभ्यास, उस पर पूरा नियन्त्रण छूट जाता है।

धीरे-धीरे और पूरी दृढ़ता से, मैंने खुद को एक नियम में ढाल लिया। "हर एक घण्टा उतने धीरे-धीरे बीता, जैसे एक पूरा दिन, या कि पूरा हफ्ता, लेकिन फिर भी, मैं इतनी दूर चली आई।" मैंने 11 जून को लिखा, 'निभा ले जाना', एक सही शब्द नहीं है, मैं किसी ऐसी स्थिति से कैसे निभा सकती हूँ, जो घिनौनी है। निभा ले जाने का मतलब घुटने टेक देना है। मैंने सामना किया है। हर पल जैसे मुझसे जूझा है, लेकिन फिर भी वह बीत ही गया है। बस केवल खुदा ने ही मुझे इस हालात में ताकत दी है, बिना उसकी मदद के, मैं मिट जाती।

बारह जून को मेरी कैद, सक्खर से पूरी हो गई। मुझे कुछ पता नहीं था कि मैं छोड़ी जाऊँगी, या मुझे फिर कहीं और कैद कर लिया जाएगा। या शायद मेरे ऊपर मुकदमा चलाया जाए और... "मौत भी सबसे आखिर में आती है, और मैं मौत से नहीं डरती।" मैं अपने नोट्स में लिखती रही हूँ, "हुकूमत का जानवर केवल लोगों को खत्म कर सकता है, उनकी सोच को नहीं। लोकतन्त्र का विचार हमेशा ज़िन्दा रहेगा, और लोकतन्त्र की बहरहाल जीत में हम सब फिर जी उठेंगे, कम-से-कम मैं तो इस एक रस एकाकी कैद से छुटकारा पा जाऊँगी, जहाँ जान है, लेकिन ज़िन्दगी नहीं है।"

सुबह ग्यारह बजे मेरी यह कैद खत्म हो गई। डिप्टी मार्शल लॉ प्रशासन का आदेश आ गया। मेरी कैद की मियाद, इसी सक्खर जेल में, बारह सितम्बर तक बढ़ा दी गई।

21 जून, 1981, मेरा 28वां जन्मदिन, सक्खर सेंट्रल जेल :
मेरी बहन सनम ने लिखा :

मुझे मेरी बहन से, उसके जन्मदिन पर, उसकी तीसरी कैद के दौरान, मिलने की इजाज़त दे दी गई थी। कराची से मेरी उड़ान देर से चली और मेरे पास उससे मिलने का बस एक घण्टा बचा। जब मैं आखिरकार, उसकी कोठरी तक पहुँची, मैं रो रही थी। मुझे बार-बार, कई-कई बार, तलाशी के दौर से गुज़रना पड़ा कि मैं परेशान हो गई। जेल की मेट्रन ने मेरे बाल खुलवा कर देखे, जो कि उन दिनों बहुत छोटे थे। मेरा बैग खाली करवाया। मेरी

पत्रिका कॉस्मोपालिटन का एक-एक पन्ना छितराकर देखा। यह पत्रिका मैं अपनी बहन के लिए ला रही थी। उन्होंने, यहाँ तक कि, मुझसे वह खाना भी चखने को कहा, जो मैं उसके लिए ला रही थी, कि कहीं मैंने ही उसमें ज़हर न मिलाया हो, ''मेरे पास उसके लिए कोई टाइम नहीं बचेगा,'' मैंने जेलर से कहा...जेलर ने चारों फाटकों के तालों को खोला और फिर बंद कर दिया। वह लोग उसे उसके जन्मदिन के दिन भी दुखी करना चाहते थे।

उसने मुझे ऐसे दौड़कर पकड़ा, जैसे मैं कोई महारानी हूँ और वह मेरी मेज़बान। उस दिन उसे उसके किसी दोस्त ने सक्खर में, सन्तरे भेजे थे। उसने एक सन्तरा मुझे देते हुए इस बात के लिए माफी माँगी कि ''वहाँ उसके पास कोई प्लेट वगैरह नहीं है। चाकू तो वह मुझे इस डर से नहीं देते हैं कि मैं कहीं अपनी कलाई की नस न काट लूँ।'' उसने बताया। मुझे अपने पर शर्मिन्दगी महसूस हुई। कहाँ एक तरफ मैं अपनी यात्रा में देर होने का रोना रो रही हूँ, कहाँ यह बेनज़ीर, उसे किसी बात की कोई शिकायत ही नहीं है, और वह यहाँ भट्ठी में तप रही है। वह बहुत बीमार नज़र आ रही थी, सूखकर काँटा हो गई थी। मैंने घबराहट से आकर देखा कि उसके बाल एकदम पतले हो गए हैं। मुझे कहीं-कहीं उसका गंजा सिर भी नज़र आ रहा था।

''और सुनाओ, क्या गपशप है...'' उसने कहा, जैसे हम अपने घर में आराम से बैठे हों...मेरे पास उससे कहने-बताने को बहुत ज़रूरी बात थी लेकिन वहाँ पास में ही, खुली सलाखों के पास एक पुलिस वाला बैठा था, जो हमारी एक-एक बात सुन रहा था। वहाँ पर कोई जगह ऐसी नहीं थी, जहाँ अंतरंगता से बात की जा सके। मैं ज़रा उसके पास खिसक आई।

''नासिर मुझसे शादी करना चाहता है।'' मैंने फुसफुसाकर कहा।

''फुसफुस बात मत करो...'' सलाखें पकड़कर पुलिस वाले ने कहा, और पुलिस वाला हमारे पास खिसक आया। उसका चेहरा लगभग हम दोनों बहनों के बीच में आ घुसा।

''ओह सनी.. यह तो बहुत बढ़िया खबर है। मैं बहुत खुश हूँ।'' बहन बेनज़ीर ने कहा–

''नहीं, जब तक तुम और माँ जेल में हैं, मैं शादी नहीं करना चाहती।'' मैंने अपनी बहन से शान्तिपूर्वक कहा, ''मैंने नासिर को बता दिया कि वह हमारे परिवार के आने तक इन्तज़ार कर ले।''

''लेकिन हमें उसके लिए रुकना नहीं चाहिए... तुम क्यों इन्तज़ार करो...'' पिंकी ने कहा, ''किसे पता है कि हम कब आज़ाद होंगे। अभी हम दोनों ही इस बात के लिए परेशान रहते हैं कि तुम अकेले कैसे रह रही हो, तब कम-से-कम यह तसल्ली तो रहेगी, कि तुम अपने पति के साथ चैन से हो।''

''ओह पिंकी, ऐसा कैसे हो सकता है?'' कहते हुए मैंने अपनी बहन पिंकी के गले में अपनी बाहें डाल दीं।

''नहीं, नहीं,'' पुलिस वाला चीखा। उसने हमें खींचकर एक-दूसरे से अलग कर दिया। हमें हटाने के लिए उसका पैर पिंकी की खाट पर रखा था।

''खुदा के लिए...'' पिंकी ने पुलिस वाले से खुशामद की, ''हम कोई राजनीति पर बातचीत नहीं कर रहे हैं, हमारी बात परिवार के बारे में चल रही है। मैं अपनी इस बहन

से महीनों बाद मिल रही हूँ। आज मेरा जन्मदिन है, क्या हमें ज़रा भी मोहलत नहीं दोगे...?'' पुलिस वाले ने उसे अनसुना कर दिया। वह हमारी बातचीत का ब्यौरा अपनी डायरी में लिखने में व्यस्त हो गया। फिर पूरा घण्टा-भर पुलिस वाला हमारे सिर पर ही खड़ा रहा। मैं ब-मुश्किल अपना रोना रोक पाई। मैं उसे फिर उसी खाली, एकाकी कोठरी में अत्याचारी लोगों के बीच में छोड़कर जा रही थी। ''खुदा तुम्हें और नासिर को खुशहाल ज़िन्दगी दे!'' पिंकी ने हमें आशीर्वाद दिया। जन्मदिन मुबारक हो पिंकी, मैं बड़ी मुश्किल से उससे इतना कह पाई और पुलिस वाला मुझे जल्दी मचाता हुआ वापस ले गया।

द्वारा
बेगम नुसरत भुट्टो
कराची सेंट्रल जेल
9 जून 1981

बेनज़ीर भुट्टो के लिए,
सक्खर सेंट्रल जेल

मेरी प्यारी बेबी,

जब तक यह पत्र तुम्हें मिलेगा, तुम्हारा जन्मदिन पास आ रहा होगा। मैं अपनी पुरानी याद में लौटती हूँ, जब खुशी से भरकर इंग्लैण्ड में डॉक्टर ने बताया था कि मैं माँ बनने वाली हूँ। उस समय तुम्हारे पापा वहाँ पढ़ाई कर रहे थे। ओह... हम कितने उल्लास से भर उठे थे। तुम, हमारा प्यार, हमारी पहली सन्तान थीं। हमने कितने उत्साह से उस खुशी को समेटा था। फिर, पिंटो के अस्पताल कराची में, मैं उस रात को सो नहीं पाई थी, जिस दिन तुम पैदा हुई थीं। मैं बेचैन थी कि तुम मेरी गोद में आ जाओ, मैं तुम्हारे सुनहरे बालों को देख सकूँ, तुम्हारा गुलाब-सा चेहरा निहार सकूँ। तुम्हारे सुन्दर-सुन्दर लम्बी उँगलियों वाले हाथों को महसूस कर सकूँ...। जब मैंने तुम्हें पहली नज़र देखा था, मेरा दिल, बल्लियों उछल गया था। जब, तुम्हारे पापा इंग्लैण्ड से पहुँचे थे, तुम बस तीन महीने की थीं। अपने माँ-बाप के सामने ज़रा वह शरमा रहे थे, लेकिन जब हम दोनों अकेले थे, तब उन्होंने तुम्हें भरपूर निहारा था। उन्होंने तुम्हारा चेहरा, तुम्हारे हाथ छुए थे और इतने प्यारे, इतने चमत्कारी बच्चे को देखकर हैरत से भर उठे थे। बच्चे को कैसे पकड़ना है, वह यह जानना चाहते थे। मैंने तुम्हें उठाकर उन्हें देते हुए बताया था कि एक हाथ इसके सिर के नीचे, दूसरा इसके शरीर के चारों तरफ... उन्होंने कहा कि तुम्हारी शक्ल उनके ही जैसी है। वह कितने खुश थे। वह तुम्हें बांहों में लेकर कमरे-भर में चक्कर लगा रहे थे। मैं और ज्यादा नहीं लिख सकती मेरी बेटी, मेरी आँखें इस समय, उन बीते दिनों की याद करके भर-भर आ रही हैं... कितने सुखी दिन थे वह! मुझे याद है, जब तुम सिर्फ दस महीने की थीं, और तुमने पहला कदम चला था। मुझे याद है वह दिन, जब अपने पहले जन्मदिन के करीब एक हफ्ते बाद, तुमने, क्वेटा में साफ-साफ बोला था। वह दिन, जब मैं तुम्हें, तुम्हारी केवल साढ़े तीन साल की उम्र में, नर्सरी स्कूल ले गई थी। वह हमारी सारी ड्रेसें, जो मैं खुद सिलकर, उन पर कढ़ाई करती थी, प्यार-दुलार से भरते हुए अपने पाँचों वक्त की नमाज़ में, मैं तुम्हारे लिए दुआ करती

थी, हर रोज़, कि तुम्हारा भविष्य उज्ज्वल हो, खुदा तुम्हें लम्बी उम्र दे और सेहतमन्द रखे।

अब 21 जून आ रही है और मैं तुम्हें जन्मदिन की बहुत-बहुत बधाई देती हूँ, इस आशीर्वाद के साथ कि यह शुभ दिन, बार-बार, बहुत-बहुत बार आए। मैं तुम्हें कोई छोटा-सा भी उपहार नहीं दे सकती। एक चुम्मी भी नहीं... मैं तो कैद में हूँ, एक-दूसरे से बहुत दूर, कम-से-कम नब्बे दिन और...

मैं उम्मीद करती हूँ कि तुम अपना खाना-पीना ठीक रखोगी। पानी खूब पीना। फल-सब्ज़ी भी लेना। मैं अपनी शुभकामना देते हुए यह पत्र बंद करती हूँ।

हमेशा ही प्यार सहित
मम्मी

फल, सब्ज़ी, पानी... माँ के क्या-क्या ख्याल हैं... मैंने उनके बारे में घबराकर सोचा... कैद का नया आदेश... वह लोग उनको ऐसे कब तक सताएँगे...?

मेरी कैद के नए आदेश ने मुझे 'ए क्लास' कैदी की हैसियत दे दी है। जो मुझे रेडियो, टी.वी., रेफ्रिजरेटर जिसे मैं ठण्डे पानी से लबरेज भरा, सपने में देखती हूँ, साफ पानी और एयरकंडीशनर। मैं सचमुच भावविह्वल हो गई। हालाँकि मेरे लिए यह समझ पाना कठिन था कि चारों तरफ से खुली कोठरी को कैसे एयरकंडीशंड किया जा सकता है। मुझे इसकी क्या परवाह करनी... इस ए क्लास में आने की सबसे बड़ी बात जो मुझे सूझ रही थी, वह थी आज़ादी, जो मैं रात को जेल के अहाते में घूम-टहल सकती थी। जल्दी ही, जेल के सुपरिंटेंडेंट ने मुझे यह खबर दी, जैसे कि यह कोई बहुत बड़ी नेमत हो। "मैं तुम्हारी 'ए क्लास' कैदी की इस हैसियत को ठुकराती हूँ।" मैंने जेल सुपरिंटेंडेंट को लिखा, "मैं तुम्हारे इस फरेब में हिस्सेदार नहीं हो सकती।"

मैंने आज़ाद हो जाने के सपने देखे... सपने देखे कि मैं ऑक्सफोर्ड के सोरबोन रेस्टोरेंट में टिक्के और मशरूम खा रही हूँ। मैंने ख्यालों में इंग्लैण्ड में सेब का ताज़ा रस और बृघाम की पीपरमेंट वाली आइसक्रीम खाई। मेरे पिता ने अपनी मौत की कोठरी में, अपने प्रिय लोगों को मन ही मन याद करके, उनसे जुड़े हर प्रसंग को नज़रों के सामने लाकर वक्त बिता दिया था। मैंने भी योलांदा को याद किया, जो रेडक्लिफ में मेरी रूममेट थी और जैसा मैंने सुना था, वह अब वह मासाशुट्स में एक अर्थशास्त्री की तरह काम कर रही थी। मैंने पीटर गॉलब्रेथ को याद किया जो अब वाशिंगटन में विदेश सम्बन्ध समिति के सीनेट के साथ काम पर था और उसने अपनी पुरानी मित्र तथा मेरी सहयोगी एनी ओ'लेरी से शादी की थी। मैंने उन्हें हार्वर्ड में एक-दूसरे से मिलवाया था। वह समय बीत गया। यह दिन भी बीत जाएँगे। मेरे पिता ने मुझे जेल में बताया था, "यह ज्यादा महत्त्वपूर्ण है कि हम समय को सम्मानपूर्वक बिताएँ।"

मेरे पास उनके जैसा धैर्य नहीं है। मुझे यहाँ से निकलना ही था, ज़रूर। मेरी बहन सनी ने बताया कि सिंध के मार्शल लॉ के प्रशासक जनरल अब्बासी ने कहा है कि हुकूमत हमें शारीरिक तौर पर, नैतिक रूप से और आर्थिक स्तर पर भी कुचलकर रख देगी। उन्होंने मई में कार्यवाही शुरू कर दी, कि वह सिविल कोर्ट में हमारे 70, क्लिफ्टन और अल-मुर्तज़ा को, हमारी खेती की ज़मीन और दूसरी जायदाद को नीलाम करा दें। उसके बाद मुझे नहीं

पता क्या हुआ... अगर मैं ज़िन्दा रही, तो क्या मेरे पास वापस लौटकर रहने को कोई घर होगा...? क्या मैं फिर कभी अपने बिस्तर पर सो पाऊँगी? जैसे-जैसे गर्मी बढ़ती जा रही थी वैसे-वैसे मैं बेचैन थी कि मुझे 70 क्लिफ्टन या अल-मुर्तज़ा में ही कैद रखा जाए। मैंने इस बारे में अर्ज़ी भी दी। जो ज़ाहिर है, मंज़ूर नहीं हुई। उनका कहना था कि हम इतने गार्ड वहाँ की रखवाली के लिए नहीं दे सकते... क्या मज़ाक है, जैसे एक अकेली जवान लड़की की रखवाली के लिए उन्हें पूरी फौज देनी होगी। मेरी वहाँ जाने की कोशिश इसलिए थी, कि शायद मेरे वहाँ रहते हुकूमत उन घरों पर कब्ज़ा न कर सके।

जेल सुपरिंटेंडेंट ने एक नई चाल चलनी शुरू की, कि वह मुझे हताश कर सके। कहता है, ''आपकी पार्टी के लोग आपका साथ छोड़ते जा रहे हैं,'' उसने मुझे कहानियाँ गढ़कर सुनानी शुरू कीं, कि पी.पी.पी. के लोग दूसरी पार्टियों से यहाँ तक कि हुकूमत से भी मिलने की बात कर रहे हैं। मैंने उससे कहा कि मैं उसके झूठ पर विश्वास नहीं करती लेकिन उसने कोशिश जारी रखी। कहता रहा कि जब सब लोग आपका साथ छोड़ रहे हैं, तो फिर आप अपनी ज़िन्दगी यहाँ क्यों बरबाद कर रही हैं, आप राजनीति से परे हो जाइए, बस सारी मुश्किल खत्म।

मैंने खुदा से दुआ की कि वह मुझे ताकत दे। ''अगर मैं हुकूमत के जुल्मों को टक्कर देने के लिए अकेली भी बची रहती हूँ, मैं तब भी डटी रहूँ...'' मैंने उसे बताया कि, ''पहले तो मैं तुम्हारे झूठ पर विश्वास नहीं करती, दूसरे, अगर सब सचमुच भी छोड़कर जा रहे हैं तो जाएँ, मैं नहीं हटने वाली।'' मैंने इस पर विश्वास नहीं किया कि वह पी.पी.पी. लीडर लोग, जो जुलाई तक छोड़ दिए जाएँगे, वह पी.पी.पी. भी छोड़ देंगे। मैंने खुद को रोक लिया कि मैं इस पर विश्वास न करूँ।

मैंने अपने लिए, कि मैं कैद से आज़ाद कर दी जाऊँ, एक खास प्रार्थना करनी शुरू कर दी, जो मुझे जेल की एक मेट्रन ने बताई थी—कुल हुव्वा अल्लाहू अहद—कहो, बस वही एक खुदा है। मैंने क़ुरान शरीफ की 112वीं *सुराह* का पाठ एक साँस में इकतालीस बार करके पानी पिया, कुछ पानी कोठरी के चारों कोनों में छिड़ककर अपनी माँ के लिए, अपने लिए और तमाम दूसरे कैदियों के लिए प्रार्थना की। चौथे बुधवार तक, जेल की मैट्रन ने मुझे बताया कि अब मैं आज़ाद की जाने वाली हूँ, मेरे सक्खर जेल में कैद के चौथे महीने में, चौथे बुधवार को जेल के अफसर लोग मुझे कुछ देर के लिए मेरी माँ के पास ले गए। इसी दुआ-प्रार्थना के चौथे बुधवार को मेरी माँ आज़ाद कर दी गई। उन्हें जुलाई में, तब छोड़ा गया, जब उन्हें खून की उल्टी हुई। जेल के डॉक्टरों ने इसे अल्सर की शिकायत बताया। उन्हें ज़बरदस्त खाँसी भी थी, जिसके कारण उन्हें लगा कि यह तपेदिक भी हो सकता है।

मुझे अपनी माँ की बीमारी के बारे कुछ भी पता नहीं था, मुझे तो उनके छूटने का पता जेल की मैट्रन से लगा। मैं इस बात से बेहद रोमांचित हुई कि मेरी प्रार्थना ने असर दिखाया है। मैंने इसी प्रार्थना को तेज़ कर दिया और मैं इसे अपने तथा दूसरे कैदियों के लिए दोहराने लगी। *अल्लाहू समद*—मेरा पाठ चलता रहा। चौथे बुधवार को, अगस्त में, मेरे जेल के दरवाज़े फिर खुले और मैं बाहर आने को तैयार हो गई। मैंने एक बार फिर अपनी प्रार्थना दोहराई, या खुदा, मुझे घर, 70 क्लिफ्टन ले जाया जाए।

पुलिस और फौज का दस्ता 70 क्लिफ्टन के पास भी नहीं गया। वह मुझे कराची सेंट्रल जेल ले गए और उन्होंने मुझे मेरी माँ की पुरानी कोठरी में कैद कर दिया।

9

कराची जेल में : अपनी माँ की पुरानी कोठरी में बंद

कराची सेंट्रल जेल, 15 अगस्त 1981 :

पपड़ियों में झड़ता सीमेंट। लोहे की सलाखें। और खामोशी। बेइंतिहा खामोशी। मैं पूरी तरह अकेलेपन में वापस आ गई हूँ। इस ताला-जड़े वार्ड में मेरे आस-पास की कोठरियाँ खाली हैं। मैं कान लगाए रहती हूँ कि कोई इंसानी आवाज़ सुनाई दे। यहाँ तो सिर्फ खामोशी है।

कराची के नम और सीलन-भरे मौसम में यह कोठरी गर्म रहती है और छत से लटके पंखे से कोई राहत नहीं मिलती। बिजली फिर चली गई है। रोज़ जाती है, कभी तीन घंटे के लिये तो कभी और भी ज्यादा। जेल के अधिकारी बताते हैं कि इसकी वज़ह मुख्य बिजली स्टेशन की कोई गड़बड़ी है। लेकिन मुझे मालूम है कि यह बात सही नहीं है। रात के समय मैं जेल के अन्य हिस्सों में जलती बत्तियों से रोशन आसमान देख सकती हूँ। सिर्फ मेरी कोठरी वाले ब्लॉक में अँधेरा होता है।

अधिकारियों ने मुझे आला दर्ज़े के राजनीतिक कैदियों के लिये आरक्षित ए-क्लास कोठरी में रखा है, लेकिन एक बार फिर मुझे ए-क्लास के विशेषाधिकार नहीं दिए गए हैं। मेरी कोठरी के बाएँ और दाएँ की कोठरियाँ खाली हैं और ताला लगा है, वे कोठरियां आमतौर पर बैठने के कमरे और रसोईघर के वास्ते होती हैं। जिस कोठरी में मुझे रखा गया है, वह छोटी और गंदी है। टॉयलेट में फ्लश नहीं है, उसमें काकरोचों के झुण्ड और मक्खियाँ हैं। उसकी बदबू बाहर जेल के बाड़े में बहते खुले नाले की बदबू से और बढ़ जाती है। पानी की मात्र एक बाल्टी है जिसकी दीवारों पर मरे हुए कीट-पतंगों की परत जमी है।

सुबह के समय मुझे चाबियों की खनखनाहट और तालों के खुलने की आवाज़ आती है। इससे पता चलता है कि मेरा खाना आ गया। स्लेटी वर्दी वाली जेल कर्मचारी जो कोठरियों के आखिर सिरे पर बने अहाते में सोती है, बिना एक भी शब्द बोले, खाने से भरे टिफ़िन बॉक्स लाकर रख देती है। अधिकारियों ने मेरे लिये खाना 70, क्लिफ्टन से आने देने की इजाज़त दे रखी है। शुरू में तो कुछ बार टिफ़िन खोलकर देखने पर मेरा गला भर आया। ऐहतियात से बनाए गए खुमी के साथ मक्खनिया चिकन, कबाब और चिकन सींक। हालाँकि मैं ज़्यादा नहीं खाती, और कुछ ही कौर ले पाती हूँ, लेकिन मैं यह ज़रूर सोचती कि घर पर रसोईघर में यह खाना बनवाते समय मेरी माँ ने कितना ध्यान रखा है।

मुझे मम्मी की बहुत चिन्ता है। कराची सेंट्रल जेल में दूसरे सप्ताह के दौरान उन्हें मुझसे मिलने की इजाज़त दी गई। उन्हें जीवित देख मुझे राहत मिली लेकिन उनकी हालत से बहुत धक्का लगा। बीच में माँग निकाल एक चोटी में पके बालों और परेशान हाव-भाव वाली पीली-सी, दुबली-पतली महिला के रूप में वे एक सौम्य और आत्मविश्वास से भरी महिला की मेरे दिल में बैठी, अपनी माँ की छवि से कितनी अलग थीं।

अभी भी अपनी पुरानी कोठरी में बंद मुझे देखकर मेरी माँ की आँखों में आँसू आ गए। हम दोनों ने बहादुराना ढंग से मुस्कराने की कोशिश की, उन जेल कर्मियों को अनदेखा कर दिया जो हम दोनों की बातचीत सुनने के लिये घेर कर खड़े थे। मेरी माँ ने धीरे-से मुझे बताया कि जेल में उन्हें खाँसी लग गई थी। उन्होंने सोचा कि धूल की वजह से है लेकिन फिर खांसी में खून आने लगा। कई चक्कर लगाने के बाद जेल के डॉक्टर और अधिकारियों ने उन्हें बताया कि उन्हें तपेदिक होने का अंदेशा है। इससे मुझे कोई आश्चर्य नहीं हुआ। पाकिस्तान में अनेक लोगों को तपेदिक होती है, लगातार धूल से उनके फेफड़े खराब होते हैं, कुपोषण से उनकी सेहत कमज़ोर होती है। जेल के माहौल में साफ-सफाई न होने से कैदी तपेदिक और दूसरी कई तरह की बीमारियों का खासकर शिकार हो जाते हैं। कैदी अक्सर ज़मीन पर थूक देते हैं जिससे हवा में जीवाणु फैल जाते हैं।

मेरी माँ ने मुझे बताया कि हमारे अपने डॉक्टर का अंदेशा और भी बदतर है, हालाँकि निदान के लिये *ब्रांकोस्कोपी* कराने के लिहाज़ से वह अभी बहुत कमज़ोर हैं, लेकिन डॉक्टर फेफड़े के कैंसर की आंशका का खण्डन नहीं कर रहा। फेफड़े का कैंसर! मैं उनसे लिपट गई, कोशिश की कि मुझे लगा आघात पता न चले। अपनी माँ के लिये और जेलकर्मियों में मौजूद उन गुप्तचर एजेंटों के लिये, जो मुझे मालूम था कि जनरल ज़िया को खबर पहुँचा देंगे, मैंने स्वयं को मज़बूत बनाने की कोशिश की।

जितनी दृढ़ता जुटा सकी, उससे उसे सांत्वना दी, 'शायद फेफड़े का कैंसर नहीं है। *ब्रांकोस्कोपी* की इंतज़ारी कीजिए।'

माँ ने कहा, 'उसका (डॉक्टर का) सोचना है कि समय रहते इलाज कराने से ठीक हो जाएगा। अगर ज़रूरी हुआ मैं विदेश जाकर इलाज करा सकती हूँ।'

'जितनी जल्दी हो सके, आपको चले ही जाना चाहिए,' ये शब्द मैं कह गई हालाँकि उनके पाकिस्तान छोड़ने के विचार से मेरा दिल अंदर-ही-अंदर टूट रहा था।

'लेकिन, मेरी प्यारी बिटिया, तुम्हारा क्या हाल है? मैं तुम्हें यहाँ अकेला कैसे छोड़ सकती हूँ?'

मैंने उन्हें दिलासा दी कि मैं ठीक-ठाक हूँ। लेकिन मैं ठीक नहीं थी। माँ से मिलने के बाद तीन दिन तक मैं बिस्तर पर पड़ी छत को ताकती रही, उदासी का ऐसा ज़बर्दस्त, बेतुका दौर था कि मैं हिल-डुल भी नहीं पा रही थी। मन में उठने की, कुछ करने की, नहाने-धोने या कपड़े बदलने की कोई इच्छा ही नहीं थी। मैं न तो कुछ खा सकी और न पी सकी। खुदा! मैंने सोचा—मैंने अपने पिता को खोया, अब मैं अपनी माँ को भी खो रही हूँ—मुझे मालूम था कि मैं खुद पर तरस खा रही हूँ, लेकिन मैं बेसहारा, अकेला हो जाने की भावना से उबर नहीं सकी। मेरी उदासी को उस अच्छी खबर ने, और बढ़ा दिया, जो माँ ने मुझे दी थी, कि सनम और शाह सितम्बर में अपने-अपने मंगेतरों से शादी करने वाले हैं। मेरे

पिता ने अपने कैद होने के दिनों में हमें आगाह किया था कि ऐसा मत लगने दो कि तुम लोग बहुत मौज कर रहे हो। उन्होंने मुझसे कहा था, 'अगर तुम सिनेमा जाओ तो बुर्का पहन लो।' अब मेरे परिवार ने, लगता है कि मेरे स्थायी रूप से जेल में रहने को ही सच मान खुद को ढाल लिया है। वे अपनी ज़िंदगी जी रहे हैं और शादी के जलसे कर रहे हैं, गोया कि मेरा तो कोई वजूद ही नहीं है।

तीन दिन तक बिना पानी के पड़े रहने के बाद मैंने खुद को कमज़ोर और बदहवास महसूस किया। किसी ने मुझे अन्दर से चेताया, 'ज़िया के हाथों में मत खेलो।' पानी की बाल्टी से एक मग पानी पीने के लिये खुद को ठेलने के बाद मेरी हालत कुछ ठीक हुई। मैं एक पाकिस्तानी अखबार की पहेली को सुलझाने की कोशिश करने लगी। मेरी माँ मुझे रोज़ कुछ अखबार भेज देती थी जिन्हें मैंने कई दिन से अनदेखा कर रखा था। लेकिन अखबारी कागज़ धुँधला-सा लगा। मुझे वह आधासीसी सिरदर्द शुरू हुआ लगा, जिससे कराची सेंट्रल जेल में आने के बाद मैं पीड़ित हो गई थी। मेरे दाँत और मसूड़ों में दर्द हुआ और कान में भी। मेरे बाल झड़ने का सिलसिला भी जारी रहा।

बाद में एक डॉक्टर ने मुझे बताया कि मेरी स्वास्थ्य समस्याएँ काफी हद तक शरीर के तंत्रों के बीच तालमेल टूट जाने की वजह से हुईं। उसने बताया कि सामान्यतया हृदय और रक्त संचार, मांसपेशियाँ, पाचन-तंत्र और श्वसन और स्नायु-तंत्र पूरी तरह सजग हो जाता है और निर्धारित से खून का ज्यादा हिस्सा ले लेता है जिससे अन्य प्रणालियों पर असर पड़ता है और वे कमज़ोर हो जाती हैं। दिल खासकर नाज़ुक होता है, इससे पता चलता है कि अनेक राजनीतिक कैदियों को दिल के दौरे क्यों पड़ते हैं। हमारी इच्छाशक्ति भले ही मज़बूत बनी रहे लेकिन हमारे शरीर को तो कीमत अदा करनी पड़ती है। अनेक अनिश्चितताएँ थीं।

मेरी हिरासत अवधि खत्म होने की तारीख 13 सितम्बर ज़्यादा दूर नहीं थी। जेल में काम करने वाली मैट्रन ने कई बार मुझसे धीरे-से कहा था कि उसने राजनीतिक कैदियों के रिहा होने की चर्चा सुनी थी। अगर हुकूमत विमान अपहरण के बाद पकड़े गए लोगों को छोड़ रही है तो मुझे क्यों नहीं छोड़ा जाना चाहिए?

अख़बारों में अल-ज़ुल्फिकार से मेरे और मेरी माँ के कथित सम्बन्धों के बारे में अब कोई ज़िक्र नहीं छप रहा था। तमाम यातनाएँ देते और 'साक्ष्य' की खबरें फैलाने के बावजूद सरकार हमारे खिलाफ कोई ऐसा मामला नहीं गढ़ सकी थी जो विश्व-जनमत की अदालत में टिक सके। और ज़िया पश्चिमी देशों, खासकर अमेरिका से सम्भावित सहायता को खो देने का जोखिम नहीं उठा सकते थे।

पाकिस्तान को 1979 से अमेरिका से कोई सहायता नहीं मिली थी। उस समय पाकिस्तान के परमाणु क्षमता विकसित करने या कर चुकने के संदेह में कार्टर प्रशासन ने परमाणु परिसीमन नीतियों पर ज़ोर दिया था और पाकिस्तान को सहायता बंद कर दी थी। लेकिन वह अफगानिस्तान पर सोवियत आक्रमण के पहले की बात है। अब जनरल ज़िया पाकिस्तान के परमाणु कार्यक्रम के बारे में अमेरिका की चिन्ता से कहीं अधिक महत्त्व पाकिस्तान की सरहद पर रूसियों के पहुँच जाने को दिलवाने में कामयाब होने की उम्मीद कर रहे थे।

रीगन प्रशासन ने पाकिस्तान को छह वर्ष की 3.2 अरब डालर की आर्थिक और सैनिक

सहायता देने का प्रस्ताव किया था। यह कार्टर प्रशासन के उस प्रस्ताव के दो गुने से भी ज्यादा था जिसे ज़िया ने साफ़-साफ़ नामंज़ूर कर दिया था। अमेरिका ने उस चीज़ को भी जोड़ा था जिसे ज़िया सबसे ज्यादा चाहते थे—40 एफ-16 विमान। यह प्रस्ताव कांग्रेस के समक्ष 1981 की शरद ऋतु में आना था। ज़िया के लिये तो बहुत अच्छा था, लेकिन हम जैसे लोगों को इससे बहुत निराशा हुई क्योंकि हम सोचते थे कि कम्युनिस्ट खतरे के खिलाफ पाकिस्तान को बढ़ावा देने की अमेरिका की चाह में मानव अधिकारों और लोकतन्त्र की बहाली को भी स्थान मिलना चाहिए।

लाखों-करोड़ों की शरणार्थी सहायता मिलने से भी ज़िया की स्थिति मज़बूत हुई। यह सहायता अमेरिका, सऊदी अरब और चीन के अलावा संयुक्त राष्ट्र शरणार्थी उच्चायुक्त, विश्व खाद्य कार्यक्रम और अन्य अंतरराष्ट्रीय राहत संगठनों से मिल रही थी। युद्ध-काल में पाकिस्तान में रहने या मुजाहिदीन विद्रोहियों की पाँतों में शामिल होने के लिये हिंदुकुश के प्राचीन व्यापारियों और तस्करों के दर्रों से सरहद पार कर आने वालों की संख्या दसियों लाख हो गई थी। सरहद के पास तमाम शरणार्थी शिविर, अस्पताल, स्कूल और सेवा केन्द्र बनाए गए थे जिससे हुक्मरानों को पाकिस्तान में खुलकर आ रही अन्तरराष्ट्रीय सहायता की मलाई उतारने का मौका मिल रहा था। एक संयुक्त राष्ट्र अधिकारी ने अनुमान लगाया कि सहायता का सिर्फ एक तिहाई हिस्सा शरणार्थियों तक पहुँचा, यह बात मैंने बाद में रिचर्ड रीव की पुस्तक *'पैसेज टु पेशावर'* में पढ़ी। मुजाहिदीन के वास्ते हथियार भी पाकिस्तान के ज़रिये भेजे गए। इससे ज़िया और उनके आदमियों को मौका मिला कि हथियारों का एक हिस्सा पाकिस्तान की सेना के शस्त्रागार में पहुँच जाए और हथियारों की बिक्री में मोटा कमीशन मिल जाए। बाद में एक अमेरिकी पत्रकार ने मुझे बताया कि वाशिंगटन के अधिकारियों को भी यही उम्मीद थी कि दिए जा रहे हथियारों का एक तिहाई हिस्सा ही मुजाहिदीन तक पहुँच पाएगा।

मुझे लगता है कि अफगानिस्तान की लड़ाई में पाकिस्तान की भूमिका से सी.आई.ए. का गहरा जुड़ाव था। लेकिन मैंने ज़िया और उनकी हुकूमत को बनाए रखने में सी.आई.ए. की दिलचस्पी के दायरे को तभी समझा जब वर्षों बाद मैंने अमेरिकी पत्रकार बॉब वुडवर्ड की किताब *'वेल : 'दि सीक्रेट वार्स ऑफ सी.आई.ए.'* पढ़ी। वुडवर्ड ने लिखा : 'किसी नेता ने किसी देश पर इससे ज़्यादा अस्थिर हालात में शासन नहीं किया। अफगानिस्तान के विद्रोहियों को पाकिस्तान के ज़रिये परासैनिक सहायता की बढ़ती राशि को सँभालने की इजाज़त सी.आई.ए. को देने की राष्ट्रपति ज़िया की तत्परता सबसे निर्णायक रही। (सी.आई.ए. निर्देशक) केसी, सी.आई.ए. और रीगन प्रशासन सभी ज़िया को सत्ता में बनाए रखना और यह जानना चाहते थे कि उनकी सरकार में क्या हो रहा है। इस्लामाबाद में सी.आई.ए., केन्द्र विश्व में सबसे बड़ा था।'

मैंने सी.आई.ए. निर्देशक केसी के ज़िया से सम्बन्धों की गहराई को भी नहीं समझा था। वुडवर्ड ने लिखा : 'विदेशों में बिज़नेस लेने के लिये अमेरिकी व्यवसायियों द्वारा भुगतान किए जाने या घूस देने को कांग्रेस ने अवैध बना दिया था। विदेशी नेताओं या गुप्तचर स्रोतों को भुगतान या रियायत वैध रिश्वत थे, इस बात को केसी ने समझा। उदाहरण के लिये उन्होंने वर्ष में एक बार या दो बार राष्ट्रपति ज़िया से मिलना निश्चित कर रखा था।

जल्द ही रीगन प्रशासन के किसी अन्य सदस्य के मुकाबले उनके ज़िया से सम्बन्ध सबसे नज़दीकी थे।

इस सबसे ज़िया को अपनी छवि एक जल्लाद और बर्बर तानाशाह के बजाय 'विश्व राजनेता' की बनाने में मदद मिल रही थी। उनका पहला प्रसिद्ध उद्धरण था–'हम लोगों को फाँसी पर लटका देंगे।' यह 1978 में *डेली मेल* के संवाददाता से चाय पर कहा गया था। अब उसका स्थान नास्तिक कम्युनिस्टों के खिलाफ जिहाद या धर्मयुद्ध में पाकिस्तान के अग्रणी पंक्ति का नेता होने के ज़िया के दावे ने ले लिया था। मैंने पहली बार देखा स्थानीय प्रेस में *इंटरनेशनल हेराल्ड ट्रिब्यून* से उद्धृत लेख में, कि ज़िया को एक 'सद्‌भावी तानाशाह' बताया गया।

हौसला पस्त करने वाली प्रेस रिपोर्टों की तरफ से ध्यान हटाने के लिये मैंने अपना कसरत का कार्यक्रम पुनः शुरू कर दिया। कोठरियों के ब्लाक के आगे बने सँकरे गलियारे में रोज़ एक घण्टा चक्कर काटना। जब मुझे भूख नहीं होती तब भी मैं 70 क्लिफ्टन से आए खाने को निगलने की कोशिश करती। अगस्त की जगह सितम्बर आ गया, मैंने अन्दर थोड़ी उम्मीद जगने दी। सनम की शादी आठ तारीख को तय हुई थी और मैंने उसमें शरीक होने की इजाज़त माँगी थी। शायद मैं रिहा भी हो जाऊँ।

अपने ख्यालों की दुनिया में खोकर मैं अपनी रिहाई की खबर लाने वाले के कदमों की चाप अपनी कोठरी की तरफ आती महसूस करने लगी। जब टिफिन-बॉक्स देने के लिये और फिर रात्रि मैट्रन के आने पर जब कोठरी के ब्लॉक का ताला खुलता, मैं यही सोचती। यही बात, उस समय भी जब सोमवार की सुबह आने वाले कदमों की चाप मैंने सुनी। वह हल्की पदचाप एक छोटे, घबराए हुए से व्यक्ति की थी। वह जेल सुपरिंटेंडेंट था। कभी-कभी वह अपने सहायक को साथ लाता था, कभी अकेले आता था। वह हमेशा एक ही सन्देश देता था।

हर सप्ताह वह यही पूछता, 'जब आपकी पार्टी के अन्य सदस्य आज़ाद हैं और मज़े में हैं, आप क्यों अपनी ज़िन्दगी को जेल की दीवारों में तबाह कर रही हैं। अगर आप कुछ समय के लिये राजनीति छोड़ने को तैयार हो जाएँ तो आप छोड़ दी जाएँगी।'

आखिर सरकार क्या चाहती है? मुझे मालूम था कि सरकारी इशारे के बिना सुपरिंटेंडेंट ऐसी बात कहने की हिम्मत नहीं कर सकता। फिर भी, अगर ज़िया मुझे छोड़ना चाहेंगे तो छोड़ देंगे। अगर नहीं चाहेंगे तो नहीं छोड़ेंगे। लेकिन इस तरह मुझे कमज़ोर करने के लिये ब्लैक मेल करने की कोशिश की क्या तुक है? क्या वे वास्तव में समझते हैं कि मैं सहमति दे दूँगी? या वे सिर्फ यही कोशिश कर रहे हैं कि मुझे तोड़ दें, कमज़ोर कर दें जैसा अय्यूब खाँ ने मेरे पिता के साथ किया था।

सुपरिंटेंडेंट मुझसे कहता, 'आप कल ही आज़ाद हो सकती हैं। आप ही खुद को जेल में रखे हैं? क्या आप लन्दन नहीं जाना चाहतीं, पेरिस नहीं जाना चाहतीं? आप एक नौजवान महिला हैं, अपनी जवानी जेल में खराब कर रही हैं। और किस मकसद से? आप अपना अच्छा समय आने की इन्तज़ारी कर सकती हैं, और वह आएगा, वह ज़रूर आएगा।'

उसके जाने के बाद मैं हमेशा खुद को असहज महसूस करती। हालाँकि उसकी लुभावनी पेशकश को मंजूर करने का कतई कोई इरादा मेरा नहीं था लेकिन मैं उसके मकसद को

पक्का नहीं मान पाती थी। क्या वह मेरा भला चाहता है—या बुरा? मैं हर किसी पर सन्देह करने की अपनी नई और ज़रूरी प्रवृत्ति से नफरत करती थी। लेकिन मेरे बच पाने की दूसरी सूरत क्या थी? मुझे लगता था कि सरकार मुझे डगमगाने की कोशिश कर रही है। मैंने समझ लिया कि रात को मेरी कोठरी के पास रहस्यमय आवाज़ों से वे मुझे और परेशान करने की कोशिश कर रहे हैं।

फुसफुसाहट। दो आदमी और एक औरत दबी-दबी आवाज़ में बतियाते। कभी-कभी पौ फटने के पहले ऐसी आवाज़ से मेरी नींद खुल जाती। मेरी कोठरी में या उसके आस-पास सिवाय पुलिस के किसी को आने की इजाज़त नहीं थी। मैंने जेल अधिकारियों से इसकी शिकायत की कि वे जान-बूझकर मेरी नींद खराब कर रहे हैं। डिप्टी सुपरिंटेंडेंट ने मुझे भरोसा दिलाया, 'आपके वार्ड में कोई नहीं है। आपको वहम हुआ है।'

कदमों की चाप। एक आदमी के भारी कदमों की चाप मेरी कोठरी की तरफ नज़दीक आती हुई। मैंने चादर के अन्दर से दरवाज़े की तरफ देख पूछा, 'वहाँ कौन है?' खामोशी। मैंने मैट्रन से पूछा, 'क्या आपने कदमों की आवाज़ सुनी।' उसने कहा, 'नहीं, मैंने कुछ नहीं सुना।' मैंने पुनः शिकायत की। तब उन्होंने कहा, 'आपको वहम हुआ है।'

छम छम, छम छम। एक नई आवाज़, जैसे किसी औरत के पैरों के घुँघुरुओं की आवाज़। फिर फुसफुसाहट। मेरी नींद रोज़ पहले से जल्दी उचट जाती, और आखिर में बिल्कुल नहीं सो पाती। जब पुरानी मैट्रन बदली और नई आई तो मैंने फिर कोशिश की। 'मैंने अहाते में सोने वाली उस पोपले और झुर्रीदार मुँह वाली वृद्ध पठान महिला से पूछा, 'क्या आपको रात को आवाज़ें सुनाई देती हैं।'

'चुप! ऐसा जताओ जैसे तुमने कुछ सुना ही नहीं!' उसने कहा। उसकी आँखें तेज़ी से सब तरफ घूमीं और हाथ घबराए-से स्लेटी यूनीफॉर्म पर ऊपर-नीचे हुए।

मुझे उत्सुकता हुई कि चलो, कुछ पुष्टि तो हुई। पूछा, 'लेकिन कौन है वह?'

उसने धीरे-से कहा, 'चुड़ैल।'

चुड़ैल, एक औरत की रूह, जिसके पैर आगे की बजाय पीछे मुड़े होते हैं। 'चुड़ैल नाम की कोई चीज़ नहीं होती,' मैंने मैट्रन को बुद्धिवाद का सहारा लेते हुए समझाया। मैट्रन ने ज़ोर देकर कहा, 'होती है। महिलाओं की कोठरियों की तरफ हरेक ने सुना है। बस, ऐसा जताओ जैसे तुमने आते सुना ही नहीं तो वह तुम्हारा कुछ भी नहीं बिगाड़ेगी।'

छम छम। छम छम। उस रात और फिर कई और रातों को मेरा सारा बुद्धिवाद धरा रह गया। वह महिलाओं की कोठरियों की तरफ जाने के बजाय, यहाँ मेरी कोठरी पर ही क्यों जमी हुई है, मैं बिस्तर में काँपती। और आवाज़ें जारी रहीं।

झन-झन। झन-झन। कहीं कोई जैसे खाली डिब्बों को बजा रहा हो, ऐसी आवाज़ मेरे वार्ड के बाहर कचरे के ढेर से आती लगी। फिर मेरी कोठरी की तरफ कदमों की चाप, हालाँकि वार्ड के दरवाज़े का ताला खोलने की कोई आवाज़ नहीं हुई थी। या अल्लाह, यह क्या है! या अल्लाह, मेरी मदद कर! मैंने सुना मेरे दरवाज़े के ठीक आगे मेरे वाले टिफिन बॉक्स को कोई उठा रहा है, ढक्कन खोला, बॉक्स को दीवार पर फेंक मारा। अल्लाह! मैंने हिम्मत जुटाई और कोठरी के दरवाज़े पर गई। टिफिन-बॉक्स वहाँ धूल में औंधा पड़ा था। वहाँ कोई नहीं था।

जेल सुपरिंटेंडेंट जब अगली बार मुझसे मिलने आया तो उसने कहा, 'आप बहुत ज्यादा तनाव में हैं।' अंततः उसने बताया कि मेरी कोठरी वाला हिस्सा उस जगह बनाया गया था जहाँ अंग्रेज़ों के शासन में फाँसी घर था। जेलर ने सुझाया, 'हो सकता है कि कोई रूह ऐसी हो जिसे अभी शान्ति नहीं मिली हो।' यह विचार कोई दिलासा देने वाला नहीं था। पठान मैट्रन ने जो कारण बताया वह भी ऐसा ही परेशान करने वाला था। 'मेरा पति रात्रि चौकीदार था और उसकी हत्या चोरों ने की थी,' उसकी आँखें यह बताते समय धधक रही थीं, 'उसका हत्यारा पकड़ा नहीं जा सका। यह ज़रूर उसकी रूह होगी जिसको शान्ति नहीं मिल पाई है।'

मैं अंधविश्वासी नहीं थी और मुझे लगता था कि हुक्मरान मेरा हौसला पस्त करना चाहते हैं, जैसा उन्होंने रावलपिंडी जेल में मेरे पिता के साथ किया था। फिर भी, ऐहतियात के तौर पर, मैंने फाँसी घाट की भटकती हुई रूहों के लिये प्रार्थना करना शुरू कर दिया। कुछ समय बाद आवाज़ें आनी बंद हो गईं। मुझे अभी तक नहीं मालूम कि उनके आने की वजह क्या थी।

मैंने वह रस्म की कार्यवाही शुरू कर दी जो सक्खर में मैट्रन से मैंने सीखी थी। पानी की एक बाल्टी पर कुरान की सुराह की दुआ अदा करना और उस पानी के छींटे अपनी कोठरी के कोनों पर छिड़कना।

कोठरी टेढ़े-मेढ़े आकार की थी और उसमें चार पूरे कोने नहीं थे और मुझे डर था कि रस्म काम नहीं करेगी। क्या मैं कम-से-कम सनम की शादी में तो शरीक हो पाऊँगी? अपनी अर्ज़ी के नतीजे के बारे में मुझे कोई जानकारी नहीं मिली थी। मैंने प्रार्थना की : *कुल हुव्वा अल्ला हो अहद*—कहिए कि वही एकमात्र ईश्वर है। दूसरे बुधवार के बाद और तीसरे के पहले, पठान मैट्रन एक दिन सुबह जल्दी ही मेरे कमरे में आई। उसने मुझे बताया, 'मैंने अपनी खाट के पास आवाज़ें सुनीं, उन्होंने कहा, वह आज जा रही है।'—मैंने मन में सोचा कि यह वृद्ध महिला तो पागल है। दो घंटे बाद जेल के अधिकारी आए। उन्होंने बताया, 'आप अभी तुरन्त जा रही हैं। आपको अपनी बहन की शादी में जाने की अनुमति मिल गई है।'

70, क्लिफ्टन : दरवाज़े के बाहर लगी पीतल की पट्टी अब भी चमक रही थी। सर शाहनवाज़ खान भुट्टो। ज़ुल्फिकार अली भुट्टो, बार-एट-लॉ। पिछले छह महीनों के तनाव उस समय कुछ शिथिल हो गए जब मुझे साथ लेकर आई पुलिस की गाड़ियाँ दरवाज़े के बाहर खड़ी हो गईं। मुझे तो यह विश्वास था कि मैं इस घर को अब कभी नहीं देख पाऊँगी। या तो सरकार 70, क्लिफ्टन को ज़ब्त कर लेगी या मुझे कभी घर भेजे बिना ही सक्खर में चुपचाप खत्म कर डालेंगे। लेकिन मैं यहाँ आ गई थी, जीवित थी। और यह मेरा घर है। कम्पाउण्ड की दीवारें विभिन्न रंगों की झालरों से मेरी बहन की शादी के जलसे के लिये सजाई गई थीं। हम दोनों ही जीवित बच गए थे।

जब वे जाने-पहचाने गेट खुले, मुझे जीवन की नई उमंग महसूस हुई। जब चौकीदार ने मुझे सलाम किया और पुलिस की गाड़ियाँ अन्दर घुसीं, मुझे लगा कि अल्लाह ने मुझे दूसरी ज़िन्दगी दी है। खुदा की मदद के चलते मैं दुश्मन से पराजित नहीं हुई। मेरे अन्दर

ताकत और संकल्प का एक नया जज़्बा भर गया। उस क्षण, मेरा पुनर्जन्म हुआ।

ढोल। नाच। चमेली और गुलाब की मालाएँ। घर-परिवार के सभी कर्मचारी बाहरी ड्योढ़ी पर जमा हो गए थे, ढोलक बजा रहे थे और लोकनृत्य में झूम रहे थे, उनके हाथ ढोलक की थाप के साथ-साथ लहरा रहे थे। चौकीदार, बैरे, सचिव। मैंने हमारे गृह-प्रबन्धक दोस्त मोहम्मद को देखा जो जेल में मेरे पिता से मिलने के लिये जेल के चौकीदारों से भी तेज़ भागा था, मेरे पिता का खिदमतगार उर्स जिस पर सेना ने मेरे पिता को गिरफ्तार करने के लिये मारे गए छापे के दौरान पिस्तौल तान दी थी और पीटा था। बशीर और इब्राहीम जो मेरे पिता को फाँसी दिये जाने के वक्त मेरे और मेरी माँ के साथ था। लरकाना का नज़र मोहम्मद जिसने मेरे पिता के शव को प्राप्त किया और दफ़नाया था।

उनके चेहरों पर मुस्कराहट खिली हुई थी और वे नाच और गा रहे थे। कार से उतरते वक्त मैंने सोचा कि कितना शानदार शादी का माहौल है। वे आगे बढ़कर मेरे गले में मालाएँ डालने लगे। मालाओं से मैं कान तक ढंक गई। मैंने कहा, 'इन्हें शादी के मेहमानों के लिये बचा लो।' उन्होंने जवाब दिया, 'नहीं, नहीं। हम ये फूल आपके लिये लाए हैं। आपके घर आने पर हम बहुत ही खुश हैं।'

घर। मुझे विश्वास ही नहीं हो सका। जब नक्काशीदार लकड़ी के दरवाज़े से मेरे रिश्तेदार तेज़ी से बाहर निकले तो उल्लास से उनके चिल्लाने से हवा गूँज उठी। मेरी माँ की बहनें वहाँ थीं, आँटी बेहजत जो लन्दन से आई थीं। लॉस एंजेल्स से आई रिश्ते की बहन ज़ीनत और फाखरी जिसे मेरे पिता के मृत्यु-दण्ड के बाद हिरासत में रखा गया था। मेरे पिता की बहन मन्ना बुआ और हैदराबाद से उनकी सौतेली तीन बहनें जिन्होंने ज़िया से मेरे पिता के जीवन को बचाने की नाकामयाब रही फरियाद की थी। अन्य रिश्तेदार, भारत, अमेरिका, इंग्लैण्ड, ईरान और फ्रांस से आए थे। उन्होंने हमारे घर के हर पलंग को तो भर दिया था, साथ ही मेरे भाइयों के पिछले चार वर्ष से खाली पड़े अलग कमरों को भी भर दिया था। लैला! नशिल्ली! हम लोगों ने एक-दूसरे को बाँहों में भर लिया, और हँसे और रोये। मैंने उन्हें पुनः देख पाने की कभी उम्मीद नहीं की थी, न उन्हें ही उम्मीद थी। यह डर ज़ुबान पर ठहरा रह गया था कि मैं जेल से कभी जीवित बाहर नहीं निकल पाऊँगी।

गरम पानी से नहाने का सुख। पैरों के नीचे कालीन। पीने के लिये शुद्ध ठण्डा पानी। अपने परिवार के साथ भोजन। मैं दो दिन और दो रातें सो ही नहीं पाई, आज़ादी के एक क्षण को भी गँवाने की इच्छा नहीं थी। मेरी माँ जल्दी ही सोने चली गईं और मैं सुबह होने तक सनम से बातें करती रही। सनम सोने के लिये गई ही थी कि मेरी माँ उठ आईं। मेरा उनसे और अपने अन्य नज़दीकी रिश्तेदारों से मन भर ही नहीं पा रहा था।

मुझे अपने लिये जो समय मिला उसमें मैं *एशिया, फार ईस्टर्न इकोनोमिक वीकली, टाइम* और *न्यूज़वीक* के पिछले अंकों को देखती रही। मैंने अपने शयनकक्ष की दीवारों को साफ किया। मैंने जल्दी ही यह भी पाया कि पिछली बार के छापे में सरकार ने वे कई सारे पत्र चुरा लिये थे जो मेरे पिता ने मुझे उस समय लिखे थे जब मैं विदेश में पढ़ रही थी; मेरे और मेरे भाइयों और बहन के वे अद्वितीय फोटोग्राफ भी चुरा लिये थे और ऐसे ज़ेवर जिनमें वह पसंदीदा अँगूठी भी थी जो मेरी माँ ने मुझे दी थी और एक सोने की सुरमा

रखने की डिब्बी जो मेरी दादी ने मुझे दी थी। लेकिन सबसे बुरी लगने वाली बात मेरे शयनकक्ष का अतिक्रमण होने की भावना थी। मैंने झाड़ा, बार-बार झाड़ा जिससे मेरी दीवारों पर से उनकी अँगुलियों के मनोवैज्ञानिक निशानों को मिटा सकूँ। मैं बार-बार खुद को यही समझाती रही कि खुदा का शुक्र है कि यह कमरा और यह घर तो मेरे लिये बचा है। अभी कुछ महीने पहले मुझे यह नहीं पता था कि क्या यह मुझे मिलेगा। मेरे चचेरे भाई अब्दुल हुसैन ने पूछा, 'वे आपको अब फिर जेल नहीं ले जाएँगे, क्या ले जाएँगे?' वह भूल गया कि वह सैनफ्रांसिस्को में नहीं, बल्कि पाकिस्तान में है। मैंने उसकी उम्मीद से रज़ामंदी जाहिर नहीं होने दी, हालाँकि ऐसा न करना तकलीफदेह था।

हर बात 70, क्लिफ्टन में इतनी सहज, इतनी सुकून देने वाली परम्परागत लग रही थी। नौकर इधर-उधर भाग-दौड़ कर रहे थे, बगीचे में तरतीब से लगे टेण्ट में बुके की मेज़े लगाई गईं, मेहमानों के बैठने के लिये गद्दीदार आरामकुर्सियाँ लगाई गईं। सन्नी के हाथों को सजाया जा रहा था जिसके लिये मेहँदी लगाने वाले कलाकार आए थे और शादी वाले परिवार की महिलाओं के हाथों पर बारीक और पेचीदी आकृतियाँ बना रहे थे। मेहँदी कलाकार ने मेरी बहन की हथेली को सींक से खूबसूरत घेरे और फूल-पत्तियाँ बनाकर सजा दिया, फिर मेहँदी को नींबू के रस और चीनी के लेप से पक्का कर दिया।

पाकिस्तानी रिवाजों के लिहाज़ से सनम की शादी छोटी थी, सिर्फ पाँच सौ मेहमान थे। और सभी रिवाजों को पूरा भी नहीं किया गया। मैं मेहँदी या शादी की किसी भी रस्म के लिये नई रेशमी शलवार-कमीज़ें नहीं बनवा पाई थी, जैसा कि घर की दूसरी सारी औरतों ने तैयारी की थी। इससे कोई फर्क़ भी नहीं पड़ा था। दरअसल, मैंने न जाने कब से अपनी कपड़ों की आल्मारी नहीं देखी थी न ही कुछ सलीके से पहना था इसलिये मेरा अंदाज़ा था कि मेरी पुरानी रेशमी गुलाबी शलवार-कमीज़ भी नई जैसी ही होगी।

सन्नी मेरे कमरे में आई और बोली, 'मम्मी मुझसे मेकअप कराने के लिये कह रही हैं और मुझे साड़ी पहननी है। मैं तो चाहती थी कि नीले रंग की जीन्स पहनकर ही शादी करूँ। आप ही कुछ कीजिए।

मैंने कहा, 'शादी एक बार ही होती है और मम्मी ने काफी तकलीफें झेली हैं। उनकी बात मानकर उन्हें खुश कर दो।'

मैं पहली रात जब घर पर थी, खामोशी नहीं, नाच-गान से घर का माहौल भरा था– *'दुल्हनियाँ चाँद से ज्यादा अच्छी है, हाँ जी है, हाँ जी है।* मेहँदी उत्सव के समय हमारी तमाम रिश्तेदार औरतें सनम की सहेलियों के साथ परम्परागत गाने गा रही थीं और नाच रही थीं। अपनी आज़ादी का एक पल भी मैं बर्बाद नहीं करना चाहती थी और मुझे यह भी नहीं मालूम था कि नाच-गाना कितना समय चलेगा, मैं रिश्तेदारों और मित्रों से बातचीत के लिये चली गई। हमारी दुनिया कितनी अलग हो गई थी। लेकिन इनमें कौन-सी असली थी। दो बार मैंने पाया कि मैं जेल की अपनी कोठरी को 'घर' कहने जा रही थी।

मेहँदी उत्सव के वक्त शीशों से जड़ी हरी गद्दी पर अपने भावी पति नासिर हुसैन के साथ बैठी सन्नी खूबसूरत लग रही थी। चूँकि उन लोगों का रिश्ता घर वालों ने तय नहीं किया था, उनके बीच बहुत कम तनाव था। लेकिन परम्पराओं का तो निर्वाह किया जाना था। सन्नी ने अपना दुपट्टा सावधानी से इस प्रकार चेहरे पर लगाया था कि उसका

दूल्हा शादी से पहले उसकी झलक नहीं पा सके, हालाँकि उसने दुपट्टा कुछ उठाया था और मुझसे बात की थी।

हम लोगों के सामने सन्नी की सहेलियों और रिश्तदारों ने गाकर कहा, 'नासिर जी, नासिर जी, होने वाले जीजाजी, सनम आपकी दुल्हन बने, इसके लिये हमारी सात शर्तें माननी होंगी। पहली शर्त है कि सनम खाना नहीं बनाएगी।'

नासिर ने गाकर ही जवाब दिया, 'मैं खाना बनाने वाला रख लूँगा।'

दुल्हन पक्ष की अगली माँग थी, 'सनम कपड़े नहीं धोएगी।'

नासिर ने गाकर ही जवाब दिया, 'मैं कपड़े धोने के लिये दे आऊँगा।' यह सिलसिला चला। फिर ऐसी छेड़छाड़ की बारी दूल्हा पक्ष की आई। दोनों तरफ के रिश्तेदार चाँदी के वर्क वाली, मेहँदी से भरी और जलती मोमबत्तियों वाली तश्तरियाँ लाए थे। पहले नासिर के रिश्तेदारों ने सनम की हथेली पर एक पान के पत्ते पर चुटकी भर मेहँदी रखी और अंगुली भर मिठाई उसके मुँह में रखी। उधर उसके सिर पर रुपये घुमाए जिससे वह बुरी बलाओं से महफ़ूज़ रहे। हमने दुल्हन की तरफ से अपनी माँ की अगुआई में ऐसा ही नासिर के साथ किया।

जलसे का माहौल उस समय अचानक थम गया जब एक काम करने वाला अचानक आया और बोला, 'गेट पर पुलिस आई है।' सारा कमरा स्तब्ध रह गया। मैंने समझा पुलिस मेरे लिये आई होगी, लेकिन हमारे गृह-प्रबन्धक ने आकर बताया कि वे मेरी माँ को चाहते हैं। मेहमानों की साँस रुक गई। मम्मी की हालत हिरासत का एक और दौर झेलने लायक कतई नहीं थी।

मेरी माँ ने शान्त लहजे में कहा, 'उन्हें अन्दर ले आओ, दोस्त मोहम्मद! मैं नहीं चाहती कि जब मेहमान यहाँ हैं तो वे गेट तोड़कर दाखिल हों।' बहुत असमंजस महसूस करते हुए पुलिस आई। बीमारी के बावजूद मेरी माँ ने उनसे दृढ़ स्वर में पूछा, 'आपको मुझसे क्या काम है?' उन्होंने धीरे-से मार्शल लॉ आदेश माँ के हाथ में दे दिया। खुदा का शुक्र कि यह उनकी गिरफ्तारी के लिये नहीं था बल्कि सूचना देने के लिये था कि वह पंजाब से निष्कासित कर दी गई हैं। मेरी माँ का पंजाब जाने का कोई इरादा नहीं था, और ज़िया यह जानते थे। वह सिर्फ हमें परेशान करना चाहते थे ताकि भुट्टो परिवार की खुशी के मौके में खलल डाला जाए और उसे बिगाड़ा जाए। और परेशान करने का दौर जारी रहा। अगले दिन मेरी माँ ने शादी के लिये जिन संगीतकारों को पक्का किया था उन्होंने एकाएक खबर भेजी कि वे नहीं आ रहे हैं। अधिकारियों से उन्हें एक माइक्रोफोन की इजाज़त नहीं मिल पाई। मार्शल लॉ के तहत लाउडस्पीकरों के उपयोग पर प्रतिबन्ध था। हमें नहीं पता कि सरकार ने दखल किया था या वह संगीतकार ही खुद पीछे हट गए थे।

परेशान करने का सिलसिला शादी में शरीक होने आए मेहमानों तक फैला था। 70 क्लिफ्टन से जाने वाली सड़कों पर वाहनों में बैठे सरकार के गुप्तचर एजेण्ट मेहमानों की नम्बर प्लेट नोट कर रहे थे। सरकार ने मेहमानों की सूची हासिल करने की कोशिश भी की थी। मेरी माँ के सचिव ने आँखों में आँसुओं के साथ यह बात स्वीकार की कि सरकार ने उसे धमकाया था कि अगर वह मेहमानों की सूची नहीं देगा तो उसका अंजाम बहुत बुरा होगा।

देश को शादी के बारे में कुछ भी पता नहीं चलने दिया गया। अगर खबर नकारात्मक नहीं हो तो अख़बारों में भुट्टो परिवार का नाम नहीं छप सकता था, हालाँकि पाकिस्तान के पत्रकार ऐसे प्रतिबंधों से बच निकलना जानने लगे थे। नासिर के दादा, हमारे दादा की तरह, एक बार जूनागढ़ राज्य के प्रधानमंत्री रहे थे। अखबारों में इस खबर का शीर्षक था : "जूनागढ़ राज्य के दो पूर्व प्रधानमंत्रियों के पौत्र-पौत्री की शादी।" सनम की शादी और मेरी कराची जेल से अस्थायी रिहाई की सूचना उन्होंने जिस खबर में दी, उसका शीर्षक था; 'बहन की शादी में बहन का शरीक होना।'

70 क्लिफ्टन के गेट के अन्दर हमने पक्का तय कर रखा था कि सनम की शादी को एक व्यक्तिगत, पारिवारिक मामले की तरह ही मनाएँगे। मेरी बहन ने बहुत-कुछ झेला था। उसे राजनीति में सिर्फ इस कारण घसीटा गया कि उसका नाम भुट्टो था। हमारे पिता की हत्या के दो माह बाद वह अकेले ही हार्वर्ड से स्नातक हुई थी। उसका ऑक्सफोर्ड में दाखिला कराया गया, लेकिन पढ़ाई पर ध्यान केन्द्रित नहीं कर पाई और पाकिस्तान लौटना पड़ा। लेकिन क्या मिला? खुद को एक ढंग का बंदी बना लिया, अकेले 70 क्लिफ्टन में रही, उसकी माँ और बहन को कभी जेल के अन्दर तो कभी बाहर रहना पड़ता था और भाई निष्कासित थे। उसने हमेशा अपनी मित्र-मण्डली को छोटा ही रखा था, उसे यह पसन्द नहीं था कि भुट्टो नाम के कारण ध्यान खींचे और अपने पिता के बारे में हमेशा सवालों का जवाब देती रहे। अब वह सिर्फ चंद लोगों में ही मिलती-जुलती थी, उन्हीं में एक नासिर था जो शाहनवाज़ और मीर के साथ स्कूल में पढ़ा था।

जब नासिर ने अपने परिवार के बड़े लोगों से सनम से शादी की पेशकश करने के लिये कहा तो उन्होंने यही सलाह दी, 'सनम से शादी मत करो। सरकार तुम्हें तबाह कर देगी।' उसने जवाब दिया, 'यह आपका नहीं, मेरा फैसला है। मैं उस लड़की से प्यार करता हूँ। जो भी कीमत हो मैं अदा करने को तैयार हूँ।' और उसने यही किया। सरकार जिन्हें नापसन्द करे उन्हें परेशान करने के सारे तरीके उसके पास हैं : टैक्स अदायगी की जाँच शुरू करना, परमिट रोक लेना, खेतों के पानी बंद कर देना। नासिर की हालत की नज़ाकत यह थी कि उसका सफल कारोबार दूरसंचार क्षेत्र में था और मुख्यतः सरकार को ही नई तकनीक के उपकरण बेचता था। ठेकों के लिये उसकी निविदाएँ जल्द ही नज़रअन्दाज़ की जाने लगीं, जिससे कारोबार में 75 फीसदी गिरावट आई। वह और सनम अब लन्दन में रहते हैं जहाँ उसे बिल्कुल नए सिरे से काम शुरू करना पड़ा। फिर भी, उनकी शादी बहुत खुशनुमा थी।

सनम के सिर के ऊपर पवित्र कुरान को थामे, मेरी माँ और मैं सनम को सीढ़ियों से सामने के हॉल में निकाह के मंच पर लाए। इस रस्म के लिये सनम ने हरी, खुशी के रंग वाली, साड़ी पहनी थी। हमारे रिश्ते के भाई आशिक अली भुट्टो ने पूछा, 'क्या आप नासिर हुसैन पुत्र नसीम अब्दुल कादिर को अपना पति मंजूर करती हो?' सनम मेरी माँ और मेरी तरफ देखकर मुस्करा दी और चुप रही। उसे मालूम था कि आशिक अली को यह प्रश्न दो अन्य गवाहों के सामने तीन बार पूछ कर उसकी सहमति पक्की करनी है। उसने फिर पूछा। सनम फिर चुप रही। इस्लाम में कायदा है कि शादी के लिये औरत को साफ समझाया जाए और आज़ादी से रज़ामंदी ली जाए। तीसरी बार पूछने पर सनम ने सहमति दे दी और शादी के करार पर दस्तखत कर दिए। आशिक अली यह खुशखबरी दूसरे कमरे में मौजूद मर्दों को देने चला गया।

मौलवी ने नासिर को शादी की प्रार्थना पढ़कर सुनाई। और मेरी बहन अपनी पसन्द के आदमी से शादी करने वाली भुट्टो परिवार की पहली महिला बन गई।

नासिर के दो दोस्त उसे मंच पर दुल्हन के पास लाए। रिश्ते की बहनों और नासिर के दोस्तों ने जोड़े के सिर पर एक छतरी की तरह एक रेशमी शाल पकड़ा और उनके बीच एक शीशा रख दिया गया। परम्परागत तौर पर इस शीशे में दूल्हा और दूल्हन एक-दूसरे को पहली बार जीवन-साथी के रूप में देखते हैं। जब सनम और नासिर ने शीशे में एक-दूसरे को देखा तो इस जज्बाती मौके पर मैंने मुश्किल से अपने आँसू रोके।

मंच को गुलाब, गेंदे और चमेली के फूलों से सजाया गया था, उनकी महक उस रात फैली हुई थी। सनम और नासिर नीली मखमल की पादपीठ पर बैठे थे। उनके चारों ओर पागे हुए बादाम, सोने के रंग में रँगे अण्डे, चाँदी के वर्क में अखरोट और पिस्तों से सजी तश्तरियाँ रखी थीं। जोड़े के पास चाँदी के बत्तीदानों में मोमबत्ती जल रही थी, जिससे उनकी ज़िन्दगी रोशनी में भरी रहे। सनम के सुखी शादी-शुदा भाई-बहनों ने जोड़े के सिर पर चीनी से बने सकोरे रखे ताकि उनकी ज़िन्दगी मिठास से भरी रहे। ज़ोरदार हर्षध्वनि से वातावरण गुंजायमान हो गया। जलसा शुरू हो गया।

मेरी माँ और मैं सन्नी और नासिर के पास बैठ गए। मेहमान बधाई देने के लिये कतारबद्ध हो गए। उनमें से कई ने जेल में समय काटा था और कुछ पर कमज़ोरी और थकावट की झलक इसे व्यक्त भी कर रही थी। 'आप कितनी ठीक लग रही हो,' यह बात उन्होंने मुझसे कही। मुझे उम्मीद थी कि उन्होंने सही ही कहा होगा। मैंने कोशिश की थी कि सरकार के दबावों से दुखी और बिखरी दिखाई न दूँ, जैसी कोशिश मेरे पिता ने सुप्रीम कोर्ट में पेशी के समय की थी। मैंने बार-बार कहा, 'आपसे मिलना बहुत अच्छा लग रहा है।' इस सबके दौरान मेरा सिर तना हुआ था जबकि अन्दर-ही-अन्दर मैं बेचैनी महसूस कर रही थी।

क्या मुझे पुनः जेल जाना पड़ेगा? मैंने इस बाबत अधिकारियों से कुछ भी नहीं सुना था। भीड़ में मैंने अपने वकील मुजीब को देखा। उसने बताया कि अगले दिन सुबह सिंध के गृह सचिव से उसकी मुलाकात का समय तय था। चूँकि मेरी कैद का समय एक सप्ताह से भी कम रह गया था, उसने बताया कि वह अधिकारियों से मेरे कैद के बाकी दिन 70 क्लिफ्टन में ही बिताने की इजाज़त देने के लिये कहेगा।

जब मेहमान चले गए मैंने मैगज़ीन और अख़बार अपने साथ जेल ले जाने के लिये इकट्ठे कर लिये, *टिशू-पेपर* और कीटनाशक भी रख लिये इस तैयारी में कि यदि पुलिस मुझे वापिस जेल ले जाने के लिए आती है। मैं सारी रात अपने रिश्तेदार भाई-बहनों और सामिया से बात करती रही। एक पत्र हार्वर्ड और ऑक्सफोर्ड के अपने पुराने मित्र पीटर गालब्रेथ के लिये आखिरी लम्हों में लिखा। मेरी माँ ने मुझे बताया था कि पीटर अमेरिकी सीनेट की विदेश सम्बन्ध समिति में दक्षिण एशिया मामलात को सँभाल रहा था। हाल में अमेरिकी सुरक्षा हितों की समीक्षा के लिये पाकिस्तान आया था। माँ ने बताया कि उसने कराची जेल में मुझसे मिलने की कोशिश की थी लेकिन उसे अपने अनुरोध का कोई जवाब सरकार से नहीं मिला था। बाद में उसने बताया कि क्या हुआ था।

पीटर गालब्रेथ, अगस्त 1981 :

मैं अपने साथ सीनेट की विदेश सम्बन्ध समिति में अल्पसंख्यक के नेता सीनेटर क्लेबोर्न पैल का एक पत्र लाया जिसमें अधिकारियों से अनुरोध किया गया था कि मुझे बेनज़ीर से मिलने दिया जाए। मैंने पाकिस्तान के विदेश मंत्रालय में बहुत ज़ोर लगाया, साथ ही अमेरिकी दूतावास से भी कहा जो उस समय भुट्टो परिवार से खासा नाराज़ था। सरकार ने न तो सीनेटर पैल के अनुरोध का कोई जबाव दिया और न ही मेरे अनुरोध का। हालाँकि अमेरिकी दूतावास ने भुट्टो परिवार से सम्पर्क करने से रोकने की कोशिश की लेकिन मैं फिर भी बेगम भुट्टो से मिलने के लिये 70 क्लिफ्टन गया। वह कमज़ोर और बहुत थकी हुई लग रही थीं। वह पिछले पाँच माह से सक्खर और कराची की जेलों में बेनज़ीर के बंद होने को लेकर बहुत चिंतित थीं।

बेगम भुट्टो ने मुझे सनम और फाखरी के साथ कराची बोट क्लब चलने का न्यौता दिया। जब हम 70 क्लिफ्टन से निकल रहे थे तो उन्होंने मुझसे मुस्कराने के लिये कहा क्योंकि सड़क के पार एक कार में बैठे सुरक्षा बल के जवान अपने सुदूर लैंस से फोटो ले रहे थे। मैंने राजनेताओं की तरह हाथ हिलाने का जितना अच्छा हो सका, अभिनय उनके लिये किया।

लंच के दौरान हम पिंकी की कैद को अपने दिमाग से नहीं निकाल सके। मैंने उसे आखिरी बार जनवरी 1977 में ऑक्सफोर्ड में देखा था। पिंकी तभी ऑक्सफोर्ड यूनियन की अध्यक्ष बनी थी और अध्यक्ष के कार्यालय में प्रशंसक पूर्वस्नातकों से संवाद कर रही थी।

उसकी ज़िन्दगी ने इतने अनपेक्षित, करीब-करीब समझ से परे की दिशा में मोड़ लिये थे। मैं सोचता रहा कि स्वदेश लौटकर उसने पाया कि उसके पिता का तख्ता पलट दिया गया, वे अपनी ज़िन्दगी के वास्ते मुकदमा लड़े और फिर मार दिए गए और उसके बाद पिंकी ने इतना समय जेल में और ऐसी भयानक स्थितियों में गुज़ारा। मैं चूँकि अक्सर मानव अधिकारों के मामले सँभालता हूँ, मुझे मालूम है कि ऐसी बातें होती हैं, लेकिन अपनी एक मित्र के साथ ऐसा होने की कल्पना कर पाना मुश्किल था। जब मैं बोट क्लब से रवाना हुआ, मैंने बेगम भुट्टो को बेनज़ीर के लिये एक लम्बा, खबरों से भरा पत्र दिया जो मैंने एक मुद्रित पैड पर लिखा था।

अमेरिका लौटने के बाद मैंने विदेश सम्बन्ध समिति के लिये पाकिस्तान को सहायता बहाल करने की सम्भावना पर एक रिपोर्ट तैयार की। रिपोर्ट में दलील थी कि सहायता में एक अलोकप्रिय सैनिक तानाशाही से अमेरिका के जुड़ जाने का जोखिम है और यह वैसा ही अनुभव साबित हो सकता है जैसा ईरान में अमेरिका को हुआ था। मैंने आग्रह किया कि मानव अधिकारों पर ज़ोर देने वाली नीति यह संकेत देगी कि हमारी सहायता का मकसद शासकों के साथ देश को भी लाभ पहुँचाने का था। निजी तौर पर मैंने सीनेटर पैल और समिति के अध्यक्ष चार्ल्स पर्सी को भुट्टो परिवार की महिलाओं के साथ किए जा रहे सलूक के बारे में बताया। दोनों ने सहायता करने की इच्छा व्यक्त की। मैं चाहता हूँ कि बेनज़ीर यह जाने कि उसे भुलाया नहीं गया है।

कराची में सूरज उदय ही हुआ था कि मैंने पीटर के रोचक पत्र को पढ़ा और पुनः पढ़ा। उसकी पत्नी ऐन और उनके पुत्र के जन्म की खबर को सराहा। अबोध समय की पुरानी स्मृतियाँ ताज़ी हो गईं। मैंने उसे जबाव लिखा :

प्रिय पीटर, सितम्बर 10, 1981

कल रात सन्नी की शादी हुई। सारा घर इस समय सो रहा है। सुबह के छह बजे हैं और आज़ादी के कुछ घंटे मेरे पास बचे हैं। मैं जल्दी से तुम्हें यह लिखना चाहती थी कि तुम्हारे पत्र ने, तुम्हारे बारे में जानने, हमारे दोस्तों की खबरें मिलने और ज़िन्दगी में तुम्हारे खुशहाल होने ने मुझे कितना खुश कर दिया। तुम्हारी और तुम्हारे भाई जैमी की सफलताओं के लिये मेरी दुआ हमेशा रहेगी।

एक तरह से कुछ बेचैनी भी हुई जब हार्वर्ड से कुछ मिला, उन पुराने दिनों से, उस नादान उम्र के वक्त की आवाज़ सुनी। क्या उन्होंने हमें पढ़ाया था कि ज़िन्दगी ऐसे भयानक खतरों और त्रासदियों से भरी हुई हो सकती है? क्या ये शब्द हमने पढ़े थे या नहीं पढ़े थे, मतलब यह कम-से-कम मैं तो अब कह सकती हूँ कि समझ पाने में नाकाम रही। आज़ादी और स्वाधीनता, इन पर हमने जो लेख लिखे, पढ़ाई के लिये, ग्रेड पाने के लिये कागज़ तो लिखे लेकिन क्या हम उन शब्दों की कीमत जानते थे जिनका बखान कर रहे थे, कि वे कितने बहुमूल्य हैं, इतने बहुमूल्य जितना कि हमारे साँस लेने के लिये हवा, पीने के लिये पानी। लेकिन तब, वरमोंट की बर्फ और हार्वर्ड के प्रांगणों से कड़वी हकीकत इतनी दूर लगती है...

बाद में सुबह, मैं चाय लेकर मम्मी के शयन-कक्ष में गई। उन्होंने कहा, 'मेरे पास बैठो। हो सकता है कि हम मुजीब से कोई अच्छी खबर साफ-साफ सुनें।' कुछ ही समय बाद मेरा वकील आ गया। उसने मुझे बताया कि गृह सचिव ने उसके अनुरोध को नामंज़ूर कर दिया। उससे कहा गया कि जब तक मैं राजनीति पर लगे प्रतिबन्ध का उल्लंघन न करने के वचन पर दस्तखत नहीं करूँगी, तब तक मैं जेल में ही रहूँगी।

पुलिस सुबह दस बजे आ गई। मेरे रिश्तेदार और काम करने वाले मुझे बिदा करने के लिये आंगन में इकट्ठा हो गए, वे कार के पीछे दौड़े भी जब वह क्लिफ्टन से रवाना हुई। ईरानी दूतावास से गुज़री, क्लिफ्टन गार्डन्स से गुज़री जहाँ बच्चे पतंग उड़ा रहे थे। सोवियत दूतावास से, लीबियाई दूतावास, इतालवी दूतावास से गुज़री। हमेशा की तरह, पीछे की तरफ वाली आधी खाली सड़कों पर मुझे तेज़ी से सनसनाते हुए जेल ले जाया गया।

एक के बाद एक ताला खोले जाने की जानी-पहचानी आवाज़ ने कराची सेंट्रल जेल में मेरा स्वागत किया। ईंटों से बनी ऊँची दीवार में काटे गए लोहे के छोटे दरवाज़े से मैं तेज़ कदमों से निकली। गंदे खिड़की-रहित गलियारे से अपने वार्ड की तरफ जाते समय मैंने अपनी पीठ सीधी तनी रखी। मैं नहीं चाहती थी कि कोई यह सोचे कि दो दिन की आज़ादी के बाद मेरे रवैये में कुछ नरमी आ गई है। मैं यह भी उम्मीद कर रही थी कि वे मेरी तलाशी नहीं लेंगे। 70 क्लिफ्टन छोड़ने से पहले मैंने अपने थैले में पत्रिकाएँ और अख़बार

भर लिये थे।

जब मैं सुरक्षित अपनी कोठरी में पहुँची तो हमेशा की तरह बिजली गुल थी। अगले दो दिन मेरी तबीयत बिगड़ी रही, आँतों से पित्त और दूसरे विकार निकले। या तो यह मनोवैज्ञानिक था या मैंने कुछ गलत खा लिया था, मुझे नहीं पता, लेकिन मैं बहुत बीमार थी।

तीसरे दिन 13 सितम्बर को सौभाग्य से मैंने बेहतर महसूस किया। जेलर एक बुरी, लेकिन अनपेक्षित नहीं, खबर लाया। ज़िला मार्शल लॉ प्रशासक का आदेश था। कराची सेंट्रल जेल में मेरी कैद की अवधि तीन माह बढ़ा दी गई थी।

मैंने अपनी बुधवार की प्रार्थना को सप्ताह में एक बार करने के बजाय रोज़ करना शुरू कर दिया। पहले हमेशा प्रार्थना मेरे काम आई थी। शायद, रोज़ प्रार्थना करने से मेरी कोठरी के दरवाज़े दूसरे बुधवार के बाद और तीसरे के पहले हमेशा के लिये खुल जाएँगे। प्रार्थना के असर की मेरी निर्धारित तारीख तीस सितम्बर तीसरा बुधवार थी। वह नाकाम रही तो अगली निर्धारित तारीख अक्टूबर के शुरू में मार्गरेट थैचर की पाकिस्तान यात्रा थी।

ज़िया को एक न एक दिन मुझे रिहा करना ही था और मैं हमेशा उन तारीखों का हिसाब लगाती जिन पर रिहाई की उम्मीद सँजोती। मैं मार्गरेट थैचर को जानती थी, उनसे सबसे पहले मैं अपने पिता के साथ रावलपिंडी में प्रधानमंत्री निवास पर मिली थी जब वह विपक्ष की नेता थीं। दूसरी बार मैं उनसे लन्दन में हाउस ऑफ़ कामन्स में उनके कार्यालय में चाय पर मिली, जब मैं ऑक्सफोर्ड यूनियन की अध्यक्ष थी। अगर थैचर की यात्रा तक मेरी रिहाई नहीं हुई तो शायद मैं ईद पर रिहा कर दी जाऊँ जो इस वर्ष 9 अक्टूबर को थी। सरकार हमेशा रमज़ान के अंत के समय मज़हबी मौके के सम्मान के रूप में कुछ बंदियों को रिहा करती थी।

मुझे इनमें से किसी भी तारीख को रिहा नहीं किया जाना था। 25 सितम्बर, 1981 को लाहौर में चौधरी ज़हूर इलाही की कार पर हमला किया गया और उन्हें गोली मार दी गई। ज़हूर इलाही ज़िया के फौजी मंत्रिमण्डल में एक मंत्री थे जिन्होंने ज़िया से उस पेन को उपहार में लिया था जिससे ज़िया ने मेरे पिता के मृत्यु वारंट पर दस्तखत किए थे और जिन्होंने मेरे पिता को फाँसी दिए जाने के बाद मिठाई बाँटी थी। उसी कार में मौलवी मुश्ताक हुसैन सवार थे, वे हमले में घायल हुए। वे लाहौर के पूर्व मुख्य न्यायाधीश थे जिन्होंने मेरे पिता को मृत्युदण्ड दिया था। उसी कार में मेरे पिता के हत्या के मुकदमे के विशेष सरकारी वकील एम. ए. रहमान भी थे जो घायल होने से बच गए थे।

जब मैंने अख़बार में इलाही की हत्या की सुर्खी देखी तो मुझे लगा कि यह दैवी दण्ड है। मैंने अपनी डायरी में लिखा : "अब उनकी पत्नी, उनकी बेटी, उनके परिवार को महसूस होगा कि दुःख को झेलना कैसा होता है। मैं खुशी नहीं मना रही क्योंकि कोई मुसलमान मृत्यु पर खुशी नहीं मनाता। ज़िन्दगी और मौत खुदा के हाथ में है। लेकिन यह जानकर सन्तोष हुआ कि बुरे आदमी बिना सज़ा पाए बेखौफ़ नहीं रह सकते।

मेरा सन्तोष कुछ ही समय के लिये था। सरकार ने दावा किया कि हिंसा की ताज़ा वारदात के लिए एक बार फिर अल-ज़ुल्फिकार ज़िम्मेदार है, और गिरफ्तारियाँ शुरू हो गईं।

मीर मददगार नहीं हुआ जब उसने, हत्या के एक दिन बाद, बी.बी.सी. को दिए एक इण्टरव्यू में अल-ज़ुल्फिकार के नाम पर ज़िम्मेदारी ले ली। हमले पर बहस से हो सकता था कि मेरे पिता की मृत्यु में इलाही की अनैतिक भूमिका का पर्दाफाश होता। ऐसा होने के बजाय सारा ध्यान अल-ज़ुल्फिकार के सदस्य माने जाने वाले लोगों को पकड़ने पर केन्द्रित हो गया।

आतंकवादी! हत्यारे! राजनीतिक हत्याएँ! ऐसी सुर्खियाँ बनीं। एक बार फिर सरकार ने अल-ज़ुल्फिकार का इस्तेमाल राजनीतिक विरोध को दबाने के लिये किया। पी.पी.पी. के एक के बाद एक युवा नेता गिरफ्तार हुए, और सैकड़ों अन्य के खिलाफ वारण्ट जारी किए गए। चार नौजवानों को हरीपुर जेल ले जाया गया जहाँ उन्हें बुरी तरह यातनाएँ दी गईं। बाद में मुझे पता चला कि उनमें से एक का पिता, अहमद अली सूमरू, बहुत दयनीय हालत में पी.पी.पी. के एक सदस्य से मिलने आया। उसने अपने बेटे की एक झलक दूर से ही देखने के लिये—ताकि यह जान सके कि वह ज़िन्दा है या मर गया—पुलिस को बहुत सारा पैसा दिया। अख़बारों की खबरों के अनुसार, हरीपुर जेल में ही 103 नौजवान थे, नज़दीक के एक अन्य कस्बे में 200 थे।

महिलाओं को पुनः पकड़ा गया। उनमें एक नसीरा राना शौकत थी जिसे वापस लाहौर किले ले जाया गया। पी.पी.पी. के महासचिव की पत्नी को बिजली के झटके दिए गए और तेईस दिन तक बिना नींद का मौका दिए पूछताछ की गई। उससे कहा गया, 'हत्या के मामले में अपने पति को फँसाओ।' यही नहीं, 'बेनज़ीर को फँसाओ। बेगम भुट्टो को फँसाओ।' उस बहादुर महिला ने जो झेला वह समझ के बाहर है। अगले सात महीनों तक उसे एक ऐसी कोठरी में रखा गया जिसमें कोई टायलेट सुविधा नहीं थी, बस एक ट्रे थी जिसे सप्ताह में दो बार बदला जाता था। बिना किसी स्वेटर के, बिस्तर के, कम्बल के उसने सर्दियाँ सीमेंट के फर्श पर लेटकर काटीं, और न्यूमोनिया से मरते-मरते बची। जब अंततः उसे घर में नज़रबंद रखने के लिये छोड़ा गया तो वह न तो चल सकती थी और न बोल सकती थी।

बर्बरता के इस नए दौर के बीच मार्गरेट थैचर अपनी यात्रा पर आईं। दो वर्ष पहले अख़बारों में छपी बी.बी.सी. की रिपोर्ट में कहा गया था किसी पश्चिमी देश के नेता के पाकिस्तान जाने की बात सोची भी नहीं जा सकती—यह बात तब कही गई थी जब ज़िया ने मेरे पिता के जीवन को बचाने की तमाम दुनिया की दलीलों को नामंज़ूर कर दिया था। लेकिन पश्चिम की इन सभी आपत्तियों को अफगानिस्तान पर सोवियत हमले ने ओझल कर दिया। इसके बजाय, बी.बी.सी. ने खबर दी, ब्रिटेन ज़िया की छवि सुधारने के लिये अब हर कोशिश कर रहा है। यह सुनने से कुछ सुकून मिला कि विश्व प्रेस, कम-से-कम, महसूस कर रहा है कि ज़िया अब भी वैसा ही निंदनीय हत्यारा है जैसा पहले हमेशा था, और बाहरी ताकतों के संरक्षण की वजह से ही सत्ता में बना हुआ है। फिर भी, अख़बार में यह पढ़ना एक सदमा था कि अफगान शरणार्थी शिविर के एक दौरे के बाद मार्गरेट थैचर ने ज़िया को 'आज़ाद दुनिया का आखिरी गढ़' घोषित कर एक प्रमाणपत्र दे डाला।

साथ ही मेरा क्षोभ इस बात से भी लगातार बढ़ रहा था कि अमेरिकी सहायता बहाल करने के लिये रीगन प्रशासन कांग्रेस में अपने अभियान में पाकिस्तान की राजनीतिक परिस्थिति को तोड़-मरोड़कर पेश कर रहा था। अमेरिका के मनोनीत राजदूत रोनाल्ड स्पीयर्स ने सितम्बर में सीनेट की विदेश सम्बन्ध समिति के समक्ष बयान दिया कि अमेरिका सहायता का 'भुट्टो

की पी.पी.पी. भले ही विरोध करे लेकिन पाकिस्तान का ज्यादातर आम अवाम नहीं करता क्योंकि वह महसूस कर रहा है कि पाकिस्तान को पुराने हथियारों की वजह से अपनी सुरक्षा को गम्भीर खतरे का सामना करना पड़ रहा है।' वह पूरी तरह गलत थे। पहली बात तो यह कि पी.पी.पी. 'ज्यादातर आम अवाम' की एकमात्र आवाज़ थी। और दूसरे, हम उस समय किसी विदेशी सहायता के ही खिलाफ नहीं थे और न अब हैं–बल्कि पाकिस्तान पर फौजी हुकूमत को बनाए रखने के लिहाज़ से दी जाने वाली सहायता के खिलाफ थे। फिर भी, दलील इसके विपरीत दी जा रही थी। सहायता को तैयार करने की ज़िम्मेदारी सँभाल रहे विदेश उपमंत्री जेम्स बकले ने तो यहाँ तक कहा कि चुनाव कराना 'पाकिस्तान की सुरक्षा के हित में' नहीं है, गोया हम लोकतान्त्रिक पार्टी दुश्मन हों, न कि सिर्फ़ तानाशाह!'

मुझे उस समय नहीं पता था कि सुर्खियों के पीछे कुछ अमेरिकी राजनेता बकले के निष्कर्षों को चुनौती देने का काम चुपचाप कर रहे थे। पीटर गालब्रेथ मानव अधिकारों का मुद्‌दा उठाने और मेरी रिहाई करवाने के संकल्प के साथ वाशिंगटन वापस पहुँच चुके थे। सीनेटर पैल के साथ मिलकर उन्होंने एक बहुत सीधी रणनीति बनाई थी। जब भी सीनेट में पाकिस्तान का ज़िक्र उठेगा, मानव अधिकारों और मेरी कैद का ज़िक्र भी उठाया जाएगा। पाकिस्तान के राजनीतिक बंदियों का सवाल भूलने का मौका न तो अमेरिकी प्रशासन को दिया जाएगा और न ही ज़िया की तानाशाही को। उन्हें उम्मीद थी कि अंततः पाकिस्तान की हुकूमत पर ऐसा फैसला करने का पर्याप्त दबाव बन जाएगा कि मेरी और अन्य बंदियों की अवैध कैद के सवाल का लगातार सामना करने से बेहतर इन्हें रिहा कर देना होगा।

मैंने बाद में पढ़ा कि पाकिस्तान को सहायता बहाल करने के विरोधी सीनेटर पैल ने इस रणनीति को अमली जामा कैसे पहनाया। *इण्डिया टुडे* ने सीनेटर पैल को विदेश उपमंत्री बकले को यह कहते उद्धृत किया, 'एफ-16 ज़िया हुकूमत को अमेरिकी समर्थन का सबसे मुखर संकेत है।' उन्होंने पूछा, 'ऐमनेस्टी इण्टरनेशनल का विश्वास है कि पाकिस्तान में मानव अधिकारों के उल्लंघन का एक अनवरत सिलसिला बना हुआ है...क्या आप सोचते हैं कि वे सही हैं।' जब बकले ने इस प्रश्न का उत्तर अस्पष्ट ढंग से दिया तो सीनेटर पैल ने बिल्कुल सीधे ढंग से खुलकर कहा, 'ऐसा लगता है कि राष्ट्रपति ज़िया फाँसी चढ़ाए गए–हत्या किए गए पूर्व प्रधानमंत्री भुट्टो की विधवा और बेटी के खिलाफ रंजिश से काम कर रहे हैं। इस आरोप के बाद उन्होंने पूछा, 'मुझे हैरानी है कि क्या प्रशासन ने पाकिस्तान सरकार से भुट्टो परिवार को कैद रखने और उसके प्रति दुर्व्यवहार का मामला उठाया है?' जवाब में विदेश उपमंत्री बकले ने कूटनीतिज्ञ के ज़रिये प्रयास करने का आश्वासन दिया, जिसका सीधा मतलब था कि कुछ भी नहीं होगा, लेकिन सीनेटर पैल ने अपनी बात तो कह ही दी।

सीनेटर पैल और अन्य लोगों के ज़िया हुकूमत के मानव अधिकार रिकार्ड और पाकिस्तान के परमाणु कार्यक्रम के बारे में उठाई गई आपत्तियाँ, नए प्रशासन के अनुरोधों के प्रति अमेरिकी कांग्रेस के परम्परागत नरम रवैये और अफगानिस्तान सम्बन्धी चिन्ता के चलते दब गईं। कांग्रेस ने प्रस्तावित सहायता पैकेज को मंजूरी दे दी लेकिन सीनेटर पैल ने अपने सहयोगियों को एक संशोधन जोड़ने को तैयार कर लिया कि 'पाकिस्तान को सहायता अधिकृत करने में, कांग्रेस का मकसद पाकिस्तान में पूर्ण नागरिक स्वतंत्रताओं और प्रतिनिधि-मूलक सरकार की त्वरित बहाली को बढ़ावा देना है।' हालाँकि पैल संशोधन का व्यावहारिक प्रभाव

कम था लेकिन यह ज़िया तानाशाही के दंभ को तोड़ने के लिये उपयोगी था।

कराची सेंट्रल जेल में ईद आई और बिना मेरी रिहाई के निकल गई। पठान मैट्रन ने मुझे बताया कि राजनीतिक कैदी भी छुट्टी के लिये छोड़े जाने वालों में शामिल थे, इससे मैं उन कैदियों और उनके परिवार वालों के बारे में सोचकर बहुत खुश हुई। जेल के कर्मचारियों में से कई ने अपनी गर्मजोशी और ईद के प्रति सम्मान का परिचय मुझे दिया। एक जेलर की पत्नी ने मेरी एक कमीज़ मँगाई ताकि वह ईद पर मेरे लिये नए कपड़े बना सके। एक अन्य जेलर ने मुझे सन्देश भेजा कि वह आगे की डेस्क पर रहेगा और मेरी कोठरी में बिजली बहाल होने तक अधिकारियों पर दबाव डालेगा। मैंने अपनी डायरी में लिखा, 'मुझे उम्मीद है कि अच्छे समय में भी ऐसे लोगों को हम याद रखें।'

ईद के मौके पर जितने कैदी छोड़े गए उससे दस गुना गिरफ्तार किए गए। छात्र नेता लाला असद की अब ज़ोरों से तलाश की जा रही है, यह बात मैंने अखबार में पढ़ी। लाला असद पार्टी का एक वफादार समर्थक था। मैंने प्रार्थना की कि वह पुलिस से बच सके। 1981 में अपनी आज़ादी की अवधि के अंत के करीब जब मैं मार्शल-लॉ की खिलाफत करने के कारण जेल में बंद रहे छात्रों को प्रमाणपत्र देने खैरपुर गई थी, मैंने लाला असद के बेटे के जन्मदिन समारोह को एक आड़ के रूप में इस्तेमाल किया था। उस बेटे का नाम मेरे पिता के नाम पर ज़ुल्फिकार रखा गया था। लाला असद ने मेरे पिता का समर्थन करने की वजह से दो वर्ष जेल में काटे थे। पश्चिमी पाकिस्तान के पूर्व मंत्री रहे उसके अपने पिता ने मोहम्मद अली जिन्ना के साथ पाकिस्तान की आज़ादी की लड़ाई में हिस्सा लिया था। उन्होंने मेरे दौरे के समय मुझसे मिलने की इच्छा व्यक्त की थी। उस बीमार और शय्याग्रस्त वृद्ध व्यक्ति ने मुझसे अनुरोध किया कि मैं उसके बेटे को राजनीति छोड़ने के लिये समझाऊँ।

लाला असद के पिता ने मुझसे कहा, 'मैं अब ज्यादा समय ज़िन्दा नहीं रहूँगा। जब तक भुट्टो साहब जेल में थे, मैंने अपने बेटे की सियासी गतिविधियों में कभी दखल नहीं किया। लेकिन अब तो प्रधानमंत्री मर चुके हैं, मुझे अपनी देखभाल करने के लिये अपने बेटे की ज़रूरत है। उसे अपनी बीवी और बच्चों की भी देखभाल करनी है। जब मैं मक्का जाऊँ वह आपके और आपकी पार्टी के लिये काम करने को आज़ाद होगा। लेकिन अपने आखिरी दिनों में तो मुझे अपने बेटे की ज़रूरत है। मैंने उनसे वादा किया कि मैं इस बारे में लाला असद से बात करूँगी। मैंने असद से बात भी की। मेरे वहाँ से जाने के बाद वहाँ क्या हुआ, यह मुझे नहीं पता क्योंकि एक माह बाद ही मुझे गिरफ्तार कर सक्खर की जेल में डाल दिया गया। अब एक वर्ष बाद लाला असद की अल-ज़ुल्फिकार के नेता के रूप में तलाश की जा रही थी। मुझे इस बारे में कुछ भी नहीं पता था कि क्या लगाए गए आरोप सही थे।

आतंकवाद। हिंसा। क्या इस दुश्चक्र का कोई अन्त नहीं है? पिछले कुछ महीनों में ही तीन राष्ट्रपतियों की हत्या हुई है। बांग्लादेश में राष्ट्रपति ज़िया उर-रहमान, ईरान में राष्ट्रपति रजाई और सबसे ताज़ा मिस्र में राष्ट्रपति अनवर सादात की 6 अक्तूबर को। मुझे राष्ट्रपति सादात के लिये बहुत दुख हुआ। बचपन में मैं उनके पूर्ववर्ती गमाल अब्दुल नासिर की बहुत प्रशंसक थी, स्वेज़ युद्ध के समय ब्रिटिश उपनिवेशवाद और अमेरिकी साम्राज्यवाद के खिलाफ उनके संघर्ष की बहुत सराहना करती थी। नासिर मेरे लिये एक विराट व्यक्तित्व थे जो राजाओं

और सम्राटों के बीत चुके अतीत के कचरे और राख से समानता की नई दुनिया की राह दिखाते थे। मैंने 70 क्लिफ्टन में अपने पिता की लाइब्रेरी में नासिर के बारे में जो भी किताब हाथ लगी उसे पढ़ने में घंटों गुज़ारे थे। उन किताबों में नासिर की अपनी *द फ़िलासफ़ी ऑफ़ रिवोल्यूशन* भी शामिल थी।

मैं सादात की प्रशंसक नहीं थी जो अपने मार्गदर्शक के ही खिलाफ हो गए और उनकी नीतियों को 1970 में, जब मिस्र का राष्ट्रपति पद सँभाला तो उलटा कर दिया। हालाँकि पापा ने इस्राइल से अलग शान्ति समझौता करने पर सादात की कटु आलोचना की थी लेकिन सादात ने मेरे पापा के जीवन को बचाने की अपील की थी। मिस्र के राष्ट्रपति ने ईरान के शाह और उनके परिवार को शरण दी थी, भले ही इसके लिये अलोकप्रिय हुए। और जब शाह की कैंसर से मृत्यु हुई तो सादात ने उन्हें पूर्ण सम्मान के साथ दफनाने का आदेश दिया। ऐसा कर उन्होंने उदार दरियादिल होने का परिचय दिया जो वास्तविक राजनीति में दुर्लभ है। उन्होंने जो भी सही समझा उसके रास्ते में राजनीतिक मतभेदों और विवादों को नहीं आने दिया। अब वह भी मौत के आगोश में समा गए हैं।

अवसाद के एक दौर ने मुझे घेर लिया। एक के बाद एक रात, जब मैं अपनी फुलकारी पर बैठती, मुझे तेज़ सिरदर्द हो जाता। 21 नवम्बर मेरे भाई शाह के जन्मदिन की रात मैंने यकायक अपना गला रुँधा महसूस किया और आँखों से आँसू बह निकले। मैं लेट गई लेकिन अपने आँसुओं को बहने से नहीं रोक सकी। मेरे भाई कहाँ हैं? वे कैसे हैं? मीर और शाह दोनों ने ईद के तुरन्त बाद शादी कर ली थी। काबुल में उन्होंने फौज़िया और रेहाना नाम की दो अफगान बहनों से शादी की थी जो एक पूर्व सरकारी कर्मचारी की बेटियाँ थीं। उनके बारे में हमें सिर्फ इतना ही पता था। मुझे बहुत खुशी थी कि मुसीबत के इस दौर में मेरे भाइयों को प्यार, गर्मजोशी और भावनात्मक सुकून का एक स्रोत मिल गया है। तब मैं इतना उदास और खिन्न क्यों थी?

मैं एक उखड़ी-उखड़ी नींद में डूब गई। मैंने बार-बार सपने में देखा कि मीर पाकिस्तान आ गया है। उसने अफगानिस्तान से पहाड़ी दर्रों को पैदल पार किया है, सिंध नदी पार की है और 70 क्लिफ्टन की एक अलमारी में आकर छिप गया है। सेना ने घर पर छापा मारा है। जैसे ही उन्होंने अलमारी खोली और उसे देखा, मैं जाग गई।

मेरे सपने में शिकार गलत था। अगली सुबह मैंने पढ़ा कि लाला असद पुलिस की गोली से मारा गया। मेरे सिर का दर्द और तेज़ हो गया। अख़बार में खबर थी कि लाला असद कराची के फेडरल बी इलाके में पुलिस से हुए संघर्ष में एक पुलिसमैन को गोली से मारने के बाद खुद भी पुलिस की गोली से मारा गया। महीनों तक मुझे सच्चाई का पता नहीं चला। दरअसल, लाला असद तो निहत्था था। गोलियाँ चलाते वक्त एक पुलिसमैन की गोली ही दूसरे पुलिसमैन को लग गई थी। जब लाला असद ने भागने की कोशिश की तो उसे निर्मम ढंग से भून दिया गया।

लाला असद नहीं रहा। अब उसके खून के छींटे भी जनरल ज़िया की वर्दी पर लगे हैं। लाला असद के पिता पर क्या गुज़र रही होगी? अपने अन्तिम दिनों में बेटे से देखभाल करवाने के बजाय उसकी लाश को पाया होगा? यह सब कब खत्म होगा?

अखबार ने 26 नवम्बर को खबर दी, 'अल-ज़ुल्फिकार आतंकवादियों के खिलाफ

देशव्यापी मुहिम जारी है और पुलिस ने कई सौ लोगों को पकड़ा है। पुलिस घरों पर, युवाओं के होस्टलों पर और हवाई अड्डों पर देश-भर में जाल बिछाए हुए है। कराची से जाने वाले सभी–ज़मीनी, आसमानी और समुद्री रास्तों पर नाकेबंदी की गई है। कारों की खिड़कियों के रंगीन शीशों के अन्दर देखने के लिये विशेष दूरबीनों की मदद ली जा रही है। पुलिस ने भगोड़ों को पहचान छिपाने की कोशिश से रोकने के लिये मेकअप करने वाले कलाकारों से सम्पर्क किया है।

मेरी उदासी और गहरा गई। मैं लाला असद की मौत पर पश्चात्ताप में डूबी हुई थी। मैंने उससे दुआ की कि जब कभी मैं उससे कुछ कड़वा बोली होऊँ, मुझे माफ कर दे। मुझे इस बात की बहुत पीड़ा थी कि मैंने उसकी और अन्य छात्र नेताओं की फोटो 70 क्लिफ्टन में रखी थीं। उन तस्वीरों को पुलिस पिछली बार डाले गए छापे में ले गई थी। क्या उन्होंने उस फोटो से उसे पहचाना था?

मैंने अपनी हथेली के पीछे मकड़ी के जाल जैसी लाइनों को देखा। ऐसी लाइनें मेरी आँखों के चारों तरफ, गालों और ललाट पर भी थीं। मैंने सोचा था कि वे सक्खर जेल के सूखे गर्म मौसम और हवाओं की वजह से पड़ गई हैं। लेकिन वे स्थायी प्रतीत होती थीं। मेरी उम्र तेज़ी से बढ़ रही है।

मेरी कैद का आदेश 11 दिसम्बर को खत्म होना था, मैंने उस दिन नया आदेश मिलने के लिये खुद को तैयार कर लिया। मुझे मालूम था कि छापों की कार्रवाई के बाद मुझे रिहा नहीं किया जाएगा। मेरा भोजन एक घंटा जल्दी आ गया। कैद का अपेक्षित आदेश भी साथ आया। लेकिन सीनेटर पैले का सन्देश ज़ाहिराना तौर पर पाकिस्तान तक पहुँच गया था। दो सप्ताह बाद, एक दिन काफी दोपहर बाद डिप्टी सुपरिंटेंडेंट अचानक मुझसे मिलने आया। उसने आते ही कहा, 'अपना सामान पैक कर लीजिए। आपको कल सुबह 5.45 पर पुलिस संरक्षण में लरकाना ले जाया जाएगा।'

दिन के वक्त वाली मैट्रन मुझसे अलग होने की बात पर रोई। पठान मैट्रन भी रोई और कहा कि अगर उसकी बेवकूफी से मुझे कोई तकलीफ हुई हो तो माफ कर दूँ। मैं भी अपने आप रोई, हालाँकि मैंने घर के पास की सब-जेल में तबादला होने का सपना और वहाँ की बातों की कल्पना की थी। यकायक मुझे कराची सेंट्रल जेल में बनाए गए गुपचुप बने दोस्तों को छोड़ने का दुख उमड़ आया। यहाँ मुझसे हमदर्दी रखने वाले जेलर कभी-कभी *इण्टरनेशनल हेराल्ड ट्रिब्यून, टाइम* और *न्यूज़वीक* आने देते थे जिन्हें मैं बहुत पसन्द करती थी। कराची में मैं अपनी माँ और बहन के भी नज़दीक थी। अब अल-मुर्तज़ा के अलग ग्रामीण इलाके में मैं इस सबसे कटी रहूँगी।

पुलिस 27 दिसम्बर, 1981 को पौ फटने के तुरन्त बाद आ गई। मैंने अपनी भयावह गीली कोठरी को देखा। इसे छोड़ने का भला मुझे दुख क्यों होने लगा! लेकिन मैं दुखी थी, वैसे ही जैसे सक्खर की जानी-पहचानी जगह को छोड़ते समय दुखी हुई थी। कैद के वर्ष अपना असर दिखा रहे थे। अब मैं अनजानी चीज़ों से डरने लगी थी।

10

सब-जेल में अकेले दो और वर्ष

जाना-पहचाना। सुख-चैन। घर। इस बात को दरकिनार करें कि परिसर की दीवारों के अन्दर फ्रंटियर फोर्सेज़ एक बार फिर तैनात कर दिए गए थे और मेरी कैद की निगरानी करने के लिये एक जेल कर्मचारी रोज़ अल-मुर्तज़ा आता था, मैं साफ तौर पर अपनी अच्छी किस्मत का मज़ा ले रही थी। मार्शल लॉ कर्मचारियों ने बताया था कि घर के कुछ कर्मचारियों को दिन के वक्त अल-मुर्तज़ा आने दिया जाएगा। मैं टेलीफोन का इस्तेमाल कर सकती थी, और सबसे अच्छी बात तो यह कि एक पखवारे में तीन आगंतुकों से मिल सकती थी। दस माह की कैद-तनहाई के बाद ये सुविधाएँ किसी पाँच-सितारा होटल में रहने जैसी थीं। मैंने घर पर पहली रात खूब देर तक गरम पानी से नहाने और अपने नाखूनों की काट-छाँट करके मनाई।

लेकिन मेरा खुश होना जल्दबाज़ी था। मेरे टेलीफोन कॉल अपने रिश्तेदारों तक सीमित थे और मुझे राजनीतिक मामलों पर बात नहीं करने दिया जाता था। टेलीफोन बहुत कम ही ठीक रहता था। अक्सर मेरी कॉल काट दी जाती या लाइन ही ठप हो जाती। ऐसा क्यों होता, यह मैंने बाद में पता कर लिया। सारी फोन लाइनें दीवारों के बाहर बनी एक फौजी संचार चौकी से जाती थीं।

जिन वर्षों के दौरान हुकूमत ने मुझे अल-मुर्तज़ा में बंद रखा, पखवारे में तीन आगंतुकों का वादा भी गलत साबित हुआ। तीन आगंतुकों की सूची में मेरी माँ, सनम और मेरी बुआ मन्ना शामिल थीं। सब कराची में रहते थे, हवाई जहाज़ से एक घंटे से ज़्यादा समय दूर से आना-जाना। ज्यादा मुश्किल इसलिए था क्योंकि सिंध के अंदरूनी हिस्से में उड़ान अनियमित और उसका समय असुविधाजनक था। सनम के पास देखभाल के लिए अब एक घर और पति था, वह सिर्फ एक या दो बार ही आई। मेरी माँ तबीयत खराब होने की वजह से बहुत कम ही आ सकती थीं। लरकाना में मेरे राजनीतिक सम्पर्क थे जो आसानी से आ सकते थे, लेकिन जेल अधिकारी एवज़ी फेरबदल की इजाज़त नहीं देते थे। बुनियादी तौर पर मैं कैद-तनहाई में थी। जब कोई आगंतुक आता, ज़्यादातर जेल अधिकारी ही होता था, तो बोलने का अभ्यास न होने की वजह से मेरे जबड़े बाद में दुखते। शायद मुझे उस अन्तहीन खामोशी में खुद से ही बोलते रहना चाहिए था, और कुछ नहीं तो कम-से-कम इन्सानी आवाज़ तो सुनाई देती। लेकिन ऐसा विचार मुझे आया ही नहीं।

मेरी कैद के आदेश नियमित रूप से हर तीन महीने बाद आते रहे। अब तो मुझे

वह आदेश कण्ठस्थ भी हो गया। ''चूँकि मार्शल लॉ प्रशासक का विचार है कि मिस बेनज़ीर भुट्टो को रोकने का मकसद मार्शल लॉ की घोषणा के उद्देश्य के अथवा पाकिस्तान की सुरक्षा, लोक रक्षा या हित या मार्शल लॉ के कुशल क्रियान्वयन के विपरीत तरीके से आचरण नहीं होने देना है, इसलिये उस मिस बेनज़ीर भुट्टो की हिरासत जरूरी है।''

समय गुज़ारना पहले से ज़्यादा मुश्किल था। पढ़ने के लिये शाम के अखबार नहीं थे। *इन्टरनैशनल हेरल्ड ट्रिब्यून* नहीं था। टेलीविज़न पर अरबी भाषा सिखाने के कार्यक्रम, सिंधी, उर्दू और अंग्रेज़ी में ज़िया की खबरों, हुकूमत की राजनीतिक गतिविधियों के बारे में दिमाग भरने और चन्द आधे-घंटे के नाटकों के सिवाय कुछ भी खास नहीं होता था, मैं आत्महीनता महसूस करने और उसके बाद पश्चात्ताप के दौरों की शिकार हो गई। मैंने स्वयं को धिक्कारा, तू खुदा के प्रति नाशुक्र नहीं हो सकती। तेरे पास घर है। तेरे पास खाना और कपड़े हैं। उन तमाम कम किस्मत वाले लोगों की सोच। मेरे विचार पेंडुलम की तरह आगे और पीछे होते थे।

मैंने समय गुज़ारने के लिये स्वयं को खाना बनाना सिखाया, रसोईघर में रखी अपनी माँ की पुरानी पाक कला-पुस्तिका से पकवान बनाना शुरू किया। तंदूर काम नहीं करता था और बर्तन सीमित थे, अण्डा फेंटने वाला तक नहीं था। मैंने जो भी व्यंजन—सब्जी, रोटी, दाल बनाया वह कोई दुर्ग जीतने जैसा होता था। मेरा बनाया खाना विशेष महत्त्व रखता था, जैसे तीन वर्ष पहले हिरासत के समय मेरी माँ ने अल-मुर्तज़ा में भिण्डी और मिर्च उगाने का इन्तज़ाम किया था। मैं अपने पकाए चावल का कटोरा देखती और उसे इस बात का प्रमाण महसूस करती कि मेरा अस्तित्व है। मैं खाना बनाती हूँ इसलिये हूँ।

मुझे लगातार अपनी माँ की चिन्ता रहती थी। कराची सेंट्रल जेल में उनके दौरे के समय को चार माह हो चुके थे। उस समय उन्होंने बताया था कि उनके डॉक्टर को अंदेशा था कि उन्हें फेफड़े का कैंसर है। अगर उन्हें वास्तव में कैंसर है तो वह समय गिनने जैसी हालत में हैं। फेफड़े के कैंसर को जल्द पहचाना जाए और इलाज किया जाए, तो बढ़ने से रोका जा सकता है। इलाज किए बिना छोड़ दिया जाए, तो फेफड़े का कैंसर जल्द ही जान ले लेता है। आगे निदान के परीक्षण करने की ताकत उन्हें देने के लिहाज़ से उनके डॉक्टर ने विशेष भोजन की हिदायत दी थी। परीक्षणों का पिछला दौर ज़्यादा फैसलाकुल रहा। डॉक्टर ने फैसला किया कि उनके बाएँ फेफड़े में जो छाया है उसका घातक होना बहुत मुमकिन है। उन्होंने हुकूमत को रिपोर्ट दे दी थी कि मेरी माँ को *कैट स्कैन* और ऐसे इलाज की ज़रूरत थी, जो पाकिस्तान में उपलब्ध नहीं था। फिर भी मेरी माँ के इस अनुरोध की उपेक्षा की जा रही थी कि उनका पासपोर्ट बहाल किया जाए ताकि वे इलाज कराने के वास्ते विदेश जा सकें। उड़ती खबर यह थी कि गृह मन्त्रालय कुछ नहीं कर सकता क्योंकि मेरी माँ की फाइल को ज़िया बीज़िंग यात्रा पर अपने साथ ले गया था।

एक महीना हो गया, लेकिन हुकूमत ने मेरी माँ को पाकिस्तान छोड़ने की इजाज़त नहीं दी। एक महीना और गुज़र गया। उम्मीद न होने के कारण मेरी माँ के डॉक्टर ने कराची में ही *कीमोथैरेपी* शुरू कर दी। मम्मी ने फोन पर जब पहली बार यह खबर दी थी तो मुझे हताशा हुई जो बाद के उनके कॉल आने पर कड़वाहट में बदल गई। उन्होंने स्वीकार किया कि उनके बाल झड़ रहे हैं और वज़न कम हो रहा है। उन्होंने अफसोस जताया कि

वे मुझसे मिलने नहीं आ पा रही हैं। बेटी होने के नाते मुझे इस बात का दुःख था कि मैं उनके साथ या उनकी मददगार नहीं हो पा रही थी।

प्रेस सेंसरशिप के बावजूद, उनकी अग्नि-परीक्षा की खबर देश-भर में फैल रही थी। सनम ने फोन पर मुझे दिलासा दिया, 'लोग मम्मी को भूले नहीं हैं। हमारे पास उनके बारे में लगातार फोन आ रहे हैं और फाखरी के पास भी। ज़ाहिर था, राजनीतिक समारोहों और कॉफ़ी पार्टियों, में बस स्टॉपों और सिनेमाघरों में मेरी माँ की तबीयत एक बड़ा मुद्दा बन गई थी।

'ज़िया को उन्हें जाने देना होगा', मैंने, खुद को भरोसा दिलाते हुए, उम्मीद व्यक्त की। लेकिन जब ज़िया पर दबाव बढ़ गया तब भी उन्होंने जाने की इजाज़त नहीं दी। ज़िया ने यह तय करने के लिये कि मेरी माँ क्या इतनी बीमार हैं कि विदेश जाना ज़रूरी हो, एक संघीय मेडिकल बोर्ड बनाया।

संघीय मेडिकल बोर्ड। एक और ओछा भेदभाव। अय्यूब खान के समय में जब विदेश यात्रा पर पाबंदी थी तो इलाज के लिये बाहर जाने के वास्ते पासपोर्ट बनाने के लिये मेडिकल बोर्ड से इजाज़त माँगनी पड़ती थी। उसके बाद ऐसा कभी नहीं रहा। मेरे पिता के समय पासपोर्ट का अधिकार हर पाकिस्तानी का बुनियादी अधिकार बन गया था और इसके साथ विदेश जाना खुल गया था। ज़िया हुकूमत के मेम्बरान के लिये तो पाकिस्तान में आसानी से जिन छोटी-मोटी बीमारियों का इलाज हो सकता था, उनके लिये भी सरकारी खर्चे पर विदेश जाना आम बात थी। लेकिन राजनीतिक विरोधियों के लिये ज़िया ने मेडिकल बोर्ड की पुनः स्थापना कर दी। अब वह इसका इस्तेमाल मेरी माँ के इलाज के लिये विदेश जाने में देरी करने के मकसद से कर रहे थे।

जब अन्ततः बोर्ड की बैठक हुई तो वह जनरल ज़िया के आदमियों से भरा हुआ था। जैसे मेरे पिता के मृत्यु-दण्ड को उचित ठहराने का सुप्रीम कोर्ट का फैसला सुनवाई करने वाली पीठ का आकार कम किए जाने से प्रभावित हुआ था, अब मेडिकल बोर्ड का आकार बढ़ा दिया गया था और उसे तीन के बजाय सात सदस्यों वाला बना दिया गया था जिससे ज़िया अपनी पसन्द का फैसला करा सकें। सभी सात सदस्य हुकूमत के कर्मचारी हैं। बोर्ड का प्रमुख एक सेवारत मेजर जनरल है।

उस मेजर जनरल ने बोर्ड की पहली बैठक के थोड़ी देर बाद गैरज़िम्मेदाराना ढंग से कहा, 'बेगम साहिबा मुझे तो ठीक-ठाक लगीं।' चालाकी से बनाए गए बोर्ड के अन्य सदस्यों ने माँग की कि मेरी माँ फेफड़े के चौदह और एक्स-रे और खून की ज़ाँच कराएँ। यह सारी क्रिया इतनी जान निचोड़नेवाली थी कि मेरी माँ को बुखार हो गया, वह खाँसने लगीं और परीक्षण पूरे होने के तत्काल बाद बेहोश हो गईं। हालाँकि परीक्षण दिखाते थे कि उनके फेफड़े में छाया बढ़ गई थी और उनका हीमोग्लोबिन स्तर गिर गया था, बोर्ड के मुखिया ने सुझाव दिया कि मेरी माँ की एक और *ब्रोंकोस्कोपी* की जाए। यह न सिर्फ गैरज़रूरी था बल्कि इससे घातक रोग और भड़क सकता था। कराची में मेरी माँ के चिकित्सक डॉ. सईद, जो खुद भी बोर्ड के मेम्बर थे, नाराज़ हो गए और उन्होंने बोर्ड के फैसले की पुष्टि करने से इन्कार कर दिया। अस्पताल के बेहोश करने के विशेषज्ञ ने भी उनका समर्थन किया। ज़ोर दिया कि मेरी माँ की हालत ऐसी नहीं कि उनके फेफड़े में परीक्षण नलिका डाले जाने के

लिये ज़रूरी पूरी तरह बेहोश करने वाली दवा को झेल सकें।

मैंने अल-मुर्तज़ा में अपनी माँ के लिये दुआ की। मैं और कुछ भी नहीं कर सकती थी। लेकिन, बाकी मुल्क में, इस डर ने कि ज़िया हकीकत में मेरी माँ को मरने देना चाहते हैं, लोगों को कार्रवाई के लिये उद्वेलित किया। लोग आपस में फुसफुसाने लगे, 'हम भुट्टो को नहीं बचा सके। जब बेगम भुट्टो की जान को खतरा है हमें चुपचाप नहीं रहना चाहिए।' हुकूमत के हाथों मेरी माँ के इलाज के प्रति लापरवाही पर लोगों का गुस्सा पी.पी.पी. के परम्परागत समर्थन के दायरे से बाहर भी फैला था।

फाखरी ने टेलीफोन पर जोश-भरी आवाज़ में बताया, 'अंदाज़ा लगाइए! आण्टी की जान बचाने के लिये हुए महिलाओं के प्रदर्शन में सिंध के मार्शल लॉ प्रशासक की बीवी और बहनें शामिल हुईं।'

जो मैं सुन रही थी उस पर मुझे विश्वास नहीं हुआ, मैंने चिल्लाकर पूछा, 'क्या पुलिस ने उन्हें गिरफ्तार किया?' जनरल ज़िया के बाद, चारों सूबाई मार्शल लॉ प्रशासक मुल्क के सबसे असरदार व्यक्ति थे।

फाखरी ने बताया, 'उनकी हिम्मत ही नहीं हुई। जब वे आए तो सभी प्रदर्शनकारी मार्शल लॉ प्रशासक के घर के अन्दर चले गए और दरवाज़ा बंद कर लिया।'

मेरी माँ की संकट की घड़ी में विदेशों में भी विरोध भड़का था, यह मुझे बाद में पता चला। इंग्लैण्ड में, ऑक्सफोर्ड के मेरे पुराने दोस्तों के एक समूह ने डॉ. नियाज़ी, अमीना पिराचा और कुछ मानवाधिकार कार्यकर्ताओं के साथ मिलकर 'भुट्टो महिलाओं को बचाओ' नाम से एक मुहिम शुरू की। उस समूह ने सबसे पहले मेरी माँ को आज़ाद कराने पर ध्यान लगाया, हाउस ऑफ लार्ड्स के एक सदस्य लार्ड एवेबरी की मदद से संसद में समर्थन जुटाया। तत्परता के साथ जॉन लेस्टर और जोनाथन ऐटकेन ने हाउस ऑफ कॉमन्स में शुरूआती प्रस्ताव रखा—''बेगम भुट्टो का मेडिकल इलाज—कि यह सदन पाकिस्तान की सरकार से आग्रह करता है कि बेगम भुट्टो को कैंसर के, जिससे वे पीड़ित हैं, मेडिकल इलाज के लिये विदेश यात्रा पर जाने दिया जाए।'' लॉर्ड एवेबरी ने 4 नवम्बर को हाउस ऑफ लार्ड्स में एक संवाददाता सम्मेलन किया जिसमें एक ब्रिटिश डॉक्टर ने मेरी माँ की हालत की संजीदगी पर रोशनी डाली।

अमेरिकी सरकार के मेम्बर भी मेरी माँ की तरफ से दलीलें दे रहे थे। 8 नवम्बर को सीनेटर की विदेश सम्बन्ध समिति के अध्यक्ष सीनेटर जान ग्लेन ने एज़ाज़ अज़ीम को लिखा—'प्रिय राजदूत महोदय, दिवंगत प्रधानमंत्री की विधवा श्रीमती नुसरत भुट्टो ने दो महीने से भी ज़्यादा समय पहले फेफड़े के सम्भावित सांघातिक का इलाज कराने के लिये विदेश जाने की इजाज़त की गुज़ारिश की थी। ...मानवीय आधार पर मैं आपकी सरकार से आग्रह करूँगा कि श्रीमती भुट्टो की गुज़ारिश को तेज़ी से मंजूर किया जाए। जल्द मंजूरी को हमदर्दी के एक कदम के रूप में देखा जाएगा और वह हमारे दोनों देशों के बीच सम्बन्ध मज़बूत करने में मददगार होगी।'

लेकिन, ज़िया पश्चिमी देशों की सरकारों के हमदर्दी के आग्रहों को अनदेखा करने के आदी हो चुके थे। दक्षिण-पूर्व एशिया की यात्रा के समय उन्हें पूरा विश्वास था कि मेडिकल बोर्ड उनके बताए रास्ते पर चलेगा और बोर्ड को फैसले का इशारा भी उन्होंने दे दिया।

11 नवम्बर को जिस दिन बोर्ड की अन्तिम बैठक होनी थी, प्रेस ने उन्हें कुआलालम्पुर में यह कहते उद्धृत किया, 'बेगम भुट्टो के साथ कुछ भी गलत नहीं है। अगर वह छुट्टी पर कुछ सैर-सपाटे पर जाना चाहें तो इसके लिये अर्ज़ी दे सकती हैं और मैं उस पर विचार करूँगा।'

लेकिन जनरल ज़िया ने मेरी माँ के चिकित्सक डॉक्टर सईद को ध्यान में नहीं रखा था। 'मैं आपकी रिपोर्ट पर दस्तखत नहीं करूँगा।' डॉक्टर सईद ने उस दिन मेडिकल बोर्ड की बैठक होने पर बोर्ड के मुखिया मेजर जनरल से साफ-साफ कह दिया, 'एक डॉक्टर होने के नाते मेरा ईमान मुझे अपने मरीज़ की जान जोखिम में डालने की इजाज़त ही नहीं देगा।'

'मेरा भी नहीं देगा,' बोर्ड के डॉक्टरों में एक अन्य ने भी यकायक यह ऐलान कर दिया। यह अलिखित नियम टूट गया कि फेडरल बोर्ड के सभी मेम्बर अपने मुखिया का कहा मानेंगे।

'मेरा भी नहीं,' एक दूसरा बोला फिर तीसरा! एक के बाद एक डॉक्टर की अवज्ञा बढ़ती चली गई। मेजर जनरल भौंचक्का रह गया। उन सभी ने डॉक्टर सईद द्वारा रखे गए उस बयान पर दस्तखत कर दिए जिसमें मेरी माँ को तत्काल पाकिस्तान से छोड़ने के लिये कहा गया था। खुश होकर डॉक्टर सईद ने कहा, 'अब आपको भी दस्तखत कर देने चाहिए। जब सभी अफसर राज़ी हैं तो जनरल कैसे इन्कार कर सकता है?' मेजर जनरल को लगा सदमा बेशक उस समय और बढ़ गया होगा जब उस कागज़ पर दस्तखत के बाद, ज़िया ने सिविल और फौजी दोनों पदों से उसकी फौरन छुट्टी कर दी।

बोर्ड की चौंकाने वाली घोषणा के अगले दिन हुकूमत ने मेरी माँ को विदेश जाने की अनुमति दे दी। जब मैंने सुबह अखबार में खबर पढ़ी तो मैं खुशी से झूम उठी और तत्काल मैंने उनकी रवानगी से पहले उनसे मिलने की इजाज़त के लिये अधिकारियों से आवेदन कर दिया। अल-मुर्तज़ा में अपनी करीब एक वर्ष की कैद के बाद, मुझसे यकायक अपना सामान पैक करने के लिये कहा गया। पुलिस की बारह कारों, ट्रकों और जीपों का रक्षा दल मुझे मोइनजोदारो हवाई अड्डे ले गया। वहाँ जो फोटोग्राफर ग्यारह महीनों में पहली बार मेरे सार्वजनिक तौर पर दिखाई देने के चित्र खींच रहे थे, पुलिस ने उनके कैमरे ज़ब्त कर लिये। स्टेनगनों से लैस पुलिसवाले मेरे साथ हवाई जहाज़ तक गए। जब मैं कराची पहुँची तो एक अन्य रक्षा दल ने मुझे 70 क्लिफ्टन छोड़ा और जिस कार में मैं ले जाई जा रही थी उसके ऊपर एक हेलीकॉप्टर भी उड़ रहा था। यह सब महज़ इसलिये कि एक बेटी अपनी माँ की विदाई के लिये आई थी।

मम्मी बिस्तर पर लेटी थीं। मम्मी कमज़ोर और अपनी उम्र से ज़्यादा वृद्ध दिखाई दे रही थीं। मैं व्यक्तिगत दुविधा में फँसी थी। किसी भी और चीज़ से ज़्यादा मैं चाहती थी कि मेरी माँ मेडिकल इलाज के लिये, जिसकी उन्हें सख्त ज़रूरत थी, विदेश जाएँ। फिर भी मैं कैद के खालीपन में अकेले रह जाने से डर रही थी। मैं अकेलापन महसूस होने के विचार से लड़ रही थी और फाखरी एम.आर.डी. के महासचिव और पार्टी के अन्य लोगों से आखिरी मिनट के सन्देश लेकर शयन-कक्ष से बाहर जा रही थी और अन्दर आ रही थी। सन्देशों में पूछा गया था, 'बेगम भुट्टो चली जाएँगी तो क्या होगा?' लेकिन मम्मी के पास कोई और

चारा नहीं था।

मम्मी ने अपने बिदाई बयान में लिखा–'मैं भारी दिल से और मेडिकल मजबूरी में अपने वतन और अपने लोगों से अस्थायी अवधि के लिये दूर जा रही हूँ। मेरे विचार हमेशा आपके साथ होंगे, जद्दोजहद कर रहे अवाम के साथ, भूखों और वंचितों के साथ, शोषित और भेदभाव का शिकार होने वालों के साथ, उन तमाम लोगों के साथ जो एक तरक्कीपसन्द और खुशहाल पाकिस्तान की सोच रखते हैं...

हुकूमत ने मेरी माँ की रवानगी के बारे में अखबारों में गलत तारीखों के ऐलान किए ताकि लोगों को इकट्ठा होने से रोका जा सके। हुकूमत की धूर्त चालों से वाकिफ, पी.पी.पी. समर्थकों का ताँता मेरी माँ की रवानगी के संकेतों को देखने के लिये 70 क्लिफ्टन आता रहता था। हम दीवारों के अन्दर 'जिए भुट्टो! बेगम भुट्टो ज़िन्दाबाद!' जैसे नारों की आवाज़ सुनते रहते थे।

मैंने 20 नवम्बर, 1982 की रात को, मम्मी का बिदाई चुम्बन किया, और उन्हें अपने पिता की कब्र की मिट्टी से भरे लॉकेट अपने भाइयों को देने के लिये दिए और अपनी नवजात भतीजी के लिये लटकन दी जिस पर उसकी रक्षा के लिये क़ुरान की आयत उकेरी हुई थी। हम दोनों रोए, दोनों में किसके साथ आगे क्या होगा, यह नहीं पता था। 'अपना ख्याल रखना', मम्मी ने मुझे हिदायत दी। हम 70 क्लिफ्टन के सामने नक्काशी किए लकड़ी के दरवाज़े से साथ-साथ बाहर निकले जहाँ तेरह वर्ष पहले, मेरे हार्वर्ड रवाना होते वक्त मम्मी ने मेरे सिर पर पवित्र क़ुरान फेरी थी। और वह दरवाज़े के बाहर इन्तज़ार कर रहे लोगों के हुजूम में चली गईं।

सामिया वहीद :

> दोस्त मोहम्मद बेगम भुट्टो को सनम और फाखरी को पीछे की सीट पर बैठाकर हवाई अड्डे ले गया। 70 क्लिफ्टन से निकलते वक्त बहुत अधिक भीड़ थी। रवानगी को गुप्त रखने की हुकूमत की तमाम कोशिशों का विरोध करती बेगम भुट्टो ने कार के अन्दर की बत्ती जला दी ताकि लोग उन्हें देख सकें। मिसेज़ नियाज़ी, अमीना, मेरी बहन सलमा और मैं उनके पीछे की कार में चल रहे थे। हर मोड़ पर और कारें साथ हो गईं। आगे हमने शुभचिन्तकों के एक विशाल जुलूस की शक्ल ले ली। जब हम हवाई अड्डे के पुल के ऊपर पहुँचे, मैंने पीछे की तरफ देखा : बेगम भुट्टो के साथ हवाई अड्डे आ रही गाड़ियों ने राजमार्ग की सात लेनों को घेर लिया था। विपरीत दिशा में जा रही गाड़ियों को एक लेन में सिमटना पड़ा था।
>
> हवाईअड्डे पर उनकी इंतज़ार कर रही भीड़ तो और भी ज़्यादा थी। जैसे ही हम टर्मिनल पर पहुँचे उन्होंने हमारी कार को घेर लिया। मैंने कार में लगे शीशे पर एक आदमी के नंगे पाँव देखे जो हमारी कार पर चढ़ रहा था। उसने बेगम भुट्टो से कहा, 'खुदा आपके साथ है।' पार्टी मेम्बर उन्हें पहिए लगी कुर्सी पर बैठाने और टर्मिनल के अन्दर ले जाने में जुटे हुए थे। अन्ततः उनकी पहिए वाली कुर्सी भीड़ में लोगों के सिरों के ऊपर से हाथोंहाथ ले जाई गई। एयर फ्रांस की उड़ान के लिये

एयरलाइन्स के चालक दल को भी गुज़रने में इतनी ही दिक्कत झेलनी पड़ी। उन्हें अपने उड़ान के बैग एक-दूसरे को थमाने पड़े। 100 गज़ की दूरी तय करने में उनकी वर्दियों में सिलवटें पड़ गईं, उनकी टोपियाँ उतर गईं, और उड़ान परिचालिका के बालों में लगी पिन खुल गई। यह पाकिस्तान में हुई सबसे ज़्यादा हो-हल्ले वाली बिदाई थी। लोगों को यह नहीं पता था कि वे अपने प्रधानमंत्री की विधवा और पी.पी.पी. की प्रिय नेता को पुनः देख पाएँगे या नहीं।

मम्मी ने पश्चिम जर्मनी में एक *कैटस्कैन* और आगे का इलाज करवाया। उन पर असर अच्छा हुआ और खुशकिस्मती से कैंसर को रोक दिया गया। इस बीच मैं 70 क्लिफ्टन में नज़रबंद रही। घर के अन्दर ग्यारह जेल कर्मचारी लगाए गए। बाहर मकान के चारों तरफ हर दो फीट पर फ्रंटियर फोर्स का आदमी तैनात किया गया। आगे और पीछे के दरवाज़ों के सामने अपने ठिकानों से गुप्तचर एजेण्ट हर चीज़ पर निगाह रखते थे। मुझे 70 क्लिफ्टन में इस आक्रामक मोर्चेबंदी में चौदह महीने और रहना था।

मैंने जेकब टिमरमैन की *प्रिज़नर विदाउट नेम, सैल विदाउट नम्बर* बड़ी दिलचस्पी से पढ़ी। यह अखबार प्रकाशक का अर्जेण्टीना में राजनीतिक कैदी के रूप में ढाई वर्ष का लेखा-जोखा है। मैंने अपनी डायरी में लिखा—'यह हमारी आत्माओं का दर्पण था, दुख भरी आँखों में दुख भरी आँखों का प्रतिबिम्ब। जब उसने बिजली की कुर्सी में यातना का ज़िक्र किया तो कागज़ पर लिखे शब्द मुझे बेध गए। टिमरमैन ने लिखा, शरीर को चीर डाला लेकिन फिर भी, ताज्जुब है, देह पर कहीं कोई निशान नहीं। कुर्सी वाली प्रक्रिया के बाद राजनीतिक कैदियों को सदमे से उबारने के लिये पटक दिया जाता था, फिर पुनः यातना के लिये लाया जाता था। क्या वह अर्जेण्टीना की बात कर रहे थे या पाकिस्तान में फौजी हुकूमत की पूछताछ कोठरियों की?'

राष्ट्रपति आदेश नं. 4, 24 मार्च, 1982 को जारी किया गया। विशेष फौजी अदालतों के मुकदमे अब गुप्त ढंग से, बंद कमरों में किए जाएँगे। जब कोई मुकदमा होगा, किसी को सूचित नहीं किया जाएगा, कौन अभियुक्त था, क्या आरोप उस पर लगाए गए थे, या क्या सज़ा सुनाई गई। यह पक्का करने के लिये कि कोई बात बाहर नहीं निकले, वकीलों या मुकदमे से किसी भी रूप से जुड़े किसी व्यक्ति के लिये उसकी किसी जानकारी को आम करना, किसी को बताना जुर्म हो गया था।

मार्शल लॉ नं. 54, 23 सितम्बर, 1982 को जारी किया गया और 5 जुलाई, 1977 मेरे पिता के खिलाफ सत्ताहरण के दिन से पूर्व प्रभावी। अब 'अवाम के बीच असुरक्षा, डर या निराशा पैदा करने के' कसूरवार किसी व्यक्ति को सज़ा-ए-मौत दी जा सकेगी। मौत की सज़ा उस व्यक्ति को भी दी जाएगी जिसे ऐसे जुर्म की जानकारी हो लेकिन उसने मार्शल लॉ अधिकारियों को इत्तला नहीं दी हो। आदेश में कहा गया, 'फौजी अदालत... मुलज़िम को इल्ज़ाम लगाए गए जुर्म का दोषी मान सकती है जब तक कि उसका बेकसूर न होना साबित न हो।'

अक्टूबर में कराची में दो हज़ार वकील नागरिक आज़ादियों की माँग करने के लिये मिले। सम्मेलन का आयोजन करनेवालों को गिरफ्तार कर एक वर्ष की बामशक्कत कैद

की सज़ा सुनाई गई। दो सप्ताह बाद हाफिज़ लाखो, जो मेरे पिता के वकीलों में एक थे, को कराची बार एसोसिएशन के सचिव के साथ बंदी बना लिया गया।

मैंने अखबारों में एक दिसम्बर को पढ़ा कि ज़िया राष्ट्रपति रीगन और कांग्रेस के सदस्यों से मिलने के लिये वाशिंगटन में हैं। दिसम्बर माह में ही पाकिस्तान में तीस से ज़्यादा कैदियों को मौत की सज़ा दी गई। क्या कांग्रेस के सदस्यों को पाकिस्तान में मानव अधिकारों के दुरुपयोग की जानकारी थी? क्या उन्हें परवाह थी?

इन प्रश्नों का जवाब मुझे अगले तीन वर्ष तक नहीं मिला। ज़िया को उम्मीद थी कि उनकी वाशिंगटन यात्रा पश्चिम में नई मिली प्रतिष्ठा की वजह से बहुत शानदार होगी, लेकिन सीनेट की विदेश सम्बन्ध समिति के साथ हुई बैठक में उन्हें भारी आलोचना का सामना करना पड़ा। जो उपस्थित थे वे बताते हैं कि जनरल शान्त और विश्वास से भरे हुए थे–जब तक कि (सीनेटर) पैल ने उन्हें एक पत्र नहीं दिया। वाशिंगटन पोस्ट में जैक एंडरसन ने लिखा, 'उस पत्र में पाकिस्तान में अनेक राजनीतिक कैदी होने पर समिति की चिन्ता व्यक्त की गई थी। सूची में सबसे ऊपर बेनज़ीर भुट्टो थीं।'

जब सीनेटर पैल ने उनसे मेरी कैद के बारे में ज़ोर डाला तो ज़िया बौखला उठे। उन्होंने मेरे 'कानून' तोड़ने का दावा किया और कहा, 'सीनेटर, मैं आपको यह बता सकता हूँ कि वह किसी सीनेटर से बेहतर घर में रहती है।' इसके बाद ज़िया ने दावा किया कि रिश्तेदारों और मित्रों को मुझसे मिलने की अनुमति है और एक टेलीफोन भी इस्तेमाल करने के लिये है।'

ज़िया का दावा सुनने के बाद, पीटर गालब्रेथ ने उसे परखने के लिये 70 क्लिफ्टन फोन मिलाया। एक पुरुष आवाज़ ने जवाब दिया तो उसने मुझसे बात कराने को कहा।

उस व्यक्ति ने उत्तर दिया, 'नहीं, आप उनसे बात नहीं कर सकते। वह जेल में है।'

पीटर ने साहस किया, मैं अमेरिकी सीनेट से बोल रहा हूँ। आपके राष्ट्रपति अभी यहाँ आए और हमें बताया कि मिस बेनज़ीर टेलीफोन का इस्तेमाल कर सकती हैं।

उधर से उस व्यक्ति ने दृढ़ता से कहा, 'आप उनसे बात नहीं कर सकते। इसकी मनाही है।' इसके बाद उसने फोन काट दिया।

मैंने 25 दिसम्बर, पाकिस्तान के संस्थापक का जन्मदिन, 70 क्लिफ्टन में कैद में बिताया। नए वर्ष के दिन और अपने पिता के जन्म-दिन पर भी मैं अकेली रही। जब 1983 शुरू हुआ तो मैंने महसूस किया कि 1977 के बाद से सिर्फ एक नया वर्ष का दिन ही ऐसा निकला जो मैं आज़ाद रही होऊँ। मैं रात को अपने दाँत किटकिटाती थी। सुबह अक्सर मैं अपनी अँगुलियों की गाँठें सूजी हुई पाती थी और अँगुलियाँ इस कदर भिंची हुईं कि मैं उन्हें खोल नहीं पाती थी।

मैंने डायरी में लिखा, 'खुदा ने मुझे जो सब दिया है, उसके लिये मैं खुदा की शुक्रगुज़ार हूँ। मेरा नाम, मेरी इज्जत, मेरी प्रतिष्ठा, मेरे पिता, माता, भाई, बहन, शिक्षा, बोलने की काबिलियत, मेरे दोनों हाथ और पाँव, दृष्टि, श्रवणशक्ति, कोई बदनुमा दाग नहीं....' खुदा की नियामतों की मेरी सूची इस कदर बढ़ी कि मेरी आत्महीनता की भावनाएँ काफूर हो

गईं। अन्य राजनीतिक कैदी मेरे मुकाबले अपनी कोठरियों में ठिठुरती सर्दी में मुझसे कहीं ज़्यादा बदहाल थे।

एक दिन घर का एक कर्मचारी एक नया ऊनी गुलूबंद लेकर आया। उसने बताया अफगान शरणार्थी काले बाज़ार में बहुत सस्ते में बेच रहे हैं। मैंने एक पार्टी कार्यकर्त्ता को चोरी-छिपे एक सन्देश भेजा कि पी.पी.पी. के लाल, हरे और काले रंगों वाले सिरों के गुलूबंद बनवाए जाएँ। हमने सारे सिंध में हज़ारों कैदियों को वे गुलूबंद जुराबों और स्वेटरों के साथ भेजे।

मेरे कान फिर दुखने लगे जैसे कि मेरे दाँत, मेरे मसूड़े और मेरे जोड़ दुखते थे। नेवल हॉस्पिटल में हुकूमत के कानों के डॉक्टर ने कहा—आपके कान में तो तकलीफ वाली कोई बात नहीं है।—उनका दंत चिकित्सक भी उतना ही नाकाबिल था, उसने पूछा मैं कौन-से दाँत का एक्स-रे उससे कराना चाहती हूँ। मैंने कहा, 'मैं किसी खास दाँत के बारे में नहीं कह सकती। दंत चिकित्सक आप हैं, मैं नहीं। तकलीफ यहाँ इस तमाम हिस्से में है।' उसने जवाब दिया, 'हम इस ढंग से एक्स-रे बर्बाद नहीं कर सकते।'

मेरा स्वास्थ्य खराब होने की खबरें ब्रिटेन के प्रेस में आने लगीं। इस पर पाकिस्तानी दूतावास के सूचना मन्त्री ने प्रतिक्रिया व्यक्त की। कुतुबुद्दीन अज़ीज़ ने लिखा, 'जब भी उन्होंने किसी तकलीफ की शिकायत की, उन्हें कराची के सबसे अच्छे अस्पताल ले जाया गया। ज़्यादा धूम्रपान की वजह से उनके मसूड़ों में तकलीफ हुई जिसके लिये उनकी पसन्द के एक जाने-माने डॉक्टर से उनका इलाज करवाया गया।—हुकूमत कितना झूठ बोली! किसी डॉक्टर को मैंने पसन्द नहीं किया था और मैंने धूम्रपान नहीं किया था।

मैं बातचीत करने के लिये, कोई सम्पर्क साधने, विचारों का कोई आदान-प्रदान करने के लिये तरसती थी। मैं खुशकिस्मत थी कि 70 क्लिफ्टन में मेरे साथ मेरी बिल्लियाँ थीं, लेकिन वे इन्सानी साथ की कमी को तो पूरा नहीं कर सकती थीं। हुकूमत यही चाहती थी कि मुझे पूरी तरह अलग-थलग कर दिया जाए। इसलिये मुझे उस समय ताज्जुब हुआ जब मुझे मार्च, 1983 में जाम साक़ी के मुकदमे में गवाही देने के लिये आने का न्योता मिला। जाम साक़ी एक कम्युनिस्ट थे जिन पर पाकिस्तान की विचारधारा के खिलाफ काम करने और सशस्त्र सेनाओं के खिलाफ असन्तोष भड़काने सहित कई इल्ज़ामों में मुकदमा चल रहा था।

मैं कभी जाम साक़ी से नहीं मिली थी। दरअसल, वह मेरे पिता की खिलाफत करते थे। लेकिन यह पता चला कि जाम साक़ी ने कई प्रमुख राजनेताओं को तलब करवाया था कि वे भुट्टो पर रोशनी डालकर यह तय करें कि उन पर लगे इल्ज़ाम जायज़ हैं या नहीं। हालाँकि मुझे यह भी नहीं पता था कि मुझसे तलब होने के लिये कहने के पीछे हुकूमत की मंशा क्या है, लेकिन मैं मार्शल लॉ की वैधता के बारे में बहस करने को पूरी तरह तैयार थी। शायद हुकूमत मुझे 'कम्युनिस्ट हमदर्द' होने का तमगा पहनाना चाहती थी। लेकिन मेरे लिये ज़्यादा महत्त्वपूर्ण सवाल हर प्रतिवादी के खुले और आज़ाद मुकदमे के अधिकार

का था। इसके अलावा, अदालत मुझे करीब दो वर्ष में पहली बार अपने खुद के राजनीतिक नज़रिये को रखने के लिये एक मंच प्रदान कर रही थी।

जब विशेष फौजी अदालत के समक्ष 25 मार्च को मौजूद होने का पहला सम्मन मुझे मिला तो मैंने जेल अधिकारियों की मार्फत लिख भेजा कि मैं एक कैदी हूँ और निर्धारित समय पर अदालत में आ ही नहीं सकती। अगर अदालत मेरी गवाही चाहती है तो उसे इसका इन्तज़ाम करना होगा।

फौरन ही गृह मन्त्रालय के कार्यालय से सन्देश आ गया कि मैं अगले दिन सुबह सात बजे तैयार हो जाऊँ। मैं तैयार हो गई। ग्यारह बजे नया सन्देश आया कि मेरी पेशी का समय बदल दिया गया है और मैं अगले दिन उसी समय पर पुनः तैयार हो जाऊँ। मैं 27 मार्च को भी सात बजे तैयार हो गई। फिर मैंने चार घंटे इन्तज़ार किया। और एक बार फिर, मेरी पेशी चौबीस घंटे बाद करना तय किया गया। मैंने यह सोचकर खुद को दिलासा दिया कि शायद हुकूमत मेरे समर्थकों को, जो मुझे देखने के लिये आएँगे, भ्रम में डालना चाहती है। जब वे तीसरे दिन मुझे लेने आए तो मुझे जनता से दूर रखने के लिये हर सावधानी बरती गई थी।

जिन सड़कों से हम गुज़रे वे पूरी तरह खाली थीं। क्योंकि पुलिस ने सारा रास्ता बंद कर रखा था। कश्मीर रोड को आने वाले सभी रास्तों पर भारी संख्या में पुलिस तैनात थी और पैदल चलने वालों के सड़क पार करने के स्थानों पर कँटीले तार आड़े-तिरछे लगा दिए गए थे। जब मैं एक खेल-कूद परिसर में कामचलाऊ ढंग से बनाई गई फौजी अदालत पहुँची तो मैंने पाया कि वहाँ से भी लोगों को भगा दिया गया था। जाम साक़ी और अन्य लोगों के रिश्तेदारों को प्रतीक्षा कक्ष में बैठने की इजाज़त इस शर्त पर दी गई थी कि वे मुझसे बात नहीं करेंगे। मैंने परवाह नहीं की। मैं बहुत खुश थी क्योंकि कुछ वकील तो वहाँ दिखाई दे ही रहे थे, सामिया, सलमा और मेरी रिश्ते की बहन फाखरी भी वहाँ थीं। उन लोगों ने किसी प्रकार नाकेबंदी से निकलने की एक विशेष इजाज़त लेने का इन्तज़ाम कर लिया था। सबसे बड़ी बात तो यह कि मैंने बातचीत करने के मौके का स्वागत किया।

अदालत का कमरा छोटा था, एक डेस्क पर एक कर्नल बैठा था और उसके आजू-बाजू एक मेजर और एक मजिस्ट्रेट बैठे थे। हम उनके सामने लगी कुर्सियों की तीन कतारों में बैठ गए—तमाम कार्यवाही के दौरान जाम साक़ी बेड़ियों में थे। मैंने सोचा कि छोटे-से कमरे में भी सेना ने लोहे की सलाखों को ज़रूरी समझा। जाम साक़ी सवाल भी पूछ रहे थे क्योंकि फौजी अदालतों में पैरवी करने के लिये वकीलों की इजाज़त नहीं थी।

मेरी गवाही के लिये एक दिन निर्धारित था लेकिन जाम साक़ी ने जो सवाल मुझसे किए उनके मैंने ऐसे लम्बे जवाब दिए कि गवाही दो दिन चली। उनके सवाल ही ऐसे थे कि आसान और छोटे जवाब नहीं थे—'हम पर पाकिस्तान की विचारधारा के खिलाफ काम करने का इल्ज़ाम है—क्या पाकिस्तान की कोई विचारधारा है? ईरानी क्रान्ति से आप क्या समझती हैं? क्या इस्लाम में मार्शल लॉ का कोई प्रावधान है?'

मुझे मालूम था कि भूमिगत साहित्य का चलन पनप चुका है, बड़े शहरों में फोटोस्टेट किए हुए पर्चे और खराब छपाई वाली किताबें पढ़े-लिखे लोगों के बीच वितरित होती हैं। उन्हें गुपचुप ढंग से एक हाथ से दूसरे हाथ पहुँचाया जाता था। कुछ मुद्रक पैसे लेकर अपने

छापेखानों को रात के समय टार्च की रोशनी में चलाते थे और बाद में प्लेटों को नष्ट कर देते थे। यह मेरे लिये अपनी पार्टी की लाइन बताने और मार्शल लॉ को बदनाम करने का एक मौका था। मैं इस मौके का फायदा उठाने जा रही थी।

मैंने तीसरे सवाल के जवाब में कहा–'साफतौर पर यह समझने के लिये कि इस्लाम में मार्शल लॉ का कोई स्थान है या नहीं, हमें मार्शल लॉ के विचार को और इस्लाम के विचार को समझना होगा। इस्लाम खुदा की इच्छा के सामने समर्पित है। जबकि मार्शल लॉ फौज के कमांडर के आगे समर्पित है। कोई मुसलमान सिर्फ खुदा की इच्छा के आगे ही झुकता है।

'मार्शल लॉ शब्द, अगर मुझे ठीक से याद है, बिस्मार्क और प्रूशिया साम्राज्य के ज़माने में चलन में आया। अपने जीते गए इलाकों को मिलाने के लिये बिस्मार्क ने उन इलाकों में प्रचलित कानून के स्थान पर अपना कानून लागू किया जो उसकी सनकों पर टिका था और बंदूक के ज़रिये थोपा गया। दूसरे विश्वयुद्ध के पहले मार्शल लॉ का मतलब कब्ज़ा कर लेने वाली सेना का शासन भी होता था। कब्ज़ा कर लेने वाली सेना के कमांडर का हुक्म मौजूदा कानून से ऊपर होता था।

उपनिवेशवाद के तहत, स्थानीय लोगों को दोयम-दर्ज़े का नागरिक माना जाता था, उन्हें अपनी पसन्द की सरकार के अधिकार से वंचित किया गया। उन्हें इस अधिकार से भी वंचित किया गया कि अपनी नियति को खुद अपनी उम्मीदों और चाहत के हिसाब से और जो उनके लिये आर्थिक तौर पर फायदेमन्द हो उसके हिसाब से तय करें। दूसरे विश्वयुद्ध के खत्म होने पर और ज़्यादातर उपनिवेशों से औपनिवेशिक ताकतों के पीछे हट जाने से नए-नए आज़ाद हुए देशों की जनता ने कुछ समय आज़ादी और मुक्ति का माहौल जिया। यह वह समय था, जब नासिर, नक्रूमा, नेहरू और सुकार्नो जैसे राष्ट्रवादी नेताओं ने अपने लोगों के लिये सामाजिक समानता और न्याय कायम करने पर ज़ोर दिया। लेकिन पहले की औपनिवेशिक ताकतों ने, अब नई शक्ल में खुद को ढाल लिया था, अपने खुद के लोगों को खुश रखने के इरादे से और, चाहे उन्होंने समझ-बूझकर ऐसा फैसला किया हो या नहीं, अंजाम एक फौजी-मुल्ला धुरी को उनके समर्थन के रूप में सामने आया। इस फौजी-मुल्ला धुरी ने लोगों को अपनी नियति का फैसला खुद करने से वंचित कर दिया और वे फायदे भी नहीं मिल पाए जो उन्हें अपनी नियति की राह खुद तय करने से मिलते। ऐसे हालात सोवियत संघ और अमेरिका के बीच प्रतिद्वंद्विता पनपने से और बिगड़ गए।

'ज़्यादातर नए आज़ाद हुए देश अब किसी प्रकार के फौजी प्रशासन में चल रहे हैं। लेकिन, ऐसा प्रशासन जो आम राय के बजाय ताकत के ज़ोर पर टिका हो, आम राय पर ज़ोर देने के इस्लाम के बुनियादी सिद्धान्तों के अनुरूप नहीं हो सकता। दूसरे, फौजी हुकूमत हमेशा बंदूक की नोक पर सत्ता में पहुँचती है, जबकि इस्लाम में सत्ता हड़पने का कोई भी विचार है ही नहीं। इस तरह हम देख सकते हैं कि इस्लाम में मार्शल लॉ का कोई स्थान नहीं है।' मैंने जो कहा उसकी फोटोस्टेट प्रतियाँ बाद में अखबारों के कमरों में, बार एसोसिएशनों और जेलों में राजनीतिक कार्यकर्ताओं की कोठरियों तक पहुँची होंगी।

अदालत का कमरा प्रेस के लिये बंद था, लेकिन एक ब्रिटिश पत्रकार ने अन्दर आने का, ज़ाहिर है, कुछ जुगाड़ कर लिया था। किसी को नहीं मालूम था कि वह अन्दर बैठा

था। तभी एक व्यक्ति आया और उसने कर्नल के कान में धीरे से कुछ कहा।

'कहाँ?' कर्नल ने पूछा। उस व्यक्ति ने अपने सिर से कमरे के पीछे की तरफ इशारा किया।

'मैं समझता हूँ कि आप एक पत्रकार हैं', कर्नल की आवाज़ गूँज उठी। 'पत्रकारों को इजाज़त नहीं है। आप तत्काल निकल जाइए।'

मैंने एक नज़र शलवार-कमीज़ पहने उस व्यक्ति पर डाली जिसे हर कोई गोरे रंग का पठान समझ रहा था। उसे अदालत के कमरे से बाहर ले जाया जा रहा था। लेकिन उसे कम-से-कम एक खबर तो मिल ही गई थी। उस पत्रकार ने *गार्जियन* में बाद में लिखा—'मिस बेनज़ीर भुट्टो शान्त और अच्छी स्वस्थ दिखाई दीं और उन्होंने कार्यवाही में यह जता दिया कि उनकी पुरानी भाषण देने की कला और हाज़िर-जबाबी में कतई कोई कमी नहीं आई है।'

लेकिन, मेरा स्वास्थ्य उतना अच्छा नहीं था जितना दिखाई देता था। मेरी सामान्य से कमज़ोर हो गई हालत पी.पी.पी. के कुछ नेताओं की अप्रैल, 1983 में की गई गैर-वफादारी से और बिगड़ गई। ज़िया एक बार फिर सक्रिय थे, अपना राजनीतिक आधार बनाने की कोशिश कर रहे थे जो सत्ताहरण के बाद से कभी नहीं बना सके थे। अगस्त में देश के 'इस्लामीकरण' के नए कदमों की घोषणा करने की योजना बना रहे ज़िया ने सिंध का पहली बार दौरा करने का मौका निकाला। मेरे पिता का तख्ता पलटने और 1973 के संविधान को दफनाने के बाद वे कभी सिंध नहीं गए थे। कोई ताज्जुब नहीं कि उनके दौरे पर लोगों की प्रतिक्रिया क्रोध और गुस्से की थी।

मेरे पिता के शासनकाल में सिंधियों ने बड़ी छलाँगें लगाई थीं। कस्टम, पुलिस, पी.आई.ए. में सरकारी नौकरियाँ पाई थीं। उनके लिये विश्वविद्यालयों में अलग कोटा रखा गया था, ज़मीन के प्लाट दिए गए थे और नए-नए अस्पतालों, चीनी मिलों और सीमेण्ट फैक्ट्रियों में अच्छी तनख्वाह पा रहे थे। एक बार फिर सिंध के खिलाफ अब भेदभाव किया जा रहा था। सिंध में कुछ सबसे अच्छी ज़मीनें सरकार के पास थीं। उन ज़मीनों को भूमिहीन किसानों को बाँटने के बजाय ज़िया के शासन में फौज़ी अफसरों को दिया जा रहा था। उद्योगों में जो सिंधी प्रबंधन के पदों तक पहुँचे थे, उन्हें हटाकर सेना के रिटायर्ड अधिकारी लगाए जा रहे थे। हालाँकि कराची के बंदरगाह से देश के राजस्व का 65 प्रतिशत आता था लेकिन उस राजस्व का बहुत कम पैसा ही सिंध में लगाया जा रहा था। मेरे पिता की हत्या के बाद से सुलगते सिंध में आर्थिक संकटों ने आक्रोश की आग भड़का दी थी। मेरे पिता के बारे में सूबे में कई लोग यह महसूस करते थे कि अगर वे सिंधी नहीं होते तो उन्हें फाँसी पर नहीं लटकाया जाता।

स्थानीय निकायों के 1979 के चुनावों के बाद बादिन और हैदराबाद के निर्वाचित पी.पी.पी. कौंसुलरों ने मेरे पिता को मृत्यु-दण्ड दिए जाने की निंदा का प्रस्ताव पारित किया और उन्हें श्रद्धांजलि दी। इसके जवाब में ज़िया ने सारे सिंध में पी.पी.पी. के कौंसुलरों के खिलाफ अयोग्य ठहराने की कार्यवाही शुरू कर दी थी। अब पी.पी.पी. के चन्द बचे हुए कौंसुलरों से ज़िया अपना समर्थन करवाना चाह रहे थे। उनसे कहा गया कि वे सूबे की यात्रा पर आए ज़िया की अगवानी करें। मैं अखबारों की खबरों से जानकर चौंक गई कि

वे कौंसुलर ज़िया की इच्छा पूरी करने को तैयार थे।

मैं कोई सन्देश कैसे भिजवाऊँ? 70 क्लिफ्टन में आने और यहाँ से जाने के वक्त नौकरों की तलाशी ली जाती थी। वे छोटे-छोटे कामों के लिये जाते तब भी गुप्तचर एजेण्ट मोटर-साइकिलों से उनका पीछा करते। आखिर मैंने नौकरों में से एक को समझाया कि वह गार्डों के सामने बीमार होने और छुट्टियाँ लेकर लरकाना में अपने घर जाने का दिखावा करे।

उसके साथ एक मौखिक सन्देश सिंध के पी.पी.पी. प्रमुख के लिये भेजा, जिनका बेटा एक कौंसुलर था। सन्देश यह था, 'मुझे उम्मीद है कि आपका बेटा ज़िया की अगवानी के लिये नहीं जाएगा। आपको पता ही है कि यह पार्टी की नीति के खिलाफ है। इस बात को फैला दीजिए।'

इसके साथ ही मैंने एक सन्देश लरकाना के पी.पी.पी. कौंसुलर को भेजा। मैंने उससे कहा, 'आप और दूसरे लोग अस्पताल में भर्ती हो जाओ या लरकाना से बाहर चले जाओ और लापता हो जाओ, लेकिन ज़िया से मिलने के लिये मत जाओ।'

जब मैंने टेलीविज़न खोला और देखा कि इतना कहने के बाद भी कुछ कौंसुलर ज़िया से मिलने गए तो मैं गुस्से से भर गई लेकिन असहाय थी। ज़ाहिर है, उन्होंने बैठकर फैसला किया कि पार्टी उन सभी के खिलाफ तो कार्यवाही नहीं कर सकेगी। मुझे बहुत गहरी निराशा हुई। एक बार फिर, राजनेता पार्टी की एकता की कीमत पर अपनी व्यक्तिगत आकांक्षाएँ पूरी कर रहे थे। शायद मैं बहुत ज़्यादा आदर्शवादी हो रही थी, लेकिन मुझे अपेक्षा कुछ ज़्यादा ही थी। मेरे पास कोई विकल्प नहीं था सिवाय इसके कि पी.पी.पी. के अध्यक्ष को फोन कर राजनीतिक बात करूँ, जिस पर पाबंदी थी। मैंने फोन किया, मुझे मालूम था कि फोन निगरानी में है और काट दिया जाएगा। इसलिये फोन मिलने पर एक ही साँस में तेज़ी से बोल गई, 'मैं चाहती हूँ कि आप पी.पी.पी. के उन तमाम कौंसुलर को निकाल दें जो ज़िया के साथ बैठक के लिये गए। उन्होंने पार्टी अनुशासन तोड़ा है।' वही हुआ, फोन तत्काल काट दिया गया।

मुझे अपने रिश्तेदारों के फोन और नहीं आए। मुझे चन्द आगंतुकों से भेंट की जो छूट मिली हुई थी, वह भी खत्म हो गई। गेट पर तलाशी लेनेवाले घर में काम करनेवालों के साथ सख्ती से पेश आने लगे। जब भी वे बाहर जाते या बाहर से घर में आते तो तलाशी के दौरान जूते और जुराबें भी उतरवाकर देखी जातीं। बाल तक तलाश किए जाते। खाना बनानेवाला जो गोश्त और तरकारी बाज़ार से लाता उसे भी काटकर खोला जाता। घर से फेंका जाने वाला कचरा भी जाँचा जाता।

फिर से पूरी तरह अलग-थलग। मेरी तबीयत लगातार बिगड़ती महसूस हुई। मेरे कान का दर्द बढ़ गया। जब मैं अपना बायाँ गाल सहलाती तो मुझे कुछ सनसनी-सी महसूस होती। सुनाई देने वाली आवाज़ें भी फिर से बदतर हो रही थीं।

अप्रैल की एक शाम मैं 70 क्लिफ्टन के स्वागत स्थान के पास टहल रही थी कि सहसा मुझे लगा कि फर्श ऊपर छत की तरफ उठ रहा है। मैंने खुद को सँभालने के लिये सोफे की बाँहें पकड़ रखी थी, जिससे चकराने का दौर गुज़र जाए। इसके बजाय लगा कि अँधेरे की एक दीवार मेरी तरफ बढ़ रही है। मैं सोफे पर बैठने के लिये बढ़ी लेकिन बेहोश होकर गिर पड़ी।

किस्मत से कर्मचारियों में से एक ने मुझे गिरते देख लिया। वह जेलकर्मियों की तरफ भागा, 'जल्दी! जल्दी! मिस साहिबा को किसी डॉक्टर की ज़रूरत है।' और एक बार फिर ऐसा लगा जैसे खुदा मेरी रक्षा कर रहा है। सामान्य नौकरशाही ढर्रे—गृह विभाग को मेडिकल सहायता के लिये लिखो, फिर कई दिन, कभी-कभी तो दो सप्ताह मामला आगे बढ़ने का इन्तज़ार करो—के बजाय पुलिस चन्द घंटों में मिडईस्ट हॉस्पिटल के आपात्कालीन रूम से डॉक्टर ले आई। और एक बार फिर, मेरे कान का संक्रमण अन्दर के बजाय बाहर की तरफ फूट निकला था।

डॉक्टर ने मेरे कान का परीक्षण कर कहा, 'आपकी हालत बहुत खतरनाक है। आपको कान विशेषज्ञ को दिखाना चाहिए।'

मैंने उससे कहा, 'अगर आप खासतौर पर यह नहीं कहेंगे कि मुझे विशेषज्ञ को दिखाने की ज़रूरत है तो हुकूमत यह दावा करती रहेगी कि मुझे कान की कोई तकलीफ नहीं है।'

उस नौजवान डॉक्टर ने हिम्मत दिखाई। उसने बहुत साफतौर पर हुकूमत को भेजे कागज़ों में लिखा कि मुझे कान के विशेषज्ञ डॉक्टर को दिखाने की ज़रूरत है। हुकूमत ने जिस नाक, कान और गला विशेषज्ञ को भेजा वह वही था जिसने तीन वर्ष पहले मेरा साइनस का ऑपरेशन किया था। गोपनीयता को महत्त्व देते हुए, वह नहीं चाहता कि उसके नाम का उल्लेख इस पुस्तक में हो। लेकिन वह मेरे स्वास्थ्य को सँभालने और शायद मेरे जीवन को बचाने में कामयाब रहा।

डॉक्टर ने मुझे बताया, 'आपके कान में छेद है।' इससे चार वर्ष पहले अल-मुर्तज़ा में कैद के समय हुकूमत के भेजे डॉक्टर के बारे में मेरा अंदेशा पुष्ट हुआ। अब डॉक्टर ने बताया, 'कान में छेद होने से मध्य कान और उसकी समीपवर्ती *मस्टॉयड* हड्डी में संक्रमण हो गया है।' इस मौजूदा संक्रमण को नियमित रूप से निकलवाना पड़ेगा जिसमें चेहरे की नस पर पड़ रहा दबाव कम हो जाए जो उस हिस्से को सुन्न होने का कारण है। जब संक्रमण ठीक हो जाए मुझे ऑपरेशन करवाना पड़ेगा। डॉक्टर ने यह भी कहा, 'सूक्ष्मदर्शी से ऑपरेशन के लिये आपको विदेश जाना होगा। हमारे पास वह तकनीक यहाँ नहीं है। हमें तो आरी से आपका कपाल खोलना होगा। यह खतरनाक तरीका है। आपकी अपनी भलाई के लिये विदेश जाना कहीं ज़्यादा अच्छा रहेगा।'

मैंने स्तब्ध हो उसे देखा। क्या उसका आना पाकिस्तान में इस प्रकार की शल्यक्रिया में आमतौर पर होने वाले जोखिम से भी कुछ आगे का था? मुझे मालूम था कि मेरे एक डॉक्टर से तो हुकूमत ने 1980 में यह कहने के लिये सम्पर्क साधा कि मेरी तकलीफ कान के मध्य हिस्से में नहीं बल्कि अन्दर के हिस्से में थी और मुझे मनोचिकित्सक से इलाज करवाने की ज़रूरत थी। उस डॉक्टर ने यह भी कहा था, 'हम आपके निदान की पुष्टि के लिये दस मेडिकल बोर्ड बैठा देंगे।' यह हुकूमत के लिये क्या नायाब विचार था कि मुझे एक मनोचिकित्सकीय मामला बताकर पल्ला छाड़ ले। लेकिन उस डॉक्टर ने इन्कार कर दिया। अब यह डॉक्टर आग्रह कर रहा है कि मैं पाकिस्तान छोड़ दूँ। उसने साफ कहा, 'मैं यह ऑपरेशन यहाँ कर सकता हूँ लेकिन मुझे डर है कि आपकी बेहोशी की हालत में कुछ करने के लिये वे मुझ पर दबाव डालेंगे। अगर मैं इन्कार कर दूँगा तो वे किसी अन्य डॉक्टर से यह करवाएँगे। हर दृष्टि से, आपके लिये बेहतर यही है कि आप विदेश चली जाएँ।''

मैंने हुकूमत से मेडिकल आधार पर मुझे विदेश जाने की अनुमति देने के लिये आवेदन किया। शुरू में तो कोई जवाब ही नहीं आया। लेकिन मुझे भी समय की ज़रूरत थी। डॉक्टर ने कहा था, 'आप कई माह तक बेहोशी की दवाएँ लेने के लिहाज़ से पर्याप्त मज़बूत नहीं हैं। आपको अपनी तंदुरुस्ती बनानी होगी।' अपनी माँ की तरह मुझे भी दूध, मांस, मुर्गे और अण्डे की ज़्यादा प्रोटीन वाली खुराक पर रखा गया।

लेकिन मेरे कान की हालत नहीं सुधरी। मुझे चेहरे के बाएँ हिस्से में कुछ महसूस होना कम हो रहा था। मेरा सिर लगातार दुखता था, कान में होती टिकटिक के चलते कोई और चीज़ सुन पाना नामुमकिन हो रहा था। डॉक्टर ने अधिकारियों से 70 क्लिफ्टन हर सप्ताह आने और कान से संक्रमण निकालने की अनुमति ले ली थी। किसी भुट्टो के प्रति ऐसी मेडिकल चिन्ता दिखाने की कीमत भी उसे चुकानी पड़ी।

हर सप्ताह आना शुरू करने के कुछ ही समय बाद उनके पड़ोसी, एक पुलिस सुपरिंटेंडेंट ने उससे पूछा, 'आप अक्सर हैदराबाद जाते हैं, नहीं जाते क्या?' 'क्या आपने "डेथ विश" फिल्म देखी है?' अगले दिन कोई अनाम व्यक्ति उस फिल्म का एक वीडियो उनके घर पर दे गया। धमकाने वाले टेलीफोन कॉल भी आने लगे, साथ ही आयकर अधिकारियों से नोटिस भी आया कि कर-वंचना के मामले में उनके हिसाब-किताब का लेखा-परीक्षण किया जाएगा। हुकूमत ने उसकी पेशेवर एकनिष्ठता तक पर सवाल उठाए और कारण बताओ नोटिस भेजा गया कि अस्पताल से उसकी सेवाएँ समाप्त क्यों न कर दी जाएँ। फिर भी उस डॉक्टर ने लगातार मेरा इलाज करने का साहस जुटाया। मैं इसकी तहे-दिल से सराहना करती थी। जितने बाहरी व्यक्तियों से मैंने बात की थी, उनमें वही एक ऐसा था जिसने मानवीयता का परिचय दिया। हालाँकि हुकूमत मेरे बारे में कुछ दूसरे ही दावे कर रही थी। जिसकी जानकारी मुझे बाद में पीटर गालब्रेथ से मिली।

पीटर गालब्रेथ :

> पाकिस्तान में खास राजनीतिक बंदियों के बारे में सीनेटर पैल और अन्य सीनेटरों ने जो पत्र ज़िया को दिसम्बर में दिया था, उसका उत्तर पाकिस्तान सरकार ने आखिर जून के अन्त में भेज दिया। उस समय की गईं ज़िया की टिप्पणियों को दोहराते हुए पत्र में बेनज़ीर भुट्टो के बारे में कहा गया है—'वह इस समय कराची में अपने घर में कैद में है ताकि उसे राजनीतिक गतिविधियों में जो प्रतिबंधित हैं, शामिल होने से रोका जा सके। लेकिन उसे सभी संभव सुख-चैन प्रदान किया गया है और जब भी ज़रूरत होती है उसकी पसन्द के डॉक्टरों से परीक्षण और इलाज होता है। उसे मित्रों और रिश्तेदारों से मिलने की अनुमति दी गई है। आठ नज़दीकी रिश्तेदारों को एक बार में तीन-तीन के समूहों में उसके साथ रहने की इजाज़त है। उसे चौबीसों घंटे अपनी पसन्द के निजी नौकर को रखने और एक टेलीफोन का इस्तेमाल करने को दिया जाता है।
>
> कुछ ही समय बाद मुझे बेनज़ीर की रिश्ते की बहन का टेलीफोन मिला। मैंने उससे पत्र में दिए गए तथ्यों के बारे में पूछा।
>
> 'सही नहीं है,' उसने ज़ोर से कहा, 'कोई दोस्त उससे मिलने में कामयाब नहीं हुआ

है। पिछले तीन महीने में उसकी बहन सनम सिर्फ एक बार उससे मिल सकी है। रिश्ते की बहन फाखरी को भी बेनज़ीर से मिलने में खासी दिक्कत हुई। वह बाहर बगीचे में भी नहीं जा सकती। वह अकेली है और बीमार है। मैं उसके बारे में चिन्तित हूँ।

मैंने सीनेटर पैल को एक मीमो भेजा। वक्त भी छल-फरेब कर रहा था। पाकिस्तान के विदेश मंत्री और वाशिंगटन में पूर्व राजदूत याकूब खान शहर में थे। याकूब ने वाशिंगटन में कई दोस्त बनाए थे और उनकी साफगोई की साख थी। मैंने नहीं सोचा कि याकूब बेनज़ीर के इलाज में किसी तरह छल-कपट में शरीक होंगे। जब सीनेटर पैल ने बेनज़ीर के प्रति व्यवहार के सरकारी बयान और इन नए तथ्यों के बीच ज़ाहिराना तौर पर फर्क के बारे में पाकिस्तान के विदेश मंत्री से पूछा तो याकूब का चेहरा तन गया। लगा कि वो वास्तव में चौंक गए हैं और उन्होंने वादा किया कि पाकिस्तान लौटने के बाद इस मामले को देखेंगे।

21 जून, 1983, वर्ष का सबसे लम्बा दिन और मेरी 30वीं वर्षगाँठ हमेशा ही आशावादी, मैंने गृह सचिव को लिखा कि महीनों से कोई मुझसे मिलने नहीं आया है और अपने जन्म-दिन पर मैं अपने स्कूल के दिनों के दोस्तों से मिलने की इजाज़त चाहूँगी। मेरे लिये ताज्जुब और खुशी की बात थी कि हुकूमत ने इजाज़त दे दी।

उस शाम को सामिया, उसकी बहन और परी एक चाकलेट केक लेकर आ गए। केक को सेंकने में परी ने कई घंटे लगाए थे। महिला पुलिस की चौकस निगाहों के आगे, हम एक-दूसरे से गले मिले और चुम्बन किए। सामिया ने कहा, 'खुदा का शुक्र है जो केक सही-सलामत है। उन लोगों ने तमाम चीज़ों को ऐसे खोलकर देखा कि हमें डर लगा कि केक को आपके काटने से पहले वे ही काट डालेंगे।'

विक्टोरिया स्कॉफील्ड और इंग्लैण्ड में मेरे और दोस्त भी मुझे भूले नहीं थे। जैसे मेरा जन्म-दिन आने को था, विक्टोरिया ने ऑक्सफोर्ड यूनियन के तत्कालीन अध्यक्ष को इस बारे में लिखा और यह भी इंगित किया कि यह हिरासत में मेरा तीसरा जन्मदिन है। जून 21 को ऑक्सफोर्ड यूनियन एक मिनट के मौन के लिये स्थगित हुई, ऐसा सम्मान आमतौर पर किसी पूर्व अध्यक्ष की मृत्यु होने पर ही व्यक्त किया जाता है। एक अन्य पुराना दोस्त और कैम्ब्रिज यूनियन का पूर्व अध्यक्ष उस समय ऑक्सफोर्ड यूनियन के वाद-विवाद कक्ष में था। उसने बाद में ऐसा इंतज़ाम किया कि लन्दन में अगले रविवार को वेस्टमिंस्टर एब्बी और सेंट पॉल कैथेड्रल सहित सभी आम प्रार्थनाओं में मेरे लिये प्रार्थना की गई।

हुकूमत के एक मेंबर ने आकर, मेरे जन्मदिन पर ऐसी बात कही, जिसने मुझे संदेह में डाल दिया। जेल के एक अधिकारी ने मुझसे कहा, 'कृपया शाम को सात बजे तैयार रहिए। हम आपको एक सरकारी विश्राम-गृह लेकर जाएँगे।''

''क्यों?'' मैंने पूछा।

उसने बड़े फख्र से बताया, ''क्योंकि मॉर्शल लॉ प्रशासक आपसे मिलना चाहते हैं।''

''मार्शल लॉ प्रशासक?'' मैंने कहा, ''मैं जनरल से मिलने नहीं जाऊँगी।''

जेल अधिकारी चौंक गया। बोला, ''आपको चलना पड़ेगा। आप एक कैदी हैं।''

मैंने जवाब दिया, "मुझे परवाह नहीं है। मैं उससे नहीं मिलूँगी। आपको मुझे ज़बरन घसीटकर वहाँ ले जाना पड़ेगा, और तब भी मैं चिल्लाऊँगी, चीखूँगी और हंगामा मचा दूँगी। मुझे बंदी बनाने वालों के पास मैं नहीं जाऊँगी।"

जेल अधिकारी लौट गया, यह कहता गया कि मैं तर्कसंगत बात नहीं कह रही हूँ और जनरल अब्बासी से मिलने से इन्कार करना मेरे लिये अच्छा नहीं होगा। लेकिन मुझे परवाह नहीं थी। ज़िया का विरोध करनेवाले हम लोगों में, नफरत के पात्र फौजी शासकों से कोई भी सम्पर्क घुटने टेक देने जैसा समझा जाता था। उनसे मिलने जाना उनकी सत्ता को स्वीकार करने और उन्हें मान्यता देने के बराबर ही होता।

उस रात मैंने अपना सूटकेस तैयार कर लिया, मुझे विश्वास था कि हुकूमत बदले की कार्रवाई कर मुझे वापस जेल भेज देगी। जेल के लिये ज़रूरी चीज़ों की सूची अब जानी-पहचानी बन गई थी–पेन, डायरियाँ, कीटनाशक, टॉयलेट पेपर। मैंने इन चीज़ों को इकट्ठा कर लिया लेकिन कोई मुझे जेल ले जाने नहीं आया। इसके बजाय, मेरे लिये बहुत ही ताज्जुब की बात थी, मार्शल लॉ प्रशासक मुझसे मिलने 70 क्लिफ्टन आया।

यह निहायत अनसुनी बात थी कि बुलाने और आदेश देने को आदी अक्खड़ फौजी शासक खुद ही आए और विपक्ष की एक नेता से मिले। मैंने अविश्वास की नजरों से 70, क्लिफ्टन में बैठे उस खाकी वर्दी और सफेद बालों वाले जनरल को देखा। वह बाद में भी कई बार आया और उसने पहली बार आने पर जो कहा था, उसी सन्देश को दोहराया।

उसका कहना था, 'मुझे मालूम है कि आप बीमार हैं। मैं फौज में हूँ, इसका मतलब यह नहीं कि मैं चिंतित नहीं हूँ। याद करें, हमारे परिवार पीढ़ियों से एक-दूसरे को जानते हैं। आपका विदेश में इलाज होते देखूँ, इससे अच्छा मुझे कुछ भी और नहीं लगेगा। लेकिन हम किसी राजनीतिक परेशानी को बर्दाश्त नहीं कर सकते।'

मैंने खुद से कहा–नरमी से पेश आओ। अपने मन की बात कहने की कोई तुक नहीं है। मेरा अंदाजा था कि जनरल अब्बासी मेरे मनोबल की थाह लेने और यह पता लगाने आया है कि विदेश जाने की इजाज़त देने पर मैं क्या करूँगी। मैंने उसे ऐसा जताया कि मैं जल्द-से-जल्द अपना इलाज कराना और तत्काल बाद स्वदेश लौटना चाह रही हूँ। एक तरह से यह सही भी था क्योंकि उस समय निर्वासन में रहने का मेरा कोई इरादा नहीं था। हालाँकि हुकूमत को खरी-खोटी सुनाने के हर मौके का पूरा फायदा उठाने का इरादा तो मेरा था।

उस वक्त मैंने यह महसूस नहीं किया कि हुकूमत कितने उलझाव में थी। डॉक्टर ने यह रिकॉर्ड में दर्ज़ कर दी थी कि मुझे विदेश में मेडिकल इलाज की ज़रूरत थी और अगर कैद में मुझे कुछ हो गया तो ज़िम्मेदारी हुकूमत की होगी। सीनेटर पैल और सीनेट विदेश सम्बन्ध समिति के साथ मुमकिन है याकूब खाँ का भी दबाव हो। 1983 की गर्मियों के दौरान मेरी कैद हुकूमत के लिये न सिर्फ परेशानी पैदा कर रही थी बल्कि और उलटा असर डाल रही थी। 70 क्लिफ्टन में अलग-थलग होने की वज़ह से मुझे यह सब नहीं पता था। इसके बजाय मैं राजनीति में पुनः शामिल होकर अपनी संभावित रिहाई को जोखिम में डाल रही थी।

ज़िया के दौरे के समय सिंध में मची हलचल शांत नहीं हुई थी। पाकिस्तान का स्वतंत्रता दिवस 14 अगस्त जिसे ज़िया ने एक और दिखावटी चुनाव कार्यक्रम का ऐलान करने के लिये चुना था, नज़दीक आने पर एम.आर.डी. ने लोकतंत्र बहाली के लिये जन-आन्दोलन का दूसरा दौर शुरू कर दिया। मैंने एम.आर.डी. के आन्दोलन के आह्वान पर 70 क्लिफ्टन से बराबर ध्यान दिया, अखबारों को बारीकी से पढ़ती थी और बी.बी.सी. को सावधानी से सुनती थी। भारी जोखिम उठाकर नज़दीक के मिड ईस्ट हॉस्पिटल में एक ग्रुप समूह बनाने वाले पी.पी.पी. के नेताओं और अपने गृहनगर लरकाना के नेताओं से मैं सन्देशों के ज़रिये संपर्क बनाए हुए थी, राजनीतिक निर्देश भेजती और फंड की व्यवस्था करती।

एम.आर.डी. का आन्दोलन पिछले आन्दोलनों से अलग ढंग से आगे बढ़ा। अतीत में 'विरोध आन्दोलन' का ज़िक्र होते ही हुकूमत राजनीतिक कार्यकर्ताओं पर टूट पड़ती, किसी भी कार्यवाही को रोकने के लिये उन्हें हज़ारों की तादाद में गिरफ्तार कर जनता को अगुआई करने वालों के बिना छोड़ देती। अब एम.आर.डी. के नेताओं को गिरफ्तारी देने की छूट मिली थी और वे गिरफ्तारियाँ दे रहे थे। एम.आर.डी. नेताओं की हौसला-अफज़ाई के लिये भीड़ को इकट्ठा करने से भी पुलिस नहीं रोकती थी। सिंध का ज़मींदार तबका भी आन्दोलन का साथ दे रहा था, पार्टी समर्थकों को लाने-ले जाने के लिये ट्रैक्टर और ट्रक मुहैया कराने के अलावा अपने मैनेजरों के ज़रिये बेहतर संचार-सुविधाएँ भी दे रहा था।

कुछ पी.पी.पी. नेताओं ने आन्दोलन में शामिल होने में आरम्भिक हिचक दिखाई। ऐसा विश्वास किया जा रहा था कि पी.पी.पी. के नेता जतोई ने अमेरिकी अधिकारियों और फौजी अफसरों के साथ बैठकें की हैं और ज़िया का तख्ता पलटने में उनका समर्थन हासिल किया है। जतोई को सत्ता मिल जाएगी, लेकिन पी.पी.पी. को बाहर ही रखा जाएगा। मैंने पी.पी.पी. के नेताओं को समझाया कि वे इस बात की तरफ ध्यान न देकर आन्दोलन में शामिल हो जाएँ। मैंने ज़ोर दिया कि ज़िया-विरोधी आन्दोलन के समय एकता ज़्यादा ज़रूरी है और टूट-विभाजन की चिन्ता, अगर ज़रूरी होगी तो बाद में की जाएगी।

जैसे-जैसे आन्दोलन बढ़ा, मैंने पार्टी कार्यकर्ताओं को कई सन्देश चोरी-छिपे भेजे। उन्हें बताया कि विदेशी राजनयिकों से क्या कहना है और प्रेस से क्या कहना है। उनसे आग्रह किया कि वे आन्दोलन को आगे बढ़ाएँ और हुकूमत को सब लोगों को गिरफ्तार करने का मौका नहीं दें। अगर मेरे सन्देश पकड़े जाते तो मुझे मालूम था कि विदेश भेजने के बजाय मुझे वापस जेल भेज दिया जाएगा। लेकिन मेरे लिये पाकिस्तान की जनता की राजनीतिक आज़ादी का सवाल बाकी सब चीज़ों से ज़्यादा बड़ा था। जेल अधिकारियों को अपने दौरे के समय कोई शक नहीं हो, इसके लिये मैंने जितनी थी, उससे कहीं ज़्यादा कमज़ोर दिखने का स्वाँग किया। आमतौर पर साप्ताहिक दौरों के समय, मैं जितनी भी बीमार होऊँ, गुस्सा और नाफरमानी से मुझमें कुछ देर के लिये ताकत आ जाती थी। लेकिन 1983 में सिंध के विद्रोह के समय, मैंने अधिकारियों से भेंट के समय अपनी आँखें जानबूझकर नीचे कालीन की तरफ ही रखीं जिससे वे मेरी आँखों की चमक नहीं देख सकें और यह पक्का भरोसा करके जाएँ कि मैं इतनी बीमार हूँ कि बाकी बातों के बारे में सोच ही नहीं सकती।

इस बीच, जतोई मुझ पर दबाव डाल रहे थे कि मैं अपनी माँ से जनता के लिये एक सन्देश मंगाऊँ। बड़ी कठिनाई से किसी ने फोन पर मेरी माँ से सम्पर्क किया। उन्होंने

जवाब दिया : 'बेनज़ीर से कहिए मेरे नाम से बयान जारी करे।' मैं बिजली के टाइपराइटर पर बैठ गई और बार-बार बिजली गुल होने के बीच, किसी दानव जैसी गति से टाइप किया। शब्द खुद-ब-खुद मेरी अँगुलियों से निकल रहे थे और पृष्ठों को तेज़ी से भर रहे थे।

> मेरे देशभक्त और बहादुर देशवासियो, मेरे आदरणीय भाइयो और बहनो, मेरे साहसी बेटो और बेटियो (मैंने इन शब्दों से राष्ट्र के नाम अपनी माँ का सन्देश शुरू किया जो उर्दू और सिंधी में अनुवाद कर पूरे प्रांत में गुपचुप ढंग से बाँटा गया)...हमारे आन्दोलन का मकसद सिविल नागरिक अवज्ञा—नाफरमानी है। छह लम्बे वर्षों से हम दमन और उत्पीड़न का सामना कर रहे हैं। लोकतंत्र की बहाली की हमारी माँगों की उपेक्षा की गई, हमारे कार्यकर्ताओं को जेलों में ठूँसा गया और मौत की सज़ा दी गई। बहुत हो चुका। हम सभी बस मालिकों से अपील करते हैं कि वे अपनी बसें सड़कों पर न निकालें, सभी रेलकर्मियों से कि वे गाड़ियाँ चलाना बंद कर दें। पुलिसमैनों से हमारा कहना है कि दादू के अपने भाइयों की मिसाल पर चलें और मासूम लोगों पर, जो आपके भाई हैं, गोली नहीं चलाएँ। इस आन्दोलन से मत डरिए। यह हमारे लोगों के लिये, हमारे गरीबों के लिये, हमारे बच्चों के लिये है ताकि ये मुफलिसी, भूख और बीमारी में नहीं रहें। अपनी संसद के लिये संघर्ष करो, अपनी सरकार और संविधान के लिये संघर्ष करो ताकि फैसले गरीब जनता के हक में हों, न कि शासकों और उसके टहलुओं के हक में।

आन्दोलन ज़िया उल-हक़ के खिलाफ जन-असंतोष के एक ज़बरदस्त और व्यापक इज़हार के रूप में फूट पड़ा। रेलवे स्टेशनों को लूटा गया। ट्रकों और बसों का चलना बंद हो गया। पुलिस स्टेशन जला दिए गए। सैकड़ों लोगों की जानें गईं। ज़िया खुद एक दोस्ताना समझी गई भीड़ के हाथों मारे जाने से बाल-बाल बचे। जिस हेलीकॉप्टर में उनके होने का विश्वास था, उस पर दादू में उतरते ही धावा बोल दिया गया और उसमें सवार लोगों पर हमला किया गया। दरअसल, ज़िया एक दूसरे हेलीकॉप्टर में थे जो दिशा बदलकर कहीं और उतरने के लिये मुड़ गया। जब उन्हें एक विश्रामगृह में पाया गया तो वहाँ भी वह लोगों के हाथों पड़ने से बच निकले।

सिंध का विद्रोह जल्द ही दूसरे प्रांतों में भी फैल गया। क्वेटा, बलूचिस्तान और सरहदी सूबे में पेशावर की बार एसोशिएशनों ने राजनीतिक बयानों पर लगी पाबंदी का उल्लंघन किया और चुनावों की माँग की। लाहौर में, पुलिस ने हाईकोर्ट के गेट को सील कर वकीलों को विरोध प्रदर्शन निकालने से रोका, फिर उन पर पत्थर बरसाए। तब भी वकीलों का प्रदर्शन तो निकला ही, उसकी अगुआई मेरे पिता के पूर्व वकीलों में से एक तलात याकूब ने की। लाहौर की ज़्यादातर पुरुषों वाली बार एसोसिएशन में अपनी काँच की चूड़ियाँ फेंकते हुए याकूब ने ललकारा, ''आप में से जो घर बैठना चाहते हैं वे इन चूड़ियों को पहन लें।' और एक पाकिस्तानी झंडे को लहराते हुए कहा, ''मैं आज़ादी की माँग कर रही हूँ।'' सैकड़ों वकीलों ने उसका साथ दिया, लोकतंत्र की आवाज़ बुलंद करते हुए आगे बढ़े और गिरफ्तार हुए।

राष्ट्रव्यापी विद्रोह अक्टूबर के दूसरे सप्ताह तक फौज की बंदूकों और टैंकों के इस्तेमाल के पहले नहीं दबाया जा सका। इसने सिंधियों के दिलों में खासकर कड़वाहट भर दी।

800 लोग मारे गए। पूरे के पूरे गाँव तबाह कर दिए गए और फसलें जला दी गईं। सेना ने महिलाओं को बेइज़्ज़त किया, जिससे बारह वर्ष पहले बांग्लादेश में सेना की मनमानी की बुरी यादें लौट आईं। ज़बर्दस्त आक्रोश की खाक से सिंधी राष्ट्रवाद का जन्म हुआ। अलगाव की लहर अन्य अल्पमत सूबों में भी फैल गई। पाकिस्तान का कमज़ोर ढाँचा ज़िया की निर्ममता और छह वर्ष के मार्शल लॉ के तहत टूटने की कगार पर पहुँच गया।

फिर भी, रीगन प्रशासन अपने पसंदीदा व्यक्ति के साथ खड़ा रहा। *न्यूज़वीक* ने खबर दी कि वाशिंगटन ज़िया को अपनी विश्व रणनीति में तुरुप का पत्ता समझता है। यह मैंने अपनी डायरी में 22 अक्टूबर को लिखा, 'एक पश्चिमी गुप्तचर सूत्र को यह कहते उद्धृत किया गया कि सी.आई.ए. ने पाकिस्तान में अपने कार्यकलाप का 'बहुत ज़्यादा' विस्तार किया है। गत सप्ताह *न्यूज़वीक* ने कहा था कि सी.आई.ए. ज़िया की डगमगाती हुकूमत को सहारा देने में लगी थी। वे यह पक्का करना चाहते थे कि ज़िया का हाल ईरान के शाह जैसा नहीं हो। पिछले डेढ़ वर्षों के दौरान मिस्र में कार्यरत सी.आई.ए. के लोगों की बड़ी संख्या काहिरा से इस्लामाबाद आ गई थी। रिपोर्ट का निष्कर्ष था : ''यह स्पष्ट हो गया है कि ज़िया तभी गद्दी छोड़ेंगे जब उन्हें ऐसा करने के लिये मजबूर कर दिया जाएगा।'' और मैं 70, क्लिफ्टन में कैद में बनी हुई हूँ, अब मेरी कैद पाँचवें साल में है।

अँधेरा, मेरे सिर में गर्जना, सिंध में विद्रोह के थोड़े ही समय बाद, अपने शयनकक्ष में जब मेरी आँख खुली तो पाया कि डॉक्टर का हाथ मेरी नब्ज़ पर है और उसके चेहरे पर एक बड़ी राहत मिलने का भाव है। उसने मुझे बताया कि मेरे कान के रिसाव को निकालने के लिए दी गई एक सुन्न करने की दवा का मुझ पर गलत असर हो गया लेकिन आपातकालीन मदद बुलाने का कोई रास्ता नहीं था। 70 क्लिफ्टन की फोन लाइनें ठप्प थीं। एक माह बाद मुझे चक्कर आने का ज़बर्दस्त दौरा पड़ा, संतुलन बनाए रखने की क्षमता पूरी तरह खत्म हो गई और बहुत ज़ोर से जी मितलाने लगा। उस समय भी, डॉक्टरी मेडिकल सहायता माँगने का कोई रास्ता डॉक्टर के पास नहीं था।

मेरे कान के इलाज के बाद कई दिन तक मैं बुखार, कफ़ और पसीना आने की हालत में रही। मेरे एक *ऑडियोग्राम* के बाद डॉक्टर ने तय किया कि मेरी सुनने की क्षमता करीब 40 डेसीबल घट गई है। डॉक्टर ने नवंबर में गृह सचिव को सूचित किया, ''मैं मरीज़ के स्वास्थ्य की कोई ज़िम्मेदारी नहीं ले सकता अगर उसका इलाज कैद में ही मुझे जारी रखना पड़े।'' इसके साथ उसने अस्पताल में आगे इलाज करने की इजाज़त का आवेदन किया, 'सर्दी के महीने शुरू होने के साथ, नाक या गले का थोड़ा-सा भी संक्रमण सुनने की क्षमता को और नुकसान पहुँचाएगा। अगर शल्य-क्रिया के कदम जल्दी नहीं उठाए गए तो चेहरे की नसों के लकवे और सन्तुलन प्रणाली बिगड़ने का जोखिम है। अस्पताल में इलाज की इजाज़त अंततः मिल गई और आगे इलाज ठीक ढंग से चला। लेकिन शल्य-क्रिया के वास्ते विदेश जाने की संभावना के लिये भौतिक और मनोवैज्ञानिक रूप से अभी मुझे खुद को तैयार करना था।

मैं इतने लम्बे समय तक कैद में रही थी कि मैं हर व्यक्ति और हर बात को संदेह

की नज़र से देखती थी। अपनी ज़िंदगी को किसी और के हाथों में, ब्रिटिश सर्जनों तक के हाथों में, सौंपने का विचार ही मुझे सशंकित कर देता था। इस बात की कि मुझे ऑपरेशन कराने की ज़रूरत है या नहीं, दोहरी जाँच कराने के लिये मैंने अपने मेडिकल रिकॉर्ड के कागज़ लन्दन में डॉक्टरी नियाज़ी को भेजे। उन्होंने मेडिकल निदान में सहमति व्यक्त की।

फिर भी मैं गहरी दुविधा में थी। सारे पाकिस्तान की जेलों में हज़ारों राजनीतिक कैदी बेहद खराब हालात में थे। बहुत से मौत की सज़ा का सामना कर रहे थे। जब मैं भी कैद में थी, तो महसूस करती थी कि मैं उनके लिये प्रेरणा और दिलासा का स्रोत थी। मैं उनकी तकलीफों, उनके दर्द और उनके हौसले में साथ दे रही थी। वे मेरे लिये थे, और मैं उनके लिये। अगर मैं चली गई तो क्या वे खुद को यतीम समझेंगे? क्या उन्हें लगेगा कि वे अकेले रह गए हैं?

जैसे ही दिसंबर बीता, मुझे पक्का भरोसा हुआ कि हुकूमत को जल्द ही मुझे छोड़ना पड़ेगा। सिंध में विद्रोह के बाद से मैंने अधिकारियों की तरफ से कुछ नहीं सुना था। यह तो पता था कि गड़बड़ी ज़्यादा होने के समय वे मुझे नहीं छोड़ेंगे। उन्हें मालूम था कि मैं विदेशों में जाकर यहाँ के हालात बयान कर दूँगी। लेकिन अब दंगा खत्म हो चुका है। अब उनके पास वह बहाना नहीं है।

अब मैं सफर करने के लिहाज़ से दुरुस्त थी। हालाँकि डॉक्टर ने मुझे उड़ान पर जाने देने के पहले मेरे कान में निकासनली डालने की योजना बनाई थी, अब उसका कहना था कि जहाज़ के उड़ान भरते और उतरते समय *मैं डिकंजेस्टेंट्स* दवा ले लूँ और च्युइंगम खा लूँ तो ठीक-ठाक रहूँगी। पहले मेरे कान के इलाज के समय दवा के बुरे असर को तनाव और चिन्ता ने भी बढ़ा दिया था, वे अब कम थे क्योंकि हुकूमत ने सनम को रोज़ मुझसे मिलने आने देने का फैसला किया था। डॉक्टर ने अधिकारियों से आग्रह किया था कि अगर हुकूमत ने मुझे मानवीय संपर्क से वंचित रखना जारी रखा तो मेरा स्वास्थ्य सुधार पाना नामुमकिन होगा।

दिसंबर का अंत होते, अधिकारियों ने मुझसे और सनम से पासपोर्ट, वीज़ा फार्म और विदेशी मुद्रा फार्म देने के लिये कहा। हमसे यह भी कहा गया, (हवाई यात्रा टिकटों के) अपने रिज़र्वेशन करा लें। लेकिन जब हमारी रवानगी का दिन आया तो कोई हमारे पास नहीं आया। मैंने अपना समय व्यक्तिगत मामलों को निपटाने, अपनी गैर-मौजूदगी में मकानों की देखभाल का इंतज़ाम करने, टैक्स का हिसाब साफ करने में लगाया। एक और उड़ान का समय आया और चला गया।

हमारी अगली निर्धारित उड़ान 10 जनवरी, 1984 की भोर के भी पहले की थी। बिना किसी पूर्व सूचना के रात 11.30 बजे 70 क्लिफ्टन पर अधिकारी आए। उन्होंने कहा, ''आप लोग आज रात जा रहे हैं। सामान पैक करने के लिये कुछ घंटे आपके पास हैं।'' मैंने अविश्वास से उनके शब्दों को सुना। जल्दी-जल्दी, मैंने जनता के लिये एक आखिरी सन्देश टाइप किया, ''बहादुर पार्टी कार्यकर्त्ताओ और प्यारे देशवासियो, तबीयत खराब होने के सिलसिले में इस यात्रा पर जाने के पहले मैं आपसे छुट्टी, आपकी दुआएँ और आपके आशीर्वाद माँगती हूँ...।'' अपनी चीज़ों को समेटते और अपनी बिल्ली को सूटकेस में बंद करते वक्त मैंने खुद को जड़वत् महसूस किया। पिछले सात वर्षों में मेरे साथ जो कुछ हुआ

था, उसके बाद अच्छी बातें अवास्तविक लगती थीं।

सनम मेरे लिये आँगन में बिना निशानवाली कार में बैठी इन्तज़ार कर रही थी। जब हम तेज़ी से हवाई अड्डे की तरफ जा रहे थे सड़कों पर कोई नहीं था। हवाई अड्डे पर हमें एक तरफ के कमरे में अकेले बैठा दिया गया। मैंने खुद को बिल्कुल भी खुश नहीं होने दिया। मैंने अभी *ओरियाना फेल्लासी* की *दि मैन* पुस्तक खत्म की थी। नायक के जहाज़ के उड़ चलने के बाद, उसे एयर पोर्ट वापस लाने के लिये, वायु सेना के विमान भेज दिये गये थे।

हमें पुलिस स्विसएयर के विमान तक ले गई। जब मैं यात्रियों की सीढ़ियों पर चढ़ी, मैंने परिचारिका के चेहरे पर मुस्कराहट देखी। मैं उसे कभी नहीं भूलूँगी। यह किसी पुलिस की महिला या किसी मार्शल लॉ या जेल अधिकारी की मुस्कराहट नहीं थी। यह एक आम नागरिक की, एक इन्सान की मुस्कराहट थी। जहाज़ का दरवाज़ा बंद हो गया। रात्रि को ढाई बजे सनम और मैं स्विट्ज़रलैण्ड के लिये रवाना हो गए। कोई विमान हमारे पीछे नहीं आया। यही समय ज़िया ने सात वर्ष के मार्शल लॉ के बाद मुझे छोड़ने के लिये क्यों चुना था, यह मैं नहीं समझ पाई, जब तक कि मेरी बाद में पीटर गालब्रेथ से बात नहीं हुई।

पीटर गालब्रेथ :

दिसम्बर के अन्त में विदेश सम्बन्ध समिति ने मुझसे दक्षिण एशिया की यात्रा के लिये कहा। मकसद क्षेत्रीय सुरक्षा युद्धों पर समिति की समीक्षा के सिलसिले में एक रिपोर्ट तैयार करना था। मैंने अपने साथ समिति के अध्यक्ष चार्ल्स पर्सी और सीनेटर पैल के दस्तखत वाला एक पत्र याकूब खान के लिये भी ले लिया। उस पत्र में उन्हें उनकी सरकार के इस बयान की याद दिलाई गई थी कि बेनज़ीर को मित्रों से मिलने की इजाज़त है। उस पत्र में इंगित किया गया था, 'मि. गालब्रेथ हार्वर्ड विश्वविद्यालय में सहपाठी होने के दिनों से मिस बेनज़ीर भुट्टो के व्यक्तिगत दोस्तों में हैं।' सीनेटरों ने कहा था कि 'मुझे बेनज़ीर से मिलने की इजाज़त दी जाए।'

मैंने अपनी पाकिस्तान यात्रा इस ढंग से बनाई कि कराची आखिरी ठहराव हो। इस बार अमेरिकी दूतावास बहुत ही मददगार था। मुझे बताया गया कि बेनज़ीर से मिलने की अनुमति मुझे दिए जाने या न दिए जाने का फैसला स्वयं जनरल ज़िया कर रहे थे।

मैं 9 जनवरी को देर रात कराची पहुँचा। बेनज़ीर से मिलने के मेरे अनुरोध का कोई जवाब न मिलने पर मैंने अगले दिन सनम से मिलने का इन्तज़ाम किया। मैं बहुत निराश हुआ और एक बार फिर बेनज़ीर को एक लम्बा खत लिखा।

अगली सुबह मुझे अमेरिकी कौंसुलेट से तुरन्त चले आने का एक कॉल आया। जब मैं पहुँचा तो डिप्टी कौंसलर जनरल ने मुझे बताया कि बेनज़ीर को मध्यरात्रि के कुछ देर बाद हवाई अड्डे ले जाया गया और स्विस एयर की उड़ान में बैठा दिया गया। सनम भी उसके साथ गई है।

मैं इस बात पर विश्वास नहीं कर सका। कौंसुलेट कार लेकर मैं 70 क्लिफ्टन गया। हमेशा मौजूद रहने वाले पुलिस गार्ड जा चुके थे। पूरा घर बंद था। बेनज़ीर आज़ाद थी।

तानाशाही पर विजय

11

निर्वासन के वर्ष

'मम्मी!'

'पिंकी! तुम आज़ाद हो। मैं इस दिन के कितने सपने देख रही थी।'

जेनेवा हवाई अड्डे से उतरते समय मैंने क्षितिजों के अनन्त विस्तार को देखा। सात वर्ष दीवारों में कैद रहने के बाद मेरी आँखों को इस सबको अभ्यस्त करने में समय लगा। मैं विश्वास ही नहीं कर पा रही थी कि मैं आज़ाद हूँ।

जब मैं माँ के फ्लैट में पहुँची तो टेलीफोन पहले से ही बज रहा था। मेरी माँ ने मीर और शाह को बताया, 'हाँ, हाँ, वह हकीकतन यहाँ है। आपने बी.बी.सी. पर उसकी रिहाई के बारे में जो सुना, वह सही है।'

मीर! शाहनवाज़! मेरे भाइयों की और मेरी आवाज़ें खुशी से एक-दूसरे से टकराईं। मैंने रिसीवर अपने स्वस्थ वाले कान में लगाते हुए पूछा, 'आप कैसे हो?' मीर ने खुशी से चिल्लाते हुए पूछा, 'शुक्रिया खुदा का कि आप जीवित हो! मैं कल आपसे मिलने आ रहा हूँ।' शाह बोला, 'एक सप्ताह रुकिए ताकि मैं भी आ सकूँ।' मैंने उससे कहा, 'नहीं शाह! मैं नहीं रुक सकती। मुझे लन्दन में डॉक्टर से मिलने जाना है।' हम दोनों ने वादा किया कि जितना जल्दी-से-जल्दी होगा एक-दूसरे से मिलेंगे।

लॉस एंजेल्स, लन्दन और पैरिस में टेलीफोन आने का ताँता लगा रहा। मेरी माँ के दोस्त और रिश्तेदार मेरी रिहाई पर बधाई देने के लिये फोन कर रहे थे। मैं अभी किसी से बात करने को तैयार नहीं थी, लन्दन में यास्मीन और डॉ. नियाज़ी से बात की। मेरे माता-पिता के मित्र और अमेरिका में ईरान के पूर्व राजदूत अर्देशिर ज़ेहदी मछली से बने व्यंजन का उपहार लेकर आए। सन्नी और मैं सारी रात बतियाते रहे। यह सब कितना अविश्वसनीय लग रहा था। कल तक मैं एक कैदी थी। आज मैं आज़ाद हूँ, अपनी माँ और बहन के पास हूँ। हम लोग साथ-साथ हैं। हम सभी जीवित हैं।

मीर! भूरे बालों वाली एक छोटी बच्ची मेरे कोट को खींचती हुई! मीर बोला, 'अपनी भतीजी से मिलिये।' मेरी आज़ादी के दूसरे दिन वह माँ के फ्लैट में आया। क्या मेरा भाई हकीकतन मेरे सामने खड़ा है? मैंने उसके हिलते हुए होंठ देखे। जवाब में अपनी आवाज़ भी सुनी। हमारे मिलने की खुशी इतनी दीवानी करने वाली थी कि मुझे याद नहीं कि हमने क्या बातें कहीं। मीर कितना सुन्दर लग रहा था, उसकी काली आँखें एक पल चमकीं, दूसरे पल प्यार से उमड़ती आँखों से उसने अपनी अठारह महीने की बच्ची को उठाया और मुझे

चूमने को कहा। मीर हँसा, 'अभी तो आप शाह से मिलने का इन्तज़ार कीजिए।' शाह को जब मैंने पिछली बार देखा था तो वह अठारह वर्ष का एक बच्चे जैसा था। अब वह पच्चीस वर्ष का था और घनी काली मूँछें थीं।

मैंने आल्पस की शिखरों के ऊपर चढ़ आए सूरज को देखा, साफ ठण्डी हवा का झोंका चेहरे पर महसूस किया। हालाँकि मेरा कान अवरुद्ध और सुन्न था, मैंने खुद को बहुत अच्छा महसूस किया। गाड़ियों का आना-जाना शुरू हो गया था और मैंने नीचे सड़क पर निगाह डाली। इस इमारत के पास गुप्तचरों की कोई गाड़ी खड़ी हुई नहीं थी। मुझे दिख सके ऐसा दरवाज़े के पीछे से झाँकता कोई एजेण्ट नहीं था। क्या यह वास्तव में सच्चाई है? क्या मैं वास्तव में आज़ाद हूँ? मैंने अपना कान खुजाया। उसमें तकलीफ होना यह याद दिला रहा था कि मैं वास्तव में विदेश आ गई हूँ।

इसी बीच मेरी रिहाई की बात सारे यूरोप में बिखरे निर्वासित पाकिस्तानी समुदाय और इंग्लैण्ड में रह रहे 3,78,000 पाकिस्तानियों में फैल चुकी थी। जब उस दिन मैं और सन्नी दोपहर बाद लन्दन पहुँचे तो पाकिस्तानियों का हुजूम हीथ्रो हवाई अड्डे पर इकट्ठा था। हवा में राजनीतिक नारों की आवाज़ से ऐसा लगा जैसे मैं वापस कराची में हूँ।

यास्मीन नियाज़ी, हीथ्रो हवाई-अड्डा :

आप कल्पना नहीं कर सकते कि हवाई अड्डे पर ब्रिटेन के अखबार वालों सहित कितनी बड़ी संख्या में लोग थे जो बेनज़ीर की एक झलक पाने के लिये एक-दूसरे को धकेल और ठेल रहे थे। गोया कि वह मरने के बाद ज़िन्दा लौटी हो। किसी ने कभी नहीं सोचा था कि पुनः उसे देख पाएँगे। एक अंग्रेज़ पुलिसवाले ने मुझसे पूछा, 'वह कौन है, कोई फिल्मस्टार या कुछ और?' वह और अन्य पुलिसवाले भीड़ को नियन्त्रित करने की कोशिश में लगे थे। मैंने उसे बताया, 'वह हमारी राजनीतिक नेता है।' उसने चौंककर कहा, 'एक राजनेता?'

जब बेनज़ीर अंततः गेट से निकली तो अखबार वालों ने पूछा, 'क्या आप निर्वासन में आई हैं?' उसका जवाब हवाई अड्डे पर उमड़े पाकिस्तानियों और अन्य लाखों लोगों के लिये, जिन्होंने उसे बाद में रेडियो पर सुना या अखबारों में पढ़ा, बड़ा सुकून देने वाला था। उसने कहा, 'निर्वासन? मैं निर्वासन में क्यों जाऊँ? मैं तो इंग्लैण्ड में सिर्फ इलाज कराने के वास्ते आई हूँ। मैं पाकिस्तान में पैदा हुई और पाकिस्तान में ही मरूँगी। मेरे दादा वहीं दफ़न हैं। मेरे पिता भी वहीं दफ़न हैं। मैं कभी अपना मुल्क नहीं छोड़ूँगी।'

उनके शब्दों ने उनके सभी देशवासियों में, खासकर गरीबों में, बड़ी उम्मीद जगाई। उनका सन्देश था, 'मैं आपका साथ नहीं छोड़ रही हूँ। मैं अपनी आखिरी साँस तक आपके साथ रहूँगी। भट्टो लोग अपने वादे पूरे करते हैं।'

लन्दन के नाइट्सब्रिज इलाके में आंटी बेहजत के छोटे-से फ्लैट में फूलों और फलों की टोकरियों का ढेर लग गया। मैं और सन्नी वहाँ मेहमानों के कमरे में रहे। मुझसे मिलना चाह रहे लोगों में पत्रकार और पुराने दोस्त तो थे ही, पार्टी के नेता और समर्थक भी थे। लन्दन पी.पी.पी. के निर्वासित सदस्यों की राजनीतिक गतिविधियों का केन्द्र था, मेरे अपने भाई भी वहाँ रहे थे, और तख्तापलट के बाद पाकिस्तान से हटने वाले पी.पी.पी. नेताओं ने वहीं डेरा डाला हुआ था। मिलने का वक्त माँगने वालों के फोन लगातार आते रहते थे। 'मैं आपका सिर्फ दस मिनट का समय लूँगा', यह कहने एक के बाद एक लोग उस फ्लैट में आते और जाते। आंटी बेहजत और उनके पति बहुत मेहरबान थे लेकिन हालात सँभाले नहीं सँभल रहे थे। वे उस समय और उलझ गए जब आंटी बेहजत ने उस बिल्डिंग के बाहर पाकिस्तानी लोगों से भरी एक कार को सारा दिन खड़े हुए देखा। जहाँ भी मैं जाती, वह कार मेरा पीछा करती। आंटी बेहजत ने मुझसे कहा, 'यह एक आज़ाद देश है। यहाँ तुम्हें ऐसी परेशानी नहीं होने देंगे।' उन्होंने स्कॉटलैंड यार्ड से सम्पर्क किया और, चमत्कारिक ढंग से, वह कार गायब हो गई। हमें एक छोटी-सी चीज़ का एहसास हुआ कि हम ज़िया के एजेण्टों को मजबूर कर सकें कि वे मुझे अकेला छोड़ दें। फिर भी मैं सशंकित बनी रही।

भले ही मैं आज़ाद थी, फिर भी फ्लैट से बाहर निकलते समय मुझे डर लगता था। हर बार जब भी मैं आगे के दरवाज़े से कदम बाहर रखती, मेरा पेट, मेरी गरदन, मेरे कंधे तन जाते। मैं दो कदम भी मुड़कर यह देखे बिना नहीं चल सकती थी कि कोई मेरा पीछा तो नहीं कर रहा है। जेल की दीवारों के पीछे अकेले रहने के तमाम वर्षों बाद, लन्दन की भीड़-भाड़ वाली सड़कें भी खतरनाक लगतीं। मैं लोगों की, आवाज़ों की, शोरगुल की अभ्यस्त नहीं थी। अपने डॉक्टर के पास तयशुदा वक्त पर पहुँचने के लिये भूमिगत रेलगाड़ी लेने के बजाय मैं जो भी पहली टैक्सी दिखाई देती, उसी में पलट कर बैठ जाती। जब मैं अपने मुकाम पर पहुँच जाती तो टैक्सी से उतरकर सड़क पर, थोड़ी-सी दूर, चलते समय भी मेरा दिल फिर धक-धक करने लगता और साँस फूल जाती। वास्तविक ज़िन्दगी से तालमेल बिठा पाना बहुत मुश्किल हो रहा था।

मैंने आत्मविश्वास का मुलम्मा ओढ़ लिया था और अपनी चिन्ताओं को हरेक से छिपाती। मैं ऐसा करने को मजबूर थी। मेरे कैद में काटे गए वर्षों और मेरे परिवार के साथ फौजी हुकूमत के व्यवहार की वजह से अनेक पाकिस्तानियों की नज़र में मेरा कद इन्सानी दर्ज़े से ऊपर हो गया था। मेरी रिहाई और इंग्लैण्ड में मेरे आगमन को मिले प्रचार ने वहाँ भी मुझे एक लोकनेता की हैसियत से नवाज़ा या मार्शल लॉ को चुनौती देने वाला कोई शख्स चिन्ता के दौर से हिम्मत हारकर अगर *हाइड पार्क* के किसी कोने में यकायक दुबक जाए तो यह बहुत बेतुका या हताशा से भरा लगेगा। जब भी मुझे मजबूरन बाहर जाना पड़ता तो खुद से कहती, गहरी साँस ले। सीधे चल। घबरा मत।

लन्दन आने के कुछेक दिन बाद, एक अनपेक्षित मिलने वाला आया। आंटी बेहजत ने बताया, पीटर गॉलब्रेथ कराची से अभी लौटा था और मेरे साथ दोपहर का भोजन करना चाहता था। मुझे कोई अंदाज़ा नहीं था कि मेरी रिहाई में उसने क्या भूमिका निभाई थी, और एक पुराने दोस्त से मिलने जैसी खुशी भर ही थी। हिम्मत जुटाकर, मैं फ्लैट से निकली और रिट्ज होटल के लिये टैक्सी ले ली।

पीटर गॉलब्रेथ :

जब मैंने उससे मुलाकात की उस समय मैं बिल्कुल सहज नहीं था। यह ऐसी अजीब हालत थी जब आप किसी से सात वर्ष से नहीं मिले हों, और भी मुश्किल इसलिये कि इस दौरान मेरे मुकाबले वह बहुत अलग अनुभव से गुज़री थी। रिट्ज की लॉबी में मैं, जहाँ लोग चाय के लिये मिलते हैं, उसकी इंतजार करते वक्त कुछ-कुछ परेशान था।

जब वह आई तो आश्चर्यजनक ढंग से ठीक लग रही थी और हम भोजन के लिये चल दिए। मेरी किसी खास तरह की अपेक्षा तो नहीं थी लेकिन वह निश्चय ही अलग लग रही थी। उसमें एक नए ढंग का आत्मविश्वास था। यह पहले के मुकाबले जब मैंने उसे 1977 में ऑक्सफोर्ड में देखा था, कहीं ज्यादा स्वाभाविक आत्मविश्वास था।

वह हमेशा से आकर्षक थी, लेकिन अब बहुत ज्यादा लग रही थी और उसकी सोच बहुत सीधी थी, सधी हुई थी। ऐसा कोई पहलू नहीं जो वह कहे, 'मैं भरोसा नहीं कर सकती कि मेरे साथ ऐसा होगा।' उसने ताज़ा हालात पर बात की। मैंने उसे वाशिंगटन में हुई घटनाओं से अवगत कराया और बताया कि उसकी तरफ से सीनेटर पैल और दूसरे लोगों ने क्या-क्या कोशिशें की थीं। मैंने उन लोगों के बारे में, जो हम दोनों के दोस्त थे, ताज़ा जानकारियाँ उसे दीं और अपने बेटे की तस्वीरें भी दिखाईं।

लंच के बाद हम उसकी आंटी के घर तक पैदल गए, मैंने एक दोस्त होने के नाते उससे कहा कि वह राजनीति की जोखिम-भरी ज़िन्दगी को छोड़ दे। समझाया भी, 'पाकिस्तान में आपके लिये जेल में डाले जाने या हत्या किए जाने तक का जोखिम है। अमेरिका क्यों नहीं आ जाएँ और अपनी ज़िन्दगी जिएँ। हो सकता है कि आपको हार्वर्ड में अन्तरराष्ट्रीय मामलों के केन्द्र में कोई फैलोशिप मिल जाए।'

उसने मुझसे कहा, 'भुट्टो के बारे में और मार्शल लॉ के बारे में किताबें पढ़कर दूसरे लोगों के नज़रिये को जानना मुझे अच्छा तो लगेगा। लेकिन, मेरी पहली ज़िम्मेदारी पार्टी के प्रति है। राजनीतिक लिहाज से मेरे लिये यहाँ रहना ज़्यादा सही है क्योंकि यहाँ पाकिस्तानी समुदाय खासा बड़ा है और बिखरा हुआ कम है।

फिर भी उसे मेरा यह सुझाव पसन्द आया कि एक कामकाजी दौर पर अमेरिका आ जाए। उसे मालूम था कि पाकिस्तान में राजनीतिक कैदियों को छुड़ाने में विदेशी प्रभाव और प्रचार महत्त्वपूर्ण हो सकते हैं। एकमात्र समस्या हमारे चलने और बातचीत करने में उसका कान था। मैं बार-बार यह भूल जाता था कि उसके कौन-से कान ने सुनना बंद कर दिया है। मैं गलत कान की तरफ बात करने लगता था।

जनवरी के अन्तिम सप्ताह में मेरे कान की खुर्दबीन से की गई शल्यक्रिया में पाँच घंटे लगे। जब मैं यूनिवर्सिटी अस्पताल में बेहोशी की दवा के असर से उबरी तो मेरे सर्जन, मिस्टर ग्राहम, वहां थे। उन्होंने मुझसे कहा, 'मुस्कराइए!' मैंने सोचा कि वे मुझे खुश करने के लिये ऐसा कह रहे हैं और नीमहोशी में मुस्करा दी। बाद में उन्होंने मुझे रस का एक घूँट भरने के लिये कहा। उन्होंने पूछा, 'कैसा लगा?' मैंने कहा, 'स्वादिष्ट।' उन्होंने मेरे चार्ट पर कुछ लिखा। उन्होंने कहा—ऑपरेशन से आप अच्छे ढंग से निकल आई हैं। आपके चेहरे के बाएँ

हिस्से की नस को नुकसान नहीं पहुँचा है और आपके मुँह की स्वाद-संवेदना भी नहीं खोई है।

मैं धीरे-धीरे स्वस्थ हुई। मेरी माँ मेरे पास थीं, उन्होंने कॉल्लिंघम गार्डन्स के एक सुन्दर, पेड़ों की पंक्तिवाले इलाके में एक फ्लैट अस्थायी तौर पर ले लिया था। कई सप्ताह तक मैं पलंग पर सीधी लेटी रही, दस मिनट से ज्यादा बैठ ही नहीं पाती, क्योंकि सिर-दर्द होने लगता और जी मितलाने और चक्कर आने की शिकायत शुरू हो जाती। जब आखिरकार मैं बैठने में कामयाब हुई तो किताब पढ़ने या कुछ लिखने के लिये गरदन झुकाने में तकलीफ होती। अक्सर ऐसा लगता कि सिर ज़ोर से फटने वाला है। अपने कान को दिखाने और सुनने की क्षमता की जाँच के लिये मुझे नियमित रूप से जाना होता था। उस समय मिस्टर ग्राहम ने मेरी तकलीफों को सुनकर मुझे दिलासा दी कि 'आपको जो हो रहा है उसमें असामान्य कुछ भी नहीं है।'

छह सप्ताह बाद मेरा परीक्षण कर उन्होंने जो कहा उससे तो मैं चौंक गई। उन्होंने कहा, 'हो सकता है कि नौ महीने या एक वर्ष बाद आपको दुबारा ऑपरेशन की ज़रूरत पड़े।' नौ महीने या एक वर्ष? मेरा लन्दन में इतने समय रुकने का कोई इरादा नहीं था। मेरा विचार पुनः पाकिस्तान जाने का तभी बनने लगा था, हालाँकि मेरी माँ, आंटी बेहजत, सन्नी और यास्मीन सभी मुझसे यूरोप में ही रुकने के लिये कह रहे थे।

मेरी माँ ने कहा, 'कुछ समय के लिये राजनीति से नाता तोड़ लो और मेरे पास रहो। अगली बार जब तुम पाकिस्तान जाओगी तो ज़िया जेल में डाल देगा और हो सकता है कि वहाँ से ज़िन्दा नहीं निकल पाओ।'

मैं प्रतिरोध करती, 'अगर मैं जेल में रहूँ तो भी हुकूमत की खिलाफत की धुरी रहूँगी।' वे लोग ज़ोर देते, 'हुकूमत की खिलाफत की धुरी तुम यहाँ क्यों नहीं हो सकतीं।' डॉक्टर की बात ने उनकी दलीलों को पूरा कर दिया। फिर भी मैं हिचक रही थी। नौ लम्बे महीने। अपना समय सबसे अच्छे ढंग से मैं कैसे गुज़ार सकती हूँ?

जैसे ही मैं पुनः स्वस्थ हुई, मैंने फैसला किया कि पाकिस्तानी जेलों में अब भी बंद 40,000 राजनीतिक बन्दियों के साथ हुकूमत के दुर्व्यवहार का पर्दाफाश करने की एक अंतरराष्ट्रीय मुहिम शुरू की जाए। हालाँकि पाकिस्तान यूरोपीय देशों से और अमेरिका से भी वित्तीय मदद पा रहा था, लेकिन लोकतान्त्रिक देश ज़िया के मानव अधिकार उल्लंघनों को करीब-करीब अनदेखा कर रहे थे। एक प्रमुख और हाल ही रिहा हुई राजनीतिक कैदी निर्वासन में होने के नाते, मैं विस्तार से यह बताने की स्थिति में थी कि पाकिस्तान में क्या हो रहा है। उससे शायद लोकतान्त्रिक देश यह महसूस करें कि वे ज़िया पर दबाव डाल सकते हैं और ज़िया को मनमाने ढंग से गिरफ्तारियाँ करने, राजनीतिक कैदियों को बिना आरोप या सुनवाई के वर्षों तक बंद रखने और महज राजनीतिक विरोध के कारण अधिक से अधिक निर्दोष लोगों को सज़ा-ए-मौत देने से रोक सकते हैं।

रावलपिंडी में 18 राजनीतिक बंदियों पर सरकार को उखाड़ फेंकने की साज़िश रचने के आरोप में फौजी अदालत में मुकदमा चलाया जाने वाला था। 54 और बंदी लाहौर की कोट लखपत जेल में थे, उन पर अल-ज़ुल्फिकार से कथित सम्बन्ध होने के कारण आपराधिक साज़िश और विद्रोह का आरोप मढ़ा गया था। कराची स्टील मिल में पी.पी.पी. के मज़दूर

नेता बलोच पर चार अन्य सह-अभियुक्तों के साथ अपहरण में शामिल होने का झूठा इल्ज़ाम लगाया गया था। इस इल्ज़ाम में सज़ा-ए-मौत भी दी जा सकती थी। ज़िया के फौजी 'न्याय' का यह नमूना था, पाकिस्तान के अन्दर और बाहर चन्द लोगों को ही यह पता था कि मुकदमा चल रहा है या मुलज़िम के खिलाफ सबूत, अगर कोई हों तो, क्या हैं?

मुझे नासिर बलोच की गिरफ्तारी का पता 1981 में ही सक्खर जेल के सुपरिंटेंडेंट से लगा था। नासिर बलोच और उसके सह-अभियुक्तों को फौजी अदालत के सामने लाए जाने में दो वर्ष का समय लगा था। राष्ट्रपति आदेश नम्बर 4 इतना गोपनीय था कि उसमें न सिर्फ किसी व्यक्ति को निर्दोष साबित होने तक दोषी मानने के लिये कहा गया था बल्कि अदालती कार्यवाही की कोई जानकारी देने तक पर पाबंदी थी, इस कारण उसके मुकदमे का पता मुझे कराची सेंट्रल जेल में, हमदर्दी रखने वाले एक जेल कर्मचारी से गुपचुप मिले, नासिर बलोच के एक पत्र से लगा।

उसने मुझे मई, 1983 में लिखा था, "फौजी अदालत इस कदर हमारे खिलाफ है कि हमसे यह कहा जा चुका है कि खुद को कब्र में पड़ी लाश मान लो।" आठ घंटों की कार्यवाही के बीच कुछ लिख नहीं सकते, पानी नहीं पी सकते। लघु शंका करने या नमाज़ अदा करने भी नहीं जा सकते। हमारे हाथ और पैर बेड़ियों में जकड़े हुए हैं। जब हमारा बचाव करने वाला वकील नहीं आया, तब भी कार्यवाही यह कहकर चलती रही कि "हमें सिर्फ मुलज़िम और इस्तगासा वाले की ही ज़रूरत है।" फरवरी 1984 तक उसका मुकदमा खत्म नहीं हुआ था।

मैं एक और मज़दूर नेता, अयाज़ सामू के बारे में भी चिन्तित थी। उसे दिसम्बर, 1983 में गिरफ्तार कर जनरल ज़िया के एक राजनीतिक समर्थक की हत्या के मामले में झूठा ही फँसाया गया था। फौजी अदालत के समक्ष उसका मुकदमा अभी शुरू होने वाला था। बलोच की तरह सामू की गिरफ्तारी को भी पी.पी.पी. ने कराची के औद्योगिक शहर में मज़दूर आन्दोलन को कुचलने की ज़िया हुकूमत की कोशिश के रूप में देखा था। जैसा कि बलोच के मामले में था, सामू के खिलाफ भी इल्ज़ाम ऐसे थे कि सज़ा-ए-मौत दी जा सकती थी। हमें कुछ करना होगा, और जल्द ही करना होगा।

जब मैं बिस्तर पर बैठ पाने की हालत में आई तो मैंने जेल में अपने खुद के लिखे पर्चों और पाकिस्तान से आ रही हमदर्दी की सूचनाओं के आधार पर राजनीतिक दमन के अन्य मामलों की सूची बनानी शुरू की। मैंने ऐमनेस्टी इण्टरनेशनल को जानकारी देने की कीमत रज़ा करीम के मामले से समझी। मैंने देखा कि कैसे मानवाधिकार संगठन ने रज़ा करीम के मामले में विश्व-जनमत को प्रभावित किया। पाकिस्तान के एक अन्तरराष्ट्रीय वकील रज़ा करीम को जनवरी में उनके घर से गिरफ्तार कर लिया गया और उसके बाद पता नहीं चला। रज़ा करीम की तरफ से ऐमनेस्टी के 'तुरन्त कार्यवाही की माँग' को पश्चिमी प्रेस ने उठाया।

लाहौर, पाकिस्तान, में रज़ा करीम का हाल ही में गायब हो जाना खतरे को उजागर करने वाला उदाहरण है, यह *'दि नेशन'* में मार्च में छपे विश्वभर में मानव अधिकारों के उल्लंघन की चौंकाने वाली संख्या वाले लेख में कही गई थी। लेख में उल्लेख था, '...पाकिस्तान को प्रति वर्ष 52.5 करोड़ डॉलर की फौजी और आर्थिक सहायता देने वाले अमेरिका ने

इस बारे में निर्मम उदासीनता दिखाई है... ज़ाहिर है ... सहायता देने सम्बन्धी अमेरिकी कानून के शब्दों को विदेश मन्त्री भूल गए हैं जिसमें यह स्पष्ट है–किसी देश की उस सरकार को कोई सहायता नहीं दी जा सकेगी जो अन्तरराष्ट्रीय तौर पर आज मानव अधिकारों के घोर उल्लंघन के नियमित ढर्रे को अपनाए हो जिसमें यातना देना... बिना इल्ज़ाम के लम्बी कैद में रखना, या व्यक्ति की ज़िन्दगी, आज़ादी और सुरक्षा के अधिकार से अन्य तरह की पाबंदी शामिल हैं।''

लेख के छपने का समय बिल्कुल सही था। मुझे मार्च में वाशिंगटन में अन्तरराष्ट्रीय शान्ति के कार्नेगी मंच से बोलने का निमन्त्रण मिला। राजनीतिक कैदियों के बारे में ढेरों सामग्री और पतों की पुरानी किताब को लेकर मैं और यास्मीन अमेरिका की उड़ान पर चले गए।

एक बार फिर मैंने खुद को कांग्रेस के लम्बे गलियारों में चलते पाया। हार्वर्ड में छात्र के रूप में मैं अमेरिका की लोकतान्त्रिक प्रक्रिया का फायदा उठाते हुए वियतनाम में उलझने का विरोध करने के लिये वाशिंगटन आई थी। अब मैं अपने मुल्क में लोकतन्त्र को मार दिये जाने का विरोध करने के लिये यहाँ थी। अपनी उस पहली यात्रा में मैं खुलकर नहीं बोली थी क्योंकि मुझे चिन्ता थी कि राजनीतिक गतिविधि में लिप्त विदेशी ठहराकर मुझे निष्कासित नहीं कर दिया जाए। अब मैं महसूस कर रही हूँ कि जितना भी बोलूँ, कम होगा।

एक सप्ताह तक मैं लगातार पाकिस्तान में मानव अधिकार हनन रोकने और लोकतन्त्र बहाल करने की ज़रूरत के बारे में बोली। सीनेटर एडवर्ड कैनेडी से, सीनेटर क्लेबॉर्न पैल से और जो भी मिले, उन्हें मैंने अपनी रिहाई की कोशिशें करने के लिये शुक्रिया भी अदा किया। पीटर गॉलब्रेथ ने कैपिटल हिल (अमेरिकी संसद भवन) में दूसरों से मुलाकात तय करने में मेरी मदद की। मैंने कैलिफोर्निया के सीनेटर एलेन क्रांस्टन, न्यूयार्क के कांग्रेसी स्टीफेन सोलार्ज, विदेश विभाग के सदस्यों और राष्ट्रीय सुरक्षा परिषद के सहायकों से मुलाकात की। मैंने पूर्व एटार्नी जनरल रेम्से क्लार्क से जो मेरे पिता के मुकदमे की कार्यवाही देखने पाकिस्तान आए थे और सीनेटर मैकूगवर्न से जिनका मैंने हार्वर्ड के छात्र के रूप में समर्थन किया था, बात की। मैंने उम्मीद जताई कि अब वह पाकिस्तान में मानव अधिकारों की बाबत समर्थन जुटाने में मदद करेंगे।

पाकिस्तान पहले से ही वाशिंगटन में कानून निर्माताओं के बहुत अधिक ध्यान में था। 1981 में पाकिस्तान को 3.2 अरब डॉलर की जिस मदद का प्रस्ताव पारित किया गया था उसे अब पाकिस्तान के परमाणु कार्यक्रम का सत्यापन न हो जाने की वजह से रोके जाने का खतरा था। पहले सीनेटर ने इस मुद्दे को गौण कर दिया था और पाकिस्तान को सहायता का आधार यह नहीं रखा कि पाकिस्तान के नाम 'वह बम' है या नहीं, बल्कि यह रखा कि उसने परीक्षण किया है या नहीं। उस कमी को 1984 में मेरी यात्रा के दौरान सीनेटर जॉन ग्लेन और एलेन क्रांस्टन एक संशोधन लाकर दूर करने में लगे थे। उसके तहत पाकिस्तान को मदद तब तक नहीं दी जाएगी जब तक कि राष्ट्रपति लिखित रूप से यह सत्यापित नहीं करें कि पाकिस्तान के पास न तो 'परमाणु विस्फोटक युक्ति' है और न ही

वह इसे बनाने या इसका परीक्षण करने में लगा है। 28 मार्च को विदेश सम्बन्ध समिति ने संशोधन को सर्वसम्मति से पारित कर दिया।

मैं परमाणु मसले पर बात करने के लिये वाशिंगटन नहीं आई थी। इसलिये विदेश प्रबन्ध समिति के अध्यक्ष सीनेटर चार्ल्स पर्सी से मुलाकात के समय बहुत सतर्क नहीं थी। उन्होंने मुझसे पूछ लिया कि क्या मैं परमाणु मसले पर पाकिस्तान को सहायता बंद करने के पक्ष में हूँ। मैंने क्षण-भर की हिचक के बाद कहा, 'सीनेटर, सहायता बंद करने से तो हमारे दोनों देशों के बीच गलतफहमी ही पैदा होगी। दोनों देशों के हित में बेहतर होगा अगर सहायता को पाकिस्तान में मानव अधिकारों और लोकतन्त्र की बहाली से जोड़ दिया जाए।—सीनेटर पर्सी जो मेरे पिता को जानते थे, मुस्कराए और मेरे सुझावों के लिये मेरा शुक्रिया अदा किया, और मैं अपनी अगली मुलाकात के लिये चल दी।

मुलाकातों के बीच विदेश प्रबंध समिति में पीटर गॉलब्रेथ के कार्यालय की तरफ जाते हुए मैंने लम्बे गलियारे तय किए। पीटर ने मुझे सीख दी, 'आप बहुत तेज़ी से बोलती हैं।' कैपिटॉल हिल पर सामान्य छोटी मुलाकातों का भरपूर फायदा उठाने में मेरी मदद करने के लिये कहा, 'धीरे-धीरे बोलिये, और एक ही मुद्दे पर केन्द्रित रहिए।' मैंने उसकी सलाह मानने की कोशिश की, हालाँकि वर्षों की खामोशी के दौरान दबाए गए शब्द तनहाई के वर्ष खत्म होते ही तेज़ी से बाहर आते थे। अप्रैल के आरम्भ में *वाशिंगटन पोस्ट* में छपे व्यक्ति परिचय में कार्ला हॉल ने लिखा, 'बेनज़ीर भुट्टो ऐसे बोलती हैं जैसे खोए हुए वक्त की भरपाई कर सकें... उनके अस्पष्ट ब्रिटिश लहज़े में वाक्य तेज़ी से निकलते जाते हैं, सुव्यवस्थित लेकिन जीभ के साथ ज़ोर की दौड़ लगाते, उनके साथ ही उनके हाथ भी हरकत में रहते हैं, माथे को सहलाते, बालों को समेटते।'

कार्ला हॉल सही थीं। मैं खोए हुए समय की भरपाई कर रही थी। और मैं बहुत उत्तेजित थी। मेरी स्मृति अब मेरा साथ नहीं दे रही थी, हालाँकि कैद के वर्षों के पहले तो बहुत अच्छी थी। अक्सर मैं नामों और तिथियों की तलाश में रहती, कभी याददाश्त काम दे जाती और कभी नहीं दे पाती। और मैं अभी तक आसपास लोगों के होने से असहज रहती थी। हालाँकि मैंने खुद को ज्यादा-से-ज्यादा सरकारी अधिकारियों और अखबारों के नुमाइंदों से मिलने के लिये दौड़ाए रखा था, मैंने पाया कि मैं मुलाकातों के समय घबरा जाती हूँ। सीनेटर क्रांस्टन से बात करते समय मैंने यकायक पाया कि मेरे गाल गर्म हो गए। गर्मी मेरे चेहरे पर छा गई जब तक कि पसीने की बूँदें माथे पर नहीं छलक आईं। उन्होंने चिन्ता से पूछा, 'क्या आप ठीक-ठाक हैं?' मैंने ऊपर से जितना महसूस कर पा रही थी उससे ज्यादा शान्त दिखते हुए कहा, 'हाँ, हाँ! मैं एकदम ठीक हूँ।'

कार्नेगी निधि में अपने भाषण की रात तो मैं कुछ ज्यादा ही घबराई हुई थी। श्रोतागणों में विदेश और रक्षा विभागों के अधिकारी, कांग्रेस सदस्य, पूर्व राजदूत और अखबार वाले मौजूद थे। पश्चिमी प्रेस ज़िया को 'दयालु डिक्टेटर और पाकिस्तान में 'स्थिरता' लाने वाले नेता के रूप में पेश कर रहा था। यह मेरे ऊपर था कि मैं उसके मानव अधिकार उल्लंघनों को उजागर करूँ और बताऊँ कि केन्द्रीकृत फौजी शासन से पाकिस्तान की स्थिरता के दीर्घकालिक दुष्परिणाम क्या होंगे। श्रोतागणों के असरदार लोग इसमें मददगार हो सकते थे कि ज़िया पर दबाव डालें कि वह पाकिस्तान में राजनीतिक कैदियों को छोड़े, स्वतन्त्र

चुनाव करवाए और लोकतन्त्र बहाल करे। उनका समर्थन महत्त्वपूर्ण था।

मंच पर जाते समय मैंने स्वयं को समझाया, 'शान्त रह। बस यह समझ ले कि तू ऑक्सफोर्ड यूनियन में बोल रही है।' लेकिन मैं समझा नहीं पाई। यूनियन में वाद-विवाद बौद्धिक खेल होते थे। इस समय तो मुझे हज़ारों राजनीतिक कैदियों की ज़िन्दगी और मेरे देश के राजनीतिक भविष्य का बोझ महसूस हो रहा था। मैंने प्रतिष्ठित लोगों वाले श्रोता समूह से कहा, 'हम पाकिस्तान में ज़िया की अवैध हुकूमत को दिए जा रहे समर्थन से भ्रमित और निराश हैं...आपकी रणनीतिक चिन्ताओं को हम समझते हैं लेकिन गुज़ारिश करते हैं कि आप पाकिस्तान की जनता की तरफ रो मुँह नहीं मोड़ें।'

भाषण के बीच मैंने निगाह उठाकर श्रोताओं की तरफ देखा और यह भूल गई कि मैं कहाँ बोल रही थी। सभाकक्ष में खामोशी थी और मैं बदहवास होकर अपने कागज़ों को उलट-पुलट रही थी। ऐसा मैं कैसे कर गई? मैं चाहती थी कि धरती फट जाए और मैं उसमें समा जाऊँ। जितना भी आत्मविश्वास मैं जुटा सकी उससे मैंने वह जगह ढूँढ़ ली जहाँ मैं बोल रही थी और बात आगे जारी रखी। मैंने सरकार के उपस्थित सदस्यों से कहा कि अमेरिकी सहायता को मानवाधिकारों से जोड़ें। बाद में सवाल-जवाब के दौर में मैंने खुद को बेहतर महसूस किया, और अपनी बात खत्म कर तालियों की गड़गड़ाहट में मैं बैठ गई। मुझमें अब वह पहले जैसी बात नहीं रही थी। लेकिन मुझे अपना काम जारी रखना था।

वाशिंगटन से मैं और यास्मीन न्यूयॉर्क गए। पाकिस्तान दूतावास हक्का-बक्का था, मुझे न्यूयॉर्क की *टाइम-लाइफ* बिल्डिंग में *टाइम* पत्रिका के शीर्ष सम्पादकों से भेंट की मंज़ूरी मिल गई थी। शायद पाकिस्तान के किसी विपक्षी नेता को यह सम्मान पहली बार मिला था। लेकिन मेरे लिये एक सुविधाजनक बात यह थी कि मैं हार्वर्ड में वाल्टर इजाक्सन के साथ थी और वह इस समय *टाइम* में एक सम्पादक था। मैंने वाशिंगटन से फोन कर उससे पूछा था कि क्या वह ऐसी भेंट का इन्तज़ाम करा सकेगा। मेरे *टाइम-लाइफ* बिल्डिंग में यास्मीन के साथ आगमन ने एक खासी हलचल मचा दी। हमने जब 47वीं मंजिल पर जाने के लिये लिफ्ट ली और निजी भोजन कक्ष में जा पहुँचे तो वहाँ उपस्थित सम्पादकों ने हमें बहुत अचम्भे से देखा। मैं समझ नहीं पाई कि क्या करूँ और सोचा कि शायद हम किसी गलत मीटिंग कक्ष में पहुँच गए हैं।

खामोशी को तोड़ अन्ततः किसी ने पूछा, 'क्या आपको लॉबी में वाल्टर नहीं मिला? वह नीचे आपका इन्तजार कर रहा है।'

मैंने जवाब दिया, 'मैंने उसे देखा नहीं।'

उन्होंने पूछा, 'लेकिन आप लोग सुरक्षा गार्डों से कैसे निकल आए?'

मैंने मुस्कराकर कहा, 'ज़िया के पाकिस्तान में सुरक्षावालों को चकमा देने का हुनर तो सीखना ही पड़ता है।'

भोजन पर बातचीत के दौर में सम्पादकों ने इतने सवाल मुझसे पूछे कि मुझे फलों की सलाद और पनीर का लंच खाने का वक्त ही नहीं मिला। उन्होंने जो परोसा था वह हार्वर्ड के वर्षों से मेरा पसंदीदा भोजन था। मैंने उन्हें बताया, 'पाकिस्तान को अमेरिकी मदद को अनेक पाकिस्तानी ज़िया को अमेरिकी मदद के रूप में देखते हैं। आप सभी इस गलतफहमी को दूर करने में मदद कर सकते हैं, अगर मीडिया का ध्यान मानव अधिकारों पर केन्द्रित

करें। पाकिस्तान के राजनीतिक बन्दियों के लिये तो प्रचार का मतलब बस यह समझ लीजिए कि ज़िन्दगी और मौत का फासला बनाने जैसा है।'

हमें जो प्रचार मिला उसकी मुझे उम्मीद नहीं थी। मैंने और यास्मीन ने दो सप्ताह का अमेरिका दौरा पूरा कर लन्दन लौटने की तैयारी की। 3 अप्रैल को सीनेट की विदेश प्रबन्ध समिति ने अमेरिकी सहायता की सख्त परमाणु-विरोधी शर्तों के बारे में अपने सर्वसम्मत निर्णय को बदल दिया। उसके बजाय उन्होंने एक नए संशोधन को पारित किया जिसमें पाकिस्तान को अमेरिकी सहायता राष्ट्रपति के इस प्रमाण-पत्र पर जारी रहेगी कि पाकिस्तान के पास परमाणु बम नहीं है और अमेरिकी सहायता से 'पाकिस्तान के परमाणु विस्फोटक युक्ति हासिल करने के खतरे में काफी कमी आएगी।' हालाँकि मुझे लगा कि इस परिवर्तन की असली वजह रीगन प्रशासन का ज़बर्दस्त दबाव था, सीनेटर पर्सी ने अपने वोट को पलटने का श्रेय सार्वजनिक रूप से मुझे देने की मेहरबानी दिखाई।

जब मैं लन्दन लौटी तो मैंने बार्बीकन में एक फ्लैट ले लिया। यह किले जैसी बिल्डिंग सेंट पॉल कैथेड्रल के नज़दीक थी। मैंने वहाँ खुद को सुरक्षित महसूस किया। वहाँ लॉबी में एक सुरक्षा डेस्क थी, जहाँ से सभी आनेवालों की घोषणा बिल्डिंग में की जाती थी, और मेरा दसवीं मंज़िल का फ्लैट, मैंने सुरक्षा के प्रति अपनी सामान्य सजगता से महसूस किया, पाकिस्तानी एजेण्टों के घुसने या आवाज़ें टेप करने के तार लगाने के लिये बहुत ज्यादा ऊँचा था। यह बिल्डिंग डॉ. नियाज़ी और यास्मीन के लिये भी निर्वासन का घर था और हम सारे दिन एक-दूसरे के फ्लैट में आते और जाते रहते थे।

जल्द ही बार्बीकन, पी.पी.पी. की इंग्लैण्ड और विदेशी इकाइयों के लिये व्यवहारतः कमान केन्द्र बन गया। फ्लैट में कुछ ही समय में अमेरिका, फ्रांस, कनाडा, जर्मनी, स्विट्ज़रलैण्ड, डेन्मार्क, स्वीडन और आस्ट्रिया में पी.पी.पी. की शाखाओं की फाइलों का अम्बार आ गया। इनके अलावा आस्ट्रेलिया, सऊदी अरब, बहरीन और अबूधाबी की फाइलें भी थीं। पाकिस्तानी स्वयंसेवकों का एक समर्पित स्टॉफ भी जल्दी बन गया। इंग्लैण्ड में रह रही एक नौजवान लड़की सम्बलीना टाइप करती थी। निर्वासन में रह रहा एक छात्र कार्यकर्ता नाहिद टेलीफोन और पाकिस्तान से आए पत्रों के जवाब देने में सफदर अब्बासी की मदद करता। अब्बासी कानून का छात्र था और पी.पी.पी. की केन्द्रीय कार्यकारिणी के सदस्य डॉ. अशरफ अब्बासी का पुत्र था। मेरे पिता की ज़िन्दगी बचाने की मुहिम को संगठित करने में मेरे भाइयों की मदद करने वाला बशीर रियाज़ एक पत्रकार था। वह हमारे प्रेस प्रवक्ता का काम करता था और प्रेस से मुलाकातों का इन्तज़ाम करता था। डॉ. नियाज़ी एक अन्य निर्वासित सफदर हमदानी का हाथ बँटाते और पूर्व सूचना मन्त्री नसीम अहमद के साथ मिलकर यह सुनिश्चित करते कि हमारी सूचनाएँ ब्रिटेन के संसद सदस्यों तक पहुँच जाएँ। जैसा हमेशा होता था, यास्मीन हर काम में मदद करती थी। हम सब मिलकर पाकिस्तान में मानवाधिकार हनन सम्बन्धी पत्र और रिपोर्टें तैयार करते, इसके लिये फ्लैट के एक खाली पड़े शयनकक्ष में दफ्तर बना दिया था।

हम राजनीतिक कैदियों के फोटोग्राफ, उनके सम्बन्ध में जानकारी के साथ पत्र संयुक्त

राष्ट्र महासचिव, मानव अधिकारों के प्रभारी अमेरिका के विदेश उपमन्त्री, इलियट अब्राम्स, विदेश मन्त्रियों, वकीलों के संघों और अन्तरराष्ट्रीय व्यापार संगठनों को भेजते। हम ब्रिटेन के संसद सदस्यों, ऐमनेस्टी इण्टरनेशनल और विश्व के नेताओं के प्रतिनिधियों से उनके दूतावासों के ज़रिये मुलाकातें करते। नासिर बलोच की ज़िन्दगी संकट में थी। कई दूसरे लोगों की ज़िन्दगी को भी खतरा था। हम चुनौती के सामने पिछड़ रहे थे।

सारे पाकिस्तान में बार एसोसिएशनों के विरोध के बावजूद एक पुलिसमैन की हत्या के झूठे इल्ज़ाम में तीन नौजवानों को, एक विशेष फौजी अदालत में गुप्त मुकदमे के बाद, अगस्त में फाँसी दे दी गई। सरकार के सदस्यों और प्रेस की हमारी बढ़ती सूची को भेजे पत्र में मैंने लिखा, 'तीन नौजवानों की, जिन्हें तीन वर्ष ज़ंजीरों में बाँधकर रखा गया, ताज़ा हत्या को रोका जा सकता था बशर्ते यूरोप और अमेरिका में राजनीतिक समूह और मीडिया उनकी, और जेलों में बंद हज़ारों और लोगों की, किस्मत के बारे में थोड़ी दिलचस्पी लेता। मैंने, सरकार के सदस्यों और प्रेस के संवाददाताओं, जिनकी सूची मेरे पास लंबी होती जा रही थी, लिखा—फाँसी के तख्ते का सामना कर रहे राजनीतिक बन्दियों की ज़िन्दगी बचाने के लिये पश्चिमी देशों को अपनी आवाज़ उठानी चाहिए, अपने प्रभाव का इस्तेमाल करना चाहिए...कृपया इस महत्त्वपूर्ण अपील पर ध्यान देकर तत्काल और असरदार कार्यवाही की मेहरबानी करें।

संसद में लेबर पार्टी के सदस्य टोनी बेन ने लन्दन में पाकिस्तानी दूतावास को एक विरोध पत्र लिखा। उस विरोध पत्र और उस पर हुकूमत के प्रवक्ता सूचना मन्त्री कुतुबुद्दीन अज़ीज़ के जवाब की एक प्रति उन्होंने मुझे भेजी। कुतुबुद्दीन अज़ीज़ ने लिखा था, 'मिस बेनज़ीर भुट्टो का यह आरोप कि पाकिस्तानी जेलों में 40,000 से ज्यादा राजनीतिक कैदी हैं और उन्हें शोचनीय हालात में रखा गया है, तथ्यों से परे है। निस्सन्देह पाकिस्तान की जेलों में कैदी हैं जैसे कि किसी भी दूसरे देश की जेलों में हैं, लेकिन उन्हें या तो सज़ा दी गई है या वे संदिग्ध अपराधी हैं। हमारी जेलों की हालत निश्चय ही अधिकांश दूसरे विकासशील देशों से बदतर नहीं है... पाकिस्तान सरकार आतंकवाद या हत्या के मामलों में शरीक मुलज़िमों के साथ सख्ती से पेश आती है, लेकिन हर मामले में कानून की आवश्यक प्रक्रिया का पालन किया जाता है।—हुकूमत के प्रवक्ता ने इस बात का कोई ज़िक्र नहीं किया कि पाकिस्तान की बार एसोसिएशनें कानून की आवश्यक प्रक्रिया की पालना न होने का लगातार विरोध कर रही थी।

जब भी हमें ज़िया की फौजी अदालतों से मौत की सज़ा के अगले दौर की आशंका होती या वह सामने होता तो हम सभी अपना काम तेज़ कर देते। हम दिन-रात पत्रों को बंद करने, चिपकाने और पोस्ट करने में लगे रहते और लिफाफे, टिकट और पत्र दफ्तर वाले कमरे से निकल बाहर बैठक वाले कमरे तक आ जाते। हमारे नियमित स्वयंसेवकों का साथ देने के लिये और लोग भी आ जाते, जैसे निर्वासन में रह रहे पाकिस्तान की सेना का एक पूर्व मेजर और एक पुलिस सुपरिंटेंडेंट। काम में लगे रहने के लिये हम चाय और कॉफी के अनगिनत कप खाली कर देते। ज़िया बाहर के किसी पर्यवेक्षक को इजाज़त नहीं देकर अपने अत्याचारों को दुनिया से छिपाना चाहते थे। हमारी भरसक कोशिश थी कि उनका पर्दाफाश करें और बंदियों की तरफ से दुनिया के विवेक तक अपीलें पहुँचाएँ।

यह निहायत ज़रूरी था कि किसी राजनीतिक कैदी की गिरफ्तारी के हालात और उसके कैद के हालात और मुकदमे की सही-सही जानकारी और उसके कागज़ात हों। पाकिस्तान से ऐसी सूचनाएँ मिलना अक्सर मुश्किल होता क्योंकि एक तो वहाँ साक्षरता दर बहुत कम थी और दूसरे, सेंसरशिप बहुत सख्त थी। अक्सर सिर्फ कैदियों से सही-सही और ताज़ा विवरण मिल सकता था।

बड़ी मुश्किल से हमने लोगों का एक खुफिया जाल बनाया जो जेलों के अन्दर से नियमित रिपोर्टें भेजते थे, कैदियों से प्रश्नावली भरवाकर हमें गुपचुप ढंग से लन्दन तक पहुँचाते। इसके लिये हमने हमदर्दी रखनेवाले जेल गार्डों, सुरक्षित मकानों के पतों, निर्वासित लोगों के पाकिस्तान आते-जाते रहते रिश्तेदारों, विमान सेवाओं के रहमदिल कर्मचारियों तथा अबू धाबी और सऊदी अरब में डाक देने के स्थानों का इस्तेमाल किया। अबू धाबी और सऊदी अरब में हमारी डाक अन्य नाम से होती जिससे हुकूमत के सेंसर करने वालों की पकड़ में नहीं आती। इस तरह जानकारियाँ देने का सिलसिला चल निकला। लरकाना के 23 वर्ष के छात्र और नासिर बलोच के सह-अभियुक्त सैफुल्लाह खालिद के कराची की सेंट्रल जेल से आए हाथ से लिखे पत्र में बताया गया कि उसे 1981 में उसके 'राजनीतिक नज़रिये' की वजह से गिरफ्तार किया गया और 'बर्बरतापूर्वक' पूछताछ की गई ताकि वह अपहरण के मामले में 'पाकिस्तान पीपल्स पार्टी के प्रमुख' को फँसा सके। अन्य राजनीतिक कैदियों की तरह उसे भी एक जेल से दूसरी जेल ले जाया जाता था और महीनों तक बिल्कुल अलग-अलग रखा जाता था।

गिरफ्तारी के तीन वर्ष बाद भी जेल में बंद और मौत की सज़ा के डर को झेल रहे राजनीति शास्त्र के उस छात्र ने बताया, 'मुझे दो दिन अराज़वाली फोर्ट में रखा गया, उसके बाद एक सप्ताह तीन अनजान स्थानों पर, चार दिन फोर्ट बलहिसार में, दस दिन वारसाक कैंट में, एक दिन पेशावर सेंट्रल जेल में, फिर कराची के एफ.आई.ए. (फेडरल इन्वेस्टिगेशन एजेंसी) केन्द्र में छह दिन, एक माह कराची के सी.आई.ए. (सेंट्रल इण्टेलिजेंस एजेंसी) केन्द्र में, एक माह कराची की बल्दिया यातना कोठरी में रखा गया। अब कराची की सेंट्रल जेल में बंद उसने लिखा कि उसे दस दिन सज़ा देने के वार्ड में रखा गया, और दिन में तीन बार पीटा जाता। पूछताछ के दौरान बहुत ज्यादा वोल्टेज वाले बल्बों से मेरी नज़र कमज़ोर हो गई, लगातार सिरदर्द होता और आँखें दुखतीं। मुझे पैरों में लोहे की ज़ंजीरें बाँधकर रखा गया जिससे मेरे अण्डकोषों में भारी दर्द होने लगा। जेल के डॉक्टर ने मुझे इलाज के लिये सिविल अस्पताल में भर्ती कराने का सुझाव दिया। तीन माह बाद अब मैं यहाँ हर्निया के ऑपरेशन के लिये लाया गया हूँ।'

अन्य बहुत से राजनीतिक कैदियों की तरह सैफुल्लाह खालिद हुकूमत के रहम पर है। उस छात्र ने पत्र के बाद अन्त में यह अपील भी जोड़ी, 'मेरी और अन्य सह-अभियुक्तों की ज़िन्दगी खतरे में है क्योंकि सरकारी वकील मौत की सज़ा देने की माँग कर रहा है। मैं ऐमनेस्टी से इस मामले में दखल देने और हमारी ज़िन्दगी बचाने की अपील करता हूँ।'

नाटिंघम। ग्लासगो। मेनचेस्टर। ब्रॉडफोर्ड। मैं पूरे इंग्लैण्ड में पाकिस्तानी समुदायों से बात करने के लिये घूमी, अपनी मुहिम को आगे बढ़ाने के लिये और समर्थक जोड़े। जर्मनी, डेन्मार्क। स्विट्ज़रलैण्ड—महीने में एक बार अपनी माँ से मिलती। मैं जहाँ भी गई, कैदियों

की सूची अपने साथ ले जाती। डेन्मार्क में मैं पूर्व प्रधानमंत्री एंकुर जार्गेन्सन से मिली जो मेरे पिता को जानते थे। फ्रांस में गॉलिस्ट्स से मिली। जर्मनी में ग्रीन पार्टी के नेताओं से मिली। अगस्त में फाँसी पर चढ़ाए गए तीन नौजवानों के नामों के आगे 'शहीद हुए' लिखते समय दिल भर आया।

जब भी मैं इंग्लैण्ड वापस आती तो सशंकित रहती, डर था कि आव्रजन अधिकारी वापस नहीं लौटा दें। उस समय पाकिस्तानियों के लिये वीज़ा ब्रिटिश आव्रजन द्वारा हवाई अड्डे पर ही दिए जाते थे और सिर्फ एक बार प्रवेश के लिये ही मान्य होते थे। जब मैं पहली बार इंग्लैण्ड आई थी तो आव्रजन अधिकारियों ने पैंतालीस मिनट पूछताछ की थी कि मैं कहाँ रुकूँगी और क्या करूँगी। मैंने उस समय उन्हें आश्वस्त किया था, 'मैं तो बस एक पर्यटक हूँ।' बाद में हर बार पुनः प्रवेश के समय जब वे वीज़ा की मुहर मेरे पासपोर्ट पर लगाते थे तो मैं बहुत राहत महसूस करती थी। लेकिन मैंने इतनी बार अपने पासपोर्ट पर वीज़ा मुहरें लगवा लीं कि अब उसके पृष्ठ पूरे होने को थे। मुझे मालूम था कि ज़िया कभी मुझे नया पासपोर्ट जारी नहीं होने देंगे। हर बार आव्रजन अधिकारियों के प्रश्नों का जवाब देते समय जब वे अपनी मोटी काली किताब में मेरा नाम देखते तो मैं प्रार्थना करती कि वे मेरे धड़कते दिल को नहीं देखें। हम राजनीतिक बंदियों के साथ में प्रचार की मुहिम में इतनी तरक्की कर रहे थे कि वीज़ा की समस्या होने पर बड़ा झटका लगता।

हाउस ऑफ कामन्स के सदस्य मेक्स मेड्डन ने मुझे लिखा, 'मेरा इरादा हर संसदीय और अन्य मौकों का इस्तेमाल कर ब्रिटिश सरकार पर दबाव डालने का है ताकि वह पाकिस्तान सरकार से राजनीतिक विपक्ष खासकर पाकिस्तान पीपल्स पार्टी के राजनीतिक विरोधियों की हत्याओं के अपने अभियान को रोके।' अमेरिका में मानव अधिकारों के सहायक विदेश मन्त्री इलियट अब्राम्स से भी मुझे जवाब मिला था। मैंने उन्हें नासिर बलोच और सैफुल्लाह खालिद के बारे में लिखा था। अब्राम्स ने लिखा, 'नागरिकों के खिलाफ फौजी अदालतों की गुप्त कार्यवाही मूलतः अनुचित होने की आपकी चिन्ता से मैं सहमत हूँ और इस मामले में यातनाएँ देकर जुर्म कबूल करवाए जाने का आरोप बेचैन कर देने वाला है ...आप भरोसा रखें कि पाकिस्तान में हमारे राजनयिक इन मामलों पर गहरी निगाह रखना जारी रखेंगे।

मैं बार्बीकन में हर सुबह सात बजे उठ जाती। फ्लैट को साफ करती, धोती और दिन के भोजन की तैयारी शुरू कर देती, सादा दालों को स्टोव पर चढ़ा देती। बशीर रियाज़ लन्दन में पाकिस्तानियों वाले इलाके से मुस्लिम कायदों के हिसाब से काटा गया हलाल गोश्त और मुर्गे लेकर आता और फिर काम शुरू हो जाता। डाक का खर्च काफी था। मैं जितना अच्छे से अच्छा हो सकता था, बजट बनाकर चलती, मेरे पैसों का दो-तिहाई किराये में चला जाता, बाकी में टेलीफोन का बिल, डाक खर्च और घर का सामान आता। मेरी माँ ने फ्लैट सजाने के लिये कुछ रकम दी थी। मैंने एक पुराना कालीन, कुछ बरतन और चंद लैम्प बिना सजावट वाले खरीद लिये। पैसा कार्यालय के राजनीतिक काम पर खर्च करना बेहतर था।

हमने अपनी उर्दू की पत्रिका *अमल* शुरू की जिसके कुछ पृष्ठ अंग्रेज़ी में होते थे। इसे हर माह अन्तरराष्ट्रीय संगठनों, विदेशी दूतावासों और निर्वासित समुदाय के लोगों में

वितरित किया जाता ताकि वे पाकिस्तान की ताज़ा घटनाओं से वाकिफ रहें। *अमल* बहुत कम बजट से निकाली जाती। बशीर रियाज़ सम्पादक और विज्ञापन सेल्समैन दोनों काम करता और नाहिद जिससे भी बन पड़ता, चन्दा उगाहने का काम करती। हम पत्रिका को चोरी-छिपे पाकिस्तान भेज देते, जहाँ कार्यकर्ता उसके हिस्सों को फोटोस्टेट कराके पार्टी के समर्थकों में बाँटते। उसकी प्रतियाँ जेलों में भी पहुँचाई जातीं ताकि राजनीतिक कैदी यह जान सकें कि उन्हें भुलाया नहीं गया है। *अमल* हौसलाअफज़ाई के लिहाज से अमूल्य साबित हुई। कैदी उसे पसन्द करते थे। हुकूमत नापसन्द करती थी।

हमारे खुशनवीस ने यकायक बशीर को फोन किया, 'आज मैं काम पर नहीं आ रहा हूँ।' 'क्यों?' बशीर ने घबराकर पूछा। *अमल* बिना खुशनवीस के नहीं छप सकती थी। उर्दू की छपाई अब भी पुराने ढंग से होती है, खुशनवीस मोमी कागज़ पर हाथ से तमाम पाठ लिखता है। उस खुशनवीस ने कबूल किया, 'दूतावास ने आपके यहाँ काम न करने पर मुझे ज्यादा पैसे देने की पेशकश की है।' जब मुद्रक ने भी यही कहा कि उस पर हुकूमत का दबाव है तो हमने सोचा कि *अमल* तो अब डूब जाएगी। लेकिन मुद्रक पार्टी का हमदर्द निकला जिसने न सिर्फ हुकूमत के दबाव को मानने से इन्कार कर दिया बल्कि अपनी मशीनें हमारे लिये रात को भी खुली रखने को तैयार हो गया। बशीर ने लन्दन में पाकिस्तानी अखबारों के लिये काम करनेवाले खुशनवीसों को हमारे लिये भी काम करने को तैयार कर लिया। जितनी बार दूतावास ने हमारे खुशनवीस को लालच देकर तोड़ा, उतनी ही बार बशीर ने दूसरा ढूँढ़ लाने के लिये अथक मेहनत की। इस तरह *अमल* का छपना जारी रहा।

पाकिस्तान में ज़िया ने अपने मार्शल लॉ की ताकत पुनः दिखाना शुरू कर दिया, जिससे लोगों को अपने ऊपर उनकी पकड़ का एहसास बना रहे। जब हमने नासिर बलोच के साथ अनुचित और निर्दयी व्यवहार के लेख छापे, तो हमें पाकिस्तान से बुरी खबरें मिलने लगीं कि नासिर और उसके सह-अभियुक्तों को मौत की सज़ा दी जाने वाली है। हमारे सबसे बुरे अंदेशे 5 नवम्बर, 1984 की सर्द और तेज़ हवा वाली सुबह सही साबित हुए जब कराची में फौजी अदालत ने अपने अन्तिम फैसले का आम ऐलान कर दिया। नासिर और दूसरे अभियुक्तों को फाँसी पर 'मौत आने तक गर्दन से लटकाए जाने' की सज़ा सुनाई गई।

बार्बीकन में हम सभी आपातकालीन ढंग से काम में जुट गए। एक के बाद एक अपील अन्तरराष्ट्रीय समुदाय में बदनसीब लोगों की ज़िन्दगी बचाने की खातिर वितरित की। हमें धक्का लगने का अहसास उस समय और भी बढ़ गया जब पार्टी के एक हमदर्द ने हैरतअंगेज़ तरीके से ऐसे गुप्त दस्तावेज़ चोरी-छिपे भेजे जिनसे पता चलता था कि मौत की सज़ाएँ दिए जाने में ज़िया की प्रत्यक्ष भूमिका थी। दस्तावेज़ बताते थे कि शुरू में फौजी अदालत ने सिर्फ बलोच को मौत की सज़ा दी थी, इस बात से सिंध के मार्शल लॉ प्रशासक को अवगत करा दिया गया और उसने कोई ऐतराज़ नहीं किया था। लेकिन यकायक उसने अपना विचार बदल दिया और फौजी अदालत को 'पुनः बैठने और पुनः विचार करने' का आदेश दिया। सिंध के मार्शल लॉ प्रशासक से अपना रवैया बदलने के लिये सिर्फ वरिष्ठ अधिकारी ज़िया ही कह सकता था।

इसके अलावा, हमारे पास मुख्य मार्शल लॉ प्रशासक छपे दफ्तरी कागज़ पर ज़िया के हस्ताक्षर थे जिसमें चार लोगों को मौत की सज़ा की पुष्टि की गई थी। दस्तखत उनकी

कठपुतली अदालत के फैसले का *ऐलान किए जाने के पूरे दस दिन पहले, 26 अक्टूबर* को किया गया था। मौत की सज़ा पाए लोगों के लिये अब एक ही रास्ता बचा था कि वे ज़िया से राष्ट्रपति के रूप में माफ कर देने की फरियाद करें। क्या तमाशा था! उन्हें अपील उसी आदमी से करनी थी जिसने उन्हें मौत की सज़ा देने की पुष्टि की थी।

उन दस्तावेज़ों को देखकर कई स्वयंसेवकों की आँखों से आँसू बह निकले, लेकिन मेरा तो पारा चढ़ गया। पहली बार हमारे पास सबूत था जिससे इस बात की पुष्टि होती थी जो हमने हमेशा सुनी ही थी—राजनीतिक मामलों में फौजी अदालतों के फैसले खुद ज़िया तय करते थे। हम उन दस्तावेज़ों को सम्पादित करने और करीने से लगाने में लग गए जिससे उन्हें जितना जल्दी हो, छापा जा सके। अन्तरराष्ट्रीय समर्थन जुटाने के लिये और ज़िया की फौजी अदालतों को मात्र रबड़ की मोहर साबित करने के लिये जो कुछ ज़रूरी था, वह इन दस्तावेज़ों में था। मेरी माँ की रिहाई में अहम भूमिका निभाने वाले, लार्ड एवेबरी ने दस्तावेज़ों को ब्रिटिश संसद में पेश करने को हमारे लिये एक प्रेस सम्मेलन का इन्तज़ाम कर दिया और हमारी मुहिम तेज़ हो गई।

मानव अधिकार संगठनों से लेकर मज़दूर नेताओं तक अन्तरात्मा से प्रेरित लोगों ने पुनः जवाब दिए। नाटिंघम के ट्रेड यूनियन संगठनकर्ता लारेंस प्लाट ने एक प्रमुख ट्रेड यूनियन पत्रिका *टी एण्ड जी रिकॉर्ड* में लिखा, 'जब हम इस देश में हमारे अपने ट्रेड यूनियन अधिकारों के खतरे के बारे में सतत सतर्क हो रहे हैं तो हमें अन्य देशों में अपने भाइयों और बहनों के संघर्षों के बारे में भी उतना ही जागरूक होने की ज़रूरत है। अब भी मौत की सज़ा की इन्तज़ार कर रहे मज़दूर नेता नासिर बलोच और उनके तीन सह-अभियुक्तों की ज़िन्दगी बचाने के लिये समय है और पाकिस्तान सरकार और यहाँ उसके दूतावास से विरोध व्यक्त किया जाना चाहिए।'

सभी जगह वकीलों को क्षोभ हुआ और उन्होंने कार्रवाई की। ब्रिटेन के प्रमुख वकीलों के एक समूह के दस्तखतों वाले बयान में कहा गया, 'इन चार लोगों की मार्शल लॉ नियमों के तहत बनाई गई विशेष फौजी अदालत ने सुनवाई की और सज़ा सुनाई। इन अदालतों की अध्यक्षता फौजी अधिकारियों ने की जिन्हें कोई कानूनी प्रशिक्षण नहीं है और मुकदमे बंद कमरे में किए गए। सबूत देने की ज़िम्मेदारी मुलज़िमों पर थोपी गई, और उन्हें ही यह साबित करना था कि वे निर्दोष हैं। यही नहीं, उन्हें अपने मुकदमे चलाने के लिये वकील भी सही तरीके से मुहैया नहीं कराए गए।

'हम पाकिस्तान सरकार से माँग करते हैं कि ऐसे मुकदमों और मृत्यु-दण्डों पर रोक लगाए। हम जनरल ज़िया उल-हक़ से खासकर अपील करते हैं कि वे इन चारों व्यक्तियों को दिए गए मृत्यु-दण्ड की पुष्टि नहीं करें और उनकी ज़िन्दगी बख्श दें। हम ज़िया हुकूमत को आर्थिक और सैनिक सहायता देनेवाली ब्रिटिश सरकार से भी माँग करते हैं कि वह अपने प्रभाव का इस्तेमाल कर पाकिस्तान सरकार से इन चार लोगों के मृत्यु-दण्ड को रोकने और भविष्य में इस तरह के मुकदमे न करने के लिये दबाव डाले।'

हमें राजनीतिक कैदियों की ज़िन्दगी बचाने की धुन सवार थी। लेकिन पाकिस्तान में मौत के खिलाफ हमारे संघर्ष के दौरान, पी.पी.पी. के अन्य निर्वासित नेताओं में अपने विशेष व्यक्तिगत हितों और सत्ता के आधार को आगे बढ़ाने में ज्यादा दिलचस्पी थी। बार्बीकन

में इन नेताओं के मुझसे मिलने के अनुरोधों के लिये टेलीफोन लगातार बजता रहता। इनमें ज्यादातर मेरे पिता की सरकार के पूर्व मन्त्री थे। एक अच्छी बात यह थी कि बार्बीकन में एक दिन में पन्द्रह मिलने वाले ही आ सकते थे, हालाँकि मैं कभी-कभी एक साथ पाँच या छह लोगों को बुलाकर ज्यादा मिलने वालों का जुगाड़ कर लेती थी। इन मीटिंगों में, महत्त्वपूर्ण कामों के अटके होने के बारे में सोच-सोचकर मैं खीझती और झुँझलाती रहती।

पी.पी.पी. हमेशा से अनेक तबकों वाली पार्टी रही थी, विभिन्न सामाजिक-आर्थिक समूहों का गठजोड़ थी। उसमें मार्क्सवादी, भू-स्वामी, व्यापारी, मज़हबी अल्पसंख्यक, महिलाएँ और गरीब सभी शामिल थे। इन तमाम अलग-अलग समूहों के हितों के टकराव मेरे पिता की मृत्यु के पहले, उनके मज़बूत व्यक्तित्व और लोकप्रिय अपील के चलते सन्तुलित रहते थे। लेकिन लन्दन में निर्वासन के तनाव और स्वदेश में भुला दिए जाने की आशंकाओं की वजह से इन राजनीतिक नेताओं के व्यक्तिगत स्वार्थ सामान्य लक्ष्यों पर हावी हो गए थे। अन्य सभी बातों से ऊपर पार्टी नेतृत्व के लिये एक अघोषित लड़ाई भी थी। लन्दन में पुराने नेता महसूस करते थे कि अगर उन्होंने एक बार मुझे स्वीकार कर लिया तो उन्हें हमेशा ही मुझे स्वीकार करना पड़ेगा। जब मैं पहली बार लन्दन आई तो उनमें से एक ने यह बताया, 'पहले पिता के, फिर माँ के और अब बेटी के पीछे चलना मेरी नियति नहीं है।'

विभिन्न नेता मुझे यह उपदेश देते, 'आपको तय करना ही होगा कि आप किसकी तरफ हैं।' हर धड़ा पी.पी.पी. में ज्यादा महत्त्व दिए जाने की पैरवी करता और अन्ततः नेतृत्व सँभालने की तैयारी में था।

मैं ज़ोर देती, 'मैं किसी की तरफ नहीं हूँ। अगर पार्टी एक-दूसरे के खिलाफ सक्रिय धड़ों के बजाय एकजुट मोर्चे की शक्ल में हो तो हम ज्यादा काम कर सकेंगे।' मैं जितना मुमकिन होता शान्त और तर्कसंगत होने की कोशिश करती, पुराने 'अंकल' को नाराज़ नहीं करना चाहती थी और अपनी राजनीतिक स्थिति की कमज़ोरी भी मुझे भली-भाँति पता थी। हालाँकि पार्टी की केन्द्रीय कार्यकारिणी ने मेरे इंग्लैण्ड आने के बाद कार्यवाहक अध्यक्ष के रूप में मेरी स्थिति की पुनः पुष्टि कर दी थी, ये लोग राजनीति के पुराने खिलाड़ी थे। मैं एक नौजवान युवती थी, उनकी बेटियों की उम्र की थी। ये लोग तख्ता-पलट के बाद से लन्दन में पी.पी.पी. का संचालन कर रहे थे। मैं पाकिस्तान से नई-नई आई थी। उन्होंने अपनी ताकत का आधार बनाने में वर्षों लगा दिए थे। मैं पुराने मतभेदों को सुलझाने और पार्टी की भलाई के बड़े उद्देश्य के लिये ताकत के व्यक्तिगत आधारों के बीच सन्तुलन में यकीन करती थी। जब मैं अमेरिका के अपने दौरे से वापस आई, तो सबसे मुखर धड़े, मार्क्सवादियों ने हमला किया।

मार्क्सवादियों के नेता ने मुझे झिड़का, 'आपको अमेरिका तो कभी जाना ही नहीं चाहिए था।' उन्होंने मेरे जाने से पहले तो एक शब्द भी नहीं कहा था। उनका कहना था, 'अमेरिकी ज़िया के दोस्त हैं। उसे खत्म करने के लिये हमें रूसियों को साथ लेना चाहिए।'

मेरा जवाब था, 'आप यह क्यों सोचते हैं कि अमेरिकी या रूसी किसी के दोस्त हैं? अमेरिकी ज़िया का समर्थन अपने रणनीतिक मकसदों में कर रहे हैं। सोवियत हो सकता है आज हमारा समर्थन करना चाहें, लेकिन कल, अगर उनकी रणनीतिक सोच बदल गई तो वे हमें छोड़ देंगे। हमें महाशक्तियों की इस दुश्मनी में नहीं पड़ना चाहिए बल्कि अपने

खुद के राष्ट्रीय हितों के लिये लड़ना चाहिए। दुनिया की राजनीति से लड़ना हमारे बूते के बाहर है।'

इलाकाई सोच वाले भी जल्दी ही आगे आ गए। उन्होंने चेतावनी दी, 'आप एक सिंधी हैं। आपको अन्य प्रान्तों की तुलना में सिंध को आगे बढ़ाना चाहिए, वरना वे आपको कभी माफ नहीं करेंगे।'

मैंने जवाब दिया, 'मार्शल लॉ हुकूमत के हाथों में हम क्यों खेलें? हुकूमत तो अलगाव के खतरे की बात कर सेना को पाकिस्तान में एकता रखने वाली ताकत जताना चाहती है। चारों प्रान्तों में ऐसे लोग हैं जो लोकतन्त्र चाहते हैं। दमन करने वाले प्रान्तों की सीमा का मतलब ही नहीं जानते। क्या एक-दूसरे से लड़ने की बजाय समान शत्रु से लड़ने में ज़ोर लगाना हमारी ताकत का बेहतर इस्तेमाल नहीं होगा?'

अपने स्वार्थों की आवाज़ उठाने वालों में अंधराष्ट्रवादियों के अलावा पी.पी.पी. के सत्ता-परस्त मेम्बर भी थे जो जोड़-तोड़ में माहिर थे और ज़िया के साथ सुलह के रास्ते तलाश रहे थे। दलीलें और बहसें खत्म ही नहीं हो रही थीं और मेरी कुण्ठा बढ़ती जा रही थी। यहाँ दूसरे कमरे में दो स्वयंसेवक पाकिस्तान में हमारे समर्थकों की ज़िन्दगी बचाने के लिये पार्टी के बुनियादी छोटे-छोटे कार्यों में लगे थे। और इस कमरे में मेरा समय ये पुराने राजनेता ले रहे थे जिनके लिये अपनी व्यक्तिगत चिन्ताएँ पार्टी की चिन्ता से ज्यादा बड़ी थीं।

अन्ततः अपने गुस्से पर मेरा नियन्त्रण नहीं रहा। एक दिन निर्वासन में रह रहे एक पुराने 'अंकल' मुझसे बार्बीकन में मिलने आए, आराम से सोफे पर बैठ गए और माँग की कि मैं उन्हें उनके मनपसन्द सदस्यों की टीम के साथ पंजाब पी.पी.पी. का अध्यक्ष मनोनीत कर दूँ। मैंने कहा, 'मैं आपको नियुक्त नहीं कर सकती।' मेरे जवाब से उन्हें झटका लगा। वह पंजाब में राजनेताओं में भी लोकप्रिय नहीं थे और तख्तापलट के बाद अपना सारा समय लन्दन में सुरक्षित रहकर गुज़ारा था। मैंने आगे कहा, 'इससे पार्टी में रोष होगा और योग्यता के आधार पर तथा आम राय से फैसले करने की नीति को धक्का लगेगा।'

उन्होंने मुझे समझाते हुए कहा, 'आपके पास हकीकत में कोई और चारा नहीं है। मार्क्सवादी आपसे नाराज़ हैं। इलाकाई सोच वालों ने अपना अलग संगठन खड़ा कर लिया है। आप मुझे भी दूर करने की हालत में नहीं हैं।'

उनकी माँग से मैं अब भी चौंकी हुई थी। मैंने अटकते हुए कहा, 'लेकिन यह पी.पी.पी. के सिद्धान्तों के खिलाफ होगा।'

मेरी बात का उपहास करते वे बोले, 'सिद्धान्त! सिद्धान्त अपनी जगह हैं। लेकिन लोग राजनीति में तो सत्ता के लिये आते हैं। अगर आप मुझे मेरी टीम के साथ अध्यक्ष नहीं बनाएँगी तो मुझे डर है कि मैं दूसरे रास्ते तलाश करूँगा। मैं अपनी खुद की पार्टी भी शुरू कर सकता हूँ। मैं आपका सबसे बड़ा विरोधी होऊँगा।'

मुझे अपना गुस्सा और बढ़ता हुआ लगा। अपने खास स्वार्थों की खातिर झगड़ते लोगों को सुनते-सुनते मेरे जो तमाम घंटे खराब हुए थे उनका सारा गुस्सा इकट्ठा होकर फूटने वाला था। और अब तो यह हद हो गई थी। यह पाकिस्तानी राजनीति का पुराना तरीका था। अपना मतलब साधो। अपना असर दिखाओ। जो भी पद हाथ लगे, ले लो। धमका-डराकर फायदा उठाओ। अब यह पुराने तरीके बहुत हो गए। इसे इनके साथ ही

खत्म किया जाए। मैंने एक लम्बी साँस ली और अपनी कुर्सी पर आगे की तरफ झुकते हुए कहा, 'अंकल, आपको मालूम है कि अगर आप पार्टी छोड़ दोगे तो आपके लिये संसद में एक सीट जीत पाना भी मुश्किल होगा।'

'क्या वास्तव में? क्या वास्तव में?' मेरे रूखे जवाब से चौंककर उन्होंने अपना सिर पीछे किया। और वह अकड़ते हुए कमरे के बाहर चले गए और, आखिर में, पार्टी से भी बाहर हो गए। अब और मुश्किल होगी, यह विचार मेरे दिमाग में आया। फिर मैंने इस मामले से ध्यान ही हटा लिया। जब भी कोई पार्टी छोड़ता तो मुझे अच्छा नहीं लगता था, लेकिन बाद में मैंने समझ लिया कि राजनीति में कुछ भी स्थायी नहीं होता। लोग जाते हैं, लोग आते हैं, लोग तालमेल बिठाते हैं। जो बात महत्त्वपूर्ण है वह यह कि एक राजनीतिक पार्टी एक पीढ़ी की सोच से जुड़े। लन्दन में हमारा काम लोगों के मनोबल को बढ़ा रहा था और पाकिस्तान में पार्टी को गतिशील बना रहा था। यही था जो महत्त्वपूर्ण था। खासकर, दिसम्बर 1984 तक, जब यह साफ हो गया कि पी.पी.पी. को जितनी भी हो सके उतनी ताकत की ज़रूरत है।

अमेरिका के दबाव में ज़िया ने मार्च 1985 में चुनाव कराने का फैसला किया। लेकिन सबसे पहले, यह घोषणा की गई, 20 दिसम्बर को एक राष्ट्रीय जनमत संग्रह कराया जाएगा। उस जनमत संग्रह जिसे इस्लामी जनमत संग्रह कहा गया, की भाषा अगर धूर्त-कुटिल नहीं होती तो हास्यास्पद थी। उसमें कहा गया, 'क्या पाकिस्तान की जनता पाकिस्तान राष्ट्रपति ज़िया उल-हक़ द्वारा शुरू की गई उस प्रक्रिया की पुष्टि करती है, जिसमें पाकिस्तान के कानूनों को पवित्र कुरान और पवित्र पैगम्बर साहब (खुदा उन्हें शान्ति प्रदान करे) की सुन्नाह में निर्धारित इस्लाम के आदेशों के अनुरूप बनाता है।' जिस मुल्क में 95 फीसदी आबादी मुसलमान थी उसमें कोई व्यक्ति इसके खिलाफ में वोट कैसे दे सकता था? 'नहीं' का वोट देने का अर्थ इस्लाम के खिलाफ वोट देने जैसा होता। लेकिन 'हाँ' का वोट देना भी राजनीतिक लिहाज़ से उतना ही खतरनाक होता। सकारात्मक वोट का मतलब ज़िया को अगले पाँच वर्षों के लिये राष्ट्रपति 'चुनना' माना जाएगा, ऐसी घोषणा ज़िया ने की थी।

यह सारा इन्तज़ाम ज़िया को जनादेश देने के लिये, जिसकी उन्हें सख्त ज़रूरत थी, किए गए एक तमाशे के सिवा कुछ भी और नहीं था। उपमहाद्वीप के इतिहास में किसी फौजी तानाशाह ने बिना जनादेश के इतने लम्बे समय तक शासन नहीं किया था। लेकिन ज़िया कोई भी जोखिम नहीं उठाना चाहते थे। उन्होंने यह भी ऐलान कर दिया था कि कोई भी 'नहीं' का वोट देने का प्रचार करना जुर्म माना जाएगा जिसमें तीन वर्ष की बामशक्कत कैद और 35,000 डालर के जुर्मानों की सज़ा दी जाएगी। यही नहीं, मतों की गणना सेना द्वारा गुप्त रूप से की जाएगी और नतीजों को किसी अदालत में चुनौती नहीं दी जा सकेगी। क्या वह ऐसे वोट को एक स्वतन्त्र और निष्पक्ष चुनाव का दर्जा मिल पाने की उम्मीद भी कर सकते थे?

'बॉयकॉट!' हमने *अमल* में नारा दिया। साक्षात्कारों में, भाषणों में और प्रेस बयानों में कहा। स्वदेश पाकिस्तान में एम.आर.डी. के सदस्यों ने भी बॉयकॉट करने के लिये कहा। यहाँ तक कि पाकिस्तान की दो मज़हबी पार्टियों ने भी जनमत संग्रह को 'इस्लाम के नाम

पर राजनीतिक धोखा' बताया। कराची में सड़कों के नुक्कड़ों पर लगाए गए लाउडस्पीकरों से ऐलान किया गया, 'वोट दीजिए। वोट देने के लिये आपको किसी पहचान-पत्र की भी ज़रूरत नहीं है।' हुकूमत के एजेंट अफगान शरणार्थियों को बसों में भरकर बलूचिस्तान के मतदान केन्द्रों पर ले गए। कई दूसरे मतदान केन्द्रों पर पूरे-के-पूरे गाँवों को बसों में भरकर लाया गया।

कोई ताज्जुब नहीं कि हुकूमत के नियन्त्रण वाले पाकिस्तानी प्रेस ने 64 फीसदी मतदान की खबर दी। उसके अनुसार 20 करोड़ लोगों ने वोट डाले जिसमें 'हाँ' का वोट 96 फीसदी था। लेकिन इस्लामाबाद में *गार्जियन* के संवाददाता ने हिसाब लगाया कि कुल मतदान सिर्फ 10 फीसदी था। रायटर समाचार एजेंसी का आकलन भी यही था। छल-कपट का बॉयकॉट करने का हमारा नारा कामयाब रहा था। लन्दन के *दि टाइम्स* ने 12 दिसम्बर के संपादकीय में कहा, 'अगर जनरल ज़िया ने 'धर्म' की आड़ लिये बिना स्वयं को जीवट और हिम्मत के साथ परखा होता तो सम्भावना यही थी कि वह हार जाते। निस्संदेह यही वजह थी कि उन्होंने ऐसा नहीं किया।

मैं पी.पी.पी. के अन्य नेताओं के साथ पाकिस्तान लौटने के लिये सही वक्त का इन्तज़ार कर रही थी। सम्भवतया अब वह समय था। उत्तरी लन्दन में पी.पी.पी. के एक पूर्व मंत्री के निवास पर बुलाई गई एक बैठक में पार्टी के बड़े नेताओं में एक ने सहमति व्यक्त की 'अब ज़िया उल-हक़ के खिलाफ आन्दोलन छेड़ने का सही वक्त है। जनमत संग्रह ने पूरी दुनिया को दिखा दिया है कि ज़िया कितने अलोकप्रिय हैं।' दूसरे सहमत नहीं थे। उनकी दलील थी, 'मुल्क हो सकता है साथ नहीं दे। लोग काफी समय से निष्क्रियता में जकड़े हैं। हमें एक ज़ोर-आजमाइश के लिये काम करना चाहिए।' बहस उलझती चली गई, तभी एक अंकल ने मेरी तरफ मुखातिब होकर कहा, 'मुझे जवाब मालूम है। हमें मिस बेनज़ीर को वापस भेजना चाहिए। इससे सबमें जोश आ जाएगा।'

'ठीक है,' मैं सहमत हो गई, लेकिन अगर मेरा जाना राजनीतिक लिहाज़ से सही हो तो हम सभी चलने की योजना बना लें। हम अपने पहुँचने को थोड़ा फैला दें, दसेक दिन तक रोज़ एक व्यक्ति जाए जिससे माहौल में शनैः-शनैः गर्मी बढ़े।

कमरे में खामोशी छा गई। एक के बाद एक सभी ने पाकिस्तान में अपने ऊपर लगे इल्ज़ामों, जेल की सज़ाओं, मृत्यु-दण्ड का उल्लेख किया और कहा, 'वापस लौटना? मैं तो नहीं जा सकता।' मैं स्तब्ध रह गई। वे मुझे भेजने को पूरी तरह तैयार थे लेकिन मिलकर हमला करने के बारे में कतई संजीदगी नहीं थी। मैंने कहा, 'या तो हम लोग सही ढंग से आगे बढ़ें या फिर बिल्कुल नहीं बढ़ें।' खामोशी छा गई।

लेकिन, हम सभी जनमत संग्रह में ज़िया को लगे झटके पर खुश होने में एक राय थे। मेरे पिता की जन्म-तिथि पर 5 जनवरी, 1985 को दुनिया भर में पी.पी.पी. ने लोकतन्त्र दिवस मनाया और जुलूस निकाले। लन्दन में हुई बैठक की मैंने अगुआई की। सिंधी, उर्दू और अंग्रेज़ी में बोली। बैठक में एक परिचर्चा और एक मुशायरा (कवि सम्मेलन) भी हुए। माहौल बहुत गर्मजोश था और किराए पर लिये गए दूतावास में लोग भर गए थे। मैंने अपनी बात एक क्रान्तिकारी कवि की शायरी से खत्म की। हर शे'र के बाद आने वाले टेक पर समस्त श्रोतागण पी.पी.पी. के बैनर को हिलाते हुए समवेत स्वर में गा रहे थे : 'मैं विद्रोही

हूँ। मैं विद्रोही हूँ। जो करना चाहो सो करो।'

परिचर्चा के बीच मेरी मां का टेलीफोन आया और उन्होंने खबर दी कि सनम ने एक बच्ची को जन्म दिया है। वहां एकत्रित लोगों को मैंने खुश होकर बताया—"शिमला समझौते के समय यह खबर कि 'लड़की पैदा हुई है' का अर्थ था कि बुरी खबर है—लेकिन आज असल में यह अच्छी खबर है कि शहीद भुट्टो के जन्मदिवस पर मेरी बहन ने एक लड़की को जन्म दिया है। मेरी नई भतीजी का नाम अज़देह है जिसका फारसी में मतलब आज़ादी होता है।" इस पर ज़ोरदार ढंग से खुशी जताई गई। परिचर्चा को वीडियोटेप किया गया और दर्जनों प्रतियाँ चोरी-छिपे पाकिस्तान भेजी गईं।

तीन दिन बाद मैं अपनी माँ और बहन के साथ थी जब ज़िया ने राष्ट्रीय और प्रान्तीय असेम्बलियों के चुनाव फरवरी के अन्त में कराने की घोषणा की। इन चुनावों का बॉयकॉट करने या न करने का मुद्दा जनमत संग्रह के मुकाबले कहीं ज्यादा पेचीदा था। पुनः सक्रिय की गई राष्ट्रीय असेम्बली में हमारे उम्मीदवार, पार्टी के प्रतिनिधि के बजाय व्यक्तिगत तौर पर खड़े हो सकते थे। फिर भी, 1977 के तख्तापलट के बाद ज़िया पहली बार चुनाव करा रहे थे। क्या हमें उनमें भाग लेना चाहिए?

लन्दन और पाकिस्तान में पी.पी.पी. के सदस्यों ने ज़िया की घोषणा की पूर्वापेक्षा करते हुए 'बॉयकॉट' करने की दलीलें दी थीं। मैं दुविधा में थी। मेरे पिता बार-बार कहते थे, 'मैदान को खुला कभी मत छोड़ो।' मैं समझ नहीं पा रही थी कि क्या किया जाए, और न ही मुझे यह पता था कि पाकिस्तान में एम.आर.डी. के मेम्बर क्या करने की योजना बना रहे हैं। मैं यूरोप में बैठी-बैठी परेशान हो रही थी जबकि स्वदेश में इतना सब कुछ हो रहा था। और जैसा आमतौर पर होता था, ज़िया नियमों को बदलना जारी रखे थे। 12 जनवरी को उन्होंने एक राष्ट्रव्यापी प्रसारण में ऐलान किया कि एम.आर.डी. और पी.पी.पी. के जाने-माने सदस्य लड़ने के अयोग्य घोषित होंगे। इस तरह उनके उम्मीदवार बन पाने का रास्ता बंद हो गया। तीन दिन बाद उन्होंने सुर बदल दिया और कहा उनमें से ज्यादातर फिर भी चुनाव लड़ सकेंगे। मैं इसका मतलब ही नहीं समझ पाई।

'मेरे विचार से मुझे पाकिस्तान वापस लौट जाना चाहिए', मैंने अपनी माँ से यह बात कही जबकि पीछे से सन्नी की बच्ची की रोने की आवाज़ आ रही थी, 'मुझे केन्द्रीय कार्यकारिणी के सदस्यों से बात करने की ज़रूरत है। हमें यह फैसला करना है कि राजनीतिक भलाई किस रास्ते से हासिल होगी, बाहर रहकर—या अन्दर जाकर।'

मुझे उम्मीद थी कि वे मेरे लौटने के फैसले का विरोध करेंगी। किसे पता कि ज़िया ने मेरे लिये क्या सोच रखा है। लेकिन मेरी माँ ने एक मिनट सोचा, फिर मुझे सहमति दे दी। उन्होंने कहा, 'तुम सही हो। यही समय है कि पाकिस्तान में पार्टी के नेताओं से इस मामले पर मशविरा किया जाए।' बारी-बारी से मैंने और मेरी माँ ने पाकिस्तान में पार्टी के उप-नेता को कई बार टेलीफोन कॉल मिलाई। इस प्रक्रिया में घंटों लग गए, उससे बात नहीं हो पाई। लेकिन अपनी रिश्ते की बहन फाखरी से सम्पर्क सध गया। मैंने उससे कहा, 'काम करने वालों से कह दो कि 70, क्लिफटन खोल दें। मैं तीन-चार दिन में वहाँ आ जाऊँगी। मैं उड़ानों के कार्यक्रम का पता कर लौटी ही थी कि टेलीफोन की घण्टी बजी।

डॉ. नियाज़ी ने बताया, 'सेना ने 70, क्लिफटन को घेर रखा है। मुझे अभी-अभी

कराची से पता चला कि आपके और आपकी माँ के खिलाफ गिरफ्तारी के आदेश जारी हो गए हैं। सारे देश के हवाई अड्डों की घेराबंदी कर दी गई है और लन्दन और फ्रांस से बुर्के में आने वाली हर महिला की तलाशी ली जा रही है।'

अगर मुझे पहुँचते ही तुरन्त गिरफ्तार कर लिया जाएगा और मैं चुनावों में भाग लेने या न लेने के बारे में बहस में हिस्सा ले ही नहीं पाऊँगी तो वापस लौटने का कोई फायदा नहीं है। यूरोप से मैं कम-से-कम टेलीफोन पर तो बात कर सकती हूँ। मैंने पाकिस्तान फोन मिलाने की कोशिशें जारी रखीं। मेरा पक्का विचार हो चला था कि हमें चुनावों में ज़िया का विरोध करना चाहिए और मैं अपनी यह राय एम.आर.डी. से बैठकों में कहना चाहती थी। आखिर जब फोन मिला तो उधर ऐबटाबाद से चौंकी हुई आवाज़ आई, 'क्या मिस बेनज़ीर भुट्टो बोल रही हैं?'

'हाँ, हाँ, हाँ,' मैंने बेसब्री से कहा, 'क्या एम.आर.डी. ने चुनावों के बारे में फैसला कर लिया है?''

'जी हाँ।' उसने कहा।

'क्या फैसला किया?' मैंने साँस रोककर पूछा।

उसने कहा, 'बॉयकॉट का।'

अगर पार्टी का और संयुक्त विपक्ष का यही फैसला है, तो फिर यही सही। मैं लन्दन लौट आई और सिंधी और उर्दू में अपने भाषण टेप किए जिनमें जनता से चुनावों का बहिष्कार करने के लिये कहा गया था। इन्हें भी, चोरी-छिपे पाकिस्तान भेजा गया और हज़ारों की तादाद में सिंध, पंजाब और देश के अन्य भागों में अंदरूनी इलाकों तक भेजा गया।

मैं 25 फरवरी को राष्ट्रीय असेम्बली और तीन दिन बाद प्रांतीय असेम्बलियों के मतदान की खबरें देखने के लिये लन्दन में टेलीविज़न से चिपकी बैठी रही। पाकिस्तान में सामान्यतया चुनाव हो-हल्ले के साथ, उत्सव जैसे माहौल में होते हैं। सड़कें लोगों से भर जाती हैं और ठेले और रेहड़ेवाले खाने-पीने का सामान, आइसक्रीम, बर्फ की चुस्की, मिठाइयाँ, समोसे और पकौड़े बेचते फिरते थे। मतदान केन्द्रों पर लोगों का हुजूम होता था। लोग मतदान की बारी के लिये एक-दूसरे को धकेलते थे। पाकिस्तानी करीने से लाइनें लगाने की चिन्ता कभी नहीं करते थे। लेकिन टेलीविज़न पर मैंने जो मतदाता देखे, शायद सरकारी कर्मचारियों की टेलीविज़न की टीमों के वास्ते नुमायश की गई थी, वे बहुत पतली-पतली लाइनों में बिल्कुल सीधे खड़े थे, एक-दूसरे के पीछे कायदे से, खाने-पीने का सामान बेचते कोई ठेला नज़र नहीं आया।

यह तथ्य कि ज़िया ने इसे चुनाव बताया, एक अभिशाप है। *टाइम* पत्रिका के एशिया/प्रशान्त संस्करण की रिपोर्ट थी, 'राजनीतिक दलों के न होने की वजह से प्रचार का कोई विषय नहीं था, न कोई मंच था, न राष्ट्रीय मुद्दों पर कोई बहस थी। उम्मीदवारों को बाहर बैठकें या रैलियाँ करने, लाउडस्पीकरों या माइक्रोफोनों का इस्तेमाल करने या रेडियो या टेलीविज़न के प्रसारण की इजाज़त नहीं दी गई थी। हुकूमत ने ज्यादा-से-ज्यादा यही अनुमति दी थी कि उम्मीदवार घर-घर जाकर प्रचार कर सकते थे और जितने लोग एक कमरे में आराम से आ सकें, उनसे बात कर सकते थे। कुछ उम्मीदवारों ने मस्जिदों का इस्तेमाल करने की कोशिश की, उन्हें जल्दी ही अयोग्य घोषित कर दिया गया?

हुकूमत ने 53 फीसदी मतदान होने की घोषणा की। हमारा अनुमान अलग-अलग

इलाकों के हिसाब से 10 से 24 फीसदी तक का था। एम.आर.डी. का बहिष्कार का नारा फिर कामयाब रहा, हालाँकि उतना कामयाब नहीं हुआ जितना कि जनमत-संग्रह के समय हुआ था। इस बार ज़िया ने बॉयकॉट के खिलाफ भी एक तरीका निकाला था, मार्शल लॉ नियमों के तहत बॉयकॉट के नारे पर बामशक्कत जेल की सज़ा तय कर दी थी। *टाइम* ने खबर दी, 'हुकूमत ने अनुमानतः 3,000 राजनीतिक विरोधियों को गिरफ्तार कर लिया, उनमें देश की सभी बड़ी राजनीतिक हस्तियाँ भी शामिल थीं। उन्हें मतदान खत्म होने तक जेल या घर में नज़रबंद रखा गया।

इतना सब करने के बाद भी मतदान मार्शल लॉ और ज़िया की इस्लामीकरण की नीति को ज़बर्दस्त तरीके से नामंज़ूर करने वाला रहा। राष्ट्रीय असेम्बली के लिये खड़े हुए नौ काबीना मन्त्रियों में से छह और ज़िया के बहुत से सहयोगी पराजित हो गए। सूबाई चुनावों में कट्टरपंथी मज़हबी पार्टियों द्वारा समर्थित उम्मीदवार की हालत भी खराब रही, जमात-ए-इस्लामी के 61 उम्मीदवारों में सिर्फ छह ही जीत पाए। इसके विपरीत पी.पी.पी. से नाता जोड़ने वाले उम्मीदवारों की हालत, पी.पी.पी. के बॉयकॉट के नारे के बावजूद, अच्छी रही। उन्होंने 52 सीटों में 50 सीटें जीतीं। *टाइम* ने साफ तौर पर कहा, 'भुट्टो की इन दिनों लन्दन में निर्वासित बेटी बेनज़ीर, 31, के नेतृत्व वाली पी.पी.पी. आठ वर्ष से गैर-कानूनी घोषित किए जाने के बावजूद अब भी देश में सबसे मज़बूत पार्टी है।'

चुनावों के एक सप्ताह से भी कम समय में यह उम्मीद खत्म हो गई कि ज़िया वास्तव में लोकतंत्र की तरफ बढ़ रहे हैं। नव-निर्वाचित नेशनल असेम्बली की बैठक के पहले ही ज़िया ने संविधान में व्यापक परिवर्तन करने का ऐलान कर दिया। इन संशोधनों में अगले पाँच वर्ष उनके राष्ट्रपति रहने की पुनः पुष्टि की गई। उन्हें प्रधानमंत्री, सशस्त्र सेनाओं के प्रमुख और चार सूबाई गवर्नरों को व्यक्तिशः नियुक्त करने के अलावा अपनी मनमर्ज़ी से राष्ट्रीय और प्रांतीय असेम्बलियों को भंग करने के व्यापक अधिकार भी दिए गए।

इस नई सरकार के बारे में अलग क्या था? कुछ भी नहीं। हालाँकि ज़िया पश्चिमी देशों की सरकारों के दबाव में एक दिखावटी 'नागरिक' सरकार बना रहे थे लेकिन मार्शल लॉ अभी भी बना हुआ था। हालाँकि उन्होंने खुद को 'राष्ट्रपति' का ज्यादा मान्य पद दे दिया था, वे अब भी मुख्य मार्शल लॉ प्रशासक और सर्वोच्च सेनाध्यक्ष बने हुए थे। इससे यह पुख्ता होता था कि राष्ट्रीय असेम्बली सेना के दबाव में बनी रहे। ज़िया ने *टाइम* पत्रिका को एक इण्टरव्यू में बताया कि वे राष्ट्रपति बन जाने के 'कई माह' बाद मार्शल लॉ हटा लेंगे और उसी समय सर्वोच्च सेनाध्यक्ष पद छोड़ेंगे। उन्होंने कहा, 'जब 23 मार्च को मैं राष्ट्रपति पद की शपथ ग्रहण करूँगा तो मैं सोचता हूँ कि मैं नागरिक वेशभूषा में नजर आऊँ, गोया अपना लिबास बदलने मात्र से वे जनता को धोखा दे सकेंगे। वे ऐसा नहीं कर सके। मार्शल लॉ अगले एक वर्ष तक नहीं हटा। ज़िया अब भी सर्वोच्च सेनाध्यक्ष पद पर कायम थे। और कभी-कभी फौजी वर्दी को उतारकर एक लम्बा कुरता पहनने से उनकी धारियाँ तो नहीं बदलती थीं।

चुनावों के चार दिन बाद एक मार्च को अयाज़ सामू को मृत्यु-दण्ड सुना दिया गया।

पाँच मार्च को नासिर बलोच को फाँसी चढ़ा दिया गया।

नासिर बलोच की मृत्यु की खबर सुनकर हम सभी अत्यन्त दुखी थे। ज़िया ने राष्ट्रीय और सूबाई असेम्बलियों के नौ नव-निर्वाचित सदस्यों की क्षमादान की याचिका को भी अनसुना कर दिया था। कराची सेंट्रल जेल के कई अन्य राजनीतिक कैदियों ने भी किसी तरह आखिरी वक्त में खुद नासिर बलोच के लिये क्षमादान की याचिका भेजने का इन्तज़ाम किया था, ज़िया ने इसका जवाब उन्हें अन्य जेलों में स्थानांतरित करके दिया। हमारे गुप्त दस्तावेज़ों को उजागर कर देने के बाद, ज़िया को अन्य तीन बन्दियों की मौत की सजा माफ करने के अन्तरराष्ट्रीय दबाव के आगे झुकने पर मजबूर होना पड़ा। लेकिन नासिर बलोच के ख़िलाफ़ 'ब्लैक वारण्ट' जारी कर दिया गया। इस्लामाबाद से *गार्जियन* ने खबर दी कि उस मज़दूर नेता ने फाँसी के तख्ते की तरफ जाते समय, 'भुट्टो अमर रहे, सहित कई नारे फौजी हुकूमत के खिलाफ लगाए।'

नासिर बलोच की तरफ से हमने जो पत्र भेजे थे और जो हमें मिले थे उनकी मोटी फाइल को मैंने भरे हुए दिल से उलटा-पलटा। उस पत्र को जो उसने कराची सेंट्रल जेल से सिगरेट के पैकेट के उल्टी तरफ लिखकर भेजा था, कई-कई बार पढ़ा। उसने लिखा था : 'खुदा आपकी और बेगम साहिबा की तबीयत ठीक करे और लम्बा जीवन दे ताकि पाकिस्तान के गरीबों को आपकी रहनुमाई मिल सके। हम जेल में अपने दिन बहादुरी और हिम्मत से वैसे ही गुज़ार रहे हैं जैसे कि अध्यक्ष शहीद भुट्टो ने गुज़ारे थे जिन्होंने फौजी हुकूमत के आगे अपना सिर झुकाने से इन्कार कर दिया था। हम फौजी हुकूमत से कभी ज़िन्दगी के लिये भीख नहीं माँगेंगे... हमारे लिये अपनी ज़िन्दगी के मुकाबले पार्टी का सम्मान ज्यादा मायने रखता है। हम आपकी कामयाबी की दुआ करते हैं। खुदा आपकी मदद करे!'

मैंने नासिर बलोच के लिये महीनों दुआ माँगी थी। बहुत दुख के साथ अब उसकी रूह के लिये मैंने अकेले में और निर्वासन में रह रहे पार्टी के एक अन्य नेता के घर पर उसके लिये की गई मज़हबी रस्म में दुआ माँगी। वह कराची के सबसे गरीब इलाके मालिर में रहता था जहाँ वह, उसकी बीवी, और बच्चे उसके माँ-बाप और उसके भाई और परिवार के साथ एक छोटे कमरे में गुज़ारा करते थे। नासिर बलोच को अपनी बेटियों पर बड़ा फख्र था और अक्सर उनके बारे में बात करता था। उनमें एक की शादी 1983 में उस समय हुई थी जब मैं 70 क्लिफ्टन की सब-जेल में रहती थी। मैंने उस समय जितना कर सकती थी, उतनी मदद करने के वास्ते फाखरी से शादी के खर्च के लिये कुछ रकम देने को कहा था। अब जब मैं उसके परिवार को दिलासा की चिट्ठी लिखने बैठी तो उन लोगों का दर्द मुझे खुद अपना महसूस हुआ। कई और लोगों को भी ऐसा ही महसूस हुआ। मैंने ब्रिटिश अखबारों में पढ़ा कि उसे फाँसी दिए जाने की रात कराची की सेंट्रल जेल में उमड़ी भीड़ को काबू में रखने के लिये अतिरिक्त पुलिस बुलानी पड़ी थी। जब उसका परिवार उसकी लाश को दफनाने के लिये ले जा रहा था, इतने ज्यादा लोग इकट्ठे हो गए कि पुलिस को उस शोकाकुल भीड़ पर आँसू गैस के गोले छोड़ने पड़े। ज़िया की नई असैनिक सरकार खून से सने हाथों से शुरू हुई थी। क्या अयाज़ सामू उनका अगला शिकार होगा?

पाकिस्तान पीपल्स पार्टी की मानव अधिकार समिति की ओर से डॉ. नियाज़ी के दस्तखत से एक पत्र हमारी डाक भेजने की सूची के हरेक पते पर भेजा गया, 'मैं अयाज़ सामू की

ज़िन्दगी बचाने के लिये आपको पत्र लिख रहा हूँ। नया दौर मोटर्स के मज़दूर नेता सामू को एक फौजी अदालत ने बंद कमरे में चलाए एक मुकदमे के बाद 1 मार्च 1985 को मौत की सज़ा सुनाई है। विदेशों में कार्यरत इकाइयों के साथ पत्र व्यवहार करने वाले हमारे निर्वासन समन्वयक सफदर हमदानी ने जो सेंट्रल वाई एम सी ए में रहते थे लिखा, 'प्रिय सदस्य/पदाधिकारी, अयाज़ सामू के मामले महत्त्वपूर्ण जानकारियों की रोशनी में, कृपया अपनी कोशिशों को दोगुना कर दीजिए : (ए) अपने स्थानीय सांसद/संसद सदस्यों में मिलिए; (बी) प्रतिनिधिमण्डलों का इन्तज़ाम कीजिए जो अपने सांसदों/संसद सदस्यों से मिलें; (सी) एक याचिका पर दस्तखत कराइए; (डी) मानव अधिकार संगठनों से मिलिये; (ई) प्रेस से सम्पर्क कीजिए।'

अयाज़ सामू के बारे में गढ़े गए मामले की तफसील हमें तब साफ समझ आई जब पाकिस्तान में एक हमदर्द ने मामले की पुलिस रिपोर्ट चोरी-छिपे भेजी। सामू को हुकूमत के एक समर्थक किसी जहूर उल-हसन भोपाली की 1982 में कराची में उसके दफ्तर में हत्या किए जाने के इल्ज़ाम में मौत की सज़ा सुनाई गई थी। एक हमलावर मौके पर ही मारा गया था। पुलिस रिपोर्टों के अनुसार प्रत्यक्षदर्शियों ने बताया था कि दूसरा हमलावर पच्चीस से तीस वर्ष की उम्र का लम्बा, तगड़ा और गोरे रंग का था। चश्मदीदों के अनुसार जब वह मौके से कार चलाकर रवाना हुआ उसके कन्धे से बहुत खून निकल रहा था।

अयाज़ सामू पर चश्मदीदों की बताई कोई बात लागू नहीं होती थी। सामू गहरे रंग का, पतला और पाँच-फीट चार-इंच कद का था। वह बाईस वर्ष का था और गिरफ्तारी के समय उसके कोई ज़ख्म नहीं था। लेकिन हुकूमत को इन सारी बातों की कोई फिक्र नहीं थी। उसे तो भोपाल के हत्यारों को सज़ा देने की ऐसी हड़बड़ी थी कि एक नहीं, बल्कि तीन अलग-अलग फौजी अदालतों ने तीन अलग-अलग मुलज़िमों पर मुकदमा चलाया था—और तीनों को उस एक ही जुर्म का दोषी माना था।

लेकिन हमें सामू के निर्दोष होने के सबूत की ज़रूरत थी। असली सबूत। वह हमें कपड़े के एक टुकड़े के रूप में मिला जो उसकी काल कोठरी से लेकर उसके वकील ने चोरी-छिपे हम तक पहुँचाया था। पाकिस्तान में पुलिस ने मौके से भाग निकलने वाली कार की बरामदगी पर उसमें मिले खून के निशानों को एक बड़ी कामयाबी बताया था। कार में मिले खून की जाँच किसी डॉक्टर शेरवानी ने की थी और उसकी रिपोर्ट पुलिस के कागज़ों में थी। सामू के खून का परीक्षण कर यह देखने की कोशिश ही नहीं कि गई कि हत्यारे के खून से मिलता है या नहीं। हमने लन्दन के एक रोगविज्ञानी से सामू के खून की जाँच करवाई। हमारे हाथ सबूत लग गया जिसे हमने अपनी डाक भेजने की सूची में दर्ज सभी को भेजा : सामू का रक्त समूह वह नहीं था जो कार में मिला था। लेकिन मौत की सज़ा नहीं हटाई गई।

अयाज़ सामू ने कराची सेंट्रल जेल से 23 मार्च को भेजे पत्र में लिखा : 'मेरी प्यारी बहन, मैं एहसानमन्द हूँ कि आपको पत्र लिखने का मौका मिला। हमारा संकल्प पर्वतों से भी ज्यादा मज़बूत और हिमालय से भी ज्यादा ऊँचा है। क्रान्तिकारी कभी डिक्टेटरों के आगे नहीं झुकते, कभी नहीं। ज़िन्दगी ज़िया ने नहीं, अल्लाह ने दी है। मैं आततायी के तहत रहने के बजाय फाँसी पर लटकाए जाने को पसन्द करूँगा। घुटने टेक देना हमारा उसूल नहीं है। हम मार्शल लॉ से डरकर एक गधे को घोड़ा या काले को सफेद नहीं कहेंगे। मेरी

प्यारी बहन, आपका भाई, अयाज़ सामू, आपको भरोसा दिलाता है कि आतंकवादी ज़िया उल-हक़ मेरी गर्दन को काट तो सकता है लेकिन झुका नहीं सकता... हम शहीद अपना खून बहाना जारी रखेंगे। एक दिन की सुबह हमारे खून की खबर लोगों तक पहुँचाएगी, इंशाल्लाह... हम ज़िन्दा रहेंगे और हमेशा रहेंगे। आपका भाई, अयाज़ सामू।'

मैं अयाज़ सामू के मामले की जानकारी अपने साथ हर जगह ले गई, अमेरिका पुनः जाते समय जहाँ मुझे हार्वर्ड में रमा मेहता व्याख्यान के लिये बुलाया गया था, फिर न्यूयॉर्क में विदेशी सम्बन्ध परिषद् से बात करते समय, जून में स्ट्रासबर्ग जहाँ मैंने यूरोपीय संसद के सदस्यों को सम्बोधित किया। स्ट्रासबर्ग में एक प्रेस सम्मेलन में मैंने कहा, 'एक मज़दूर नेता और पार्टी का समर्थक अयाज़ सामू आज काल-कोठरी में दिन काट रहा है, उस पर ऐसे जुल्म का इल्ज़ाम है जो उसने किया ही नहीं, अपनी नियति का उसे नहीं पता, यहाँ तक कि उस पर जिस घटना में शामिल होने का इल्ज़ाम है, उस घटना के हमलावर के रक्त समूह से उसका रक्त समूह ही नहीं मिलता। जब रंगभेदवाद के खिलाफ और अन्य कहीं मानव अधिकारों के उल्लंघन पर दुनिया की अंतरात्मा की आवाज़ जायज़ तौर पर उठती है तो वह अंतरात्मा ऐसे मामलों पर अपनी आँखें क्यों मूँद लेती है। फौजी अदालतों द्वारा ऐसी हत्याएँ उस देश में हो रही हैं जो पश्चिमी देशों से बहुत ज्यादा सहायता पाता है।'

अमेरिका के लिये 1985 के बसन्त में मेरे रवाना होने के ऐन पहले लाहौर में बंद सभी 54 कैदियों और उनके साथ ही 40 अन्य को उनकी गैर-मौजूदगी में, जिनमें मेरे भाई मीर और शाह भी शामिल थे, अल-ज़ुल्फिकार से सम्बन्ध रखने के आरोप में उम्र कैद की सज़ा सुनाई गई। एक बार फिर हुकूमत आतंकवाद का नाम लेकर अपने राजनीतिक मकसदों को पूरा करना चाहती थी। एमनेस्टी की 1985 की रिपोर्ट में आरोप लगाया गया था कि ऐमनेस्टी इण्टरनेशनल इस बात को लेकर कई वर्ष से चिन्तित है कि अल-ज़ुल्फिकार से सम्बन्ध रखने के व्यापक इल्ज़ाम की आड़ का उपयोग अहिंसक राजनीतिक विरोध में शामिल कुछ लोगों को गिरफ्तार करने के लिये किया जा सकता है। सत्तर से अधिक कैदियों को मौत की सज़ा दी जा चुकी थी, सौ से भी ज्यादा को मृत्यु-दण्ड सुनाया जा चुका है।

पाकिस्तान पीपल्स पार्टी
111, लॉडरडेल टावर्स
बार्बीकन
लन्दन, ई सी–2
18 जून

अयाज़ सामू की ज़िन्दगी बचाओ

प्रिय सदस्य,

पाकिस्तान के निर्दोष 22 वर्षीय बेटे अयाज़ सामू की ज़िन्दगी बचाने के लिये आपको जल्द-से-जल्द सक्रिय होना चाहिए और जो भी ज्यादा-से-ज्यादा कर सकें करना चाहिए। अपनी सूची में शामिल सभी लोगों से सम्पर्क करें। अयाज़ सामू के क्षमादान की

याचिका आज ही भेज दें। कृपया जल्दी कीजिए क्योंकि समय बहुत कम बचा है।

ज़िया को पत्र भेजे गए। तार भेजे गए। राजनयिकों ने अनुरोध किए। विदेशी दबाव डाला गया। अयाज़ सामू को 26 जून 1985 को फाँसी दे दी गई।

धड़ाम्...! यह रसोई में क्या हो रहा है? रसोई की तरफ जाते हुए मैंने सोचा कि ज़रूर किसी ने खिड़की खुली छोड़ दी होगी। मैं बढ़ रही थी, कि जो कुछ भी हवा के झोंके से नीचे गिर गया है उसे उठाकर रख दूँ...लेकिन सब कुछ ठीक-ठाक था।

मैं घबराई...कहीं यह अयाज़ सामू की आत्मा तो नहीं थी...? मैंने खुदा से दुआ की कि उनकी आत्मा को शान्ति दे।

अगली सुबह मैं नाहिद, बशीर रियाज़, सफदर, सम्बलीना, यास्मीन और मिसेज नियाज़ी के साथ काम में लग गई, कि उन लोगों को पत्र लिखूँ, जिन्होंने अयाज़ सामू के मामले में अपनी हिस्सेदारी निभाई थी और लोगों के शोक-संवदेना भरे पत्रों के जवाब दूँ। यह पत्र ढेर सारे थे और अलग-अलग जगहों से आए थे। हाउस ऑफ लार्ड्स से लार्ड एवेबरी का पत्र था, अमेरिका से इलीयट एब्राहम, करेल वॉन मर्ट का पत्र ब्रूसेल्स से था जिन्होंने योरुपीय संसद के समाजवादी गुट के साथ इस बारे में पहल की थी कि पाकिस्तान से होने जा रहे आर्थिक सहकारिता के समझौते को रद्द किया जाए। लार्ड एवेबरी ने लिखा था, "मुझे अयाज़ सामू की सज़ाए-मौत की खबर से बहुत दुख हुआ है, हालाँकि इसमें मुझे कोई हैरत नहीं हुई। इससे यह पता चलता है कि ज़िया पर इन्सानियत की किसी भी बात का ज़रा-सा भी असर नहीं पड़ता। मेरा ऐसा अन्दाज़ा है कि ज़िया जानता है कि वह कुछ भी करे, इससे, इसे अमेरिका या रीगन प्रशासन से मिलने वाली उस आर्थिक सहायता पर ज़रा भी फर्क नहीं पड़ने वाला, जो पाकिस्तान को आज़ाद दुनिया का हिस्सा बनाए रखने के लिये मिल रही है।—हम, दुःख से भरे होने के बावजूद, चुपचाप अपने काम में लगे हुए थे, तभी हॉल के उस कोने में ज़ोर से 'धम्म' जैसी कोई आवाज़ आई, जहाँ हम फाइलें, कागज़ और लिफाफे वगैरह रखते हैं।

बशीर ने हॉल में जाते-जाते कहा, "कोई फाइल नीचे गिर गई होगी..."

"कुछ नहीं गिरा है," मैंने कहा और मुझे कल रात की घटना याद आ गई।

"तुम ठीक कहती हो..." उसने वापस लौटते हुए कहा।

"आपका क्या ख्याल है, क्या यह अयाज़ सामू की आत्मा थी?" "ओह... खुदा उसको शान्ति दे..." मिसेज़ नियाज़ी बोल पड़ीं जो बहुत धार्मिक विचारों वाली महिला हैं, 'हमें यहाँ उनके लिये इस घर में उनके नाम पर 'कुरान-खानी' का इन्तज़ाम करना चाहिए,' इससे उसकी आत्मा को शान्ति मिलेगी।"

नाहिद ने फटाफट उसी शाम पाकिस्तानी औरतों के एक ग्रुप को उस घर में बुला लिया। हम देर तक ज़ोर-ज़ोर से 'क़ुरान शरीफ़' का पाठ करते रहे और हमने कई बार उस पाक किताब को पूरा-पूरा पढ़ा... उसके बाद अयाज़ सामू की आत्मा ने कोई भी शोर नहीं किया।

मेरा इरादा 1 जुलाई को दक्षिणी फ्रांस में जाकर अपने भाई और परिवार के साथ छुट्टी बिताने का था, लेकिन एक के बाद एक कोई-न-कोई बाधा आती रही। कभी राजनीतिक मीटिंग, कभी पी.पी.पी. के नेताओं का पाकिस्तान से आ जाना, जिनके लिये बाद में अपना प्रोग्राम बदल पाना मुश्किल था। मेरी माँ ने फोन करके मुझे बताया कि शाहनवाज़ मुझे बहुत याद कर रहा था क्योंकि उसने खुद मेरे आने पर सींक-कबाब का प्रोग्राम रखा था। मेरे जेल से छूटने के बाद हम लोग आपस में बहुत ही कम मिल पाए थे। मैं खुद उन सब से मिल पाने के लिये बहुत बेचैन थी। मीर, शाह, उनकी नन्ही बेटियाँ फाथी और सास्सी, उन दोनों की अफगान बीवियाँ फौज़िया और रेहाना, लेकिन लगभग महीने के बीच तक ऐसा नहीं हो पाया।

17 जुलाई को मैंने सूटकेस में अपने कपड़े ठूँसे और एयरपोर्ट की ओर चल दी। पिछले महीने के तनाव, दुख और परेशानी भरे दिनों के बाद आगे दो हफ्ते मेरे लिये कैन्स में ज़रा चैन से जी लेने के थे। मौत के माहौल ने मुझे हिलाकर रख दिया था और थोड़ा सुकून पाने के लिए मैं कैन्स पहुँचने को बेताब थी।

12

मेरे भाई की मौत

वे कहाँ हैं? क्या वे मुझसे मिलना भूल गए? नाइस शहर के व्यस्त हवाई-अड्डे पर आने वाले यात्रियों की जाँच से गुज़रते समय मेरी आँखें उन्हें ढूँढ़ रही थीं।

'चौंका दिया!' यह कहते शाहनवाज़ एक खम्भे की आड़ से बाहर निकला। उसने मुझे गले लगा लिया, उसकी आँखें शरारत से चमक रही थीं।

'यह छिपने का विचार इसी का था।' मम्मी सामने आईं, मुस्कराते हुए मुझे चूमा।

शाह ने मेरा सूटकेस उठाया और तुरन्त ही मुँह बनाते हुए रख दिया। 'ओफ! इसमें आपने क्या भरा है, सोना?' हम लोग हँसते हुए हवाई अड्डे से बाहर निकले। हल्की-हल्की हवा में फ्रांस की दक्षिण-पूर्वी समुद्र-तट की सड़क के किनारे लगे खजूर के पेड़ों के पत्ते धीरे-धीरे हिल रहे थे। कुछ महीनों के तनाव के बाद, परिवार से मिलना और अपने नटखट छोटे भाई का साथ प्यारा लग रहा था। वह हमेशा हँसता-हँसाता, दिल बहलाता रहता था। बच्चों में वह मुझे पसन्द था और हमारे बीच एक खास रिश्ता था, वह सबसे छोटा और मैं सबसे बड़ी। शाह को निहारती औरतों और उसकी तरफ मुड़े सिरों को देख मैंने मुस्कराते हुए मुँह फेर लिया। वह छरहरा लेकिन कसरती देह वाला था और कभी ऐसा नहीं हुआ कि उसके साथ चलते मैंने आस-पास गुज़रते लोगों की उसे सराहती निगाहों को नहीं देखा हो।

शाह और मेरी माँ कार की आगे की सीट पर और मैं पीछे की सीट पर बैठ गए और हम तेज़ी से कैन्स की तरफ चल दिए। शाह बिना रुके बतिया रहा था, कार में पीछे का दृश्य देखने के लिये लगे शीशे से वह बार-बार सड़क से निगाह हटाकर मेरी तरफ देखता था, उसकी आँखें लम्बी, घनी बरौनियों के नीचे चमक रही थीं, उसके बाल सुनहरी रोशनी में झिलमिला रहे थे। कड़क सफेद कमीज़ और सफेद पैण्ट पहने वह हमेशा से ज्यादा सजीला और चुस्त लग रहा था।

उसे इतनी अच्छी हालत में देख कर मुझे राहत मिली। इंग्लैण्ड आने के बाद डेढ़ वर्ष पहले अपने एक छोटे-से दौरे के समय मुझे वह बहुत दुबला लगा था। पहली बार मुझे लगा कि उसका वज़न कुछ बढ़ा है, जैसे मेरा। अब उसे पाकिस्तान में मेरे नज़रबंद होने की चिन्ता नहीं थी, मुझे भी अब उसके या मीर के बारे में कोई खास चिन्ता नहीं थी। काफी समय से अल-ज़ुल्फिकार ने न तो कोई कार्रवाई की थी और न ही कोई दावा किया था और मुझे लगा कि परिवार पर फिलहाल कोई खतरा नहीं है। शाह अपनी बीवी,

रेहाना के साथ कैन्स के सुहानी धूप वाले समुद्र-तट पर जहाँ रह रहा था वहाँ से ज़िया बहुत दूर थे। कार में हमारी बातचीत राजनीति के बारे में नहीं, बल्कि आमों के बारे में हुई।

कार में लगे पीछे का दृश्य देखने के शीशे से झाँकते शाह ने पूछा, 'तो आप हमारे लिये कौन-से आम लाई हैं? हम दो हफ्ते से उनका इन्तज़ार कर रहे हैं।'

मैंने कहा, 'सिन्धरी आम, हालाँकि मुझे चौसा पसन्द हैं। वे छोटे और ज्यादा मीठे होते हैं।'

चौंकने और डरने का मुँह बनाते शाह ने कहा, 'ऐसा सिंधी जो सिंधरी को पसन्द नहीं करे? मैडम, क्या आपको पक्का पता है कि आप सिंध की हैं? क्या आप ऐसी देश-द्रोह की हरकतें अक्सर करती रहती हैं?'

मैं हँस दी। शाह हमेशा मुझे हँसा देता है, परिवार में सभी को हँसा देता है। मेरी हवाई यात्रा की ऊब और तमाम थकान लगा, जैसे दूर हो गई। शाह का उत्साह और ज़िन्दगी का जोश छुतहा थे। वह ऐसा कैसे था? जब राजनीति की दुनिया ने हमें घेर लिया तब वह बहुत छोटा था। पापा जब मन्त्री बने ही थे तब उसका जन्म हुआ था। मेरी माँ सरकारी दौरों पर पापा के साथ व्यस्त रहती थीं और मेरे दादा-दादी गुज़र चुके थे। ऐसा लगता है कि जैसा हम तीन के साथ हुआ वैसा अपने लाड़-प्यार से शाह को बिगाड़ने वाला कोई नहीं था। इसलिये शाह का मुझसे खास लगाव पनपा। जब मैं हार्वर्ड में थी उसने अपने बचपन वाली लिखावट में मुझे कई खत लिखे थे। जब वह बड़ा हुआ तो हम गर्मियों में स्क्वॉश खेलते थे। उसकी दिलचस्पी पढ़ाई में कम खेलों में ज्यादा थी। अपने स्कूल की बास्केटबाल टीम का वह खास खिलाड़ी था और घर पर अपनी सेहत बनाने के लिये वज़न उठाता था। लेकिन पापा के लिये खेलकूद पढ़ाई जितने ज़रूरी नहीं थे।

शाह को सैन्य छात्र स्कूल, हसन अब्दाल भेजा गया ताकि उसमें कुछ 'अनुशासन' आ सके। वहाँ उसने दूसरे छात्रों को चौंका दिया जो सोचते थे कि प्रधानमंत्री का अभिजात्य पुत्र नरममिज़ाज होगा क्योंकि शारीरिक क़ुव्वत और 'जोखिम वाले कारनामों' में उसने खूब नाम कमाया। लेकिन वह हसन अब्दाल में खुश नहीं था और खुशामद कर मम्मी को पापा से वापस बुलाने के लिये कहने को तैयार कर लिया। वह प्रधानमंत्री निवास पर वापस आ गया और इस्लामाबाद के इण्टरनेशनल स्कूल जाने लगा।

शाहनवाज़। उर्दू में कहें तो, रहमदिल बादशाह। शाह इतना दानी स्वभाव का था कि पता नहीं क्या कर बैठे। एक साल पहले, पेरिस में दो बार उसे *हेराल्ड ट्रिब्यून* लाने के लिये खुले पैसे दिए गए, जबकि मैं कैफे में बैठी इन्तज़ार कर रही थी। दोनों बार सड़क पर टोप हाथ में लिये बैठे गरीब लोगों को पैसे बाँटकर खाली हाथ लौट आया। वह यकीनन अपनी कमीज़ उतारकर बाँटता था। जो वह पहन रहा हो, अगर कोई उसकी तारीफ कर दे तो वह 'ले लो', 'ले लो' कहेगा। एक बार नया ब्लेज़र दे आया जो मेरी माँ ने उसके लिये खरीदा था। वह बचपन से ही गरीबों से हमदर्दी रखता था। उसने 70, क्लिफ्टन के बगीचे में एक फूस की झोंपड़ी बनाई और कई हफ्ते उसमें सोया ताकि गरीबों की तकलीफों को महसूस कर सके।

हममें सिर्फ एक वही था जो हार्वर्ड नहीं गया बल्कि लीसिन, स्विट्ज़रलैण्ड के अमेरिकन

कॉलेज गया। वहाँ वह एक सुन्दर तुर्क लड़की से प्रेम करने लगा और बहुत सारे दोस्त बनाए। मेरे पिता के लिये बहुत हैरत की बात थी कि उसके नम्बर बेहतर नहीं आए। अक्सर वह और उसके दोस्त 'रेजिन्स' में शाम गुज़ारने के लिये पेरिस चले जाते थे। 1984 में उसने मुझे और यास्मीन को उस प्रसिद्ध यात्री-स्थल ले जाने की ज़िद की। हालाँकि सात वर्ष गुज़र चुके थे, वहाँ शाह को पहचाना गया और खूब आव-भगत की गई।

फिर भी, मुझे हमेशा यही लगता रहा है कि वह हम सब में सबसे ज़हीन था। उसे राजनीति से प्रभावित होने का सबसे ज्यादा मौका मिला, मेरे पिता उसे चुनाव-प्रचार की मीटिंगों में ले जाते थे। बारह वर्ष की उम्र में उसने अपने पहले संवाददाता सम्मेलन को सम्बोधित किया। उसे राजनीति की गहरी समझ थी, यह जानने का एक अंदरूनी एहसास कि लोग क्या सोच रहे हैं, उनके दिल में क्या जज़्बात हैं, किस बात से उनमें जोश भर जाएगा। यह प्रतिभा तो किसी व्यक्ति में जन्मजात होती है चाहे संगीत हो या नृत्य या कला, और उसमें राजनीति की ऐसी पकड़ थी।

मेरे पिता अक्सर मुझसे कहते थे, 'शाह को देख मुझे अपनी जवानी के दिनों का ध्यान आ जाता है।'

यह कैन्स में हमारे परिवार का दूसरा पुनर्मिलन था। मेरी माँ ने हम सबसे कहा था, 'बाकी साल आप जो चाहो सो करो, लेकिन जुलाई के महीने में मैं आप सबको अपने साथ चाहती हूँ।' एक साल पहले आंटी बेहजत के घर में परिवार की छुट्टी ज्यादा कामयाब नहीं रही थी। हमारे कार्यक्रम टकराते थे और हम ज्यादा वक्त साथ गुज़ार पाने में कामयाब नहीं हो पाए। मीर और मैं ज़िया को गद्दी से उतारने के तरीके के बारे में लगातार बहस करते रहे।

मीर की दलील थी, 'ज़िया ने पाकिस्तान को सशस्त्र आतंक का राज्य बना दिया है। हिंसा का जवाब हिंसा से ही दिया जा सकता है।'

मैंने प्रतिवाद किया, 'हिंसा से तो हिंसा ही पैदा होती है। वैसे संघर्ष से कोई भी टिकाऊ लाभ जनता को नहीं मिल सकता। कोई स्थायी परिवर्तन शान्तिपूर्ण और चुनावों के ज़रिये राजनीतिक ढंग से जनता के जनादेश के समर्थन से ही होना चाहिए।

मीर का जवाब था, 'चुनाव? क्या चुनाव? ज़िया कभी गद्दी नहीं छोड़ेंगे। उन्हें तो हथियारबंद लड़ाई के ज़रिये ही हटाया जा सकता है।'

मैंने पलटकर कहा, 'सेना के पास हमेशा किसी भी छापामार दस्तों से ज्यादा हथियार होंगे। सत्ता की ताकत असन्तुष्टों के किसी भी समूह से हमेशा ज्यादा होगी। हथियारबंद लड़ाई न सिर्फ अव्यावहारिक है बल्कि उल्टा असर डालेगी।'

हमारी बहस बार-बार चलती रहती, सुर भी ऊँचा हो जाता तब तक शाह निकल जाता था, चाहे तैरने या कैफे या कहीं भी जहाँ हम नहीं हों। शाह ने मुझसे कहा था, 'आप लोगों का इस कदर बहस करना मुझे बर्दाश्त नहीं हो पाता।' शाह के लिये इस वर्ष राहत की बात यह थी कि मैंने और मीर ने एक-दूसरे से सहमत नहीं होने की बात मान ली थी और फैसला किया था कि राजनीति की कोई चर्चा नहीं करेंगे।

राजनीति में शाह की दिलचस्पी का दायरा पाकिस्तान के बाहर भी फैला था। पाकिस्तान छोड़ने पर मजबूर किए जाने पर वह कई पश्चिम एशियाई देशों में रहा था और लेबनान, लीबिया और सीरिया की राजनीति की गुत्थियों में रुचि रखने लगा था। वह अक्सर मुझे ताना देता था, 'आपके दिल में श्रीमती थैचर के प्रति कुछ नरमी है।' मैं उसकी बात का खण्डन करती थी, 'नहीं शाह, यह सही नहीं है, वे दक्षिणपन्थी हैं और मैं नहीं हूँ।' अपनी बात को वज़न देने के लिये मैं अन्य चीज़ों के साथ ब्रिटेन में बेरोज़गारी ज्यादा होने का ज़िक्र करती। लेकिन वह नहीं मानता, अपना सिर हिलाता और मेरी तरफ अँगुली उठाकर कहता, 'नहीं। मैं सही हूँ। आप उनके प्रति नरम इसलिये हैं क्योंकि वह एक महिला हैं।'

मनमर्ज़ी से नहीं बल्कि हालात की मजबूरियों ने ही उसे अल-ज़ुल्फिकार की खतरनाक, भ्रामक दुनिया में झोंक दिया था। काबुल में शाह का काम अल-ज़ुल्फिकार दस्तों के स्वयंसेवकों को प्रशिक्षित करने का था। बाकी सभी बातों की तरह इस काम को भी उसने अपने जोशीले और शरारती अन्दाज़ में अपनाया था। एक बार वह काबुल में सोवियत फौजों द्वारा थोपे गए कर्फ्यू के दौरान आधी रात को बाहर अपनी 'टुकड़ी' के साथ नाश्ते के लिये चला गया। सुबह जब मीर ने देखा कि शाह लापता है तो वह घबरा गया। बाद में मिलने पर आग-बबूला मीर को शाह ने मुस्कराते हुए जवाब दिया, 'छिपकर भाग निकलने की रणनीति मैं अपने जवानों को आखिर और कैसे समझाता?'

तख्तापलट और हमारे पिता की हत्या से जैसे हम सबका भविष्य पटरी से उतर गया, उसी तरह शाह का भी हुआ। तुर्क लड़की से काफी पहले तय हो चुके उसके रिश्ते को लड़की के परिवार वालों ने तोड़ दिया जब उन्हें शाह के अल-ज़ुल्फिकार में होने का पता चला। उसे अपना कारोबार शुरू करने के सपने को भी मुल्तवी करना पड़ा, हालाँकि हाल ही वह फ्रांस में फ्लैटों के ब्लाक बनाने के लिये पूँजी जुटाने की बात कर रहा था। हमारे परिवार के एकत्रित होने के एक मौके पर उसने कहा था, 'आप और मीर राजनीति कर सकते हो। मैं तो परिवार के लिये पैसा कमाऊँगा।'

वह गुप्तचर व्यवस्थाओं में भी दिलचस्पी रखता था और इस बारे में उसने काफी कुछ पढ़ा था। उसने हमसे कहा था, 'जब आप और मीर पाकिस्तान लौटकर राजनीति में लग जाओ तो बस ध्यान रखना आपका एक छोटा भाई भी है, जिसे अगर आप गुप्तचरी में कोई बड़ा ओहदा दे दो तो वह आपकी मदद कर सकता है।' उसका कहना था, 'नेता लोग चाहे जितना चाहें समाज के सभी तबकों के लिये सुलभ नहीं हो सकते। आधुनिक समाज इतने बड़े और जटिल हैं। आपको किसी ऐसे शख्स की ज़रूरत होगी जिस पर आप यह बताने का भरोसा कर सको कि ज़मीनी हकीकत क्या है, क्या प्रवृत्तियाँ हैं, कैसा मूड है और क्या-क्या हो रहा है। इसलिये आप दोनों ध्यान रखना, जब भी समय आए बंदा हाज़िर है।'

कार में जाते वक्त शाह ने मुझसे पूछा, 'आप कैन्स में कितने समय रुकेंगी?'

मैंने कहा, '30 जुलाई तक।'

'नहीं, नहीं, नहीं!' उसने विरोध किया। 'आपको ज्यादा वक्त रुकना होगा। मीर 30

को जा रहा है और मैं आपको भी नहीं जाने दूँगा। आपको मेरे साथ कम-से-कम एक सप्ताह और रुकना पड़ेगा।'

मैंने उसे बताया, 'मुझे आस्ट्रेलिया जाना है।'

उसने कहा, 'आप कहीं भी नहीं जायेंगी। आप मेरे साथ रुक रही हैं।'

'ठीक है, ठीक है।' कहकर मैंने बात खत्म की।

मुझे मालूम था कि मैं नहीं रुक सकूँगी। लेकिन मैं शाह के उत्साह को ठण्डा नहीं करना चाहती थी। सारे परिवार में उसने मुझसे मिलने के लिये सबसे ज्यादा कोशिश की थी, 1984 के बसन्त में जब मैं राजनीतिक काम से पेरिस गई थी तो वह बिना बताए पेरिस की उड़ान पकड़कर आ गया था। जिस होटल में मैं वहाँ रुकी थी उसके स्वागतकक्ष से एक के बाद एक सन्देश आ रहे थे कि *रेड स्टार* के संपादक आपका साक्षात्कार करना चाहते हैं। *रेड स्टार?* मैंने कभी यह नाम नहीं सुना, लेकिन ऐसे कई अनुरोध होते थे जो मेरे लिये अनजान लोगों या संगठनों से आते थे। तीसरी दफा जब *रेड स्टार* के संपादक ने फोन किया तो मैं बात करने को तैयार हो गई। उधर से शाह की हँसी सुनाई दी, 'आपके मुकाबले तो राष्ट्राध्यक्षों से बात करना आसान है। मिस बेनज़ीर भुट्टो तक पहुँचने के बजाय तो बेरूत में द्रुज के मुख्यालय में वालिद जुम्बलात से सम्पर्क साधना आसान है।'

पेरिस में हर सुबह छह बजे शाह मेरे होटल के कमरे पर पहुँच जाता था। ताज्जुब करने के नाटक में कहता, 'आप अभी तक सो रही हैं। उठिए, हम नाश्ता साथ-साथ करेंगे।' राजनीतिक रात्रिभोज भी शाह के लिये कोई समस्या नहीं थे। पेरिस में मेरी पहली रात उसने पूछा था, 'कितने बजे तक आपका काम खत्म होगा?' उस समय मैं एक पूर्व सूचना मंत्री नसीम अहमद से मिल रही थी, निर्धारित समय पर मैंने भोजन-कक्ष में हलचल महसूस की और देखा कि एक लम्बा, खूबसूरत दिख रहा आदमी आकर्षक ढंग से हमारी तरफ आ रहा है। मेरे भोज-सहभागी तो डर के मारे पीले पड़ गए। शाह न सिर्फ पूर्व प्रधानमंत्री का बेटा था बल्कि एक जाना-माना आतंकवादी भी था। एक सिगार सुलगाकर शाह ने अपनी बातों से नसीम अहमद को हँसा-हँसाकर बेहाल कर दिया। बाद में यास्मीन, शाह और मैं गर्म बासंती हवा में बातें करते और कॉफी पीते पत्थर-लगी सड़कों पर सुबह तीन बजे तक घूमते रहे।

क्रोईसे के दो कमरे के फ्लैट पर, जिसे मेरी माँ ने महीने भर के लिये किराये पर लिया था, मुझे और माँ को छोड़ते हुए शाह ने कहा, 'मैं आप सबको सुबह सात बजे लेने आ जाऊँगा। पहले आप लोग मेरे नए फ्लैट को देखने चलेंगे, फिर हम समुद्र-तट पर कबाब खाने के लिये जाएँगे। मैंने सब तैयारी कर ली है। आपको तो बस वहाँ का मज़ा लेना है।' मैंने उससे पूछा, 'क्या वहाँ रेहाना भी होगी?'

'हाँ', उसने कहा, उसके बोलने के अन्दाज़ से उसकी शादी के मौजूदा हालात की कोई झलक नहीं मिलती थी। और वह हमारी पिकनिक के लिये सबसे अन्त में लाई जाने वाली चीज़ों के लिये चला गया।

मेरी माँ के साथ मैं, सनम, उसका पति नासिर, उनकी नई बच्ची अज़देह के अलावा लॉस एंजेल्स से आया पन्द्रहवर्षीय रिश्ते का एक भाई, सभी रह रहे थे। पूर्व के परिवारों को नज़दीक रहना सुहाता है, इसलिये स्थान की कोई कमी नहीं थी। मीर जो शाह के साथ

सपरिवार रह रहा था, कुछ समय के लिये फाथी को लेकर हमारे साथ आ गया। मैंने फाथी के लिये प्लास्टिक के कट-आउट और चन्द किताबें तोहफे के तौर पर खरीदी थीं। दोपहर बाद उन किताबों को पढ़कर मैं उसे सुनाती थी। फ्लैट में एयर-कंडीशनिंग व्यवस्था नहीं थी और गर्मी ज्यादा थी, इसलिये सारा परिवार छोटी-सी बाल्कनी में इकट्ठा हो गया। साथ मिलकर हम लोगों ने गर्मी की एक खुशनुमा दोपहर काटी और शाम होने का इंतजार किया। मैं उन अफगान बहनों को बहुत कम ही जानती थी जिनसे मेरे भाइयों ने काबुल में शादी की थी।

मीर फौज़िया के साथ बहुत खुश था। लेकिन शाह और रेहाना के बारे में यह बात सही नहीं थी।

पेरिस में हमारी पिछली यात्रा के दौरान शाह ने मुझसे पूछा था, 'अगर मैं आपको कोई बात बताऊँगा तो आप बहस नहीं करने का वादा करेंगी?'

मैंने जवाब दिया, 'मैं कोशिश करूँगी।'

उसने कहा, 'मैं अपनी बीवी से तलाक लेने वाला हूँ।'

मेरा मुँह खुला रह गया। मैंने उसका घर का नाम लेते हुए कहा, 'गोगी, पागल मत होओ! तुम ऐसा नहीं कर सकते। परिवार में कभी किसी ने तलाक नहीं लिया है। तुम्हारी शादी तो घरवालों की तय की हुई भी नहीं थी, इसलिये तुम यह भी नहीं कह सकते कि यह चल नहीं पाई। तुम्हीं ने रेहाना से शादी करना पसन्द किया था। तुम्हें उसके साथ रहना ही चाहिए।'

'आपको तलाक होने को लेकर ज़्यादा चिन्ता है, मेरी उतनी चिन्ता आपको नहीं है,' उसने कहा। उसकी बात सही थी।

मैंने पूछा, 'गड़बड़ी क्या हुई?' मुझे उम्मीद थी कि मैं गुत्थी को सुलझाना मुमकिन करने वाला कोई रास्ता बता सकूँगी। लेकिन उसने अपनी गृहस्थी के मुश्किल होते हालात का जो ज़िक्र किया उससे लगा कि मामला सुलझाने लायक नहीं रहा था।

उसने बताया कि रेहाना शादी के बाद बहुत ज्यादा बदल गई थी। कभी पहले तो वह उसे चाहती थी और उसकी तरफ ध्यान देती थी, जब वह अपने दस्ते के लोगों के साथ काम करने के बाद थका-माँदा घर लौटता था तो गर्म खाना और ठण्डा पेय देती थी, अब यकायक उसने उसे चाय देना तक बंद कर दिया है। अक्सर जब वह घर लौटता है तो वह मेकअप करके बाहर जाने को तैयार मिलती है और उसे अकेला छोड़ जाती है।

'मैं बिल्कुल अकेला था,' शाह ने स्वीकार किया। उसने कहा, 'मेरा न कोई घर था और न परिवार। मैं तो बस इतना चाहता था कि कोई हो जिससे बात कर सकूँ, जिसके साथ टेलीविज़न देख सकूँ। लेकिन वह तो घर में बहुत कम ही कभी होती है। मैंने सोचा अगर हमारे बच्चा होगा तो हम बेहतर ज़िन्दगी जी सकेंगे। लेकिन हालात बदतर हो गए।'

शाह और रेहाना दो बार अलग हो चुके थे। हर बार शाह ने अपनी बच्ची सस्सी की खातिर और यह सोचकर सुलह कर ली कि रेहाना अब पहले जैसी हो जाएगी। लेकिन पेरिस में उसने बताया कि वह शादी को पूरी तरह हमेशा के लिये खत्म करने का फैसला कर चुका था। और मैं, बेवकूफों की तरह, उससे ऐसा न करने को कह रही थी।

मैंने अपने भाई से कहा, 'गोगी, शायद वह बिल्कुल अकेली और बोर महसूस कर

रही है। अपनी शादी के बाद से तुम कभी एक तो कभी दूसरे अरब देश में रहे। वह ऐसे देशों में रही जहाँ न तो उसका कोई दोस्त था और न कोई रिश्तेदार, जहाँ की भाषा वह नहीं जानती थी, जहाँ वह टेलीविज़न के कार्यक्रम नहीं समझ पाती, जहाँ वह न तो शापिंग करने जा सकती थी और न फिल्म या नाटक देखने। उसकी कोई ज़िन्दगी ही नहीं थी। इसके साथ कम उम्र में बच्चा होने के भावनात्मक दबाव को भी जोड़कर देखो।'

रेहाना की समस्याओं का मैंने जो विश्लेषण किया, लगा कि शाह ने उसमें रुचि ली। वह बोला, 'रेहाना चाहती है कि मैं अमेरिका में बिज़नेस करूँ और यह भी दावा करती है कि वह मुझे अमेरिकी काली सूची से बाहर करवा देगी। लेकिन अमेरिकी आव्रजक की ज़िन्दगी मेरे लिये नहीं है।'

मैंने और दबाव डाला, 'जब तक तुम पाकिस्तान नहीं लौट सको यूरोप में रहना कैसा रहेगा? देखो, अगर तुम दोनों यूरोप में हो, मसलन यहाँ फ्रांस में हो, तो तुम नहीं भी हो तब भी रेहाना सिनेमा जा सकती है, दोस्तों से मिल सकती है। यह ऐसा दकियानूसी मुल्क नहीं है जहाँ औरतों से घर के अन्दर रहने की अपेक्षा की जाती है और बाहर निकलने पर लोग ताकते हैं। मीर अब चूँकि स्विट्ज़रलैण्ड में रह रहा है, वह अपनी बहन से भी मिल सकेगी। अगर तुम रेहाना को सही परिस्थितियों में रखो तो हो सकता है कि वह अपने अवसाद से उबर जाए और फिर पहले जैसी बीवी बन जाए। अगर तुम चाहो तो मैं कुछ दोस्तों से बात करूँगी और चाहूँगी कि तुम्हें फ्रांसीसी रिहायश दिला सकूँ।'

यह सुनकर शाह को कुछ तसल्ली हुई दिखाई दी। वह बोला, 'फ्रांस बहुत खतरनाक है। अगर मैं यहाँ रहूँ तो मुझे बंदूक का परमिट लेना होगा।'

'मुझे इस बारे में नहीं मालूम,' मैंने उसे बताया। यह भी कहा, 'लेकिन मैं कोशिश करूँगी।'

हमारी बातचीत के बाद उसका मूड काफी हद तक अच्छा हो गया। लेकिन मेरा उस समय कुछ खराब हो गया जब शाह मुझे अपने साथ एक बुलेट-प्रूफ जैकेट खरीदने के लिये ले गया। उसने एक सुरक्षा-दुकान से अपने लिये एक जैकेट खरीदते समय कहा, 'यूरोप में मुझे इसे पहनने की ज़रूरत होगी।' एक कुछ ढीली मेरे लिये भी खरीदी। उसने कहा, 'तुम्हें नहीं पता कि कब ज़िया मुझे ढूँढ़ने में कामयाब हो जाए।'

मैंने उसे सांत्वना देने की कोशिश की क्योंकि मैं खुद सुरक्षा के बारे में बहुत चिन्तित थी। लेकिन वह अपनी बात पर ज़ोर दे रहा था, 'मुझे सूचना है कि वह मुझे मारना चाहता है।'

मैंने दलील दी, 'लेकिन, गोगी, अल-ज़ुल्फिकार ने काबुल छोड़ दिया है और वैसे भी वर्षों से कुछ नहीं किया है।' वह मुझे देखकर मुस्कराया और फिर धीरे-से बोला, 'मेरे पास अपनी सूचना है।'

जब मैं सक्खर जेल में थी, मुझे रह-रहकर अपने भाइयों की ज़िन्दगी की चिन्ता होती थी। वे तलाश किए जा रहे व्यक्ति थे और इस वजह से, मैं हमेशा डरी रहती थी कि कहीं उन्हें कुछ हो न जाए। वे जिस रास्ते पर चल रहे थे उस पर मौत का अशुभ साया हमेशा रहता था और वे उस रास्ते पर अपनी पसन्द से गए थे। लेकिन जो भी हो, एक बहन होने के नाते, मैं बहुत चिन्तित थी। अपने पिता को खोने के बाद मैं अपने अन्य नज़दीकी

और प्रिय लोगों के बारे में और भी अधिक फिक्र करती थी और मेरे भाइयों के लिये खतरा बहुत वास्तविक था।

काबुल में मीर और शाह की बीवियों के परिवार के पुराने काम करने वालों में से एक ने उन्हें ज़हर से मारने की कोशिश की थी। यह बात मुझे बाद में अपने भाइयों से मुलाकात में पता चली। मेरे भाई खुशनसीब थे लेकिन बदनसीब उनका कुत्ता था जिसने ज़हर मिला खाना सबसे पहले खाया। जिस नौकर ने यह जुर्म कबूल किया वह घुटनों के बल बैठकर माफी के लिये गिड़गिड़ाने लगा। उसने कबूल किया, 'मुझे मुजाहिदीनों ने पैसा दिया था। वे ज़िया को खुश करना चाह रहे थे।' जब मीर की बीवी फौज़िया ने उस नौकर को बख्श देने के लिये कहा तो मेरे भाइयों ने उसे जीवित छोड़ दिया।

दोनों भाई एक बार जब कार की आगे की सीट पर बैठे थे तो हत्या की एक कोशिश से बाल-बाल बचे। शाह के हाथ से कोई चीज़ कार में गिर गई थी और दोनों उसे उठाने के लिये झुके। जिस पल वे झुके थे उसी वक्त एक गोली दनदनाती हुई उसी जगह से गुज़री जहाँ उनके सिर होते।

निशाना हो सकता है कि शाह को बनाया गया हो, न कि मीर को। जब मेरे भाई काबुल में ही थे पाकिस्तान से सीमा पार कर पठान कबीले का एक आदमी मीर से मिलने आया। उसने बताया कि ज़िया को सबसे पहले शाहनवाज़ का सिर चाहिए। आदेश पहले शाह को, फिर मुर्तज़ा को मारने का है।' बहुत मुमकिन है कि यह बात सही हो। मीर ने मुझे समझाया, 'मैं ज्यादा राजनीतिक हूँ, लेकिन शाह अपना सारा समय छापामारों के साथ गुज़ारता है और उन्हें शारीरिक प्रशिक्षण देता है। चूँकि शाह के पास सैन्य-कौशल है, इसलिये उससे तात्कालिक खतरा ज्यादा है।'

मैंने शाह से कहा, 'मैं खुदा से दुआ माँगती हूँ कि तुम और मीर पाकिस्तान के पास से कभी हवाई जहाज़ से नहीं गुज़रो। अगर जहाज़ का अपहरण हो गया तो ज़िया तुम्हें पकड़ लेगा।' शाह हँस दिया। बोला, 'मौत से आप नहीं बच सकते। अगर वह आपका इन्तज़ार कर रही है तो जो भी करो बच नहीं पाओगे। लेकिन ज़िया हमें या उन नामों को जो वह हमसे चाहता है कभी नहीं पा सकेगा। हम अपने साथ ज़हर की शीशी रखते हैं, जहाँ भी जाएँ। अगर ज़िया ने पकड़ लिया तो मैं उसे गटक जाऊँगा। सैकंडों में उसका असर हो जाएगा। बेइज़्ज़ती या विश्वासघात से तो मैं मौत को बेहतर मानता हूँ।'

कैन्स में शाम बड़ी सुहावनी थी, हमारी यात्रा की शुरुआत फैशनेबिल केलीफोर्नी की लम्बी पहाड़ी सड़क के ऊपर शाह के नए फ्लैट से हुई, वहाँ शाह और रेहाना छह माह पहले आ चुके थे। जब मैं उसे रिहायशी परमिट दिलाने में कामयाब हो गई तो वह बहुत खुश हुआ। रेहाना और उसके बीच सुलह हो गई थी और वे फ्रांस-भर में घूमे, कैन्स को पसन्द करने से पहले उन्होंने मांटे कार्लो में बसने का सोचा था। बड़े गर्व के साथ अब वह मुझे अपना फ्लैट दिखाने ले गया। सस्सी का कमरा दिखाया जिसमें दीवारों पर मसखरे पुतले लगे थे और किताबों के लिये बनी जगह जानवरों की भूसा भरी खाल रखी थीं। भोजन-कक्ष और बैठक एक छत की तरफ खुलते थे जिससे दूर भूमध्य सागर दिखता था। फ्लैट बहुत सुन्दर

था और सारा माहौल किसी बेहतरीन फिल्म की तस्वीर जैसा था।

रेहाना से मैं गर्मजोशी से मिली। मुझे उम्मीद थी कि इस दौरे में मैं उसके संकोच को तोड़ सकूँगी और उसके साथ किसी तरह के दोस्ताना सम्बन्ध बना सकूँगी। जैसा आमतौर पर होता था, वह ताज़ा फैशन के कपड़े पहने थी, हालाँकि वे कपड़े समुद्र किनारे पिकनिक के बजाय किसी रेस्ट्राँ में जाने के लिये ज्यादा उपयुक्त थे। लेकिन हमारा परिवार तो हमेशा बेतकल्लुफ लिबास की सहजता को ही पसन्द करता था। जब शाह परिवार को ठण्डा पेय बाँट रहा था तो मैंने रेहाना से बातचीत की नाकामयाब कोशिश की। वह शरमा रही थी या महज़ उदासीन थी, यह मुझे नहीं पता। जल्द ही वह उठकर कमरे के दूसरे सिरे पर अपनी बहन के पास चली गई। वे शरीर से तो खूबसूरत थीं लेकिन अन्दर से कैसी थीं, इसके जानने का कोई ज़रिया मेरे पास नहीं था।

मैंने छोटी-सी सस्सी को उसके लिये लाए तोहफे दिए और कुछ देर उसके साथ खेली। शाह पिकनिक के टोकरों को पैक करने के लिये रसोई में चला गया। आंटी बेहजत और अंकल करीम हमसे मिलने आए। मैं शाह की डेस्क पर बैठ गई जबकि हमारा परिवार रिहायशी कमरे में इधर-उधर घूम रहा था। मेज़ पर परिवार के और सस्सी के फोटो थे। डेस्क पर एक लाल रंग की चमड़े की फाइल रखी थी। काँच लगी कॉफी की मेज़ पर ताज़ा फूलों से भरा गुलदान रखा था। मैं यह देखकर खुश थी कि शाह की ज़िन्दगी कितनी व्यवस्थित हो गई है। कुछ समय के लिये वह डेस्क के किनारे पर मेरे पास आकर बैठा और बोला, 'पहली बार मैं खुद को दुनिया में सबसे ऊपर महसूस कर रहा हूँ।'

समुद्र किनारे मेरी दोनों भतीजियाँ चहक रही थीं, 'मुझे पकड़ो *वादी*! मुझे पकड़ो!' वे कभी पानी के किनारे तक और कभी उससे दूर दौड़ लगा रही थीं। मैं उनके पीछे दौड़ी और खूब ऐसा जताया जैसे उन्हें पकड़ ही नहीं पा रही हूँ। शाह ने कोयले सुलगा लिये और जब तक मुर्गे भुनकर तैयार हुए हम सब लोगों को ज़ोर की भूख लग रही थी। 'पहला टुकड़ा आप लीजिए,' यह कहते हुए उसने आधा जितना लगनेवाला चिकन मेरी तरफ बढ़ा दिया, 'ओह गोगी! मैं इतना नहीं ले सकती।' मेरे मना करने पर वह ज़ोर देने लगा, 'नहीं, नहीं, नहीं, आपको यह सब लेना होगा।'

मैंने चारों तरफ अपने परिवार को बतियाते और हँसते देखा। कितना अरसा हो गया जब हम कराची के बाहर समुद्र तट पर पिकनिक मनाया करते थे, अपना खाना जल्दी-जल्दी खाते ताकि ऊपर मँडराते परिंदे अचानक झपट्टा मारकर हमारे खाने के हिस्से को छीनकर न उड़ जाएँ। कौन यह सोच सकता था कि हम लोग फिर पिकनिक मनाने के लिये यहाँ इतनी दूर फ्रांस के भूमध्य सागर वाले तट पर मिलेंगे? लेकिन परिवार का पुनर्मिलन बहुत बढ़िया ढंग से चल रहा था। इस बार पिछली गर्मियों के मुकाबले हम लोगों में तनाव बहुत कम था। मैंने अपनी भाभियों की तरफ देखा। रेहाना और फौज़िया खुद में तल्लीन अलग बैठी थीं। मीर स्विट्ज़रलैण्ड में और शाह फ्रांस में होने के कारण दोनों बहनें जल्दी-जल्दी नहीं मिल पाती थीं और उनके पास भी ताज़ा करने के लिये पुरानी यादों का उतना ढेर होगा जितना हमारे पास है।

अंकल करीम ने सुझाया, 'चलिये, कैसीनो चलते हैं।'

मैं थकी हुई थी लेकिन शाह ने अपने खास मुस्कराते अन्दाज़ में कहा, 'गपशप तो सारी रात कर सकते हैं। पिंकी, आपको आना होगा।'

'ठीक है, मैं आती हूँ,' मैं अपने इस भाई से इन्कार कर ही नहीं पाती थी।

'बहुत अच्छे! और कल के बारे में भूलियेगा नहीं', उसने मुझे याद दिलाया कि कल अपनी वर्षगाँठ के लिये मुझे अपनी माँ की तरफ से सामान लाने ले जाने का तोहफा खरीदना है। उसने कहा, 'मैं लुई विटोन (फ्रांस के हाई स्टाइल फैशन बाज़ार) का विशेषज्ञ हूँ। कल, जब भी हम उठेंगे, मैं आपको शापिंग कराने के लिये 'नाइस' ले चलूँगा।'

योजनाएँ! अच्छी-अच्छी योजनाएँ कितनी सारी थीं। शाह और रेहाना पिकनिक के टोकरे को उतारने के लिये लेकर समुद्र तट से अपने फ्लैट की तरफ चल दिए। सनम और नासिर को आंटी बेहजत और अंकल करीम लिफ्ट देकर अपने साथ ले गए। मीर और फौज़िया ने मेरी माँ, रिश्ते की बहन और मुझे हमारे फ्लैट पर छोड़ने के लिये बिठा लिया। उसे फाथी को सुलाने के लिये शाह के यहाँ जाना था। जाते समय मीर ने कहा, 'शाह और मैं आपको लेने के लिये अभी आधे घंटे में लौट आएँगे।'

वह अकेला ही वापस आया।

मीर ने बताया कि शाह जो समुद्र तट पर खूब खुश था, बाद में मीर के फ्लैट पर पहुँचते समय बहुत नाराज़ लग रहा था। मीर ने कहा, 'मैंने उससे पूछा कि क्या हो रहा है।' लेकिन शाह के बोलने के पहले रेहाना चिल्लाई, 'निकल जाइए! निकल जाइए! यह मेरा फ्लैट है।' वह चिल्लाए जा रही थी, जैसे दौरा पड़ा हो। गोगी ने कहा, 'मत जाइए,' लेकिन मैंने उन दोनों के बीच पड़ना ठीक नहीं समझा। मैंने यह सोचा कि अगर मैं और फौज़िया सामान बाँधकर रवाना हो जाएँगे तो हो सकता है, वह शान्त हो जाए।'

मेरी माँ ने पूछा, 'फिर फौज़िया कहाँ है?'

मीर बोला, 'वह नीचे कार में है और बहुत उखड़ी हुई है। वह चाहती है कि हम लोग अभी जेनेवा वापस चले जाएँ। मैंने उसे बताया कि इस समय आधी रात हो रही है और फिर, मेरी बहन अभी आई है। वह तो कह रही है कि हम किसी होटल में रह लें लेकिन मैंने उससे कह दिया है कि ऐसा नहीं करूँगा। मैं अपने परिवार से अक्सर नहीं मिलता और मैं आप सब लोगों के साथ ही रहना चाहता हूँ। लेकिन हमें सारी शाम का मज़ा किरकिरा नहीं करना है। जैसा बाहर चलने का तय हुआ था वैसे ही करेंगे।'

मैंने सनम, नासिर और मीर से कहा, 'आप सभी लोग जाइए। मैंने पूरा लम्बा दिन गुज़ारा है।'

अगले दिन फाथी ज़िद कर रही थी, 'मुझे पढ़कर सुनाओ, *वादी*! मुझे पढ़कर सुनाओ!' सनम, नासिर और मीर सुबह छह बजे तक नहीं आए थे और हम सब देर तक सोये। मैं अभी तक अपने रात के पहने लिबास में ही अलसा रही थी। दोपहर बाद एक बजे के कुछ ही समय बाद मैंने घंटी की आवाज़ सुनी।

मैंने समझा कि शाह मुझे 'नाइस' ले जाने के लिये आ गया है। फाथी से बोली, 'अब *वादी* को शापिंग करने जाने के लिये कपड़े बदलने हैं।

इसके बजाय सनम तेज़ी से शयनकक्ष में आई। मैं आधे ही कपड़े बदल पाई थी

कि उसने अपनी बच्ची को मुझे थमाते हुए कहा, 'जल्दी! हमें जल्दी से जाना है!'

'मामला क्या है?' मैंने पूछा। 'रेहाना कहती है गोगी ने कुछ खा लिया है,' यह कहकर कमरे से जाने लगी।

मेरे पैर काँपने लगे। मैंने खुद को सँभालने के लिये गहरी साँस ली।

'क्या वह बीमार है? क्या वह गम्भीर है?' बाहर जाती सनम से मैंने पूछा।

'हमें नहीं मालूम। हम देखने जा रहे हैं।' यह जवाब देती वह चली गई।

मैं वहाँ फाथी और बच्ची को लिये अकेली खड़ी रह गई।

पुलिस! पुलिस को बुलाओ! अपनी कमर पर बच्ची को सँभालते मैंने टेलीफोन के आपातकालीन नम्बर देखे। मैंने डॉयल किया तो फोन पर फ्रांसीसी भाषा में टेप की हुई आवाज़ सुनाई दी। मैंने अस्पतालों के नम्बर देखने के लिये टेलीफोन नम्बरों की किताब उठाई। उसी समय मेरी माँ और सनम कमरे में घुस गए। मीर और नासिर रेहाना के साथ शाह के फ्लैट की तरफ पहले ही जा चुके थे। सड़क पर टैक्सी नहीं मिलने पर मेरी माँ और सनम फोन से बुलाने के लिये वापस आए थे।

'मम्मी, आप फ्रांसीसी भाषा मुझसे ज्यादा जानती हो। अगर हम पुलिस से सम्पर्क नहीं कर सकते तो अस्पताल को नम्बर मिलाओ।'

'क्यों न हम खुद ही वहाँ जाएँ और देखें कि वह ठीक तो है।' मेरी माँ ने कहा।

'नहीं मम्मी! सावधानी बरतना ज्यादा ठीक है। टोनी की याद है?' मैंने कहा, एक लड़की के उस मामले का ध्यान दिलाया जिसमें हमें मालूम था कि उसने गोलियों की बहुत ज्यादा खुराक ले ली थी और हमने अस्पताल ले जाने में इतनी देर कर ली कि उसे बचाया नहीं जा सका। ऐसा ही सबक मैंने उस समय सीखा जब पुलिस ने 70, क्लिफ्टन को घेर लिया था। वह ऐसा मौका नहीं था कि पुलिस से पूछा जाए कि वह क्यों आई है। पहले सभी कागज़ जला दो। तब पूछो।

मेरी माँ ने टेलीफोन नम्बरों की किताब उठाई। एक अस्पताल को फोन मिलाया। उन्होंने दूसरे अस्पताल से सम्पर्क करने को कहा। उन्होंने दूसरे अस्पताल से बात की। जवाब मिला, कहीं और सम्पर्क कीजिए। जब वह तीसरे नम्बर को मिला रही थीं उसी समय मीर आया।

वह टूटा हुआ, पिटा हुआ लग रहा था। धीरे-से उसने वह कहा जो ज़बान नहीं कह पा रही थी। मैंने उसके मुँह से निकलते शब्द सुने, 'वह मर गया।'

'नहीं!' मैं चिल्लाई, 'नहीं!'

मेरी माँ के हाथ से टेलीफोन का चोगा गिर गया।

मीर ने धीमी आवाज़ में दुख के साथ बताया, 'यह सही है, मम्मी! मैंने मरे हुए लोगों को देखा है। शाह का शरीर ठण्डा है।'

मम्मी विलाप करने लगी।

'ऐम्बुलेंस को बुलाओ!' मैंने कहा। 'खुदा के वास्ते, अस्पताल को फोन करो। वह अभी भी ज़िन्दा हो सकता है। उसमें फिर से साँस लाई जा सकती है।'

मेरी समझ में नहीं आ रहा था कि बच्ची को अपनी बाँहों में उठाए मैं क्या करूँ। फाथी मेरे पैरों से चिपकी थी, ऊपर टकटकी लगाए मुझे देख रही थी।

मेरी माँ ने ज़मीन पर पड़े चोगे को उठाया। तीसरा अस्पताल अब भी लाइन पर था। ऑपरेटर ने हमारी चिल्लाहट सुन ली थी, उसने कहा, 'बस हमें यह बता दीजिए कि कहाँ आना है।' हम तेज़ी से कमरे से बाहर निकले।

शाहनवाज़ रिहायश के कमरे में कॉफी की मेज़ के पास कालीन पर लेटा था। वह अभी भी उस सफेद पैंट में था जो उसने पिछली रात पहनी थी। उसका हाथ पसरा हुआ था, एक खूबसूरत भूरा हाथ। वह सोये हुए एडोनिस (एक अति सुन्दर ग्रीक देवता) जैसा लग रहा था। 'गोगी!' मैं चिल्लाई, उसे जगाने की कोशिश की। लेकिन तभी मैंने उसकी नाक देखी। वह ऐसी सफेद थी जैसे चाक हो, उसके गेहुएँ रंग से अलग दिखाई दे रही थी।

शाह की नब्ज़ टटोलते ऐम्बुलेंस चालक दल पर मैं चीखी, 'उसे ऑक्सीजन दो! उसके दिल की मालिश करो!'

चालक दल में से एक धीरे-से बोला, 'वह मर चुका है।'

'नहीं! कोशिश करो! कोशिश करो!' मैं चिल्लाई।

मीर ने कहा, 'पिंकी, वह ठण्डा है। उसे मरे घण्टों हो चुके हैं।'

मैंने कमरे में चारों तरफ देखा। कॉफी की मेज़ तिरछी थी। बराबर की मेज़ पर बादामी रंग के द्रव की एक तश्तरी रखी थी। सोफे पर गद्दी आधी बाहर निकली थी, और गुलदान गिरा पड़ा था। मेरी आँखें उसकी डेस्क की तरफ गईं। चमड़े की फाइल-फोल्डर गायब थे। मैंने बाहर छत की तरफ देखा। वहाँ उसके कागज़ बिखरे थे। फोल्डर खुला पड़ा था।

कहीं कुछ भारी गड़बड़ थी। उसका शरीर ठण्डा था। खुदा जाने कितने समय से शाह वहाँ मरणासन्न पड़ा था। लेकिन किसी को खतरे की सूचना नहीं दी गई और किसी ने इतना वक्त भी नहीं निकाला कि उसके कागज़ों को सँभाले।

मैंने निगाह उठाकर रेहाना को देखा। वह तो ऐसी लग ही नहीं रही थी कि उसने अभी-अभी अपना पति खोया हो या जो मदद माँगने के लिये भागी हो। वह साफ-बेदाग पोशाक में थी, उसकी सफेद जैकेट पर कोई सिलवट नहीं थी, उसके बाल कढ़े हुए थे, एक भी लट बिखरी हुई नहीं थी। जब मेरा भाई फर्श पर मरा पड़ा था, उसने कितने घंटे सजने-सँवरने में लगाए थे? उसने मेरी तरफ देखा, उसकी आँखों में कोई आँसू नहीं थे।

उसके होंठ हिले। मैं सुन नहीं पाई कि उसने क्या कहा।

उसकी बहन फौज़िया ने उसकी बात कही, 'ज़हर, उसने ज़हर खा लिया।'

मैंने उसकी बात पर भरोसा नहीं किया। हममें से किसी ने नहीं किया। शाह ज़हर क्यों खाएगा? पिछली रात वह इतना खुश था जितना हमने पहले कभी नहीं देखा। वह अगस्त में अफगानिस्तान जाने सहित अपनी भावी योजनाओं को लेकर उत्साहित था। क्या यही बात थी? क्या ज़िया को शाह की योजना का पता चल गया था कि उसने पहले ही शाह का काम तमाम कर दिया। या फिर, क्या सी आई ए ने अपने पसंदीदा तानाशाह से दोस्ती जताने के लिये शाह को मार दिया?

'खुदा के वास्ते, शाह की देह को कम-से-कम ढंक तो दीजिए,' सनम ने कहा। कोई सफेद प्लास्टिक की चादर ले आया।

छोटी फाथी मेरे कुर्ते को खींचती हुई लगातार पूछ रही थी, '*वादी, वादी,* यह क्या हुआ है?' मैंने उस तीन-वर्षीया बच्ची को अनजाने ही समझा दिया, 'अरे प्यारी, कुछ भी नहीं हुआ।' सस्सी भी उदास और भ्रमित लग रही थी, रिहायशी कमरे में इधर-उधर घूमती अपने पापा की देह के पास आकर बैठ जाती। मेरी माँ ने कहा, 'बच्चों को यहाँ से ले जाओ!' मैं उन दोनों को सस्सी के कमरे में ले गई और उन्हें एक किताब थमा दी।

जब शाह की लाश को ले जाने के लिये पुलिस आई तो मीर ने मुझसे रसोईघर में चले जाने को कहा। वह बोला, 'आपको यह देखना अच्छा नहीं लगेगा।' मैंने चूल्हे पर चढ़ी कड़ाही में बने हुए अण्डे और आधे कटे टमाटर देखे। यह किसने बनाए और किसके लिये? काउंटर पर एक दूध की बोतल भी रखी थी। दिन बहुत गर्म था और दूध खराब हो गया। उसे फ्रिज के बाहर ही क्यों पड़े रहने दिया गया? 'वे शाह को ले गए हैं,' मीर ने रसोईघर में लौटकर कहा। 'पुलिस का कहना है कि यह तो दिल के दौरे जैसा लगता है।'

वह मुड़ा, अपने चेहरे से आँसू पोंछने के लिये। जब उसने टिशू पेपर को रसोई के कूड़ेदान में फेंका तो कुछ चमकती चीज़ दिखाई दी। यह खाली शीशी थी ज़हर की।

फ्रांसीसी अधिकारियों ने हफ्तों तक शाह की लाश को नहीं लौटाया। माँ के फ्लैट में इकट्ठे हम सभी के लिये यह इन्तज़ार बहुत दुखद थी। मुसलमान होने के नाते हम मरे हुए व्यक्ति को चौबीस घंटे के अन्दर दफना देते हैं, लेकिन शाह की लाश की एक के बाद एक जाँचें की जा रही थीं। हमें समझ नहीं आ रहा था कि हम खुद बैठे क्या करें। या तो हम रह-रह कर रोते रहते, या खाली बैठे एक-दूसरे को देखते रहते। किसी का कुछ खाने-पीने का मन नहीं कर रहा था। हमारे साथ सनम की बच्ची, मीर की बेटी थी और अक्सर सस्सी भी। जब रेहाना को पुलिस थाने पूछताछ के लिये बुलाया जाता तो फौज़िया सस्सी को हमारे पास छोड़ जाती। छोटी बच्चियाँ मुझसे कहतीं, 'हमें झूले पर ले चलिये', मैं उन्हें पड़ोस के एक पार्क में बने झूले पर ले जाती। कभी-कभी मीर भी मेरे साथ हो लेता। जब बच्चियाँ खेलतीं तो मीर और मैं बेंच पर बैठ जाते, चुपचाप सामने समुद्र को देखते रहते।

मेरा दिल सस्सी के लिये बहुत दुखता था। वह अपने पापा के बहुत नज़दीक थी। शाह ही सुबह उसे उठाता, नाश्ता देता, नित्यकर्म करवाता। करीब तीन वर्ष की होने को आई सस्सी को अपने पापा की कमी महसूस होती। जब मीर फाथी को लेने आता तो सस्सी 'मेरे पापा' की ज़िद करती। जब हमारी कार ला नेपल की उस जगह से गुज़रती जहाँ हमने पिकनिक पर भुना गोश्त खाया था, सस्सी चिल्लाती, 'पापा शाह, पापा शाह'। पुलिस ने कालीन के उस हिस्से को काट दिया था जहाँ शाह की लाश मिली थी। जब रेहाना ने कालीन बदलवाया तो सस्सी उस कटे हुए हिस्से की तरफ इशारा कर 'पापा शाह, पापा शाह' दोहराती रही। जब भी मैं और मीर उसे फौज़िया को लौटाते तो वह हमसे लिपट जाती। वह घर वापस नहीं जाना चाहती और अपनी बाँहें हमारे गले में कसकर डाल देती। मैं समझाती, 'छोटी बच्ची, चली जाओ!' फौज़िया खींचती। लेकिन सस्सी ज़ोर से जकड़ लेती। उसकी पकड़ ढीली करने के लिये उसके हाथ छुड़ाने पड़ते।

कैन्स में बैठे रहना और शाह की लाश को छोड़े जाने की इन्तज़ार करना बुरा लग

रहा था। हर चीज़ उसकी याद दिलाती थी। मैं हर जगह कार्लटन होटल में बैठे हुए, क्रोसे में चलते हुए शाह को देखती थी। उसके न रहने का गम पाकिस्तानी प्रेस में उस पर कीच उछाले जाने से और भी ज्यादा बढ़ गया था। हुकूमत के नियंत्रण वाले अख़बार कह रहे थे कि शाह एक अवसादग्रस्त, एक जुआरी और आत्मघाती प्रवृत्तियों वाला व्यक्ति था। उन्होंने यह भी दावा किया कि मौत से पहली रात उसने शराब पी थी। जाँच की रिपोर्टें उस दावे को गलत ठहराती थीं, लेकिन उन रिपोर्टों के आधार पर हमारे खण्डनों पर पाकिस्तान के प्रेस ने बहुत कम ध्यान दिया। अब जब शाह की ज़िन्दगी खत्म हो गई थी, उसके दुश्मन उसकी इज़्ज़त को भी खत्म करने पर उतारू थे। अपने भाई की लाश सौंपे जाने की यह तकलीफदेह इन्तज़ार खत्म होने का नाम ही नहीं ले रही थी।

एक दिन अपराह्न मैंने अपने परिवार से कहा, 'मैं शाह को दफनाने के लिये पाकिस्तान में घर ले जाऊँगी।'

मेरी माँ तो बिल्कुल उखड़ गईं, रोने लगीं। 'नहीं पिंकी, तुम नहीं जा सकती। मैंने अपना बेटा खो दिया। अब बेटी को भी खो देना नहीं चाहती।'

मैंने कहा, 'शाह ने मेरे लिये सब कुछ किया लेकिन कभी मुझसे अपने लिये कुछ भी करने को नहीं कहा। वह लरकाना लौटना चाहता था। अक्सर वह पूछता था कि पापा कहाँ दफनाए गए हैं ताकि वह उस जगह की फोटो ले सके। उसे लेकर मुझे जाना ही होगा।'

मेरी माँ ने भाई से कहा, 'मीर, उसे समझा कि वह वापस नहीं जा सकती।' भाई क्या कर सकता था?

'अगर आप जाओगी तो मैं भी जाऊँगा,' उसने कहा। वह मुझे नहीं जाने के लिये डराना चाहता था क्योंकि हम सभी जानते थे कि ज़िया उसे निश्चय ही मार डालेंगे।

आंटी बेहजत ने कहा, 'तुम लोग नहीं जाओगे। मैं जाऊँगी।'

'मैं जाऊँगी', सनम ने कहा।

'मैं जाऊँगा', नासिर ने कहा।

'ठीक है। हम सभी साथ जाएँगे।' मैंने कहा, 'लेकिन मैं जा रही हूँ क्योंकि मैं नहीं चाहती कि शाह को छोटे-मोटे ढंग से और चुपचाप दफना दिया जाए। मैं चाहती हूँ कि उसे वह पूरी इज़्ज़त और सम्मान मिले, जिसका वह हकदार है।'

जब लाश की जाँचें चल रही थीं तो मैं बार्बीकन में चल रहे कामकाज को सँभालने को कुछ दिन के लिये लन्दन आ गई। सैकड़ों लोग पार्टी दफ्तर में मुझसे शोक-संवेदना व्यक्त करने के लिये आए। शाह के लिये दुख वास्तविक था और पाकिस्तानी समुदाय इसमें हिस्सेदार था क्योंकि व्यापक सन्देह यही था कि मेरे भाई की हत्या से ज़िया किसी-न-किसी तरह जुड़े हुए हैं। दोस्तों ने बताया कि पाकिस्तान में तो दुख का अहसास और भी ज्यादा है। सारे देश में शाह की रूह की खातिर दुआ करने की बैठकें हुईं, हज़ारों लोग दुआ करने के लिये 70 क्लिफ्टन आए। जिन अख़बारों ने शराब और नशीली दवाओं की वजह से शाह के मरने का झूठा आरोप छापा था, उन्हें जलाया गया। सिंध में सम्मान व्यक्त करने के लिये ज्यादातर प्रतिष्ठान बंद रहे। जुलाई की भीषण गर्मी के बावजूद लोग दो सप्ताह

तक लरकाना आते रहे। सभी होटल पूरी तरह भर गए और लोगों ने रेलवे स्टेशन के प्लेटफार्म पर डेरा लगाया।

जब मैं कैन्स लौटी, लाश की जाँचें पूरी हो जाने के बाद उसे ले जाने का बंदोबस्त करने के लिये कराची और लन्दन से सम्पर्क साधने के काम में मुझे अपने खुद के दुख पर नियन्त्रण करने को मजबूर होना पड़ा। बहुत बड़ी संख्या में पाकिस्तानी शाह की अन्तिम यात्रा में परिवार के साथ जाना चाहते थे। नियन्त्रित पाकिस्तानी प्रेस शाह की लाश सौंपे जाने और हमारी सम्भावित वापसी के बारे में जो भ्रम फैला रहा था उसका जवाब देने के लिये मैंने नियमित बयान जारी करने का इन्तज़ाम किया ताकि हमारे समर्थकों को जानकारी मिलती रहे।

हमारे दुख खत्म नहीं हो रहे थे। बिना किसी ज़ाहिराना वजह के, सड़क पर खड़ी अनेक गाड़ियों में से सिर्फ एक मेरी माँ की कार में सेंध लगाई गई। सिर्फ वह डाक चोरी हुई जो मैं अपने साथ लाई थी और कुछ समय के लिये पीछे की सीट पर छोड़ दी थी। हमारा डर बढ़ गया और खुद को असुरक्षित महसूस किया। शाह की हत्या हुकूमत के एजेंटों से करवाए जाने के अगर सुराग नहीं थे, तब भी गहरी आशंका तो थी ही। वे एजेंट कैन्स से चले गए हों, इस बात की कोई गारण्टी नहीं थी। हमने अपनी चिन्ताएँ और संरक्षण की ज़रूरत के बारे में फ्रांस के अधिकारियों को बताया और उन्होंने सकारात्मक रवैया अपनाया।

जब शाह की लाश अन्ततः हमें सौंपी गई, तो हम उसकी लाश पर प्रार्थना करने के लिये गए। मैंने सोचा था कि अपने छोटे भाई को मैं वैसा ही देखूँगी जैसी मुझे उसकी याद है, धूप में तपा हुआ, इकहरा और सुन्दर। वह सफेद सूट में होगा जो सफेद रंग उसे बहुत पसन्द होने का ध्यान रख हमने लाश की सार-सँभाल करने वालों को दिया था। लेकिन ताबूत में जो लाश थी वह तो जैसे किसी अजनबी की थी। उसका चेहरा सफेद-पाउडर लगा और फूला हुआ था। शव परीक्षण के दौरान की गई काटा-काटी को ढांपने के लिये कर्मचारियों ने चेहरे पर चाक लगाई थी। दृश्य दिल दहलाने वाला था।

ओह, मेरे प्यारे गोगी! उन लोगों ने तुम्हारे साथ क्या किया? कमरा हम लोगों के विलाप से भर गया। बिना कुछ जाने, मैं अपने चेहरे को पीटने लगी। रोते-सुबकते इतनी ज़ोर-ज़ोर से हाँफने लगी कि छाती में दम फूल गया। हम लोगों को कमरे के बाहर निकालना पड़ा। हमने जस-तस खुद पर कुछ काबू पाया और कार तक आए जहाँ प्रेस फोटोग्राफर हमारा इन्तज़ार कर रहे थे।

मैं शाह की लाश को लेकर पाकिस्तान में घर के लिये 21 अगस्त 1985 को रवाना हुई। हुकूमत अनिच्छा से हमें उसे लरकाना में दफनाने की अनुमति देने को राज़ी हो गई थी, शायद लोगों के इस आक्रोश की वजह से झुकना पड़ा कि मुसलमानी रस्मों के विपरीत मेरे पिता को दफनाए जाते समय न तो मेरी माँ को और न मुझे देखने दिया गया था। फिर भी हुकूमत एक बार पुनः हरचन्द कोशिश कर रही थी कि एक अन्य भुट्टो के दफन होने को गुपचुप रखा जाए।

जज़्बाती जनता के बड़ी संख्या में आने के डर से मार्शल लॉ अधिकारियों ने ऐसा

इन्तज़ाम किया कि हम कराची से सीधे मोइनजोदड़ो हवाई-अड्डे जाएँ और वहाँ से हेलीकॉप्टर से सीधे अपने परिवार के कब्रगाह चले जाएँ जहाँ उन्होंने एक हेलीपैड पहले ही बना दिया था।

मैंने इनकार कर दिया। शाह आठ वर्ष से अपने घर जहाँ उसका जन्म हुआ था, लौटना चाहता था। मैं इस बात पर आमादा थी कि उसकी अन्तिम यात्रा उतनी ही सार्थक हो जैसे हम लोगों के लिये होगी, वह उन दरवाज़ों से गुज़रे जहाँ उसे पनाह मिली थी : कराची में 70 क्लिफ्टन और लरकाना में अल-मुर्तज़ा। मैं चाहती थी कि वह उन इलाकों से गुज़रे जहाँ पापा और मीर के साथ वह शिकार खेलने जाता था, हमारे खेतों और तालाबों से गुज़रे, उन लोगों के बीच से गुज़रे जिनको उसने अपने ढंग से एक करने की कोशिश की थी। लोगों को भी यह हक था कि उन्हें पाकिस्तान के उस बहादुर बेटे के सम्मान का मौका गढ़ी खुदाबख्श में अपने पिता के नज़दीक दफनाए जाने के पहले मिले।

लरकाना में स्थानीय प्रशासन से इन्तज़ाम का तालमेल कर रहे डॉ. अशरफ अब्बासी से मैंने कह दिया, मार्शल लॉ अधिकारियों को बता दीजिए कि वे मेरे साथ जो भी करना चाहें कर सकते हैं लेकिन अपने भाई को अपने घर लौटने और परिवार को घर के सदस्यों के हाथों आखिरी स्नान के मुस्लिम अधिकार से वंचित नहीं होने दूँगी। हुकूमत के साथ एक समझौता हो गया। हमें शाह को 70 क्लिफ्टन के घर ले जाने की इजाज़त नहीं मिलेगी, लेकिन हम उसे अल-मुर्तज़ा ले जा सकते हैं। हमारा घर लरकाना में इतनी दूर और पहुँचने में इतना मुश्किल था, स्थानीय अधिकारियों ने अपनी रिपोर्टों में उल्लेख किया, कि भीड़ कम होगी, खासकर अगस्त की झुलसाने वाली गर्मी के दिनों में।

पुख्ता व्यवस्था के लिये, सेना ने सिंध प्रान्त को जाने वाली सभी सड़कों पर अवरोध लगा दिए। बसों, ट्रकों और कारों को रोककर तलाशी ली गई। सिंध में सेना को सतर्क कर दिया गया और पी.पी.पी. के नेताओं को नज़रबंदी में रखा गया। कराची हवाई-अड्डे की घेराबंदी कर दी गई और शहर के मुख्य रास्तों पर सैनिकों और स्वचालित हथियारों से लदे ट्रक लगा दिए गए। गुस्सा फूट पड़ने की किसी भी आशंका का निवारण करने के लिये हुकूमत ने आखिर में मार्शल लॉ हटाने की एक तारीख तय कर लोगों को खुश करने की कोशिश की। अपने भाई की लाश के साथ ज्यूरिश से पाकिस्तान के लिये मेरी रवानगी से ऐन पहले ज़िया द्वारा नियुक्त प्रधानमंत्री मुहम्मद खान जुनेजो ने ऐलान किया कि मार्शल लॉ दिसम्बर में हटा लिया जाएगा।

चारों तरफ काला ही काला दिखाई दे रहा था। काले बाज़ूबंद। काले सलवार-कमीज़ और दुपट्टे। हम कराची में कुछ देर के लिये रुके और सिंगापुर एयरलाइन्स के विमान से उतरकर एक छोटे किराए के फॉकर विमान में मोइनजोदड़ो जाने के लिये बैठ गए। जब पी.पी.पी. के प्रतिबन्धित झण्डे में लिपटे शाह के ताबूत को एक ट्राली पर उतारा गया तो 70 क्लिफ्टन से आए हमारे कई कर्मचारी उससे लिपट गए और रोने लगे। कराची से हमारे साथ आए कई रिश्तेदार भी खूब रो रहे थे, परी, सामिया और उसकी बहन भी। और हम पाकिस्तान में अब तक हुई अन्त्येष्टियों में सबसे ज्यादा हलचल वाली रस्म के लिये रवाना हो गए।

चलो! चलो! आओ लरकाना चलें! क्या आपको पता नहीं वे आज शाहनवाज़ को लाएँगे? शाहनवाज़, जो ज़ुल्फिकार अली भुट्टो का बेटा है, शाहनवाज़ जो एक योद्धा है, शाहनवाज़, जिसने मेरे लिये और आपके लिये अपनी ज़िन्दगी दे दी। आओ, आओ! चलो! चलो! आओ चलें और एक बहादुर की आज अगवानी करें!

मेरे भाई के लिये लिखा गया यह सुन्दर गाना सारे पाकिस्तान में गाया जा रहा था। हुकूमत की धमकियों के बावजूद, लोग हफ्तों से लरकाना की तरफ उमड़ रहे थे, खेतों में डेरा डाले, फुटपाथों पर सोते।

काला। फिर चारों ओर काला। जब फॉकर विमान सुबह दस बजे के ठीक बाद मोइनजोदड़ो पर उतरा, हवाईअड्डे के चारों तरफ काला रंग छाया था। रास्ते में हुकूमत के लगाए अवरोध मातम के लिये आने वालों को नहीं रोक पाए। वे भीषण गर्मी में सफर कर वतन के बेटे के लिये शोक व्यक्त करने आए। अगर कहीं दुश्मनी हो तो भी मुसलमान का फर्ज़ है कि वह मौत पर शोक व्यक्त करे और मातम में हिस्सेदार बने। लेकिन इतने हुजूम की उम्मीद तो किसी ने की ही नहीं थी। प्रेस ने भीड़ के दस लाख से भी ज्यादा होने की खबर दी।

'अल्लाहू अकबर!' (खुदा बड़ा है!)। यह नारा उस समय गूँज उठा जब शाह के ताबूत को इन्तज़ार कर रही ऐम्बुलेंस में रखा गया था। उसमें बर्फ भरी थी जिसके लिये मैंने कहा था। शाह का शरीर तमाम पोस्टमार्टमों और लाश की जाँचों के जिस दौर से गुज़रा था, उसके बाद मैं उसे और खराब नहीं होने देना चाहती थी। ऐम्बुलेंस की रवानगी पर लोगों ने कहा : *'इन्ना ली अल्लाह, वा इन्ना इलाही राजी उन'* (हम खुदा के हैं और उसी के पास वापस जाना है)—मृतक के लिये यह प्रार्थना करते समय लोगों ने अपनी हथेलियाँ ऊपर कर हाथ फैलाए हुए थे।

मैं नहीं समझती कि बहुत से देशों के राष्ट्रपतियों को भी ऐसी सम्मानजनक और शानदार विदाई मिली होगी जैसी कि शाह को सत्ताइस साल की उम्र में मिली थी। काले रंग में लिपटे हर तरह के वाहन—कारों, मोटरसाइकिलों, ट्रकों और जानवरों से खींची जाने वाली गाड़ियों सहित—करीब दो हज़ार वाहन उसके ताबूत के पीछे चले, उनकी लाइन करीब दस मील लम्बी थी। हवाई-अड्डे से लरकाना के अट्ठाईस किलोमीटर के रास्ते में उसकी लाश को ले जा रही ऐम्बुलेंस पर हर जगह लोगों ने विदाई के समय सद्भाव दिखाते गुलाब की पंखुड़ियाँ बरसाईं, जब ताबूत गुज़रा लोगों ने सलाम किया, उनके सिर पर कढ़ाई की गई टोपी या अपने कबीले के साफे थे।

शाह की काले रंग के किनारों वाली तस्वीरें। शाहनवाज़ शहीद लिखी तस्वीरें। मेरी और मेरी माँ की तस्वीरें। एक तो कभी न भुलाई जाने वाली जिसमें शाह का और मेरे पापा के चित्र थे और लिखा था *शहीद का बेटा शहीद* लोगों की मेरे पिता के प्रति, अपनी खुद की तकलीफों और हमारे दुखों के प्रति हमदर्दी इकट्ठी होकर अब फूट रही थी। विलाप करते और छाती पीटते दुखी लोग हमारे मोटर-काफिले को रोक आगे आ जाते और शाह के ताबूत को ले जा रही गाड़ी को छूकर उसे भावभीनी विदाई देते।

सूरज ऊपर आसमान पर चढ़ आया था। दोपहर बाद की प्रार्थना के पहले काफी कुछ करना था। शरीर को नहलाने की रस्म, चेहरे को परिवार के लोगों का देखना, मृतक के लिये घर की महिलाओं की जो कब्रगाह नहीं जातीं, प्रार्थना, मर्दों की प्रार्थना जो नज़दीक के एक फुटबाल मैदान में रखी गई थी। इस सबके बाद शाह को सूर्यास्त से पहले दफनाया जाना। और मुझे और सनम को अभी कब्रगाह जाकर कब्र की जगह भी तय करनी थी। हम अपने पिता के लिये ऐसा नहीं कर पाए थे। इस बार मैं खुद जाकर जगह तय करना चाहती थी, जहाँ शाह को मेरे पिता की कब्र से इतने फासले पर दफनाया जाए कि बाद में उन दोनों के लिये मकबरे बनाए जा सकें। हम जब अल-मुर्तज़ा के करीब पहुँचे कि भीड़ इतनी बढ़ गई जैसे कोई ठोस दीवार हो।

मैंने कार के ड्राइवर से कहा, 'सीधे गढ़ी की तरफ चलो!' जब शाह के ताबूत को ले जा रही एम्बुलेंस अल-मुर्तज़ा में दाखिल हुई, ड्राइवर ने किसी प्रकार भीड़ से हमें बाहर निकाला। पन्द्रह मील दूर हमारे परिवार के कब्रगाह पर भीड़ कुछ कम थी, लेकिन वह चारदीवारी के बाहर ही थी। सनम और मैंने मिलकर कब्रगाह के बाएँ हाथ के कोने में जगह छाँटी। यह मेरे पिता की कब्र से जो दादा की कब्र के पीछे थी, थोड़ी दूर थी। अपने पिता की कब्र पर संक्षिप्त प्रार्थना के बाद हम तेज़ी से अल-मुर्तज़ा आए।

रोना। बिलखना। अपने दुख के ज्वार में लोगों ने अल-मुर्तज़ा की दीवारों को तोड़ दिया था और न सिर्फ आँगन में बल्कि घर के अन्दर भी दाखिल हो गए थे। मेरे घर में सिर्फ वे ही नहीं थे, बल्कि सभी रिश्तेदार महिलाएँ, महिला पार्टी कार्यकर्ता और घर पर काम करने वाले कर्मचारी भी थे। शाह का ताबूत बैठने के कमरे में रखा था, अभी तक हो-हल्ले की वजह से खुला नहीं था। एक-दूसरे को धक्का दे रहे लोगों से मैंने हाथ जोड़कर अनुरोध किया, 'मेहरबानी करके हमें थोड़ी जगह दें।' तमाम अनुशासन बिल्कुल गायब हो गया था।

मैं रिश्तेदारों को शाह का चेहरा दिखाना चाह रही थी। लेकिन जब ताबूत को मेरे दादा के कमरे की तरफ ले जाने की कोशिश की गई जहाँ मौलवी शरीर को नहलाने का इन्तज़ार कर रहे थे तो जज्बात बेकाबू हो गए। महिलाएँ ही नहीं घर के नौकर-चाकर भी दुख में सब कुछ भूल अपना सिर ताबूत पर पीटने लगे। मर्दों और औरतों के सिर से खून बहने लगा। मैं चीखी, 'खुदा के वास्ते, इन सब लोगों को दूर करो, ये खुद को और ज़ख्मी कर लेंगे। शाह को जल्दी से दादाजी के कमरे में ले जाओ।'

अन्ततः चुपचाप और धीरे-धीरे, हमारे मौलवी और घर के कर्मचारियों ने शाह को नहलाया। मुसलमानों को दफनाने के बिना सिले कपड़े, कफन में रखा। गर्मी बदहाल करने वाली थी, 45 डिग्री सेल्सियस से भी ज्यादा रही होगी, और मैं दफनाने का काम जल्दी करने के लिये चिन्तित थी। घर के दहशतज़दा एक कर्मचारी ने नहलाने के बाद मुझे बताया, 'ओ बाबा, उनकी तो सारी देह पर काटे जाने के निशान हैं।' मैंने कहा, 'मुझे मत बताओ।' लेकिन वह रुक ही नहीं पा रहा था, 'उनकी नाक काटी गई और ठोढ़ी और.... 'चुप', मैं चिल्लाई, 'बहुत हुआ। अब वह उस घर आ गया है जो उसका है।' मेरे बहनोई नासिर हुसैन, मेरे पास आए और बोले, 'देर हो रही है। हमें जल्दी करनी चाहिए।' भीड़ को देखते हुए हमने तय किया कि शाह को लकड़ी के मज़बूत ताबूत में ले जाना कफ़न के मुकाबले

बेहतर होगा।

मैंने नौकरों से शाह की लाश को बैठक कक्ष में लाने को कहा जहाँ रिश्तेदार प्रार्थना कर सकें। तभी, यकायक, शाह के ताबूत को उमड़ती भीड़ को चीर ऐम्बुलेंस की तरफ ले जाया जा रहा था। नासिर हुसैन तेज़ी से उसके पीछे-पीछे चल रहे थे। रवानगी तो मुझसे करीब-करीब छूट ही गई थी। प्रार्थनाओं की आवाज़ सुनने मैं ताबूत को दरवाज़े तक विदा करने भागी।

अलविदा! शाहनवाज़ अलविदा! यह बिछुड़ना इतना जल्दी, इतना दर्दीला था। जब ऐम्बुलेंस चलना शुरू हुई, मैं दौड़ना, उसे रोकना, शाह को वापस लाना चाहती थी। मैं अपने छोटे भाई को जाने नहीं देना चाहती थी। ओह गोगी, मेरे पास रहो! जब ऐम्बुलेंस गेट से बाहर निकली तो बगीचे में इकट्ठी प्रार्थना करती पाँच सौ महिलाओं का विलाप गूँजा, और अम्बुलेंस नज़रों से ओझल हो गई। मेरा भाई हमेशा-हमेशा के लिये चला गया था।

शिया मुसलमानों का मानना है कि हर पीढ़ी में एक करबला होता है, वह त्रासदी पुनः घटित होती है जो पैगम्बर मुहम्मद साहब के परिवार के साथ उनकी मौत के बाद 640 ई. में हुई थी।

पाकिस्तान में बहुत से लोग यह सोचने लगे हैं कि भुट्टो परिवार और हमारे समर्थकों के साथ बदले की कार्रवाई हमारी पीढ़ी का करबला है। पिता को नहीं छोड़ा गया। माँ को नहीं छोड़ा गया। भाइयों को नहीं छोड़ा गया। बेटी को नहीं छोड़ा गया। अनुयायियों के समूह को नहीं छोड़ा गया। फिर भी पैगम्बर साहब के पौत्र के अनुयायियों की तरह हमारा संकल्प कभी नहीं डगमगाया।

जब मैं अल-मुर्तज़ा के दरवाज़े के आगे खड़ी थी, आँगन में हो रहे विलाप में एक महिला की आवाज़, करबला की त्रासदी को दोहराते हुए, उठी। 'देखो, बेनज़ीर को देखो,' वह महिला उपमहाद्वीप के लहज़े में विलाप करती बोली, 'वह अपने भाई की लाश लेकर आई है। वह कितना नौजवान है, कितना सुन्दर है, कितना भोलाभाला है। वह अत्याचारी के हाथों मारा गया। बहन के दुख को समझो। ज़ैनब को याद करो जो यज़ीद के दरबार में गई थी। याद करो उस ज़ैनब को जब उसने यज़ीद को अपने भाई के सिर से खेलते हुए देखा।

'बेगम भुट्टो के दिल की सोचो, वह कैसे फटता होगा जब वह अपने बच्चे को देखती होगी। वह बच्चा जिसे उसने जन्म दिया, जिसे गोदी में लेकर वह खेली, जिसे अपनी आँखों के सामने बड़े होते देखा। उसे पहली बार अपने पैरों पर चलते देखा। वह माँ जिसने उसे लाड़-प्यार से बड़ा किया। उसकी सोचो!

'मुर्तज़ा की सोचो। उसने अपना दायाँ हाथ खो दिया। अपना खुद का आधा हिस्सा खो दिया। वह अब कभी पहले जैसा नहीं हो पाएगा....।'

अल-मुर्तज़ा की दीवारें महिलाओं के करुण क्रंदन, छाती पीट-पीटकर रोने-चिल्लाने से गूँज उठीं। 'आई-ई...ई...ई!' की तेज़ आवाज़ बिछुड़ने के दुख से भरी थी। मैं धीमे कदमों से घर के अन्दर आ गई। मेरे भाई को हमारे पूर्वजों के कब्रगाह में दफनाया जा रहा था। मैं कुछ भी और नहीं कर सकती थी।

नासिर हुसैन, गढ़ी खुदाबख्श :

जब हम प्रार्थना सभा के बाद भुट्टो परिवार के कब्रगाह पहुँचे तो वहाँ इतनी भीड़ थी कि आगे बढ़ना मुश्किल था। जब ताबूत ऐम्बुलेंस से बाहर आया तो मैंने आगे का एक कोना अपने कंधे पर ले लिया। मुझे नहीं मालूम मेरे पीछे कौन था और क्या हो रहा था। ताबूत को उठाकर ले जाने के लिये भीड़ आगे बढ़ी। एक पल के लिये भी ताबूत को उठाने, हमारा वज़न हल्का करने, दुख में हिस्सा बाँटने को सभी तैयार थे।

कोई हमें कब्र की जगह का रास्ता बताने वाला नहीं था और हम यह नहीं देख पा रहे थे कि हम किधर जा रहे हैं। चूँकि हम अपने काम में तालमेल नहीं बिठा पा रहे थे इसलिये ताबूत जितना था उससे दोगुना भारी लग रहा था। वह हमारे कंधों पर ऐसे था जैसे धकेलती और खेलती भीड़ के समुद्र में कोई जहाज़ बिना पतवार के लहरा रहा हो। हम ऐसे आड़े-तिरछे बिना देखे-समझे चल रहे थे कि ऐम्बुलेंस से कब्रगाह के प्रवेश द्वार तक की दस गज़ की दूरी तय करने में पैंतालीस मिनट या उससे भी ज्यादा लगे।

तभी यकायक, भीड़ में से निकल संकेत करता ऊपर उठा हुआ हाथ मेरे आगे आ गया। मैंने एक नज़र उस पर, अल-मुर्तज़ा में काम करने वाले के बेटे पर डाली और कब्र की जगह की तरफ उस हाथ के इशारे के हिसाब से चलने लगा। भीड़ ने ताबूत को उसी दिशा में मोड़कर मदद की। मैंने खुद को सँभाला ताकि उस गर्मी और उन्माद के माहौल में गश खाकर गिर नहीं जाऊँ। फिर भी यह आश्चर्य की बाद थी कि गहमागहमी के बावजूद किसी ने वहाँ भुट्टो परिवार की किसी कब्र पर अपना पाँव नहीं पड़ने दिया।

जब हम शाह की कब्र पर पहुँचे तो मैं थक-हारकर गिर गया, मेरा पैर खोदी हुई जगह में था। एक गाँव वाला मेरे लिये एक गन्दे पुराने कटोरे में पानी लाया और मैंने उसे गटक लिया। वहाँ इतनी जगह नहीं थी कि शाह की लाश को ताबूत से निकाल कर रखा जाता। हमें ताबूत को ही टेढ़ा करना पड़ा जिससे शाह की लाश सरककर कब्र में चली गई। लोग आखिरी बार शाह का चेहरा देखने के लिये बार-बार कह रहे थे, लेकिन बेनज़ीर ने मुझसे ऐसा न करने के लिये कहा था। अन्तिम प्रार्थना जल्दी-जल्दी की गई और सभी मातम मना रहे लोगों ने हाथ उठाकर दुआ और समर्पण करते फातेहा पढ़ा। जब मैं वहाँ से चला तो बुज़ुर्ग लोग 24 प्रार्थनाओं का लम्बा सस्वर पाठ करने के लिये आगे आ रहे थे। मेरा दुख-भरा कर्तव्य पूरा हो चुका था। हमने शाहनवाज़ को उसके आखिरी आराम की जगह तक पहुँचा दिया था।

मुझे पाँच दिन बाद कराची में मार्शल लॉ हुकूमत ने गिरफ्तार कर लिया। मुझे कोई ताज्जुब नहीं हुआ। हालाँकि ज़िया ने प्रेस को यह भरोसा दिलाया था कि शाह की लाश के साथ वापस आने पर मेरी गिरफ्तारी नहीं की जाएगी और सिंध के मुख्यमन्त्री ने बयान भी जारी किया था कि मैं आने और जाने के लिये आज़ाद रहूँगी, लेकिन हमारे परिवार के साथ एकजुटता दिखाने के लिये शोकाकुल लोगों की जितनी भीड़, सेना के लगाए अवरोधों

को विफल करती, पहुँची थी, उसने हुकूमत को हिला दिया था। मौत के बाद की अन्य मज़हबी रस्मों के लिये अल-मुर्तज़ा के सामने खेतों में और घर के बाहर की सड़क पर शोकाकुल लोगों के इकट्ठा होने से, मुझे पूरा यकीन था, हुकूमत को विद्रोह की आशंका थी।

हालाँकि मेरे भाई की मौत ने उन्हें मार्शल लॉ खत्म करने की तारीख की घोषणा के लिये मजबूर कर दिया था लेकिन न तो मेरे भाई की मौत का और न ही दूसरे हज़ारों लोगों की तकलीफों का कोई बदला लिया जा सका था। शाह को दफनाने के बाद एक शाम को हुई बैठक में कई पी.पी.पी. नेताओं ने सुझाव दिया था, 'जब जज़्बात इतने उबले हुए हैं तो हमें ज़िया को उखाड़ फेंकने की कोई पहल करनी चाहिए।' दूसरों का तर्क था कि हमें ऐसा कुछ भी नहीं करना चाहिए जिससे हुकूमत को मार्शल लॉ न हटाने का बहाना मिले। ऐसा लगता था, दुख में भी राजनीति को नहीं भुलाया जा सकता। मैंने संयम बरतने की ठोस दलील दी, 'मार्शल लॉ तो देश का अभिशाप है और हमें पूरी-पूरी कोशिश करनी चाहिए कि यह हट जाए। शाह ने इसके लिये अपनी ज़िन्दगी दे दी। अगर अब हम कोई आन्दोलन छेड़ते हैं, तो वे कहेंगे कि वे मार्शल लॉ हटाना चाहते थे लेकिन न हटाने के लिये मजबूर किया गया। इस पहलू पर भी हमें सोचना चाहिए।'

फिर भी, मैंने हुकूमत की किसी प्रतिक्रिया के खिलाफ सावधानियाँ बरती थीं। *सोयम* की रस्म दफनाएँ जाने के तीसरे दिन होती है, चालीस दिन बाद *चेहलुम* रस्म होती है। मुझे यह भरोसा बिल्कुल नहीं था कि मैं चालीस दिन आज़ाद रहूँगी, इसलिये मज़हबी नेताओं से खूब बहस-मुबाहिसे के बाद हमने तय किया कि अगस्त में दफनाएँ जाने के दिन से हिसाब लगाने के बजाय जुलाई में फ्रांस में शाह की मौत के दिन से हिसाब लगाया जाए। इस तरह *सोयम* और *चेहलुम* करीब-करीब साथ ही पड़ गए।

एक अन्य भुट्टो क़ब्र। एक और मिट्टी से ताज़ा बनाया टिब्बा। शाह की कब्र पर पहले से चढ़ाए गए ढेरों फूलों में थोड़े-से और जोड़ने के लिये मैंने अपने साथ फूल ले लिये। बदहाल करने वाली गर्मी में कब्रगाह पर एकत्रित सैकड़ों अन्य लोगों के साथ मैंने प्रार्थना की : 'खुदा के वास्ते जो सबसे रहमदिल और सबसे कृपालु है।' उस ताज़ा मिट्टी के टिब्बे को देखना दिल-दहलाने वाला था। अब यही बचा था शाहनवाज़।

सोयम के बाद की रात सनम को कराची लौटना था। फाखरी को भी। मैं अकेली गम में डूबी अल-मुर्तज़ा नहीं रहना चाहती थी और उनके साथ जाने का फैसला किया। यह एक तरह की दिलासा थी कि मैं और सनम कम-से-कम साथ हों तो कुछ छोटा परिवार जैसा लगे। लेकिन एक बार फिर राजनीति हमारे व्यक्तिगत दुख पर हावी हो गई।

कराची हवाई-अड्डे पर हज़ारों लोगों ने हमारा स्वागत किया। हम भीड़ से निकलकर घर तक नहीं पहुँच सके। आखिरकार पार्टी के लोगों ने हमारे चारों ओर अपने हाथों को मिलाकर एक सँकरा रास्ता बनाया कि हम निकल पाए। कार को लोगों के बीच रास्ता तयकर 70 क्लिफ्टन पहुँचने में कई घंटे लगे। जीपों और मोटरसाइकिलों पर हमारे साथ चल रहे कुछ लोगों ने जीत का निशान बनाया लेकिन कोई राजनीतिक नारे नहीं लगाए। नारे लगाना खुशी इज़हार करना है और सभी लोग शाह के लिये शोकग्रस्त थे।

उतनी ही भीड़ 70 क्लिफटन के बगीचे में थी। मैंने बाहर निकलकर लोगों का हमारे

दुख में साथ देने और एकजुटता दिखाने के लिये शुक्रिया अदा किया। कई चेहरे जाने-पहचाने थे : वे पुरुष और महिलाएँ जो अपने राजनीतिक विश्वासों की वजह से कई बार जेल जा चुके थे। मैंने उनसे कहा, 'मेरे भाई के तरीकों से हम राज़ी हों या न हों, वह ऐसा शख्स था जिसने तानाशाही का विरोध किया। ऐसे वक्त में जब पाकिस्तान तकलीफ में हो उसका ज़मीर उसे चुपचाप नहीं बैठने दे सकता था।'

नासिर बलोच। अयाज़ सामू। दो ऐसे अन्य नौजवान थे जिन्होंने लोकतन्त्र के लिये अपनी ज़िन्दगी कुर्बान कर दी और फौजी आतंक के शिकार बने। वे भी मेरे भाई थे, मेरा साथ देते, मेरी रक्षा करते, मुझे अपनी बहन मानते। अगले दिन मैं उनके परिवारों से मिलने गई। जैसे कि लोग मातम में हमसे हमदर्दी जताने के लिये 70 क्लिफ्टन आ रहे थे, मैं भी उनके परिवारों से हमदर्दी जताना चाहती थी, उनकी माँ और बहनों के जिन्होंने बेटों और भाइयों को खो दिया था, दुख बाँटना चाहती थी। मैं वहाँ कभी नहीं जा सकी।

पुलिस ने 27 अगस्त को सुबह से भी पहले 70 क्लिफटन को घेर लिया। एक बार फिर 70 क्लिफटन को सब-जेल घोषित कर दिया गया और वहाँ पुलिस और आँसू गैस से लैस सैनिक टुकड़ियों को पहरे पर लगा दिया गया। मुझे नब्बे दिन की गिरफ्तारी का आदेश थमा दिया गया, हुकूमत ने बाद में दावा किया कि मैंने 'संवदेनशील' इलाकों में 'आतंकवादियों' से न मिलने की उसकी चेतावनियों की उपेक्षा की थी। मुझे ऐसी कोई चेतावनियाँ नहीं मिली थीं। हुकूमत ने जिन इलाकों को 'संवेदनशील' माना था, वे कराची के मालिर और ल्यारी जैसे गरीब इलाके थे, नासिर बलोच और अयाज़ सामू के परिवारों सहित जहाँ के निवासियों को ज़िया हुकूमत में सबसे ज्यादा तकलीफें झेलनी पड़ी थीं। कोई ताज्जुब नहीं कि वह उन्हें 'संवदेनशील' इलाके समझते थे। अगर आतंकवाद की परिभाषा बहुमत पर अपनी मर्ज़ी थोपने के लिये अल्पमत द्वारा बल प्रयोग किया जाना माना जाए तो ज़िया और उनकी फौज ही इस परिभाषा में आते थे।

वाशिंगटन में रीगन प्रशासन ने मेरी गिरफ्तारी पर 'निराशा' व्यक्त की। विदेश विभाग के प्रवक्ता को यह कहते उद्धृत दिया गया, 'पाकिस्तान ने संवैधानिक सरकार की बहाली की दिशा में उत्साहजनक कदम उठाए हैं... मिस भुट्टो को घर में नज़रबंद करना उस प्रक्रिया में बेमेल लगता है।' ब्रिटिश संसद की प्रतिक्रिया ज्यादा तल्ख थी, सांसद मैक्स मैड्डन और लार्ड एवेबरी दोनों ने मेरे हक में ज़िया से सम्पर्क किया था। लेकिन मैं फिर एक बार बिना टेलीफोन या बाहरी दुनिया से किसी सम्पर्क के ताले में बंद रही। शुरू में कुछ दिन सनम और नासिर मेरे साथ थे, उसी तरह मेरी रिश्ते की बहन लालेह भी, जो रात को मेरे पास रहती थी, अनजाने ही हुकूमत के जाल में फँस गई थी। लेकिन 2 सितम्बर को हुकूमत ने मेरे परिवार को घर छोड़ने के लिये मजबूर किया और मैं 70 क्लिफटन में बिल्कुल अकेली अपने गम में डूबी रह गई।

दिन लदकर सप्ताह बन निकलते रहे और मैं खुद को शाह की मौत को स्वीकार करने के लिये तैयार करती रही। मैंने घर की पुरानी मैगज़ीनों को पढ़ा और पुनः पढ़ा, अपनी डायरियाँ लिखीं और बी.बी.सी. की हर खबर सुनी। फिर से गतिहीन कर दिए जाने से मैं बहुत कुण्ठित थी। एक तो मैं अपने दुख में डूबी थी और दूसरे पाकिस्तान में अपने होने के समय का लाभ उठाना चाहती थी। जब तीन महीने से भी कम समय के बाद मार्शल

लॉ हटाया जाना था तो ज़िया के खिलाफ राजनीतिक विपक्ष को संगठित और तैयार किया जाना था। अपनी गिरफ्तारी के पहले मैंने चारों सूबों के पार्टी नेताओं के साथ बैठकें तय कर दी थीं। अब उन्हें रद्द करना पड़ा था।

भले ही हुकूमत-नियन्त्रित प्रेस ने 31 दिसम्बर को मार्शल लॉ हटाने की घोषणा का खूब ढिंढोरा पीटा हो लेकिन ज़िया का रवैया वैसा ही क्रूर और दमनकारी रहा जैसा पहले हमेशा था। मेरी रिहाई की पेशकश करने के लिये लाहौर में निर्धारित बैठकों पर पाबंदी लगा दी गई। कराची में 21 अक्टूबर को एक बैठक के लिये जा रहे एम.आर.डी. के नेताओं को या तो बाहर निकाल दिया गया या शहर में नहीं घुसने दिया गया। बैठक की पूर्व संध्या पर एम.आर.डी. के कई नेताओं को जेल में डाल दिया गया। फिर भी ज़िया पाकिस्तान की जनता का प्रतिनिधित्व करने का दावा करते थे।

राजनीति। राजनीति। राजनीति। 70 क्लिफ्टन में नज़रबंद होने के समय नेतृत्व का लबादा मुझे बहुत भारी महसूस हुआ। कितनी बार राजनीति ने मुझे अपने परिवार से दूर रखा था, खासकर शाहनवाज़ से जो अब लरकाना की मिट्टी में मिल चुका है। उसने लन्दन में मुझे कई बार फोन किया था, 'मुझसे मिलने का समय निकालिये। आप समय क्यों नहीं निकाल सकतीं?' और फिर मेरे जवाब की नकल कर कहता, 'ओह गोगी, मुझे अमेरिका जाना है, डेनमार्क जाना है। मेरी महत्त्वपूर्ण बैठकें ब्राडफोर्ड में, बर्मिंघम में, ग्लासगो में हैं...' मैंने सोचा, अगर मैं थोड़ा रुक जाती, उसे और ज्यादा समय देती। लेकिन तब, नियति को कोई नहीं बदल सकता। उसकी तकदीर लिखी हुई थी। फिर भी, मेरे लिये यह स्वीकार करना मुश्किल था कि वह चला गया है।

आँगन के उस तरफ उपभवन में उसका कमरा वैसा ही था जैसा उसने आठ वर्ष पहले छोड़ा था, इस्लामाबाद के उसके हाई स्कूल की वार्षिक पुस्तिका अब भी किताबों की अलमारी में रखी थी जहाँ साहसिक कारनामों वाले उपन्यास, जो उसे पसन्द थे, रखे थे और वह पवित्र क़ुरान भी रखी थी जो मेरे पिता ने उसे दी थी। मीर का कमरा भी वैसा ही था, दीवार पर उसका चे ग्वेवारा का पोस्टर लगा था और उसकी हार्वर्ड की वार्षिक-पुस्तिका डेस्क की दराज़ में रखी थी। मेरे भाइयों के कमरों पर ताला लगा था, वैसे ही जैसे मेरी बहन, माँ और पिता के कमरे में लगा था। इस पूरे बड़े भवन में सिर्फ एक ही ऐसा कमरा था जहाँ बत्ती जलती थी, वह भी चन्द घंटे तब, जब हुकूमत ने बिजली की लाइन में कटौती नहीं की हो।

मैं सस्सी को देखने के लिये तरस रही थी, शाह की बिटिया को लाकर उसे अपने परिवार का घर दिखाऊँ और उसकी बपौती समझाऊँ। उसे कभी अपने पिता को नहीं भूलना चाहिए बल्कि यह दिखाया जाना चाहिए कि उसका पिता क्या चाहता था और उसने अपने मुल्क को क्या दिया। उसकी बपौती गर्व करने वाली थी, त्रासदी से व्यवधान आ गया था। शायद यह सब पहले से ही तय था। एक दिन जब हम कार से हैदराबाद जा रहे थे, डॉ. अब्बासी ने मुझसे पूछा था, 'शाह उसे सस्सी नाम से क्यों पुकारना चाहता है? यह इतना उदास कर देने वाला नाम है। आपको सस्सी की कहानी याद है न, वह पन्नू से प्यार करने लगी थी लेकिन वे जुदा कर दिए गए थे। सस्सी रेगिस्तानों में और पहाड़ों में उसे ढूढ़ती भटकती थी। रेगिस्तान में एक जगह उसे लगा कि पन्नू उसे पुकार रहा है, "सस्सी-सस्सी!"

जब वह उस जगह पर पहुँची तो धरती फट गई और वह उसमें समा गई। लेकिन शाह को सस्सी नाम उतना ही प्यारा था जितनी अपनी बिटिया। और उसका वही नाम पड़ गया।

क्या हमें कभी पता नहीं चलेगा कि शाह की हत्या के पीछे कौन था? 70, क्लिफ्टन में बंद, मुझे रह-रहकर वह बात ध्यान आती थी जो सामिया ने मुझे शाह की लाश को मोइनजोदड़ो लाते समय हवाई जहाज़ में बताई थी। उसने बताया, हत्या के एक महीना पहले कोई व्यक्ति कराची के कई अखबारों के दफ्तरों में गया और शाह का कोई ताज़ा फोटो माँगा। क्या कोई शाह का फोटो इसलिये तलाश रहा था कि उसे पहचान सके कि वह सत्ताइस वर्ष का युवक कैसा दिखता है?

सुबह-सुबह की बी.बी.सी. खबरें सुनते समय 22 अक्तूबर को मैं सन्न रह गई। खबर में बताया गया कि पुलिस ने कैन्स में रेहाना को गिरफ्तार कर लिया है। उस पर फ्रांसीसी कानून के तहत 'खतरे में पड़े व्यक्ति की सहायता न करने' का आरोप लगाया गया है। खबर में और कुछ नहीं बताया गया।

रेहाना के बारे में बी.बी.सी. की खबर सुनने के चन्द रोज़ बाद, मैंने स्थानीय अखबारों में पढ़ा कि शाह की मौत की जाँच में हाज़िर होने का एक सम्मन मुझे मिला था लेकिन मैंने जवाब दे दिया कि मैं नहीं जाना चाहती। कैसा सम्मन? मुझे तो कभी कोई सम्मन नहीं मिला। मैंने गृह विभाग को पत्र लिखा, 'यह बात सत्य नहीं है कि मैं जाँच में हाज़िर नहीं होना चाहती। मैं हाज़िर होना चाहती हूँ, लेकिन यह आपके हाथ में है, न कि मेरे। मेहरबानी करके फ्रांसीसी अदालत को बता दें कि मैं तो हाज़िर होना चाहती हूँ लेकिन आप मुझे रोके हुए हैं।'

मुझे 3 नवम्बर को छोड़ दिया गया। अपने समर्थकों के लिये मैंने एक बयान के शुरू में लिखा, 'मैं एक कठिन सफर पर जा रही हूँ, एक दुखद सफर जिसमें मुझे अपने प्यारे भाई शाहनवाज़ की मौत के सिलसिले में एक विदेशी जगह के अदालती कमरों में जाना होगा।' मुझे बयान अपने हाथ से टाइपराइटर पर टाइप करना पड़ा। इस बार हुकूमत ने 70 क्लिफ्टन की पूरी बिजली, साथ के उप-भवन में लगी अलग बिजली व्यवस्था भी, काट दी थी। बयान का अन्त मैंने इस तरह किया, 'मैं जितनी जल्दी-से-जल्दी हो, लौटने का पक्का इरादा रखती हूँ। इंशा अल्लाह, मैं तीन महीने में वापस लौटने की उम्मीद करती हूँ...चाहे उसका नतीजा जो भी हो।'

फ्रांस में जब मैं अपना बयान देने पहुँची तो हवा हल्की थी, लेकिन मेरा दिल भारी था। जब मुझे शाह की मौत और रेहाना की गिरफ्तारी की तफसील पता चली तो दिल और भारी हो गया।

रेहाना अपना पासपोर्ट वापस लेने 22 अक्तूबर को पुलिस स्टेशन गई थी। उसका पासपोर्ट शाह की मौत के कुछ ही समय बाद फ्रांसीसी पुलिस ने ज़ब्त कर लिया था। कई माह चली पूछताछ के बाद कोई नतीजा सामने नहीं आया। पूछताछ में रेहाना ने फ्रांसीसी पुलिस और इण्टरपोल दोनों को यही बताया था कि जब मेरा भाई मर रहा था उसने न

तो कुछ देखा और न सुना। रेहाना के वकील की यह दलील कामयाब रही कि उसका पासपोर्ट वापस कर दिया जाए। जब रेहाना पुलिस स्टेशन पहुँची तो फ्रांस छोड़ने की पूरी तैयारी कर चुकी थी। इसके बजाय उसने यकायक एक बम फोड़ देने जैसी बात कह दी।

पहले के तमाम दावों के बिल्कुल विपरीत रेहाना ने जो कहा उससे वही बात साबित होती थी जो शाह की लाश के परीक्षणों की रिपोर्ट में कही गई थी, लेकिन पुलिस के पास उसका दूसरा कोई सबूत नहीं था। रेहाना ने कहा कि शाह की मौत तत्काल नहीं हुई थी। पुलिस ने उससे और पूछताछ की, उस पर खतरे में पड़े व्यक्ति की सहायता न करने का आरोप लगाया और उसे एक मजिस्ट्रेट के आगे पेश कर दिया। पासपोर्ट वापस मिलने के बजाय रेहाना को गिरफ्तारी का वारण्ट मिल गया और उसे 'नाइस' की सेंट्रल जेल में भेज दिया।

परिवार को शाह की मौत के इस रहस्योद्‌घाटन से बहुत सदमा लगा। मेरे दोनों भाई ज़हर की जो शीशी साथ रखते थे वह तत्काल असर करने वाली थी, यह बात शाह ने मुझे बताई थी। मीर की ज़हर की शीशी को फ्रांसीसी और स्विट्ज़रलैण्ड दोनों की पुलिस ने जाँचा था और शाह के इस दावे को सही पाया कि अगर उसे कुछ मिलाकर हल्का किए बिना सीधा गटक लिया जाए तो वह तत्काल असर करने वाला ज़हर था। शाह तत्काल और बिना किसी तकलीफ के मौत की आगोश में समा गया, यह बात हम सभी लोगों को राहत देने वाली थी। इस खबर से कि ऐसा नहीं हुआ था हमारा दुख और ज्यादा बढ़ गया।

एक सप्ताह तक, मुझे दुःस्वप्न आते रहे। 'मेरी मदद करो!' शाह मुझसे कहता, 'मेरी मदद करो!' दूसरे सपनों में, वह ठण्ड से काँप रहा होता और मैं उसे कम्बल ओढ़ाने की कोशिश करती। दिन के समय, मैं बार-बार गला साफ करने बाथरूम की तरफ भागती। शाह की भयानक मौत के बारे में अनसुलझे सवाल हमें परेशान कर रहे थे। रेहाना ने तभी मदद क्यों नहीं माँगी? और क्यों वह बार-बार इस दावे को दोहराती रही कि शाह ने खुदकुशी की है, मुसलमानों के लिये तो यह खासकर दुखी करने वाला आरोप है क्योंकि वे मानते हैं कि सिर्फ खुदा ही ज़िन्दगी देने और लेने का हकदार है। हमें शाह की कुव्वत और ज़िन्दादिली पता थी। वह कभी खुदकुशी करने वाला शख्स नहीं था। अगर उसकी मौत तत्काल नहीं हुई तो कोई भी अपने जानते मौत के लम्बे और तकलीफ-भरे तरीके को नहीं अपनाएगा।

हमारे सारे परिवार को यह विश्वास था कि शाह की हत्या की गई है और हमने अज्ञात व्यक्तियों के खिलाफ हत्या के आरोप में मुकदमा भी दायर कर दिया। कार्लटन में मामले की जाँच कर रहे पुलिस के एक जाँच अधिकारी से मैं अनौपचारिक रूप से मिली। पुलिस भी उलझन में थी। उस अधिकारी ने मुझसे पूछा, 'क्या आप उस ज़हर के बारे में और जानकारी जुटा सकती हैं? लाश में तो उस ज़हर का लेशमात्र भी कोई संकेत नहीं बचा था।' मैंने इस बारे में हर सम्भव तरीके से पता किया, अन्ततः गोपनीयता की शर्त पर उसकी जानकारी मिली। वह जानकारी अब भी मन में कौंधती रहती है।

रिपोर्ट में कहा गया था, 'ज़हर फौरन असर करता है बशर्ते इसे सीधे बिना कुछ मिलाए लिया जाए। अगर कुछ मिलाकर हल्का किया जाए तो इसका असर बिल्कुल बदल जाता

है। तीस मिनट बाद पीने वाला स्थिरता खो देता है और सिरदर्द से पीड़ित होता है, थकान और बहुत ज़ोर की प्यास लगती है। एक घंटे के अन्दर शरीर बेकाबू हो काँपने लगता है, दिल और पेट के आस-पास दर्द होता है, फिर सारे शरीर में ऐंठन होती है। मरने से पहले ही शरीर लाश की तरह अकड़ने लगता है, लकवे जैसी हालत हो जाती है लेकिन पीड़ित व्यक्ति होश में रहता है। गले में कफ जमा हो जाने से साँस लेना मुश्किल और बोलना उससे भी ज्यादा मुश्किल हो जाता है। पीड़ित व्यक्ति होश में रहता है, उसे ठण्ड लगती है। मौत का समय चार से सोलह घंटे तक कुछ भी हो सकता है।

शाह की मौत का दुख पूरे परिवार में फैल गया था, सबसे पहले तो मीर और फौज़िया की शादी टूट गई। सस्सी भी हमसे बिछुड़ गई थी। जब मैं 'नाइस' में बयान देने पहुँची, रेहाना जेल में थी और सस्सी फौज़िया के साथ थी, उसने हमें सस्सी से मिलने नहीं दिया। हमारे दुखों का सिलसिला खत्म ही नहीं हो रहा था। सस्सी तो हमारा खून थी। सस्सी तो हमारा एक हिस्सा थी। वह बिल्कुल शाह जैसी लगती थी, खासकर उसकी आँखें। सस्सी के सिवाय हमारे पास शाह का कुछ भी नहीं था और हम उसी को खो रहे थे।

हमने रेहाना से कानूनी पारिवारिक सुलह करने की कोशिश की। सस्सी साल में नौ महीने उसके पास और तीन महीने हमारे साथ रहेगी और उसके सभी खर्चों और पढ़ाई-लिखाई की ज़िम्मेदारी हमारे ऊपर रहेगी। लेकिन रेहाना ने दिलचस्पी नहीं दिखाई। हमें मजबूरन एक बार फिर अदालत का सहारा लेना पड़ा, हालाँकि कानूनी कार्यवाहियों से हमने जो खोया था उसकी भरपाई जैसा कुछ भी हासिल नहीं हो सका।

फरवरी 1988 में अदालत ने मेरी माँ को सप्ताहांत में सस्सी से मिलने का हक दे दिया, लेकिन फैसले को असली जामा नहीं पहनाया जा सका। रेहाना ने सस्सी को अपने नाना-नानी के पास रहने को भेज दिया था। किसे पता अब वह कहाँ है और कैसे है? जब भी मैं उसके बारे में सोचती हूँ तो दिल में चुभन होती है। बस हमें इतना भरोसा हो सके कि वह ठीक-ठाक है, कि वह स्वस्थ है, कि वह खुश है। लेकिन हमें कुछ भी बताया ही नहीं जाता। इस बीच, मैं यह ख्वाब पाले हुए हूँ कि किसी-न-किसी दिन वह हमारे पास आ जाएगी। अपने हमनाम की मानिंद, वह रेगिस्तानों और पहाड़ों को पार कर उस परिवार को ढूँढ़ लेगी जो उसे प्यार करता है। हम हमेशा उसका इन्तज़ार करते रहेंगे।

जून 1988 में दो वर्ष से ज्यादा की कानूनी कार्यवाही के बाद, फ्रांसीसी अदालत ने फैसला किया कि रेहाना पर खतरे में पड़े व्यक्ति की सहायता न करने के इलज़ाम में मुकदमा चलाया जाए। इस जुर्म में एक से पाँच वर्ष तक की सज़ा हो सकती थी। हमें तो निराशा इस अदालती फैसले पर हुई कि अज्ञात व्यक्तियों के खिलाफ शाह की हत्या के हमारे इल्ज़ाम को सही ठहराने के सबूत नाकाफी थे। लेकिन कम-से-कम इतना तो हुआ कि शाह के नाम के आगे से खुदकुशी का दाग हटा दिया गया। अदालत के फैसले के कुछ ही समय बाद रेहाना के वकील के हवाले से बी.बी.सी. ने खबर दी कि अब रेहाना भी, यह मानती है कि शाह की हत्या की गई।

सस्सी, बाकी हम सब लोगों की तरह, कभी अपने पिता की मौत की सच्चाई को नहीं जान सकेगी। जुलाई 1988 में हमें जानकारी मिली कि रेहाना अपने परिवार और सस्सी के साथ रहने के लिये फ्रांस छोड़कर अमेरिका चली गई है। पता चला कि फ्रांसीसी अधिकारियों

ने 'मानवीय कारणों से' रेहाना का पासपोर्ट उसे लौटा दिया। हमारे वकीलों ने हमें बताया, मार्सेल्स में अमेरिकी वाणिज्य दूतावास से वीज़ा प्राप्त करने में रेहाना को कोई दिक्कत नहीं हुई। हमें सूचित किया गया, उसका मुकदमा, अगर चला तो 1989 से पहले शुरू होने की कोई उम्मीद नहीं थी। जो भी हो, हमारे वकीलों को शक है कि मुकदमे की कार्यवाही में हाज़िर होने के लिये रेहाना फ्रांस वापस आएगी।

एक और भुट्टो अपने राजनीतिक विश्वासों की खातिर मर गया। एक अन्य कार्यकर्ता को खामोश कर दिया गया। हम निस्संदेह अपना काम जारी रखे हुए हैं। दुख हमें राजनीति के मैदान से या लोकतन्त्र के लक्ष्य के लिये काम करने के रास्ते से डिगा नहीं सकते।

हम खुदा में विश्वास रखते हैं और इन्साफ करना उसी पर छोड़ते हैं।

13

लाहौर वापसी और 1986 का कत्लेआम

30 दिसम्बर, 1985 को मार्शल लॉ उठा लिया गया था। मैं तब तक यूरोप में ही थी और मुझे यह खबर होटल की तार सेवा के ज़रिये मिली थी। इसे एक बड़ी राहत की तरह सामने आना चाहिए था, लेकिन ऐसा हुआ नहीं। मार्शल लॉ का खात्मा केवल पश्चिमी देशों के सामने किया हुआ एक दिखावा था। यह सच्चे अर्थों में सिविल सत्ता की वापसी नहीं थी क्योंकि अभी भी ज़िया फौज के शासनाध्यक्ष और प्रेसिडेण्ट दोनों ही थे और फौज ने खुद को राजनीतिक प्रणाली से अलग नहीं किया था। चुनाव में राजनीतिक दल जो भूमिका अदा कर सकते थे उसके बारे में कोई फैसला नहीं किया गया था क्योंकि हुकूमत को अभी भी डर था कि पाकिस्तान में सचमुच लोकतन्त्र न आ जाए।

ज़िया की नई नागरिक सरकार सिर्फ एक पहेली थी। मार्शल लॉ उठाने के ठीक पहले, ज़िया की कठपुतली संसद ने विवादास्पद आठवें संशोधन पर अपनी सहमति की मुहर लगा दी थी, जिसके अनुसार हुकूमत के सारे सदस्यों को उनके न केवल पिछले कारनामों से बचाते हुए उन्हें कवच दे दिया था, बल्कि यह कवच मार्शल लॉ के आगे आने वाले शेष तीन और महीनों के लिये भी लागू था। इस ऐक्ट के लगने से फौज या हुकूमत के किसी भी कारनामे पर फिर से विचार किए जाने की गुंजाइश नहीं रह गई थी। इस बीच, फौजी अदालतों ने तुरत-फुरत बहुत से ऐसे लोगों को लम्बे समय के लिये कारावास का दण्ड दे दिया था, जिनके राजनीतिक नेता के रूप में उभरने का अन्दाज़ लगाया जा सकता था।

मार्शल लॉ के उठने ने उसके किसी भी उत्पात की रोकथाम नहीं की। ज़िया ने बड़े तरीके से उन सारी संस्थाओं को मिटा डाला था जिन्हें मेरे पिता के समय में लाया गया था जैसे—स्वतन्त्र न्याय व्यवस्था, सुगठित अर्थ नीति, संसदीय सरकार, प्रेस की आज़ादी, धार्मिक आज़ादी, 1973 के संविधान के अनुसार नागरिक अधिकार। कोई उपयुक्त कानून व्यवस्था न होने की वजह से और अस्थिरता के कारण पाकिस्तान में पूरी तरह अराजकता आ गई थी।

रिश्वत और जुर्म का बोल-बाला हो गया था। मार्शल लॉ में जवान लड़कों के लिये सबसे ज्यादा पसन्दीदा नौकरी कस्टम की थी, क्योंकि उसमें ऊपर की कमाई बहुत थी। एक नया धंधा चल पड़ा था, और अब भी चल रहा है, कि एयर कण्डीशनर से लेकर वीडियो तक, सबकी तस्करी कस्टम के ज़रिये कीजिए और उसे ब्लैक मार्केट में बेच दीजिए। स्टेट बैंक की एक ताज़ा रिपोर्ट के अनुसार पाकिस्तान की आर्थिक प्रगति के छठवें हिस्से के बराबर

तस्करी हो रही थी और काले धन के कारण देश को टैक्स राजस्व का नुकसान हो रहा था।

सोवियत के अफगानिस्तान में घुस आने से और भी अपशकुन भरी सूरत सामने आई थी। अमेरिका से मुजाहिदीन को भेजी जा रही हथियारों की खेप ने पाकिस्तान में हथियारों का नया बाज़ार खड़ा कर दिया था। रूस से कलाश्निकोव (एक रूसी हथियार) पाकिस्तानी कारीगरों के हाथ लग गए और उन्होंने उसकी नकल बनाकर फोकटिए दाम में, यहाँ तक कि चालीस डालरों में उसे काले बाज़ार में बेचना शुरू कर दिया। यह भी बताया गया, कराची में कलाश्निकोव, घंटे की दरों पर किराए पर भी मिल सकने लगा। सिंध के भीतरी भागों में लोगों ने शाम ढलने के बाद आना-जाना बंद कर दिया क्योंकि तब आटोमैटिक गन और रॉकेट लांचर्स जैसे हथियारों से लैस डकैत लोग रास्ते घेर कर रखने लगे थे। बड़े ज़मींदार और उद्योगपति अपनी रक्षा के लिये अपनी सेना रखने लगे थे, यहाँ तक कि वह कभी-कभी अपने प्रतियोगियों पर हमला भी कर देते थे। कई बार, हुकूमत ही कबीलों के मुखिया से मिलकर अलग सेना बना लेने लगी। इन सैनिकों को वर्दी और हथियार देकर इनके ज़रिये पी.पी.पी. के लोगों का पूरे-पूरे गाँव के साथ सफाया किया जाने लगा, यहाँ तक कि मस्जिदों में छिपे हुए गाँव वाले भी जान नहीं बचा पाए।

नशीली दवाओं की तस्करी को भी अफगानिस्तान के आक्रमण का नतीजा माना गया। जहाँ अफगान शरणार्थी आने के पहले पाकिस्तान में नशाखोरी का नामोनिशान भी नहीं था, वहीं अब लाखों पाकिस्तानी नशीली दवाओं की लत का शिकार हो गए। अगर करोड़ों नहीं, तो लाखों डालर कीमत की हिरोइन और अफीम शरणार्थी कैंपों से सड़क के रास्ते कराची के बाहर उत्तर और दक्षिण दोनों सीमाओं के बाहर जाने लगी। वर्ष 1983 तक पाकिस्तान बहुत बड़ा सौदागर बन गया जो सारी दुनिया को हिरोइन भेजने लगा। कराची में आने वाली इस ड्रग तस्करी की दौलत से बड़े भव्य महल कराची, लाहौर और कबीलाई इलाकों में खड़े हो गए।

हुकूमत ने इस ओर से मानो आँखें मूद लीं या अपना हिस्सा रखा। बताया गया कि बहुत से, ड्रग्स के ज़खीरे, फौज के ट्रकों में उन हथियारों के साथ खैबर दर्रे तक पहुँचाए गए, जिनमें मुजाहिदीनों के लिये हथियार भेजे जा रहे थे।

हुकूमत के बहुत-से ऊँचे ओहदेदारों के रिश्तेदार, एक मंत्री का बेटा तक, नशीली दवाओं की तस्करी करते हुए अन्तरराष्ट्रीय पुलिस इण्टरपोल द्वारा अमेरिका तथा दूसरे पश्चिमी देशों में पकड़े गए, लेकिन पाकिस्तान ने अपने देश में कोई गिरफ्तारी नहीं की। हालाँकि उसने इस बात को स्वीकार नहीं किया लेकिन यह अफवाह गर्म थी कि इस तस्करी का सरगना फ्रंटियर प्रान्त का फौजी गवर्नर था, जो सालों-साल अपने पद पर बना रहा, जबकि दूसरे गवर्नर लोगों को ज़िया ने ज्यादा टिकने नहीं दिया। ऐसा ही गम्भीर मामला अब्दुल्ला भट्टी का भी था। भट्टी उन कुल दो हुकूमत के अधिकारियों में से एक था, जिसे नशीली दवाओं की तस्करी के मामले में पकड़ा गया और उसे सज़ा सुनाई गई। पूरे चार बरस के दौरान यह अकेला केस पकड़ा गया था। बाद में पता चला कि अब्दुल्ला भट्टी भाग निकला। इसके सात बरस बाद, जब जहाज़ से जाते समय, खराब मौसम के कारण अब्दुल्ला के जहाज़ को कराची उतरना पड़ा, वहाँ अब्दुल्ला गिरफ्तार हो गया। तब ज़िया ने अपने विशेषाधिकार

का प्रयोग करते हुए उसे छोड़ देने का आदेश दे दिया। इसके पहले या बाद, ज़िया ने यह विशेषाधिकार किसी भी राजनीतिक कैदी के लिये प्रयोग नहीं किया था।

ज़िया की इस्लामीकरण की नीति ने भी पाकिस्तान को बाँट दिया और लोगों में हताशा भर दी। जहाँ मेरे पिता के समय में, पाकिस्तान में धार्मिक आज़ादी का माहौल था, ज़िया के राज में अल्पसंख्यकों को दमन के दौर से गुज़रना पड़ रहा था। ज्यादातर पाकिस्तानी 'हनफी' विचारधारा के चलते, सुन्नी मुसलमान थे जिनमें धार्मिक विश्वास का रूप उदार था। हमारे देश का जन्म इस्लाम के एकता पैदा करने वाले विचार को लेकर हुआ था, जिसमें अल्पसंख्यकों के लिये समान रूप से जगह थी। अहमदी लोग थे, जिनकी धार्मिक अगुवाई इंग्लैण्ड से चलती थी, हिन्दू थे, ईसाई थे, थोड़ी-सी लेकिन संगठित आबादी पारसियों से भी थी, ज़ोरोस्ट्रेनियन थे, जो आग की पूजा करते थे। 'तुम लोग जिस भी पूजा घर में जाना चाहो, जा सकते हो, पाकिस्तान तुम्हें इस बात की आज़ादी देता है।' यह मेरे पिता ने कहा था। हमारे देश के संस्थापक, मुहम्मद अली जिन्ना का भी यही ख्याल था कि इन बातों का राज से कोई लेना-देना नहीं है। वह 1947 में पाकिस्तान के प्रेसिडेण्ट बने थे।

ज़िया का अपना झुकाव 'वहाबी' पंथियों की ओर था, जो सऊदी अरब के पुनरुत्थानवादी कट्टर मुसलमान थे और जमात-ए-इस्लाम का संचालन कर रहे थे। 1977 के विद्रोह के समय, जब हुकूमत इस्लामीकरण का प्रचार कर रही थी, तब भी कट्टरपन्थी पूरे देश पर अपना ही नज़रिया थोपने की कोशिश में लगे हुए थे। ईसाई, हिन्दू तथा पारसी लोग इस स्थिति से बेचैन हो गए थे। उनके दरवाज़ों के नीचे से सरकाए गए कागज़ उन्हें सन्देश देते थे, 'यहाँ से निकल जाओ, यहाँ तुम्हारी ज़रूरत नहीं है' बहुत से अल्पसंख्यकों ने अपनी ज़मीन-जायदाद बेची और कहीं और निकल लिये जबकि वह यहाँ पाकिस्तान में पीढ़ियों से रह रहे थे। जो अल्पसंख्यक रुक भी गए, वह सिर झुकाकर रहने लगे। जैसे मेरे पिता के समय में, जो पारसी औरतें जीन्स पहनती भी थीं, उन्होंने शलवार-कमीज़ पहननी शुरू कर दी, इस डर से कि कहीं वह मुल्ला लोगों की नज़र में न आ जाएँ। ज़िया के राज में यह मुल्ला लोग इस्लाम की तलवार बन गए थे। मुल्ला लोगों ने अपने कट्टरपन्थी नज़रिये को इस्लाम धर्म की आड़ में फैलाया जिससे यह कुछ आसानी से मान लिया जाए। बदले में इन्होंने ढाई फीसदी का टैक्स, चाहे जितनी भी आमदनी हो, उस पर लगाया और उसे इस्लामिया टैक्स कहा। ज़िया के इस टैक्स का भारी हिस्सा दरअसल इन मुल्ला लोगों की जेब में गया, जबकि यह गरीब मुसलमानों को मदद के लिये शुरू किया बताया गया था।

शुक्रवार (जुम्मे) की नमाज़ के समय मस्जिद में मुल्ला लोगों द्वारा दिए जाने वाला इकतरफा हुकुमनामा, जिसे फतवा कहा जाता था, और भी मुश्किल का कारण बना। इसका एक बहुत हास्यास्पद उदाहरण 1984 में सामने आया। एक टी.वी. फिल्म में अभिनय करते हुए, हीरो हीरोइन को, जो कहानी में उसकी पत्नी है, उसे दुराचार के आधार पर तीन बार तलाक-तलाक-तलाक कहकर छोड़ देता है। इत्तेफाक से, वह हीरो-हीरोइन सचमुच में भी पति-पत्नी थे। इस पर मुल्ला लोगों ने फतवा जारी किया कि इन लोगों की शादी सचमुच टूट गई मानी जाए और चूँकि औरत पर दुराचार का आरोप लगाया गया था (फिल्म में), उसे सचमुच संगसार किया जाए, यानी कि सब लोग पत्थरों से मार-मारकर उस औरत की हत्या कर दें। आधी रात को उस फतवे के मुताबिक, भीड़ ने उस हीरो-हीरोइन के घर पर

हमला बोल दिया, लोग इस्लाम के नशे में इतने चूर थे कि किसी ने कुछ भी नहीं कहा, और कुछ नहीं सोचा और पूरी घटना को बहुत सहजता से ठीक मान लिया गया। ज़िया ने लगातार इस्लामी शब्दों के आडम्बर से अपने उस दमनकारी तौर-तरीकों को जारी रखा, जो वह समाज के कुछ लोगों पर ढाया करता था। 1979 में, खुमैनी के ईरान वापस आने के बाद, दो हफ्तों में ही ज़िया ने *शरीयत* अदालत के ज़रिये खासा मशहूर *हदूद* कानून लागू कर दिया। इस कानून में, चोरी, व्यभिचार और बलात्कार को सबसे जघन्य अपराध बताते हुए *शारिहा* कहा। इस कानून को कुरान शरीफ और हाज़ी पैगम्बर का कहा हुआ बताया गया। इस कानून के मुताबिक, किसी भी औरत को अपने बलात्कार की शिकायत के साथ चार मुसलमान चश्मदीद गवाहों को पेश करना होगा, नहीं तो वह बलात्कार सिद्ध हुआ नहीं माना जाएगा, और उस हालत में औरत को ही व्यभिचारी मानते हुए सज़ा दी जाएगी। यह एक मज़ाक था क्योंकि बलात्कार सरेआम नहीं होते और किसी भी औरत के लिये ऐसे चार मर्द जुटा पाना, जो बलात्कार होने की हामी भरें, लगभग, असम्भव है। यहाँ साफिया बीबी का मामला देखा जा सकता है। उस अन्धी लड़की के साथ, जो एक जगह नौकरानी थी, उसके मालिक और मालिक के बेटे ने बलात्कार किया और वह गर्भवती हो गई। चूँकि इस मामले को सिद्ध नहीं किया जा सकता था, वह दोनों मर्द बाप-बेटे बेदाग छूट गए और दुराचार के आरोप में साफिया को सरेआम कोड़े खाने और तीन बरस की जेल की सज़ा सुना दी गई।

साफिया बीबी का बचाव हो गया, क्योंकि उत्तेजित स्त्रियों ने इस मामले को अन्तरराष्ट्रीय खबर बना दिया जिससे घबराकर हुकूमत ने साफिया को छोड़ दिया, लेकिन ऐसा हमेशा कहाँ हो सकता था! एक दूसरी, तेरह साल की लड़की को उसके चाचा ने अपना शिकार बना लिया। बलात्कार सिद्ध न हो पाने की स्थिति में इस लड़की को दस कोड़ों और तीन बरस की कैद भुगतनी ही पड़ी हालाँकि, हुकूमत ने यह सज़ा तब तक रोके रखी, जब तक उसका इस ज़ुल्म से पैदा हुआ लड़का दो बरस का नहीं हो गया। वर्ष 1973 में मेरे पिता ने अपने संविधान में विशेष रूप से लिखा कि महिलाओं के साथ लिंग-भेद के आधार पर कोई अन्तर नहीं रखा जाएगा। उस संविधान के अनुच्छेद 25(2) में कहा गया...केवल स्त्री-पुरुष के आधार पर कोई भेदभाव नहीं बरता जाएगा। इससे उलट, ज़िया के राजनीतिक नियमों ने, न केवल ऐसा भेदभाव बरता, बल्कि उसे बढ़ावा भी दिया। कराची यूनीवर्सिटी में, जहाँ एक मस्जिद को *जमात-ए-इस्लामी* के छात्रों के हथियारों का गोदाम बना दिया गया था, वहां कट्टरपंथियों ने, जो कि छात्र ही थे, महिलाओं को परिसर में रखे जाने का विरोध किया। पुरुष छात्रों का कहना था कि महिलाएँ पुरुषों के बीच सुरक्षित नहीं हैं। अपनी बात सिद्ध करने के लिये, उन्होंने महिला छात्रों को परेशान करना शुरू कर दिया। कुछ ऐसी महिला छात्रों पर तेज़ाब तक फेंका गया, जो बुरका नहीं पहनती थीं। लेकिन तेज़ाब फेंकने वाले छात्रों पर कोई कानूनी कार्यवाही नहीं की गई।

औरतों को समाज के हर स्तर पर, मर्दों से नीचे रखा गया। यहाँ तक कि बड़ी-बड़ी सभाओं में भी भाग लेने वाले मर्द औरतों को अलग-अलग बाँटकर बिठाया गया। किसी संस्था की बहुत सीनियर और ऊँचे पद पर काम कर रही औरतों को भी अपने सहयोगी पुरुषों के साथ बैठना मना था। टेलीविज़न पर, महिला समाचार वाचिकाओं के लिये सिर

पर दुपट्टा लेना ज़रूरी था, जो इसका पालन नहीं करती थीं, उनकी नौकरी जाती रहती थी। खिलाड़ियों में भी, पाकिस्तान की महिला हॉकी टीम की लड़कियों को अपनी टाँगें ढकना ज़रूरी बताया गया था। इस तरह से उनका अंतरराष्ट्रीय प्रतियोगिताओं में भाग लेना बंद हो गया था। कभी-कभी हुकूमत की यह इस्लामी सनक मज़ाक बन जाती थी। एक बार सेंसर बोर्ड ने एक अखबार के सम्पादक को जवाब तलब करते हुए एक फोटो दिखाया जो उसके अखबार में छपा था, "इस फोटो में इस औरत की टाँगें खुली हुई क्यों हैं?" वह फोटो टेनिस के विश्व कप टूर्नामेण्ट का था, सम्पादक ने जवाब में बताया–जनाब, यह फोटो किसी औरत का नहीं, बल्कि बियोन बोर्ग का है।

औरतें इस बात के लिये आन्दोलन कर रही थीं कि हुकूमत ने उनका सम्मान और प्रभाव खत्म कर दिया है। जब हुकूमत ने फरवरी 1983 में *शरीयत* का यह कानून लागू किया कि औरतों की गवाही को मर्दों की गवाही के मुकाबले आधी मान्यता दी जाएगी, तब काम-काजी महिलाओं के एक गुट ने लाहौर में प्रदर्शन किया। पुलिस ने भीड़ पर, जिसमें यूनीवर्सिटी की प्रोफेसर, वकील तथा व्यवसायी महिलाएँ थीं, लाठीचार्ज किया और आँसू गैस के गोले दागे और सत्तर-अस्सी महिलाओं को जेल में ठूँस दिया। उन्हें उनकी चोटी पकड़कर घसीटा गया। इतने से भी उनका जी नहीं भरा, तो मुल्ला लोगों ने उनकी शादियाँ इस आधार पर अवैध घोषित कर दीं कि यह महिलाएँ इस्लाम से बाहर कर दी गई हैं। औरतें किसी तरह मुल्ला लोगों को भले ही अनदेखा करतीं, हुकूमत को कैसे अनदेखा किया जा सकता है। वर्ष 1984 में ज़िया की हुकूमत ने इस गवाही के कानून को पूरी मान्यता दे दी।

यह कानून भी विचाराधीन था कि हत्या के मामलों में औरतों की गवाही को नहीं माना जाएगा, और चूँकि, औरतों की हैसियत मर्दों के मुकाबले आधी है, इसलिये, किसी औरत की हत्या होने पर उसके परिवार को मिलने वाला मुआवज़ा, मर्दों के मरने पर मिलने वाले मुआवज़े का आधा ही होगा।

मार्शल लॉ उठाए जाने की तमाम चर्चा के बावजूद, ज़िया का पाकिस्तान, उसी दमनकारी और भेदभाव पूर्ण दौर से गुज़रता रहा। गरीबों और महिलाओं को हताशा ही मिलती रही। लोग अपने विवाद शान्तिपूर्ण ढंग से सुलझाएँ या उनके साथ ही सहज हो जाएँ, लोगों ने उन्हें अपहरण और बंदूक के बल पर निपटाना शुरू कर दिया। पाकिस्तान के अल्पसंख्यक इलाकों, जैसे सिंध, बलूचिस्तान और फ्रंटियर, जहाँ ज़िया का फूट डालो और राज करो वाला कदम ज्यादा लागू था, वहाँ हिंसा बहुत बढ़ती जा रही थी और अलगाववादी सोच उभरने लगी थी।

ज्यों-ज्यों ज़िया की राजनीतिक दलों पर पाबंदी बढ़ती गई, त्यों-त्यों शुरू से ही, अलगाववादी लीडरों ने सिर उठाना शुरू कर दिया। ज़िया ने भी इन नेताओं के बयानों को अख़बारों में खूब जगह दी, और दूसरा रुख यह तय किया कि इन अल्पसंख्यकों और पंजाब के बीच फूट की भावना पैदा हो और गहराती जाए, साथ ही ज़िया ने इसको इस दिशा में भी इस्तेमाल किया, कि यह वहाँ पर फौजी शासन की ज़रूरत को स्वतः सिद्ध कर सके। हुकूमत ने निर्दलीय चुनावों की व्यवस्था रची और राजनीतिक दल जैसी किसी चीज़ को स्वीकार नहीं किया। इस चाल ने आपसी भेद-भाव को और बढ़ावा दिया। चुनाव के उम्मीदवारों के पास वोटरों के रखने के लिये कोई विचारधारा नहीं रह गई, जो उन्हें

पार्टी से मिलती, इसलिए वह यही कहकर अपना प्रचार करते रहे कि, मैं पंजाबी हूँ, मुझे वोट दो, मैं सिंधी हूँ, मुझे वोट दो। इसने ज़ाहिर तौर पर भेदभाव पैदा किया और उसे गहरा किया।

इस नीति की कीमत देश को चुकानी पड़ रही थी। 1985 में कराची में पहली बार पठानों और हिन्दुस्तान से आए मुसलमानों, जो मुहाजिर कहे जाते थे, के बीच दंगे हुए। इसमें पचास से ज्यादा लोग मारे गए और सैकड़ों घायल हो गए। मामला यूँ ही शुरू हुआ, जब एक बस, जिसे पठान ड्राइवर चला रहा था, दुर्घटनावश एक मुहाजिर लड़की को कुचल गई। गुस्साई भीड़ ने अचानक कार, स्कूटर, बसें, सबको आग लगानी शुरू कर दी और सैकड़ों गाड़ियाँ जलकर राख हो गईं। तनाव इतना बढ़ गया और आस-पास फैलना शुरू हो गया, कि हुकूमत को मजबूर होकर कर्फ्यू लगाना पड़ा जो महीनों तक वहाँ लागू रहा। यह सिर्फ समस्या को दबाना भर था, उसकी जड़ तक पहुँचना नहीं था। आगे आने वाले तीन वर्षों में ऐसे मामलों और मरने वालों की गिनती और बढ़ जाएगी। नए बनने वाले राजनीतिक दल उसी कट्टरपंथी धार्मिक जुड़ावों से पैदा होंगे और अपनी लोकप्रियता बढ़ाते हुए इन्हीं साम्प्रदायिक भावनाओं को हवा देंगे। पाकिस्तान की एकता टूट जाने के आसार साफ-साफ नज़र आ रहे थे।

जनवरी 1986 में फ्रांस से लौटने पर, अपने बार्बीकान फ्लैट में इकट्ठे हुए पी.पी.पी. कार्यकर्ताओं को मैंने बताया, ‘‘मैं घर जाने की सोच रही हूं।’’ उन लोगों ने स्थितियों को साफ-सा किए जाने की उम्मीद से मेरी तरफ देखा, बात उन्हें स्पष्ट नहीं हुई थी कि मैं क्या सोच रही हूँ। मैंने अपनी बात जारी रखी, ‘मैं शायद लाहौर या पेशावर पहुँच जाऊंगी’ यह सुनकर उनके चेहरे उल्लास से खिल उठे। घर से, मेरा मतलब 70 क्लिफ्टन नहीं, बल्कि समूचा पाकिस्तान था, यह उन्हें अब समझ में आया था। अब ज़िया के सामने पी.पी.पी. की चुनौती आने वाली है।

‘‘मैं आपके साथ चलूँगा...’’ नाहिद और सफदर अब्बासी ने कहा। ‘‘मैं भी वापस जाऊँग’’ बशीर रियाज़ ने आवाज़ में अपनी आवाज़ मिलाई। ‘‘जल्दबाज़ी मत करो,’’ मैंने नाहिद और बशीर को समझाया। मुझे पता था कि पाकिस्तान में उनके खिलाफ अदालत में मामले चल रहे हैं। लेकिन हमारे कार्यकर्ताओं का छोटा-सा दस्ता तैयार हो चुका था। हम साथ-साथ लौटेंगे।

हमारा समय का तालमेल ठीक रहा। ज़िया, जब मार्शल लॉ उठाने की शेखी बघार रहा था, हम हुकूमत का हाथ रोक सके और अपनी आज़ादी का मुद्दा सामने रख सके। अगर मेरी वापसी पर ज़िया मुझे गिरफ्तार कर लेगा, तब उसका लोकतन्त्र का पाखण्ड एकदम छितर जाएगा और अगर वह ऐसा नहीं करता, तब मैं पी.पी.पी. का सन्देश लेकर पाकिस्तान के लोगों तक, इन नौ सालों में पहली बार पहुँच पाऊँगी। मनोवैज्ञानिक रूप से भी यह अनुकूल समय था और इसके शुभ लक्षण नज़र आ रहे थे। हाल में ही दो तानाशाहों का पतन हुआ था। एक फर्डिनेंड मारकोस फिलीपीन्स में, दूसरा हाइती में, पापा डॉक डुवालियर। अब तीसरे का भी वक्त आ गया था। यह एक महत्त्वपूर्ण और बड़ा फैसला था। लेकिन क्या यह ठीक भी था? मेरे इन जेल में रहने और देशनिकाले के बरसों में पाकिस्तान की

हवा का क्या रुख था, यह मुझे अभी समझना बाकी था। इसलिये मैंने लंदन में पी.पी.पी. की सेंट्रल इक्जीक्यूटिव कमेटी की मीटिंग बुलाई। "मैं समझती हूँ, अब यह वापस जाने का सही वक्त है," मैंने उनसे कहा था, "लेकिन सब कुछ आप की राय पर निर्भर करता है। क्या यह समय ठीक है या मैं वहाँ जाते ही गिरफ्तार हो जाऊँगी...?...और उस हालत में पी.पी.पी. क्या करेगी....? क्या प्रदर्शन और किसी दूसरे ढंग से पूरे लोकतन्त्र के लिये ज़िया पर दबाव बनाया जाना चाहिए या मुझे अपनी वापसी के लिये कुछ और इन्तज़ार करना चाहिए. ..आप ही लोग मुझे बताएँगे..."

"आपको अभी वापस लौटना चाहिए, हम आपके साथ हैं।" सारे नेताओं ने एक स्वर से यही कहा, "अगर ज़िया आपके खिलाफ कोई कार्यवाही करता है, तो वह हम सबके खिलाफ कार्यवाही करे।" मैं बहुत खुश हुई और हममें से कुछ लोग, बार्बीकॉन में मेरी छोटी-सी खाने की मेज़ पर बैठकर मेरे पंजाब, सिंध और फ्रंटियर दौरे के रास्ते और कार्यक्रम तय करने लगे। हमेशा की तरह हमारे काम करने का ढंग राजनीतिक होना था, उग्र नहीं। हमें सिस्टम में बने रहते हुए उसे उखाड़ फेंकने का जतन करना था और हुकूमत को कोई ऐसा मौका नहीं देना था जो वह हमें गिरफ्तार करने का बहाना बना सके। हमारा अन्दाज़ा था कि भारी राजनीतिक प्रदर्शनों के दम पर हम ज़िया को इस बात के लिये मजबूर कर सकते हैं कि वह 1986 की सर्दियों तक चुनावों की घोषणा कर दे।

मैं अपने दौरे के नक्शे में शहरों की संख्या बढ़ाती रही, जहाँ हमने जाना तय किया। बजाय इसके कि सारे बड़े शहरों में एक साथ प्रदर्शन किए जाएँ, मैंने योजना बनाई कि पी.पी.पी. कुछ समय के भीतर एक के बाद एक शहरों में प्रदर्शन करती जाए। इससे जनता में हमारे प्रति विश्वास कदम-दर-कदम बढ़ता जाएगा और वह खौफ टूटेगा, जो बरसों से ज़िया ने देश में फाँसी, रोड़ेबाजी और दूसरे दमन के ज़रिये रच रखा था।

"क्या आप इतना सब कर पाइएगा...?" उन नेताओं ने मुझसे पूछा, "हाँ, ज़रूर।" मैंने उन्हें तब भरोसा दिलाया, जब हम खाने की मेज़ पर बैठे थे। उस दिन मैंने खुद चिकन और दाल बनाई थी। हमने तय किया कि हमारा पाकिस्तान में प्रवेश लाहौर के रास्ते होगा। लाहौर पंजाब की राजधानी है, जहाँ फौज में भर्ती की जाती हैं, और यह पी.पी.पी. का गढ़ भी है।

जब हमने पूरा यात्रा-क्रम तैयार कर लिया, तब कुछ पी.पी.पी. के नेता लोग पाकिस्तान लौट गए कि वह वहाँ पहुँचकर तैयारी में लग सकें। मेरी पाकिस्तान वापसी की तारीख, हालाँकि गुप्त रखी गई थी। हमने अब तक अच्छी तरह समझ लिया था कि ज़िया को किसी भी तरह की तैयारी का मौका नहीं देना है। इस गुप्त रखे गए कार्यक्रम का हमें तब अनायास फायदा मिला जब इसने हमारी लोकप्रियता विज्ञापित कर दी। मेरे आने की तारीखों के बारे में अलग-अलग अन्दाज़ा लगाए जाने लगे। "वह 23 मार्च को आएगी...वह पाकिस्तान दिवस है।" एक ज़ोरदार अफवाह यह थी। कुछ लोगों ने कहा कि वह 4 को आएगी, जिस दिन उनके पिता को फांसी दी गई थी। यहाँ तक कि प्रेस ने भी इन अफवाहों के ज़रिये हमारा प्रचार किया।

मेरी ज़िन्दगी पर खतरा शुरू हो गया। एक पी.पी.पी. के समर्थक ने पाकिस्तान से सिंध के एक सेना के अफसर का सन्देश भेजा, "उनको कहो, वह न आएँ, वह उन्हें मार

डालने का इरादा बना रहे हैं।' मेरे पास और भी ऐसे संकेत, पंजाब से और फ्रण्टियर से आ रहे थे। ''राजनीति में किसी औरत का होना कितनी निगाहें टेढ़ी करता है, यह तुम्हें पता है, इसलिये वापस मत लौटो।'' मेरे निजी टेलीफोन ने वक्त-बेवक्त गुमनाम बजना शुरू कर दिया। देर रात गए, तो कभी एकदम सवेरे। एक दोस्त ने खबर दी कि एक पाकिस्तानी मेजर मेरी तस्वीर के साथ हीथ्रो हवाई अड्डे पर रोका गया और वापस भेज दिया गया।''

मुझे नहीं पता इन अफवाहों में कितनी सच्चाई थी या कि हुकूमत इनके ज़रिये मुझे डराकर पाकिस्तान से दूर ही रखना चाहती थी। लेकिन एक बड़ी बदशकुनी का भी मामला सामने आया था। मेरे पिता का एक पुराना नौकर नूर मोहम्मद कराची में, जनवरी में, मार डाला गया। उसकी निर्दयतापूर्वक हत्या की गई। उसके मरने के पहले उसकी छोटी भतीजी का एक पत्र मेरे पास आया था कि नूर मोहम्मद मुझसे कुछ ज़रूरी बात करना चाहता है, इसलिये मैं उससे फोन पर बात कर लूँ। उसने अपनी भतीजी को बताया था कि हुकूमत उसके पीछे पड़ी है। क्योंकि कुछ बात थी, जो उसे पता है। मैंने उसे तुरन्त ही लन्दन से फोन किया, लेकिन तब तक देर हो चुकी थी। नूर मोहम्मद के भाई की ग्यारह बरस की लड़की शहनाज़ की, बेरहमी से चाकू से गोदकर हत्या कर दी गई थी। उसके कुछ ही बाद मुझे नूर मोहम्मद का, उसकी हत्या के पहले लिखा गया पत्र मिला। उसमें भी बस इतना ही लिखा था कि मैं उसे जल्दी-से-जल्दी फोन करूँ। वह क्या था, जो नूर मोहम्मद मुझे बताना चाह रहा था, लेकिन उसे दूसरा मौका नहीं मिल पाया।

मैं वाशिंगटन गई। मैं उनका ध्यान इस ओर दिलाना चाहती थी कि वह जानें कि हम हुकूमत की लोकतन्त्र की चाहत की सच्चाई परखने जा रहे हैं। पाकिस्तान के लोग नौ बरस से लोकतन्त्र की बहाली और चुनाव का इन्तज़ार कर रहे हैं। किसको पता है कि मेरी वापसी पर उनके मन में क्या आएगा? और हुकूमत की इस ओर क्या प्रतिक्रिया होगी...? ज़िया के प्रधानमंत्री मोहम्मद खान जुनेजो ने बाकायदा यह भरोसा लिखित रूप से दर्ज कराया है कि वापसी पर मेरी गिरफ्तारी नहीं होगी लेकिन ज़िया क्या करेंगे यह कौन बता सकता है...?

वाशिंगटन मैं मैंने सीनेटर पैल, सीनेटर कैनेडी और कांग्रेस के स्टिफेन सोलार्ज से मीटिंग की। सोलार्ज एक तेज-तर्रार प्रतिनिधि हैं, जिन्होंने हाल में फिलीपींस चुनाव कराकर कोराज़ोन एक्वीनो को लोकतन्त्र की सत्ता सौंपी, अब वह मेरे अच्छे दोस्त भी बन गए थे। वह लोग मेरे पाकिस्तान लौटने के कार्यक्रम को बहुत समर्थन दे रहे थे। वह इस बात पर भी ज़ोर दे रहे थे कि पाकिस्तान में स्वतन्त्र और निष्पक्ष चुनावों के ज़रिये मानवाधिकारों की बहाली होनी चाहिए और उन्होंने वादा किया था कि वह मेरे पाकिस्तान लौटने के बाद स्थितियों पर कड़ी नज़र रखेंगे।

मार्क सीगल, जो एक राजनीतिक सलाहकार हैं, और जिनसे मैं वर्ष 1984 में अपनी वाशिंगटन यात्रा के दौरान मिली थी, वह भी बहुत मदद देने वाले इन्सान थे और उन्होंने चुने हुए पदाधिकारियों और पाकिस्तान के प्रभावशाली लोगों को लिखा था कि अगर मेरी वापसी पर पाकिस्तान में, मेरे साथ कोई गलत व्यवहार हुआ, तो उसके गम्भीर परिणाम होंगे। सुरक्षा के तौर पर मार्क ने मुझे एक बुलेट प्रूफ जैकेट भी लाकर दी थी।

अमेरिकी प्रेस को पाकिस्तान और फिलीपींस की एक जैसी लड़ाई के बारे में बखूबी

पता था। इस बार इधर ज़िया थे, और उधर फिलीपींस में फर्डिनेंड मारकोस और कोराज़ान एक्वीनो का मामला था। उनके विचार मेरे और श्रीमती एक्वीनो के बारे में, जरा रूमानी से भी थे। हम दोनों के बीच में बहुत समानता थी। मैं और एक्विनो, दोनो ही स्त्रियाँ हैं। हम दोनों ने ही अपने परिवार के प्रियजनों को तानाशाहों के हाथों गँवाया है। एक्विनो के पति मारे गए थे और मेरे पिता और भाई। हम दोनों स्त्रियाँ ज़मींदार परिवारों से सम्बन्धित थीं, दोनों की ही पढ़ाई अमेरिका में हुई। श्रीमती एक्विनो ने जनशक्ति के दम पर मारकोस से लोहा लिया और एक शान्तिपूर्ण क्रान्ति के ज़रिये सत्ता पाई। मैं भी पाकिस्तान में यही करने जा रही थी... लेकिन हमारे बीच जो कुछ एक जैसा था, वह यहीं खत्म हो गया। फिलीपींस में एक्विनो को सेना तथा चर्च, दोनों का समर्थन मिला था। मेरे पास पाकिस्तान में इन दोनों में से कुछ भी नहीं था। जनरल का मुझसे विरोध इसी बात का था कि मैंने उस भ्रष्ट व्यवस्था को चुनौती दी थी, जिसके ज़रिये उन्हें कौड़ियों के दाम जायदाद, मुफ्त की कारें और कस्टम ड्यूटी से छूट मिल रही थी। दूसरी तरफ़, कुछ धार्मिक संस्थाएँ ज़रूर मेरे साथ थीं, लेकिन कट्टरवादी मुल्ला ज़िया की तानाशाही का ही पक्ष ले रहे थे। सबसे बड़ी बात यहाँ यह थी कि अमेरिका ने मारकोस पर फिलीपींस में ध्यान दिया था और उसे गाड़ी दी थी, जो उसे तथा उसके परिवार को सुरक्षा दस्ते के साथ देश के बाहर ले गई थी। रीगन का प्रशासन मुस्तैदी से ज़िया के साथ था। कांग्रेस के पास पाकिस्तान के लिये 6 साल की 4.2 बिलियन डालर की फौजी तथा घरेलू वित्तीय सहायता का पैकेज विचाराधीन था जिसे रीगन पूरी ज़ोर से समर्थन दे रहे थे। मुझे अमेरिका से ज़रा-सी भी मदद की उम्मीद नहीं थी सिवाय इसके कि मुझे शुभकामनाएँ मिलें, और अमेरिका के कुछ सरकारी लोगों और प्रेस का नैतिक समर्थन मिले। ''हम आपके साथ चलेंगे।'' बहुत से संवाददाता लोगों ने मुझसे कहा। ''साथ में विदेशी संवाददाताओं का होना बड़ा भरोसा देता है।'' यह भूलने की कोशिश करते हुए मैंने उन्हें धन्यवाद दिया, कि फिलीपींस में विपक्ष के नेता बिनीग्नो एक्विनो के साथ भी उनका दस्ता था, जब वह फिलीपींस वापस पहुँचे थे और वहीं एयरपोर्ट पर गोली से उड़ा दिए गए थे। उन्होंने तो फिलीपींस की ज़मीन पर पैर भी नहीं रखा था। किसी ने मेरे कमरे में दरवाज़े के नीचे से एक पर्ची सरकाकर मुझे आगाह किया था, ''एक्वीनो को याद करो!''

मुझे नहीं पता था कि पाकिस्तान पहुँचकर मैं जिऊँगी या मार डाली जाऊँगी। मैं इस बारे में सोचना भी नहीं चाहती थी। खुदा ने जो मेरे नसीब में लिखा होगा, वही होगा, मैं चाहे जहाँ भी रहूँ लेकिन, किसी भी कीमत पर मैं अपने पिता के लिये मन-ही-मन किए अपने प्रण को निभाना चाहूँगी, कि मैं उनके नाम पर 'उमरा' ज़रूर करूँगी, जो कि एक तीर्थयात्रा है। वाशिंगटन से लौटने के तुरन्त बाद मैं कुछ साथियों के साथ मक्का चली गई। हरेक मुसलमान को जो समर्थ हो, उसे हज के महीने में अपनी ज़िन्दगी में कम-से-कम एक बार मक्का ज़रूर जाना चाहिए। 'उमरा,' जिसे करने में चार दिनों की जगह, बस कुछ घंटे लगते हैं, साल के किसी भी दौरान, किया जा सकता है।

मेरे मन में अपने पिता के नाम पर 'उमरा' करने की इच्छा 1978 से ही थी। ज़िया की तथाकथित इस्लामी हुकूमत ने दो बार मेरी मक्का जाने की अर्ज़ी खारिज कर दी। मुझे नहीं पता कि इनमें मेरे नसीब में क्या है, यह मेरे लिये आखिरी मौका था। मक्का

में मैंने और मेरे साथियों ने सफेद बिना सिला तीर्थयात्रियों वाला कपड़ा पहना और रस्म शुरू की। या खुदा, तुमसे शान्ति है और तुमसे ही सारी शान्ति की शुरुआत है। मेरे आक़ा, हमें शान्ति दो!'' पाक मकबरे के सफेद संगमरमर से सजे आँगन की ड्योढ़ी (दरवाज़े) पर हमने शान्ति के द्वार पर अरबी में दुआ पढ़ी। हमने का'बा के सात चक्कर लगाए (परिक्रमा)। यह पचास फीट ऊँची और पैंतीस फीट लम्बी काले पत्थरों की इमारत है, जिसके बारे में मुसलमानों का विश्वास है कि यहीं अब्राहम ने ''एक और सिर्फ एक अल्लाह, अल्लाहू-अकबर, की इबादत का घर बनाया था। हर बार, जब हम उस काले पत्थर के सामने से गुज़रे, जो का'बा के दक्षिण-पूर्व किनारे पर स्थित है, हमने ''अल्लाहू अकबर!'' कहकर खुदा को याद किया। सातवीं सदी में, पैगम्बर ने, (खुदा उन्हें शान्ति दे) उस छोटे-से पत्थर को चूमा था, जब उसे का'बा में रखा था। 'उमरा' करने के बाद मानो, मेरे ऊपर से एक बोझ उतर गया। हर बार रुककर मैंने अपने पिता के लिये प्रार्थना की थी। उन दूसरे शहीदों के लिये प्रार्थना की थी जो हुकूमत के हाथों मारे गए थे। अपने भाई शाहनवाज़ के लिये दुआ की थी और उन लोगों के लिये भी दुआ की थी, जो अभी भी जेल में हैं। इस धार्मिक रस्म को निभाने के बाद मैंने खुद को बहुत ऊँचा महसूस किया था। मैं एक दिन और रुक गई थी कि एक बार 'उमरा' खुद अपने लिये करूँ। आध्यात्मिक रूप से शुद्ध होकर मैं राजनीति की दुनिया में वापस लौटी और सीधे सोवियत यूनियन के लिये उड़ चली, जहाँ मैं एक महिला मण्डल द्वारा आमन्त्रित थी। रूस जाकर, मैं समझती हूँ, मैंने यह जतन भी किया कि मैं पी.पी.पी. के लोगों की इस शिकायत से भी बच जाऊँ, कि मैं अमेरिका की ओर अपना झुकाव ज्यादा रखती हूँ। मैं पाकिस्तान पहुँचने के पहले अपनी ज़मीन, जितनी हो सके, मज़बूत कर लेना चाहती थी।

25 मार्च को हमने दुनिया-भर में घोषणा कर दी : मैं 10 अप्रैल को पाकिस्तान लौटूँगी। अन्तरराष्ट्रीय प्रेस का लंदन में जमघट लग गया। हालाँकि हम सोच रहे थे कि हम राजनीतिक रूप से ठीक हैं और न्यायपूर्ण कदम उठा रहे हैं, प्रेस इसे नाटकीय और मर्मस्पर्शी टकराव की तरह देख रही थी, जिसके एक तरफ एक अकेली औरत थी और दूसरी तरफ फौजी तानाशाह। इसे ''डेविड और गोलियेथ'' की आदि कथा का आधुनिक और स्त्रीवादी संस्करण कहा जाने लगा। *सिक्स्टी मिनिट्स* ने अमेरिका की प्रसारण सेवा के लिये मुझे फिल्माया। *''वैनिटी फेयर''* पत्रिका के लिये लॉर्ड स्नोडन को मुझ पर एक फीचर लिखने का काम सौंपा गया। मैं लंदन में *ब्रेकफॉस्ट* टेलीविज़न पर आई, जिसे सेटेलाइट के ज़रिये न्यूयार्क में भी दिखाया गया। बी.बी.सी. ने मेरा इण्टरव्यू अंग्रेज़ी में, अंग्रेज़ी श्रोताओं के लिये तो लिया ही, उर्दू सर्विस के लिये उर्दू में भी लिया। एसोसिएटेड प्रेस ने मेरा इण्टरव्यू लिया, यू.पी. आई. ने, आण्टी बेहजत के फ्लैट में चैनल फोर और ब्रिटिश प्रेस ने मुझसे बातचीत की। पेटुला क्लार्क भी उसी बिल्डिंग में रहती थीं और ज़ाहिर है कि वहाँ की चहल-पहल गज़ब की थी, लेकिन उस दिन आण्टी बेहजत के फ्लैट की शान के आगे क्लार्क का दरवाज़ा फीका पड़ गया था।

ऐसा लगने लगा था कि पी.पी.पी. की चुनौती अन्तरराष्ट्रीय प्रेस में, ज़िया के लिये गम्भीर थी, लेकिन मुझे अभी भी भरोसा नहीं था कि मेरे पाकिस्तान पहुँचने पर क्या होगा? बरसों के दमन ने लोगों की विरोध करने की इच्छा को भी दबा दिया था। *'प्रिज़नर विदाउट*

नेम...बिना नाम का कैदी', 'सैल बिदाउट नम्बर—बिना नम्बर की कोठरी' इन किताबों के लेखक जेकोबे टाइमरमैन ने दमन से गुज़रती आबादी की वह एक-एक करके गुज़रती मनःस्थितियाँ बताई हैं: गुस्सा, भय और उदासीनता...। लोग पी.पी.पी. की पुकार पर जवाब देंगे या ज़िन्दा रहने के लिये उन्होंने खामोशी से घुटने टेक दिए होंगे। पाकिस्तान की एक पूरी पीढ़ी इस मार्शल लॉ के दौर से गुज़र चुकी है। जो बच्चा जुलाई 1977 में दस बरस का रहा होगा, वह अब उन्नीस बरस का वयस्क हो चुका होगा। उसे पता भी नहीं होगा कि उसके मौलिक अधिकार क्या हैं, क्या वह कभी उस चीज़ को फिर से जुटाने में रुचि दिखाएँगे जिसका स्वाद उन्होंने कभी नहीं चखा है?

हमने खुद को सामने की पंक्ति में, इस घोषणा के साथ रख दिया कि हम पाकिस्तान वापस लौट रहे हैं। सारी दुनिया की निगाहें हम पर थी। "क्या अनुमान है, हमें लाहौर में कितने लोग मिलेंगे?" मैंने पंजाब में पी.पी.पी. प्रेसिडेण्ट जहाँगीर बदर से सवाल किया जो हमसे आगे वाले जहाज़ में उड़ रहे थे...।

"पाँच लाख..." उनका जवाब था।

"यह बहुत ज्यादा बता रहे हो..." मैंने जहाँगीर को सचेत किया।

"लेकिन वहाँ कम-से-कम पाँच लाख लोग होंगे..." जहाँगीर ने अपनी बात दोहराई, "जब आप लंदन से चली भी नहीं थीं, तब से भीड़ लाहौर में जुटनी शुरू हो गई है।"

"लेकिन हम बहुत विश्वास से यह नहीं कह सकते..." मैंने उसे सलाह दी, "अगर प्रेस पूछे तो इस गिनती को पाँच लाख के बजाय एक लाख बताना। ताकि अगर भीड़ पौने पाँच लाख रह जाए तो यह न कहा जाए कि भीड़ उम्मीद से कम पहुँची।"

9 अप्रैल को यूरोप से लाहौर के लिये कोई उड़ान नहीं थी इसलिये मैं बशीर, रियाज़, नाहिद, सफदर, अपने स्कूल के दोस्त दुभाषिया और दूसरे लोगों के साथ सउदी अरब की उड़ान लेकर लंदन से धाहरान के लिये चल पड़ी, जहाँ से पाकिस्तान एयरलाइन्स का जहाज़ लेकर लाहौर पहुँचूँ। पाकिस्तान एयरलाइन्स की टीम बहुत सहयोगी निकली और उसने जहाज़ को पी.पी.पी. के बैनर आदि से सजाने की इजाज़त दे दी। पिछले नौ बरसों से, झण्डे और बैनर वगैरह सब पर पाबंदी लगी हुई थी। मुझे नहीं पता कि यह सब दूसरे यात्रियों को कैसा लग रहा था। जहाज़ में करीब बीस सदस्य पी.पी.पी. के थे, उसके अलावा प्रेस के लोग थे। यह नज़ारा करीब चार्टर्ड जहाज़ जैसा लग रहा था।

हम सब बहुत खुश थे, लेकिन खतरे का डर भी कहीं न कहीं था। धाहरान हवाई अड्डे पर जब हम कुछ देर के लिये उतरे तो सउदी अरेबिया वाले मुझे अलग जगह एक रेस्ट हाउस में ले गए। हमारे दूसरे साथी भी एक अलग कमरे में बंद रखे गए। बाद में पता चला कि उसी दौरान पाकिस्तान का एक राजदूत धाहरान आया और इसीलिये सउदी अरेबिया एयरलाइन्स वालों ने हमारी सुरक्षा के लिये यह कदम उठाया। पाकिस्तान की ओर से खतरा बढ़ता-सा लग रहा था। नाहिद, बशीर और हमारे दल के एक और सदस्य को खबर मिली कि वह लोग पाकिस्तान की उस सूची में दर्ज हैं, जिन्हें गिरफ्तार किया जाना है। ऐसी ही बहुत-सी बातें मेरे लिये भी थीं, जिनका इशारा यही था कि मैं पाकिस्तान न लौटूँ।

मैंने ज़बरन कोशिश की कि मैं डर को दिमाग से निकाल फेंकूँ। मैं अपने उस भाषण पर ध्यान देने लगी जो मुझे वहाँ पहुँचते ही देना था। खबर मिली थी कि हुकूमत पी.पी.पी. की भीड़ को जो बसों में आ रही थी, बलूचिस्तान, सिंध और फ्रंटियर की सीमा पार करने से रोक रही है। हमें बिल्कुल पता नहीं था कि जब हम पाकिस्तान पहुँचेंगे, हमारा स्वागत कौन और कैसे करेगा...।

लाहौर 9 अप्रैल, अमीना पिराचा :

लाहौर का नज़ारा, बेनज़ीर के आने के एक रात पहले, बिल्कुल किसी मेले या त्योहार जैसा था। मिसेज़ नियाज़ी, मेरे पति सलीम और मैं इस्लामाबाद से लाहौर आए थे और हमने ऐसा नज़ारा पहले कभी नहीं देखा था। सारे शहर में खाने-पीने के इन्तज़ाम के कैंप लगे हुए थे। एयरपोर्ट जाने वाली सड़क के किनारे खाने के सामान के स्टॉल भी लगे हुए थे। पूरा शहर हाथ में हाथ थामे लोगों से भर गया था। सुज़ूकी गाड़ियों में छात्र लोग भुट्टो के बारे में गीत गाते हुए गुज़रे जा रहे थे, जिसमें एक मशहूर गीत खूब चल रहा था, *"...आज ते हो गई भुट्टो भुट्टो!"* लोग बसों में, कारों में, बैलगाड़ियों में, ट्रकों में, और पैदल भी, आते ही जा रहे थे। मैंने बसों का एक लम्बा कारवाँ देखा, जिनमें लोग ठसाठस भरे हुए थे। यह बस बादिन से है, यह बस सांघर से है...बरसों के दमन के बाद, लोग बदशक्ल यातना-चक्र से बाहर आकर जोश भर मौज मना रहे थे और ऐसा पहली बार हो रहा था।

कोई भी सारी रात नहीं सोया। दूसरे बहुत लोगों के साथ, हम शहर से एयरपोर्ट के चक्कर लगा रहे थे। एक बूढ़ा आदमी आँसू भरे हमारे साथ कुछ दूर तक चलता आया। एक बूढ़ी औरत हमारे साथ आ गई। वह कभी फूट-फूटकर रोती, अचानक मुस्करा पड़ती। किसी को भी भुट्टो की मौत का मातम मनाने का मौका नहीं मिला था... दरअसल मातम की रस्म का वक्त ही नहीं दिया गया था। अब लोग इस हादसे को याद करके, रो भी रहे थे और बेनज़ीर की वापसी का जश्न भी मना रहे थे। उस रात का लाहौर मेरी ज़िन्दगी का एक बहुत सुखद अनुभव था।

डॉ. अशरफ अब्बासी :

वह दिन ईद जैसा था। लोगों को खाने के लिये गोश्त, चावल और फल मुफ्त में बाँटा जा रहा था। लोग नाच-गा रहे थे और सब तरफ हवा ढोल और तालियों की आवाज़ से भरी हुई थी। कैसेट प्लेयर पर भुट्टो साहब के, पी.पी.पी. के और बेनज़ीर के गीत गाए जा रहे थे। उनके गीतों के शब्द बहुत असरदार चुने गए थे और उन्हें मशहूर गीतों की तर्ज़ पर ढाला गया था, ताकि सबके सब एक साथ उसे सरलता से गुनगुना सकें। अचानक पी.पी.पी. के झण्डे हर बालकनी से और लैंप पोस्ट से लटकने लगे थे। लोग लाल, काली और हरी पोशाकों में दिख रहे थे जो उन्होंने चुपके-चुपके, बेनज़ीर की वापसी के दिन के लिये न जाने कब से बना रखी थी। यहाँ तक कि कट्टरपंथी गुट जमाते इस्लामी के लोग भी सड़कों पर बैनर और बेनज़ीर भुट्टो की तस्वीरें बेच रहे थे। वह इस मौके पर कुछ कमाई करने से भी नहीं चूकना चाह रहे थे।

मिसेज़ नियाज़ी :

मैं बड़ी तमन्ना करती रही कि काश मेरे पति और मेरी बेटी यास्मीन इस समय यहाँ लाहौर में होते! लेकिन अभी भी इस्लामाबाद में हुकूमत ने उनके खिलाफ बहुत से इल्ज़ाम लगा रखे थे और उनकी लंदन से वापसी नहीं हो पा रही थी। सचमुच, सारा माहौल लोगों के यातना-भरे दिनों की विदाई जैसा लग रहा था। इस मौके पर मैं लगातार उस औरत की बातें याद कर रही थी, जिसने उन कठिन दिनों में कहा था कि पाकिस्तान पीपल्स पार्टी का पूरी तरह से सफाया हो चुका है और मिस्टर भुट्टो का नाम अब पब्लिक के बीच कभी नहीं लिया जाएगा। नहीं, मैंने उससे कहा था कि पी.पी.पी. कभी भी खत्म नहीं की जा सकती क्योंकि उसमें लोग ही पार्टी हैं। देखना, एक दिन आएगा जब भुट्टो का नाम आज़ादी से सब जगह छापा जाएगा। आज वह दिन आ गया है। सबकी भावनाएँ उमड़कर बाहर आ रही हैं।

सामिया :

अफसर लोग अभी भी लोहे की बड़ी सलाखें और काँटेदार तार लगाकर एयरपोर्ट में लोगों को जाने से रोक रहे हैं ताकि बेनज़ीर के पहुँचने तक भीड़ को काबू में रखा जा सके। यहाँ तक कि एयरपोर्ट से आने-जाने के रास्ते भी रोक दिए गए हैं। प्रशासन केवल दो सौ लोगों के भीतर जाने की इजाज़त दे रहा था और इसके लिये पास जारी किए गए थे। वह लोग हमें पीछे के रास्ते से एयरपोर्ट में ले गए। मेरे गले में सूजन थी। हम इतने खुश थे कि पता नहीं हम कैसे उस पर काबू कर पा रहे थे।

डॉ. अब्बासी :

हमारी खुशी में डर भी शामिल बैठा था। हम बेनज़ीर की सुरक्षा के लिये इतने चिन्तित थे कि हमने तय कर लिया था कि हम उनको घेरते हुए हाथ में हाथ लेकर एक चेन बना लेंगे। लाहौर में ढेरों, अनगिनत लोग आए थे, किसे पता था कि कौन कहाँ है...

पायलट की आवाज़ लाउडस्पीकर पर सुनाई पड़ी, हम जहाज़ में थे और सुबह के सात बज रहे थे। ''हम लाहौर पर उतरना शुरू कर रहे हैं...'' पायलट ने कहा। ''हम पाकिस्तान में मिस बेनज़ीर भुट्टो की वापसी का स्वागत करते हैं!'' एक फ्लाइट अटेण्डेण्ट मेरी सीट पर आया। पायलट को अभी-अभी नीचे से खबर मिली है कि वहाँ पर दस लाख लोग आपका इन्तज़ार कर रहे हैं।

दस लाख लोग...मैंने खिड़की से झाँककर देखा लेकिन मुझे सिवाय पंजाब के हरे-भरे खेतों के, कुछ नहीं दिखाई दिया। ''यहाँ कॉकपिट पर आकर खुद देखिए...'' उस परिचायक ने कहा। मैंने सामने जाकर भी देखा और मुझे सिवाय रन वे के कुछ नज़र नहीं आया। जब हम नीचे पहुँच गए तब मैंने देखा कि वह सिक्योरिटी के लोग थे। वहाँ पर सावधानी

इस हद तक बरती गई थी कि बाकी सारी उड़ानें भरने से रोक दी गई थीं।

"नाहिद, बशीर, दारा, मेरे साथ रहो" मैंने उनको बुलाया, जिन्हें चेतावनी दी जा चुकी थी, वह आते ही गिरफ्तार कर लिये जाएँगे। क्या विडम्बना थी...मेरे समर्थक मुझे बचाने के लिये मेरे चारों ओर खड़े थे और मैं उन्हें अपने पास, उनकी सुरक्षा के लिये बुला रही थी। "आपका अपना सुरक्षा-दस्ता कहाँ है?" प्रेस ने मुझसे पूछा था। लेकिन बाहर जो लोगों की भारी भीड़ खड़ी थी, दरअसल वही मेरी सुरक्षा थी। इमीग्रेशन के अधिकारी खुद इतनी जल्दी मुझे एयरपोर्ट से बाहर कर देना चाहते थे कि उन्होंने सारी कागज़ी कार्यवाही हवाई जहाज़ में ही पूरी कर ली थी।

घर...मैं घर आ गई थी। मैं जब पाकिस्तान की सीमा में पहुँची, मैं ठहरी, कि मैं अपने पैरों तले अपनी धरती महसूस कर सकूँ, उस हवा में साँस ले सकूँ, मैं जिसका हिस्सा हूँ। मैं कई-कई बार लाहौर हवाई अड्डे पर आकर उतरी हूँ। मैंने यहाँ बहुत अच्छा समय भी बिताया है, लेकिन इसी शहर ने मेरे पिता के प्राण भी लिये हैं। अब मैं वापस आ रही हूँ जो मैं उनके हत्यारे से बदला ले सकूँ, वह जनरल, जिसने संविधान को रौंदते हुए भारी विश्वासघात किया था।

सामिया! अमीना! डॉ. अब्बासी! "पता नहीं, हम यहाँ से कैसे बाहर निकलेंगे... यहाँ इतनी भीड़ है..." सामिया ने एयरपोर्ट पर मुझसे कहा। "हम ट्रक से जाएँगे," जहाँगीर ने कहा और मुझे अपने साथ एकदम नए सजे हुए ट्रक तक ले गया। उसकी अनोखी डिजाइन अपनी छटा बिखेर रही थी।

मैंने अपने भाषण के कागज़ निकालकर हाथ में ले लिये और उस सीढ़ी की ओर बढ़ी जो मुझे उस प्लेटफार्म पर ले जाती थी जो ट्रक के ऊपर बनाया गया था और जहाँ से मुझे भाषण देना था। मुझे ऐसी सीढ़ियों से ज़रा डर भी लगता था, लेकिन मुझे चढ़ना तो था ही। सैकड़ों लोगों की नज़रें मेरी ओर गड़ी थीं कि मैं उस सीढ़ी पर चढ़कर आगे बढ़ूँ। मैं और कर ही क्या सकती थी...यह मेरा ही दिया हुआ कार्यक्रम था कि मैं ऐसे ही ट्रक पर मीनार-ए-पाकिस्तान तक जाऊँगी, जिसे मेरे पिता ने लाहौर में बनवाया था। पाकिस्तान का जन्म उसी स्थल से घोषित किया गया था। अब मैं खुद ही कैसे इस बात से पीछे हट सकती हूँ। लाखों लोग मेरे इन्तज़ार में खड़े हैं। मैंने गहरी साँस लेकर डरते-डरते पहला कदम उस सीढ़ी पर रखा। *"बिस्मिल्लाह..."* मैंने खुद से कहा और एक शुरुआत की और खुदा का नाम लेकर बढ़ चली।

कुछ लम्हे ज़िन्दगी में ऐसे होते हैं, जिन्हें कहकर नहीं बताया जा सकता। मेरी लाहौर में वापसी उसी में से एक है। लोगों का अपार सागर, छतों, छज्जों, पेड़ की टहनियों और लैंपपोस्टों तक पर लदे हुए लोग...ट्रक के साथ-साथ पैदल चलते हुए और खेतों-खेतों साथ चलते हुए...इसे सागर कहना भी कम है। एयरपोर्ट से इकबाल पार्क में मीनार-ए-पाकिस्तान आठ मील दूर है और वहाँ तक जाने में हद-से-हद पन्द्रह मिनट लगते हैं, लेकिन उस हैरतअंगेज़ दिन 10 अप्रैल, 1986 को हम दस घंटे में पहुँचे। एयरपोर्ट पर दस लाख लोगों की गिनती, बढ़ कर आगे बीस लाख हुई और जब हम मीनार-ए-पाकिस्तान पहुँचे तो कुल तीस लाख लोगों का हुजूम वहाँ मौजूद था। हवाईअड्डे का फाटक खुलते ही सैकड़ों रंगीन गुब्बारों से आसमान भर उठा। हवा में आँसू गैस की नहीं बल्कि गुलाब की पंखुड़ियों की खुशबू थी

जिसने ट्रक में मेरे पैरों को एड़ी तक ढंक लिया था। हवा में गुलाब के फूलों के हार उड़ रहे थे। मैंने देखा कि एक वह लड़की वहाँ है, जिसका भाई फाँसी पर लटका दिया गया। मैंने एक हार उसकी ओर फेंक दिया। कितने ही फूलों के हार ट्रक में फेंके गए, कितने ही हाथ के बनाए दुपट्टे और शॉल। मैंने एक के बाद एक दुपट्टा अपने सिर पर रखा और बाकियों को अपने कंधे पर रख लिया। फिर हम उस कतार से गुज़रे, जिसमें राजनीतिक कैदी रह चुके लोग खड़े थे...उनके परिवार के लोग भी थे, कुछ वह, जिनके प्रियजन फाँसी लटका दिए गए थे। कुछ औरतें, बच्चे, बूढ़े, जवान। मैंने फूल-मालाएँ, और कशीदा किए हुए कपड़े उनकी ओर फेंक दिए।

पी.पी.पी. के लाल हरे और काले रंग के अलावा लाहौर में जैसे कोई और रंग था ही नहीं। पी.पी.पी. के बैनर और झण्डे गर्म और सूखी हवा में लहराते रहे और फिर तो जैसे उनकी छत ही बन गई। लोग लाल, हरी और काली सदरियाँ, दुपट्टे, शलवार-कमीज़ और टोपे लगाए हुए थे। गधों और भैंसों के गलों और पूँछ तक में पी.पी.पी. के रिबन बँधे हुए थे। इन्हीं रंगों के फ्रेम में मेरे पिता, मेरी माँ, मेरे भाइयों और मेरे फोटोग्राफ भी पोस्टरों में नज़र आ रहे थे।

''जीवे, जीवे, भुट्टो जीवे!'' भीड़ पंजाबी में नाद कर रही थी। यह वही नारा था, जिसके लिये अभी तीन महीने पहले तक कठोर कारावास और कोड़ों की सज़ा का हुक्म था। मुंझे भेन, तुंझे भेन', बेनज़ीर'' मेरी बहन, तुम्हारी बहन, बेनज़ीर, यह नारे सिंधी में, उर्दू में, पंजाबी में, हर ज़ुबान में लोगों का झुण्ड यह नारे लगा रहा था, मेरे समर्थकों ने लोगों के सामने, मेरी वापसी के भी पहले यह बात रखी थी। ''बेनज़ीर आएगी, इंकलाब लाएगी'' जब मैंने हाथ हिलाए, लोगों ने भी हाथ हिलाकर जवाब दिया। जब मैंने, अपने पिता की तरह हाथों को सिर के ऊपर उठाकर ताली बजाई तो भीड़ ने भी वैसा ही किया और घने खेतों में ताली की आवाज़ की लहर-सी दौड़ गई।

ऐसा एक समय था, जब मैं इस्लामाबाद में खाली जेल में थी और सुबह मेरी नींद जैसे भीड़ की आवाज़ से खुलती थी। मैं अपने दिमाग की धुँधली-सी छवि से संघर्ष करती हुई पूछती थी और भीड़ को पहचानने की कोशिश करती थी। यह लोग किसके लिये आवाज़ उठा रहे हैं...? और उनका स्वर यह कैसा है...? क्या यह ज़िया के खिलाफ आक्रोश का स्वर है...? क्या यह लोग यह देखकर अपनी खुशी ज़ाहिर कर रहे हैं कि रावलपिंडी जेल के फाटक खुले हैं और उसमें से उनके नेता, मेरे पिता, बाहर आ रहे हैं...। वह नहीं होना था, लेकिन मैं इस शोर को लगातार सुनती रही...जब मैं सक्खर जेल में थी, कराची सेंट्रल जेल में, या अल-मुर्तज़ा और 70 क्लिफ्टन में कैद के दौरान...मैंने हर बार उस भीड़ की आवाज़ को पहचानने की भरपूर कोशिश की लेकिन मैं हर बार चूक गई। लेकिन लाहौर की सड़कों पर उस दिन 10 अप्रैल को एक कोलाहल की सुरंग से गुज़रते हुए, मुझे यकायक यह भान हुआ, कि वह तो यही, ठीक यही, जनता का तुमुल नाद था, जो मैं न जाने कब से बार-बार सुन रही थी।

मैं इंच-इंच, मीनार की तरफ बढ़ते हुए, लगातार दस घण्टों तक, ट्रक के ऊपर बने उस प्लेटफार्म पर खड़ी रही। हम गवर्नर हाउस के साथ प्रधानमंत्री आवास से भी गुज़रे

जहाँ हमारा परिवार यदा-कदा रहा, लेकिन जहाँ मेरे पिता की हत्या के बाद, ज़िया ने, इसके गलियारों में, हाथ में लालटेन लेकर, नींद गँवाकर टहलते हुए न जाने कितनी रातें बिताईं। हम उस छोटी-सी छत के पास से भी गुज़रे, जहाँ कभी महारानी विक्टोरिया की मूर्ति हुआ करती थी, जिसे मूर्ति-कला के विरोधी कट्टरपंथियों ने तोड़ गिराया था और अब बस यह छोटी-सी छत बची थी। फिर ज़मज़मा हमारी नज़र से गुज़रा। मैंने धीरे-धीरे खुद को सहज और तनावमुक्त महसूस करना शुरू कर दिया। वह शहीद, जिन्होंने लोकतन्त्र के लिये अपने प्राण गँवाए, हमारे साथ हमकदम चल रहे थे। वह पूरा माहौल जीत की दुंदुभी-सी बजा रहा था, मानो मुकदमों और सज़ा के दौर की विदाई हो रही हो। ''ज़िया उल-हक़, हमने तुम्हें कभी स्वीकार नहीं किया था!'' भीड़ यह नारा लगा रही थी। ''हमें तुम्हारी नकली गढ़ी हुई संसद नहीं चाहिए।'' ''हमें तुम्हारा झूठा संविधान नहीं चाहिए।'' ''हमें तुम्हारी तानाशाही नहीं चाहिए।'' ''हमारा उत्साह, तुम्हारे आँसू गैस के गोलों, कोड़ों और बंदूक की गोलियों से ज्यादा ताकतवर है, हमें चुनाव चाहिए।''

मैं हालाँकि ट्रक में पूरी तरह खुले में थी, लेकिन मुझे डर नहीं लग रहा था। ऐसा ही कोई पागल होगा, जो भीड़ के हाथों चीर दिए जाने का जोखिम उठाकर मुझे नुकसान पहुँचाने की कोशिश करेगा। हमें न पुलिस का खतरा था, न फौज का। भीड़ की उत्तेजना को देखकर हमारे कुछ पुराने दुश्मन अपने घरों में घुस गए और उन्होंने फाटकों में ताले लगा दिए और कुछ निकलकर भी आए और जश्न में शामिल हो गए। मुझे सबसे ज्यादा फिक्र अपनी आवाज़ की थी। जो हाल में ही मुझे हुए फ्लू के कारण ज़्यादा खराब थी। सारे रास्ते-भर मैं अपना गला डिस्प्रिन और गरम पानी से साफ करती आई और ग्लूकोज़ का पानी पीती रही, जो मेरे पिता का पुराना नौकर उर्स मेरे लिये कराची से लाया था।

जब हम मीनार-ए-पाकिस्तान पहुँचे, सूरज ढलने की तैयारी कर रहा था। वहाँ पर तिल रखने-भर भी जगह नहीं बची थी। हज़ारों लोग हमारे साथ वहाँ आते-आते हमसे जुड़ गए थे। हमको ही स्टेज तक पहुँच पाने में ज़रा कठिनाई हुई। मेरे साथ कोई सुरक्षा कर्मचारी नहीं थे और मैं भीड़ के बीच से गुज़रती हुई खुद आगे तक गई थी। हमने यह पहले से नहीं सोचा था कि हम स्टेज तक कैसे ट्रक के साथ पहुँच पाएँगे ताकि मुझे ट्रक से ही स्टेज तक पहुँचना आसान हो जाए। खैर, कैसे भी चार-पाँच लोगों की मदद से मैं भीड़ के बीच उतरी। भीड़ से मुझे कोई डर, खतरा नहीं था, हालाँकि अव्यवस्था के कारण बदहवासी और उत्तेजना बेकाबू हो रही थी और उससे बहुत असुविधा का सामना करना पड़ रहा था। धक्का-मुक्की मुझे भी करनी पड़ रही थी और मैंने पी.पी.पी. के पंजाब के प्रेसिडेण्ट को अलग ले जाकर धीमे-से सलाह दी थी कि हमें कुछ व्यवस्था का इन्तज़ाम करना चाहिए। वह खुद भी थककर निढाल हो गए थे। मैंने इकबाल पार्क को अपने स्वागत में उमड़ते हुए देखा। पास में ही लाल रेतीले पत्थर से बनी, दुनिया की सबसे बड़ी मस्जिद बादशाही मस्जिद थी, जो सूरज की किरणों से धधकती हुई-सी नज़र आ रही थी। दाहिनी तरफ लाहौर फोर्ट था और साथ में मुगल गढ़ी थी, जिसके तहखानों और जिसकी काल कोठरी में हमारे कितने ही समर्थक सताए गए थे और मौत की नींद सुला दिए गए थे। और इस समय, हमारे चारों तरफ लोग थे जो हमारे स्वागत में, हमारी घर वापसी की खुशी में बदहवास

हुए जा रहे थे। ''कुछ लोगों ने मुझे राय दी कि मैं राजनीति छोड़ दूँ,'' मैं उर्दू में बोल रही थी, ''उन्होंने मुझे चेतावनी दी कि मेरा भी वही हाल होगा जो मेरे पिता और भाई का हुआ। कुछ लोगों ने यह भी कहा कि पाकिस्तान की राजनीति में औरतों की जगह नहीं है। उन सबको मेरा यही जवाब था कि—मेरी पार्टी के लोग मेरी हिफाज़त करेंगे। मैं समझ-बूझकर इस काँटों-भरे रास्ते पर चल रही हूँ और मौत की घाटी में मैंने कदम रखा है।''

लाउडस्पीकर ठीक से काम नहीं कर रहा था और निश्चित रूप से हमारे अनुमान के मुकाबले दस गुना ज़्यादा लोगों तक आवाज़ पहुँचा पाना आसान नहीं था लेकिन पता नहीं क्या जादू हुआ, मेरे हाथ के एक इशारे से भीड़ एकदम शान्त हो गई थी। ''अभी और यहाँ, मैं कसम खाती हूँ कि मैं लोगों के हक के लिये कोई भी कुर्बानी देने से पीछे नहीं हटूँगी।'' मैंने ज़ोर से कहा, ''क्या आप लोगों को आज़ादी चाहिए...? लोकतन्त्र चाहिए...? क्या आप क्रान्ति चाहते हैं...?'' ''हाँ'', हर बार एक ज़बरदस्त उद्‌घोष मुझ तक वापस आया। तीस लाख लोगों की मानो एक आवाज़...''मैं वापस इसलिये लौटी हूँ क्योंकि मेरी इच्छा लोगों की सेवा करने की है, मैं यहाँ कोई बदला लेने नहीं आई हूँ।'' मैंने उन्हें बताया, ''मैंने बदले की कोई भावना अपने दिल में नहीं रखी है। मैं पाकिस्तान को बनाना चाहती हूँ, लेकिन उसके पहले मुझे आप सबकी रज़ामंदी चाहिए, कि क्या आप मुझे इस काम के लिये सही व्यक्ति पाते हैं...? क्या आप ज़िया को गद्दी पर बैठाए रखना चाहते हैं...?'' ''नहीं,'' का सैलाब हवा में उमड़ पड़ा। ''क्या आप ज़िया को हटाना चाहते हैं...?'' ''हाँ'' एक ज़बरदस्त सहमति का स्वर गूँजा। ''तब, निर्णय है कि *ज़िया जावे*'' मैं चीखी, ''ज़िया को जाना चाहिए'', *''जाए, जाए, ज़िया जाये...''* लाखों आवाज़ों से घिरती साँझ का आसमान गूँज उठा। सारे दिन में हिंसा की एक भी घटना नहीं हुई...कुछ भी नहीं, बस हुकूमत को एक शान्तिपूर्ण चुनौती! भीड़ इतनी हमारे पक्ष में सक्रिय थी, कि वह अभी तुरन्त हुकूमत को परे हटा दे। बस एक शब्द के संकेत से भीड़ पंजाब की संसद को, मन्त्रियों के घरों को और लाहौर हाइकोर्ट को तहस-नहस कर सकती थी, जहाँ ज़िया के पिट्ठुओं ने मेरे पिता को मौत का पैगाम सुनाया था। लेकिन हम खून-खराबे के रास्ते सत्ता में नहीं आना चाहते थे। हम शान्तिपूर्ण, कानून के मुताबिक ढंग से चुनाव जीतकर लोकतन्त्र लाना चाहते थे। वह तो केवल फौजी हुकूमत का तरीका था, जो हिंसा के दम पर अपनी मर्ज़ी चलाता था, और उस रात उन्होंने फिर वही करतूत दिखाई।

मैं दो दिन बाद मिल पाई नींद बस लेना शुरू ही कर रही थी कि मेरे बड़े रूम के दरवाज़े को किसी ने घबराहट में भड़भड़ाया। मेरी अपनी ही सुरक्षा के लिये मेरी पार्टी के नेता लोगों ने मेरे रात को रुकने की तीन अलग-अलग जगहों की खबर दे रखी थी। एक तो, खालिद अहमद के घर, जहाँ से मैंने मीनार-ए-पाकिस्तान से लौटकर विदेशी पत्रकारों से फोन पर बात की थी। उसे एक फौजी मेजर ने चप्पा-चप्पा छान डाला था। किस अशुभ संकेत के साथ मुझे याद दिलाया गया कि मैं ज़िया के पाकिस्तान में वापस आ गई हूँ। मेजर मुझे बुरी तरह खोज रहा था।

अज़रा खालिद

मुझे मेरे एक नौकर ने गहरी नींद से जगाया था। सेना के दस्ते ने नौकरों के क्वार्टर

में घुसकर उसे पीटा था और उसके खून बह रहा था। पन्द्रह-सोलह लोग दीवार फाँदकर अहाते के भीतर घुस आए और बेनज़ीर कहाँ है, इसकी खोज-बीन करते रहे। यह मेरे घायल नौकर ने बताया। हमारा सामने का दरवाज़ा बंद था लेकिन उन्होंने उसे तोड़ डाला और सामने की खिड़की से उन्होंने गुलदस्ता भीतर फेंका। बेनज़ीर कहाँ है? उनके लीडर मेजर कय्यूम ने पूछा, जिसके हाथ में पिस्तौल थी। हमारा एक नौकर जो बाहर ही सो रहा था वह चुपके से उठा और उसने अपने बच्चे के क्रिकेट के बल्ले से मेजर कय्यूम के सिर पर पीछे से भरपूर वार किया। ''मैं इण्टेलिजेंस का अफसर, एक कमाण्डो हूँ...'' मेजर ने चीखकर कहा।

मैंने पुलिस को फोन कर दिया, हालाँकि ज़िया के होते यह समझ पाना कठिन था कि वह हमारी मददगार है, या दुश्मन...। जैसे ही पुलिस की कार आई, एक फौजी जवान भाग निकला। पुलिस ने मेजर कय्यूम को गिरफ्तार कर लिया। उसकी कार में से बीयर और व्हिस्की के क्रेट मिले, जिन्हें वह हमारे घर में बरामद हुए दिखाने के लिये लाया था। उसके पास एक डायरी भी मिली, फौज के बड़े जनरल और हुकूमत के कई मन्त्रियों के नाम, फोन नम्बर लिखे हुए थे। मेजर कय्यूम ने अपने पागल हो जाने का ड्रामा किया। हुकूमत ने भी यही कहा कि कय्यूम पागल हो गया है और उसने उसी कारण ऐसा कदम उठाया है। लेकिन हम जानते थे कि मेजर कय्यूम पागल नहीं है। उस दिन लाहौर में बेनज़ीर का स्वागत जिस जोश में किया गया था, उसमें हुकूमत की हौसला उन्हें पकड़ पाने का नहीं हुआ। बाद में हुकूमत ने मेजर कय्यूम को भेजा कि वह या तो बेनज़ीर को मार दे, या उसे इतना डरा दे कि वह आगे का दौरा रद्द कर दे। मेजर को कुछ समय के लिये जेल हो गई। जब वह अपने गाँव लौटा तो उसे बिना किसी कारण किसी ने गोली मार दी। लेकिन हमें ऐसा लगता है कि उसे हुकूमत ने मरवा डाला, ताकि इस मामले का कोई भेद न खुले।

गुजराँवाला, फैसलाबाद, सरगोधा, झेलम, रावलपिंडी....''लाहौर में बेनज़ीर का स्वागत लाजवाब था'' अखबारों ने कहा। बेनज़ीर को वैसा स्वागत अब दूसरे शहरों में नहीं मिल पाएगा, यह भी कहा गया लेकिन उनका कहना गलत साबित हुआ। हम लाहौर से 12 अप्रैल को पंजाब के दौरे पर, शाम 5.00 बजे गुजराँवाला पहुँचने के इरादे से निकले। वहाँ हमें एक रैली को सम्बोधित करना था। लेकिन रास्ते में सड़कों पर इतनी भीड़ थी, मीलों दूर तक लोग ही लोग थे, कि हम सुबह पाँच बजे तक भी गुजराँवाला नहीं पहुँच पाए थे। ''वहाँ जनसभा में कोई भी नहीं मिलेगा,'' मैंने कहा था, ''सब अपने-अपने घरों में बिस्तरों में सो रहे होंगे'' लेकिन जब हम पहुँचे, तब मैदान खचाखच भरा हुआ था।

''हमें ज़रा जल्दी चलना चाहिए'' मैंने एक स्वयंसेवक से कहा, जो बतौर सुरक्षा गार्ड हमारे साथ था, लेकिन जल्दी चलना असम्भव था। गुजराँवाला और फैसलाबाद के बीच अस्सी किलोमीटर के रास्ते में इतनी भीड़ थी कि हमें पहुँचने में सोलह घंटे लग गए। ट्रकों, बसों, रिक्शों और मोटरसाइकिलों का काफ़िला हमें घेरे चल रहा था। हज़ारों लोग ट्रक के साथ

पैदल चल रहे थे, जैसे कोई भव्य गार्ड ऑफ ऑनर हो...यह सिलसिला सारी रात चलता रहा था। मैं ट्रक के ऊपर लोगों को हाथ हिलाकर अभिवादन कर रही थी। "रास्ते पर फूल बरसाओ और उसे मोतियों से भर दो, क्योंकि उस पर बेनज़ीर चल रही है।" लोग गा रहे थे। "या खुदा, वह दिन दिखाओ, जब गरीब लाचार लोगों के पुराने खुशहाल दिन वापस लौटें।" यह मेरे लिये और पी.पी.पी. के कार्यकर्ताओं के लिये एक अद्भुत अनुभव था। "हमें हिम्मत और वह ताकत दो खुदा; कि हम लोगों की उम्मीदें पूरी कर सकें।" ट्रक इंच-इंच करके खिसक रहा था और हम मन-ही-मन यही दुआ कर रहे थे।

जब हम औद्योगिक नगर के बाहरी इलाके में घुस रहे थे, तब सूरज फैसलाबाद के ऊपर उग रहा था। इस बार फिर स्पोर्ट्स फील्ड में आयोजित मीटिंग में आधा दिन देरी से पहुँच रहे थे। यह वही जगह थी, जहाँ मैंने नौ बरस पहले घबराते-घबराते, पहली बार भाषण दिया था। इस बार भी मुझे लग रहा था, कि हमें मैदान खाली मिलेगा लेकिन जैसे ही हमारा ट्रक फाटक के भीतर घुसा, हज़ारों-हज़ारों लोगों की आवाज़ गूँज उठी, *"कौम की तकदीर–बेनज़ीर!"*

जोश तब तक भी नहीं ठण्डा हुआ था, जब तक हम वहाँ से चले नहीं गए थे। फैक्ट्री के कामगार उस पार्टी को भूले नहीं थे, जिसने उन्हें इज़्ज़त और काम की सुरक्षा दिलवाई थी। हालाँकि बहुत से फैक्ट्री मालिकों ने फैसलाबाद में अपनी फैक्ट्रियों के फाटक बंद कर दिए थे, जिससे वर्कर लोग भी अन्दर ही रह गए थे, तब भी वर्कर लोग पी.पी.पी. को समर्थन दिखाते हुए दीवारें फाँदकर हमारी मीटिंग में पहुँचे थे।

झेलम, जहाँ से अधिकांश फौजी भर्ती होते हैं, रावलपिंडी, जो सरकारी नौकरों का शहर है, इन सब जगहों से लोग भारी तादाद में हमारी जनसभाओं में पहुँचे थे। विदेशी पत्रकार और दूरदर्शन के लोगों को विश्वास ही नहीं हो रहा था कि कितना बड़ा जनसमूह उनके सामने है और उनके देशवासी उसे देख पा रहे हैं। दूसरी ओर पाकिस्तान के दूसरे लोग इस भव्य नज़ारे को नहीं देख पाएँगे क्योंकि हुकूमत ने मार्शल लॉ उठ जाने के बावजूद, मेरे चेहरे और कार्यक्रम की पाकिस्तान टेलीविज़न पर बंदिश लगा रखी थी। मेरा एक भी दौरा, एक भी मेरी जनसभा, जो भी मैंने वापस लौटकर की वह पाकिस्तान दूरदर्शन पर नहीं दिखाई गई।

प्रेस कांफ्रेंस, शोक सन्देश, पार्टी की मीटिंग्स, मैं नहीं जानती, इतनी ताकत मुझे कहाँ से मिल रही थी। मेरे लौटने पर लोगों का उत्साह मेरे लिये टॉनिक का काम कर रहा था। लेकिन ऐसे मौके भी आए थे जिन्होंने मुझे दुख से भर दिया था। मैं अपने भाई शाह की मृत देह की तस्वीरें देर तक ताकती रही, जिसमें उसकी लाश कैन्स में कालीन पर रखी है, और मेरे पिता की याद, जब वह मौत की कोठरी में कैद थे। काश, वह एक लम्हे भर के लिये आ जाते और देखते कि उनकी तकलीफों की जड़ें हमने कैसे साफ कर दी हैं। एक बच्चे के रूप में हमें यह हमेशा सिखाया गया था कि देश के लिये चुकाई जाने वाली कोई भी कीमत बहुत बड़ी नहीं होती, लेकिन यह कीमत हमारे परिवार के लिये बहुत भारी पड़ी।

कुछ राहत पाने के लिये मैंने रावलपिंडी के अन्दर से जाने का अपना रास्ता बदल दिया, ताकि मुझे वह जेल न देखनी पड़े, जहाँ मेरे पिता को मार डाला गया था। लेकिन मैं दूसरों के दुखों की मार से बच नहीं पाई। मैं परवेज़ याकूब की कब्र पर गई, जिसने

मेरे पिता के मृत्युदण्ड के विरोध में आत्मदाह कर लिया था। रावलपिंडी में मैं एक परिवार में शोक व्यक्त करने गई, जिनके तीन में से एक बेटे को अगस्त 1984 में फाँसी पर लटका दिया गया था। कितनी जानें गईं...दुख के कितने पहाड़ टूटे। दूसरों की तरह, यह लड़का बस सोलह बरस का था, जब वह मारा गया। "आज यह भीड़ देखिए...एक वह भी दिन था, जब लोग हमसे बात तक करने में घबराते थे।" उस लड़के की माँ ने हमसे कहा...

हम फ्रण्टियर प्रान्त में पेशावर की तरफ चले। पी.पी.पी. के पंजाब के प्रेसिडेण्ट ने हमें सीमा पर पी.पी.पी. के फ्रंटियर प्रेसिटेण्ट के हवाले कर दिया। यहाँ भी सड़कें पूरी तरह भीड़ से भरी हुई थीं और हम रात में पहुँचे थे। हुकूमत ने सारी सड़क की लाइट्स बुझवा रखी थीं, ताकि हमें आते हुए कोई देख न सके। लेकिन लोगों के पास मशालें थीं और होम वीडियो की लाइटों ने ट्रक पर उजाला कर रखा था ताकि मैं नज़र आ सकूँ।

मेरे सुरक्षा प्रमुख को बहुत घबराहट हो रही थी जब हम धीरे-धीरे पुराने व्यापारी शहर की तंग गलियों से गुज़रते हुए खैबर दर्रे के पूरब में और अफगानिस्तान की तरफ बढ़ रहे थे। करीब तीस लाख अफगानी शरणार्थी पाकिस्तान में थे जिन्हें ज़िया पाल रहा था और वह पेशावर के आस-पास बसे हुए थे। अफवाह थी कि हुकूमत अफगान के मुजाहिदीनों को मुझे मारने के लिये लगाने वाली है। हालाँकि यह बात मुझे नहीं पता थी, लेकिन मेरे सुरक्षा प्रमुख ने ट्रक में औरतों को हिदायत दे रखी थी, जिसमें उसकी अपनी बीवी भी शामिल थी कि सब औरतें मेरे इर्द-गिर्द चुस्त घेरा बनाकर रखें, ताकि मैं निशाने पर न आ सकूँ। अँधेरी सड़क पर चमकती हुई रोशनी सिर्फ मेरे ऊपर थी और मैं ही निशाने पर थी, लेकिन कोई हमला नहीं हुआ। "मैं पख्तून बहादुरों को वैसे ही सलाम करती हूँ, जैसे मेरे पिता ने उन्हें किया था।" मैंने कहा और पूरा स्टेडियम तालियों से गूँज उठा। स्टेडियम अपने चलाए गए जेनेरेटरों से रोशनी का सैलाब फैला रहा था। यहाँ मेरे साथ एक समस्या यह थी कि मेरे भाषण के कागज़ों को मेरे एक साथी ने खो दिया था। लेकिन यहाँ मेरे लिये खुद को मज़बूत खड़ा करना बेहद ज़रूरी था। यहाँ के लोग रूढ़िवादी थे और यह इलाका, पाकिस्तान से टूटकर अलग पख्तूनिस्तान बनाने की कगार पर खड़ा था। यह खतरा एक बेहद नंगा सच था। और, यहाँ की पुरुष-प्रधान परम्परा में उन्हें यह स्वीकार करा देना बेहद मुश्किल था कि एक औरत उनकी अगुवाई करे।

"लोग सोचते हैं कि औरत होने के नाते मैं कमज़ोर हूँ..." मैंने उस भीड़ में बोलना शुरू किया, जिसमें 99 प्रतिशत लोग पुरुष थे। "क्या वह यह नहीं जानते कि मैं मुसलमान औरत हूँ और मुसलमान औरतें परम्परा से गर्व किए जाने लायक हैं? मेरे पास पैगम्बर साहब की बेगम, बीबी खालिदा जैसा धीरज है, खुदा उनको सुकून बख्शे (शान्ति दे)। मेरे पास ज़ैनब जैसा सब्र है, जो इमाम हुसैन की बहन थीं। मेरे पास पैगम्बर की चहेती बेगम, बीबी आयशा जैसी हिम्मत है जो अकेली ऊँट पर सवारी करके मुसलमानों की अगुवाई करने लड़ाई के मैदान में पहुँच गईं। मैं शहीद ज़ुल्फिकार अली भुट्टो की बेटी हूँ, शहीद शाहनवाज खान भुट्टो की बहन हूँ, और आप सबकी भी बहन हूँ। मैं चुनौती देती हूँ कि मेरे खिलाफ कोई भी लोकतान्त्रिक चुनाव के मैदान में आकर मेरा सामना करे..." तालियाँ पिटने लगीं और लोग खुश होकर उछल पड़े, *"ज़िया ज़ा!"* मैं चीखी और मैंने जाओ को पश्तो में "ज़ा" कह के बोला। लोगों ने भी भरपूर जोश में आकर जवाब दिया, *"ज़िया ज़ा! ज़ा! ज़ा!"*

अगले दिन पेशावर की बार एसोसियेशन को सम्बोधित करने के बाद हम, पंजाब की तरफ दुबारा मुड़े। हमें लाहौर होते हुए ओकारा, पाकपट्टन, वेहारी और मुलतान जाना था, जहाँ मैंने आठ साल पहले टैक्सटाइल मिल में हुए भारी नरसंहार के बाद जाकर श्रद्धांजलि अर्पित की थी। फिर सिंध और कराची। उसके बाद बलूचिस्तान में क्वेटा, फिर सिंध में वापसी, ताकि थट्टा, बादिन और हैदराबाद होते हुए, रमज़ान के रोज़ों के दौरान लरकाना पहुँचा जाए। *"मारावी मालीर जी, बेनज़ीर बेनज़ीर..."* भीड़ चीख रही थी और मुझे एक सिंधी लोकनायिका के रूप में इज़्ज़त दे रही थी, जिसने स्थानीय उपद्रवी लोगों के आगे झुकना नामंज़ूर कर दिया था। हालाँकि उन्होंने उसे कैद में डाल दिया था, लेकिन युगों तक उस नायिका का अपनी प्रजा से लगाव तोड़ा नहीं जा सका था। लरकाना में उस समय बहुत भयानक गर्मी थी। एयरपोर्ट से स्पोर्ट्स स्टेडियम जाते हुए, जहां दस महीने पहले मेरे भाई शाह की अंतिम नमाज़ अदा करने के लिए बहुत लोग इकट्ठा हुए थे, मैंने अपने दुपट्टे के नीचे सिर और कंधों पर बर्फ के टुकड़े रखे हुए थे। इस बार भी, इतनी ज़बरदस्त भीड़ थी कि हमें सूरज ढलने के पहले स्टेडियम पहुँचने के लिये रास्ता बदलकर जाना पड़ा। मैं पूरे समय भर उस तपती गर्मी में पहले अपनी जीप पाजेरो में, फिर ट्रक में नींबू नमक चाटते हुए, खड़ी रही। लरकाना के पी.पी.पी. के प्रेसिडेण्ट गर्मी के कारण बीमार पड़ गए। मैं यही दुआ करती रही कि "या खुदा, मैं बेहोश न हो जाऊँ।" हालाँकि मेरे प्रतिद्वन्दी तो यही मनाते थे कि मैं झुलसकर मर ही जाऊँ। लेकिन मैंने कामयाबी से वह जनसभा पूरी कर ली।

मौत के खतरे और मीटिंग में गड़बड़ी की अफवाहें मुझे हर उन उन्नीस शहरों के दौरों के समय मिलीं, जहाँ मैं गई। खासतौर में बलूचिस्तान में मुझे उनका खतरा ज्यादा बताया गया, जहाँ मेरे सुरक्षा दल ने तीन मुजाहिदीन लोगों को भीड़ के आगे अपने कपड़ों के नीचे बंदूक छिपाए देखा। हमारे लिये उनके पास बंदूकों का होना कोई गड़बड़ बात नहीं लग रही थी, गड़बड़ था, उनका बंदूकों को छिपाकर रखना, वरना उस इलाके में तो अफगान बलूचिस्तान के लोगों का हथियार लेकर चलना आम बात थी। मेरे सुरक्षा दल ने इस बारे में मुझे कुछ नहीं बताया, न ही उनसे कुछ कहा, बस वह लोग ऐसे घेरा बनाकर खड़े रहे कि अगर गोली चले भी, वो वह मुझ तक न पहुँचे।

मुझे इस बात की बड़ी घबराहट थी, कि मुझे कहीं घूमने वाले स्टेज पर खड़े होकर बोलने में चक्कर न आ जाए। ऐसा स्टेज, इसलिये बनवाया गया था, ताकि सारे लोग आगे-पीछे, मुझे बराबर से देख सकें। लेकिन जब मैंने लोगों की तरफ नज़र डाली, जिनमें ज्यादातर लोग गरीब थे और नज़र में चुभने की हद तक दुबले और कमज़ोर, मैं अपना डर भूल गई। बलूचिस्तान हमेशा से गरीबी का मारा, एक पिछड़ा हुआ प्रान्त रहा है। वहाँ के कबीलाई मुखिया, किसी भी होने वाली तरक्की को कामयाब नहीं होने देते थे कि उससे उनके दबदबे के कम हो जाने का खतरा था। मेरे पिता के शासक होने से पहले, वहाँ केवल कच्ची पगडंडियाँ थीं, बिजली नहीं थी, ताज़ा पानी नहीं था। सिंचाई की कमी के कारण उपज में बाधा थी, पीढ़ियों तक उनके हिस्से सिर्फ, जी-तोड़ मेहनत थी, और कुछ नहीं।

एक बार मैं अपनी माँ के साथ बलूचिस्तान गई थी, जहाँ एक पेड़ की छाया में ज़रा सुस्ताते समय, औरतों-बच्चों ने उन्हें घेर लिया था। मेरी माँ के सुरक्षा दल के गार्ड ने उन

लोगों को भगाना चाहा, तो मेरी माँ ने उसे रोककर, उन्हें पास बुला लिया। उन लोगों ने हैरत से मेरी माँ को देखते हुए उसके बाल छुए। वह चिकने और रेशमी थे, जबकि उन औरतों के बाल रूखे और उलझे हुए थे। उनमें मिट्टी भरी थी। उन्हें यह नहीं पता था कि कंघा क्या होता है...मेरे पिता की सरकार ने, कबीलाई मुखिया के विरोध के बावजूद, बलूचिस्तान की जनता के लिये बहुत काम किया। तब भी पी.पी.पी. को उनके मुखिया का विरोध झेलना पड़ा।

''पाकिस्तान पीपल्स पार्टी मानती है कि देश की तरक्की का मतलब वहाँ के लोगों की तरक्की है...'' मैंने उस घूमते हुए स्टेज से बोलते हुए कहा, ''अगर सड़क के आदमी के पास काम का ठिकाना है, अगर उसके पास ज़रिया है जहाँ उसके और उसके परिवार की सेहत का ध्यान रखा जाए, जहाँ उसके बच्चे पढ़-लिखकर अपना बेहतर रास्ता बना सकें, तभी कहा जाएगा कि देश में तरक्की है। हमारे लोग गरीबी में पड़े रहें, यह कोई खुदा का कानून नहीं है। हमारे मुल्क के भाग्य में बस झुग्गियाँ ही नहीं लिखी हैं। अगर हम अपने मुल्क की सब चीज़ों का बेहतर इस्तेमाल करके हालात बदल सकते हैं, तो हमें ज़रूर-ज़रूर ऐसा करना चाहिए।'' सुनने वालों में से लोग उठे और तालियाँ बजाने लगे। उनमें वह तीन अफगान भी थे, जो पहली लाइन में बैठे थे। मेरे सिक्यूरिटी गार्ड वालों ने चैन की साँस ली। जैसे, खतरा टल गया था। लेकिन ऐसा सचमुच में नहीं था। पूरे देश के लिये, यह सिर्फ एक शुरुआत थी। 30 मई को, मेरे कराची वापस लौटने के तीन हफ्तों से भी कम समय में पुलिस हैदराबाद के यूथ हॉस्टेल में घुस गई और घात लगाकर, सिंध छात्र फेडरेशन के पी.पी.पी. के प्रेसिडेंट, फकीर इकबाल हिस्बानी को जान से मारने में कामयाब हो गई। वे पूरे प्रान्त के हमारे सुरक्षा प्रमुख भी थे। उसके साथ पी.पी.पी. के एक कार्यकर्ता जहाँगीर पठान की रीढ़ में पुलिस की एक गोली लगी और उसको फालिज मार गया।

मेरा जैसे खून जम गया, जब दोस्त मोहम्मद ने, एकदम सुबह मुझे जगाकर इकबाल हिस्बानी की हत्या की खबर दी। और काले बाज़ूबंद और काले रिबन, काले दुपट्टे, काले झण्डे, एक और नौजवान आदमी का जनाज़ा जिस पर मैंने अपनी ज़िन्दगी का भरोसा रखा। एक और शोक-सभा, उस माँ के लिये जिसने अपना इकलौता बेटा गँवा दिया। इकबाल की माँ ने मुझे एक दुआ का तावीज़ दिया, जो उसने इकबाल को बनाकर दिया था, जब उसने हैदराबाद में एक जुलूस में जाते हुए पहले वाला कहीं गुमा दिया था। ''इसे इकबाल की तरफ से तोहफा मानकर तुम रख लो!'' उस माँ ने मुझे वह तावीज़ दिया था। उफ! इस हुकूमत के हाथों और कितने भले लोग मारे जाएँगे।

इकबाल हिस्बानी की हत्या के विरोध में पूरे पाकिस्तान में शान्तिपूर्ण प्रदर्शन किए गए। लेकिन हुकूमत हिंसा पर डटी रही। काशमूर की एक प्रतिरोध सभा में, ज़िया के एक प्रान्तीय एसेम्बली के सदस्य ने कलाश्निकोव से गोलियों की बौछार कर दी ताकि भीड़ छितर जाय। सौभाग्य से उसमें कोई मरा व घायल नहीं हुआ लेकिन इससे हुकूमत का एक नया और घातक पैंतरा समझ में आया। अपने इलाके को काबू में रखो, चाहे जैसे, मारो, घायल करो, बस, काबू में रखो।

एक हफ्ते के अन्दर, पी.पी.पी. के दो और लोग मारे गए। तन्दू में डोकरी का प्रेसिडेण्ट और पी.पी.पी. का कार्यकर्ता शहीद हो गए। मोहम्मद खान, ज़िया की प्रान्तीय असेम्बली

का मेम्बर पहली हत्या के लिये संदेह के घेरे में आया, जबकि दूसरी हत्या में पुलिस इंस्पेक्टर ने ऐसी ऑटोमेटिक बंदूक से गोली चलाई, जो पुलिस को नहीं दी जाती। एक चाय की दुकान पर उस पुलिस इंस्पेक्टर को लोगों ने कहते सुना, "मुझे सिंध कैबिनेट के एक मन्त्री ने यह बंदूक दी थी, कि मैं पी.पी.पी. के कुत्तों को भूनकर रख दूँ। हुकूमत अब छोटे दर्जे के राजनीतिक लोगों और अपने दूसरे मातहतों को ऐसे कामों पर लगा रही है।

हम अब हुकूमत से एक टकराव के दौर में पहुँच गए। हमें पता था। और वह भी जानते थे। इस बीच कोई काम से सम्बन्धित बड़ा निर्णय नहीं लिया जा रहा था, हुकूमत का सारा ध्यान और ताकत पी.पी.पी. की ओर था। जब जून में हुकूमत ने अपना बजट रखा, हमने उसके सामने जनता का बजट रख दिया। जब उन्हें लगा कि हम रमज़ान खत्म होने के बाद सिंध में अपना आन्दोलन छेड़ेंगे, उन्होंने वहाँ राज्यस्तर पर आपातकाल (इमरजेंसी) लगा दिया। जब हमने उनके अनुमान के हिसाब से अपना कदम नहीं उठाया, तो उन्होंने आपातकाल हटा लिया। हुकूमत के इस असन्तुलन को देखते हुए हमें लगा कि यही ठीक समय है, जब हम अपने प्रचार अभियान का दूसरा दौर चलाकर, हुकूमत को सर्दियों तक चुनाव कराने के लिये मजबूर कर सकते हैं।

जुलाई 5, 1986 : तख़्तापलट की नौवीं वर्षगाँठ। हमने इसे "ब्लैक डे—काला दिवस" कहते हुए, पूरे पाकिस्तान के ज़िला मुख्यालयों में खुंजराब दर्रे से लेकर, चीन और अरब सागर तक, जन-सभाओं की योजना बनाई। किसी को नहीं पता था कि पी.पी.पी. का राजनीतिक ढाँचा इतना मज़बूत है कि वह एक साथ, इतने बड़े पैमाने पर ऐसी प्रदर्शन योजना निभा सके। यह 'काला दिवस' तो केवल एक रिहर्सल था कि हम अपनी थाह ले सकें। हमें पूरी तैयारी से खुद को इस चुनौती के लिये खड़ा करना था, जो हुकूमत को सर्दियों तक चुनावों के लिये मजबूर कर सके, और उसके लिये हमें इतना मज़बूत होना था कि इतने बड़े पैमाने पर योजनाबद्ध ढंग से जनता के विरोध को सामने रख सकें। उसके लिये हमें एक लाख लोकतन्त्र के पहरुए भरती करने की ज़रूरत थी। पी.पी.पी. के ऐसे समर्थक जुटाने थे, जो निर्भीक गिरफ्तारी दे सकें, भूख हड़ताल और धरनों पर बैठ सकें। हरेक नाम की बारीकी से जाँच करके योजना में रखने की ज़रूरत थी। जैसे-जैसे 5 जुलाई पास आती गई, मैं देश-भर में इधर से उधर दौड़ती रही और जानकारी देती जुटाती रही। "काला दिवस" ठीक-ठाक गुज़र गया। कराची में डेढ़ लाख पी.पी.पी. के समर्थक बने और लाहौर में दो लाख।

14 अगस्त, पाकिस्तान की आज़ादी की सालगिरह इसकी महत्त्वपूर्ण तारीख थी जो कलेण्डर हमें दिखा रहा था। हमारी पी.पी.पी. की अभूतपूर्व सफलता से जो मेरे पाकिस्तान लौटने के बाद के दौरान मिली, ज़िया के पिट्ठू प्रधानमंत्री मोहम्मद खान जुनेजो ने जलन से भर के घोषणा की कि हुकूमत की मान्यता प्राप्त पार्टी मुस्लिम लीग, 14 अगस्त को मीनारे—पाकिस्तान पर लाहौर में एक रैली आयोजित करेगी। जैसे ही जुनेजो ने अपना यह कार्यक्रम घोषित किया, हमने भी ऐलान कर दिया कि पी.पी.पी. की भी स्वतन्त्रता दिवस पर रैली लाहौर में आयोजित होगी। हमें पता था कि एक ही दिन रखे गए दोनों कार्यक्रमों में, हमारी रैली में ज्यादा लोग पहुँचेंगे। हुकूमत ने हमारी भीड़ को जाने से रोकने के लिये पहले से ही यह कदम उठाया कि उसने पंजाब की सारी बसें अपने लिये आरक्षित (रिज़र्व)

करा लीं। हमने पी.पी.पी. के मेंबर्स को सिखाया कि हमारे समर्थक भी उन्हीं की बस से जाएँ और लाहौर उतरकर हमारी रैली की ओर चल पड़ें।

एम.आर.डी. ने भी हमारा साथ दिया। अपने पाकिस्तान लौटने के बाद से, चूँकि मैं और पी.पी.पी. के नेता लोग एम.आर.डी. के सदस्यों से बातचीत कर रहे थे और हमने 1981 में हाइजैकिंग से कुछ पहले यह तय कर लिया था कि हम गठजोड़ के ज़रिये दूसरे राजनीतिक दलों के साथ मिलकर हुकूमत पर दबाव डालेंगे कि वह लोकतन्त्र बहाल करे। 10 अगस्त को एम.आर.डी (मूवमेण्ट टू रेस्टोर डिमोक्रेसी) के नौ सदस्य तीन सालों में पहली बार 70, क्लिफ्टन पहुँचे थे जिससे हमारा साथ और मज़बूत हो। एक मेम्बर वह बिना सिला सफेद कपड़ा डालकर आया था जो हज के दौरान पहना जाता है। उसे हुकूमत ने हज के लिये जाते समय एयरपोर्ट पर ही रोक दिया था।

ज़िया, इन स्थितियों में, देश के बाहर था और दौड़-धूप में था। इस आशंका से कि स्वतन्त्रता दिवस की रैली उसके लिये एक शर्मिन्दगी और पराजय जैसी स्थिति खड़ी करेगी, वह 7 अगस्त को ही अपने परिवार के साथ सउदी अरब निकल गया था। एयरपोर्ट पर एक पी.पी.पी. के पक्षधर ने बताया कि ज़िया ने वहाँ से तीन बड़े बक्सों में फर्नीचर भेजा और एक सोने का पानी चढ़ी रोल्स रॉयस कार, जो अरब के राष्ट्राध्यक्ष ने उसे बतौर प्रेसिडेण्ट भेंट की थी।

एक बार फिर समय कठिन था। हमारी एक मीटिंग के बाद एम.आर.डी. के नेताओं के साथ मैंने तय किया कि हम एक, साझा मीटिंग, कानून की सीमा में रहते हुए आयोजित करेंगे, जिसमें प्रतिरोध दर्शाते हुए हुकूमत से चुनाव कराने की माँग की जाएगी। अगले दिन, जब एम.आर.डी. ने घोषणा की, कि वह पी.पी.पी. और दूसरी सहयोगी पार्टियों के साथ मिलकर लाहौर तथा कराची में स्वतन्त्रता दिवस के दिन रैलियाँ निकालेगा और ज़िया पर दबाव डालेगा कि वह 20 सितम्बर चुनाव की तारीख घोषित करे। इससे जुनेजो के हाथ-पाँव फूल गए।

12 अगस्त को, जब मैं कई पत्रकारों और पार्टी के लोगों से बातचीत कर रही थी, मुझे पता चला कि जुनेजो रेडियो और टेलीविज़न पर बिना किसी पहले से तय कार्यक्रम के, कुछ महत्त्वपूर्ण घोषणा करेगा। मैंने देखा कि मुस्लिम लीग और विरोधी दलों के संगठित पक्ष के साथ टकराव की सम्भावना को नज़र में रखते हुए, जुनेजो ने स्वतन्त्रता दिवस के दिन मुस्लिम लीग की प्रस्तावित रैली कैंसिल कर दी और विरोध पक्ष से भी अपील की, कि वह अपनी रैली भी रद्द कर दें। हालाँकि, इस प्रतिबन्ध के लिये कोई सरकारी आदेश नहीं जारी किया गया।

मुझे कोई हैरत नहीं हुई क्योंकि जुनेजो का यह कदम उसके चेहरा छुपाने की कोशिश को दर्शाता था, लेकिन उसने ज़रूर हमें भड़काने वाला कदम उठाया, जिस पर मुझे गुस्सा आया। हुकूमत लगातार हमारी मीटिंग और शान्तिपूर्ण जुलूसों में ऐसा कुछ करती रही कि हम तैश में आकर हिंसा पर उतर आएँ, जबकि हम लोगों ने कभी आपा नहीं खोया और हम राजनीतिक तरीकों से ही बदलाव लाने की कोशिश करते रहे। हमारे सुरक्षा गार्ड लोगों के पास तो उस दौरान कोई हथियार भी नहीं थे फिर भी, ज़िया की कठपुतली सरकार के मन्त्रियों ने पूरे चार महीने तक किसी-न-किसी बहानेबाज़ी के ज़रिये, मार्शल लॉ उठ जाने

के बावजूद चुनावों के बारे में कोई बात नहीं की। वह सरकार, हुकूमत का सही चेहरा सामने लाने से बचना चाहती थी। जुनेजो अभी हाल में ही अमेरिका से वापस लौटेंगे जहाँ राष्ट्रपति रीगन ने पाकिस्तान की, लोकतन्त्र की ओर बढ़ती सरकार के लिये जुनेजो की पीठ ठोकी थी। जुनेजो ने खुद भी *टाइम* पत्रिका को एक शेखी बघारता इण्टरव्यू दिया था कि उसने मार्शल लॉ खत्म करके लोकतन्त्र बहाल कर दिया है। ''हमने यह कर ही दिया है...'' उसने कहा, ''अब चुनाव के लिये क्या बचा है?'' ''यह हमारी बहुत बड़ी जीत है,'' मैंने कहा जबकि पार्टी के लोग मेरे ऑफिस में इकट्ठा थे। जुनेजो खुद को लोकतान्त्रिक प्रधानमंत्री बताता है, लेकिन उसके जन-समर्थक कहाँ हैं...? उसने खुद ही अपनी मीटिंग रद्द कर दी, क्योंकि उसको यह डर था कि पी.पी.पी. उसे बौना कर देगी। ''हुकूमत मैदान छोड़ रही है। अब हमें 14 अगस्त को प्रदर्शन करने की कोई ज़रूरत नहीं है, हम वैसे ही जीत गए हैं।'' एक सदस्य ने सलाह दी।

''नहीं, नहीं, हमें अपना कार्यक्रम ज़रूर करना चाहिए...'' दूसरे ने कहा, ''क्यों न हम अपना कार्यक्रम 15 अगस्त को रखें...?'' उसने सुझाव दिया।

''15 अगस्त हिन्दुस्तान का स्वतन्त्रता दिवस है...''

''तो फिर 16 अगस्त को...?''

''मैं कल पी.पी.पी. की मीटिंग के लिये फैसलाबाद जा रही हूँ। हम इस पर निर्णय बाद में लेंगे।'' मैंने कहा। मैं 70 क्लिफ्टन पर हुई इस अनौपचारिक मीटिंग के बाद में सीधे एम.आर.डी. द्वारा बुलाई गई एक इमरजेंसी मीटिंग में भाग लेने चली गई। वहाँ का माहौल बहुत अलग था। एम.आर.डी. के नेता इस बात से बहुत नाराज़ थे कि मैंने पी.पी.पी. के नेताओं से, प्रदर्शन की तारीख बदलने की या इसे रोकने की सलाह भी कैसे बनाई। ''आपको राजनीति का कुछ भी पता नहीं है,'' उन्होंने कहा ''हमें स्वतन्त्रता दिवस पर यह प्रदर्शन ज़रूर करना चाहिए। यही ठीक समय है। हम ऐसे कदम पीछे नहीं हटा सकते।'' मैंने इस बात का विरोध किया। मुझे मालूम था कि पी.पी.पी. अभी इस आयोजन के लिये पूरी तरह से तैयार नहीं है। हम अभी-अभी ''काला दिवस'' मना चुके हैं और इतनी जल्दी जनता को दुबारा जुटा पाना आसान नहीं है। इसके अलावा, हमारी रणनीति यह है कि हम हुकूमत से सीधे न टकराएँ बल्कि अपने प्रदर्शनों के ज़रिये उस पर दबाव डालकर उसे दरकिनार कर दें। हड़तालों और धरनों से सरकार का काम-काज ठप्प हो जाएगा, धंधा रुकेगा, आर्थिक नुकसान होगा और इससे लोगों के मन में हुकूमत के प्रति असन्तोष बढ़ेगा। इससे उलट, सीधे टकराव से हुकूमत भड़क उठेगी। हमारे लीडर लोग गिरफ्तार हो जाएँगे। दूसरे पक्षधर भी जेल के भीतर ठूँसे जाएँगे और हमारा जोश ठण्डा पड़ जाएगा।

''नहीं, हमें प्रदर्शन करना ही चाहिए।'' एम.आर.डी. के नेता लोग ज़िद पर थे।

मैं गहरे असमंजस में पड़ गई या तो पी.पी.पी. और एम.आर.डी. का गठबन्धन टूटे या मैं उनकी बात चुपचाप मान लूँ। सबकी एकमत राय यह थी कि प्रदर्शन किया जाना चाहिए, केवल मैं इसके पक्ष में नहीं थी।

''ठीक है...हम प्रदर्शन करेंगे...'' मैंने बेमन से कहा, लेकिन खुदा के लिये, इस कार्यक्रम का ऐलान आज रात को मत करिएगा, कम-से-कम, कल तक रुकिए। हमें कुछ वक्त चाहिए। ताकि कुछ खास पार्टी के नेता अपना बचाव कर लें, कहीं छिप जाएँ अगर हम सब गिरफ्तार

हो गए, तब सर्दियों का हमारा कार्यक्रम धरा रह जाएगा...''

फिर भी एम.आर.डी. ने घोषणा कर ही दी।

13 अगस्त 1986 :

मैं, अपने तयशुदा प्रोग्राम के अनुसार पी.पी.पी. के साथ मीटिंग के लिये फैसलाबाद जाने को निकलती हूँ और एयरपोर्ट पर मुझे पुलिस मिलती है और गेट पर रोक लेती है।

''हमारे पास इस बात के आदेश हैं कि आपको पंजाब के बाहर निकाल दिया जाए। अब आप चाहें तो आगे जाएँ।'' मुझे बताया जाता है। अब यह लोग एक नई चालाकी कर रहे हैं। मैं समझ रही हूँ, वह मुझे उत्तेजित करना चाहते हैं कि मैं आदेशों का उल्लंघन करूँ और फिर बाद में वह ऐसा कह सकें कि मैंने उनके आदेश को न मानकर परेशानी की स्थिति खड़ी की। मैंने उनके जाल में फँसने से इन्कार कर दिया। मैंने एयरपोर्ट से ही पी.पी.पी. के लोगों से राय माँगी। वह मुझसे सहमत थे। मुझे पूरा अनुमान था कि जब मैं 70 क्लिफ्टन पहुँचूँगी, पुलिस मेरा इन्तज़ार कर रही होगी। इसलिये मैं जाने से पहले अपने साथियों को सारे निर्देश दे देना चाहती थी, कि वह कैसे क्या करें, अगर मैं गिरफ्तार हो जाऊँ।

जब मैं 70 क्लिफ्टन पहुँची, तो वहाँ कोई पुलिस नहीं थी। दूसरी नई बात। लेकिन रेडियो ने गलती से मेरी गिरफ्तारी की खबर प्रसारित कर दी और मेरे पास टेलीफोन आने शुरू हो गए। लियारी में मेरी गिरफ्तारी के विरोध में दंगे मच गए। फैसलाबाद में एयरपोर्ट पर मेरी इन्तज़ार में एयरपोर्ट पर खड़े लोगों पर पुलिस ने आँसू गैस छोड़ी, तो यह है हुकूमत की लोकतन्त्र की बहाली, जिसके लिये जुनेजो की पीठ ठोकी गई...मैं पुलिस का इन्तज़ार करती रही। कोई नहीं आया। इस बीच एक-एक करके पी.पी.पी. के और एम.आर.डी. के नेता लोग गिरफ्तार होने लगे। ऐसा पहली बार हुआ कि वह लोग सब जेल में हैं और मैं बाहर हूँ। हुकूमत बिना मुझे छेड़े, पार्टी को अपंग कर देना चाहती है। मैं समझ रही हूँ। ठीक है, इस तरह से मैं दुनिया के विरोधी आरोपों से बच जाती हूँ, खास तौर से अमेरिका की तरफ से, जहाँ से सर्दियों में नई सहायता नीति के बारे में फैसला होना है। मेरे लिये, मेरा पंजाब से निकाला जाना एक मौका है, जो मैं पी.पी.पी. का कार्यक्रम रोककर पार्टी को तैयारी का एक मौका दे सकती हूँ।

70 क्लिफ्टन में प्रेस की दौड़ लग गई है। *टाइम* पत्रिका से रोस मुनरो, एक बी.बी.सी. का कैमरामैन, एनी फदीमान *लाइफ* पत्रिका से जो मेरा रेडक्लिफ से पुराना दोस्त है और इस समय कराची में फोटोग्राफर मेरी एलन मार्क के साथ मेरी पाकिस्तान वापसी पर सामग्री तैयार कर रहा है, महमूदशाह और हजूरशाह दोनों *जंग* और *डॉन* के संवाददाता हैं। देर शाम तक करीब एक हजार पी.पी.पी. के लोग एम.आर.डी. के कार्यकर्ता गिरफ्तार कर लिये जाते हैं, सिवाय मेरे।

कराची के प्रेस क्लब से एक रिपोर्टर आ पहुँचता है। उसने अभी सुना है कि कोई विपक्षी नेता कह रहा था कि एम.आर.डी. की मीटिंग अभी भी, कल कराची में होनी तय है और मैं उसमें पहुँचूँगी। मुझे धक्का लगता है। किसी ने मुझसे इस बदले हुए कार्यक्रम के बारे में बात नहीं की है। लेकिन खबर फैल रही है। उस रात बी.बी.सी. अपने एक ही प्रसारण में तीन बार घोषित करता है कि मैं 14 अगस्त को एम.आर.डी. की मीटिंग में भाग लेने

कराची जा रही हूँ। मैं किसी भी हालत में हुकूमत के उकसाने में नहीं आना चाहती, लेकिन मैं क्या करूँ...? अब अगर मैं वहाँ नहीं पहुँचती हूँ तो विपक्षी दल यह कहेगा कि मैं डर गई।

मैं यह खबर पार्टी के निचले स्तर के नेताओं तक पहुँचाती हूँ कि अगर वह अब तक पुलिस से बच सके हैं तो सुबह 70 क्लिफ्टन में पहुँच जाएँ, ताकि हम सब लोग साथ-साथ जुलूस की शक्ल में उस मीटिंग में पहुँचें।

14 अगस्त 1986, पाकिस्तान का स्वतन्त्रता दिवस :

"जिए भुट्टो...मेरी बहन, तुम्हारी बहन, बेनज़ीर" जब मैं सवेरे जागी, मैंने 70 क्लिफ्टन के बाहर से आते नारों की आवाज़ को सुना। हजारों पी.पी.पी. के कार्यकर्ता घर के सामने इकट्ठे हो गए हैं। उन्होंने बी.बी.सी. का प्रसारण सुना है तथा एम.आर.डी. के लोगों से यह जाना है कि मैं रैली में आ रही हूँ। अब समझ में आया कि हुकूमत ने मुझे अब तक क्यों नहीं गिरफ्तार किया। जब हुकूमत को, एक एम.आर.डी. घोषणा सुनने के बाद कुछ समझ में नहीं आया कि क्या किया जाए, तो उन्होंने ज़िया को सउदी अरब में टेलेक्स भेजा कि बेनज़ीर का क्या किया जाए। ज़िया से सुबह 9.00 बजे तक कोई जवाब नहीं मिला, फिर ज़िया का टेलेक्स आया कि उसे गिरफ्तार कर लो। उस समय पुलिस की हिम्मत नहीं हुई कि मुझे छू सके, 70 क्लिफ्टन के आगे हज़ारों पी.पी.पी. के लोग जमा थे। एक पुलिस वाले ने कहा, "वह लोग तो हमारी जान ही ले लेते, अगर हम बेनज़ीर को गिरफ्तार करने की कोशिश करते।" पुलिस भीड़ पर गोली चलाकर 70 क्लिफ्टन के आस-पास भगदड़ खड़ी करने से भी बचना चाह रही थी। क्लिफ्टन एरिया रिहायशी इलाका है और वहाँ बहुत से विदेशी राजनयिक भी रहते हैं। पुलिस इस बात से भी घबराती थी कि गुस्साई भीड़ कहीं अपना गुस्सा निकालने के लिए इनके दूतावासों को आग न लगा दे।

पुलिस को यह भी ठीक से नहीं पता था कि मैं हूँ कहाँ...मेरी सहेली पुट्ची मेरे साथ 70 क्लिफ्टन में रात को थी। वह एकदम सवेरे कार से निकलकर गई थी और हो सकता है कि इण्टेलिजेंस वालों ने यह समझा हो कि मैं ही चली गई हूँ। यह भी एक सन्देह उनको हो सकता है कि मैं, पाबंदी के बावजूद, फैसलाबाद निकल ही गई हूँ। उन्हें कुछ भी ठीक-ठीक पता नहीं था लेकिन वह कभी भी पता लगा सकते थे।

"आप किस समय निकल रही हैं...?" एक एम.आर.डी. का सदस्य मुझसे फोन करके पूछता है। "मैं 2.00 बजे दोपहर को निकलूँगी।" मैं उसे बताती हूँ। तभी मुझे खबर मिलती है कि पुलिस 2.00 बजे दोपहर को मुझे गिरफ्तार करने आने वाली है। हालाँकि उनके पास इसका कोई स्पष्ट कारण नहीं है। गृह सचिव ने रैली पर पाबंदी का कोई आदेश अब तक नहीं दिया है।

पत्रकार आ जाते हैं और हम 1.00 बजे दोपहर को निकलने की योजना बनाते हैं। मैं हार्वर्ड में अक्सर *लाइफ* पत्रिका में एक स्तम्भ *लाइफ गोज़ टू मूवीज़* पढ़ती थी। अब *लाइफ* पाकिस्तानी पुलिस से तयशुदा गिरफ्तारी और उसका मुकाबला करने जा रही है। मैं ऐन फदिमन के बारे में चिन्तित हूं। रॉस मुनरो, *टाइम* के नई दिल्ली के ब्यूरो चीफ़ को उप-महाद्वीप में होने वाली उठा-पटक का पता रहता है। किसी को भी नहीं पता कि जब हम 70 क्लिफ्टन से निकलेंगे तो क्या होगा।

"कुल हुव्वा, अल्लाहू अहद"—मैं क़ुरान शरीफ को घर से निकलते समय दोहराती हूँ। एनी फादिमान, रोस मुनरो, जो बी.बी.सी. के कैमरामैन हैं, मेरी सहेली पुट्ची और पी.पी.पी. के कुछ सदस्य एक पाजेरो जीप में हैं। मैं अपनी जीप में चलती हूँ जिस पर राजनीतिक पोस्टर चिपके हैं, माइक लगा है। पी.पी.पी. के गीतों का कैसेट है, बोनट पर पी.पी.पी. का झण्डा है। सामिया मेरे साथ है, कुछ राजनीतिक कार्यकर्ता और फोटोग्राफर मेरी एलन मार्क भी मेरे साथ हैं। जैसे गेट खुलते हैं, मैं पीछे की सीट पर खड़ी हो जाती हूँ। "मारेंगे, मर जाएँगे, बेनज़ीर को लाएँगे!" भीड़ नारे लगाती है। मेरे साथ मेरे स्वागत में करीब पाँच हज़ार से ज्यादा लोग हैं।

आह...जब हम मिडईस्ट अस्पताल के पास पहुँचते हैं, पुलिस, आँसू गैस का पहला दौर शुरू करती है। पहले तीन हज़ार आँसू गैस के गोले कराची में उस दिन फोड़े गए उसमें से तीन सौ तो वहीं क्लिफ्टन पर ही काम आए। दूसरी पुलिस टुकड़ी उस गोल चक्कर पर आती है, वह मुझे गिरफ्तार करने के लिये आते समय भीड़ में फँस गई है। पुलिस भीड़ को तितर-बितर करते हुए पाजेरो जीप की तरफ बढ़ना चाहती है। आँसू गैस के गोले छोड़ती है। मुझे मेरी जीप में कोई खींचकर नीचे बैठा देता है और जीप की खुली छत को ढक देता है। हम मुँह में नींबू-नमक रखते हैं और गीले तौलियों से, जो हम साथ लेकर चले थे, चेहरे ढाँप लेते हैं। मैं दूसरी वैन में चल रहे पी.पी.पी. कार्यकर्ताओं के बारे में चिन्तित हूँ, जिनके साथ पत्रकार लोग भी हैं।

एनी फादिमान :

> आँसू गैस का धुआँ इतना गहरा है कि कुछ नज़र नहीं आ रहा है। हमने जीप की छत को बंद करना चाहा लेकिन वह बीच में फँस गई है और धुआँ अन्दर भर गया है। जब हम उसे बंद कर पाए स्थिति और भी मुश्किल हो गई। धुआँ अन्दर भर गया था और घुटन हो रही थी। हम आँसू गैस में फँस गए थे। अगले दिन हमें पता चला था कि वह आँसू गैस के गोले अमेरिका के बने हुए थे और स्मिथ एण्ड वैसन ने बनाए थे।
>
> रौस को आँसू गैस का अनुभव था और वह जानता था कि क्या करना है। हमने अपनी अँजुरी में पानी लेकर अपनी आँखों को उसमें भिगोया। हमने पानी से तर रूमाल को एक-दूसरे की आँखों पर रखा लेकिन हमारा हाल सचमुच बुरा था। पुट्ची को अस्थमा था और सौभाग्य से जैसे ही आँसू गैस छोड़ी जाने लगी, वह कामयाब हो गई कि उतरकर घर चली जाए। लेकिन हम सबको उस आँसू गैस का असर पूरे हफ्ते झेलना पड़ा। मेरे पास गहरी साँस देने वाली जीवन-रक्षक दवाएँ थीं, तो मैं ठीक रही, लेकिन मुझे बाद में पता चला कि बशीर रियाज़ कई महीनों तक बीमार रही।
>
> भीड़, पुलिस और आँसू गैस के गड़बड़झाले में, पाजेरो के काफिलों के ड्राइवर यह तय करते हैं कि गोल चक्कर से, पुलिस को चकमा देने के लिये, दो अलग-अलग

सड़कों से जाया जाए। रैली में जाने के लिये हम पीछे घूमती हुई सड़कें चुनते हैं। रैली लियारी में है, कराची का बेहद गरीब इलाका है और यह पी.पी.पी. का मज़बूत गढ़ है। हर बार पुलिस हमारी चाल को समझकर साथ लग जाती है। आगे बसों की लम्बी कतार है, उसमें कारें और ट्रक भी हैं। उनके संकेत पर हम बढ़ते हैं, लेकिन जाम में फँस जाते हैं। हम दूसरी जीपों से मिलते हैं और तय करते हैं कि हम मोहम्मद अली जिन्ना की क़ब्र की तरफ बढ़ेंगे। हम उधर भी बढ़ने से रोक दिए जाते हैं। हम लियारी की तरफ वापस मुड़ते हैं कि अचानक जीप का टायर पंक्चर हो जाता है। इतना समय नहीं है कि जैक निकाला जाए। भीड़ आगे बढ़कर ज़ोर लगाती है और जीप को उठाकर तब तक सँभाले रहती है जब तक पहिया बदल नहीं दिया जाता। हम फिर अटक गए हैं क्योंकि पुलिस फिर आई है।

रोस मुनरो :

गाड़ी जब लियारी के खुले चौड़े चकिवारा चौक पर पहुँचती है, दस हज़ार से ज्यादा लोगों की भीड़ उसके साथ है। बेनज़ीर ने एक तरह से रैली में पहुँचकर और कुछ मिनट बोल कर एक तरह से सांकेतिक जीत तो हासिल कर ही ली है। अपने माइक से उन्होंने कहा, ''आप सब मेरे भाई-बहन हो'' वह उर्दू में अपनी बात रख रही थी। ''ज़िया को जाना चाहिए'' बेनज़ीर ने कहा कि यह स्वतन्त्रता दिवस भी एक मज़ाक है। पाकिस्तानियों को इतनी भी आज़ादी नहीं है कि वह एक प्रदर्शन भी खुलकर कर सकें।–जहाँ से बेनज़ीर बोल रही थी, उससे बस दो सौ गज़ दूर, एक जलती हुई बस धुआँ छोड़ रही थी।

एनी फादिमान :

मैंने एक भी मारकाट की कार्यवाही पी.पी.पी. वालों की तरफ से होती नहीं देखी। सारी ऐसी हरकत केवल पुलिस की तरफ से हो रही थी, लोगों को मारना-पीटना कि वह छितरकर भाग जाएँ। लाठीचार्ज के दौरान, एक जवान के हाथ पकड़ लिये गए थे कि वह लाठी का वार बचा न सके। भीड़ ने जब बेनज़ीर की जीप को देखा तो वह उसकी खिड़कियों से अपने खून से तर बाज़ू सटाकर खड़े हो गए, यह दिखाने के लिये कि वह बेनज़ीर के लिये अपनी जान तक कुरबान कर सकते हैं। अचानक मैंने बी.बी.सी. के संवाददाता इकबाल जाफरी को भीड़ के साथ भागते जाते देखा। ''वहाँ ज़बरदस्त मारकाट चल रही है'', उसने मुझे बताया, ''मैंने देखा, एक दस बरस के लड़के को पुलिस इसलिये पीट रही है क्योंकि उसने पी.पी.पी. का बिल्ला लगा रखा था।'' पुलिस ने बेनज़ीर को देखकर लियारी में और भी ज्यादा आँसू गैस के गोले छोड़ने शुरू कर दिए।

ठक...ठक...मैं किसी की चीख सुनती हूँ। कोई मुझे जीप में भीतर खींच लेता है, जैसे आँसू गैस का कोई गोला मेरे सिर से टकराने वाला हो। यह बिल्कुल वैसा ही हमला है, जैसा

मुझ पर और मेरी माँ पर कद्दाफी स्टेडियम में हुआ था। पुलिस आँसू गैस के गोलों को हथियार की तरह इस्तेमाल कर रही है, न कि उनके ज़रिये भीड़ को तितर-बितर करने के लिये। एक के बाद एक पुलिस की गाड़ियाँ आती जा रही हैं। हम इस तरह से सड़क पर पार्टी के नेताओं की गिरफ्तारी नहीं होने दे सकते। एक पी.पी.पी. का कार्यकर्ता चिल्लाता है। पुकार बढ़ती चली जाती है। "पुलिस को रोको...पुलिस को रोको..."

बैरिकेड जैसी चीज़ें उठाकर फेंक दी गई हैं। टायर और कूड़े के ढेर में आग लगा दी गई है। हम तेज़ी से दुबारा वापस लियारी की तरफ घूमते हैं। हमारी आँखें और गला जल रहा है और घुटन महसूस कर रहा है। लोग पीछे आती पुलिस की गाड़ियों पर पथराव कर रहे हैं। "इधर आइए" "इस तरफ..." लोग हमें बंद सड़क की ओर बढ़ते जाने से रोक रहे हैं। जब हम एक मिनट के लिये पुलिस की नज़र से बच पाते हैं, एक टैक्सी को रोकते हैं। चारों तरफ आँसू गैस का धुँधलका और धुआँ है। लोग चीख रहे हैं। पुलिस का सायरन बज रहा है। हमारी जीप फिर चल पड़ती है। सामने की सीट पर बैठी सामिया ने मेरा दुपट्टा ले लिया है, ताकि पुलिस को धोखा हो सके। हमारा टैक्सी वाला इतना घबरा गया कि बिना दरवाज़ा बंद किए ही दौड़ पड़ा..."इतनी जल्दी क्या है...?" मैंने उससे पूछा।

वह सँकरी सड़क पर टैक्सी बहुत तेज़ दौड़ाता है लेकिन फिर भी एक अकेली आती पुलिस की मोटरसाइकिल की पहुँच से बाहर नहीं निकल पाता। वह मोटरसाइकिल हमारा पीछा कर रही है। मैं जल्दी-जल्दी पी.पी.पी. के कार्यकर्ताओं से कार में मशविरा करती हूँ। हमें प्रेस कांफ्रेंस करनी है, लेकिन कहाँ हो सकती है...? बहुत-सी जगहों के प्रस्ताव आए, लेकिन मैंने 70 क्लिफ्टन में ही वापस चलने पर ज़ोर दिया, हालाँकि इसका मतलब सीधे-सीधे खुद को पुलिस के हाथों सौंप देना होगा। मैं प्रेस को अपने ही घर से संवाद देना चाहूँगी, फिर चाहे भले ही, मैं वहाँ से गिरफ्तार हो जाऊँ। मोटर-साइकिल अभी भी हमारे पीछे लगी है। हमें उसे चकमा देना ही होगा। "दाहिने मुड़ जाओ।" मैं ड्राइवर से कहती हूँ, जैसे ही हम मेट्रोपोल होटल वाली गली के पास पहुँचने को होते हैं, तभी...। वह अन्दर घूम जाता है, होटल की ओर घूमकर और दूसरी तरफ से बाहर। मोटर साइकिल वाला अब कहीं भटक गया है।

जैसे ही हम क्लिफ्टन पहुँचते हैं, वहाँ पर पुलिस ने रास्ते रोक रखे हैं और पुलिस सब तरफ है। ड्राइवर चौकन्ना होकर गाड़ी पीछे की तरफ रोक लेता है। "आराम-आराम से आगे ही चलो और चाल को एक-सा बनाए रखो।" मैंने उसे बताया। पुलिस पीली टोयोटा की खोज नहीं कर रही है।" ड्राइवर बेचारा पुलिस लाइन में चलते हुए घबरा रहा है। मेरे चेहरे पर सामिया का दुपट्टा है और पुलिस मेरी ओर नहीं देख रही है। हम तब पार्टी कार्यकर्ता के घर, बस ज़रा देर को रुकते हैं, ताकि आँसू गैस के निशान साफ कर सकें।

"कितना हुआ...?" मैं पर्स निकाल ड्राइवर से पूछती हूँ। "मैं टैक्सी ड्राइवर नहीं हूँ...यह मेरी अपनी कार है..." वह कहता है, वह अभी भी काँप रहा है। "तुम टैक्सी ड्राइवर नहीं हो...?" मैं हैरत में हूँ...मैं कैसे उस पर रास्ते भर हुकुम चला रही थी। "जी नहीं, मैं सिर्फ एक पी.पी.पी. का समर्थक हूँ" वह कहता है और बिना कोई पैसा लिये चुपचाप चला जाता है।

जब हम पहुँचते हैं, तब तक प्रेस वाले 70 क्लिफ्टन में पहुँच चुके हैं। कांफ्रेंस के

ही बीच में खबर मिलती है कि पुलिस आ गई है। "उन्हें अन्दर आने दो..." मैं कहती हूँ। तीन पुलिस वाले दबंगियत से, विदेशी पत्रकारों के वहाँ होते हुए भी, अन्दर आते हैं और मुझे तीस दिन की कैद का आर्डर थमा देते हैं। मुझ पर आरोप है कि मैंने गैरकानूनी जमघट लगाया।–मैंने अपने कपड़े लिये, टूथब्रश लिया और मैं पुलिस की गाड़ियों के भारी काफिले के साथ पुलिस स्टेशन चल पड़ी। मेरे साथ भी उतनी ही पी.पी.पी. की गाड़ियाँ चलीं। पुलिस स्टेशन पर मुझे पता चलता है कि स्वतन्त्रता दिवस पर लाहौर की रैली में छह लोग मारे गए हैं और अनगिनत घायल हुए हैं। इस बार भी हुकूमत ने अपने गुर्गे भेजकर यह बर्बर काण्ड कराया था। जो मर गए और जो घायल हुए, उन सबको भीड़ के ऊपर कलाश्निकोव चलाकर संसद सदस्यों ने अपना शिकार बनाया था। उन सांसदों पर कोई कार्यवाही नहीं की गई। न ही, जैसा कि मुझे बाद में, *डॉन* के रिपोर्टर से पता चला, उन सिपाहियों पर, जिन्होंने अस्पताल के इमरजेंसी वार्ड में घुसकर घायलों को पीटा, जबकि वह स्ट्रेचर और बिस्तर पर पड़े हुए थे। एक मौलवी को, मस्जिद में भी नहीं छोड़ा गया, जब वह एक पी.पी.पी. समर्थक की आँख से आँसू गैस पोंछ रहा था। उसकी मस्जिद में घुसकर पिटाई की गई।

सिंध में भी मरने वालों और घायलों की गिनती ज्यादा है। सोलह मरे और सैकड़ों घायल हुए। शान्तिपूर्ण प्रदर्शन में पुलिस के बर्बर आक्रमण की कहानी केवल लियारी तक नहीं रही, बल्कि पूरे प्रान्त के गाँवों तक में उनका कहर बरपा। फ्रण्टियर में भी ज़िया के सिपाहियों ने प्रदर्शनकारियों पर हमले किए। यह सब इस वजह से हुआ कि उन बेचारों ने पाकिस्तान के स्वतन्त्रता दिवस पर हमारी शान्तिपूर्ण रैली में हिस्सा लिया।

मुझे लांढी बोरस्तल जेल में एकाकी कैद किया गया, जो कराची के बाहरी हिस्से में, अपराधियों के लिये बनाई गई है। पुलिस ने इतने लोगों को बंदी बनाया कि कराची के सेंट्रल जेल में मेरे लिये जगह नहीं बची। मेरी गिरफ्तारी के विरोध में पूरे देश में उत्तेजना फैल गई और 1983 में एम.आर.डी. के आन्दोलन के बाद, यह अब तक की सबसे बड़ी अशांति की लहर थी। सिंध में पुलिस स्टेशन, रेलवे स्टेशन और सरकारी दफ्तरों में आग लगाई गई। लियारी में, पी.पी.पी. के समर्थकों ने बंदूकों और आँसू गैस से लैस पुलिस से हफ्तों संघर्ष की मुद्रा बनाए रखी। विरोध कर्ताओं को दबाने के काम में पुलिस के साथ सेना भी आकर जुड़ गई। इसमें तीस से ज्यादा लोग मारे गए। मेरी एलन मार्क ने दंगों की जो फिल्म खींची थी, उसे ज़ब्त कर लिया गया।

इंग्लैण्ड और जर्मनी से हुकूमत की इस निर्मम राजनीति की निन्दा की खबरें सामने आ गईं। अमेरिका से सीनेटर कैनेडी और पैल ने इस पर अपनी चिंता जताई। ऐसे ही कांग्रेस के सोलार्ज़ ने भी आलोचना का भाव व्यक्त किया, सोलार्ज़ मेरे पक्ष में काफी समय से संघर्ष कर रहे थे। "अगर पाकिस्तान की सरकार इसी तरह विपक्ष के नेताओं की गिरफ्तारी जारी रखेगी, और शान्तिपूर्ण प्रदर्शन पर भी पाबंदी लगाएगी, तो पाकिस्तान के मित्र राष्ट्रों के लिये कांग्रेस में अमेरिका से वित्तीय सहायता जुटाना कठिन हो जाएगा।" सोलार्ज़ ने प्रशान्त एशिया से सम्बन्धित मामलों की सब-कमेटी के अध्यक्ष को चेतावनी दी। लेकिन रीगन का

प्रशासन, ज़िया और उसके गैर फौजी प्रधानमंत्री के पक्ष में बना रहा। अमेरिका के राज्य विभाग ने कहा, ''जुनेजो एक हिम्मत वाले व्यक्ति हैं, जिन्होंने विपक्ष को धूल चटाई और विदेशी आलोचना का भी हिम्मत से सामना किया।'' ज़िया ने भी जल्द ही अपनी निन्दा-आलोचना को संभालते हुए, अगस्त के अन्तिम दिनों में मक्का से लौटकर अमेरिका की कांग्रेस को जवाब दिया। उसने *न्यूयार्क टाइम्स* के संवाददाता स्टीवन वीसमैन को बताया, ''मिस भुट्टो हमारे लिये कोई समस्या नहीं हैं, कठिनाई है उनकी अनावश्यक और अव्यावहारिक सत्ता हथियाने की हवस और इस दिशा में उनका व्यवहार, जो कि आपत्तिजनक है।''

मेरा मामला सिंध के हाईकोर्ट में 10 सितम्बर को पेश होना था। मैं बिना किसी आरोप के हिरासत में रखी जा रही थी। स्वतन्त्रता दिवस की रैली न तो गैरकानूनी थी, न ही उस दौरान कोई कानून तोड़ा गया था। 9 सितम्बर को सिंध के गाँवों के इलाके से भी, हज़ारों लोग मेरे साथ अगले दिन कोर्ट चलने के लिये, चले आए थे। तभी हुकूमत की खबर मिली, ''हमारे पास आपके लिए एक चौंका देने वाली खबर है...आप आज़ाद कर दी गई हैं।'' लेकिन मैं इससे किसी अचरज में नहीं पड़ी। मैं पहले से ही चलने को तैयार थी। मेरे छूटने के बाद हुई पी.पी.पी. की मीटिंग में, जिसमें यह तय किया जाना था कि अब क्या करना है, बड़ी भावुक स्थिति सामने आई। लोगों का मानना था कि हमें आन्दोलन तेज़ करके आगे बढ़ाना चाहिए। लोग, हुकूमत (ने जो खून-खराबा मचाया) उसका बदला लेना चाह रहे थे। उन्होंने यह बात उठाई, कि एकदम पहली बार हुकूमत ने पंजाब में भी पी.पी.पी. के प्रदर्शनकर्ताओं की हत्या की है। ज़िया को हटाने का जोश बहुत ज़ोरों पर है इसलिये हमें आगे बढ़ते रहना चाहिए।

''हमने यह प्रण किया कि हम राजनीतिक बदलाव शान्तिपूर्ण ढंग से लाएँगे।'' मैंने तर्क रखा, ''लेकिन हुकूमत तो हिंसा पर उतर आई थी। ऐसा ही विरोध जारी रखने का मतलब होगा कि और ज्यादा खून-खराबा, अराजकता और उग्रवाद में और भी तेज़ी...'' मैंने कहा कि हमें इस अगस्त के काण्ड को अपनी नैतिक जीत मानना चाहिए और अपनी शान्तिपूर्ण विरोध की नीति पर डटे रहना चाहिए। उस मीटिंग के बाद जल्दी ही मैंने देश का दूसरा दौरा शुरू कर दिया। मेरे पास सन्देश यह था कि मैं सचेत होकर लोगों से बढ़ने के लिये कहूँ।

1987 की शुरुआत से मेरे भीतर नया विश्वास जागा। यह मैंने हमेशा माना कि नया साल गए वर्ष के मुकाबले बेहतर गुजरेगा। इस बार तो इस सम्बन्ध में उत्साहजनक संकेत भी दिख रहे थे। पिछले छह बरसों में मैं पहली बार पाकिस्तान में आज़ाद थी। लम्बे समय के राजनीतिक गतिविधियों पर प्रतिबन्ध के बाद पी.पी.पी. को राजनीतिक संस्था के रूप में बड़ी स्वीकृति मिल रही थी और उसकी कार्यवाहियों में भी विस्तार देखा जा रहा था। सदस्यता अभियान चलाते हुए, हमने चार महीनों में ही दस लाख सदस्यों को अपने साथ जोड़ लिया। उस देश पाकिस्तान में, जहाँ साक्षरता इतनी कम है, यह गिनती बहुत मायने रखती है। हमने पंजाब में पार्टी के चुनाव कराए, जिसमें, उपमहाद्वीप में एक इतिहास-सा रचते हुए, 40 लाख लोगों ने वोट डाले। हमने संसद में विपक्षी दल मुस्लिम लीग से बातचीत

शुरू की और उन्हें हुकूमत के मानवाधिकारों के उल्लंघन के बारे में बताना शुरू किया।

ज़िया लगातार यही जता रहे थे कि हम बदले की कार्यवाही कर रहे हैं, खासतौर से सेना से बात करते समय ऐसा माहौल बनाया, जैसे पी.पी.पी. की वापसी का डर जैसा बने। लेकिन हमारी पार्टी किसी बदले की भावना जैसी बात नहीं कर रही थी। हम तो देश को बनाने की बात कर रहे थे और ऐसा सभी को पता था। मैंने इस बात पर बल दिया कि पेशेवर सेना पाकिस्तान में, खुद को राजनीति से अलग रखे। मैंने इस बारे में ज़िया की आलोचना जारी रखी, कि वह भारत के साथ सियाचिन ग्लेशियर का मामला ढंग से नहीं निपटा पाए, जिससे तीन बरस से ऊपर हुआ, पाकिस्तान अपनी 1400 वर्ग मील का क्षेत्र गँवा बैठा। जो भीड़ हमें सुनने जुटी, उसने यह संकेत दिया कि वह हमारी बातें समझ भी रही है और उससे सहमत भी है। दिसम्बर में ईद के मौके पर हमने लाला-मूसा के ज़रिये पी.पी.पी. के उन सदस्यों और उनके परिवारों को शोक-सन्देश दिलवाया जो स्वतन्त्रता दिवस के दिन मारे गए थे। सेना के भर्ती दफ्तर में, जोकि फौज का महत्त्वपूर्ण इलाका है, वहाँ फौज ने खुलकर पी.पी.पी. की जीत को खुशी के साथ स्वीकार किया और हमें जाते हुए देखकर उन्होंने खुशी से हाथ हिलाया। एक बार फिर मैं ज़िया के मर्मस्थल को भेद पा रही थी।

''हमें कुछ खबर मिली है कि हुकूमत आपके खिलाफ कोई कदम उठाने की सोच रही है।'' यह मुझे फौज के एक भूतपूर्व ब्रिगेडियर और पी.पी.पी. के समर्थक ने तब बताया, जब मैं अपने पिता के जन्मदिन पर लरकाना गई। ''मैं अल-मुर्तज़ा में अपने सुरक्षा दस्ते की जाँच के लिये एक टेस्ट करना चाहती हूँ।'' 5 जनवरी को, मेरे पिता के जन्म-दिन पर अल-मुर्तज़ा में हज़ारों लोग पहुँचे और मुझे कोई खतरा नहीं महसूस हुआ। ''अल-मुर्तज़ा में सुरक्षा चौकस है,'' मैंने ब्रिगेडियर को दिलासा दिया। ''इसे परखा जाना चाहिए'' उन्होंने मुझे सचेत किया। मैं इससे परेशान नहीं हुई। ''इसकी कोई खास ज़रूरत नहीं है।'', मैंने ब्रिगेडियर को बताया। फिर एक चेतावनी मेरे पास रावलपिंडी से आई, और फिर लाहौर से...''हुकूमत ने मेरी हत्या का एक खुफिया रिहर्सल करके देखा है।'' प्रशासन में से मेरे किसी शुभचिन्तक ने मुझे बताया। 'हत्यारा' आपके आस-पास का ही कोई होगा...और यह भी कहा कि यह आसान है, कोई भी आपसे हिलमिल सकता है। मैंने कोशिश की, कि मैं इन बातों से घबराऊँ नहीं, हालाँकि, मौत तो कभी भी आ सकती है। मैंने पूरी कोशिश की, कि मैं अपने राजनीतिक मुद्दों की ओर अपना ध्यान केन्द्रित रखूँ।

मेरे ऊपर चेतावनी के साथ यह दबाव बढ़ता चला गया कि मैं अपनी सुरक्षा के इन्तज़ाम तेज़ कर लूँ। फ्रंटियर प्रान्त से एक शुभचिन्तक ने प्रस्ताव किया कि वह मुझे कलाश्निकोव से लैस दस लोग दे सकता है, लेकिन मैंने मना कर दिया। मुझे हथियारों से लैस दिखने-दिखाने का विचार कभी भी ठीक नहीं लगा। मैंने अपने स्वयंसेवकों से भी यही कहा है कि वह हथियार लेकर न चला करें, लेकिन जल्दी ही मैंने अपने इस निर्णय को शक की निगाह से देखना शुरू कर दिया था।

जनवरी, 1987 में, हफ्ते-भर के भीतर ही मेरे दो नज़दीकी लोगों पर हमले किए गए। पहला हमला तो मेरे एक सुरक्षा गार्ड पर हुआ। वह कार से जा रहा था जिसे ज़बरन कराची की एक बंद गली में घुसने के लिये मजबूर कर दिया गया। इत्तेफाक से उसके साथ हथियारों से लैस लोग थे जिन्होंने हमलावरों को भगा दिया, वरना हमारा मुनव्वर सोहरावर्दी तो मारा

ही गया था। दूसरे हमले में, एम.आर.डी. का नेता फाज़िल राहू उतना खुशकिस्मत नहीं था। उसे 11 जनवरी को, उसी के घर में कुल्हाड़ी के वार से मार डाला गया। उसी दौरान मेरे प्रेस अधिकारी और *अमल* अख़बार के भूतपूर्व सम्पादक बशीर रियाज़ को धमकी भरे फोन, आधी-आधी रात को मिलने लगे। क्या यह सब हुकूमत की तरफ से मेरे लिये चेतावनी थी...? ''अधिकारियों से बात कीजिए...'' मैंने अपने वकील से कहा, ''उन्हें बताइए कि अगर कुछ होता है, तो उसकी ज़िम्मेदारी उनके सिर होगी... हम उन्हें पहले से बता रहे हैं।''

मेरे ऊपर हमला 30 जनवरी को हुआ। मेरा इरादा लरकाना वापस लौटने का था, लेकिन वह आखिरी मिनट पर कुछ काम आ पड़ने के कारण आगे खिसक गया। मैं अक्सर लरकाना अपनी जीप पाजेरो में जाती हूँ। मैंने एहतियात के तौर पर हवाई जहाज़ से भी टिकट बुक करा लिया था। वैसे भी एक साथ कई जगह की बुकिंग करा लेना एक अच्छा सुरक्षा का तरीका है। मैंने कई बार हवाई टिकट बुक कराए लेकिन मैं उनसे गई नहीं। कभी-कभी तो मैंने दो अलग-अलग शहरों की भी टिकट बुक कराई। अक्सर मैं अपने स्टॉफ को भी अपनी यात्रा की योजना नहीं बताती, कि कहीं भूल से भी कोई खतरनाक चूक न हो जाए।

''बीबी साहिबा, देर हो रही है।'' मेरे एक स्टॉफ ने दोपहर के समय मुझे टोका, ''अगर आप अँधेरा होने से पहले लरकाना पहुँचना चाहती हैं तो बस निकल चलिये।''

''तुम लोग चलो, मैं मीटिंग के बाद कार से आती हूँ।'' लेकिन वह कार कभी लरकाना नहीं पहुँची।

मेरी मीटिंग चल ही रही थी, कि मेरा एक स्टॉफ एक अर्जेण्ट नोट लेकर आया। मैंने उसमें केवल दो शब्द देखे।

'गोलियाँ' और 'पाजेरो'। व्यंग्य के स्वर में अभी मैं अपने सिक्योरिटी गार्ड पर हुए हमले की बात कर रही थी। तभी एम.आर.डी. के लीडर का भी ज़िक्र आया था। ठीक उसी समय स्टेज पर दूसरा ड्रामा देखने को मिला। 'एक मिनट ठहरें,' मैंने अपने साथ बैठे मीटिंग के लोगों से कहा, ''अभी-अभी मेरी कार पर हमला हुआ है।'' मैंने तुरन्त अपने स्टॉफ को पुलिस को बुलाने को कहा, मैंने अपने वकीलों को भी बुलवाया और मैं खुद को ज़रा सहज करके फिर मीटिंग में चली गई। दो दिन बाद जब घटना का खुलासा हुआ, तो कहानी का बेहद भद्‌दा चेहरा सामने आया। हमारी दो गाड़ियाँ साथ-साथ जा रही थीं। मंजहंद के पास, दिन-दहाड़े, सड़क के किनारे एक आदमी ने इशारा किया। चार आदमी तत्काल सड़क पर आ गए और उन्होंने गाड़ियों के ड्राइवर की दूसरी तरफ वाली साइड से, जिधर दूसरे लोग बैठते हैं, उधर अंधा-धुंध गोलियाँ बरसानी शुरू कर दीं। उसने गाड़ी तेज़ कर दी और पहले से ही सत्तर मील प्रति घंटे की रफ्तार से जा रही गाड़ी गोलियों की बौछार के बीच से आगे बढ़ गई। यह वही गाड़ी थी, जिसमें मुझे बैठे होना था। आगे बढ़कर इस गाड़ी के स्टॉफ ने पीछे मुड़कर देखा। उन लोगों ने दूसरी गाड़ी रोक ली थी और उसमें ड्राइवर और सिक्योरिटी के आदमियों को बंदूक की नोक पर अगवा किया जा रहा था।

यह एक सोची-समझी, योजनाबद्ध हत्या का मामला था, हालाँकि हुकूमत ने इसे साधारण डकैती का नाम दिया। यह सच नहीं था। इसके सूत्र बिल्कुल दूसरी ओर इशारा करते थे।

यह हमला उस जगह किया गया, जो उस जगह से पूरे चालीस मील दूर थी, जो डकैतों की खास जगह थी। दूसरी बात, डकैती हमेशा रात में होती है, न कि दोपहर में साढ़े तीन बजे। और उनका मकसद कार रोककर लूटना होता है न कि गाड़ी को गोलियों से छलनी करना। जैसे ही हत्या की कोशिश की खबर फैली, दंगे फिर शुरू हो गए। लोगों में इतना असन्तोष भरा था कि हुकूमत को मेरे स्टॉफ के दो अगवा किए गए सदस्यों को छुड़वाने के लिये दो इंसपेक्टर जनरल ऑफ पुलिस को भेजने का नाटक करना पड़ा। इस बीच और भी खबरें आने लगीं जिनसे इस घटना का खुलासा सामने आया। घटना-स्थल पर बात करने वाले रेडियो सेट के साथ एक आदमी ठीक उसी समय देखा गया था, जब हमारी जीप 70 क्लिफ्टन से निकली थी। किसी ने आगे खबर दी होगी कि जीप वहाँ से निकल चुकी है। उसने यह अन्दाज़ा लगाया होगा कि मैं भी उस जीप में बैठी हूँ जिसके शीशे गहरे रंग के हैं।

मैंने इस बात को, जो कि हुकूमत समझाना चाह रही थी, पूरी तरह नकार दिया कि आक्रमणकारियों ने यह हमला अपनी मर्ज़ी से किया होगा। साफ था कि उनका इरादा किसी खास गाड़ी पर हमला करने का था, न कि किसी भी गाड़ी पर, क्योंकि मेरी वाली गाड़ी आने के कुछ ही पहले एक दूसरी कार आराम से निकलकर गई थी। डाकुओं के लिये भी किसी औरत पर हमला करना कोई समझ में आने वाली बात नहीं है, उनमें भी इतना ईमान तो है। नहीं, यह कोई साधारण डकैती का मामला नहीं था। और भी कहानियाँ सामने आईं। घटना के एक रात पहले, जैसा बताया गया, एक कार गुपचुप डाकुओं के अड्डे पर पहुँची थी और उनके मुखिया से बात की गई थी कि कल एक बड़े काम को अंजाम देना है। मुखिया ने तब अपने दल के दूसरे लोगों को कार के जाने के बाद बताया था। और भी कुछ ऐसी कहानियाँ सामने आईं, जिनमें हुकूमत ने डाकुओं को धमकी देकर मजबूर किया कि वह उसका कहना माने। इसी बीच, जो लोग हमारे पी.पी.पी. के मेम्बर को अगवा करके ले गए थे, उन्होंने कोई फिरौती की रकम भी नहीं माँगी थी। इसलिये यह भी कोई सिर्फ अपहरण का मामला नहीं था।

अगवा किए गए लोग कुछ दिनों बाद अपने-आप वैसे ही छोड़ दिए गए जैसे वह पकड़े गए थे। उनके साथ कोई दुर्व्यवहार नहीं हुआ, यह खुदा का शुक्र है, लेकिन जो कुछ वह बताते हैं, उससे हमारा यह सन्देह और मज़बूत होता है कि इसमें हुकूमत का षड्यन्त्र ज़रूर है।

''हम मिस बेनज़ीर भुट्टो के कर्मचारी हैं।'' अगवा किए गए लोगों ने अपने अपहरण करने वालों को बताया जिन्होंने पहले ही उस खास पहचान वाली जीप और उस पर लगे पी.पी.पी. के पोस्टरों को देख लिया था। ''हम जनरल ज़िया के आदमी हैं।'' उन लोगों ने अपना परिचय दिया था। बाद में डाकुओं की कोई गिरफ्तारी इस बात को लेकर नहीं हुई।

एक और मामला, जो हुकूमत की खून-खराबे की कारगुज़ारी को सामने लाता है। हुकूमत ने मुजाहिदीन, कट्टरपंथी छात्रों के गुट को हथियारों से लैस किया, जो कि अलगाव-वादी माने जाते हैं। इसी तरह मुस्लिम लीग उसकी चहेती पार्टी है। अपनी तथाकथित सिविलियन सरकार की साख बनाने के लिये, ज़िया ने गैरसरकारी सेनाएँ बनाई हैं, जो विरोधियों को, बिना सरकारी फौज या पुलिस का इस्तेमाल किए, साफ कर सके। सरकार की सारी इकाइयाँ, जैसे पुलिस, सेना, कोर्ट या नौकरशाही, सब उन्हीं के इर्द-गिर्द चक्कर काट रही

हैं। 1987 का पहला महीना बीतने से भी पहले, पी.पी.पी. कार्यकर्ताओं को जेल में कोड़े लगाए गए। भले तब मार्शल लॉ हटाया जा चुका था। बहुत से दूसरे राजनीतिक विरोधियों को भी गोलियों से उड़ाया गया। मेरे लिये यह ज़रा मुश्किल काम हो गया कि मैं पी.पी.पी. के नौजवान कार्यकर्ताओं को हुकूमत की गोलियाँ झेलने के लिये तैयार कर सकूँ।

फरवरी 1987 में लंदन स्थित पत्रिका *साउथ* ने अपने सम्पादकीय में लिखा कि "पाकिस्तान में स्थिति, दिनोंदिन बेकाबू होती जा रही है। फौज ने अपनी विश्वसनीयता पूरी तरह से गँवा दी है।" सम्पादकीय में लिखा गया कि "अब तो ऐसा लगने लगा है कि सरकार की जैसे प्रशासकीय पकड़ भी छूट गई है। देश तनाव और संघर्ष की स्थिति में है। वहाँ अलगाववादी सोच हावी है, संकीर्णता है और जातीयता का बोलबाला है। कानून और व्यवस्था पूरी तरह चौपट हो चुकी है और व्यवस्था पूरी तरह नशीले पदार्थों और हथियारों के तस्कर माफिया की तरह है और वह जन-जीवन को व्यवस्थित नहीं रख पा रही है।"

पाकिस्तान अराजकता की ओर बढ़ रहा था। उसे किसी बाहरी दुश्मन की क्या ज़रूरत थी, ज़िया खुद भीतर से देश को खोखला कर रहा था। समय धीरे-धीरे वादे के मुताबिक 1990 में स्वतन्त्र और निष्पक्ष चुनाव की ओर बढ़ रहा था, लेकिन विश्वास नहीं होता कि ऐसा हो पाएगा।

1987 की सर्दियों में जो स्थानीय इकाइयों के चुनाव हुए वे इस बढ़ती अराजकता का संकेत दे रहे थे। 40 प्रतिशत उन उम्मीदवारों के नामांकन पत्र, जो हुकूमत की अपनी पार्टी मुस्लिम लीग के विरोधी थे और गरीब तबके के लोगों का प्रतिनिधित्व कर रहे थे, उन सरकारी अधिकारियों द्वारा खारिज कर दिए गए थे जो बिल्कुल रिटायरमेंट के करीब बैठे हुए थे, क्योंकि उन्हें डर था कि वह ज़बरन रिटायर किए जा सकते हैं। ज़िया ने एक कानून पास किया था कि प्रान्त की सरकारों को यह अधिकार है कि वह किसी भी ऐसे व्यक्ति को ज़बरन रिटायर कर दे, ज़िया के तख्तापलट करने के बाद जिसने दस बरस की नौकरी पूरी कर ली है।

इस तरह चुनाव का मुकाबला केवल उन साठ प्रतिशत सीटों पर था, जिनमें भी हुकूमत ने कहीं और ज्यादा हेरा-फेरी कर रखी थी। मतदाता सूची, जिसके बारे में हम जानते थे कि वह झूठी है, वह न सिर्फ ज्यों-की-त्यों रखी गई, बल्कि उसमें चुनाव के दिन तक नाम काटे, बढ़ाए जाते रहे। चुनाव ज़िलों का चुनाव क्षेत्रों के साथ, जो कि करीब 600 से 2000 तक लोगों के इलाके थे, उनमें इस तरह से गोलमाल किया गया था, ताकि मुस्लिम लीग पार्टी को फायदा हासिल हो। चुनाव के नियम लगातार नए बनाए और बदले जा रहे थे। नामांकन वापस लेने की आखिरी तारीख पहले 19 नवम्बर थी। 19 नवम्बर की रात को अचानक यह तारीख बढ़ाकर 25 नवम्बर कर दी गई जिससे हुकूमत के उम्मीदवारों को डरा-धमकाकर या खरीदकर बिठा देने के लिये छह और दिन का समय मिल गया और बहुत-सी सीटों को मुस्लिम लीग के पक्ष में निर्विरोध घोषित किया जा सका।

चुनाव के दौरान भी जमकर धांधली हुई। चुनाव केन्द्र, हमेशा आबादी वाले इलाकों में बनाए जाते थे, इस बार दूर-दराज़ के इलाकों में बनाए गए और वह भी ज्यादातर ऐसे मुस्लिम नेताओं के घरों में, जहाँ जाने से लोग घबराते थे। ठीक चुनाव वाले दिन कुछ चुनाव केन्द्रों की जगह, बिना विपक्ष को बताए, बदल दी गई जिससे पी.पी.पी. के बहुत से समर्थक मतदाता वोट देने नहीं पहुँच पाए। बहुतों को तो वैसे ही रोककर रखा गया कि वह वोट

देने न जा पाएँ। चुनावों के दो दिन पहले चुनाव आयोग ने पी.पी.पी. समर्थकों की सारी जीपें और अन्य गाड़ियाँ कब्ज़े में ले लीं और मुस्लिम लीग की सारी सुविधाएँ बाकायदा बनी रहीं।

हुकूमत की हज़ार तिकड़मों के बावजूद, मुस्लिम लीग को हर जगह अपना मनचाहा नतीजा नहीं मिला। लरकाना के हमारे चुनाव क्षेत्र में, जो कि जुनेजो के उन रिश्तेदारों का गढ़ था, जो मुस्लिम लीग के समर्थक थे, वहाँ हुकूमत की कोशिश थी कि मुस्लिम लीग जीते और फिर यह कहा जाए कि पी.पी.पी. भुट्टो के घर में ही हार गई। जब हुकूमत की सारी कोशिशें नाकाम हो गईं, कि वह लरकाना में पी.पी.पी. के उम्मीदवारों को खरीदकर भी दबाव डालकर बिठा पाएँ, उन्होंने मेरे पिता के एक हाउसिंग प्रोजेक्ट से जुड़े इलाके के पी.पी.पी. के 600 वोट खारिज कर दिए। तब भी, हम वहाँ से चुनाव जीते।

पहले स्तर के चुनावों के बाद दूसरे स्तर के चुनाव होने थे, जिसमें चुने हुए सदस्य, ज़िलों के और म्युनिसिपैलिटी के लिये चेयरमैन लोगों का चुनाव करते थे। इस चुनाव में भी धाँधली की गई। जिन इलाकों में हम बहुमत में भी थे, वहाँ भी हुकूमत ने कोई-न-कोई अड़ंगा लगाकर नतीजे को मुस्लिम लीग के पक्ष में रख दिया। जहाँ उनका कोई भी गणित नहीं चलता दिखा, वहाँ भी ज़बरन परिणाम बदल दिए गए, जैसे लरकाना में पी.पी.पी. का उम्मीदवार चेयरमैन चुन लिया गया। लेकिन जैसे ही ज़िला चुनाव कमिश्नर कमरे से निकलकर गया, और फिर वापस लौटा, उसने वोटों की गिनती फिर से कराने को कहा। इस बीच रहस्यात्मक ढंग से हमारे बहुत से वोट खारिज किए गए और मुस्लिम लीग का उम्मीदवार चेयरमैन बन गया। जब पी.पी.पी. नेताओं ने कमिश्नर से बात की, तो उसने माफी माँगते हुए कहा कि वह मजबूर है, कुछ नहीं कर सकता।

शहीदकोट म्युनिसिपैलिटी में हुकूमत ने एक बेहद अजीब-सी चाल चली। म्युनिसिपल चेयरमैन के चुनाव के एक रात पहले, पी.पी.पी. के दो काउंसिलर्स को अगवा कर लिया गया। मागसी सेना के नाम से जाने जाने वाले, फौजी धड़े के लोग दूसरे काउंसिलर्स के घरों में घुस गए और उन्हें धमकी दी कि अगर उन्होंने चेयरमैन पद के लिये नामांकन भरा तो उनका भी अपहरण कर लिया जाएगा और तुम्हारी बेनज़ीर भी तुम्हें नहीं खोज पाएगी। धमकाए गए उन काउंसलर्स ने अपने नामांकन नहीं भरे और वहाँ भी मुस्लिम लीग का उम्मीदवार जीत गया। हुकूमत ने 1987 के स्थानीय चुनावों में अपनी जीत का भरपूर डंका पीटा? जब हमने उनकी कलई खोलनी शुरू की, उन्होंने कहना शुरू किया कि अंगूर खट्टे हैं...

''स्थितियों का सच हमेशा बदलता रहता है,'' मेरे पिता ने 1971 में संयुक्त राष्ट्र संघ में बहस करते समय तब कहा था, जब ढाका, पूर्वी पाकिस्तान में हिन्दुस्तान की फौजों के सामने गिरने के कगार पर था। उन्होंने कहा, ''एक बार नाज़ी फौजें एकदम मास्को की सरहद पर पहुँच गई थीं, फ्रांस देश जर्मनी के कब्ज़े में था, चीन पर जापान का अधिकार था, इथोपिया पर फासिस्टों का दबदबा था लेकिन इन 'हकीकतों' को मान लेने की बजाय, इन देशों के लोगों ने संघर्ष किया और इतिहास बदलकर रख दिया''। मेरे पिता का, सुरक्षा परिषद् के सामने दिया गया यह भाषण, मुझ अट्ठारह बरस की, यूनीवर्सिटी की छात्रा पर गहरा असर छोड़ गया और उसके बाद, जनरल ज़िया के बरसों चलने वाले दमन और अत्याचार

के दौरान मैं अपने पिता के कहे गए शब्द याद करती रही।

कल्पना में ठहरी हुई दूरदृष्टि, सपने जैसी लग सकती है या वह कोई भविष्यवाणी हो सकती है। कोई भी, जो पाकिस्तान में रह रहा था, वह पाकिस्तान के लिये एक बड़े और खुशहाल देश का सपना देखने की सोच भी नहीं सकता था। लेकिन उसी कल्पित दूरदृष्टि को बचाए रखने के लिये कठोर कदम उठाए जाने की ज़रूरत थी। इक्कीसवीं सदी के शुरू होने तक पाकिस्तान की आबादी 16 करोड़ को छूने को होगी, जो कि अभी 10 करोड़ है। इसका मतलब हुआ कि 44 प्रतिशत से ज्यादा की आबादी पन्द्रह साल से कम उम्र की होगी।

एक अन्दाज़े से कहा जा सकता है कि पाकिस्तान की शहरी आबादी आज के मुकाबले तीन गुना हो जाएगी। 1980-90 के बीच पाकिस्तान के 85-90 प्रतिशत लोगों को पीने का साफ पानी नसीब नहीं है। लगभग इतने ही लोग बिना नाली या गन्दगी के निकास के इन्तज़ाम के, रह रहे हैं। वह झुग्गियों में रहते हैं, जिनमें उनके आकार के मुकाबले वहाँ भीड़ रहने को मजबूर है। बलूचिस्तान और उत्तर पश्चिम फ्रण्टियर इलाकों में अभी भी बहुत-से लोग गुफाओं में रहते हैं, फिर भी हुकूमत की केवल आधी प्रतिशत राशि आवास-व्यवस्था के मद में बाँटी जाती है।

लोगों को पढ़ने के लिये तैयार करने की बजाय, हुकूमत उन्हें अनदेखा कर रही है। एक अन्तरराष्ट्रीय स्वीकृति पाए आँकड़े के अनुसार, पाकिस्तान के 90 प्रतिशत लोग निरक्षर हैं। एक दूसरी प्रामाणिक जानकारी के अनुसार ऐसे साक्षर, जो केवल अपना नाम लिख-पढ़ सकते हैं, कुल साक्षरों की 73 प्रतिशत हिस्सेदारी करते हैं। फिर भी, पाँच बरस से दस बरस की उम्र के केवल 45 प्रतिशत बच्चे स्कूल में नाम लिखाते हैं, उनमें से भी, अस्सी प्रतिशत धार्मिक दबावों के चलते दस बरस की उम्र के पहले स्कूल छोड़ने को मजबूर हो जाते हैं। यह आँकड़े केवल दुःख का विषय नहीं हैं, बल्कि थर्रा देने वाले हैं। पाकिस्तान में हर साल पन्द्रह लाख अनपढ़ लोग बढ़ते जा रहे हैं। ज़िया के राज में साक्षरता की दर बढ़ने की बजाय गिरती जा रही थी।

हमारी राष्ट्रीय योजना की नज़र में, कौन से काम पहले किए जाने चाहिए, इसका खाका बेहद बेमेल था। ज़िया की हुकूमत में फौजों पर किया जाने वाला खर्च दुगुने से ज्यादा बढ़ गया था, जिससे, फौजी सुरक्षा मद में प्रति व्यक्ति किया जाने वाला खर्च, उत्तरी एशिया के, किसी भी दूसरे देश के मुकाबले कहीं ज्यादा था। दूसरे मद में, जैसे शिक्षा, आवास और स्वास्थ्य में प्रति व्यक्ति खर्च बेहद कम था। संयुक्त राष्ट्र की बच्चों के कोष की इकाई के आँकड़े के अनुसार पाकिस्तान में प्रतिवर्ष, 1980 के दशक के दौरान, 40 लाख में से 6 लाख पैदा हुए बच्चे, एक बरस की उम्र तक पहुँचते मर जाते थे। आगे साढ़े सात लाख बच्चे पाँच बरस की उम्र भी पार नहीं कर पाते थे। इतनी ही आबादी वाले किसी पश्चिमी देश के मुकाबले, पाकिस्तान में करीब सात लाख से ज्यादा बच्चे हर साल मर जाते हैं। फिर भी, लोगों को अपने भविष्य के बारे में कुछ कहने का अधिकार नहीं है।

स्वतन्त्र और निष्पक्ष चुनाव...हम अभी भी इस ओर संघर्ष कर रहे थे कि पाकिस्तान में लोकतन्त्र वापस आएगा। मेरे पिता ने इसके लिये अपना पूरा जीवन बलिदान कर दिया

कि, अमीरों और गरीबों को संवैधानिक बराबरी मिले, मर्द और औरत के बीच का फर्क मिटे, सभी धार्मिक और साम्प्रदायिक अल्पसंख्यकों को बराबरी का अधिकार मिले। शिक्षा और धार्मिक विकास के ज़रिये उन्होंने पूरे देश को तरक्की का फायदा पहुँचाया। उनकी पुकार को एक आवाज़ सौंपी, जो लोकतन्त्र के लिये जूझ रहे थे। उन्होंने अपने सपने के लिये अपने जीवन की कीमत चुकाई।

तानाशाही, जैसे कि नरक है, लेकिन उस पर बहुत आसानी से जीत हासिल नहीं की जा सकती। फिर भी, हम इस बात के लिये प्रणबद्ध थे कि, जैसा थामस पाइन ने 1776 में *अमेरिकन क्राइसिस* पुस्तक में लिखा था, जितना कठिन संघर्ष होगा, उसका झण्डा उतना ही ऊँचा फहराएगा। हम पाकिस्तान में मार्शल लॉ का नरक झेल रहे थे और उसके खिलाफ लड़ते हुए किसी भी ऐसे दमन का सामना करने को तैयार थे, जो अभी तक हमने नहीं झेला था। हमने यातनाएँ झेलीं, त्याग किए, अपने परिवार के सदस्यों को जान देते देखा और हमें अपने बच्चों तक के लिये शोक मनाना पड़ा। हो सकता है कि यह सब हमें फिर-फिर करना पड़े लेकिन किसी भी हालत में हम लोकतन्त्र के लिये संघर्ष की मशाल को जलाए रखेंगे। उस जीत से बड़ी हमारे लिये कोई दूसरी नियामत नहीं होगी, जब हम सुनेंगे कि तानाशाह हमेशा के लिये विदा हो गया और लोकतन्त्र का सपना पाकिस्तान में एक बार फिर सच होकर सामने आ गया।

14

मेरी शादी

मेरी निजी ज़िन्दगी ने 29 जुलाई 1987 को एक नाटकीय मोड़ लिया, जब मैंने अपने परिवार के कहने पर एक तय की हुई शादी के लिये हामी भर दी। अपने राजनीतिक जीवन के हित में मुझे अपने इस अरमान की कुर्बानी देनी पड़ी कि मैं किसी ऐसे व्यक्ति से शादी करूँगी जिसे मैं जानती-समझती होऊँ और मुझे उससे इतना प्यार हो जाए कि मैं उससे शादी करने की तमन्ना करने लगूँ। मेरे राजनीतिक जीवन ने ऐसी किसी स्थिति का रास्ता पूरी तरह बंद कर दिया था। किसी से भी, जहाँ दूर-दूर तक ऐसी बात न हों, वहाँ भी, ज़रा-सी अन्तरंगता दिखने पर अफवाहें फैलने और तिल का ताड़ बनने में देर न लगती।

ज्यादातर, पूरब वालों में, परिवार की तय की हुई शादी ही की जाती है। जबकि मेरे लिये ऐसा होना एक इत्तेफाक की बात थी। मेरे माता-पिता ने भी प्रेम-विवाह किया था। मैंने भी पहले यही सोचा था कि मैं पहले किसी के प्रेम में पहले डूबूँगी, फिर उससे शादी करूँगी। फिर भी, मेरी शादी के लिये रिश्ते तब से ही आने लगे थे, जब में रेडक्लिफ में थी। मैं एक पुराने और पाकिस्तान के इज़्ज़तदार घराने की लड़की थी और उस समय प्रधानमंत्री की बेटी तो थी ही।

ग्रेजुएशन स्तर की पढ़ाई करते समय अमेरिका में जब मैं स्त्री आन्दोलनों का विकास होता देख रही थी, तभी से मेरा यह सोचना था कि शादी और आजीविका इन दोनों में आपस में कोई विरोध नहीं है और इन्हें साथ-साथ निभाया जा सकता है। मेरा तब भी यह विश्वास था और अब तक भी, कि कोई स्त्री अपनी ज़िन्दगी में कुछ भी करते हुए शादी, परिवार और बच्चों का ठीक-ठाक निर्वाह कर सकती है। मैं किसी ऐसे आदमी से शादी करने को तैयार थी जो अपने जीवन में कुछ उद्देश्य लेकर चल रहा हो और वह मुझे भी ऐसा करने की आज़ादी दे। फौजी विद्रोह ने मेरे ऐसे किसी विचार को छितरा दिया। हालाँकि मेरे लिये रिश्ते, मार्शल लॉ के कुछ बरसों के दौरान भी आते रहे, लेकिन मैं उन्हें ठुकरा देती रही। मैं उस दौर में शादी जैसा सुख पाना कैसे सोच सकती थी, जब मेरे पिता जेल में थे और उनके जीवन पर खतरा मँडरा रहा था।

मेरे पिता की हत्या के बाद मेरी शादी जैसा सवाल और भी ज्यादा बेमानी हो गया। मैंने, यहाँ तक कि, इस बारे में बात भी करने से इन्कार कर दिया। रिवाज के हिसाब से, जब किसी बुजुर्ग या किसी सम्मानित की भुट्टो परिवार में मौत होती थी, तो साल भर तक परिवार में कोई शादी-ब्याह नहीं होता था। लेकिन मैं अपने पिता की मौत से बहुत विह्वल

हो गई थी, वह मेरी ज़िन्दगी में इतनी खास जगह रखते थे कि जब 1980 में मेरी माँ ने मुझसे शादी की बात चलाई, तो मैंने साफ मना कर दिया। मैं और दो साल रुकना चाहती थी। यह न केवल मेरी, अपने पिता को श्रद्धांजलि थी, बल्कि मैं अपनी ज़िन्दगी में दर्द से इतनी भरी हुई थी कि उसमें ऐसी किसी खुशी की गुंजाइश नहीं थी।

मेरे पिता की, हमारी शादी के बारे में कही हुई बहुत-सी बातें मेरे दिमाग में घूमती रहती थीं। "मैं तो नहीं चाहता कि तुम्हारी शादी हो, लेकिन वह होगी तो ज़रूर..." वह मुझसे और मेरी बहन सनम से कहते।

"अगर कभी मैंने यह देखा कि तुम लोगों गें से कोई अपनी आँख में एक आँसू लेकर लौटी हो या तुम्हारी आवाज़ में ज़रा भी लड़खड़ाहट है, तो मैं जाकर तुम्हारे पति की पिटाई कर दूँगा और तुम्हें घर ले आऊँगा..." वह यह सब हमें चिढ़ाने के लिये ही, मज़ाक में कहते, लेकिन शादी की चर्चा-भर से मैं यह सब बातें याद करने लगती और मेरा दिल भर आता...। मैं अभी तक अपने दुख से उबर नहीं पाई थी। जब तक दो साल गुज़रते, मैं जेल में थी और ऐसे में शादी का सवाल ही नहीं उठता था। उसके बाद, 1984 में, जब मैं जेल से छूटी, मैं देशनिकाला पाकर इंग्लैण्ड चली गई। शादी की चर्चा फिर उठी लेकिन मैंने अपनी माँ से इन्कार कर दिया। बरसों के एकाकी कारावास के बाद मैं बहुत घबराहट से भरी रहने लगी थी। मुझे लोगों के बीच रहने में अब इतनी बेचैनी होने लगती थी कि मेरा दिल बैठने-सा लगता था और साँस थमने-सी लगती थी। मुझे किसी का भी साथ असुविधाजनक लगता था, भले ही वह मेरा पति ही क्यों न होता...। मैं हल्की-सी आहट से भी चौंक-सी पड़ती थी। "इसके पहले कि मैं शादी के बारे में सोचूँ, मुझे पहले खुद को खोजकर ला पाने दो..." मैं तो कहीं खो गई थी जैसे... "मुझे ज़रा इत्मीनान जुटा लेने दो, मैं ज़रा सहज हो पाऊँ, इतना समय तो मुझे दो..." मैं यह बार-बार कहती थी।

इंग्लैण्ड में साल बीतने तक धीरे-धीरे मैंने खुद को बटोरकर ज़रा सहज किया। इस बीच मेरे लिये रिश्ते लगातार आते रहे। मेरे परिवार में अलग-अलग रिश्तेदारों के पास मेरे लिये अलग-अलग प्रस्ताव होते। मेरे दोस्तों के पास भी कई-कई नाम थे। जुलाई 1985 में, ठीक उसके पहले जब हमारे परिवार को कैन्स में इकट्ठा होकर मिलना था, मेरी माँ और आण्टी मन्ना ने मुझसे एक प्रस्ताव को लेकर बात की। एक ज़रदारी खानदान का लड़का था जिसके लिये बात चलाई जा रही थी। आसिफ़ नाम था उसका। मुझे बाद में पता चला था कि आण्टी मन्ना ने ज़रदारी लोगों से आसिफ़ के बारे में, मेरी माँ से भी बात करने से पहले, पूरी जानकारी जुटा ली थी। आसिफ़ ने पिटारो कैडेट कॉलेज लन्दन से, लन्दन सेण्टर ऑफ इकोनोमिक्स और पोलिटिकल स्टडीज़ में पढ़ाई की थी। बड़ी जायदाद, खेती-बाड़ी और इमारतें बनवाने का उसका काम था, उसे तैराकी करने का, स्क्वैश खेलने का और पोलो का शौक था। पोलो की उसकी अपनी टीम भी थी जिसमें चार ज़रदारी शामिल थे, और यह भी, कि उसे पढ़ने का भी शौक था। उसके पिता जनाब हाकिम अली जो नेशनल असेम्बली के सदस्य थे, अब एक अवामी नेशनल पार्टी के वाइस प्रेसिडेण्ट थे और एम. आर.डी. के सदस्य थे। उन्होंने कहा था, "मेरा बेटा, खैर बेनज़ीर की बराबरी तो नहीं कर सकता, लेकिन पढ़ने का शौक उसे भी है..." आण्टी मन्ना आसिफ़ के परिवार की पुरानी दोस्त हैं। उन्होंने भी एक बार दूल्हे से मिलना चाहा। आसिफ़ को उनके घर बुलाया गया

जहाँ उसने सारे इम्तेहान पास कर लिये। छरहरा स्मार्ट जिस्म और उस पर पोलो खेलने का लिबास... सब कुछ सन्तोषजनक रहा। आण्टी मन्ना ने इंग्लैण्ड में मेरी माँ से सम्पर्क किया, लेकिन तभी परिवार में एक और हादसा हो गया।

एक महीने के अन्दर ही मेरे भाई शाहनवाज़ की हत्या हो गई। मैं और मेरे साथ सभी एकदम सदमे से तार-तार हो गए। मैंने अपनी माँ और आण्टी से साफ-साफ कह दिया कि मैं अगर दो नहीं, तो कम-से-कम एक बरस तक शादी नहीं कर पाऊँगी। मैंने यहाँ तक कि उस ज़रदारी खानदान के लड़के का नाम भी नहीं पूछा था।

आण्टी मन्ना ज़िद पर थीं कि वह मेरी शादी आसिफ़ से करा कर रहेंगी। जब मैं 1986 में अप्रैल के महीने में पाकिस्तान वापस लौटी, वह मुझे संकेत देती रहीं कि मैं उस ज़रदारी लड़के के बारे में विचार करूँ जो अपने कबीले के एक लाख शक्तिशाली लोगों का उत्तराधिकारी मुखिया है। मूलतः यह लोग ईरान से बलूचिस्तान आए हुए और सिंध प्रान्त के नवाबशाह ज़िले में बसे लोग थे। इन्हें यहाँ आए सदियाँ बीत चुकी हैं और आसिफ़ यहाँ अपना फार्म देख रहा है। वह बहुत अच्छा लड़का है। वह तुम्हारा हम-उम्र है। वह ज़मींदार परिवार से सम्बन्ध रखता है। उसके परिवार की भी जड़ें राजनीतिक हैं। लाहौर और पेशावर के बड़े-बड़े व्यापारी घरों से उसके रिश्ते आ रहे हैं लेकिन मैंने आसिफ़ से कहा कि वह कोई तुम्हारे लिये ठीक नहीं हैं, तुम तो कोई यहीं और सिंध के किसी खानदान के लिये ही हां करो।'' आण्टी, क्या-क्या कहती रहतीं लेकिन मैं इसमें कोई दिलचस्पी नहीं ले रही थी। इन नौ बरसों में पहली बार मैं अपने मुल्क में इतनी आज़ादी महसूस कर रही थी कि जहाँ चाहूँ, जा सकूँ, घूम सकूँ। ''मुझे ज़रा-सी आज़ादी का सुख ले लेने दीजिए आण्टी।'' मैं उनसे बार-बार कहती।

...लेकिन आण्टी मन्ना ने हार नहीं मानी? उन्होंने बिना मुझे बताए, मेरे चचेरी बहिन फाखरी को पटाया कि वह आसिफ़ को रात के खाने पर बुला ले। यह नवम्बर 1986 की बात है, और मुझे पाकिस्तान वापस आए सात महीने बीत चुके थे। आण्टी ने उसे बढ़िया सा सूट पहनकर आने को कहा, ताकि वह मुझे प्रभावित कर सके, नहीं तो वह हमेशा बलूची स्टाइल के कपड़े पहनना पसन्द करता था, और वह उसी लिबास में लंदन में भी सड़कों पर घूमता दिखता था। ज़ाहिर है आण्टी मन्ना ने तब तक उस डिनर पर इन्तज़ार किया, जब तक कुछ गिने-चुने लोग वहाँ पहुँच नहीं गए और तब उन्होंने मेरा परिचय उससे कराया। आसिफ़...जब मैंने यह नाम सुना, मुझे कुछ खास नहीं लगा क्योंकि मैं इस बात को भूल-सी चुकी थी, हाँ, यह ज़रूर हुआ कि हम पता नहीं कैसी बहस में उलझ गए। अब आण्टी मन्ना को इस बात की चिन्ता हुई कि, उसका बहस करते हुए मेरे पास ज्यादा देर तक बैठना कुछ गड़बड़ी पैदा कर सकता है, उन्होंने किसी बहाने उसे वहाँ से भेज दिया। यह मेरे लिये बड़ी राहत की बात हुई। सारे दिन पार्टी की चख-चख के बाद मैं यहाँ एक बेहतर शाम बिताना चाहती थी, न कि किसी बहस में पड़ना।

इस समय, मैंने सोचा कि क्या मेरा होने वाला पति, इसे बरदाश्त करेगा, जो मेरा काम मुझसे माँगता है? जब मैं घर में भी होती हूँ, मेरी राजनीतिक मीटिंग देर रात तक चलती रहती हैं। मैं बहुत-बहुत बार घर में नहीं होती, पूरे पाकिस्तान-भर घूमती रहती हूँ। क्या मेरा होने वाला पति यह बरदाश्त करेगा कि मेरे पास खुद मेरे लिये ही समय नहीं होगा, तो मैं उसे समय क्या दूँगी...? क्या कोई ऐसा मर्द इस दुनिया में होगा, जो इस पारम्परिक

सोच को तोड़ सके और मेरे साथ निभा जाए, जबकि मेरी पहली ज़िम्मेदारी पाकिस्तान के लोग हैं, न कि बस एक मेरा पति...

एक और बात के बारे में मैं सोचती थी कि मेरी शादी कर लेने से लोगों की भावनाओं का क्या होगा...? अभी, चूँकि मैं छोटी हूँ, मैंने इतने बरस जेलों में काटे हैं और ज़िन्दगी में इतने दुख झेले हैं कि लोग मुझे एक योगिनी, एक संत की तरह स्वीकार करने लगे हैं। मेरे परिवार ने लोकतान्त्रिक पाकिस्तान के लिये जो त्याग किए, मुझे बिना माँ या भाई के सहारे के अकेला छोड़ा, इस सबने लोगों के दिमाग में यह बात भर दी है कि अब वही लोग मेरा परिवार हैं। पी.पी.पी. की बुनियादी ताकत ही यही बात है कि वह लोग मेरी सुरक्षा की ज़िम्मेदारी अपने ऊपर मानते हैं। जब मैं शादी कर लूँगी तो क्या यह लोग ऐसा समझने लगेंगे कि अब मुझे उनकी ज़रूरत नहीं रही...?

दूसरी तरफ मैंने यह भी सोचा और अपने-आपसे यह सवाल किया, क्या शादी न करके अकेले रहने से मेरे लिये राजनीतिक रूप से, पाकिस्तान में और बाहर भी, मुश्किलें आएँगी? इस पुरुष-प्रधान समाज में, किसी मर्द के बिना शादी किए रह जाने पर कोई सवाल नहीं उठता, लेकिन अकेली औरत को हमेशा शक की नज़र से देखा जाता है। कई बार पत्रकारों ने मुझसे पूछा, ''आपने शादी क्यों नहीं की...?'' कई बार खीझ कर मेरा मन हुआ कि मैं उनसे पूछूँ, कि ''क्या वह किसी अकेले मर्द से भी यह सवाल करते?'' लेकिन मैं खुद को रोक लेती। पत्रकार लोगों को पारम्परिक मुस्लिम समाज में बिनब्याही औरत से देख-मिल पाने का मौका नहीं होता, इसीलिये वह ऐसे सवाल करते हैं...

इन सवालों में, और पूरे-पूरे मर्दवादी सोच में यह शंका बनी रहती कि ज़रूर इस औरत में कोई खोट होगा, तभी तो इसकी शादी नहीं हुई। कौन जाने ऐसी औरत एक भरोसेमन्द नेता भी बन पाएगी या नहीं...? वह मुश्किल-भरी हालत में कैसा व्यवहार करेगी...? अपने अविवाहित रहने को पार्टी के हित में एक गुण होने की बजाय यह एक खोट भी कहा जा सकता था कि एक अकेली औरत देश चलाने के मामले में या तो भरोसेमन्द नहीं साबित होगी या बहुत ज्यादा आक्रामक हो जाएगी या एकदम पालतू...। ऐसा कम-से-कम मुस्लिम समाज में तो समझा ही जाता क्योंकि वहाँ शादी केवल मर्द के उपभोग की चीज़ होती है और उसका नतीजा होते हैं बच्चे जो औरत पैदा करती है।

आसिफ़ ज़रदारी, ...आसिफ़ ज़रदारी, ...आसिफ़ ज़रदारी। उस परिवार ने जो दो साल पहले हमसे पूछताछ की थी, उसके बाद उन्होंने अपना इरादा पक्का रखा। अब तक मेरा तरीका यही था कि मैं मामले को इतना लटका देती थी, कि दूसरा परिवार समझ जाता था कि हम इस सम्बन्ध में रुचि नहीं ले रहे हैं, या वह खुद ही अपना इरादा बदल देता था। लेकिन ज़रदारी परिवार ऐसा नहीं निकला। फरवरी 1987 में जब मैं एक टेलीविज़न कार्यक्रम में अफगानिस्तान पर बातचीत करने लंदन गई, वहाँ अचानक आसिफ़ की सौतेली माँ मेरे सामने आ पहुँचीं और वहीं से उन्होंने अपनी एक पुरानी स्कूल के समय की सहेली आण्टी बेहजत को फोन किया, ''आसिफ़ बहुत भला, बहुत सलीकेदार और बड़े दिल वाला लड़का है,'' आंटी बेहजत ने मुझे समझाया, उन्होंने यह भी बताया कि माँ चाहती हैं कि मैं आसिफ़ से मिल लूँ। ''उसने तुम्हें देखा है, उसे तुम पसन्द हो, यह सिर्फ ख्याली बात नहीं है, सच

है, वह सचमुच तुमसे शादी करना चाहता है,'' मुझे बताया गया। मेरी माँ ने भी इस ओर अपना दबाव बनाया। ''हम उस खानदान को जानते हैं,'' उन्होंने मुझे समझाया, ''वह चौंतीस बरस का है, तुम्हारा हम-उम्र... वह सिंध से है इसलिये वह हमारे रस्मो-रिवाज भी जानता है। दूसरे कामकाजी लोगों की तरह ऐसा भी नहीं है कि उसकी कहीं जड़ें नहीं हैं, बस कभी भी खानाबदोश की तरह सामान बाँधा और उठाकर चल दिए... वह गाँव का लड़का है, अपने खानदान तथा कबीले की अपनी ज़िम्मेदारी महसूस करता है, वह तुम्हारी भी ज़िम्मेदारी को समझ पाएगा...''

माँ की इस फुसलाने वाली कोशिश ने मुझे और आशंकित कर दिया। वह हमेशा निहायत फीके किस्म के लोगों की पैरवी करती हुई आती थीं। इस बात के सहारे कि वह एक बीवी का ध्यान रखने वाला पति साबित होगा, न कि तेज़-तर्रार दिलफेंक किस्म का आदमी जो हमेशा दूसरी औरतों की तरफ भागेगा और मेरी ज़िन्दगी को नर्क कर देगा। मैं जानती थी कि इस किस्म के बेस्वाद और घरेलू इन्सान के साथ मैं बस उम्र-भर बोर होती रहूँगी और रोती रहूँगी।

आण्टी बेहजत ने मुझसे मिन्नत की कि मैं उनके और आसिफ़ की सौतेली माँ के साथ चाय पर आ जाऊँ। मैंने मना कर दिया। एक बार मिलना-भर भी जैसे यह संकेत करेगा कि मैं तैयार हूँ। हालाँकि मैं अब धीरे-धीरे यह मन बना रही थी कि शादी कर लेनी चाहिए, लेकिन इसका सच मुझे घबराहट से भर देता। ''मुझे जून तक का वक्त दीजिए'', मैंने अपने रिश्तेदारों से कहा, ''मैं अभी खुद को इस सबके लिये तैयार नहीं कर पा रही हूँ।''

''कोई किसी घोर अजनबी से कैसे शादी कर सकता है...?'' मैंने अपनी एक दोस्त से लाहौर में पूछा था। ''एक बार शादी हो जाने पर तुम खुद उसे एक अलग नज़र से देखने लगेगी।'' उस सहेली ने मुझे समझाया। ''भले ही तुम्हारी उससे कभी मुलाकात न हुई हो, तुम उसे इस वजह से प्यार करने लगोगी कि वह तुम्हारा पति है...सुना नहीं है तुमने, कि पहले शादी होती है, फिर प्यार खुद-ब-खुद हो जाता है।''

कुछ जाँच-पड़ताल मैंने खुद अपने-आप भी की। किसी ने बताया कि एक बार आसिफ़, पोलो खेलते समय घोड़े से गिर गया था, इसलिये उसकी चाल में थोड़ी लचक है। हालाँकि यह बात गलत साबित हुई, लेकिन मुझे इस बात में कोई ऐसी कमी नज़र नहीं आई, क्योंकि इसका वास्ता कहीं उसके चरित्र से नहीं था। किसी दूसरे ने यह बताया कि वह बहुत दरियादिल है और दोस्तों, ज़रूरतमन्द लोगों पर बिना सोचे पैसा खर्च कर देता है। यह बात मुझे बहुत अच्छी लगी, यह उसकी नेकी की निशानी है। हमारे एक दूसरे दोस्त ने एक उर्दू का शे'र पढ़कर आसिफ़ का ब्योरा दिया...''वह यारों का यार है, और दुश्मनों का दुश्मन...''। यह बात भी मुझे पसन्द आई और मुझे अपने भाई याद आ गए।

एक तरफ तो मैं काम में बहुत व्यस्त थी, लेकिन भीतर से मैं बहुत अकेलेपन से घिरी हुई थी। 70 क्लिफ्टन एक इतना बड़ा घर है जिसमें पूरा भुट्टो खानदान एक साथ समा जाए। अल-मुर्तज़ा भी बहुत बड़ी कोठी है, फिर भी रात को सिर्फ मेरे कमरे की लाइट जलती रहती है। मैं इन मकानों को लेकर भी असुरक्षित महसूस करती हूँ। इनमें से कोई भी घर मेरे नाम पर नहीं है। मीर, हर हालत में पाकिस्तान ज़रूर लौटेगा, जब भी सम्भव

हुआ, और दुबारा शादी करेगा। अपने भाई के घर में उसके बच्चों और नई बीवी के बीच मेरी हैसियत क्या होगी। मैंने तय किया कि मेरे पास अपना घर होना चाहिए।

मुझे अपना परिवार भी चाहिए। मेरी बहन की भी शादी हो गई और उसके एक सन्तान है। मेरे भाई के भी बच्चे थे। जैसे हमारा एक इकाई परिवार था, वैसे ही हमने इकाई परिवारों को तैयार किया। इन बहुत से इकाई परिवारों के बीच मेरी जगह कहाँ है...? मुझे मौत का भी खौफ़ था। शाहनवाज़ की हत्या के समय, हम समझते थे कि हमारा एक बड़ा परिवार है, लेकिन एकदम लगा कि हम तीनों बहुत छोटे परिवार के सदस्य हैं। केवल एक भाई के रह जाने से सन्तुलन और भी बिगड़ गया। और यह ख़्याल कि मेरे अपने बच्चे हों, अब मुझे अच्छा लगने लगा।

मैंने अपने रिश्तेदारों को यह बता दिया कि मैं आसिफ़ से जून में, इंग्लैण्ड में मुलाकात करूँगी। लेकिन इस्लामाबाद में विपक्ष के एक संसदीय ग्रुप की मीटिंग के कारण मेरे वापस आने में वक्त लग गया। जब मैं इस्लामाबाद से कराची लौटकर आई, मुझे आसिफ़ की सौतेली माँ का एक हाथ का लिखा खत मिला, कि मैं उन्हें फोन करूँ। "फाखरी, मैं क्या करूँ...?" मैंने अपनी चचेरी बहिन से पूछा। "उनसे मिलो," उसने ज़ोर दिया, "अगर तुम्हें ठीक लगे तो मैं तुम्हारे साथ रहूँगी...साथ ही तुम उस समय, जो कुछ भी शक-शुबहा तुम्हारे मन में हो, उसके बारे में बात कर लेना।"

"यह बड़ी इज़्ज़त की बात होगी, कि तुम आसिफ़ से शादी करने के लिये अपनी मंज़ूरी दो," एक सलीके से सजी, केंब्रिज की ग्रेजुएट महिला ने 70 क्लिफ्टन के कमरे में मुझसे कहा। "इस शादी से तुम्हें एक नया आसमान मिलेगा..."। मैं कहते-कहते रुक गई कि औरतें शादी इसलिये नहीं करतीं कि उन्हें नया आसमान चाहिए होता है बल्कि मैं आसिफ़ की सौतेली माँ को यह बताने के लिये तैयार हो गई कि मैं शादी से क्यों हिचक रही हूँ। क्यों, यह मेरे लिये नहीं बल्कि उस आदमी के लिये एक इज्ज़त की बात होगी, लेकिन वह भी बस कुछ समय के लिये...।"

"मेरी ज़िन्दगी राजनीति में इतनी सरल नहीं है।" मैंने उन्हें बताया, "मैं ऐसी राजनीति में नहीं हूँ, जहाँ बस हर पाँच बरस बाद चुनाव का इन्तज़ार करना होता है। मेरी राजनीति में आज़ादी की ज़िद है और वही मेरी ज़िन्दगी का मकसद भी है। किसी आदमी को यह कैसा लगेगा कि उसकी बीवी की ज़िन्दगी बस उसके इर्द-गिर्द नहीं घूमती..."

"मेरी प्यारी बेनज़ीर, आसिफ़ एक समझदार नौजवान है। उसे मालूम है कि इसमें हकीकत क्या है..." आसिफ़ की सौतेली माँ ने मुझे भरोसा दिलाया। मैं आगे बढ़ी।

"मुझे बहुत जगह घूमने जाना पड़ता है और मैं हर जगह अपने पति को साथ नहीं ले जा सकती।"

"आसिफ़ भी एक कामकाजी लड़का है, वह हमेशा तुम्हारे साथ जा भी नहीं पाएगा।" उन्होंने मुझे समझाया।

"मैंने सुना है कि वह पार्टियों वगैरह में जाने का बहुत शौकीन है..." मैंने कहा, "जब कि मैं, जब मुझे थोड़ा-सा खाली समय मिलता है, तब मैं घर पर ही कुछ दोस्तों के साथ वक्त बिताना पसन्द करती हूँ।"

"उसमें कोई मुश्किल नहीं है।" उन्होंने सहजता से कहा, "जब आदमी की ज़िन्दगी संभल जाती है, तब वह भी घर-परिवार के साथ वक्त गुज़ारना चाहता है..."

इन बातों से मेरा कुछ हौसला बढ़ा...मैंने एक गहरी साँस ली और खुद को एक सबसे कठिन बात कहने के लिये तैयार कर लिया।

"रिवाज होने के बावजूद, मैं अपने ससुराल वालों के साथ नहीं रह पाऊँगी..." मैंने बताया, "मेरे घर में राजनीतिक बैठकें होती रहती हैं, और घर में पार्टी के और साथ के दूसरे लोग सब जगह होते हैं, इसलिये मुझे अपना घर चाहिए होता है..."

"बिल्कुल ठीक है, आसिफ़ की भी यही मर्ज़ी है और उसकी माँ और बहनों को भी अपनी निज़ी ज़िन्दगी और आज़ादी चाहिए..."

ऐसा कौन अजूबा इन्सान है, मैंने सोचा और मैंने अपना लंदन का कार्यक्रम बना लिया, जो इण्टेलिजेंस की गाड़ियों और ज़िया की तीखी नज़रों से दूर था।

खुदा का शुक्र है कि पार्टी के कामों ने मुझे लंदन में 22 जुलाई 1987 को सारे दिन उलझाए रखा और शाम को ही मेरे पेट में इस बात की मरोड़ उठनी शुरू हो गई, कि अब तो आसिफ़ से मुलाकात करने से बचा नहीं जा सकता।

आण्टी मन्ना ने ज़रा घबराहट में कॉफी का एक घूँट भरा, जब मेरे चचेरे भाई तारिक के फ्लैट में, आसिफ़ और उसकी सौतेली माँ के आने की आहट के साथ दरवाज़े की घंटी बजी। हत्थे वाली कुर्सी में खुद को संभाले हुए मैं भरसक सहज दिखने की कोशिश करने लगी लेकिन मेरा दिल आसिफ़ के एक-एक कदम अन्दर आने पर तेज़, और तेज़ धड़कता जा रहा था। वह आसिफ़ के लिये भी हलचल-भरे कदम होंगे, जो वह मेरी तरफ बढ़ा रहा था, लेकिन जब मैंने एक झलक देखा, तो वह विश्वास से भरा हुआ नज़र आया। सारे लोग धीमे-धीमे इधर-उधर की बातें करते रहे लेकिन शादी जैसी किसी बात का प्रसंग नहीं छिड़ा। उस पूरी शाम मेरे और आसिफ़ के बीच कोई बात नहीं हुई। वह चश्मा लगाए हुए था, इसलिये मैं उसकी आँखों का भाव भी नहीं पढ़ पाई। शाम तक मेरे मन में उसके लिये कोई भाव नहीं उपजा, तब भी नहीं, जब अगले दिन उसने मेरे लिये एक दर्जन गुलाबों का गुलदस्ता भेजा। फिर मेरे लिये एक बढ़िया आमों की पेटी भेजी गई, जिसके साथ मेरी मनपसन्द मिठाई का एक डिब्बा भी था...फिर बहन सनी के लिये चेरी की पेटी...।

"पिंकी, क्या जवाब है...?" मेरी माँ ने पूछा। आण्टी बेहजत और आण्टी मन्ना भी उनके साथ थी...अगले दिन फिर वही सवाल और उस दिन के बाद अगले दिन भी मेरा वही जवाब था..."अभी...मैं कुछ कह नहीं सकती..."

मैंने खुद को दुविधा में पाया। मैं अपने विदेशी दोस्तों को जानती थी, जो मेरी इस कठिनाई को समझ सकते थे जो राजनीति और संस्कृति की मिली-जुली परिस्थितियों में एक तय की हुई शादी के प्रस्ताव के रूप में मेरे सामने आ खड़ी हुई थी। पश्चिम में भी स्त्रीवाद है, लेकिन वहाँ के स्त्रीवाद में यहाँ से बहुत फर्क है। यहाँ धार्मिक और परिवार के बन्धन स्त्री को ज्यादा जकड़कर रखते हैं, और इसके साथ अपनी निजी पसन्द का भी सवाल जुड़ा हुआ था। पाकिस्तान की सबसे बड़ी विपक्ष की पार्टी की नेता होने के नाते मेरी एक ज़िम्मेदारी

थी। दूसरी तरफ मैं किसी भी साधारण परिस्थिति में अपने सम्बन्धों को टूटने देने या तलाक तक की हालत में पहुँचने से बचाना चाहती थी। मुझसे ऐसे आदमी के साथ शादी करने का फैसला करने को कहा जा रहा था, जिसे मैं सिर्फ तीन दिनों से मिलकर जानती हूँ, वह भी उसके और अपने परिवार वालों की भीड़ के बीच मिलकर...

मैंने उसे अपने ऑक्सफोर्ड के पुराने दोस्तों से मिलवाया। उन्होंने उसे पसन्द किया। मैंने उसे अपनी एक पुरानी स्कूल की पाकिस्तानी सहेली से मिलवाया। उसने उसकी एक प्यारे लड़के के तौर पर तारीफ की और कहा कि मैं उससे शादी कर सकती हूँ। फिर आसिफ़ मेरे परिवार को डिनर पर ले गया और मैं उसकी बगल में बैठी। मेरे साथ मेरी भांजी थी, जो लगातार बोलने के लिये मशहूर थी, मैंने उसे अपने बचाव के लिये साथ ले लिया था।

अगले दिन मेरे चचेरे भाई तारिक और आसिफ़ के बीच आमने-सामने बात हुई। ''अगर तुम्हारी बेनज़ीर से शादी होती है, तो तुम सबकी नज़रों में आ जाओगे, तुम्हारा छोटा-सा भी कोई कदम, यहाँ तक कि दोस्तों के साथ देर तक घूमना, उसको प्रभावित करेगा।'' आसिफ़ से तारिक ने कहा, लेकिन बातचीत में आसिफ़, तारिक पर छा गया। तारिक ने मुझसे कहा, ''वह सारी स्थिति समझता है...वह तुमसे बहुत अर्से से शादी करने को इच्छुक है। उसे खूब पता है कि इसका क्या नतीजा है।''

''पिंकी...क्या कहती हो...?'' यास्मीन ने मुझ पर दबाव डाला। हर रोज़ मेरी बहन और मेरी माँ, सवेरे उठकर मेरे बिस्तर के पास आतीं और अर्थपूर्ण नज़रों से मेरी तरफ देखतीं।

''क्या मुश्किल है पिंकी...तुम्हें तय करने में इतना वक्त क्यों लग रहा है..''

''पता नहीं...? अभी मैं कुछ नहीं कह सकती...''

किस्मत एक मधुमक्खी की शक्ल में हमारे घर में आई। ज़रदारी के आने के चौथे दिन, जब मैं फाथी के साथ विण्डसर पार्क में थी और आसिफ़ पोलो खेलने गए हुए थे एक मधुमक्खी ने मेरे हाथ पर काट खाया। रात खाने के समय तक मेरा हाथ बेहद सूज गया। अगले दिन सुबह उसकी सूजन और बढ़ गई। ''मैं तुम्हें डॉक्टर के पास ले जाता हूँ।'' उसने आते ही मेरा हाथ देखकर कहा। मेरी किसी भी बात की परवाह किए बगैर उसने गाड़ी निकाली और डॉक्टर के पास चल पड़ा। उसने डॉक्टर की लिखी दवाएँ खरीदीं। ''चलो, एक बार मैं खुदमुख़्तार नहीं हूँ, बल्कि मेरी परवाह कोई दूसरा कर रहा है...'' यह एक बहुत नाज़ुक, सुखद और अनोखा-सा एहसास था।

भाग्य ने एक बार अपना खेल दिखाया जब अगली रात, हम एक खास पाकिस्तानी रेस्तराँ खोज रहे थे। मेरी माँ, सनम, आसिफ़, मैं और कुछ और हमारे पाकिस्तानी दोस्त गाड़ी में ठुँसे हुए थे। इस चक्कर में हम रास्ता भूलकर भटक गए। इस स्थिति में परेशान या नाराज़गी ज़ाहिर करने की बजाय आसिफ़ सहज रहे और सबसे हँसी-मज़ाक करते रहे। वह हर स्थिति के अनुसार ढल जाने वाले और हँसमुख इन्सान साबित हो रहे थे। मैंने इस बात को परखा, मेरा ध्यान तो वह रख ही रहे थे।

''क्या जवाब है पिंकी?'' मेरी माँ ने फिर अगली सुबह पूछा। मैंने एक गहरी साँस ली, ''ठीक है मम्मी...'' मैंने, आसिफ़ से मिलने के सात दिन बाद अपना फैसला सुनाया

और हमारी मँगनी हो गई।

अपनी शादी के बारे में प्रेस के लिए एक बयान तैयार किया जिसमें यह लिखा था : ''अपने मज़हब की रीति और अपने परिवार की तरफ से अपनी ज़िम्मेदारी को ध्यान में रखते हुए मैं, शादी के उस प्रस्ताव पर अपनी सहमति देती हूँ, जिसे मेरी माँ बेगम नुसरत भुट्टो ने मेरे सामने रखा था। मेरी यह शादी, किसी भी तरह मेरे राजनीतिक मंसूबों को नहीं बदलती। पाकिस्तान के लोगों को एक बेहतर कल की उम्मीद है और उस उम्मीद के लिये मैं उनके साथ अभी भी हमकदम हूँ।''

मेरे शादी के फैसले पर पाकिस्तान में मिली-जुली प्रतिक्रिया रही। मेरे वक्तव्य के बावजूद हुकूमत के एजेंट लोगों ने इसका प्रचार करने में कोई चूक नहीं की, कि मैं राजनीति छोड़ रही हूँ। सिखाय-पढ़ाए गिरोह निकलकर सड़कों पर से गुज़रती बसें रोककर उन पर चिपके मेरे पी.पी.पी. के पोस्टर फाड़ने लगे, ''अब हमें इससे क्या लेना-देना, बेनज़ीर तो शादी रचा रही है।'' पार्टी के लोगों को व्यंग्य-बाण झेलने पड़ते कि वह अब भी क्यों पी.पी.पी. का झण्डा लहरा रहे हैं। पी.पी.पी. के लोगों में अविश्वास की सबसे ज्यादा लहर हुकूमत के उस फर्ज़ी इण्टरव्यू ने पैदा की, जिसमें आसिफ़ की सौतेली माँ का बयान बताया गया, ''मैं तो शादी में जनरल ज़िया को न्योता देने जा रही हूँ...'' उन पर यह आरोप लगाया गया।

लेकिन मुल्क में बहुत से लोग खुश भी हुए कि मैं एक सहज जीवन की शुरुआत करने जा रही हूँ। शहर की सारी मिठाइयों की दुकानें हाथोंहाथ खाली हो गईं और तीन दिन तक लोगों ने इस खबर का जश्न मनाया। ''दस साल तक हमने मातम मनाया, अब हमें खुशी मनाने का मौका मिला है।'' लोग यही बात कह रहे थे। ऐसी ही खुशी की लहर ज़रदारी कबीलेवालों के बीच भी दौड़ गई थी जिन्होंने उसकी सरज़मीं नवाबशाह में इकट्ठा होकर पन्द्रह हज़ार लोगों के बीच आसिफ़ का स्वागत किया था। वह लोग गा रहे थे और पी.पी.पी. के झण्डे हाथ में लेकर नाच रहे थे।

जब मैं पाकिस्तान वापस आई मैंने पूरे देश का दौरा किया और लोगों को भरोसा दिलाया कि मैं उनकी बहन हूँ, और रहूँगी और मेरी शादी से मेरे राजनीतिक काम-काज पर कोई असर नहीं पड़ेगा। आसिफ़ मुझे हर रात फोन करता। मुझे उसे फोन के ज़रिये जानने का मौका मिला। और धीरे-धीरे मुझे पता चलता रहा कि हम दोनों के बीच बहुत कुछ एक-सा गुज़रा है। उसके परिवार ने भी मार्शल लॉ के दौरान तबाही के दिन देखे हैं : उनके पिता हाकिम अली को सात साल के लिये राजनीति से हुकूमत ने बेदखल कर दिया था। हैदराबाद में उसकी 1800 एकड़ के फार्म में उसकी फसल हुकूमत के पानी काट देने की वजह से बरबाद हो गई थी। सबसे बड़ी आफत तब आई थी, जब हमारी सगाई के बाद सरकारी बैंकों ने हाकिम अली का इमारती प्रोजेक्ट्स के लिये मंज़ूरशुदा लोन रोक दिया था। ''तुम गलती कर रहे हो हाकिम अली,'' कुछ लोगों ने उन्हें तब समझाया था, जब हमारी सगाई की खबर सुनाई गई थी। ''तुम्हारे इकलौते बेटे के बेनज़ीर से शादी करने पर पूरी हुकूमत और फौजी ताकत तुम्हारे खिलाफ हो जाएगी।''

हाकिम अली का इस पर तुरन्त जवाब था, ''मुझे इसकी परवाह नहीं है। मेरे बेटे की खुशी मेरे लिये ज्यादा अहम बात है।''

मैं जानती थी कि आसिफ़ की राजनीति में दिलचस्पी नहीं है। "परिवार में एक ही राजनीति का सदस्य काफी है।" उसने लंदन में प्रेस को बयान दिया था लेकिन जैसा कि पहले सामंती परिवारों में होता आया था, आसिफ़ ने भी 1985 के चुनावों के लिये पर्चा भरा था और बाद में एम.आर.डी. के चुनावों के बॉयकाट के ऐलान पर उसमें शामिल हो गए थे और उस पर उन्हें भी हुकूमत की मार झेलनी पड़ी थी।

उन्हें आधी रात को फौज ने उनके घर से गिरफ्तार कर लिया था। फौज का दावा था कि उन्हें सड़क पर बिना लाइसेंस के हथियार लेकर जाते पकड़ा गया था। खुशकिस्मती से, आसिफ़ के लिये उनकी झूठी चाल किसी फौजी अदालत में चल नहीं पाई थी और आसिफ़ छोड़ दिए गए थे। "मैंने सिर्फ जेल में दो दिन बिताए, बस..." आसिफ़ ने बताया था, "लेकिन इतने से मुझे यह अन्दाज़ा लग गया था कि बेनज़ीर ने कैसा वक्त गुज़ारा है... आसिफ़ ने मुझे नीलम और हीरे की दिल की शक्ल की अँगूठी दी थी। वह मुझे हर दिन गुलाब भेजता था। वह बहुत-बहुत बातें करता था। उसने मुझसे कहा था कि हमारी शादी दरअसल दो अजनबी लोगों की शादी नहीं है। जब मैं अपनी उठती जवानी की उम्र में थी, तब वह मुझे अपने पिता के सिनेमाघर में आते-जाते देखता था। उसके बीस साल बाद, यह उसका ही विचार था, न कि उसके माँ-बाप का, कि वह मुझसे शादी करे। पाँच साल पहले आसिफ़ ने अपने पिता से कहा था कि अगर आप चाहते हैं कि मैं शादी कर लूँ, तो बेनज़ीर के पास रिश्ते का पैगाम भेजिए। तब से आसिफ़ ने सिर्फ धीरज से इन्तज़ार किया था। "क्या तुम उसे प्यार करते हो...?" एक पत्रकार ने उससे पूछा था।...उसका जवाब था..."उसे कौन नहीं प्यार करता?" हमने अभी तक खुद को एक-दूसरे के प्यार में बँधा नहीं पाया था, जैसा मेरी माँ ने मुझे भरोसा दिलाया था, लेकिन उसके बदले हमारे बीच विश्वास का गहरा रिश्ता कायम होता जा रहा था, यह एहसास, कि हम एक-दूसरे को उम्र-भर के लिये पति-पत्नी के रूप में अपनाते जा रहे हैं। मुझे लगा कि यह बंधन का-सा एहसास, प्यार जैसी बात से ज्यादा गहरा था, हालाँकि मैं इस बात के लिये कतई तैयार नहीं थी, कि मुझे अब ऐसी तयशुदा शादियों के हक में ठहराया जाए। मुझे लगा कि रिश्तों के बीच कुछ ऐसा बंधन ज़रूर होता है, जो एक-दूसरे को स्वीकार कर लेने से पैदा होता है। हम शादी के बंधन में बँधने वाले थे, जबकि हमारे बीच कोई पूर्वाग्रह, कोई एक-दूसरे से नायाब-सी उम्मीद नहीं थी—था तो केवल यह विश्वास और एक-दूसरे की इज्जत का भाव। प्रेम-विवाहों में, मैंने अन्दाज़ा लगाया, इतनी ऊँची उम्मीदें जुड़ जाती हैं, कि उनका टूटना हर हाल में होता है और उसमें यह खतरा भी होता है कि ऐसे में प्यार दम तोड़ दे। हमारे प्यार में सिर्फ बढ़ते जाने का ही रास्ता हो सकता था, वापसी का नहीं।

दिसम्बर 1987 में, शादी से एक हफ्ता पहले 70, क्लिफ्टन में लोगों की भीड़ बढ़ने लगी। फाटक पर भेंट-उपहार रखवाए जाने लगे। जिसमें हाथ की सिली सादा शलवार-कमीज़ें, पंजाब से कशीदा कढ़े दुपट्टे, फल, मिठाइयाँ और गुड्डे-गुड़ियों के जोड़े, जो मेरे और आसिफ़ जैसे दिखते थे। कभी-कभी मेरे रिश्तेदार भी निकलकर बाहर आ जाते थे और लोगों के साथ गाने-नाचने में शामिल हो जाते थे। औरतें-बच्चे बाग में जाकर बैठते थे।

यह एक परम्परा है कि होने वाली दुल्हन शादी से एक या दो हफ्ते पहले सबकी

नज़रों से दूर, घर के अन्दर ही, एक पीला कपड़ा पहने और बिना किसी शृंगार के बैठती है, ताकि किसी की बुरी नज़र उस पर न पड़ सके। लेकिन मेरे पास इस पुरातन रस्म *मायून* को निभाने का वक्त नहीं था कि हम इसके लिये दो हफ्ते निकाल सकें। हम तो कहीं हनीमून के लिये भी नहीं जा रहे थे।

पूरे देश के लिये एक उदाहरण रखने के लिये हमने इस तरह कई परम्पराओं को तोड़ा। हमारी शादी भव्य लेकिन सादे ढंग से हुई थी, न कि एक हफ्ते चलने वाला खर्चीला तरीका जिसे निभाना पाकिस्तान के परिवारों के लिये ज़रूरी माना जाता था और लोगों की इसमें उम्र-भर की कमाई खर्च हो जाती थी और कुछ लोग तो इससे, कर्ज़ में भी डूब जाते थे। इसी तरह परम्परा थी, कि लड़के वालों को दुल्हन के लिये इक्कीस से इक्यावन कीमती जोड़े देने होते थे। मैंने इसकी बजाय, बस दो की बात कही। एक जोड़ा शादी के लिये, दूसरा, दो दिन बाद की दावत के लिये। उसमें भी, जैसा कि चलन था, पूरा जोड़ा सोने की ज़री से कशीदा किया होता था। मैंने कहा, कि कशीदे का काम केवल एक तरफ हो, सामने या पीछे, पूरे जोड़े पर यह ज़रूरत नहीं है।

ज़ेवरात देना भी हमारी परम्परा का हिस्सा है—दुल्हन अक्सर गले से लेकर कमर तक ज़ेवरों से लदी रहती है। मैंने आसिफ़ से केवल दो सेट देने को कहा, एक शादी के दिन के लिये, दूसरा दो दिन बाद की दावत के लिये। मेरी ज़िन्दगी ऐसी नहीं है, जिसमें ज़ेवरात पहनकर काम पर जा सकूँ। आप दफ्तर में कब हीरों का हार पहनकर जाते हैं...? मैंने आसिफ़ को समझाया, जो मेरे लिये बहुत कुछ उस दिन कर देना चाहता था। मैंने इस परम्परा को भी परे किया, जिसमें दुल्हन हाथ में कलाई से लेकर कुहनी तक सोने की चूड़ियाँ पहनती थी। मैंने कहा कि मैं बस एक-दो सोने की चूड़ियाँ डालकर बाकी काँच की चूड़ियाँ पहनूँगी। मैं चाहती थी कि लोग कहें कि अगर शादी में बेनज़ीर काँच की चूड़ियाँ पहन सकती है, तो हमारी बेटी क्यों नहीं...? मैंने अपना नाम भी नहीं बदला। मैं अब तक चौंतीस बरसों तक बेनज़ीर भुट्टो थी और अब भी मेरा इरादा अपनी पहचान बदलने का नहीं था।

मेरे महबूब के माथे पर उसके बाल चमक रहे हैं...मेरे महबूब के माथे पर उसके बाल चमक रहे हैं, लाओ, लाओ, कोई मेहँदी लाओ जो मेरे महबूब की हथेलियों को सजा दे।

17 दिसम्बर की मेहँदी की रस्म के तीन दिन पहले 71 क्लिफ्टन में मेरी बहन, मेरे चचेरे भाई लोग, मेरे दोस्त पहुँच गए। 70 क्लिफ्टन का यह हिस्सा हम ऑफिस और किसी से मिलने-जुलने के लिये इस्तेमाल करते थे। इस मौके पर हमने इसे दोस्तों के साथ गाने-बजाने और नाचने के लिये इस्तेमाल में लिया। सामिया, सलमा, पुट्ची, अमीना सभी लोग वहाँ थे और यास्मीन भी आई थी, जो लंदन में थी। हर रोज़ और और लोग इंग्लैण्ड से आते गए। कोन्नी सीफर्ट भी आई, जिसने खराब सेहत के आधार पर ज़िया पर दबाव डालकर मेरी माँ को पाकिस्तान छोड़कर जाने की इजाज़त दिलवाई थी। डेविस सोसकिंड, कीथ ग्रेगोरी और ऑक्सफोर्ड के साथी आए, विक्टोरिया स्कॉफील्ड भी आ गई, उसका वीज़ा आखिरी दम तक हुकूमत ने दबाए रखा था। ऐनी फादिमान और मेरी पुरानी रूममेट, योलाण्डा कोड्रज्स्की अमेरिका से आए। ऐनी को इस बार *लाइफ* पत्रिका के लिये हमारी शादी की कहानी तैयार करनी थी। ''1986 में तुम आँसू गैस झेलने आई थीं,'' मैंने ऐनी से मज़ाक किया, ''चलो

अच्छा है कि इस बार तुम्हें गाने-नाचने का मौका मिला है।''

यह एक चमत्कारी मिलन जैसा था, जिसे मार्शल लॉ के बर्बर दिनों ने एक मज़बूत बंधन दे दिया था। मेरे पिता के वकील लोग आए, बहुत से राजनीतिक क़ैदी रहे लोग भी आ पहुँचे। वहाँ एक हलचल-सी मच गई जब 70 क्लिफ्टन में डॉ. नियाज़ी आ पहुँचे।

हालाँकि मेरे पिता के इन दाँतों के डॉक्टर पर अभी तक भी इस्लामाबाद में गम्भीर आरोप लगे हुए थे, वह मेरी शादी के लिये छह बरसों के देशनिकाले के बाद लौटे थे। कराची में तो वह सुरक्षित थे, लेकिन कौन जाने, इस्लामाबाद पहुँचकर अपनी डॉक्टरी दुबारा शुरू करने पर उनका क्या हाल होगा? फिर मेरी माँ आ पहुँची। किसी भी दुल्हन की माँ की तरह उन्हें भी बहुत-सी बातों की फिक्र थी। वह 1982 से पाकिस्तान के बाहर थीं इसलिये, हैरत नहीं कि उनकी नींद उड़ी हुई थी।

जब परिवार और दोस्त लोग 70 क्लिफ्टन में इकट्ठे हो रहे थे, हज़ारों लोग कराची के बीच लियारी में पहुँच रहे थे। हम दो जगह शादी का प्रोग्राम कर रहे थे। एक तो घर में परिवार और दोस्तों के साथ, दूसरा कराची में गरीबों की बस्ती लियारी में, जो पी.पी.पी. का मज़बूत गढ़ है। हमने वहाँ पन्द्रह हज़ार निमन्त्रण-पत्र भेजे थे। इनमें पार्टी के कार्यकर्ता थे, वह लोग थे जो मार्शल लॉ के दौरान जेल गए थे और उन लोगों के परिवारजन थे, जो शहीद हुए थे, चाहे वह राजनीतिक थे या केवल नागरिक...। कार्यक्रम काकरी के मैदान में होना था, जो लियारी के पास है और जहाँ मेरे पिता वह पहले राजनीतिक नेता थे, जो गरीबों के पक्ष में बोले थे।...जहाँ 14 अगस्त 1986 को छह लोग मारे गए थे और प्रदर्शन के दौरान पुलिस ने मार-पिटाई के साथ-साथ आँसू गैस के गोलों की भी बौछार मचाई थी।

मेहँदी की रस्म के एक रात पहले, मैं लियारी के लिये भाग निकली। मैंने बुरका ओढ़ा और वहाँ की तैयारी देखने पहुँच गई। यूनियनों के मेम्बर काकरी के मैदान में तैयारी को पूरा करने में लगे थे। चालीस फीट बाई पचास फीट के स्टेज को मज़बूत लकड़ी और अस्सी टन लोहे से बनाया जाना था। हुकूमत अगर बिजली काट दे, तो इसके लिये इमरजेंसी जेनेरेटर रखे थे, ताकि सारा कुछ बराबर जगमग रहे। सारी कार्यवाही दिखा पाने के लिये बीस बड़े पर्दे के टेलीविज़न मैदान-भर में लगे थे। चारों तरफ, गलीचे बिछे स्टेज के इधर-उधर भी, चमेली, गेंदे और गुलाब के गजरे लटक रहे थे। सब तरफ कुर्सियाँ लगी थीं, हमारे दोनों के परिवारों के बैठने का इन्तज़ाम और एक जगह खास बनाई जानी थी, जहाँ मैं और आसिफ बैठते।

मैदान के चारों ओर पांचमंज़िला इमारतों को पी.पी.पी. के लाल, हरे और सफेद रंगों की लाइटों से सजाया गया था। एक तेज़ स्पॉटलाइट एक पेंटिंग पर चमक रही थी, जिसमें मेरे पिता मेरे सिर पर हाथ रखकर मुझे आशीर्वाद देते दिखाए गए थे। हम करीब एक लाख लोगों के इस काकरी मैदान में आने की उम्मीद कर रहे थे, जिसमें से दस हज़ार कराची आ भी चुके थे। कुछ लोग पैदल या साइकिल से, सिंध के भीतरी इलाकों से आए थे। मेरे भाई-बहनों की तरह, उन्होंने निमन्त्रण पाने की भी ज़रूरत नहीं समझी थी, वह अपने ही परिवार की शादी में आए थे।

ढोलक और डंडियों की आवाज़, औरतों के गीत, मेरे रिश्तेदारों की बधाइयों के प्यार-भरे स्वर। 17 दिसम्बर को मेहँदी के लिये दूल्हे के परिवार वाले 70 क्लिफ्टन पर पहुँचे हैं। आसिफ़ के घर वालों के हाथ में मोर की आकृतिवाला एक थाल है, जिसमें मेहँदी रखी है और उसमें मोर के पंख, असली मोरपंखियों से सजे हुए हैं। औरतों के गले में गुलाब के फूलों के हार पहनाए गए हैं और वह मैदान में आती हैं। आसिफ़ उनके बीच में है और उसकी बहनों ने उसके सिर पर चादर तानकर साया किया हुआ है। मुझे राहत हुई कि वह पैदल ही है, वरना उसने मुझे धमकाया था कि वह पोलो की घोड़ी पर चढ़कर आएगा।

हम एक बेंच पर साथ-साथ बैठाए गए जिसके पीछे शीशा लगा था और उसके ऊपर एक सीप की सजावट थी। हमारा यह तख़्त, 71 क्लिफ्टन के ऊपर बनाया गया था। मैंने अपने पर्दे से झाँककर देखा, नीचे की तरफ, एक ओर मेरा परिवार था, दूसरी ओर आसिफ़ का। पता नहीं, लोगों ने कभी इस तरह का गाना सुना होगा, जो हमारे परिवारों के बीच गाया जा रहा था। आसिफ़ तब बच्चे खिलाएगा, जब मैं पार्टी के काम से बाहर गई होऊँगी और कभी मुझे जेल जाने से रोकेगा नहीं... यह यास्मीन, सनम, लालेह और दूसरों ने गाया।

''आप यह वादा करते हैं कि बेनज़ीर देश की सेवा में लगी रहेगी।'' यह खूबसूरत उर्दू ज़ुबान में गाया गया, तो आसिफ़ का जवाब आया, ''ठीक है वादा किया, मैं अपनी बीवी की खिदमत करते हुए देश की खिदमत करूँगा।''

ढाई सौ से ऊपर हमारे दोस्तों और मेहमानों ने इन गीतों पर तालियाँ बजाईं और तारीफ की बातें कीं और कुछ देर बाद खाने की मेज़ों की ओर बढ़े। मैंने उस पल अपनी माँ की आँखों में आँसू देखे, पता नहीं वह आँसू खुशी के थे, या दुख के। वह इस बात से भी परेशानी महसूस कर रही थीं कि झुण्ड-के-झुण्ड विदेशी फोटोग्राफर मेरे और आसिफ़ के इर्द-गिर्द जुट आए थे। पता नहीं कैसे, सिक्यूरिटी को पार करके यहाँ तक पहुँचे। मेहँदी की रस्म हमारे परिवारों का मामला था, लेकिन प्रेस की इस दो दिन के समारोह की खबर ने इस महाद्वीप में शताब्दी की शादी का दर्जा दे दिया था, जिसकी वजह से अरब देशों, जर्मनी, फ्रांस, भारत, अमेरिका, इंग्लैण्ड, सब जगह से पत्रकार और फोटोग्राफर आ जुटे थे, स्थानीय पत्रकार तो खैर थे ही।

मैंने बहुत चाहा कि काश, मेरा भाई मीर इस मौके पर हमारे साथ होता। वह सनम की शादी में भी नहीं आ पाया था और न ही हमारे परिवार में से कोई उसकी शादी में अफगानिस्तान जा पाया था। मीर ने ज़िद की थी कि वह मेरी शादी पर पाकिस्तान ज़रूर आएगा, फिर चाहे हुकूमत उसे गिरफ्तार ही कर ले, लेकिन मेरी माँ ने उसे सख्ती से मना कर दिया था कि ऐसा खतरा उठाने की कोई ज़रूरत नहीं है।

''इतना तेज़ मत चलो...तुम किसी मीटिंग में नहीं जा रही हो...'' मेरी बहन ने मुझसे फुसफुसा कर कहा। उस समय मेरे चेहरे पर गुलाबी घूँघट-सा ढका हुआ था और मुझे मेरी माँ और बहन शादी के स्टेज तक ला रही थीं।

''दुल्हनें धीरे-धीरे चलती हैं।'' आण्टी बेहजत ने कहा। वे कुरान शरीफ को मेरे सिर

पर रखकर उसे संभालते हुए चल रही थीं। मैं नीचे ज़मीन की तरफ नज़रें झुकाए हुए आई और स्टेज पर बैठ गई। मेरा चचेरा भाई शाद मुस्काता हुआ मेरे पास आ गया।

"क्या बात है, इतनी देर क्यों लग रही है...?" मैंने हैरत में आकर पूछा कि आसिफ़ की तरफ क्या हो रहा है...उधर मौलवी हमारी तरफ से हमारी पारिवारिक मस्जिद में शादी की रवायतें पढ़ रहे थे।

"मंज़ूर है..." शाद ने मुझसे सिंधी में पूछा। मैंने समझा वह मज़ाक कर रहा है, पूछ रहा है कि मैं तैयार हूँ या नहीं...

"है..." मैंने जवाब दिया, "लेकिन वह लोग कहाँ हैं...?" वह मुस्कराया और उसने वही सवाल मुझसे तीन बार पूछा।

"है...है।" मैंने तीनों बार यही दोहराया, और तब जाकर मुझे समझ में आया कि यह रस्म है और मेरा तीन बार हाँ कहना ही गवाही है और अब मैं एक शादीशुदा औरत कहला सकती हूँ।

स अक्षर से शुरू होने वाले सात सामानों ने मुझे घेर रखा है। साथ में मिठाई की प्लेटें हैं। चाँदी का वर्क चढ़े मेवे हैं। चाँदी की मोमबत्तियाँ और चाँदी के कँगूरे हैं। बाग में हज़ारों लाइटें चमक रही हैं। चाँदी की पन्नी से मढ़ा स्टेज, नाचती हुई बिजली की रोशनी में नायाब लग रहा है। हमारे परिवार की औरतों ने सुनहरे झिलमिलाते शाल को मेरे ऊपर तान दिया जब आसिफ़ मेरे पास आया। हमने एकसाथ खुद को उस आईने में देखा जो सामने रखा गया था। यह एक-दूसरे को साथी के रूप में देखने का पहला मौका था। हवा में बधाई गीत के स्वर गूँज रहे थे। मेरी माँ और मेरे रिश्तेदारों ने चीनी के दाने हमारे सिर पर बिखेरे थे ताकि हमारी ज़िन्दगी में हमेशा मिठास बनी रहे। हमारे सिर एक-दूसरे से टकरा दिए गए थे, जो हमारे एक हो जाने को दर्शाता था।

उस रात कराची जश्न में डूब गया था। हज़ारों लोग 70 क्लिफ्टन के बाहर मेरी और आसिफ़ की एक झलक पाने को एक-दूसरे पर लदे जा रहे थे। हमें वहाँ से बस कुछ ही दूर क्लिफ्टन गार्डन में एक निजी पार्टी के लिये निकलना था। पी.पी.पी. के स्वयंसेवकों और सुरक्षा कर्मचारियों को बहुत मेहनत से रास्ता बनाना पड़ रहा था, जिससे हमारे मेहमान वहाँ से निकलकर बाहर जा सकें। जब हम लियारी की ओर चले, जहाँ एक घंटे बाद हमें हमारी शादी के दूसरे सार्वजनिक कार्यक्रम में शामिल होने जाना था, तब सड़कें लोगों से ठसाठस भरी हुई थीं। सब तरफ शादी के गीत गाए जा रहे थे, जो पूरे पाकिस्तान-भर में हमारी शादी की दास्ताँ को अमर कर रहे थे। सब तरफ पी.पी.पी. की लाइट्स की झालरें लगी थीं। हर कोने में और गोल चक्कर पर रौनक थी, जहाँ अभी बरस-भर पहले आँसू गैस की भगदड़ मची हुई थी।

काकरी मैदान में उस समय करीब दो लाख लोग मौजूद थे। यह पहला मौका था, जब आसिफ़ को इतने बड़े पैमाने पर पी.पी.पी. के लोगों का प्यार-भरा इज़हार देखने को मिल रहा था। उन्हें चिन्ता भी हो रही थी, क्योंकि सिक्योरिटी गार्ड के लोगों को हमारी जीप के लिये रास्ता बनाना मुश्किल पड़ रहा था। मैदान में इंच-भर भी जगह खाली नहीं थी। मैदान के चारों ओर बाल्कनी में एक भी और आदमी के आ पाने की गुंजाइश नहीं

थी। न जाने कितने दिनों से पी.पी.पी. महिला कार्यकर्ता पी.पी.पी. के रंग की पन्नियों में शादी की मिठाई पैक करती रही थीं। जिसे उस मैदान की भीड़ में लियारी में बाँटा गया था। लगभग चालीस हज़ार मिठाई के डिब्बे, एक घंटे के अन्दर बँटे थे।

"जिए भुट्टो! जिए भुट्टो!" भीड़ में लोकसंगीत गूँज रहा था। लोग मस्ती में नाच रहे थे। गैस के गुब्बारे छोड़े जा रहे थे। आतिशबाज़ी की जा रही थी। मैंने भीड़ का हाथ हिलाकर अभिवादन किया...भीड़ ने मुझे हाथ हिलाकर जवाब दिया। मेरे जोश में कहीं कोई ऐसा संकेत नहीं था, जो यह बताता कि मैं अब शादीशुदा औरत हूँ, न कि कुआँरी लड़की।

ज़िया के इण्टेलिजेंस के लोग भी लियारी की उस भीड़ का हिस्सा होंगे, इस उम्मीद के साथ, कि मेरी शादी के बाद मेरे समर्थन की भीड़ कम हो जाएगी। लेकिन हुकूमत की उम्मीदें धराशायी हो गईं। "अब ज़िया तब तक चुनाव नहीं कराएगा, जब तक बेनज़ीर माँ नहीं बन जाती।" जब हम वापस 70 क्लिफ्टन लौटे तब सामिया ने मेरे रिश्तेदारों से मज़ाक में कहा। सब जमकर हँसे। हालाँकि आसिफ़ को ज्यादा बच्चे चाहिए थे, फिर भी हमने थोड़ा इन्तज़ार करने का फैसला किया। हम अपनी शादी की ज़िन्दगी में ज़रा सहज हो जाना चाहते थे। मेरी राजनीतिक कार्यवाहियों का महत्त्व ज़रा भी कम नहीं हुआ था।

"आज, एक बहुत निजी और अंतरंग मौके पर, मैं, सबके सामने अपनी यह कसम दोहरा देना चाहती हूँ कि मैं अपनी ज़िन्दगी का सब कुछ हरेक नागरिक की आज़ादी और इस देश को तानाशाही से छुटकारा दिलाने के लिये कुर्बान कर दूँगी।" मैंने शादी के बाद, पहली ही सुबह, यह बयान अख़बारों के लिये दिया, "मैं, पहले की ही तरह, अपने देश के लिये कोई भी कुरबानी देने में कतई नहीं झिझकूँगी। मैं पाकिस्तान के लोगों के साथ, जो मेरे भाई-बहन हैं, कंधे-से-कंधा मिलाकर चलती रहूँगी। मैं एक समतावादी समाज बना दूँगी, जिसमें बर्बरता, भ्रष्टाचार, हिंसा और तनाव के लिये कोई जगह नहीं होगी। मैं यह सपना आप सबसे साझा करती हूँ और यह मेरा आपसे कभी न टूटने वाला वादा है..."

15

लोकतन्त्र की नई उम्मीद

29 मई, 1988 को ज़िया ने अचानक अपने पिट्ठू प्रधानमंत्री को बरखास्त करते हुए संसद भंग कर दी और चुनाव की घोषणा कर दी। जिस समय मुझे यह खबर मिली, मैं लरकाना से आए हुए पार्टी के लोगों के साथ 70 क्लिफ्टन में मीटिंग कर रही थी। ''तुम लोगों को कुछ गलतफहमी है...'' मैंने कहा, ''ज़िया तो चुनाव टालने के चक्कर में रहता है, वह चुनाव कहाँ कराएगा...'' जब मेरे साथियों ने मुझे बताया कि ज़िया ने रेडियो और टेलीविज़न पर शाम 7.15 पर यह घोषणा कर दी है, तब भी मैंने यही कहा कि यह मामला पाकिस्तान का न होकर किसी और देश का होगा।

70 क्लिफ्टन में मेरे पास फोन आने शुरू हो गए जिसमें बधाइयों का ताँता लगा हुआ था। प्रेस के फाटक पर मचा हुआ कोलाहल भी इसी बात को साबित कर रहा था कि खबर में कोई शंका नहीं है। कुछ लोगों को चुनाव के समय के बारे में संशय था। अभी चार दिन पहले ही तो कराची के अख़बारों ने खबर छापी थी कि मैं माँ बनने वाली हूँ। मेरे प्रेस से बात कर लेने के बाद सामिया ने किलककर कहा था, ''मैंने कहा था कि तुम्हारे माँ बनने की खबर के साथ ही ज़िया चुनावों की घोषणा करेगा।'' पता नहीं, ज़िया के इस निर्णय के पीछे मेरी स्थिति की कोई भूमिका है या नहीं, लेकिन ज़िया की यह घोषणा ठीक उस समय हुई है, जब मेरी यह खबर पक्की हो गई। हालाँकि मैं और आसिफ़ अभी परिवार बढ़ाने से बचना चाह रहे थे, लेकिन इस अचानक आई खबर से हम दोनों बेहद खुश थे। अब ज़िया के इस निर्णय से तो लगता है कि 1988 हमारे लिये एक खुशहाल वर्ष है।

किसी को भी ज़िया के इरादों की पहले से कोई खबर नहीं थी। यहाँ तक कि उसके प्रधानमंत्री जुनेजो को भी नहीं, जो हाल में ही सुदूर एशिया के अपने दौरे से लौटा है और उसने अभी शाम छह बजे एक प्रेस कांफ्रेंस बुलाई थी। एक घंटे से कम के ही समय में पता चला कि प्रधानमंत्री जुनेजो बर्खास्त हो गया। उसकी सरकार के गिराए जाने के चार कारण बताए गए। प्रधानमंत्री जुनेजो की सरकार इस्लामी कानून का विस्तार दिए गए समय के भीतर नहीं कर पाई; ओजरी डिपो की अप्रैल में हुई तबाही की जाँच को ठीक तरह से न निपटा पाना, जिसमें नागरिक क्षेत्र में बम और मिसाइलों का विस्फोट हो गया था; प्रशासन में भ्रष्टाचार और पूरे देश में कानून और व्यवस्था की गैरहाज़िरी। हालाँकि मेरा कुछ भी ज़िया के पिट्ठू प्रधानमंत्री से लेना-देना नहीं था, लेकिन जिस ढंग से जुनेजो निकाल

बाहर किया गया, उसके लिये मुझे दुख हुआ। जुनेजो ने ज़िया की ठीक-ठाक सेवा की, उसके संविधान पर जुनेजो रबड़ की मोहर बना रहा, मार्शल लॉ के सारे मामलों को रफा-दफा करता रहा, वर्ष 1990 तक उसने ज़िया को प्रेसिडेण्ट और सेनाध्यक्ष बनाए रखा...लेकिन हमदर्दी नहीं है। ''कुत्तों के साथ सोओगे, तो कुत्ते ही काटेंगे।'' लोगों ने कहा। लोगों ने तो यहाँ तक कहा कि उसकी क़ब्र पर लगे पत्थर पर लिखना चाहिए, ''वह आदमी जिसने इतिहास से खिलवाड़ किया और फिर इतिहास से बाहर हो गया।''

जो भी हो, ज़िया की इस घोषणा से पूरे देश में एक उत्तेजना-सी फैल गई थी। ज़िया का अपना ही संविधान कहता था कि सरकार के गिर जाने के बाद नब्बे दिन के भीतर दुबारा चुनाव होना चाहिए और ऐसे में पी.पी.पी. को कोई आने से रोक नहीं सकता है। हमारे समर्थकों ने आपस में बातचीत की। मैंने सतर्क रहने की बात सामने रखने की नाकामयाब कोशिश की। हालाँकि ऊपर से मैंने एक सकारात्मक वक्तव्य देते हुए अपनी बात कही, ''हम इस चुनाव प्रस्ताव का स्वागत करते हैं, बशर्ते कि यहाँ स्वतन्त्र और निष्पक्ष चुनाव नब्बे दिन के भीतर कराए जाएँ।'' निजी तौर पर मुझे इसमें शक नज़र आता था।

स्वतन्त्र और निष्पक्ष चुनाव का मतलब था, पी.पी.पी. और बेनज़ीर भुट्टो का आना। ज़िया ने इस बात को खुलकर कहा हुआ है कि वह किसी भी हाल में उन्हें सत्ता नहीं लौटाएँगे, जिनसे उन्होंने इसे छीना है। अगर ज़िया के लिये, खुद अपने बनाए जुनेजो से निभाना मुश्किल हो गया, तो भला वह उसे प्रधानमंत्री की तरह कैसे बरदाश्त कर पाएगा, जिसके बाप को उसने खुद फाँसी पर चढ़वाया हो। ''ज़िया ने जुनेजो को इसलिये नहीं हटाया है कि वह पी.पी.पी. को बुलाकर गद्दी सौंप दे...'' मैंने अपने लोगों के जोश में संशय पैदा किया। दुर्भाग्य से मेरे अनुमान किन्हीं मानो में सच साबित होने लगे।

15 जून को ज़िया ने घोषणा की, देश-भर में इस्लामी कानून सबसे ऊपर माना जाएगा। ज़िया ने अपने टेलीविज़न पर दिए गए वक्तव्य का खुलासा नहीं किया, लेकिन क्या इसका यह मतलब निकाला जाए कि करेंसी नोटों पर जो मोहम्मद अली जिन्ना की तस्वीर है उन्हें गैरइस्लामी कहते हुए वापस ले लिया जाएगा क्योंकि इस्लाम में किसी भी तस्वीर का सामने लाना मना है...? क्या सारे सरकारी बाण्ड जिन पर तयशुदा ब्याज़ की दरें लागू हैं, खारिज मान लिये जाएँगे, इस बारे में कोई निर्देश सामने नहीं आए। इससे यह उत्तेजना भी फैली कि कोई भी नागरिक किसी भी लागू कानून को गैरइस्लामी बताकर, हाईकोर्ट तक में, उससे बच सकता है। किसी भी ऐसे कानून को, जिसे जज लोग इस्लाम के मुताबिक ठीक न पाएँ, उसे खारिज कर सकते हैं...? लेकिन ज़िया ने ऐसा कानून लाने के लिये 1988 तक इन्तज़ार क्यों किया।

कुछ लोगों का ख्याल था कि ठीक इस समय ज़िया को इस्लाम का ध्यान आने का मतलब सीधे-सीधे मुझ पर वार करना था। ज़िया मुझे बतौर औरत, चुनाव लड़ने से रोक सकते हैं। मेरे नेता होने के कारण, मेरी पार्टी को ही चुनाव के लिये अयोग्य घोषित कर सकते हैं। लेकिन मुझे लगता नहीं कि ज़िया अपनी किसी चाल में सफल हो पाएँगे। 1973 का संविधान, जिसे उस समय सभी धार्मिक दलों ने स्वीकार किया था उसमें औरतों को राजनीति में और सरकार के शिखर पर होने का अधिकार दिया था। इसी तरह, 1985 में

ज़िया के संविधान में भी औरतों के लिये यह हक था कि वह देश की प्रधानमंत्री बन सके। इस रास्ते ज़िया के पास कोई खास मुद्दा मुझे नज़र नहीं आया।

हमेशा से कहीं ज्यादा, हमें सन्देह था कि चुनाव स्वतन्त्र तथा निष्पक्ष हो पाएँगे। इसमें कोई शक नहीं था कि पी.पी.पी. ही जीतेगी, लेकिन एक तो हमें यह नहीं पता था कि पार्टियों को अपने उम्मीदवार खड़े करने की कैसी आज़ादी होगी, और चुनाव दरअसल कब होंगे...? हालाँकि ज़िया ने कहा है कि चुनावों की तारीख इस्लामी कानून तय हो जाने के बाद घोषित की जाएगी, लेकिन यह नहीं बताया गया था कि ऐसा कब होगा। ज़िया बराबर अपनी पुरानी चाल पर कायम था कि वह पी.पी.पी. का चुनाव के मैदान में सामना करने से बच रहा है। लेकिन इस बार हमारी तैयारी भी ज्यादा मज़बूत थी।

फरवरी में हम ज़िया के 1985 के 'वोटर रजिस्ट्रेशन अधिनियम' को चुनौती देने सुप्रीम कोर्ट पहुँचे, जिसमें यह कहा गया था कि सभी राजनीतिक दलों को हुकूमत के पास पंजीकरण कराना होगा। ज़िया के कानून के मुताबिक, चुनाव में भाग लेने के इच्छुक सभी राजनीतिक दलों को अपने सभी हिसाब, उसके पदाधिकारियों के नाम प्रशासन द्वारा चुने गए कमिश्नर के पास दाखिल कराने होंगे, जिनके आधार पर कमिश्नर को पूरा अधिकार होगा कि वह किसी भी दल को चुनाव में भाग लेने दे या न लेने दे। वह किसी भी बेबुनियाद वजह से, या यह कहकर कि यह पार्टी इस्लामी कानून के अनुसार मान्य नहीं है, उसे चुनाव में भाग लेने से रोक सकता है जबकि इस्लामी कानून की रूपरेखा भी अभी तय नहीं हुई है। कमिश्नर किसी भी पार्टी के किसी कार्यकर्ता को चुनाव में भाग लेने से चौदह साल के लिये रोक सकता है या उसे सात साल की सज़ा सुना सकता है।

जान-बूझकर पी.पी.पी. को परे रखने के लिये बनाया गया यह कानून न केवल नागरिकता के मूल अधिकारों से लोगों को वंचित रखता है बल्कि ज़िया के प्रतिनिधियों को यह हक भी देता है कि वह जिस किसी पार्टी को चुनाव लड़ने दें या उसे लड़ने से रोक दें। सौभाग्य से, श्री याहया बख़्तावर ने जो पाकिस्तान के भूतपूर्व अटार्नी जनरल और मेरे पिता की अपील करने वाले वकीलों के प्रमुख भी थे, हमारे मामले को सुप्रीमकोर्ट में रखने का प्रस्ताव स्वीकार कर लिया। पाकिस्तान में अदालत के इतिहास में पहली बार, ग्यारह जजों की बेंच ने इस मामले की सुनवाई की और 20 जून 1988 को निर्विरोध अपना फैसला सुना दिया कि ज़िया का यह रजिस्ट्रेशन अधिनियम पूरी तरह से गैरकानूनी है, इसलिये खारिज किया जाए।

मुख्य जज ने अपने फैसले में लिखा, "संसदीय सरकार दरअसल दल की सरकार है और दल की सरकार जनादेश से बनती है। चुनाव केवल वह कानूनी व्यवस्था देता है कि किसी दल की सरकार के अधिकार की परख की जा सके।" मुख्य न्यायाधीश से सहमत होते हुए एक दूसरे जज ने कहा, "केवल अपनी क्षमता पर चुना हुआ उम्मीदवार कोई विशेष महत्त्व नहीं रखता, वह केवल इधर-उधर भटकता है, वह केवल किसी पार्टी का उम्मीदवार होता है, जो चुने जाने पर अपना प्रभाव रच सकता है। केवल पार्टी के चुने हुए उम्मीदवार मिलकर अपने लक्ष्य को जीत सकते हैं।"

ज़िया के इस रजिस्ट्रेशन वाले कानून को रद्द करने का सुप्रीमकोर्ट का नज़रिया यही था कि कोई भी पार्टी, चाहे वह रजिस्टर्ड हो या न हो, चुनाव में भाग लेने से नहीं रोकी

जा सकती। कोर्ट का यह साफ फैसला था, कि कोई भी नागरिक अपने इच्छित दल से, अपने मौलिक अधिकार का प्रयोग करते हुए चुनाव लड़ सकता है। इसमें कोई संवैधानिक बाधा नहीं है। लेकिन हम सब जानते थे कि ज़िया...? खुद को किसी भी कानून के लिये ज़िम्मेदार नहीं मानता।

मैंने देश-भर का दौरा जारी रखा। मैं लरकाना से जकोबाबाद तक गई और सब जगह मेरा भारी स्वागत हुआ। फिर मैं नवाबशाह गई, जहाँ मुस्लिमलीग के भूतपूर्व सदस्य ने पी.पी.पी. में प्रवेश ले लिया। पी.पी.पी. के पक्ष में तगड़ी लहर चल रही थी, सभी ज़ोरदार उम्मीदवार पी.पी.पी. के टिकट पर चुनाव में उतरने की आस लगा रहे थे।

इस बात के भी पर्याप्त प्रमाण थे कि ज़िया की ऐसी हरकतें उसे ही नुकसान पहुँचा रही थीं। खबरें मिल रही थीं, कि ज़िया, जो हमेशा शान्त और ठण्डे रहते हुए व्यवहार करते थे, अब गुस्सैल हो रहे थे। खबर थी कि उनका व्यवहार बड़ा असन्तुलित होता जा रहा था। एक रिटायर्ड फौजी अफसर ने बताया कि "ज़िया जो पहले बहुत नपी-तुली चाल से जोखिम उठाते थे, अब जुआरी की तरह अंधाधुंध चल रहे हैं। उनके कामों का कोई सिर, पैर समझ में नहीं आता है।"

ज़िया की असुरक्षा का एहसास इस बात को देखकर और भी बढ़ा होगा कि ज़बरदस्त गर्मी और उमस के बावजूद, देशभर में लोग हज़ारों की गिनती में पी.पी.पी. की मीटिंग में आने लगे। बताया गया कि जुलाई में लाहौर में हुई हमारी सभा में उससे भी कई गुना ज्यादा लोग आए, जितना मेरे देशनिकाले के समय 1986 में आए थे। इससे ज़िया को बहुत धक्का लगा। एक पी.पी.पी. के समर्थक को ज़िया के किसी नज़दीकी आदमी से पता चला कि ज़िया बहुत हताश, मन से हारा हुआ महसूस कर रहा है। और उसे समझ में नहीं आ रहा है कि क्या किया जाए। उसने ज़िया को समझाया, "चुनाव कराओ, जो नतीजा आए उसे मंजूर करो और फिर देश छोड़कर चले जाओ," लोग इस पर ज़िया का जवाब जानना चाह रहे थे।

ज़िया के रुख के बारे में हमें बाद में दूसरों से पता चला कि वह पी.पी.पी. से कोई समझौता करना चाह रहे थे। उसका ब्यौरा जल्दी सामने आया। "ज़िया चुनाव कराएँगे लेकिन इस शर्त पर कि बाद में उनके या उनके परिवार के खिलाफ किसी भी प्रकार की कोई कानूनी कार्यवाही नहीं होगी। इस बात के लिये कुछ देशों को गारण्टी लेनी होगी।"

मैंने इस प्रस्ताव को नकार दिया। न केवल मुझे इसकी विश्वसनीयता पर शक था, बल्कि मुझे इसका कोई तुक भी समझ में नहीं आ रहा था। "ज़िया इस तरह मेरी छवि खराब करने की कोशिश कर रहा है।" मैंने यह उस गुप्त सन्देश लाने वाले को बताया। "इसके अलावा, मैं समझ नहीं पा रही हूँ कि ज़िया को किस बात का डर है...? अगर वह चुनाव कराता है, तब किसी को किस बात की नाराज़गी होगी, हाँ नाराज़गी तब हो सकती है अगर वह चुनाव न कराए।" बात वहीं खत्म हो गई और इसके बाद कोई खोज-खबर भी इस बारे में किसी ने नहीं ली। मैं फिर देश के दौरे पर निकल गई।

खुदा की मेहरबानी से मैं एकदम स्वस्थ महसूस करते हुए ताकतवर महसूस करने लगी। "मैं नहीं जानती थी कि तुम सचमुच माँ बनने वाली हो, मैंने तो सोचा था कि यह सिर्फ ज़िया पर दबाव डालने की एक चाल है।" मुझे भी इस बात पर हैरत हुई कि बहुत से लोगों का ऐसा ही ख्याल था "लोग पूछते हैं कि अगर तुम सचमुच ऐसी हालत में हो

तो कैसे इतनी भाग-दौड़ का काम कर पा रही हो।'' फाखरी ने मुझसे हैरत में भरकर पूछा। लेकिन इधर तो बहुत कुछ दाँव पर लगा हुआ था। अगर ज़िया अपने संविधान के हिसाब से चुनाव करा देता है, तब तो वह अगस्त के आखिरी दिनों में होंगे।

मैं उस दिन 20 जुलाई को सवेरे 70 क्लिफ्टन पर, आस्ट्रेलिया के राजदूत के साथ मीटिंग में थी, तभी मेरे पास एक नोट आया। ज़िया ने चुनावों की तारीख घोषित कर दी थी। 16 नवम्बर को चुनाव होने तय हुए। ज़िया ने माना कि संविधान के अनुसार चुनाव नेशनल असेम्बली भंग करने के नब्बे दिन के भीतर हो जाने चाहिए, लेकिन उसने इस देरी के कुछ कारण बताए; एक तो मानसून सिर पर है। मुरालमानों के लिये यह ग़मी का महीना है, रमज़ान और मोहर्रम, मुसलमान इसमें हज पर भी जाते हैं। इसलिये इस सबके चलते चुनाव अभी होने ठीक नहीं हैं, देश के नब्बे हज़ार पाकिस्तानी जो हज पर गए हुए हों, वह वोट देने से रह जाएँ यह ठीक नहीं है। वैसे भी बरसात की वजह से मुल्क में बाढ़ भी आई हुई है।... मैंने इन कारणों को जैसे भी हुआ, मान लिया, जबकि चुनाव में देर न करने का मुख्य कारण मेरी शारीरिक हालत है। मेरे चुनावी दौरों पर निकलने से निश्चित रूप से ज़िया को मुश्किल होती।

चलो, चुनावों की तारीख तो तय हुई...इसकी एक राहत सबको मिली, भले ही इस तारीख में ज़िया की चाल छुपी थी। ज़िया पहले ही संविधान की तय की हुई समय-सीमा से हट चुका है, कौन जाने कि वह फिर नवम्बर में ऐसा कुछ नहीं करेगा...? हमें यह भी नहीं पता था कि ज़िया पार्टी के अनुसार चुनाव कराएगा, या बिना पार्टी के...लेकिन इन सारे मुद्दों का दबाव ज़िया पर भी था। मुस्लिम लीग वैसे ही प्रधानमंत्री जुनेजो को बरखास्त करने और नेशनल असेम्बली भंग करने के कारण ज़िया से नाराज़ है। दूसरे बहुत से मंत्रियों को भी ज़िया ने भ्रष्ट ठहराकर उनकी निन्दा की है। पी.पी.पी. के खिलाफ खड़े होने के लिये उनको फिर एकजुट कर पाना ज़िया के लिये टेढ़ी खीर थी। अपनी बाड़ मज़बूत करने के लिये ज़िया ने पहले ही नौ ऐसे कैबिनेट स्तर के मन्त्रियों को दुबारा ले लिया था, जो जुनेजो के साथ थे। और इस तरह अपनी कामचलाऊ सरकार बनाई थी। सत्रह नए कैबिनेट मन्त्रियों और एक राज्यमन्त्री में, सात पहले बरखास्त किए गए लोगों में से थे, और दस वह लोग थे, जो पहले वाली नेशनल असेम्बली के सदस्य थे। ज़िया ने खुलेआम, हाथ जोड़कर गिड़गिड़ाते हुए सबसे इस बात के लिये माफी माँगी थी, कि उसने भूतपूर्व विधायकों को भ्रष्ट कहते हुए, उन पर अनियमितताओं का आरोप लगाया। यह खुलेआम माफी माँगना, जुनेजो के लिये भी था। क्या विडम्बना थी कि, बस दो महीने बाद ज़िया को फिर जुनेजो को अपनाना पड़ा, जिसे वह एक बार नाकारा घोषित कर चुका था।

पी.पी.पी. की ज़बरदस्त ताकत को देखते हुए ज़िया का चुनाव विभाग भी घबराया हुआ था। जब मैंने अपने एक प्रतिनिधि को चुनाव आयोग से लरकाना की वोटर लिस्ट लाने भेजा, तो उसे अगले दिन आने को कहा गया, अगले दिन फिर उसे अगले दिन बुलाया और तीन दिन तक यही होता रहा। चौथे दिन हमारे प्रतिनिधि ने पूछा, कि वहाँ कठिनाई क्या है, पता चला कि उन्होंने उसकी अनुमति पाने के लिये एक तार भेजा है, जिसका जवाब अभी नहीं आया है।

ज़िया का पी.पी.पी. से यह डर 21 जुलाई को खुलकर सामने आ गया। बताया गया

कि पार्टी के आधार पर चुनाव इस्लाम की भावना के विरुद्ध है क्योंकि अक्सर पार्टी के निर्णय किसी के निजी विवेक के खिलाफ चले जाते हैं, जो ठीक नहीं है। ज्यादातर लोगों ने इस निर्णय का समर्थन किया। इसलिये ज़िया ने घोषणा की, कि चुनाव बिना पार्टी के किए जाएँगे, सारे उम्मीदवार स्वतन्त्र रूप से खड़े होंगे और उनके अलग-अलग चुनाव चिह्न होंगे। बैलेट पेपर पर किसी पार्टी का चुनाव चिह्न नहीं होगा। इससे यह नुकसान हुआ कि बहुत सारे लोग यह जान नहीं पाएँगे कि किसे वोट देना चाहिए। इस तरह ज़िया का तरीका केवल प्रभावशाली नेताओं को पहचान देगा और वह छिप जाएँगे, जिनकी ताकत उनकी पार्टी रही है।

एक बार फिर ज़िया ने देश के संविधान का उल्लंघन करते हुए लोगों की राष्ट्र-भावना के साथ खिलवाड़ किया। 31 जुलाई के अख़बार की खबरों ने इस के कारण का खुलासा किया। ज़िया ने चारों प्रान्तों के सचिव स्तर के लोगों को, और दूसरे सीनियर नेताओं को बुलाया था कि वह अपनी राय इस बारे में दें और बताएँ, कि चुनाव बगैर पार्टी वाले हों या पार्टी वाले। अख़बार ने बताया, कि मुस्लिम लीग की भीतरी कलह के कारण बलूचिस्तान से, पंजाब से और सिंध से, यह कहा गया कि पी.पी.पी. को चुनाव जीतने में ज़रा मुश्किल आएगी। उत्तर-पश्चिम फ्रण्टियर के नेताओं ने कहा कि अकेले बहुमत वाले दल के साथ बेनज़ीर भुट्टो आराम से वोट खींच ले जाएँगी। तीन दिन बाद ज़िया ने बिना पार्टी वाले चुनाव की घोषणा कर दी।

एक बार फिर हम अदालत की शरण में गए और हमने अगस्त की शुरुआत में, सुप्रीमकोर्ट में याचिका दायर की जिसमें हमने कहा कि बिना पार्टी का चुनाव, संविधान के खिलाफ है। लेकिन क्या सुप्रीमकोर्ट में हमारी जीत, हमारी कोई मदद कर पाएगी? ऐसी ही स्थिति में ज़िया ने पिछली अदालत के फैसले को ही माना था। तानाशाह होने के नाते ज़िया के पास बड़ी ताकत है। अगर सुप्रीमकोर्ट बुनियादी अधिकारों के आधार पर हमारी बात को मानते हुए हमारे पक्ष में भी निर्णय देगा, तब ज़िया राज्य में इमरजेंसी लगाकर निर्णय को रोक सकता है। ऐसा लग रहा था कि वह ऐसी ही तैयारी में है। 4 अगस्त को, मुसलमानों की ग़मी के दौरान, पेशावर में एक शिया नेता को गोली मार दी गई। विपक्ष में बैठे, हमारा अनुमान था कि यह काण्ड हुकूमत का कराया हुआ है ताकि वह इमरजेंसी लगाने की ज़रूरत को उचित बता सके। ज़िया की जीत के पक्ष में एक यह भी षड्यन्त्र समझा जा रहा था कि ज़िया जीते हुए उम्मीदवार को इस आधार पर अवैध घोषित कर सकता है, कि उसकी जीत के पीछे पार्टी का हाथ है। लोगों ने बताया कि ऐसा नियम अक्टूबर के पहले हफ्ते में लाए जाने की तैयारी है, जिससे ज़िया के विरोधियों को अदालत में जाने का भी मौका न मिले। यह साफ दिख रहा था कि तानाशाह पूरी तरह से चुनावों के साथ हेराफेरी करने को तैयार था, चाहे, बिना पार्टी वाला चुनाव कराकर या डरा-धमकाकर और उलटे-सीधे कानून बनाकर।

हम नवम्बर के चुनावों की तैयारी में थे और पाकिस्तान लोकतन्त्र और तानाशाही के दोराहे पर खड़ा था। पाकिस्तान के लोग अपनी आवाज़ बुलन्द करने की कोशिश में थे और उनकी आवाज़ थी पी.पी.पी.। ज़िया इस बात को समझता था। पी.पी.पी. के डर से ही इन साढ़े ग्यारह सालों में ज़िया स्वतन्त्र और निष्पक्ष चुनाव कराने की हिम्मत नहीं

कर पाया था।

बिना पार्टी वाले चुनावों की सम्भावना को देखते हुए, हमें ऐसे जाने-पहचाने उम्मीदवारों की ज़रूरत थी, जो खुद अपनी पहचान हों और पी.पी.पी. समर्थक भी हों। मैं उम्मीद कर रही थी कि मेरी माँ पाकिस्तान लौटेगी और एक सीट से चुनाव लड़ेगी। मेरी बहन सनम भी इस चुनाव में लाई जा सकती थी। हर तरह की कठिनाई के बावजूद, पी.पी.पी. ने इस बात के लिये कमर कस ली थी कि वह ज़िया को शान्तिपूर्ण, लोकतान्त्रिक तरीके से, सभी कानूनों का पालन करते हुए डटकर चुनौती देगी। बंदूकों और आँसू गैस के गोलों के दम पर लोगों की आवाज़ दबाई जा सकती है, उनकी आत्मा नहीं। ज़िया को मालूम था कि वह लोगों के मन और हृदय, कभी भी नहीं जीत पाया है, बल्कि उसने केवल आतंक और धमकी के दम पर राज किया है।

जिस तरह रेगिस्तान में फूल नहीं खिल सकता, उसी तरह, तानाशाही में राजनीतिक दल नहीं पनप सकते। इन ग्यारह वर्षों में जो राजनीतिक दल ज़िन्दा रह पाए हैं, उसके पीछे उनकी शहादत की ताकत है। इन दलों ने लोकतन्त्र के लिये अपनी जान कुर्बान कर दी और पाकिस्तान के लोगों का यह विश्वास है कि उनके हक की रक्षा केवल कोई ऐसा राजनीतिक दल कर सकता है, जिसमें राष्ट्रीय भावना का संचार हो और जो लोगों को बाँधकर रखने की इच्छा रखता हो। देश की अन्तरात्मा हम थे और हमीं हैं, और हमीं देश की आशा और भविष्य का प्रतीक हैं।

16

जनता की जीत

ज़िन्दगी में कभी-कभी कुछ ऐसे पल आते हैं, इतना हिला देने वाले और एकदम अचानक, कि उन्हें संभाल पाना मुश्किल हो जाता है। मैंने इस पुस्तक का पहला संस्करण पूरा कर लिया था, जिसमें मैं जनरल ज़िया उल-हक़ के बर्बर मार्शल लॉ का लेखा-जोखा देना चाह रही थी, कि तभी वह क्षण अचानक मेरे सामने आ गया।

पूर्वी पाकिस्तान क्षेत्र में बहावलपुर के मिलिट्री बेस से वापसी के समय 17 अगस्त 1988 को एक विमान दुर्घटना में जनरल ज़िया मारे गए। उनके साथ तीस और लोगों की मौत हुई जिसमें, ज्वाइण्ट चीफ ऑफ स्टॉफ के चेयरमैन, वाइस चीफ ऑफ आर्मी स्टाफ, पाकिस्तान सशस्त्र सेना के आठ सीनियर अफसर, पाकिस्तान में अमेरिका के राजदूत आर्नोल्ड राफेल तथा अमेरिका के ब्रिगेडियर जनरल शामिल थे।

खबर धीरे-धीरे बाहर आई। एक पत्रकार ने बस इतना कहा कि "एक अतिविशिष्ट महत्त्वपूर्ण लोगों का हवाई जहाज़, गायब हो गया है।" मैं उस समय देर शाम को अपनी पार्टी के लोगों के साथ एक मीटिंग में थी, जब मेरी सेक्रेटरी ने मुझे इस सूचना का नोट लाकर दिया।

"इसका क्या मतलब है..?" मैंने अपनी सेक्रेटरी फरीदा से पूछा, अतिविशिष्ट महत्त्वपूर्ण व्यक्ति तो केवल राष्ट्र का अध्यक्ष होता है। "वह जनरल ज़िया का जहाज़ है..." फरीदा ने फुसफुसाकर जवाब दिया, जैसे कि उसे इस खबर ने हक्का-बक्का कर दिया है।

ज़िया सचमुच मर गए हो सकते हैं, यह बात मेरे दिमाग में नहीं आई। बल्कि मैंने सोचा कि वह उड़ भागे हैं। मुझे वह प्रसंग याद आया जब उन्होंने मुझसे चुनाव कराने के बदले में अपनी और अपने परिवार की सुरक्षा के बारे में प्रस्ताव रखा था। मुझे सचमुच विश्वास नहीं हुआ...क्या वाकई ज़िया खत्म हो गए हैं...?

'उस पत्रकार से बात कराओ।" मैंने अपनी सेक्रेटरी से कहा। उस पत्रकार ने भी घबराहट-भरी आवाज़ में वही बात दोहराई।

"ज़िया का जहाज़ गायब है...उसका कोई रेडियो संकेत नहीं मिल रहा है" "गायब है का क्या मतलब है...?" मैंने उस पत्रकार को झिड़का "जहाज़ कहाँ गया, ईरान, हिन्दुस्तान, अफगानिस्तान...? कहाँ...?" ज़िया अपने-आप कहीं गए हैं या जहाज़ को अगवा कर लिया गया है?" वह बेचारा इतना डर गया कि सिवाय पहेलियों में फँसने के कुछ कह नहीं पाया... "जहाज़ इस्लामाबाद इस दोपहर तक वापस नहीं आया। तीन घंटे हुए, उससे कोई रेडियो

सम्पर्क भी नहीं हो रहा है।'' उसके तुरन्त बाद दूसरी कॉल आई, इस बार एक भूतपूर्व जनरल और पी.पी.पी. के एक सदस्य का फोन था, ''कुछ हुआ है...फौज को सतर्क कर दिया गया है।'' उसने बताया।

''यह सतर्कता दोस्ताना है, या आक्रामक?'' मैंने पूछा। मेरा मतलब था कि क्या उड़ जाने के पहले ज़िया ने देश की बागडोर सेना को तो नहीं सौंप दी...?

''ऐसा कुछ बता पाना अभी मुश्किल है...''

तभी, एक दूसरे पार्टी सदस्य का फोन आ गया, ''एक हवाई दुर्घटना हुई है और उसमें ज़िया समेत सारे जनरल लोग मारे गए हैं।'' मैं अभी भी इस स्थिति को स्वीकार नहीं कर पा रही थी। इतने बरसों की यातना और बर्बरता का एहसास... क्या ज़िया इतनी आसानी से मिट जाएगा...? मैंने कभी इसका, ऐसा अन्त नहीं सोचा था, हालाँकि ऐसा कभी भी हो सकता था। सारा कुछ तो हिंसा से ही भरा हुआ था...जब उसका अपना साम्राज्य ही ख़ून-खराबे का हो, तो वह खुद ऐसी हिंसा से भला कैसे बच सकता है...

फिर भी, इसे मान लेना कठिन था। यह तो हो सकता था कि ज़िया कहीं बाहर उड़ जाए और तानाशाही खत्म हो...मारकोस फिलीपींस से उड़ भागा था... शाह ईरान से उड़नछू हो गया था, दुवालियर हैती से ऐसे ही बाहर भाग गया था, मुझे शुरू से लग रहा था कि ज़िया का समय अब पूरा हुआ। अब तो बस वह जहाज़ लेगा और कहीं उड़ जाएगा, लेकिन ऐसे...?

एक और फोन आया, ''मैंने अभी-अभी फौज के एक कमाण्डर से बात की है...जहाज़ बहावलपुर से उड़ते ही गिर गया और कोई ज़िन्दा नहीं बचा है...''

मैंने आखिरकार इस घटना पर विश्वास कर लिया। इसी तरह मेरी पार्टी के लोगों को भी इस सच पर भरोसा हुआ जो 70 क्लिफ्टन के ड्राइंग रूम में जमा हो रहे थे। लोग, जो जेलों में बंद रहे थे, जिन्होंने पीठ पर कोड़े खाए थे, जिनके परिवार वालों की नौकरी चली गई थी, जिनके परिजन प्राणों से हाथ धो बैठे थे और उन्हें उनको आखिरी बार देखने का भी मौका नहीं मिला था। मैंने अपनी सेक्रेटरी से कहा कि वह उन पार्टी मेम्बर से बात करे जो चुनाव की नियमावली लेने अदालत में गए हुए हैं और मिली-जुली एम.आर.डी. से बात करे, और मैं ऊपर अपने कमरे में चली गई कि मैं अपने सोने के कमरे से लंदन में अपनी बहन को फोन मिलाऊँ। सनम कहीं बाहर गई हुई थी। जैसे ही मैंने यह सन्देश उसके लिये छोड़ा, मेरे शब्द मेरे गले में अटककर रह गए, ''उसे बताइयेगा कि जनरल ज़िया की मौत हो गई है।''

मैंने जैसे ही यह शब्द कहे, मुझे लगा मेरे कंधे से भारी बोझ उतर गया। लगातार ग्यारह बरस के भीषण क्रूर व्यवहार के बाद हम अब आज़ाद हुए हैं और ज़िया चला गया...वह कभी वापस नहीं लौटेगा...।

उस देश में जहाँ खबर फैलते देर नहीं लगती, वहाँ लोगों ने जश्न मनाना शुरू कर दिया था। लाहौर में मिठाइयों की दुकानें खाली हो गई थीं। कराची में पान की दुकान वाले लोगों को पान मुफ्त में बाँट रहे थे। 70 क्लिफ्टन में खबर आने के आधे घंटे के भीतर सैकड़ों लोग सामने फाटक पर इकट्ठा हो गए थे और राजनीतिक नारे लगा रहे थे। ''तुम लोगों को हवाई दुर्घटना का कैसे पता चला...?'' यह पूछे जाने पर मुझे बताया गया कि

अख़बार वाले चिल्लाकर सबको सुना रहे हैं, ''ज़िया मर गया!'' ''ज़िया मर गया!।'' कारों में दौड़ते लोग अपनी गाड़ी के शीशे गिराकर आवाज़ लगा रहे हैं, ''ज़िया मर गया...'' किसी दूसरे ने बताया।

मुझे ऐसा महसूस हो रहा है कि देश के स्तर पर ऐसा जश्न मनाना ठीक नहीं है। ज़िया के न रहने पर, न केवल हमारा व्यवहार संयत रहना चाहिए, बल्कि इस्लाम के दृष्टिकोण से भी मौत पर जश्न मनाना ठीक नहीं है। उस दुर्घटना में और भी बहुत लोग मारे गए हैं।

मेरा ध्यान राजदूत राफैल की बीवी की ओर चला गया, नन्सी, मेरी ही तरह, उसकी भी अभी हाल में ही शादी हुई है। अब उसका पति, जिससे मैं मिल चुकी हूँ और वह बहुत अच्छा आदमी था, वह पाकिस्तान में लोकतन्त्र लाने का पक्षधर था, अब मर चुका है, सचमुच यह आनन्द मनाने का समय नहीं है। पी.पी.पी. के सदस्यों को देश-भर में सन्देश भेजा गया कि वह अपना व्यवहार संयत रखें और किसी भी हालत में ऐसा मौका न दें कि प्रशासन को मार्शल लॉ लगाने का बहाना मिल जाए। हमने पहले 6.00 बजे की खबरें सुनीं लेकिन रेडियो या टेलीविज़न कहीं भी ऐसी खबर की सरकारी पुष्टि नहीं थी। सारे मुख्यमन्त्री, और ज़िया के सारे लोग 16 नवम्बर के चुनाव रद्द कराना या उन्हें आगे बढ़ाना चाहते थे। ज़िया की मौत और राष्ट्रीय अनिश्चितता के चलते, वह आसानी से सेना को लाने का आदेश दे सकते थे। 70 क्लिफ्टन में तनाव अपनी चरम सीमा पर था। अफवाह थी कि विपक्ष के सारे नेता आज रात को हिरासत में ले लिये जाएँगे। मेरे पति फुर्ती से, खुद को मेरा सुरक्षा चीफ घोषित करते हैं और मेरे लिये आदेश होता है कि मैं अगले कुछ दिन घर से नहीं निकलूँगी। जब मैंने बाहर जाने की ज़िद की तो हमारे बीच जमकर तकरार हुई और हारकर आसिफ़ ने अगले दिन घुटने टेक दिए।

रात के आठ भी नहीं बजे थे कि राहत की एक साँस आई। पाकिस्तान ने नागरिक तरीके से (गैर फौजी) चलना शुरू किया था। सदन के भूतपूर्व चेयरमैन गुलाम इशाक ख़ान ने रेडियो पाकिस्तान से घोषणा की थी कि वह संविधान के अनुसार बतौर प्रेसिडेण्ट कुर्सी संभाल रहे हैं। जब गुलाम इशाक ने खुद टी.वी. पर आकर कहा कि चुनाव के कार्यक्रम में कोई फर्क नहीं पड़ेगा, तब हमने कुछ और चैन की साँस ली। यह पहला संकेत था कि फौज इस बात पर सहमत थी कि देश में लोकतन्त्र लाया जाए। इशाक, पुराना नौकरशाह, ज़िया का सलाहकार, कभी भी चुनाव वक्त पर कराने की बात, बिना फौज को विश्वास में लिये नहीं कर सकता था।

मार्शल लॉ का मेरा डर बेबुनियाद नहीं था। ज़िया की मौत के बाद, ज़िया के सारे मुख्यमन्त्रियों और तीनों फौजी सेनाध्यक्षों की एक मीटिंग में इस बात का दबाव डाला गया था कि मार्शल लॉ लाया जाए। फौजियों का कहना था कि मुख्यमन्त्री लोग अपना खेल सेना के कंधे पर बंदूक रखकर नहीं खेल सकते। अगर चुनाव हुए और बेनज़ीर जीत गई तो वह सारे फौजी अफसरों को फाँसी चढ़ा देगी। मुख्यमन्त्रियों ने समझाया, कि जैसे उसके पिता ने उस समय फौजी अफसरों के खिलाफ कोई कदम नहीं उठाया वैसे ही यह भी नहीं उठाएगी।

ज़िया की मौत से कितने अनजान कोनों से लोगों की राहत महसूस करने की खबरें आ रही थीं। खैरियाँ और वज़ीराबाद जैसे फौजी इलाकों से भी, मीलों पैदल चलकर लोग पी.पी.पी. के अधिकारियों के पास आ रहे थे और उन्हें बधाइयाँ दे रहे थे। उस दिन मुझे

पता चला कि हालाँकि ज़िया भले ही फौजी जनरल था लेकिन वह कहता था कि फौज उसका चुनाव क्षेत्र है, जबकि फौज का उससे जुड़ाव बस कागज़ों पर ही था।

हालाँकि ज़िया ने अपना पी.पी.पी. विरोधी अभियान, फौज के प्रति अपनी वफादारी दिखाने के लिये चलाया हो, लेकिन हमारी भी सहयोग पैदा करने वाली बात आखिर सुनी ही गई। ''फौज न दाएँ है, न बाएँ। फौज न ज़िया की है, न बेनज़ीर भुट्टो की, फौज पाकिस्तान की जनता की है...''

ज़िया का ऐसा ख्याल था कि फौज उसी की है और उसने फौज को भी बंधक बनाकर रखा था। उसने कभी भी फौज की अपनी राय समझने की कोशिश नहीं की...उसने कभी भी उससे यह नहीं पूछा...क्या मैं जो भी कर रहा हूँ, उससे तुम्हारी रज़ामंदी है? क्या तुम राजनीति में फँसाए जाकर लोगों की खिलाफत करना पसन्द करते हो...? मैंने फौजियों के मन पर इस बात के तनाव के निशान ज़िया की मौत के पहले तक कभी नहीं देखे थे। फौज को राजनीति की कठपुतली बनाकर ज़िया ने उनकी इज़्ज़त और उनकी काबिलियत का गलत इस्तेमाल किया था। ज़िया की मौत की रात एम.आर.डी. के एक मेम्बर ने मुझे बताया कि कराची के मेस में अफसोस के निशान ज्यादा नहीं देखे गए। बल्कि मुझे यह बहुत पहले बताया गया था कि मेरे पिता की हत्या किए जाने के बाद, खैरियाँ, क्वेटा और दूसरे छावनी वाले इलाकों में, लोगों को इतना दुख हुआ कि उन्होंने तीन दिन तक कुछ नहीं खाया।

17 अगस्त की शाम होते-होते ज़िया के हवाई जहाज़ की दुर्घटना का कारण बताती अफवाहें फैलनी शुरू हो गईं। शुरू-शुरू में जो अफवाह सबसे ज्यादा गरम रही, वह थी कि हिन्दुस्तान की सरहद से कोई मिसाइल दागी गई थी। बहावलपुर का फौजी बेस हिन्दुस्तान से सिर्फ अस्सी मील दूर है और इन दिनों कुछ महीनों से हिन्दुस्तान के साथ कुछ तनाव भी बढ़ गया था। पाकिस्तान पर दूसरे बहुत से आरोपों के साथ यह आरोप भी लगाते हुए कि पाकिस्तान पंजाब के सिख आतंकवादियों को बढ़ावा दे रहा है, वहाँ के प्रधानमंत्री राजीव गाँधी ने 15 अगस्त को अपने भाषण में कहा था कि अगर पाकिस्तान बाज़ नहीं आता, तो हमें ही उसे सबक सिखाना पड़ेगा।

मुझे यह मिसाइल वाली बात तो खैर बेमानी लगी क्योंकि हमारी फौजें और उसकी सतर्कता बढ़िया है, लेकिन मैं इससे किसी बाहरी देश के हाथ की सम्भावना से इन्कार नहीं कर पाई। सोवियत संघ को भी ज़िया से हिसाब चुकता करना था। उसने ज़िया को खबरदार किया था कि अगर वह अफगानिस्तान की मदद करना बंद नहीं करेगा तो उसे भुगतना पड़ेगा। कूटनीतिज्ञों और विदेशी अख़बारों का यह कहना था कि ज़िया के जहाज़ को 'खाड' ने गिराया है, जो काबुल में सोवियत संघ की एक इण्टेलिजेंस की शाखा है। ज़िया के मर जाने से पाकिस्तान की अमेरिका के साथ चल रही योजना के खाक में मिल जाने की नौबत आ गई है। इसका कुछ हिस्सा पूरा किया जा चुका है, लेकिन जो बच गया है, उसका क्या होगा...? अगर विदेशी हाथ होने की बात सही है, तो और भी कहीं मिसाइल के हमले की सम्भावना बनी ही रहती है।

देश के लिये यह तब कठिन स्थिति थी। कोई संसद नहीं थी, कोई प्रधानमंत्री नहीं था। प्रेसिडेण्ट मर चुका था, फौज के शीर्षस्थ लोग मर चुके थे। देश लगभग बेहोशी में चल रहा था और ऐसे में कोई भी भीतरी-बाहरी संकट उसे घेर सकता था। हमारे कुछ साथियों

और एम.आर.डी. ने हमें सुझाया कि सिर्फ एक रात-भर का समय हमारे पास है, जब हम, ज़िया के साथियों के एकजुट होकर कुछ करने के पहले, अपनी योजना चला सकते थे। मैंने मना कर दिया। यह समय केवल लोकतन्त्र के बारे में सोचने का नहीं था बल्कि सुरक्षा के बारे में सोचने का था। मैंने देश के अधिकारियों के पास जनरल टिक्का खान, जो कि पी.पी.पी. के सेक्रेटरी जनरल थे, का यह सन्देश भेजा कि पी.पी.पी. राष्ट्रवादी पार्टी है इसलिये उस पर भरोसा रखा जा सकता है कि किसी भी बाहरी विपत्ति के समय वह देश की अखण्डता के साथ बनी रहेगी।

मिसाइल हमले की सम्भावना को जल्दी ही इस बात ने परे किया, कि हमले की कार्यवाही की बजाय यह तोड़-फोड़ की घटना होने की ज्यादा स्थिति बनती है। पूरे देश का ध्यान सेना पर केन्द्रित हो गया। अगर हवाई जहाज़ का गिरना एक तोड़-फोड़ की कार्यवाही का नतीजा है, तब इसे सेना के अलावा और कौन अंजाम दे सकता है...? यह घटना फौजी ठिकाने पर फौजी जहाज़ में, फौजी सुरक्षा के बीच हुई थी। फौज के अलावा और किसी को मालूम भी नहीं था कि ज़िया बहावलपुर जा रहे हैं। यह चर्चा भी देश में कुछ दिन चली।

मुझे लगा कि ऐसी अफवाहें खतरनाक हैं। मैं नहीं चाहती थी कि ऐसे मौके पर सेना को विवाद के घेरे में ला खड़ा किया जाय, जब वह राजनीति से बाहर आने के दौर में है। पहली बार मुझे प्रेस से बात करना कठिन लगा। वह चाहते थे कि मैं इस बात को खुश होकर कहूँ कि दुश्मन मर गया और उसे फौज ने ही मारा...लेकिन जब तक सच नहीं होता, मैं ऐसा कैसे कह सकती थी।

ज़िया की मौत का रहस्य दिनोंदिन गहराता जा रहा था। एक यह कहानी भी सामने आई कि पायलट ने, जो ज़िया का जहाज़ उड़ाने वाला था, यह साहसिक कारनामा अपनी जान देकर निभाया और, जो आम ज़िया को बहावलपुर में दिए गए थे, उन्हीं में बम थे। लेकिन फिर यह सवाल था कि आमों की भी गहरी जाँच सुरक्षा दस्ते ने की होगी और हमेशा ज़िया के लिये दो जहाज़ तैयार रहते हैं, और एकदम आखिरी दम पर यह तय होता है कि कौन-सा जहाज़ जाएगा।

जहाज़ में तकनीकी खराबी आ जाने की सम्भावना भी नकारी नहीं जा सकती। हालाँकि सी-130 हवाई जहाज़ एक बहुत सन्तुलित और बढ़िया जहाज़ माना जाता है लेकिन आँखोंदेखी खबर यह है कि दो मिनट तक जहाज़ ने हवा में बने रहने की कोशिश की फिर सीधे नाक के बल, ज़मीन पर आ गिरा। इससे तो सीधे-सीधे जहाज़ की किसी मशीनी खराबी का संकेत मिलता है। ''हालाँकि ऐसा होने की सम्भावना बहुत ही कम है लेकिन शायद ऐसा ही हुआ है।'' आसिफ़ के एक दोस्त ने जो पाकिस्तान वायुसेना में काम करता था, उसने भी ऐसा ही विचार व्यक्त किया। यह भी बात आई कि इसे भी सिद्ध नहीं किया जा सकता। पाकिस्तान की ओर अमेरिका की जाँच एजेंसियों को कुछ भी ऐसा नहीं मिला, जो विश्वासपूर्वक इस काण्ड का कारण कहा जा सके। इसलिये बहुत से पाकिस्तानियों ने जिनमें मैं भी शामिल हूँ, बस यही कहा कि खुदा को यही मंज़ूर था...मुसलमान बच्चों को यह सिखाया जाता है कि खुदा के क़हर से डरो। यह क़हर हमेशा अचानक और बेआवाज़ बरपा होता है। बहुत से पाकिस्तानियों ने ज़िया की मौत को यही नाम दिया, लेकिन कितना भयानक होता है, इस क़हर से गुज़रना...!

जहाज़ बुरी तरह पाँच घण्टों तक जलता रहा था। ज़िया ने इस्लाम के नाम का इस

हद तक गलत इस्तेमाल किया, कि जब वह मरा, तो खुदा ने उसका नामो-निशान तक नहीं छोड़ा। मुस्लिम लोगों के रिवाज के मुताबिक न तो उसे नहलाया जा सका, न ही उसका सिर मक्का की तरफ घुमाया जा सका। शाह फैसल मस्जिद में जो कोफीन दफ़न किया गया, उसमें ज़िया का कोई भी अवशेष नहीं था। पी.पी.पी. की सेंट्रल इक्ज़ीक्यूटिव की मीटिंग में, जो ज़िया की मौत के अगले दिन की गई, उसमें यह पार्टी हाईकमान की हाज़िरी में तय किया गया कि प्रेसीडेंट इशाक खान की बात पर भरोसा किया जाएगा और यह देखा जाएगा कि क्या हो रहा है। हमने तय किया कि कार्यकारी प्रेसीडेण्ट को, जब तक वह संवैधानिक तौर-तरीके अपनाकर चलते दिखते हैं, पूरा सहयोग किया जाएगा ताकि पाकिस्तान में पहली बार ग्यारह साल में, चुनाव हो सकें।

हमारे इस विश्वास को झटका लगा, जब इशाक खान ने कामचलाऊ सरकार में ज़िया के वही-वही लोग चुनकर रखे, जिन्हें पी.पी.पी. के जीत जाने से सबसे ज्यादा खतरा महसूस हो रहा था। इससे यह आभास हुआ कि स्वतन्त्र और निष्पक्ष चुनाव होना कठिन है। हमने इन लोगों के हटाए जाने की माँग की, लेकिन कोई फायदा नहीं हुआ। इस नई गठित सरकार के लोगों ने पहला काम तो यह किया कि उसने देश-भर में दौरा करके मुफ्त में लोगों के ठहरने और आने-जाने की व्यवस्था की ताकि वह ज़िया की अंत्येष्टि में शामिल हों। यह देखकर हैरत हुई कि इसके बावजूद केवल सरकारी लोगों के सिवाय शायद ही कोई उसमें शामिल हुआ, और इस तरह ज़िया की विदाई बिना किसी दुख के हो गई। कहा जाता है कि उस मौके पर सिर्फ तीन हज़ार लोग शामिल थे।

कुछ ऐसी हलचल भी थी, खास तौर से विदेशी अख़बारों में, कि मेरी राजनीति में दिलचस्पी और पी.पी.पी. का दौर, ज़िया की मौत के बाद इसलिये खत्म हो जाएगा कि मेरा कुल मकसद शायद अपने पिता की मौत का बदला लेना समझा गया। लेकिन यह सच नहीं था। मेरा जोश वैसा ही बना रहा कि पाकिस्तान में लोकतन्त्र, स्वतन्त्र और निष्पक्ष चुनावों के रास्ते, लाना है।

ज़िया की मौत के बाद, कुछ ही हफ्तों में चुनावों की सरगर्मी बढ़ गई। मैं दस घंटे हर रोज़ मीटिंग में गुज़ारने लगी। प्रेस से मीटिंग, पार्टी के अधिकारियों से मिलना, एम.आर.डी. के साथ मिलकर नेशनल असेम्बली के लिये 207 सीटों के लिये उम्मीदवार तय करना और प्रान्तीय चुनाव की 483 सीटों के लिये उम्मीदवार चुनना। नेशनल असेम्बली का चुनाव 16 नवम्बर को होना था और प्रान्तीय सरकारों का 19 नवम्बर को। कुल मिलाकर हमें चारों प्रान्तों में काम करना था। अगर सुप्रीम कोर्ट पार्टी के आधार पर चुनाव होना तय करती, तो हमें यह सुविधा थी कि हम कम लोकप्रिय उम्मीदवार भी, पार्टी के दम पर खड़ा कर सकते थे। अगर बिना पार्टी के नाम के चुनाव होने थे, तब हमें हर सीट के लिये दमदार उम्मीदवार ही खोजने पड़ेंगे।

राजनीतिक कार्यकर्ता कराची में भर आए कि उनको पी.पी.पी. का टिकट मिल जाए। शहर में कोई होटल खाली नहीं बचा। कुल सात सौ सीटों के लिये अठारह हज़ार लोगों की उम्मीदवारी सामने थी। पी.पी.पी. ने मुस्लिम लीग के पुराने सदस्यों के लिये भी अपने दरवाज़े खोल दिए थे। हमारे भी बहुत से मेम्बर, जिन्होंने 1985 में पार्टी छोड़ दी थी, वह

वापस आ गए। मुझे भी तीन सीटों से चुनाव लड़ने को कहा गया। लरकाना, लाहौर और कराची। मेरी माँ पाकिस्तान वापस आएँगी और चुनाव प्रचार की ज़िम्मेदारी उस दौरान संभालेंगी, जब मैं माँ बनने के बाद संभल रही होऊँगी। उसके बाद वह दो सीटों से चुनाव लड़ेंगी, लरकाना और दूसरी उत्तर-पश्चिम फ्रण्टियर में से चित्राल से।

अगस्त के आखिरी दिनों में, एम.आर.डी. से लम्बी मीटिंग के बाद मैं ज़रा बीमार पड़ गई और लेडी डॉक्टर ने अल्ट्रासाउण्ड करके बच्चे की हालत की जाँच की। यह बड़ी हैरत की बात रही कि पेट में बच्चा होने के पूरे दौरान, मैंने कभी बच्चे के हिलने-डुलने का कोई लक्षण महसूस नहीं किया। जब मैंने अपनी एक सहेली को यह बात बताई, उसने कहा कि यह संकेत लड़का होने के हैं, लड़के ही ज्यादा हिलते-डुलते नहीं। मैंने अपनी यह चिन्ता डॉक्टर को भी बताई। उन्होंने कहा कि काम की व्यस्तता के दौरान मुझे बच्चे का हिलना पता नहीं चलता होगा, वरना बच्चा तो ज़रूर हिलता-डुलता है।

जाँच की रिपोर्ट से कुछ और ही बात सामने आई। पता चला कि मेरी थैली में पानी की कमी थी जिसकी वजह से बच्चा हिलडुल नहीं पा रहा था। चूँकि मैंने बहुत-सा समय, मीटिंग में बैठकर बिताया था, डॉक्टरों का कहना था कि मेरे खून का दौरा ठीक नहीं हो रहा है। इस वजह से बच्चे को खुराक भी ठीक से नहीं मिल पा रही है। डॉक्टर के कहने से मुझे अगले चार दिन पूरी तरह बिस्तर में बिताने थे। इन दिनों मैंने उर्दू लिपि में बच्चों के बहुत सारे नाम पढ़े। उसके बाद डॉक्टर ने कहा कि रोज़ सुबह और रात को, मुझे एक घंटे तक एकदम सीधे लेटकर बच्चे का हिलना महसूस करना होगा, उस दौरान कोई मुझे तंग नहीं करेगा। ऐसा न होने पर मुझे अस्पताल आना होगा। हर चौथे दिन मुझे उस क्लीनिक पर बच्चे की जाँच के लिये आने का प्रोग्राम दिया गया। मैं अपने कपड़े वगैरह सारे तैयार करके रखूँ क्योंकि कभी भी मुझे ऑपरेशन से बच्चा होने के लिये बुलाया जा सकता है। मैं तो परेशान थी ही, वह लोग भी परेशान हो गए और उन्होंने तुरन्त ही मेरी माँ को सनम के ज़रिये बुलवा लिया। माँ भी इतनी परेशान हुई कि दो हफ्तों में ही आ पहुँचीं।

बच्चे की हालत ने उस दौर में एक और चिन्ता खड़ी कर दी, जो पहले से ही तनाव से भरा हुआ था। हर चौथे दिन मैं आसिफ़ के साथ क्लीनिक पर जाती। हमने तय किया कि हम देर रात को जाएँ, ताकि तब ज़रा शान्त माहौल हो। यह झंझटबाज़ी जल्दी ही मेरी ज़िन्दगी का हिस्सा बन गई। लेकिन जाँच में कोई चिन्ताजनक बात कभी सामने नहीं आई और मैं ठीक-ठाक घर वापस आती रही। तीन हफ्तों तक मैंने अपना सामान्य कामकाज का ढंग चलाया। मैं नए घर में आ गई और उम्मीदवारों के नाम तय करती रही।

सामान्य जाँच के दौरान 19 सितम्बर को डॉक्टर ने कहा कि अभी तीन हफ्ते मुझे और इन्तज़ार करना होगा। अगली रात जब मैं जाँच के लिये गई, मैं कुछ विशेष महसूस नहीं कर रही थी, लेकिन डॉ. सेतना ने कहा, "तुम्हें रात को रुकना होगा।" उन्होंने बच्चे के दिल की धड़कन सुनकर यह तय किया। हमें, एकदम सुबह ऑपरेशन करना होगा।

मेरे मन में एक राहत लौटी कि अब इन्तज़ार खत्म हुआ। लेकिन डॉक्टर के इस अचानक निर्णय से, जो कि देर रात में बताया गया, मेरे पास इतना समय नहीं था जो मैं किसी रिश्तेदार को बुला पाती। मेरी सहेली पुट्ची जो हमारे साथ क्लीनिक आई थी, कराची की खाली सड़कों पर दौड़ पड़ी कि वह मेरी माँ को खबर दे, मेरा बेबी केस लेकर

आए और वह तावीज़ भी लाए, जो यास्मीन ने मुझे सुरक्षित ढंग से माँ बनने के लिये दिया था। पुट्ची अपने साथ मरियम पंजा भी लेकर आई, जो आसिफ़ के दोस्त ने दिया था, कि मैं उस सूखे फूल को पानी की हौद में डालकर ऑपरेशन के लिये जाऊँ। जैसे-जैसे फूल खिलकर पूरी तरह बड़ा हो जाएगा, मुस्लिम औरतों का मानना है कि वैसे-वैसे दर्द घटता जाएगा। आसिफ़ रात-भर अस्पताल में कॉरिडोर के चक्कर लगाता रहा और मेरी सेहत के लिये फिक्रमंद रहा।

डॉ. सेतना मेरे पास एकदम सवेरे आ गईं "जल्दी करो!" उन्होंने कहा। "लोग अस्पताल के बाहर इकट्ठे हो रहे हैं..." लोगों को कैसे पता चला...? मैं चाहती थी कि मेरा बच्चा लेडी डफरिन अस्पताल लियारी में पैदा हो न कि कराची के ऐसे लक-दक महँगे अस्पताल में। जिस डॉक्टर को मैं पसन्द करती थी, वह लियारी में थी और लियारी से मेरे दूसरे भी बहुत से निजी रिश्ते जुड़े थे। वह हमारे बहुत से सुख-दुख से जुड़ी हुई ज़मीन थी। अपनी राजनीतिक लड़ाई के दौरान मेरे पिता ने वहाँ अन्तिम भाषण दिया था। मैंने वहाँ आँसू गैस के गोले झेले थे और आसिफ़ से मेरी शादी का एक अच्छा कार्यक्रम लियारी में भी हुआ था। ज़िया के राज में बहुत से गरीबों ने बहुत से दुख झेले थे। हमने वहाँ बहुत कुछ साथ-साथ सहा था। अगर मेरा बच्चा वहाँ पैदा होता, तो वहाँ के लोगों का विश्वास वहाँ के डॉक्टरों और अस्पताल पर बढ़ता...लेकिन उन सब को कैसे पता चला कि मैं इस अस्पताल में हूँ। क्या इण्टेलिजेंस अभी भी मेरा पीछा कर रही है और मेरी खबर सरकारी एजेंसियों को दे रही हैं...? नर्सिंग स्टॉफ़ ने एक चादर मेरे चेहरे पर डाली ताकि कोई यह जान न सके कि यह मरीज़ कौन है, और मुझे ट्राली में लेकर ऑपरेशन थियेटर की ओर चल पड़ी। अगले कमरे में आसिफ़ की माँ और दूसरी औरतें मेरे लिये कुराने पाक से मरियम सुराह और दूसरी पारम्परिक पंक्तियों का पाठ कर रही थीं, ताकि मुझे दर्द से जल्दी छुटकारा मिल सके।

आसिफ़ को बहुत उतावलापन था, कि बेटा हो। लगभग हर कोई, जिससे मैं पिछले आठ महीने में मिली थी, उसने यही कहा था, कि मेरे बेटा ही होगा। शायद ऐसा इसलिये था क्योंकि पाकिस्तान के लोग बेटा होने को एक शुभ लक्षण मानते थे। मेरे पिता के तीन नातिनें और पोतियाँ हैं लेकिन अभी तक कोई नाती-पोता नहीं है। मेरी सन्तान, पाकिस्तान में जन्मी पहली भुट्टो परिवार में मेरी शाखा की पहली पौध होगी जिसने मेरी माँ को नानी-दादी बनाया होगा। फिर भी मैंने लड़के के बारे में होने वाली किसी भी बात को आगे नहीं बढ़ाया। "क्या होगा, अगर लड़की हुई...?" मैंने बात सामने रखी, लेकिन चर्चा चलती रही।

कई महीनों पहले फाखरी के घर पर कुरानखानी के बाद, मुझे लगा कि मेरे सिर पर कुछ छिड़का गया। "क्या है...?" मैंने अपना चेहरा पोंछते हुए पूछा...

"बधाई हो..." औरतें चिल्ला उठीं, "तेरे बेटा होगा..."

"कैसे पता...?" मैंने पूछा।"

"हमने तुम्हारे सिर पर पीछे से नमक छिड़का..." अचानक तुम्हारे हाथ ने उठकर तुम्हारे ओठों को छुआ, इसका मतलब हुआ "मूँछें" यानी लड़का...अगर तुम सिर या आँखें छूतीं तो उसका मतलब होता लड़की..."

21 सितम्बर को सारी अटकलें खत्म हो गईं और जब मैं बेहोशी की हालत से बाहर आ रही थी, तो मैंने आसिफ़ को गर्व और सन्तोष से कहते हुए सुना... "हमारे बेटा हुआ

है, उसकी शक्ल मेरे जैसी है।'' मैं फिर नींद में चली गई और तभी जागी, जब मैंने अस्पताल के बाहर गोले दागे जाने की बधाइयों वाली आवाज़ सुनी। लोग ढोल बजा रहे थे और नारे गूँज रहे थे, ''जिए भुट्टो!...जिए भुट्टो!'' सबसे ज्यादा लाड़ला और राजनीतिक रूप से, पाकिस्तान के इतिहास में, विवाद में घिरा बच्चा पैदा हुआ था।

हमने जान-बूझकर बच्चे के पैदा होने की बताई गई तारीख को बहुत गुप्त रखा था। यह सोचकर कि ज़िया ज़रूर चुनाव की तारीख को उससे जोड़कर रखेगा। उन तारीखों का पता लगाने के लिये ज़िया के इण्टेलिजेंस वालों ने मेरे मेडिकल रिकार्ड की भी खोजबीन की थी लेकिन मैंने उन्हें अपने पास छिपाकर रखा था। ज़िया के सूत्रों की इस खोज के बाद कि मेरे बच्चे का जन्म 17 नवम्बर को होने वाला है, ज़िया ने चौबीस घंटे के अन्दर चुनाव की तारीख 16 नवम्बर रख दी थी। लेकिन बच्चे ने हमें और भी भौंचक कर दिया। न केवल ज़िया के लोग एक महीने की गलती खाकर आगे का अन्दाज़ा पा गए, बल्कि अक्टूबर के आधे में पैदा होने की संभावना वाला बच्चा पाँच हफ्ते पहले ही पैदा हो गया। इससे हमें पर्याप्त समय मिल गया, कि मैं महीने-भर का आराम करने के बाद, अक्टूबर से चुनाव प्रचार में जुट सकूँ।

बच्चा, हालाँकि मेरे भाइयों और मुझसे, हमारी पैदाइश के समय के हिसाब से छोटा था, लेकिन वह मज़बूत और स्वस्थ था। खुदा का शुक्र है। आसिफ़ उस बच्चे के कान में मुसलमानों की प्रार्थना, अज़ान पढ़ता रहा था। उसे इस बच्चे ने पूरी तरह बाँध लिया था। आसिफ़ कमरे के बाहर तक नहीं जाता था। मुझे खुशी थी कि मेरा बच्चा अपने बाप के लाड़-प्यार में पले-बढ़ेगा...

70 क्लिफ्टन हज़ारों बधाई पत्रों, कार्डों और बधाई के तारों से भर गया था। दुकानों में सारे फूल और मिठाइयाँ बिक गई थीं। हमारे पास सैकड़ों केक आए जिसमें पी.पी.पी. के लाल, हरे और काले रंगों से सजावट की गई थी। मैंने सारे केक और फूल, कराची की जेल में बंद राजनीतिक कैदियों को, अस्पताल के कर्मचारियों और मरीज़ों को, तथा शहीदों के परिवारों को भिजवा दिए। आसिफ़ ने भी कुछ केक और फूल रेसकोर्स के पास के अनाथालय में भिजवाए, जहाँ वह पोलो खेलता था। अख़बारों में उस बच्चे के बारे में कहानियाँ और कार्टून छपे—वह बच्चा, जिसने प्रेसिडेण्ट को बुद्धू बना दिया। मैंने उन सबको उसकी बेबी बुक में रख दिया।

सबको, और विदेशी अख़बारों को भी, उस बच्चे के फोटो चाहिए थे। लेकिन आसिफ़ इससे बचना चाह रहा था। वह कहता था कि हमारे परिवार का कुछ भी निजी नहीं बच रहा है। जब यह माँग दुनिया-भर से बढ़ने लगी, तब आसिफ़ राज़ी हुआ और हमने एक ऑफिशियल फोटो जारी किया। जब मैं बच्चे के पैदा होने के बाद पहली बार लरकाना जा रही थी, एक मुसाफिर जहाज़ में उठकर मेरे पास आया और बच्चे को देखकर खुश हो गया। उसने अपना पर्स निकाला उसमें बच्चे का फोटो था।

चूँकि बच्चा वक्त से पहले पैदा हुआ था, हमने उसका कोई नाम नहीं तय किया था। मेरे पास बहुत से पत्र आए, जिनमें यह सलाह दी गई थी कि मैं इसका नाम अपने पिता के नाम पर रखूँ लेकिन पाकिस्तान की परम्परा के अनुसार केवल कोई लड़का ही अपने बेटे का नाम अपने पिता के नाम पर रख सकता है। मैंने इस पाकिस्तानी परम्परा का निर्वाह

करना पसन्द किया।

शुरू में मैंने इस बच्चे का नाम शाहनवाज़ रखना चाहा था, अगर लड़का हुआ तो...मैंने यह बात किसी से कही भी थी...तब उसने जवाब दिया था "ठीक है, जब अगली बार हम मिलेंगे, तब शाहनवाज़ पैदा हो चुका होगा।" इस बात से अचानक मेरा दिल धक् से रह गया था। मेरी आँख के आगे मेरे भाई की ज़मीन पर पड़ी लाश तैर गई थी और मैं काँप उठी थी... मैंने तय किया था कि मैं ऐसा नाम नहीं रखूँगी, जो मुझे उम्रभर यही नज़ारा दिखाता रहे। आसिफ़ एक नाम लेकर आया... एक आसिफ़ की माँ और एक नाम मेरी माँ भी लाई। मैंने किसी में भी कोई आपत्ति नहीं की और कहा, "ठीक है, किसी धार्मिक विद्वान से पूछ लेते हैं जो भी ठीक लगेगा, वही रख लेंगे..." इस कसौटी पर तीनों ही नाम ठीक पाए गए, तीनों ही शुभ थे।

अचानक एक और नाम मेरे दिमाग में आया–बिलावल, जो बिल-अव्वल से निकला है, जिसका मतलब है एकदम पहला, अनूठा...जिसका कोई मुकाबला न हो। सिंध में एक संत हुए हैं, मकदूम बिलावल, जिन्होंने अपने समय में अन्याय के खिलाफ सिर उठाया था। इस नाम में मेरा नाम भी ध्वनित होता था, बेनज़ीर, जिसकी कोई तुलना न हो...इस तरह से एक ऐसा नाम मिला जिसने मेरी माँ, मेरे पिता, हमारी संस्कृति और इतिहास, सबका सार अपने में रखा। इस पर सब तैयार हो गए और हमने बच्चे का नाम रख दिया बिलावल। पाँच दिन की रस्म पूरी करके मैं फिर काम में लग गई। दौड़-धूप, ऊपर-नीचे, कुर्सी या मंच...हमारे भीतर इस बात की हलचल भी बढ़ती जा रही थी, कि चुनाव समय पर होंगे भी या नहीं।

27 सितम्बर को लाहौर में भयंकर बाढ़ का प्रकोप सामने आया, जिसने घर, मकान, आबादी और जानवर सबको तबाह करके रख दिया। इस बात पर बेहद उत्तेजना फैली जब पता चला कि ज़िया के कामचलाऊ प्रान्तीय प्रशासनिक विभाग ने, बिना कोई पहले से सूचना दिए, अचानक एक पुश्ते (तटबन्ध) को उड़ा दिया, जिससे पानी आबादी वाले इलाकों में फैल गया और गरीब-गुरबा मुश्किल में आ गया। ऐसा प्रभावशाली और दौलतमन्द लेकिन कम आबादी वाले इलाके को बचाने के लिये किया गया था। पानी का चढ़ना जारी था। लाहौर और उससे जुड़े दूसरे शहर और गाँव करीब दो हफ्तों तक शेष पंजाब से कटे रहे। दो लाख पशु मारे गए और पाँच लाख एकड़ खेती बरबाद हो गई, इससे चौदह ज़िले प्रभावित हुए। पंजाब पी.पी.पी. ने आपातकालीन ठिकाने बनाकर लोगों की मुश्किल कुछ दूर की, उन्हें खाना, पानी और सिर छिपाने को जगह का इन्तज़ाम दिया। इनमें हज़ारों लोग तो ऐसे थे, जिनका बाढ़ में सब कुछ नष्ट हो गया था। अधिकारियों की इस लापरवाही की वजह से हुई दुर्दशा को देखते हुए लगा था कि या तो इमरजेंसी लगा दी जाएगी या मार्शल लॉ...लेकिन फौज ने ज़िया के लोगों की उम्मीद को धराशायी कर दिया और ज़िद की कि चुनाव ठीक समय पर ही कराए जाएँगे।

चुनाव की हवा को फिर एक सदमा 29 सितम्बर को पहुँचा। जब हैदराबाद और कराची में आतंकवादी लोगों ने बिना किसी घटनाक्रम या उत्तेजना के, केवल लोकतन्त्र की कोशिश को तोड़ने के लिये अपना कारनामा दिखाया। हैदराबाद में सब मशीनगनों और ए.के. 47 से लैस तीस लोगों ने एक साथ गोलियों की बौछार करते हुए उस इलाके के निर्दोष नागरिकों को अपना निशाना बनाया, जो ज्यादातर मुहाजिर थे। उसके नौ घंटे बाद यही कार्यवाही कराची में भी दोहराई गई। एक जगह यह लोग एक बस में घुस गए और

इन्होंने बस में अपनी सीट पर बैठे हुए यात्रियों को भून डाला। कारनामा गुज़र जाने के बाद, पता चला कि दो सौ चालीस लोग मारे गए, और तीन सौ घायल हो गए। बाज़ार- स्कूल सब बंद हो गए और कराची तथा हैदराबाद में क्फ्र्यू लगा दिया गया।

इस खबर से मैं बहुत बेचैन हो गई। इसके पीछे किसका हाथ था...? चूँकि पाकिस्तान बहुत-सी बाहरी शक्तियों की दुश्मनी का शिकार था इसलिये इस विचार को खारिज नहीं किया जा सकता था कि इस मारकाट के पीछे कोई विदेशी ताकत हो, लेकिन किसी भीतरी षड्यन्त्र से भी इन्कार करना सरल नहीं था। हमें लगा कि इस बात की बड़ी सम्भावना है कि काम-चलाऊ सरकार ने ही आगे आने वाले समय में अपनी हार को देखते हुए कुछ किराए के डकैतों को इस काम पर लगा दिया हो। इस उम्मीद में कि सेना तब मार्शल लॉ ज़रूर लगा देगी। लेकिन सेना ने गज़ब की समझदारी से काम लेते हुए दोनों शहरों में ज़बरदस्त गश्त लगाते हुए इसे फैलने से भी रोका और दोहराए जाने से भी...

5 अक्टूबर को सुप्रीमकोर्ट ने मेरी याचिका को संवैधानिक मंजूरी दे दी कि चुनाव पार्टी आधारित तरीकों से ही किए जाएँ। रावलपिंडी की अदालत खचाखच भरी थी और बारह जजों की बेंच ने अपना फैसला सुनाया था। फैसला था कि सारे राजनीतिक दल चुनाव में भाग ले सकते हैं। आगे, कि उम्मीदवारों को चुनाव चिह्न, उनके राजनीतिक दलों वाले ही दिए जाएँगे न कि हरेक उम्मीदवार को अलग-अलग...कामचलाऊ प्रशासन ने भी इस फैसले को मान लिया। ज़िया के यह लोग और कर भी क्या सकते थे, जब सारी दुनिया की नज़र इस निर्णय पर टिकी थी।

ज़िया की मौत के बाद सुरक्षा और सन्तोष की जो लहर मुझ तक आई थी, वह एक बार फिर छितर गई। एक चिट्ठी, सुप्रीमकोर्ट के निर्णय के बाद सामने आई। इस चिट्ठी को पकड़ लिया गया था, जिसे शायद अफगान के मुजाहिद नेता गुलबादीन हिकमत यार ने लिखा था। इस चिट्ठी में एक लाइन का एक हुकुम था ''बेनज़ीर भुट्टो को खत्म कर दो!'' हिकमतयार के पाकिस्तानी इण्टेलिजेंस से गहरे रिश्ते थे और यह हुकुमनामा उसने उन्हीं के दबाव में जारी किया होगा। दूसरी तरफ, यह चिट्ठी विद्रोह को कुचलने वाले किसी गुट ने यह सोचकर लिखी थी कि वह मुजाहिद्दीन की छवि, मुझे रास्ते से हटाकर और हिकमतयार का नाम लगाकर, खराब कर देंगे।

नए विचार यह भी थे कि यह खेल पाकिस्तान के भीतर ही कहीं से खेला जा रहा है। हमें खबर मिली थी कि, कामचलाऊ प्रशासन पंजाब में, अपने सिंध के गुट के साथ मिलकर मुझे रास्ते से हटा देना चाहता है। ज़िया के जाने के यह मायने नहीं थे कि सारी मुश्किलें एकबारगी दूर हो गईं। न यह कि अब पी.पी.पी. का जीतना तय ही है। ज़िया के मन्त्री लोग मुझे और पी.पी.पी. को नज़रों से दूर करना चाहते हैं।

ज्यों-ज्यों पर्चे भरने की आखिरी तारीख पास आती गई, त्यों-त्यों घंटे-घंटे पर नए-नए राजनीतिक जोड़-तोड़ होते गए। शिकायतें, उलाहने और तकरार, जो कि पाकिस्तान की राजनीति की खास चीज़ें हैं इन्होंने हमारे सबसे बड़े विपक्षी, ज़िया की मुस्लिम लीग को और भी बाँट दिया। 13 अगस्त को, ज़िया की दुर्घटना के चार दिन पहले मुस्लिम लीग की सेंट्रल इक्जीक्यूटिव काउंसिल की एक मीटिंग इस्लामाबाद में हुई थी, जिसका मकसद सीनियर अफसरों का चुनाव करना था। लेकिन बजाय इसके कि असली काम हो, वहाँ एक-दूसरे

को कोसना और बेइज़्ज़त करना तो खैर हुआ ही, खूब एक-दूसरे की लानत-मलानत हुई, इल्ज़ाम लगाए गए और जमकर फर्नीचर और क्राकरी की उठा-पटक हुई।

दो हफ्ते बाद मुस्लिम लीग घोषित रूप से दो धड़ों में टूट गई। एक घटक के नेता उत्तर-पश्चिम फ्रण्टियर के भूतपूर्व गवर्नर और पंजाब के मुख्यमंत्री जनाब नवाज़ शरीफ बने, जो ज़िया के पक्षधर थे, और दूसरे घटक के नेता बने ज़िया के भूतपूर्व प्रधानमंत्री मोहम्मद खान जुनेजो, जो ज़िया के खिलाफ थे। इस तरह सबसे बड़े विपक्षी दल के टूट जाने से, हमारी पी.पी.पी. का जीतना और भी पक्का हो गया। बदकिस्मती से पी.पी.पी. का एम.आर.डी. से गठबन्धन टूट गया। हमने मिलजुलकर यह तय करने की कोशिश की कि हम उम्मीदवारों का निपटारा कर लें, लेकिन एम.आर.डी. के ज्यादातर उम्मीदवार इतने कमज़ोर थे कि उनका मुस्लिम लीग के अपने विरोधी के सामने टिक पाना सम्भव नहीं था। आगे, एम.आर.डी. ने चुनावों के बाद हमारे साथ साझा सरकार बनाने से इन्कार कर दिया। उन्होंने कहा कि वह कोई भी विकल्प खुला रखना चाहेंगे। हम एम.आर.डी. से दुख के साथ अलग हो गए। फिर भी सिद्धान्तः हमने यह स्पष्ट कर दिया कि चलो, हम एम.आर.डी. के नेताओं के गढ़ में अपने पी.पी.पी. के उम्मीदवार नहीं उतारेंगे। ज़रूरी नहीं कि एम.आर.डी. भी ऐसा ही करे।

मज़बूत और संगठित पी.पी.पी. के मुकाबले राजनीतिक उठा-पटक चलती रही। मुस्लिम लीग की ज़िया की पक्षधर शाखा ने अपना नाम रखा, इस्लामी जम्हूरी इत्तेहाद, जिसके साथ सात और भिन्न-भिन्न धार्मिक और राजनीतिक दल शामिल थे। इन सबके चुनाव चिह्न एक ही थे। एकदम अन्तिम क्षणों में, पर्चे भरने की आखिरी तारीख के एक दिन पहले, यानी 15 अक्टूबर को जुनेजो की पार्टी भी उसी इस्लामी जम्हूरी इत्तेहाद में शामिल हो गई। अब हमारा सामना एक ऐसे गठबन्धन वाले दल से था, जिसमें कुल नौ दल शामिल थे।

यह बहुत मज़ाक की-सी बात थी, कि सारी छिटपुट पार्टियाँ पी.पी.पी. के खिलाफ एकजुट हुई थीं। सामान्यतः ऐसा होता है, कई विपक्षी दल सत्तारूढ़ दल के खिलाफ गठबन्धन के ज़रिये एकजुट होते हैं। यहाँ तो मामला उलटा है, सारे सत्तापक्ष के हिमायती दल एक जुट हो गए थे कि, एक भी वोट उनके हाथ से छूटने न पाए।

लेकिन इतना भी काफी नहीं था। हमारे लिये मुश्किल खड़ी करने के लिये इकतरफा ढंग से और असंवैधानिक रूप से कार्यवाहक प्रेसीडेण्ट ने एक नया नियम जारी कर दिया कि हर एक मतदाता को अपना पहचान-पत्र दिखाना पड़ेगा। इस बात का दावा किया गया था कि नेशनल पहचान-पत्र सब पाकिस्तानी नागरिकों को दे दिए गए हैं। यह एक असम्भव सी बात थी और ऐसा सबको पता था। गाँव के मतदाताओं में से केवल 5 प्रतिशत स्त्रियों को और 30 प्रतिशत पुरुषों को पहचान-पत्र मिले थे। वहाँ न केवल पहचान-पत्र बनाने वाले फार्मों की कमी थी, एक अधिकारी ने बताया था कि वह हद-से-हद एक दिन में तीन सौ कार्ड बना सकता है, मतलब कि चुनाव तक हद-से-हद चार हज़ार कार्ड बन पाएँगे। उसमें भी घपला था, कुछ सत्ता पक्ष से मिले हुए चुनाव अधिकारी पी.पी.पी. के कार्ड्स को दूसरों के लिये प्रयोग का तिकड़म चला रहे थे।

कामचलाऊ सरकार की यह ज़िद स्वतन्त्र और निष्पक्ष चुनावों के रास्ते में रोड़ा थी। 1984 के चुनावों में इसकी कोई ज़रूरत नहीं पड़ी थी। 1983 के बिना पार्टी वाले चुनाव

और 1987 के स्थानीय चुनावों में पहचान-पत्र का कोई मामला नहीं था, केवल वोटरलिस्ट में नाम होना काफी था। अब अचानक पहचान-पत्र की ज़रूरत क्यों है, क्या इसलिये कि इस बार भी पी.पी.पी. की झोली में जमकर वोट गिरने की शर्तिया उम्मीद है...? यह तो किसी भी माने में स्वतन्त्र और निष्पक्ष चुनाव के लक्षण नहीं हैं। इसमें और पहले की ज़िया की धाँधली में कोई फर्क नहीं बचा, यहाँ भी ज़िया के गुर्गे केवल मतदाताओं को खारिज करने की कोशिश कर रहे हैं।

एक बार फिर हम अदालत की शरण में गए। और हमने इस पहचान-पत्र की शर्त के खिलाफ एक याचिका दायर की। हमने कहा कि यह शर्तें संविधान के खिलाफ हैं। इसके बाद मैं फिर चुनाव-प्रचार अभियान में निकल गई। मेरे पिता ने रेलगाड़ी से सफर करके पी.पी.पी. के चुनाव प्रचार किए थे। मैंने भी वही किया। मैंने कराची से लाहौर तक 'खैबर मेल' से यात्रा की। चूँकि हमारा पुराना और जाना-पहचाना चुनाव-चिह्न, तलवार, चुनाव आयोग ने रद्द कर दिया था तो मैंने नया चिह्न लिया—तीर।

कामचलाऊ प्रशासन ने उम्मीदवारों के रेडियो और टेलीविज़न पर आने पर पाबंदी लगा दी थी। मैंने रेलगाड़ी के स्टेशनों को इस काम के लिये प्रयोग करना शुरू किया। हर स्टेशन में वहाँ के स्थानीय पी.पी.पी. के लीडर से मिलती, वह अगले स्टेशन तक मेरे साथ चलते। हर स्टेशन पर मुझे भीड़ मिलती, *"ज़ालिमों के दिल में तीर, बेनज़ीर बेनज़ीर!"* जोश से भरी भीड़ अपने नारों से, फूल के हारों और पंखुड़ियों से हमारा स्वागत करती। मैं हर स्टेशन पर चाय लेकर दवा खाती। मेरे गुर्दे में तकलीफ हो गई थी जिसने मुझे कुछ दिन काम से अलग भी रखा। आसिफ़, जो कभी मेरे साथ नहीं निकले थे, मेरे साथ शुरुआती दौरों पर आए। ऐसा कई पी.पी.पी. के कार्यकर्ताओं के साथ भी हुआ। वह मेरी गाड़ी में चलकर गाड़ी की छत पर पहुँच जाते। मैं उनकी परछाईं पंजाब के खेतों में देखती। वह मुझे नाचते-कूदते दिखते। एक रात को मैं मियाँ चन्नू स्टेशन पर छूट गई और गाड़ी चल पड़ी। ऐसा इंजीनियर के समय से पहले गाड़ी चला देने के कारण हुआ। तब लोगों ने हल्ला मचाया, मेरे समर्थक लोग पटरी पर लेट गए।

एक अच्छी खबर ने मुझे एक हफ्ते बाद तब खुशी से भर दिया जब मैं सिंध के दौरे पर रेल से जा रही थी। उसके एक दिन पहले चालीस से ज्यादा, यात्रा कर रहे पी. पी.पी. के सदस्यों ने, आसिफ़ के पुश्तैनी घर नवाबशाह में, एक रात बिताई थी। 8 नवम्बर को लाहौर के हाईकोर्ट ने फैसला दिया था कि वोट देने के लिये पहचान-पत्र ज़रूरी नहीं हैं। कोर्ट ने पाया कि लाहौर में दिए गए पहचान-पत्र कुल वोटरों की गिनती से दुगने हैं। साथ ही कई औरतों को दिए गए पहचान-पत्रों में न तो फोटो है, न ही किसी के दस्तखत जिससे नकली वोट डाले जाने की बहुत सम्भावना है। इन गड़बड़ियों को देखते हुए हाईकोर्ट ने कहा कि यह पहचान-पत्र स्वतन्त्र तथा निष्पक्ष चुनाव में मदद न करके उसमें बाधा पहुँचाएँगे। इस पर ज़िया पक्ष के लोगों ने झट सुप्रीम कोर्ट में अपील कर दी।

भीड़ का जोश हाईकोर्ट के फैसले से कई गुना बढ़ गया था। 10 नवम्बर को, लरकाना से जनसभा में बोलते हुए मेरी माँ ने कहा, "अली बाबा चला गया, चालीस चोर छोड़ गया" जानते हो, वह चालीस चोर कौन हैं...? 16 नवम्बर को तीर को वोट दो इसी दिन रावलपिंडी में मेरे स्वागत के लिये उमड़ी भीड़ ने वह रेकार्ड भी तोड़ दिए, जो 1986 में मेरी पाकिस्तान वापसी पर देखने को मिले थे। लाखों पी.पी.पी. के लोगों ने जुलूस की शक्ल में शहर की

सड़कों को भर दिया। ट्रैफिक सिगनल लगभग टूटते बचा। एक किलोमीटर भर चलने में हमें तीन घंटे लगे। ''तुम लोगों को दो में से एक चीज़ चुननी है, तानाशाही या लोकतन्त्र।'' मैंने चिल्लाकर कहा। जब मैं मंच पर पहुँची, मैंने कहा कि चुनाव सिर्फ दो तबकों के बीच में है। एक तो वह, जो लोगों को दबाकर रखना चाहते हैं। दूसरे वह, जो पी.पी.पी. है, जो उस दमन की ज़ंजीरें तोड़ देने का दम भरती है।

जोश उस समय आसमान छू रहा था, जब हम चुनाव प्रचार के आखिरी कुछ दिनों में, पंजाब पहुँचे। इकतालीस साल की उमर के दौरान पाकिस्तान ने केवल दो आम चुनाव देखे। पहला चुनाव मेरे पिता और पी.पी.पी. को, पश्चिमी पाकिस्तान में सत्ता में लाया। 1977 में पी.पी.पी. सरकार को दोबारा कामयाबी मिली, यह तीसरा चुनाव था और सबसे ज्यादा मुश्किल था।

ज़िया वाली मुस्लिम लीग पार्टी के नेताओं ने यह खुलकर ऐलान कर दिया कि, चुनाव के नतीजे कुछ भी हों, वह बेनज़ीर भुट्टो को सरकार का प्रधानमंत्री स्वीकार नहीं करेंगे। जमाते इस्लामी के कट्टर पंथियों ने यह राग अलापा कि किसी औरत का लीडर होना, गैर इस्लामी है। हालाँकि उन्होंने 1985 में इसको इस्लाम के मुताबिक ठीक माना था। अहमद रज़ा कसूरी भी, एक मामूली-सा राजनेता जिसने मेरे पिता की हत्या के षड्यन्त्र में ज़िया का साथ दिया था, वह फिर ज़िया के लोगों के बहकावे में आ गया, ज़िया का बड़ा बेटा इजाज़ उल-हक़ भी उसके साथ था। इजाज़ उल-हक़ ने, चुनाव-प्रचार के दौरान हमें चौंकाते हुए दावा किया कि पी.पी.पी. के पीछे लंदन में एक यहूदियों की कम्पनी अपना चक्कर चला रही है।

इसी बीच सुप्रीमकोर्ट ने पहचान-पत्र की संवैधानिक ज़रूरत क्या है, इसे समझना शुरू कर दिया। इससे इस बात का खतरा पैदा हो गया कि करीब पचपन प्रतिशत वोटर अपना वोट नहीं दे पाएँगे। यह एक अशुभ लक्षण था। ''हमने रावलपिंडी में आपकी जनसभा में भीड़ देखी थी।'' सुप्रीम कोर्ट के एक जज ने मुझसे विश्वासपूर्वक कहा, ''लेकिन हम पी.पी.पी. के लिये एक अनुचित व्यवस्था को जारी नहीं कर सकते। 12 नवम्बर 1988 को जब कानूनी काम पूरा हुआ, तो नतीजा यह सामने आया कि केवल नेशनल असेम्बली के पहचान-पत्र दिखाने वाले वोटर ही वोट दे पाएँगे।

''वज़ीरे आज़म-बेनजीर, प्रधानमंत्री—बेनज़ीर!'' लोग चीख रहे थे, जब मैं चुनाव प्रचार खत्म करके चारों प्रान्तों से लौट रही थी।

''भुट्टो परिवार हीरो, हीरो, बाकी सब ज़ीरो, ज़ीरो...'' जब मेरी माँ ने अपना चुनाव-प्रचार पूरा किया तो सबकी ज़ुबान पर बस यही नारा था। मेरी माँ भी स्वस्थ नहीं थीं, दिल की मरीज़ तो वह थीं ही, उन्हें बुखार भी था। हम अल-मुर्तज़ा साथ-साथ गए थे, जहाँ हमारा घरेलू चुनाव क्षेत्र लरकाना है। वहाँ हमने 16 नवम्बर को वोट डाले थे। वोट डालने के बाद मैंने अपने पिता की कब्र पर अपनी श्रद्धांजलि दी थी। अब तक के पाकिस्तान के इतिहास में मेरे पिता एकमात्र ऐसे प्रधानमंत्री थे, जो सीधे जनता द्वारा चुने गए थे।

16 नवम्बर को हुए चुनाव में, आधे से ज्यादा वोटरों के वोट न डल पाने के बावजूद पाकिस्तान पीपल्स पार्टी (पी.पी.पी.) ने राष्ट्रीय संसद में बहुमत जीता था। प्रान्तीय चुनावों में, सिंध में हमने एक भी सीट विपक्ष के लिये नहीं छोड़ी थी, पंजाब में हमें स्पष्ट बहुमत मिला था। वह सिर्फ हमारा दल पी.पी.पी. था, जिसे चारों प्रान्तों में बहुमत मिला था। हमने

92 सीटें जीती थीं, अगर आदिवासी और अल्पसंख्यकों की भी सीटें मिला लें तो हमारी विजय 108 सीटों पर थी, जबकि नेशनल असेम्बली में हमारी मुख्य विरोधी पार्टी को केवल 54 सीटें मिल पाई थीं। जनरल ज़िया उल-हक़ की सत्ता से जुड़े सारे बड़े नेता चुनाव हार गए थे, यहाँ तक कि बड़ी उम्मीद बाँधे बैठे मुहम्मद खान जुनेजो ने भी मुँह की खाई थी। इस्लामी जम्हूरी इत्तेहाद (आई.जे.आई.) के चेयरमैन गुलाम मुस्तफा जातोई तो चुनाव हारे ही, सूफी नेता पीर पागरा भी जीत नहीं पाए। पंजाब के कार्यकारी गवर्नर नवाज़ शरीफ चार सीटों से चुनाव लड़े थे, उनमें से दो में उनकी हार हो गई। मेरी माँ और मैं, उन पाँचों चुनाव क्षेत्रों से, सिंध, पंजाब और उत्तर-पश्चिम फ्रण्टियर से न केवल जीत गए बल्कि हमारी जीत में वोटों का अन्तर विपक्ष के मुकाबले, ऐतिहासिक रूप से अब तक का अधिकतम रहा।

19 नवम्बर को पी.पी.पी. ने प्रान्तीय संसद के भी चुनाव बहुमत से जीत लिये। उसे 184 सीटें मिलीं, जबकि आई.जे.आई., कुल 145 सीटें हासिल कर पाई। इस बार फिर ज़िया के पुराने मन्त्री और सांसद बुरी तरह हारे।

स्पष्ट था, कि पाकिस्तान के प्रेसिडेण्ट को मुझे, उस पार्टी के लीडर के रूप में, जिसने बहुमत प्राप्त किया है, सरकार बनाने के लिये बुलाना चाहिए था। मुझे पाकिस्तान-भर से और सारी दुनिया से बधाइयाँ मिल रही थीं और पाकिस्तान के प्रेसिडेण्ट की ओर से गहरी चुप्पी थी। वहाँ से न तो कोई बधाई सन्देश था, न ही प्रेसिडेण्ट गुलाम इशाक खान की तरफ से मुझे सरकार बनाने के लिये बुलाया गया था। इसके बजाय उनकी तरफ से पी.पी.पी. के सदस्यों को फुसलाया जाना शुरू हुआ था कि वह दल बदल लें। उन्हें लालच दिया गया कि उन्हें दल बदल लेने पर मन्त्री बना दिया जाएगा या वह पी.पी.पी. के दस सदस्य वहाँ से तोड़कर लाएँ।

पन्द्रह दिन बीत गए। इशाक खान के बार-बार यह कहने पर कि ज़रूरी नहीं है कि वह सबसे अधिक बहुमत पाए दल को ही सरकार बनाने को बुलाए, मुझे पता था कि मेरे पास बहुमत की ताकत है। मैंने यह तब भी साबित कर दिखाया था, जब अप्रत्यक्ष रूप से महिला सांसदों का चुनाव किया गया था। तब कुल बीस सीटों में से पी.पी.पी. ने चौदह सीटें जीती थीं। लोकतन्त्र की किसी भी प्रकार की सरकार, बहुमत वाले दल की ही बनती है। लेकिन यह पाकिस्तान था, यहाँ के नियम निराले थे और यहाँ दूसरे ही तरह का खेल चल रहा था। जैसे-जैसे दिन बीतते गए और मेरी जीत के बावजूद संवैधानिक संकट बना रहा, मैंने एक विस्तार-भरा पत्र अन्तरराष्ट्रीय समुदाय को लिखा जिसमें मैंने स्थिति स्पष्ट की। मेरा मकसद, प्रेसिडेंट पर दबाव डलवाना था। मेरा पत्र यूनाइटेड स्टेट्स के हाउस ऑफ कांग्रेस के सदस्यों को मेरे मित्र मार्क सीगल ने हाथ के हाथ दिया। मेरी पार्टी के सदस्यों ने इसे यू.के. के सांसदों, यूरोप के महत्त्वपूर्ण लोगों को दिया और इसकी प्रति इस्लामाबाद में मुस्लिम डिप्लोमेटिक मिशन तक भी पहुँचाई गई। पी.पी.पी. ने चुनाव जीता था। मैं सरकार बनाने से कम, किसी भी दूसरी शर्त पर समझौता करने को तैयार नहीं थी।

एक बेहूदा-सी देर करने के बाद, जब प्रेसिडेण्ट इशाक खान मेरी पार्टी में कोई दरार नहीं पैदा कर पाए, वह जनता की मर्ज़ी के आगे झुक गए।

17

प्रधानमंत्री पद और उसके बाद

2 दिसम्बर 1988 को मैंने मुस्लिम दुनिया की पहली महिला प्रधानमंत्री पद के लिये शपथ ग्रहण की। पाकिस्तान के झण्डे के हरे और सफेद रंग के कपड़ों से सज्जित लाल कालीन पर प्रेसिडेण्ट के राजमहल में चमचमाते झाड़फानूसों तले मैं बढ़ रही थी। यह केवल मेरा ही समय नहीं था, उन सबका था, जिन्होंने लोकतन्त्र के लिये कुर्बानियाँ दी थीं।

पाकिस्तान के लोगों ने एक महिला को प्रधानमंत्री के रूप में चुनते समय सारी कट्टरपंथी बाधाओं को भुला दिया था। यह एक बहुत बड़ा सम्माननीय पद और बहुत बड़ी ज़िम्मेदारी थी। मेरे लिये वह शपथ ग्रहण करने का पल बेहद रोमांचकारी और सम्मोहन भरा था। मैं उस समय खुदा को अपने भाग्य के बारे में सोचने से रोक नहीं पा रही थी जो मुझे इस समय इस जगह, इस पद पर लाया। मैं उन सब लोगों को याद कर रही थी जो यहाँ तक मुझसे पहले पहुँचे थे, जिन्होंने तकलीफें उठाई थीं, जो पीटे गए थे, जिन्हें देशनिकाला दिया गया था, और जो मार डाले गए थे, फिर भी उन्होंने इस दिन के लिये अपने सपने सँजोए थे। मैंने विशेष रूप से अपने पिता को याद किया था।

मैंने इस पद, इस भूमिका के सपने नहीं देखे थे लेकिन भाग्य ने मुझे यह सब लाकर सौंप दिया। मेरे चुनाव का मुस्लिम दुनिया पर बहुत असर पड़ा था। यह पुरातनपंथी सोच कि औरत की दुनिया बस घर की चारदीवारी के भीतर ही है, एकदम खारिज हो गया था, मुस्लिम समुदाय के साथ पूरा पाकिस्तान नए सोच की उस कगार पर खड़ा था, जहाँ मर्द-औरत के बीच के भेदभाव का टूटना एक सच की तरह सामने आया था।

मुझे याद आया कि एक बार ज़िया ने मेरे किसी पुराने दोस्त से कहा था कि बेनज़ीर को ज़िन्दा छोड़ना उनकी ज़िन्दगी की बहुत बड़ी भूल थी। लेकिन मेरा भविष्य और मेरा जीवन मेरा भाग्य बनकर मेरे सामने आया था। मेरे चुनाव से औरतों की ताकत बढ़ी है, इससे इस्लाम को नए ढंग से समझने का रास्ता खुला है और पाकिस्तान के लोगों के लिये बेहतर ज़िन्दगी की उम्मीद जागी है। मेरी सफलता ऐसे समय में उजागर हुई है, जब अफगानिस्तान से रूसी फौजें वापस हट रही हैं और बहुत-सी जनवादी ताकतें तानाशाही को खत्म करने में कामयाब हो रही हैं। मैं उसके बाद बहुत से नेताओं से मिली, जैसे—थाइलैण्ड, कोरिया, नाइजीरिया और मोरक्को के नेताओं से, जिन्होंने मुझे बताया कि मेरी कहानी से, जो कुछ मैंने जेल की सलाखों के पीछे सहा उससे, उन्हें बहुत प्रेरणा मिली है।

पाकिस्तान के भीतर, और बाहर के मुल्कों में भी, बहुतों को जनशक्ति की हदों का

अन्दाज़ा नहीं था और यही ज़बरदस्त ताकत दसियों बरस से तानाशाही के कदमों तले रौंदी जाती रही थी। मैंने प्रधानमंत्री के तौर पर शपथ लेते समय सोचा था कि अब लोगों की समस्या गौरतलब ढंग से हल की जा सकेगी। लेकिन जल्दी ही मुझे एहसास हो गया कि मैं गलत हूँ। वह लोग, जिनमें प्रेसिडेण्ट भी शामिल हैं, जो मेरे चुनाव में मेरा विरोध कर रहे थे, अब, पूरी तरह एकजुट थे कि वह मुझे जमने न दें।

एक घटना से यह तथ्य सामने आ गया। शपथ-ग्रहण समारोह में प्रेसिडेण्ट ने शपथ पत्र को बड़े अजीब से ढंग से पढ़ना शुरू किया। कभी उनकी आवाज़ बहुत ऊँची हो जाती और वह जल्दी-जल्दी बोल जाते, कभी वह एकदम धीमे हो जाते। ऐसा लग रहा था कि वह मुझे घबड़वा देना चाह रहे थे ताकि मैं दुनिया-भर के देखने-सुनने वालों के सामने शर्मिंदा महसूस करूँ। उनकी चाल समझ जाने के बाद, मैंने उस शपथ को सम्मानपूर्वक, स्पष्ट शब्दों में विश्वासपूर्वक दोहराया, ताकि सारा देश उस वादे को सुने और मेरे कंधे पर जो ज़िम्मेदारी है, उसे पूरा करने में मेरा मनोबल बढ़ाए।

जैसे ही मेरी शपथ पूरी हुई, मैंने देखा कि फौजी जनरलों के चेहरे एकदम स्याह पड़ गए और नागरिक नौकरशाहों का डर उभरकर उनके भी चेहरों पर आ बैठा, जो पुराने के बाद नए दौर में पैदा हुआ था। लेकिन, मैंने कुछ और भी देखा। मेरी माँ का चेहरा और मेरे पी.पी.पी. के सदस्यों का चेहरा और मेरे समर्थक दर्शकों का चेहरा आनन्द और गर्व से चमक रहा था। जैसे ही मेरी शपथ पूरी हुई, *"भुट्टो जिए! भुट्टो जिए!"* के नारों से झाड़-फानूसों से सजा-सँवरा हाल एक खुशी से गूँज उठा। उस समय मुझे एहसास हुआ, कि मेरे पिता की कुरबानी बेकार नहीं गई है। पाकिस्तान के लोगों ने, मुझे, सिर्फ पैंतीस बरस की अनुभवहीन औरत को वोट देते समय, मेरे पिता को समर्थन दिया था। इसी प्यार और वफादारी के दम पर मैं दुनिया की, सबसे कम उम्र की प्रधानमंत्री बन पाई थी।

राजनीति के तुलनात्मक पाठ के दौरान मैंने सीखा था कि किसी भी सरकार के शुरुआती दिन उसके रुख का संकेत देते हैं और यह जताते हैं कि कुछ बदलाव आया है, आने वाला है। मैंने भी इस बात का खुला संकेत पाकिस्तान को और पूरी दुनिया को आते ही दिया। पहले ही हफ्ते में मैंने, 1989 में, वह कर दिखाना शुरू किया, जो मैं दावा करती आई थी। मैंने तुरन्त ही ट्रेड यूनियन के उन अधिकारों को बहाल कर दिया, जो ज़िया ने प्रतिबन्धित कर दिए थे। मैंने छात्र-संगठनों के ऊपर लगा प्रतिबन्ध हटाया। मैंने गैर-सरकारी संगठनों (एन.जी.ओ.) को स्वतन्त्र रूप से काम करने की परिस्थितियाँ सौंपी। उन संगठनों को भी अनुकूल परिस्थितियाँ दी गई, जो मानवीय अधिकारों के लिये और विशेष रूप से स्त्री अधिकारों के लिये काम कर रही थीं। मुझे इस बात पर गहरी हैरत थी कि एन.जी.ओ. के काम करने में फौज और हुकूमत कितने रोड़े अटकाती थी। उन्हें इस बात का वहम था कि एन.जी.ओ. पश्चिमी देशों के जासूस होते हैं। मैंने इलेक्ट्रॉनिक मीडिया को स्वतन्त्र रूप से बिना किसी बन्दिश के काम करने ही छूट दी थी। पाकिस्तान के इतिहास में मैंने सबसे पहला, एक सरकारी मीडिया स्थापित किया, जिसमें बिना किसी हस्तक्षेप तथा रोक-टोक के विपक्ष की भी साझेदारी रखी थी। मैंने यह भी तय किया कि मैं अपने काम-काज के ज़रिये एक शान्तिपूर्ण वातावरण को बनने दूँ। अपने प्रधानमंत्री बनने के एक महीने के भीतर ही, मैंने हिन्दुस्तान के प्रधानमंत्री राजीव गाँधी और उनकी सुन्दर-सी बीवी, सोनिया गाँधी को

इस्लामाबाद में आमन्त्रित किया। आई.एस.आई. का उस समय कहना था कि मैं हिन्दुस्तान की तरफ नरम रुख अपना रही हूँ। जबकि हमारे उनके साथ कश्मीर के मुद्दे पर मतभेद हैं, लेकिन मैं उनकी राह पर नहीं चली। मुझे पता था कि मुझे क्या करना है। मैंने अपनी कोशिश जारी रखी कि मैं प्रधानमंत्री राजीव गाँधी से और सार्क के दूसरे नेताओं से कैसे ठोस और सफल सम्बन्ध बना सकूँ।

जब इस्लामाबाद की खूबसूरत पहाड़ियों के बीच सार्क के नेता लोग मिले, तो मैंने उन्हें याद दिलाया कि कैसे यूरोपीय देश यूरोपियन साझा बाज़ार और यूरोपियन संघ के ज़रिये लाभ उठा रहे हैं। मैंने प्रस्ताव रखा कि हम सार्क को केवल एक सांस्कृतिक संस्थान न रखकर उसे आर्थिक सन्दर्भों में भी उपयोगी बनाएँ। हालाँकि मैं, उस समय, एकदम नई-नई बनी, उसमें सबसे छोटी और एकमात्र महिला प्रधानमंत्री थी, फिर भी मैंने एकदम बिना झिझक अपने विचार सामने रखे। सारे ही नेता इस प्रस्ताव पर उत्साहपूर्वक विचार कर रहे थे कि आर्थिक सहकारिता बढ़ाई जाए। मैंने प्रस्ताव रखा कि इन देशों के बीच, कुछ चुने हुए क्षेत्रों के लिये वीज़ामुक्त आने-जाने की सुविधा हो, जैसे हमारे देशों के न्यायाधीश लोग और सांसद आसानी से आ-जा सकें। हमारा आयोजन एक महत्त्वपूर्ण काम यह करके समाप्त हुआ कि हमने साउथ एशियन प्रिफरैंशियल टेरिफ एग्रीमेण्ट (समझौते) का प्रस्ताव रखा। मेरी दूसरी सरकार को, बाद में, इस प्रस्ताव पर सहमति देने का सौभाग्य प्राप्त हुआ।

मैंने राजीव गाँधी को बताया कि उनकी माँ प्रधानमंत्री इन्दिरा गाँधी और मेरे पिता बहुत प्रसन्न थे, जब 1972 में उन्होंने शिमला समझौते को स्वीकार कर लिया था। जिसे मैंने एक किशोर युवती की तरह बस देखा भर था। राजीव और मैं, हम दोनों ही राजनीतिक घरानों की सन्तान थे, हम दोनों के ही अभिभावकों की हत्या हुई थी। हम दोनों ही इस उपमहाद्वीप में विभाजन के बाद पैदा हुए थे। मेरे और आसिफ़ के लिये राजीव और सोनिया से बात करना आसान था। राजीव की हत्या की खबर ने मुझे गहरे दुख और सदमे से भर दिया था। मैं उनकी अंत्येष्टि में शामिल होकर अपनी श्रद्धांजलि देने भी गई थी।

सार्क सम्मेलन के बाद मैं और राजीव आपस में मिलते रहे थे और हमारी बातचीत निजी स्तर पर भी होती थी। मैंने उनसे कहा था कि हिन्दुस्तान एक बड़ा देश है और इस बात की ज़रूरत है कि वह पाकिस्तान के साथ व्यवहार करते समय भी अपने बड़े दिल का परिचय दे। मैंने याद किया कि कैसे उनकी माँ ने शिमला में पश्चिमी पाकिस्तान की ज़मीन से उस समय बिना किसी शर्त हिन्दुस्तान की फौजें हटा ली थीं, जिसे हम 1971 में खो चुके थे। शिमला की वह भावना अभी तक भी ज़िन्दा है। तनाव और उकसाए जाने के बावजूद हिन्दुस्तान में, या पाकिस्तान में, कहीं भी 1972 के समझौते के बाद कोई युद्ध नहीं हुआ।

ज़िया की हुकूमत के दौरान, पाकिस्तान ने हिन्दुस्तान से हारते हुए सियाचिन ग्लेशियर का इलाका गँवा दिया था। हालाँकि जनरल ज़िया ने यह कहकर उस नुकसान की भरपाई की थी कि वहाँ सियाचिन में, उस इलाके में कुछ उपजता नहीं है, लेकिन इससे पाकिस्तान की जनता और सेना को बहुत चोट पहुँची थी। हमारे फौजी लोग, जिनको हम जवान कहते हैं, मेरे चुनाव-प्रचार के दौरान उन्होंने मुझे मेरी जीत के इशारे किए थे जिससे यह ज़ाहिर हुआ था कि उनकी जड़ें नागरिक समाज में ही थीं, न कि जनरल लोगों की दुनिया में।

मैं जानती थी कि पूरे पाकिस्तान की फौजें हिन्दुस्तान और पाकिस्तान के बीच गहरी समस्याओं का न्यायपूर्ण और सम्मानजनक हल चाहती थीं। राजीव ने इस बात से सहमति जताई कि हमारे बीच ऐसे कार्यक्रमों की ज़रूरत है, जो विश्वास बढ़ाएँ। इस दिशा में हमने बहुत-सी कमेटियाँ बनाईं और दक्षिणी एशिया में विश्वास के बीज रोपने वाले एक कार्यक्रम पर हस्ताक्षर किए कि हम एक-दूसरे के नाभिकीय ठिकानों पर हमले नहीं करेंगे। हमने इस समझौते पर भी दस्तखत किए कि हम आपसी तौर पर सेनाएँ कम करने और उनके जमावड़ों के ठिकानों में बदलाव करेंगे। हमने यह भी तय किया कि हम दोनों देशों के बीच कुछ सीमित क्षेत्रों में व्यापार शुरू करेंगे। बाद में हमने इस मसौदे पर भी सहमति के हस्ताक्षर किए कि हम दोनों, कारगिल तक वापस लौट जाएँगे, भले ही ग्लेशियर के बारे में हमारे मत कुछ भी हों। विडम्बना है कि इस दस्तावेज़ पर दस्तखत करने के लिये हम दोनों में से कोई भी सत्ता में नहीं रहा। मैं कभी-कभी सोचती हूँ कि दक्षिणी एशिया और शायद सारी दुनिया हिन्दुस्तान और पाकिस्तान के बीच रिश्तों का एक नया ही स्वरूप देखता अगर राजीव ज़िन्दा रह जाते और मुझे अपना कार्यकाल पूरा करने को मिल पाता। हमने एक-दूसरे को समझ लिया था और हम एक-दूसरे के साथ बेहतर ढंग से काम कर सकते थे। अपनी पहले वाली सरकार के समय, मैंने सोचा था कि मैं पाकिस्तान को ब्रिटिश कॉमनवेल्थ में वापस ले जाऊँगी। मेरे इस निर्णय के पीछे दो कारण थे। एक तो अफगान युद्ध के समय ब्रिटेन ने हमें बहुत सहारा दिया था, दूसरे लोकतन्त्र लाने की मेरी कोशिशों में ब्रिटिश सरकार का बड़ा सहयोग रहा है। राजीव और मेरी मुलाकात 1989 में मलेशिया के लांग कावी शहर में कॉमनवेल्थ मीटिंग के दौरान तय थी, लेकिन हिन्दुस्तान में समय के पहले चुनाव और फिर राजीव की दर्दनाक हत्या के कारण बात बन नहीं पाई। इसके बाद तो हिन्दुस्तान और पाकिस्तान के बीच रिश्ते बिगड़ते ही चले गए।

मैंने एक दूत भेजकर नए चुने गए प्रधानमंत्री विश्वनाथ प्रताप सिंह के पास सन्देश भेजा कि मैं हिन्दुस्तान और पाकिस्तान के बीच बेहतर रिश्ते चाहती हूँ। इस पर उन्होंने अनावश्यक रूप से पाकिस्तान पर आरोप लगाने शुरू कर दिए कि पाकिस्तान उस कश्मीर में गड़बड़ी फैला रहा है जिसमें हिन्दुस्तान का ही राज है। (हालाँकि, पाकिस्तानी लोग कश्मीर की जनता से हमदर्दी रखते हैं। वहाँ पर उठ रहा विद्रोह वहाँ की जनता की आवाज़ है, और उसी तरह की, दुनिया-भर में उठ रही लहर का हिस्सा है, जो बर्लिन की दीवार गिरने के साथ ही उठ खड़ी हुई है। अब भी यह समय है, जब वहाँ आज़ादी की अकुलाहट सिर उठा रही है। अगर ऐसी अपने-आप पनपी मनोवृत्ति पोलैण्ड, हंगरी और पश्चिमी जर्मनी में नज़र आ सकती है, तो फिर उसे कश्मीर में भी देखकर किसी को हैरत क्यों है...?)

मैंने हिन्दुस्तान के प्रधानमंत्री विश्वनाथ प्रताप सिंह को बताया कि इसके लिये पाकिस्तान ज़िम्मेदार नहीं है। जो बात मैंने उन्हें नहीं बताई, वह यह थी कि मेरे पास 1990 में अफगान, अरब और पाकिस्तानी उग्रवादियों का यह सन्देश आया था, और आई.एस.आई. के दफ्तरों के ज़रिये इन्होंने मुझे बताया था कि एक लाख से ज्यादा मुजाहिदीन इस बात के लिये तैयार हैं कि वह कश्मीर में घुसकर कश्मीरियों की आज़ादी की लड़ाई में मदद करें। वह सारे बेहद बहादुर और प्रशिक्षित हैं और हिन्दुस्तान की फौजों से बड़ी आसानी से लोहा ले सकते हैं। यह जानते हुए कि इस तरह की हस्तक्षेपपूर्ण गतिविधि कश्मीर के लोगों को

नुकसान ही पहुँचाएगी, मैंने इस पर अपना घोर विरोध जता दिया और मैंने फौज और आई. एस.आई. दोनों को आदेश दिया कि वह नियन्त्रण रेखा पर फौजें तैनात करें और इस बात का ध्यान रखें कि कोई भी अफगानी मुजाहिदीन पाकिस्तान के रास्ते कश्मीर में न दाखिल हो पाए।

एक कदम मैंने यह उठाया था कि सारे राजनीतिक कैदियों को छोड़ दिया जाए, उसका मेरे परिवार पर निजी तौर पर असर पड़ा। मैंने न केवल उनको रिहा करने के आदेश दिए बल्कि मैंने प्रेसिडेण्ट गुलाम इशाक खान को यह सलाह दी कि उनको क्षमादान भी दिया जाए। यह जानते हुए कि इस क्षमादान में हज़ारों के साथ-साथ मेरा भाई मीर मुर्तज़ा भुट्टो भी शामिल था, प्रेसीडेंट इशाक ने परिवार में फूट डालने के षड्यन्त्र का बीज बोया। उसने केवल सशर्त क्षमादान दिया, यानी कि, मेरे भाई पर मुकदमा तो चलाया जा सकता है। इसका साफ मतलब हुआ कि बिना जेल जाने का खतरा उठाए, मेरा भाई पाकिस्तान वापस नहीं आ सकता था। इस तरह उसका नवाज़ शरीफ के हत्थे चढ़ना तय था क्योंकि नवाज़ शरीफ पंजाब के शासक थे और फौजी मामलों में उनका दखल था। जब मैं अपने भाई को पाकिस्तान का पासपोर्ट दे सकी, तब भी उसका पाकिस्तान लौटना खतरे से खाली नहीं था।

मैंने मुर्तज़ा को बताया कि मैंने प्रधानमंत्री मार्गरेट थैचर से इसके बारे में बात की है। एक धूप-भरे चमकीले दिन में, चैकर्स में मैंने मिसेज़ थैचर से बात छेड़ी कि क्या मुर्तज़ा लंदन में रह सकता है...? मिसेज थेचर ने कृपापूर्वक मेरा अनुरोध मान लिया था, लेकिन मुर्तज़ा जाने में रुचि नहीं दिखा रहा है। "मैं नहीं जानता कि यहाँ यह मुल्ला लोग तुम्हें कितने दिन गद्दी पर रहने देंगे," उसने कहा "इसलिये मेरे लिये बेहतर है कि मध्यपूर्व में ही बना रहूँ।" मेरा विश्वास है कि अगर मुर्तज़ा को मेरी सरकार बनने के कुछ ही समय के भीतर पाकिस्तान में आ जाने दिया गया होता, तो पी.पी.पी. के धड़ों के भीतर उपजा भीतरी तनाव बचाया जा सकता था।

अपने कार्यकाल के दौरान हमने लोकतन्त्र के बीज बोए और लोकतन्त्र की फसल उगाई। उसकी देख-रेख और बचाव से वह एक दिन स्थायी और स्वतन्त्र व्यवस्था जैसी बनने की स्थिति में आ गई। मुझे यह सिखाया गया था कि इस्लाम में इंसाफ बहुत महत्त्वपूर्ण है और वह समाज के कामकाज में बहुत ज़रूरी है। इसलिये मैंने कानूनी सिस्टम को कार्यवाहक तरीकों से अलग कर लिया, ताकि एक स्वतन्त्र न्याय-व्यवस्था की नींव रखी जा सके। लेकिन हमने जो आर्थिक मामलों में लागू किया वह एक बेहद क्रान्तिकारी और नया कदम था। अपने देशनिकाले के समय इंग्लैण्ड में रहते हुए मैंने देखा था कि कैसे मिसेज़ थैचर की नीतियों ने गरीबों को उठाकर एक नया मध्य वर्ग तैयार किया था। मेरी सरकार ने उत्तरी एशिया और मध्यपूर्व में पहले ऐसे देश का उदाहरण सामने रखा था, जिसने सरकारी उद्योगों का निजीकरण किया था। हमने अपने बैंकों का भी निजीकरण किया। हमने वित्त-व्यवस्था का विकेन्द्रीकरण किया और उसको सरकारी लालफीताशाही से आज़ाद कराया। तब तक पाँच हजार डालर से ऊपर का ऋण केवल वित्तमन्त्री ही दे सकता था।

हमने पाकिस्तान के गाँवों में बिजली पहुँचाई। हमने इसे कतई स्वीकार नहीं किया कि केवल 260 गाँवों को हर साल बिजली देने की व्यवस्था की जा सकती है, जबकि अस्सी हज़ार गाँवों को बिजली दी जानी बाकी है। हमने सड़कें भी बनवाईं और लोगों को पीने

का साफ पानी उपलब्ध कराया। साधारण आदमी को बीस-बीस साल के इन्तजार के बाद भी फोन के कनेक्शन नहीं मिले ये। मुझे हैरत थी कि कोई बिना फोन, बिना कर्ज़े और बिना बिजली के व्यापार कैसे कर सकते हैं। मैंने मन्त्रालय को आदेश दिया कि कुछ रास्ता निकाला जाए। हमने 1989 में फाइबर ऑप्टिकल केबल संचार व्यवस्था शुरू की। हमने मोबाइल फोन शुरू किए। हमने लोगों के दिमागों को खोलने और उन्हें दूसरे देशों की झलक दिखाने के लिये पाकिस्तान में सी.एन.एन. शुरू किया, जबकि बाहर के देशों में भी वह सिर्फ होटल के कमरों में उपलब्ध था। मैं इस कोशिश में लगी थी कि पाकिस्तान अपने खोल से निकलकर आधुनिक समय के साथ चलने लायक बने।

हमारे सुधार अनदेखे नहीं रह गए। विश्व बैंक और अन्तरराष्ट्रीय वित्तीय कोष ने हमारी कोशिशों की तारीफ की। हिज़ रॉयल हाइनेस शेख ज़ायेद-बिन-सुल्तान अल-नाह्यान प्रेसिडेण्ट यूनाइटेड अरब अमीरात ने दिल खोलकर मुल्तान ऑयल रिफाइनरी लगाने में हमारी मदद की। हमने बलूचिस्तान में ग्वादर पोर्ट बनाया। मकरान समुद्री तट से होता हुआ आर. सी.डी. हाइवे बनाया, औरमारा नौसेना की सुविधा स्थापित की, पसनी और गाज़ी बरोथा बाँध खड़े किए और सैंदक सोने और ताँबे के प्रोजेक्ट चलाए।

हमने देश में सैलानी उद्योग शुरू किए और बेशकीमती राशि के पत्थरों की खदानों का निजीकरण किया ताकि निर्यात को बढ़ावा मिले। हमने देश में पूँजीनिवेश को सरल करने के लिये कारगर कदम उठाए। हमने निजी बैंकों में निवेश को कानूनी मान्यता दी, उन्हें पूर्ण बैंक और बीमा कम्पनियों की हैसियत दी। सबसे बड़ी बात जिस पर मैं गर्व महसूस करती हूँ, वह यह है कि सामाजिक क्षेत्र में भी पूँजी लगाई। मेरे पहले ही चरण में, अठारह हज़ार प्राइमरी और सेकेण्डरी स्कूल इस बात का प्रमाण हैं।

इन कदमों का हमें जल्दी ही चमत्कारिक रूप से आर्थिक लाभ मिलना शुरू हो गया। पाकिस्तान में विदेशी और निजी पूँजीनिवेश बढ़ गया। गैरपारंपरिक चीज़ों का निर्यात भी पच्चीस प्रतिशत बढ़ा। हमने अमेरिका से टैक्सटाइल समझौते में सुधार किया, जिससे हमें बहुत मदद मिली और पाकिस्तान से सूती सामान का निर्यात बहुत बढ़ गया।

जिस बात के लिये मैं खुद पर बहुत गर्व करती हूँ, हालाँकि, वह काम बहुत समय से उपेक्षा का शिकार था, वह है समाज में स्त्रियों और लड़कियों के लिये उनके अधिकार तय करना और उन्हें वह अधिकार दिलवाना। सचमुच, हाल तक यह स्थिति बहुत शर्मनाक थी। मैंने अपनी कैबिनेट में कई औरतों को रखा और स्त्रियों के विकास के लिये एक नया मंत्रालय बनाया। हमने स्त्रियों की शिक्षा के नए कार्यक्रम यूनीवर्सिटी में शुरू कराए। हमने यह सुनिश्चित किया कि स्त्रियों को जेल के भीतर बेहतर कानूनी सहायता मिल सके।

हमने स्त्रियों को कर्ज़ दिलवाने के लिये महिला विकास बैंक की स्थापना की, जबकि दूसरे सामान्य बैंकों से भी स्त्रियों के कर्ज़ लेने की सुविधा बरकरार रही। हमने स्त्रियों को परिवार नियोजन, पौष्टिक आहार की जानकारी, और शिशु की देख-भाल के बारे में ट्रेनिंग और मदद दिलवाने के लिये संस्थाएँ बनाईं...और हमने अन्तरराष्ट्रीय खेलकूद में महिला खिलाड़ियों की भागीदारी को मान्यता दे दी। ज़िया के राज में इस पर पाबंदी लगा दी गई थी। यह एक ऐसा मज़बूत समाज बनाने की शुरुआत थी, जहाँ इस्लाम के सन्देशों की गलत व्याख्या देकर स्त्रियों के दमन के लिये दसियों साल से इस्तेमाल किया जा रहा था।

हम यह सारा काम, गहरे राजनीतिक विरोध और अन्य बाधाओं के बावजूद कर सके। जब मैं पहली बार प्रधानमंत्री के ऑफिस में पहुँची, तो वहाँ, सिवाय एक डिप्टी सेक्रेटरी के कोई भी स्टॉफ नहीं बचा था। मुझे तुरन्त एक दल को लंदन यह समझने के लिये रवाना करना पड़ा था कि कैसे 10, डाउनिंग स्ट्रीट पर स्थित प्रधानमंत्री का दफ्तर, मेरे भी दफ्तर को काम करने लायक बना सकता है। इसके अलावा, काफी समय तक मेरे पास कोई फाइलें आनी नहीं शुरू हुई थीं बल्कि ऐसा आदेश दिया गया था कि सारी फाइलें सीधे प्रेसिडेण्ट के दफ्तर में जाएँ।

उस समय की शायद सबसे बड़ी समस्या, जो मेरे दफ्तर संभालने के शुरुआती दौर में थी, वह थी हमारे पड़ोसी देश अफगानिस्तान की गतिविधियाँ। 1979 में, जब रूस ने अफगानिस्तान पर कब्ज़ा कर लिया, तब पाकिस्तान, अमेरिका के साथ मिलकर मुजाहिदीनों की मदद के लिये आगे बढ़ा। अमेरिका के लिये हस्तक्षेप का यह उकसावा, साफ-साफ उसकी शीतयुद्ध की रणनीति का हिस्सा था। अमेरिका को अफगानिस्तान के बहाने वह रास्ता सूझा, जिससे वह रूस की क्षमता, सुविधा और संसाधन पूँजी को पानी की तरह बहता देख सकता था। उसने रूस के इस आक्रमण और कब्ज़े की नीति को खूब हवा दी जिससे अपने-आप दाँव-पेच और शीतयुद्ध की स्थिति पैदा हो गई। अमेरिका ने रूस की अफगानिस्तान के खिलाफ इस खूनी लड़ाई को अफगानिस्तान और पाकिस्तान की आई.एस.आई. का सहारा लेकर खूब भड़काया, जिससे सोवियत राज्य 1990 में लड़खड़ा गया।

पाकिस्तान की अफगानिस्तान में दिलचस्पी ज़रा जटिल थी और उससे बहुत से बारीक मुद्दे जुड़े हुए थे। अफगानिस्तान का पाकिस्तान से एक लम्बे समय से चला आ रहा झगड़ा था, जो दोनों देशों की सीमा के बीच डूरंड लाइन के नाम से जाना जाता था। इसके अलावा, पख्तून लोगों ने 1947 में हिन्दुस्तान के बँटवारे के समय, पाकिस्तान बनने की बड़ी खिलाफत की थी। अफगान लोग खुद को हिन्दुस्तान से ज्यादा जुड़ाव महसूस करता हुआ पाते थे इसलिये उन्हें पाकिस्तान पक्ष से असुरक्षा का आभास होता था। जिस समय हम 1970 में डूरण्ड लाइन पर विवाद-भरे आक्रमण झेल रहे थे, उस समय अफगानिस्तान के प्रेसिडेण्ट दाऊद ने कबीलाई इलाकों में हमारे खिलाफ इसका मोर्चा खोल दिया था। इससे, हमारी सीमा-रेखा एकदम उपेक्षित हो गई थी। जब 1989 में जिनेवा वार्ता के बाद फरवरी में, सोवियत रूस ने अफगानिस्तान से अपनी फौजें हटा ली थीं, तब पाकिस्तान ने अफगानिस्तान में अन्तरिम सरकार बनाने में उनकी मदद की थी।

हमारे जनरल लोगों ने ही अफगान नेता सय्याफ़ को प्रेसिडेण्ट और हिकमतयार को प्रधानमंत्री बनाने का प्रस्ताव दिया था। इस पर इन्कार करते हुए मैंने फौज को बताया था कि मैं किसी सन्तुलित और संयत व्यक्ति को अफगानिस्तान के प्रेसीडेण्ट के रूप में देखना चाहती हूँ। प्रधानमंत्री आप स्वयं चुनकर किसी को बना लीजिए। पाकिस्तान की शुभ-कामनाओं के साथ अफगानिस्तान ने मुजद्ददी को प्रेसिडेण्ट तथा सैय्याफ को प्रधानमंत्री के रूप में चुन लिया था। इस तरह अफगान अन्तरिम सरकार (ए.आई.जी.) के नेताओं का फैसला हुआ था।

मुझे यह तरीका आसान नहीं लगा था। हमने लम्बी-लम्बी बैठकें प्रेसीडेंसी में बैठकर की थीं, जिसमें हम जुटकर किसी एकमत फैसले पर पहुँचने की कोशिश में लगे थे ताकि

जनसंसद बनाई जा सके। बार-बार वह लोग नमाज़ पढ़ने के लिये चले जाते और मैं अकेली रह जाती। उनको मेरा, एक औरत होकर उनके साथ नमाज़ पढ़ना पसन्द नहीं था। मुझे इस बात पर हैरत हुई थी क्योंकि का'बा में, जोकि मुसलमानों की सबसे ज्यादा पवित्र भूमि है औरतें और मर्द साथ-साथ नमाज़ पढ़ते हैं। इसी तरह मदीने में पैगम्बर की मस्जिद में भी यही रिवाज है। सऊदी के इण्टेलिजेंस के प्रमुख प्रिंस तुर्की बिन फैसल और ईरान के विदेश मन्त्री अक्सर मिलने आते। मेरी इण्टेलिजेंस के लोगों ने मुझे बताया कि यह बात सऊदी के लोगों को ठीक नहीं लगती क्योंकि इससे शिया लोगों को उनका हक बँटता नज़र आता है। इसी तरह से ईरान के लोगों की भी नाराज़गी थी क्योंकि इससे सुन्नी मुसलमानों को अपनी ओर से ध्यान बँटता नज़र आता था। अफगान बादशाह देशनिकाला झेलते हुए रोम में थे और वह मुझे और मेरे साथियों को सहज और सन्तुलित व्यक्ति लगते थे, लेकिन ईरान के लोगों को बादशाह स्वीकार नहीं थे। मैंने अफगान लोगों से बातचीत में बहुत समय लगाया। मुझे लगा कि उनके कान इण्टेलिजेंस वाले भर रहे हैं इसलिये उनको मुझसे सहमत होना कठिन लग रहा है। लेकिन इण्टेलिजेंस वालों का कहना था कि वह अफगान लोगों को समझ नहीं पा रहे हैं। यह स्थिति हमारे लिये एक पहेली बन गई थी। मुझे अफगानों की स्थिति पर दुख महसूस हुआ। वे दोनों तरफ से बाहरी शक्तिशाली दबावों से घिर गए थे और अगर वे किसी एक की भी बात नहीं सुनते तो मारे जाते।

सोवियत विदेश मन्त्री शेवार्डनाड्ज़े को पाकिस्तान आना था। हमें बताया गया था कि ज़रूरत इस बात की है कि पाकिस्तान और रूस, सोवियत से मुक्त होने के बाद के अफगानिस्तान पर कोई राजनीतिक योजना तय कर लें। समझौते में यह तय होगा कि प्रेसिडेण्ट नजीब अपना दफ्तर ज़रा ठहर कर छोड़ें, ताकि सोवियत रूस की इज़्ज़त बची रहने की स्थिति बनी रहे। पाकिस्तान के लिये, तीस लाख अफगान शरणार्थी सुरक्षापूर्वक अपने देश की सीमा में प्रवेश करें और नए सिरे से ज़िन्दगी के तार जोड़ें। मेरी इच्छा थी कि मैं उन विदेश मन्त्री से यही निर्णय करवा लूँ लेकिन सेना और पाकिस्तान के इण्टेलिजेंस के लोगों का मत अलग था। उनका कहना था कि काबुल बस एक हफ्ते में हार जाएगा। मेरी इच्छा थी कि हम इसी समझौते पर बात करें और उसके बदले यह प्रस्ताव रखें कि वह हमारी डूरण्ड की सीमा-रेखा को मान्यता दे दें। हमारी सेना और इण्टेलिजेंस को यह भी मंजूर नहीं था। उन्होंने कहा कि पाकिस्तान और अफगानिस्तान दोनों मुस्लिम भाई-भाई हैं, इसलिये हमारे बीच सीमा का कोई प्रश्न ही नहीं है।

जब मैंने यह फिर कहा कि हमें काबुल में सत्ता-हस्तांतरण का कोई शान्तिपूर्ण तरीका रूस के विदेश मन्त्री के साथ मिलकर खोजना चाहिए तब हमारे इण्टेलिजेंस प्रमुख ने मुझसे कहा, "प्रधानमंत्री, अफगानिस्तान के लोगों के इतने बलिदान के बाद क्या आप उन्हें इस हक से भी वंचित कर देंगी कि वह हमारे साथ मिलकर एकसाथ बहादुरी से विजेता की तरह काबुल में प्रवेश करें और हम और अफगान के मुजाहिदीन जाकर साथ-साथ मस्जिद में नमाज पढ़ें...?" उनकी यह भावुकता-भरी बात मुझ पर असर छोड़ गई। मेरी आँख के आगे सोवियत फौजों के साथ लड़ते हुए कितने ही अफगानों की कुर्बानी घूम गई, उनकी औरतों और बच्चों के चेहरे मेरी आँख के आगे नाच गए जिन्होंने इस आज़ादी की कीमत अदा की। यह बात ठीक है कि अफगान के दल और हमारे फौजी, दोनों ही इस बात के

हकदार हैं कि वह इस जीत में हिस्सेदार बनें, जो बस कुछ ही कदम दूर है।

खैर, काबुल को फतह जल्दी नहीं किया जा सका। हफ्ते तो क्या, महीनों तक में भी नहीं। जल्दी ही इण्टेलिजेंस वाले फिर मेरे पास आए। वह मुझसे पूछ रहे थे कि काबुल को जीतने में ए.आई.जी. की मदद करने के लिये पाकिस्तानी फौज भेजी जा सकती है...? ''कतई नहीं,'' मैंने इस बात के लिये कड़ाई से मना किया, ''आप लोगों को मुझसे यह नहीं कहना चाहिए था कि काबुल को एक हफ्ते में जीत लिया जाएगा। मैं पाकिस्तान की फौज को अफगानिस्तान के खिलाफ नहीं भेज सकती। इससे पाकिस्तान, अफगानिस्तान की दुश्मनी मोल ले बैठेगा, इसलिये यह नहीं किया जा सकता।''

''प्रधानमंत्री, अफगान पाकिस्तान से एक संगठन बनाने के समझौते पर तैयार हैं, ताकि काबुल को जीता जा सके और कम्यूनिस्टों को भगाया जा सके। हमारा उनके साथ कोई सीमा का सवाल नहीं होगा।''

मैंने इस संगठन का प्रस्ताव भी अस्वीकार कर दिया, ''इससे हिन्दुस्तान को अफगानिस्तान में हस्तक्षेप करने का मौका मिल जाएगा और बिना अमेरिका, सऊदी और ईरान का साथ लिये, हम बहुत मुश्किल में फँस जाएँगे।'' मैंने जवाब दिया।

''लेकिन ए.आई.जी. ऐसा संगठन चाह रहे हैं और वह उस पर कल ही दस्तखत करने को तैयार हैं,'' मेरे जनरल लोगों ने कहा। ''नहीं, यह नहीं किया जा सकता।'' मैंने जवाब दिया। कहा कि उसके नतीजे पाकिस्तान के लिये भयंकर होंगे। हमारे इस विस्तारवादी तरीके से सारी दुनिया में डर पैदा हो जाएगा और वह हमें ही गिरा देने की कोशिश में लग जाएँगे।

मुजाहिदीनों को ज़बरदस्त परेशानी का सामना करना पड़ रहा था। अमेरिका के राजदूत ने धमकी दी कि हथियारों और पैसों की मदद एकदम बंद कर दी जाएगी। साथ ही अन्तरराष्ट्रीय सहायता, जो शरणार्थियों को दी जा रही है...वह भी बंद कर दी जाएगी। शरणार्थी गहरी मुश्किल में थे, तब भी ए.आई.जी. और उनके फौजी सलाहकार हार मानकर समझौते के अनुसार काबुल की ओर विजय के रास्ते पर जाने को तैयार नहीं थी। इसके अलावा, प्रेसिडेण्ट नजीब का तख्तापलट की कोशिश के बावजूद, उन्होंने काबुल पर ज़ोर-आज़माइश का रास्ता नहीं छोड़ा था।

ए.आई.जी. का साथ देते रहने के वादे को, फौज को अपने अधिकारियों और लोगों के सामने ज़ोर देकर रखने की ज़रूरत थी। पहली रणनीति के विचार सामने आने के बाद ऐसा हो पाया। ए.आई.जी बनाने का संघर्ष इस विचार के साथ तालमेल नहीं बैठा पा रहा था जिसमें अफगानों की मदद कर पाने के लिये कम्यूनिस्टों से छुटकारा पाना ज़रूरी था। उसे पाकिस्तान के अपने राष्ट्रीय हित में दुबारा बनाया गया, इस दावे के साथ कि इसके लिये पाकिस्तान को गहरी रणनीति बनाने में अफगानिस्तान की ज़रूरत थी।

यह विडम्बना ही थी कि पाकिस्तान कभी भी अपनी रणनीति में गहराई नहीं लाया था क्योंकि अफगानिस्तान सोवियत साम्राज्य और उसके पश्चिमी सहयोगियों के सामने एक तटस्थ राष्ट्र ही बना रहा। फिर भी इतिहास को भुलाकर गहरी रणनीति के विचार को आगे लाया गया।

हालाँकि अस्सी के दशक में जनरल ज़िया उल-हक़ ने पाकिस्तान पर सीना तानकर राज किया, लेकिन साथ ही, वह अमेरिका के बहलावे में भी कठपुतली बना रहा। जब तक अमेरिका को सोवियत के खिलाफ जेहाद बोलने में, पाकिस्तान की, या सच कहें तो, आई.एस.आई. की मदद की ज़रूरत रही, अमेरिका ने कभी तानाशाह को लोकतन्त्र के लिये नहीं समझाया। लेकिन जैसे ही 1988 में अफगानिस्तान की हवा फीकी पड़ने लगी, अमेरिका में पाकिस्तान के लिये लोकतन्त्र की फिक्र उठ खड़ी हुई। इसका बड़ा नुकसान उस पूरे दशक-भर में केवल पाकिस्तान का ही नहीं हुआ, बल्कि अमेरिका की इस गहरी चाल के कारण, पूरी दुनिया के मुस्लिम देशों का हुआ।

पाकिस्तान के तानाशाह जनरल ज़िया के, जमाते इस्लामी के सूफी नेता, मौलाना मौदूद्दी से गहरे रिश्ते थे, जोकि मुस्लिम भाईचारे की बात का डंका पीटते थे। जब सोवियत रूस ने अफगानिस्तान पर हमला किया, जनरल ज़िया ने अपना झुकाव जमाते इस्लामी की ओर रखते हुए मुस्लिम भाईचारे के नाते मदद की गुहार लगाई। उन्होंने मौलाना मौदूद्दी के पाठ को फौजों को और स्कूलों-कॉलेजों में उतारना शुरू किया और उदारवादी लोगों को तन्त्र से उखाड़ फेंका। आई.जे.आई. को जल्दी ही वित्तीय सहायता मिलने लगी कि वह मुख्यालय बनाएँ, उनके विचारों को फैलाने के गढ़ खड़े करें और हुकूमत को सलाह देते रहें कि उस पैसे को किस तरह शिक्षा के नाम पर आतंकवादी पाठ पढ़ाने वाले स्कूलों में बदलना है और उसमें खींच-खींचकर बच्चों को लाकर शामिल करना है। चन्दा उगाहने का काम सारे मुसलमान देशों में किया जाने लगा। सारे मेहरबान लोग इस विश्वास पर पैसा देने लगे कि वह गरीब शरणार्थियों के लिये, पढ़ाई, बीमारी-इलाज और उनकी भूख-प्यास के लिये खर्च होगा, जबकि यह सारा पैसा अनाथ शरणार्थियों के पास न जाकर राजनीतिक मदरसों में जाता रहा, जहाँ आतंकवाद और जातीय घृणा के बीज बोए जाते रहे।

अन्तरराष्ट्रीय सहायता भी आती रही लेकिन सब आई.एस.आई. के मुख्यालय में ही पहुँचती थी। ज़िया का ज़ोर इस पर था कि सी.आई.ए. से आया सारा पैसा और दूसरा भी पैसा जो कहीं से भी आया हो, फौज की हुकूमत के पास पहुँचे जहाँ से उसे खर्च की योजना में लगाया जाए। इस पर अमेरिका की सहमति की मोहर थी। इसके ज़रिये पाकिस्तानी फौजी हुकूमत, फौज में, चुन-चुनकर कट्टरपंथी, खूँखार और धार्मिक अलगाववाद से ठसाठस भरे लोगों को आगे ला रही थी। इसका एक नुकसान यह भी हुआ कि सी.आई.ए. के पास स्वतन्त्र इन्सानी समझदार लोगों की पूरी तरह कमी हो गई। तर्क से, इसे एक तात्कालिक फायदे का कदम कहा जा सकता है, लेकिन इसे, दूर के नतीजे बहुत गड़बड़ाए और इसका असर पूरी दुनिया पर पड़ा और पड़ने वाला था।

मैंने जब जून 1989 में संयुक्त राज्य अमेरिका की यात्रा की तब व्हाइट हाउस में दिया गया भोज, जिसे विशेष रूप से मेरे सम्मान में बुश दम्पती ने आयोजित किया था, बहुत महत्त्वपूर्ण माना गया। यह मेरे और मेरे देश के लिये बहुत बड़ी बात थी। हमें अमेरिका के कांग्रेस के संयुक्त सत्र में भव्य स्वागत के साथ शामिल किया गया। लेकिन इससे ज्यादा अहमियत वाली एक दूसरी ही बात हुई। जब मैं जॉर्ज बुश से वहाँ एकान्त में मिली, तब वहाँ व्हाइट हाउस में मैंने उनसे अपनी फिक्र के बारे में बात की। मैंने कहा कि हमारी ज़रूरत सोवियत रूस को अफगानिस्तान से हटाने की थी। इस कोशिश में हमने बतौर रणनीति,

कट्टरपंथी मुजाहिदीन लोगों को बढ़ावा दिया, लेकिन बाद में यही ताकतें हमारे नियन्त्रण से बाहर हो गईं। मैंने दुखपूर्वक बुश को बताया, ''मिस्टर प्रेसिडेण्ट, मुझे लगता है कि हमने खुद अपने-आप ऐसा राक्षस पैदा कर दिया है, जो बाद में हमारे ही लिये सबसे बड़ी मुसीबत बन जाने वाला है।

यह मेरी दूरदर्शिता ही थी। अमेरिकन लोगों ने अपने तात्कालिक लक्ष्य, सोवियत की पराजय, को पूरा करते ही अपने हाथ खींच लिये। उस समय लोकतन्त्र अपनी जगह बना सकता था, लेकिन हमें अन्तरराष्ट्रीय सहयोग की ज़रूरत हर हाल में पड़ती, जो फौजियों के विरोध का सामना कर सकती। वह सहयोग हमारे पास नहीं था। सोवियत संघ की हार के बाद योरुप में बहुत से बदलाव आए और बर्लिन की दीवार गिर जाने के बाद दुनिया का ध्यान बिल्कुल दूसरी ही तरफ घूम गया।

हालाँकि उस समय यह बहुत कम लोग जानते थे, कि अफगानिस्तान पर सोवियत रूस का कब्ज़ा खत्म होते ही एक नए आतंकवाद की शुरुआत हुई जो धर्म के नाम पर पूरे पश्चिम पर छा जाने का इरादा रखता था। उनकी नज़र में उदारवादी पी.पी.पी. और मैं उनके उस सपने के लिये खतरा थी, जिसमें वह मुसलमानों की धार्मिक भावनाएँ भड़काकर मुस्लिम देशों में जड़े जमाने का मंसूबा रखते थे।

अफगानिस्तान के सोवियत संघ को ज़बरन बाहर कर देने और इसके ज़रिये एक बड़ी ताकत को तोड़ देने के अनुभव ने आतंकवादियों को नशे में चूर कर दिया। उन्हें लगा कि वह सचमुच पश्चिम पर कब्ज़ा जमा सकते हैं।

पश्चिम के इण्टेलिजेंस के लोग मेरे मुकाबले फौजी जनरल लोगों के साथ ज्यादा बेहतर मेलजोल महसूस करते थे। मैं ज़ुल्फिकार अली भुट्टो की बेटी थी, जिन्होंने पाकिस्तान में नाभिकीय कार्यक्रमों की नींव रखी थी और जिनकी छवि एक समाजवादी सोच के दृढ़ व्यक्ति की थी। उसके अलावा, मेरे भाई ने भी सोवियत रूस के समय में ही अल-ज़ुल्फिकार नाम का संगठन शुरू किया था।

एक पश्चिम-समर्थक पाकिस्तानी जनरल ने मुझे बताया था कि ''आपकी फौजों ने सोवियत रूस को हराया है, आपकी एक आवाज़ पर हम अमेरिका को हरा सकते हैं।'' मैंने यह प्रसंग अपने एक राजदूत को घबराहट में बताया। उसने झट से यह सारी बात एक अमेरिकी राजदूत को बता दी। उस राजदूत का जवाब था, ''यह सच नहीं हो सकता... वह आदमी शराबी है।'' इससे मुझे समझ में आया कि शराब पीना, न पीना भी एक पैमाना है, जिससे यह अन्दाज़ा लगाया जा सकता है कि इस्लाम के रंग में कौन कितना गहरे रंगा है।

मेरे सरकार में आने के पहले ही हफ्ते में, जब मैं लाहौर पहुँची, वहाँ एक बम, गुलदस्ते में छिपाकर रखा पाया गया था, जो मेरे उसके पास जाते ही फट जाता। इस बात की बार-बार कोशिश की जा रही थी कि अफवाहों के ज़रिये लोगों को मेरे खिलाफ भड़काकर सड़क पर उतार लाया जाए। इस बात का एक छोटा-सा उदाहरण यह बेवकूफी-भरा प्रसंग है। मेरे ऊपर इल्ज़ाम लगा कि मैंने पेरिस से एक बहुत महँगा दुपट्टा खरीदा है, जो शेफॉन कपड़े का है, जबकि पाकिस्तान के लोग गरीब हैं। दरअसल मैंने वह दुपट्टा कराची के बाज़ार से ही खरीदा था और मैं लोगों की बहुत शुक्रगुज़ार हूँ कि उन्होंने तुरन्त ही इस

अफवाह का खण्डन कर दिया। वह मेरे साथ बने रहे और उस बदलाव को स्वीकार करते रहे, जो मैं वहाँ के समाज में लाना चाह रही थी।

मेरे चुने जाने के एक महीने के भीतर ही, ब्रिगेडियर इम्तियाज़ जो भीतरी पाकिस्तान में आई.एस.आई. के प्रमुख थे, और उनके सहायक मेजर आमिर, दोनों मेरे सांसदों से मिले थे और उन्हें भड़काया था कि वह मेरे खिलाफ खड़े हों। यह उनका बहुत प्रिय वाक्य था, ''उसे कोई पसन्द नहीं करता। न अमेरिका, न फौज, कोई नहीं...यहाँ तक कि, उसका पति भी, जैसे ही उससे यह दफ्तर छूटेगा, उसे छोड़ देगा।''

उनकी असली योजना यह थी जिसे वह अफगानिस्तान में पनप रहे जेहाद के साथ मिलकर पूरा करना चाहते थे, कि पश्चिम से सारी ताकत और उसका महत्त्व छीन लिया जाए, लेकिन वह मजबूर थे क्योंकि इस बारे में सरकारी अधिकार मेरे हाथ में था। आई. एस.आई. ने नवाज़ शरीफ को लालच दिया था कि उसे ज़िया उल-हक़ का उत्तराधिकारी बनाते हुए कोई गद्दी सौंपी जाएगी, बशर्ते कि वह मेरी सरकारी याचिका खारिज कर दे। वह पंजाब के मुख्यमंत्री पहले से ही थे। याचिका खारिज हो जाने के बाद, मैं केवल राजधानी इस्लामाबाद की प्रधानमंत्री रह जाऊँगी, न कि पूरे पाकिस्तान की।

इण्टेलिजेंस की मेरे राजनीतिक आधार तक पैठ बनाने के लिये आई.एस.आई. के प्रमुख ने प्रस्ताव रखा कि मैं अपने पास एक इण्टेलिजेंस की एक नई इकाई रखूँ, जो मुख्य इकाई के साथ निरन्तरता बनाए रखे। मुझे सुझाया गया कि राज्य के सीनियर अधिकारियों की तरक्की के मामलों की फाइलें पहले आई.एस.आई. देखे। मैंने यह प्रस्ताव ठुकरा दिया। मैंने उससे कहा, 'जनरल ज़िया को सोवियतों और भारतीयों के खिलाफ दो मोर्चों का सामना करना पड़ा था और उन्हें तो गाँव के स्तर तक अलग फौजी कोर की ज़रूरत नहीं पड़ी और मुझे भी नहीं है। आई.एस.आई. प्रमुख ने आग्रह किया, 'आई.एस.आई. को बढ़ाए बगैर और उन्हीं अधिकारियों को जारी रखे बगैर देश की विचारधारा के मोर्चों की रक्षा पर नियन्त्रण बनाए रखना मुश्किल है।' मुझसे ऐसे अधिकार और कानूनी दर्जा देने के लिए कहा जा रहा था कि 'हुकूमत के अन्दर एक और हुकूमत' बन जाए जो पाकिस्तानियों के जीवन के हर पहलू में, आगे होनेवाले चुनावों सहित, जोड़-तोड़ करे। मैंने इन्कार कर दिया। लेकिन मेरे तख्ता-पलट के बाद, आई.एस.आई. जिस अन्तरिम प्रधानमंत्री गुलाम मुस्तफा जतोई को लाई, उसने इस योजना को लागू कर दिया।

जनरलों के राजनीतिक विरोध के बावजूद, फौज के आम जवानों से मुझे भारी समर्थन मिलता रहा। जब जनरल बेग और मैं 23 मार्च, 1989 को मेरी पहली 'मार्च-पास्ट परेड' देखने गए तो फौजियों के परिवारों की भीड़ गर्मजोशी से स्वागत करने उमड़ पड़ी जिससे मेरी कार की गति धीमी करनी पड़ी। जनरल बेग जनता के इस ढंग से प्यार से उमड़ने के आदी नहीं थे, उन्होंने चिन्तित होकर पूछा, 'क्या हो रहा है?' मेरे सैनिक सचिव ने जवाब दिया, 'कैदियों के परिवार प्रधानमंत्री को देख खुशी का इज़हार कर रहे हैं,' बेग को यह अच्छा नहीं लगा। फौज के जनरलों और कुछ और लोगों से दो दशक के टकराव के बाद भी मैं लाखों जवानों और मुट्ठी-भर अफसरों के बीच अलग पहचान थी। जहाँ जवान तहे-दिल से मुल्क की इज़्ज़त और प्रतिष्ठा के लिए समर्पित थे, वहीं मेरी खिलाफत करने वाले अफसर अफगान जिहाद के संक्रमण से ग्रस्त थे।

मैं उस कोशिश को ठण्डा कर देने में कामयाब रही जो इस्लामिक देशों के संगठन (ओ. आई.सी.) में एक महिला को प्रधानमंत्री चुनने पर पाकिस्तान के निलम्बन के लिए की गई। विभिन्न मुस्लिम देशों के मज़हबी विद्वान मेरे प्रधानमंत्री चुने जाने से बेचैन थे और अलग-अलग फरमान जारी करने में लग गए थे। मेरी बदकिस्मती थी, एक जाने-माने सऊदी मज़हबी विद्वान्, अंधे लेकिन प्रतिष्ठित शेख बाज़ ने एक फरमान जारी करने का फैसला किया कि एक महिला के लिए किसी मुस्लिम राष्ट्र का नेतृत्व करना गैर-इस्लामिक है। लेकिन, मैं खुशकिस्मत थी कि ज्यादा धर्मनिरपेक्ष सरकारों वाले मुल्कों—यमन, सीरिया, मिस्र और ईराक के विद्वानों ने मेरा समर्थन कर मुझे राहत दी।

हालाँकि ओसामा बिन लादेन ने 1989 तक अल-क़ायदा की स्थापना नहीं की थी, लेकिन मैंने पहली बार उसका नाम उस समय सुना जब उसने मेरी पहली सरकार को गिराने के लिए अविश्वास विधेयक के लिए पैसा बाँटा। हालाँकि फरवरी 1989 में सोवियत संघ की वापसी के बाद वह सऊदी अरब चला गया था, लेकिन जब मैंने मई में आई.एस.आई. पर अपने अधिकार पर ज़ोर दिया तो उसे वापस बुला लिया गया। आई.एस.आई. ने बिन लादेन से (जिससे आई.एस.आई. के काफी समय से नज़दीकी सम्बन्ध थे) लोकतान्त्रिक सरकार को उखाड़ फेंकने और मज़हबी हुकूमत कायम करने में मदद माँगी। बिन लादेन ने संसद में मेरे समर्थकों को खरीदकर अविश्वास प्रस्ताव पारित कराने के लिए एक करोड़ डालर की भारी भरकम रकम देने का वादा किया।

जब अफगानिस्तान का मामला सुलझ चुका था, बिन लादेन की यकायक पाकिस्तान की राजनीति में दिलचस्पी को उसके मकसद के शुरुआती संकेत के रूप में देखा जाना चाहिए था। उसका और जिहाद का समर्थन कर रहे दूसरे लोगों का इरादा एक इस्लामिक देश पर कब्ज़ा करने वाले सोवियतों को भगाना मात्र नहीं था। दरअसल वे मज़हबी कट्टरपन्थियों के नियन्त्रण में यूरोप, एशिया और अफ्रीका के आर-पार फैले इस्लामिक देशों में एक विकृत खलीफाई व्यवस्था थोपने की सोच से काम कर रहे थे।

जैसा भी हो, कभी अमेरिका के और पश्चिम के नज़दीकी दोस्त रहे मुजाहिदीन अपने संरक्षकों के ही खिलाफ जा रहे थे। जैसे भी हो उनकी सोच अमेरिका से टकराने की थी जबकि काबुल पर कब्ज़ा कर पाना उनके लिए मुश्किल साबित हो रहा था।

इसी समय के दौरान मुझे खबर मिली कि आम की पेटियों से भरा एक सऊदी विमान पाकिस्तान में उतरा है। चूँकि सऊदी अरब में आम नहीं होते, खजूर होते हैं, हमें दाल में कुछ काला लगा। असैन्य खुफिया के लोगों ने पता लगाया कि पेटियों में आम नहीं, पैसा भरा था। मेरा विचार था कि मुझे सऊदी शाह फहद का समर्थन है। जब मैं उनसे मिली थी, उन्होंने मेरे पिता की तारीफ की थी और बताया था कि किस तरह उन्होंने मेरे पिता की ज़िन्दगी को बचाने की कोशिशें की थीं। उन्होंने मेरे पिता की हत्या को 'गैर-वाजिब' कहा, यह भी कहा कि मेरे पिता उनके लिए भाई जैसे थे और मुझे वह अपनी बेटी जैसी मानते थे। इसलिए मैंने अपने कानून मन्त्री को सऊदी अरब भेजकर शाह फहद से यह पूछने को कहा, 'क्या वे अपनी बेटी से नाराज़ हैं और क्या इसीलिए उन्होंने पाकिस्तान में उसके विरोधियों को सऊदी पैसा भेजा है।' शाह ने मेरे दूत को भरोसा दिया कि पैसा भेजे जाने का सरकार से कोई वास्ता नहीं है और बताया कि 'अफगान जिहाद से कुछ

लोग प्रभावित हैं और उन्होंने निजी पैसा भेजा है।' शाह के एक सलाहकार ने पैसे का स्रोत ओसामा बिन लादेन को बताया।

मैं अमेरिकी दूतावास गई और राष्ट्रपति बुश से कुछ बातचीत की। मैंने राष्ट्रपति को बताया कि मुजाहिदीनों की मदद करनेवाले फौज के कट्टरपन्थी उग्रवादियों से मिलकर मेरी सरकार को गिराने की कोशिश कर रहे हैं और विदेशी पैसा पाकिस्तान में झोंका जा रहा है। मैंने उल्लेख किया कि शाह फहद के सलाहकार ने पैसा भेजने वाले सऊदी व्यवसायी का नाम ओसामा बिन लादेन बताया है।

आई.जे.आई. द्वारा रखा गया अविश्वास प्रस्ताव 1 नवम्बर, 1989 को 12 वोटों से गिर गया। लेकिन इससे आई.एस.आई. / विदेशी उग्रवादियों की धुरी से टकराव और चालबाज़ी का ऐसा सिलसिला शुरू हो गया जिसने आनेवाले दशकों में पाकिस्तान और सारी दुनिया में परेशानियाँ पैदा कीं।

फौज के सदर मुकाम के एक दौरे के समय, मेरे सेनाध्यक्ष जनरल असलम बेग ने मुझे फौजी मामलों के बारे में बताया। उन्होंने पेशकश की कि सरकार फौज को इस बात की इजाज़त दे कि अगर उसे हमला होने का अंदेशा हो तो वह 'आक्रामक बचाव' की कार्रवाई कर सके। जो उन्होंने कहा उसका मतलब हकशुफा कार्रवाई करना था। उन्होंने कहा कि अगर इस्लामाबाद 'आक्रामक बचाव' के रास्ते पर चले, तो भारतीय अधिकार वाले कश्मीर की राजधानी श्रीनगर पर कब्ज़ा कर सकता है। उसके बाद 'युद्ध के तजुर्बे वाले एक लाख मुजाहिदीन' भेजने का प्रस्ताव आया, जो श्रीनगर पर कब्ज़ा करने में पाकिस्तान की मदद करने को तैयार थे (ओसामा बिन लादेन ने भी सऊदी अरब के शाह फहद के आगे यह प्रस्ताव उस समय रखा था जब इराक ने 1990 में कुवैत पर हमला किया था। मेरी तरह शाह फहद ने भी इस प्रस्ताव को मानना ठीक नहीं समझा। इसी का नतीजा सऊदी घराने से ओसामा के खुले टकराव के रूप में सामने आया)।

जनरल बेग ने मुझसे कहा, 'प्रधानमंत्रीजी, आप बस हुक्म-भर दे दीजिए और उनके आदमी श्रीनगर को ले लेंगे और जीत का सेहरा आप पहनेंगी और महिमा आपकी बखान होगी।' मैंने सोचा कि हकीकत से उनका सारा नाता टूट चुका है।

'अफगान मुजाहिदीन'—एक अस्पष्ट शब्द है। इसमें पाकिस्तान, अफगानिस्तान, अरब और अन्य समूह शामिल हैं जिन्होंने अफगान जिहाद चलाया और जो कश्मीर में हो रहे विद्रोह की मदद में वहाँ जाने को तैयार थे। मैंने इस विचार को नामंज़ूर कर दिया, कश्मीर के विद्रोह में गैर-कश्मीरी लड़ाकों के शामिल होने का समर्थन करने से इन्कार कर दिया।

मैं अपने मन में इस छाप के साथ लौटी कि हमारे सेनाध्यक्ष, जनरल हमीद गुल और दूसरे उन लोगों से बहुत ज्यादा प्रभावित हैं जिन्होंने सोवियतों के खिलाफ अफगान जिहाद को लड़ा। उनकी सोच सब कुछ उलट-पुलट कर देने के आडम्बर और मसीहाई सपनों वाली है और लगता है कि वे यह नहीं समझ रहे हैं कि अफगानिस्तान में सोवियतों की हार महज़ जिहादियों के लड़ाई के नारों से नहीं हुई थी बल्कि अमेरिकी स्टिंगर मिसाइलों, अन्तरराष्ट्रीय वित्तीय, राजनयिक और राजनीतिक मदद से हुई थी। मैं महिमा बखाने जाने जैसी खुश कर

देने वाली बातों में आने को तैयार नहीं थी जो मुझे लगा कि मेरे देश को बदनामी दिलाएगी। मैंने फौज को यह बात अच्छी तरह समझा देने की एहतियात बरती कि सरकार भारत से युद्ध करने के पक्ष में नहीं है।

नागरिक सरकार के नियन्त्रण से बचने की एक और कोशिश में, जनरल बेग ने लड़ाई के नियमों में, कि मुल्क किन हालात से जंग के लिए तैयार होगा, बदलाव करने का फैसला किया। हमारी मन्त्रिमण्डल की सभा समिति की एक बैठक तूफानी रही। मेरे गृह मन्त्री ने सेना प्रमुख से बेबाक ढंग से कहा, 'जंग के बारे में फैसला राजनीतिक नेताओं को ही करना चाहिए क्योंकि उन्हें जनता ने चुना है।' कमरे में स्तब्ध खामोशी छा गई। प्रशासनिक अधिकारी सेना के तलवे चाटने के आदी थे और फौजी जनरल राजनेताओं की खुली आलोचना करते थे। मैंने जनरल बेग को अपने दफ्तर में चाय पीने का न्योता दिया। मैं देख सकती थी कि वह मेरे दिए भाषण से उबल रहे थे। मैंने सहज ही यह जान लिया कि उन्हें लग रहा है कि उन्हें मन्त्रिमण्डल की रक्षा समिति में सभी सदस्यों के सामने नीचा दिखाया गया और वे इसका बदला लिए बिना नहीं रहेंगे। बदकिस्मती से मेरा अन्दाज़ा गलत नहीं था।

जनरलों ने संवैधानिक, सांस्थानिक और राजनीतिक तरीकों से हर कोशिश की कि वे काम कर पाने की सरकार की काबिलियत पर असर डालें। इनमें आठवें संशोधन के तहत राष्ट्रपति का सरकार को बर्खास्त करने का संवैधानिक अधिकार भी शामिल था जो हमेशा हमारे सिर पर तलवार की तरह लटका रहता था। इसमें पंजाब में नवाज़ शरीफ का इस्तेमाल कर करीब-करीब विद्रोह जैसे हालात पैदा कर देना भी शामिल था। लेकिन एक दूसरी साज़िश मेरे खिलाफ रची गई जिसमें सरकार चलाने की मेरी काबिलियत पर सवाल उठाए गए, यह बदला लेने का बहुत व्यक्तिगत और बदनीयत तरीका था।

मेरे ऊपर हमले सिर्फ मेरे मज़हबी विश्वास, पाकिस्तान के प्रति मेरे समर्पण या वाशिंगटन से मेरी स्वतन्त्रता तक ही सीमित नहीं थे। मेरे चरित्र और मेरे परिवार की प्रतिष्ठा के खिलाफ भी एक संगठित मुहिम चलाई गई जिसकी योजना मेरी चुनावी जीत के भी पहले बना ली गई थी। अमेरिका और यूरोप में राजनीतिक हथियार के रूप में इस्तेमाल किए जाने से काफी पहले ही, आई.एस.आई. ने 'व्यक्तिगत विध्वंस की राजनीति' ईजाद की, मेरे नाम पर कीच उछालने और मेरी सरकार को भ्रष्ट बताने का जानबूझकर और सुनियोजित कार्यक्रम चलाया गया। अपना व्यवसाय करने वाले मेरे पति को इस साज़िश का मुख्य निशाना बनाया गया। यह ऐसा तरीका था जो मुझे शक है कि शायद ही किसी पुरुष प्रधानमंत्री के खिलाफ कभी चलाया गया हो।

व्यक्तिगत विध्वंस की राजनीति कट्टरपन्थियों के इस्तेमाल के लिए एक शक्तिशाली हथियार था। हालाँकि उस अवधि के दौरान कोई भी खास बात साबित नहीं हुई या वैसा कोई ठोस इल्ज़ाम सामने नहीं आया, फिर भी एक नकारात्मक माहौल बना दिया गया। पाकिस्तान के महालेखा परीक्षक की इस रिपोर्ट के बावजूद कि मुझ पर हमला करने और सत्ता से बाहर करने के लिए राजकीय कोष का दुरुपयोग किया गया, मुझे ऐसे मामलों पर सवालों का लगातार सामना करना पड़ा।

वर्षों तक न्यायिक परेशानियाँ पैदा करने और पाकिस्तान के अन्दर और बाहर मेरी छवि खराब करने के लिए बाद में पाकिस्तान के एक के बाद एक तानाशाहों द्वारा आरोप

मढ़े जाने के बावजूद एक भी आरोप किसी अदालत में न तो मेरे पति के खिलाफ सही साबित हुआ और न ही मेरे खिलाफ। फिर भी जैसे ही एक आरोप खारिज होता, वैसे ही दूसरा लगा दिया जाता। एक अदालत में जमानत मंजूर होती तो दूसरी अदालत में वह नामंजूर कर दी जाती। आखिर में ऐसी स्थिति आ गई कि देश-भर की अदालतों में गढ़े गए आरोपों का सामना करने में मेरा और मेरे पति का इतना समय और ऊर्जा बर्बाद होते कि अपने देश में लोकतन्त्र की पुनर्स्थापना के लिए लड़ने के काम पर असर पड़ता। लेकिन यही बात तो उन सब कुचक्रों का मकसद था। हम पर दबाव डाला जा रहा था कि राजनीति छोड़ दें या फिर अदालती जोड़-तोड़ से हमें बाहर कर दिया जाए ताकि राष्ट्रीय सरकार बनाने के लिए सिर्फ एक ही ताकत बचे, वह ताकत फौज के अफसरान ही थे।

गुप्तचर सेवा और उनसे साँठगाँठ करने वाले अतिवादी सिर्फ मुझे ही खत्म करने की कोशिश नहीं कर रहे थे, वे पाकिस्तान में लोकतन्त्र को पनपने और जड़ें जमाने का मौका ही नहीं देना चाहते थे। लोकतन्त्र से तो उनका सारा वजूद खतरे में पड़ रहा था। आज के नए ज़माने में फौजी तानाशाह हमेशा लोकतन्त्र से बहुत चिन्तित होते हैं।

पाकिस्तान में लोकतान्त्रिक ताकतों को संविधान के आठवें संशोधन का डर हमेशा बना रहता है क्योंकि इसका इस्तेमाल फौज चुनी हुई सरकारों की बर्खास्तगी के लिए करती आई है। 1985 के बाद हर निर्वाचित सरकार के प्रधानमंत्री को, जुनेजो को, नवाज़ को और मुझे, भ्रष्टाचार और नाकाबिलियत के आरोप में उसे किसी ढंग से साबित किए बिना ही आठवें संशोधन के तहत बर्खास्त किया गया। मेरी सरकार को 6 अगस्त, 1990 को (दो दिन पहले कुवैत पर हुए ईराकी हमले की आड़ में) हटा दिया गया। अमेरिका में *'एबीसी न्यूज'* के समायोजक पीटर जेन्निंग्स ने इसे 'संवैधानिक मुलम्मे वाला फौज-समर्पित तख्तापलट' कहकर बिल्कुल सटीक ढंग से परिभाषित किया। एक ही पीढ़ी में दूसरी बार, मेरे पिता की सरकार के खिलाफ तख्तापलट की साज़िश को अंजाम देने के सिर्फ तेरह वर्ष बाद, मैंने देखा कि फौजियों ने फिर एक बार प्रधानमंत्री निवास को घेर लिया है।

पाकिस्तान का 1990 में हुआ चुनावी अभियान एक तमाशे जैसा था। पाकिस्तान पीपल्स पार्टी के सैकड़ों कार्यकर्त्ता बिना किसी आरोप के जेलों में ठूँस दिए गए थे। अनेक को यातनाएँ दी गईं, कुछ लापता हो गए और दूसरों की हकीकतन हत्या कर दी गई। हमें सूचना माध्यमों तक अपनी बात नहीं पहुँचाने दी गई। नवाज़ शरीफ के चुनाव अभियान में लाखों-करोड़ों रुपये बहाए गए। आई.एस.आई. की तरफ से स्थानीय राजनेताओं के हाथों में मोटी रकम रखकर उन्हें पी.पी.पी. से सम्बन्ध तोड़ने के लिए बाध्य किया गया। आई.एस.आई. के प्रमुख जनरल असद दुर्रानी ने बाद में अदालतों में स्वीकार किया कि 1990 के चुनावों के दौरान मेरे खिलाफ इस्तेमाल करने के लिए 6 करोड़ रुपए वितरित किए गए थे। फिर भी सारे देश में सभी चारों सूबों में मेरे जलसों में ज़बरदस्त भीड़ उमड़ी। पंजाब के ग्रामीण इलाकों में मेरे अभियान का असर खासकर भरोसेमन्द था। सर्वेक्षण के नतीजे उत्साहवर्धक थे, उनमें विश्वास व्यक्त किया गया था कि हम 1988 के चुनावों में जीतीं 92 सीटों के बराबर या उससे ज्यादा हासिल करेंगे। अन्त होते-होते अन्तरराष्ट्रीय प्रेस मेरी असाधारण वापसी और उलटफेर होने की भविष्यवाणियाँ कर रहा था। लेकिन निस्संदेह जनरलों की योजना यह नहीं थी। तख्तापलट लोकतन्त्र की बहाली के लिए थोड़े ही किए जाते हैं।

1990 के चुनाव जिस घड़ी आयोजित हुए थे तभी से गड़बड़ियों के शिकार हुए—मुझे सूचना माध्यमों तक पहुँच से वंचित रखने और हमारे खिलाफ सरकारी पैसे का उपयोग करने से लेकर मतदाता सूचियों में हेरा-फेरी, परिचय-पत्रों को चुनिंदा ढंग से बाँटने और मतदान केन्द्रों का स्थान बदलने तक। यही नहीं, मतपेटिकाओं को भरा गया और अन्त में वोटों की गिनती करने में भी गड़बड़ियाँ हुईं। अमेरिकी निगरानी करनेवालों ने मतदान पूर्व की गड़बड़ियों पर रिपोर्ट दी। राष्ट्रमण्डल और सार्क देशों से आए निगरानी कर्ताओं ने मतदान और मतगणना पर ध्यान केन्द्रित किया। जैसा भी हो, किसी ने चुनाव-प्रक्रिया पर मंजूरी या जायज़ होने की मोहर नहीं लगाई।

पाकिस्तान में 24 अक्तूबर, 1990 को हम भारी पैमाने पर चुनावी छल-कपट के दुखद गवाह बने। पाकिस्तान की सबसे बड़ी पार्टी और चारों सूबों में उल्लेखनीय प्रभाव रखने वाली एकमात्र पार्टी पी.पी.पी. को राष्ट्रीय असेम्बली में बेतुकी 44 सीटें मात्र जीतने की 'इजाज़त' आई.एस.आई ने दी। प्रेक्षकों ने छल-कपट की निंदा की और आँकड़ों के विशेषज्ञों की आम राय थी कि आई.एस.आई. समर्पित पाकिस्तान मुस्लिम लीग को पूरे देश में मिले वोटों में 7 से 13 फीसदी के बीच फर्जी वोट थे—करीब 65 लाख वोट! फौजी अफसरान ने नवाज़ शरीफ को बिना किसी रुकावट के, किसी के साथ सुलह या राष्ट्रीय असेम्बली में अन्य पार्टियों के साथ कोई समान आधार तलाशे बिना, सरकार बनाने की हरी झण्डी दे दी। चुनावी धोखे से उनकी पार्टी पी.एम.एल. को 207 सीटों वाली राष्ट्रीय असेम्बली में 106 सीटें और देशभर की चारों सूबाई असेम्बलियों का नियन्त्रण दे दिया। मुझे विपक्ष की नेता चुना गया।

मैं राष्ट्रीय असेम्बली के पटल पर एक के बाद एक दिन, एक के बाद एक महीने नवाज़ सरकार के अनुदेशों को चुनौती देती रही। विपक्ष के नेता के तौर पर ब्रिटेन के महान संसदीय आदर्श में, मैं प्रधानमंत्री सहित सरकारी अधिकारियों से सवाल पूछ सकती थी और बहस कर सकती थी। मैंने अपनी उस ताकत का उपयोग अपनी सरकार की सामाजिक, आर्थिक और राजनीतिक उपलब्धियों की रक्षा करने की कोशिशों में किया। यह काम आसान नहीं था। नई सरकार ने उन कई सामाजिक सुधारों को पलट दिया जिन्हें मैंने शुरू किया था। सेंसरशिप फिर से थोप दी गई। छात्र यूनियनों पर फिर पाबंदी लगा दी गई। सूचना माध्यमों तक विपक्ष की पहुँच के रास्ते रोक दिए गए। सामाजिक क्षेत्रों पर ज़ोर और उनके लिए वित्तीय आबंटन को नए बजट में गैर-विकास कार्यों में लगा दिया गया, इससे शिक्षा के क्षेत्र में तो खासकर तकलीफदेह कटौती हुई। पाकिस्तान में महिलाओं और लड़कियों के लिए मेरे शुरू किए गए अनेक सुधार जिनमें महिला स्वास्थ्य और परिवार नियोजन केन्द्र भी थे, जो बंद कर दिए गए।

आई.एस.आई. ने मेरे खिलाफ हमले लगातार जारी रखे। धमकियों और चेतावनियों का कई-तरफा अभियान चला। यहाँ तक कि विमान अपहरण के एक मामले में मुझे फँसाने की चाल भी चली। खुफिया सेवा के कुछ हिस्से ने रावलपिंडी की एक भर्ती एजेंसी की मार्फत अपहरणकर्ताओं की भरती की। इन रंगरूटों के नाम अल-जुल्फिकार के सदस्यों के नाम पर रख दिए गए। साज़िश मुझे मेरे भाई के संगठन से जोड़ने की और इस तरह हम दोनों को विमान अपहरण से जोड़ने की थी।

उसके बाद सिंगापुर हवाई अड्डे पर 26 मार्च, 1991 को सिंगापुर की वायु सेवा के विमान का अपहरण कर लिया गया। उसमें 129 यात्री सवार थे। यह साज़िश गड़बड़ा गई क्योंकि उस दिन मैं लरकाना गई थी और रात को वहीं रुक गई थी। जब विमान का अपहरण हो गया और मुझे लरकाना में ढूँढ़ लिया गया तो डिप्टी कमिश्नर मेरे घर आया। उसने मुझे जगाने का आग्रह किया क्योंकि अपहरणकर्ता धमकी दे रहे थे कि वे तमाम यात्रियों को मार डालेंगे, वे तभी छोड़ेंगे जब मैं उनको ऐसा करने का हुक्म दूँ। ज़ाहिराना तौर पर ऐसा तमाशा खड़ा किया गया था, जिससे लगे कि अपहरणकर्ता मेरे निर्देशों का पालन कर रहे हैं।

किस्मत अच्छी थी कि मेरे सुरक्षा गार्डों ने मुझे जगाने से इन्कार कर दिया। जब स्थानीय ज़िला अधिकारी सुरक्षा गार्डों से बहसबाज़ी कर रहे थे, उस समय सिंगापुर के अधिकारियों ने विमान पर धावा बोलकर अपहरण करनेवालों को मार दिया। जब सिंगापुर के अधिकारियों ने मारे गए अपहरणकर्ताओं की तस्वीरें जारी कीं तो उन रंगरूटों के असली परिवार आगे आ गए और लाश सौंपने की माँग करने लगे। सूचना माध्यमों ने पाया कि यह मामला तो फर्ज़ी नामों वाला और रचा गया तमाशा है, इस अपहरण के मामले से अल-ज़ुल्फिकार का तो कोई लेना-देना ही नहीं। ज़ाहिर है कि वह गुप्तचर सेवा का ही काम था क्योंकि उसे ही अल-ज़ुल्फिकार के सदस्यों के नाम-पते मालूम थे और साज़िश बनाते समय उन्हीं नाम-पतों से पासपोर्ट बनवाए गए और टिकट खरीदे गए।

एक वर्ष बाद उन्होंने जो किया वह इतनी बारीकी से रचा गया गुपचुप काम नहीं था। 1992 में मेरी हत्या की कोशिश की गई। जब मैं लरकाना में अपने घर जा रही थी, उस समय एक रॉकेट लांचर से मेरी कार पर गोले दागे गए। गोले मेरी कार के बजाय मेरे साथ चल रही पुलिस की गाड़ी पर गिरे और अफसोसनाक ढंग से छह पुलिसमैन मारे गए।

विपक्ष के नेता के अपने कार्यकाल के दौरान जल्दी ही मैंने अपने पेशेवर जीवन का एक नया दौर शुरू किया। मैंने समस्त दुनिया में, खासकर अमेरिका में व्याख्यान देना शुरू किया। इससे मुझे मौका मिला कि मैं जनमत-निर्माताओं से पाकिस्तान में लोकतन्त्र के हालात की चर्चा करूँ, अखबारों और इलेक्ट्रॉनिक मीडिया वालों और निर्वाचित अधिकारियों से मिलूँ—अमेरिका में कांग्रेस सदस्यों और सीनेटरों और ब्रिटेन और यूरोप में सांसदों, साथ ही विदेशों में रह रहे पाकिस्तानी समुदाय से भी सम्पर्क करूँ। इन सभी से पाकिस्तान में लोकतन्त्र की बहाली के लिए दबाव डलवाने की कोशिश करूँ (बाद में भी मैंने यूरोप, एशिया और उत्तरी और दक्षिणी अमेरिका में अक्सर व्याख्यान देना जारी रखा)।

मैं समझती हूँ कि राष्ट्रीय असेम्बली में मेरा काम, और विदेशों में मेरे व्याख्यानों और लेखन, पाकिस्तान में लोकतन्त्र के पटरी से उतरने की तरफ पुनः ध्यान खींचने में कामयाब रहा। राष्ट्रीय असेम्बली में अपने ज़बरदस्त बहुमत के बावजूद नवाज़ शरीफ ने खुद को अलग-थलग और अपने बनाने वालों—फौजी अफसरान—से बढ़ते टकराव में फँसे हुए पाया। इसके साथ ही विभिन्न महाद्वीपों में कई आतंकवादी कार्रवाइयाँ होने लगीं।

मेरा विश्वास है कि आतंकवादियों से लड़ाई का दौर 1990 में पाकिस्तान में हुए चुनावों और नवाज़ हुकूमत के बनने के समय ही शुरू हो गया था। आतंकवादी कार्रवाइयाँ—हालाँकि 2001 में विश्व व्यापार केन्द्र पर हुए दूसरे हमले के पहले उनकी तरफ पूरी तरह ध्यान नहीं दिया गया था—इस्लाम और पश्चिमी दुनिया के बीच एक हिंसक आन्दोलन की आग को हवा देने वाली हैं। वह आग जिसे हार्वर्ड के सैम्युल हटिंगटन ने 'संस्कृतियों का टकराव' कहा है। ऐतिहासिक विध्वंस का सिलसिला बन चुका था।

अपने शासन के शुरू के दौर में, नवाज़ ने आई.एस.आई. के पूर्व प्रमुख और आई.जे.आई. राजनीतिक गठजोड़ के संस्थापकों में एक ब्रिगेडियर इम्तियाज़ को गैर फौजी संघीय खुफिया एजेंसी का प्रमुख नियुक्त किया था। राष्ट्रीय असेम्बली और चारों सूबाई असेम्बलियों में अपने ज़बरदस्त बहुमत के बावजूद नवाज़ अपनी ताकत को बढ़ाने और भविष्य में सम्भावित विरोध को खत्म करने पर उतारू थे। उन्होंने ब्रिगेडियर इम्तियाज़ से दो राजनीतिक लक्ष्यों की तरफ खासकर ध्यान देने को कहा—राष्ट्रपति गुलाम इशहाक खान और मैं।

राष्ट्रपति के साथ टकराव तो नवाज़ के पद सँभालते वक्त ही शुरू हो गया था, लेकिन वह खुलकर तब सामने आया जब सेनाध्यक्ष जनरल आसिफ नवाज़ की अचानक दिल के दौरे से मौत हो गई और नया सेनाध्यक्ष बनाने का सवाल सामने आया। नवाज़ शरीफ और गुलाम इशहाक खान ने जब टेलीविज़न पर एक-दूसरे के खिलाफ भड़काने वाले आरोप लगाए तो गुलाम इशहाक खान ने नवाज़ सरकार को बर्खास्त कर दिया। एक बार फिर, नवाज़ पर 'भ्रष्टाचार और कुप्रबंधन' के आरोप लगाए गए।

नवाज़ की बर्खास्तगी के बाद शुरू हुए चुनाव अभियान के दौरान, सुरक्षा व्यवस्था में फौजी कट्टरपन्थियों के साथ मेरा पहले का टकराव पुनः जीवित हो उठा। 1993 में उन्होंने मुझे सत्ता से बाहर रखने के ज्यादा सीधे तरीके अपनाए। आई.एस.आई. को इस बार पैसा देकर मुझे सत्ता से बाहर रखने की कोशिश करने भर से सन्तोष नहीं हुआ। इस बार वे मुझे स्थायी तौर पर तस्वीर के बाहर कर देना चाहते थे। मुझे, जो उनके खलीफाई राज के सपने में बाधक थी, हमेशा के लिए खत्म कर देना चाहते थे। इसलिए 1993 के पतझड़ में मेरी हत्या का आदेश दे दिया गया। जिसे हत्या करने के लिए चुना गया वह अफगान जिहाद के वक्त से आई.एस.आई से सम्बन्ध रखनेवाला एक पाकिस्तानी था। उसका नाम रम्ज़ी यूसेफ था।

जैसा कि हम सभी अब जानते हैं, यूसेफ ने उसी वर्ष 26 फरवरी को न्यूयार्क के विश्व व्यापार केन्द्र पर हुए पहले हमले में भाग लिया था। अल-क़ायदा के उस पहले हमले में योजना यह थी कि उन बहुमंज़िली इमारतों में एक इमारत पर ऐसा हमला हो कि वह दूसरी इमारत पर आ गिरे जिससे दसियों हज़ार अमेरिकी मारे जाएँ। फरवरी में उस हमले के बाद यूसेफ अमेरिका से भाग निकला और पाकिस्तान आ गया। सात माह बाद उसे मेरी हत्या करने का काम सौंपा गया। उसने 1993 के चुनाव अभियान के दौरान दो अलग-अलग मौकों पर मुझे मारने की कोशिश की।

सितम्बर में उसने, दो अन्य साथियों की मदद से मेरे घर के सामने सड़क में एक

बम रखने की तैयारी की जिसका विस्फोट सुदूर नियन्त्रण से किया जाना था। उसकी योजना मेरी कार के गैरेज से निकलते वक्त उस बम का विस्फोट कर देने की थी। जब वह उसे रखने की कोशिश कर रहा था, वहाँ से गुज़रती पुलिस की एक गश्ती गाड़ी रुकी। और उससे पूछा कि वह क्या कर रहा है। उसने जवाब दिया कि वह सड़क पर गिर गई अपनी चाबियों को ढूँढ़ रहा है। पुलिस को वह कुछ संदिग्ध लगा और उससे वहाँ से तत्काल चले जाने को कहा। यूसेफ ने, साफ है कि उस रात बम को निष्क्रिय करते समय खुद को ज़ख्मी कर लिया और इलाज के लिए अस्पताल चला गया। अस्पताल के खाते ने दिखाया कि उसकी एक अँगुली उसी रात किसी बिना बताए तरीके से कट गई।

अविचलित, रम्ज़ी यूसेफ और उसके साथी अपने अंकल खालिद शेख मुहम्मद और उसके समर्थकों के स्पष्ट निर्देशों के बाद पुनः मेरी हत्या करने में जुट गए। खालिद शेख, जैसा कि हमें अब मालूम है, बाद में अल-क़ायदा का 'सी.ई.ओ.' (मुख्य कार्यकारी अधिकारी) बन गया और संदेह है कि वॉल स्ट्रीट जर्नल के ब्यूरो चीफ डेनियल पर्ल का सिर उसने ही काटा था। (अब वह अमेरिकी हिरासत में है।) उन्होंने फिर एक बार मुझे निशाना बनाने की कोशिश की, लेकिन इस बार साज़िश और भी पेचीदा थी। उसमें एक दूसरा मकसद पी.पी.पी. के लोगों को एक-दूसरे के खिलाफ कर देने का भी जुड़ा था।

अल-क़ायदा और गुप्तचर एजेंसियों द्वारा साज़िश की जो रूपरेखा बनाई गई थी, उसमें मेरी हत्या ऐसे की जानी थी जिससे लगे कि मेरा भाई ही उसके लिए ज़िम्मेदार है। कराची के निश्तर पार्क में एक बड़ी चुनावी सभा में मेरा जाना तय था। खालिद शेख को अल-क़ायदा के कई परिष्कृत हथियार पेशावर से रम्ज़ी यूसेफ को पहुँचाने थे। हत्या के दिन ही उन हथियारों का ट्रेन से आना तय था। साज़िश धरी रह गई क्योंकि वह ट्रेन रास्ते में हैदराबाद में लेट हो गई और हथियार सभा खत्म होते तक नहीं पहुँच पाए।

विडम्बना है कि जब फरवरी, 1995 में रमज़ी यूसेफ़ को पाकिस्तान में पकड़ा गया तो उसे विश्वास था कि मेरी हत्या की कोशिशें करने के कारण ही उसे गिरफ्तार किया जा रहा है। उसने पाकिस्तानी संघीय जाँच अधिकरण (फेडरल इंवेस्टिगेशंस अथॉरिटी) को बताया, 'वह सीधी हमारी नज़रों के सामने थी, लेकिन हथियार ही वक्त पर नहीं पहुँचे थे।' उसे, मेरे आदेश पर अमेरिका को सौंप दिया गया।

पी.पी.पी. ने 1993 के राष्ट्रीय चुनावों में केन्द्र में सरकार बनाने के साथ ही एक गठबंधन सरकार पंजाब की सूबाई असेम्बली में बनाई जिसका इस्तेमाल नवाज़ शरीफ और कट्टरपन्थियों ने मेरी पहली सरकार को कमज़ोर करने के लिए किया था। 1990 में मेरी सरकार के खिलाफ पहले तख्ता-पलट के ठीक तीन वर्ष बाद ही पी.पी.पी. पाकिस्तान की सत्ताधारी पार्टी के रूप में वापस लौट आई थी। मैं एक बार फिर प्रधानमंत्री थी।

दूसरी बार प्रधानमंत्री बनने का असाधारण मौका मिलने पर, मेरा पक्का इरादा था कि हर दिन का इस्तेमाल पाकिस्तान के मेहनतकश परिवारों की रोज़ाना की ज़िन्दगी को सुधारने और खतरनाक अन्तरराष्ट्रीय माहौल में स्थिरता लाने के वास्ते करूँगी।

जब मुझे दूसरी बार प्रधानमंत्री के रूप में शपथ दिलाई गई, मैंने उन अनेक चुनौतियों

के बारे में सोचा जो पाकिस्तान के सामने थीं। मेरा देश आतंकवादी देश घोषित किए जाने के कगार पर था, कराची में एक फौजी कार्रवाई चल रही थी और पाकिस्तान दिवालियेपन की कगार पर था। यह कई तरह का राष्ट्रीय संकट था।

मैंने पुनः पाकिस्तान को आधुनिक युग में लाने के लिए जितनी तेज़ी से और असरदार तरीके से मुमकिन हो सका, कोशिशें कीं। शुरुआती महीनों में मेरी सरकार ने एक बहुत महत्त्वाकांक्षी सामाजिक कार्रवाई योजना (एस.ए.पी.) बनाई जिसका मकसद शिक्षा, आवास, स्वास्थ्य, सफाई बुनियादी ढाँचे और महिलाओं के अधिकारों के क्षेत्रों में तेज़ी से देश का विकास करना था। एस.ए.पी. की मुख्य बात सार्वजनिक-निजी सहभागिता थी, जिसमें केन्द्र सरकार की तरफ से अभूतपूर्व स्तर पर योगदान, अन्तरराष्ट्रीय विकास संगठनों के अनुदान और पाकिस्तान के बढ़ते निजी क्षेत्र का समर्थन शामिल थे।

मेरी नई सरकार के पहले ही वर्ष में हमने 20 अरब डालर का रिकार्ड तोड़ विदेशी निवेश आकर्षित किया, पिछले चालीस वर्ष में जितना आया था उससे भी ज्यादा एक ही वर्ष में आया। इस नए विदेशी निवेश का अस्सी फीसदी बिजली उत्पादन के क्षेत्र में था, ताकि हम बिजली की कटौती बंद करने और अर्थतन्त्र के तेज़ी से आगे की तरफ छलाँग लगाने के अपने वादे को पूरा कर सकें।

हमने शेयर बाज़ार के नियमों को नया जामा पहनाया और पाकिस्तान की स्टेट बैंक का कम्प्यूटरीकरण किया। हमने तमाम एशिया में सबसे सस्ती दरों पर बिजली क्षेत्र में निवेश प्राप्त करने के सौदे किए और बिजली कटौतियाँ खत्म कर दीं।

निजीकरण से हुई आमदनी से हमने भारी कर्ज़े चुकाने शुरू किए और देश पर लदे ब्याज अदायगी के वज़न को कम किया। हम पाकिस्तान के इतिहास में पहली ऐसी सरकार बने जिसने सिर्फ ब्याज को ही नहीं मूलधन को भी वापस कर दिखाया। हमने उद्योगों और ऊर्जा का निजीकरण शुरू किया जिससे हमारा आर्थिक ढाँचा विकसित हो और आधुनिक दुनिया में प्रतिस्पर्द्धा कर सके। हमने घरेलू कर्ज़े कम करने के बड़े फैसले किए। हमने गैर-विकास खर्चों में तीन अरब रुपए की कटौती की जो हमारी टैक्सों से होने वाली आमदनी का एक-तिहाई थी। इन कड़े फैसलों का असर हुआ। देश खुशहाली के रास्ते पर बढ़ने लगा।

जब मैं एक्सिम बैंक के अध्यक्ष से मिली तो उन्होंने कहा कि वे मेरे नेतृत्व के चलते पाकिस्तान में होने वाले निवेश की ज़िम्मेदारी लेने को सहर्ष तैयार हैं क्योंकि हमने बड़े स्तर पर सुधार लागू किए हैं। ब्रिटिश वित्तमन्त्री ने मुझसे पूछा कि हमने कर राजस्व को दोगुना कैसे कर दिखाया?

हमने उससे भी कहीं ज्यादा किया था। मेरे दूसरे कार्यकाल में विकास दर तीन गुना हो गई। कृषि के बढ़ने की दर शून्य से बढ़कर सात फीसदी हो गई। निवेश होने से तरक्की हुई जिससे रोज़गार पैदा हुए जिनकी पाकिस्तान के नौजवानों को सख्त ज़रूरत थी। हमने कम्प्यूटर हुनर को बढ़ावा दिया और सॉफ्टवेयर पार्क बनाए। हम क्षेत्र में पहले देश थे जिसने एक कम्पनी को नया शहर बनाने का न्योता दिया। (बदकिस्मती से मेरी सरकार के तख्तापलट के बाद सॉफ्टवेयर पार्कों का काम ठण्डा पड़ गया और भारत को बंगलौर में आगे निकलने का मौका मिल गया।) अन्तरराष्ट्रीय शहर बनाने की परियोजना भी 1997 में रद्द कर दी गई। लेकिन जब संयुक्त अरब अमीरात ने दुबई में 2000 में आवास विकास शुरू किया

तो इस्लामाबाद हुकूमत ने भी 2006 में वे आवास कार्यक्रम शुरू किए जिनकी योजना हम ग्यारह वर्ष पहले ही बना चुके थे।

हमने बहुत बड़ी तादाद में, 1,00,000 महिलाओं को प्रशिक्षण देने का कार्यक्रम शुरू किया। उन्हें जनसंख्या नियन्त्रण और बच्चों की बेहतर देखभाल दोनों बातों के बारे में शिक्षित किया गया। इसका नतीजा यह हुआ कि जनसंख्या बढ़ोतरी और शिशु मृत्यु-दर में कमी आई।

मुझे जो सबसे अजीब तजुर्बे हुए उनमें एक उस समय हुआ जब हमने नमक में आयोडीन मिलाने का फैसला किया। यह फैसला बौद्धिक क्षमता की रुकावट दूर करने, थायरॉयड समस्याओं को सुलझाने और घेंघा रोग को खत्म करने की खातिर किया गया। लेकिन मज़हबी पार्टियों ने (जिन्हें पाकिस्तान में फौज की 'बी' टीम माना जाता है) ऐसी बातें फैलाईं कि जो कोई आयोडीन वाला नमक खाएगा, वंध्या हो जाएगा, बच्चे पैदा नहीं कर सकेगा। मुझे यह बात बहुत अखरी, आखिर एक मुल्क के रूप में हम हर सीधी चीज़ को राजनीतिक रंग क्यों दे देते हैं, उन चीज़ों तक को जो हमारे बच्चों के सेहतमन्द खान-पान से जुड़ी हों।

मेरी सरकार ने महिलाओं के साथ भेदभाव खत्म करने के समझौते पर दस्तखत किए। समस्त मुस्लिम दुनिया में महिलाओं को बढ़ावा देने के लिए, हमने मुस्लिम महिलाओं के ओलम्पिक की मेज़बानी की। इसी तरह, इण्टरनेशनल पार्लियामेंटरी यूनियन की तर्ज़ पर मुस्लिम वीमैन पार्लियामेंटरी यूनियन बनाई। मेरी सरकार ने महिलाओं के विशेष पुलिस स्टेशन बनाए जिससे महिलाओं में अपने खिलाफ होनेवाले अपराधों की रिपोर्ट कराने का हौंसला बढ़े। पहली बार मुल्क के हाईकोर्टों में महिला जजों की नियुक्ति की गई। हमने महिला जजों वाली पारिवारिक अदालतें भी बनाईं जो बच्चों की ज़िम्मेदारी और अन्य पारिवारिक मामलों को सुलझाती थीं।

हमने स्कूलों के निर्माण और उनके आधुनिकीकरण के अपने कार्यक्रमों को तेज़ किया, 30,000 नए सरकारी स्कूल बनाए, जिससे मेरे दोनों कार्यकालों में बनाए गए प्राइमरी और सेकेण्डरी स्कूलों की कुल संख्या 48,000 तक पहुँच गई। इस विश्वास से कि बच्चे के साक्षर होने की सबसे अच्छी गारण्टी उसकी माँ का साक्षर होना है, हमने महिलाओं को लक्ष्य बनाकर एक सुधार शिक्षा कार्यक्रम शुरू किया।

जब मेरे डॉक्टर ने मुझे मेरी बेटी असीफा को पोलियो की खुराक देने की सलाह दी तो मैंने पूछा कि पाकिस्तान में पोलियो के मामले कितने होते हैं। मुझे यह जानकर हैरत हुई कि पाकिस्तान में हर पाँच में से एक बच्चा पोलियो के साथ जन्म लेता है। मेरी सरकार ने बड़े पैमाने पर स्वयंसेवकों पर आधारित कार्यक्रम चलाया जिसमें सभी बच्चों को पोलियो की बूँदों की खुराक दी गई। मैंने खुद इस मुहिम की अगुआई की।

इसका नतीजा पाकिस्तान से पोलियो के उन्मूलन और शिशु मृत्यु-दर में ज़बरदस्त कमी के रूप में सामने आया। विश्व स्वास्थ्य संगठन ने स्वास्थ्य के क्षेत्र में मेरी सरकार के कामकाज को मान्यता देकर मुझे एक स्वर्णपदक से नवाज़ा। हमने संचार के क्षेत्र में पाकिस्तान की छलाँग को तेज़ करने के वास्ते कारोबारों और स्कूलों में नई तकनीकों को बढ़ावा दिया, पाकिस्तान के ग्रामीण इलाकों तक के स्कूलों में कम्प्यूटर जोड़े गए। अन्तरराष्ट्रीय

श्रम संगठन की एक रिपोर्ट के अनुसार पाकिस्तान के इतिहास में रोज़गारों का सबसे ज्यादा सृजन मेरे कार्यकाल के दौरान हुआ।

हमारी कोशिशों की धुरी पाकिस्तान को बढ़ते विश्वव्यापी अर्थतन्त्र के बीच लाने की इच्छा थी और इस दिशा में हासिल कामयाबियों पर मुझे हमेशा फख्र रहेगा। मेरी दूसरी सरकार के समय हम दुनिया में दसवें सबसे बड़े उभरते पूँजी बाज़ार बने। अपने पहले कार्यकाल के दौरान, मैंने मध्य एशियाई गणतन्त्रों से बैंकों की सुविधाएँ खोलीं और विमान सेवाएँ शुरू की थीं। अब हमने उनके साथ अपने आर्थिक सम्बन्धों को और बढ़ाया। वे खुद भी व्यापार कर दूसरे रास्ते खोलने की खातिर मेरा साथ देने को उत्सुक थे।

घरेलू मोर्चे पर तूफानी गति से काम करने के साथ ही विश्व समुदाय में अपनी साख पुनः बनाने का कार्यक्रम भी चलाया गया। परमाणु कार्यक्रम की वजह से अमेरिकी फौजी सहायता बंद होने तथा विदेश विभाग द्वारा पाकिस्तान को आतंकवाद के राजकीय प्रायोजक की सूची में रख देने से पाकिस्तान को दिक्कतें उठानी पड़ी थीं। इस कलंक से सारी दुनिया में पाकिस्तान की साख प्रभावित हुई थी।

अप्रैल 1995 की वाशिंगटन यात्रा में, हमने राष्ट्रपति बिल क्लिंटन से कई सकारात्मक निजी मुलाकातें कीं। राष्ट्रपति क्लिंटन जवान थे। उस दौरान में हमने प्रेसिडेंट क्लिंटन को एक चुस्त नौजवान के रूप में पाया, जिसके पास गज़ब की याददाश्त थी। वह मेरी बात का महत्त्व एकदम समझ गए। पाकिस्तान ने एफ-16 लड़ाकू जहाज़ खरीदने के लिए अमेरिका को पैसे चुकाए हुए थे, लेकिन पैसे और जहाज़ दोनों ही अमेरिका के पास फँसे हुए थे। इस बारे में बात करते समय, क्लिंटन ने हमारी पहले कही हुई बात को हमारे ही शब्दों में ज्यों का त्यों बोलकर हमें सुना दिया। उन्होंने माना कि पाकिस्तान को या तो जहाज़ मिलने चाहिए, या अपने पैसे वापस मिलने चाहिए। उन्होंने कहा कि बात एकदम साफ है और वह इस बारे में अमेरिका के सम्बन्धित विभाग से बात करेंगे।

वर्ष 1993 में, मेरे चुने जाने के साल-भर बाद, मैंने सेना के एक हिंसक कार्यक्रम को रोक दिया, जिसे मेरे पहले शासक ने अनावश्यक शुरू किया था। इसे रोककर मैंने जनता से ही अपील की, कि वह आतंकवादियों को पकड़ने में सरकार की मदद करे।

लोगों ने उत्साहपूर्वक उस अपील पर काम किया। जल्दी ही हमें जनता से खुफिया खबरें मिलने लगीं और हम आतंकवादियों का सफाया, बिना छापे और तलाशी जैसी कार्यवाही के कर पाने लगे। उत्तरी क्षेत्रों में, पी.पी.पी. ने जनता को अपने साथ जोड़कर समूह बनाए जिनके ज़रिये विकास के मुद्दों पर बातचीत शुरू हो सकी। हमने कबीलाई इलाकों की ओर भी सड़कें बनानी शुरू कर दीं और इस कोशिश में लग गए कि कबीलेवालों के लिए एक कौंसिल बनाई जाए, जो मानवीय अधिकारों और विकास के कामों में कबीलेवालों का प्रतिनिधित्व कर सके। कश्मीरी घुसपैठ भी, भारत की सेनाओं से बात करके कुछ कम की जा सकी जिससे भारत और पाकिस्तान के बीच आपसी रिश्तों में कुछ सुधार आया। मुझे मालूम था कि गरीबी, बीमारी और पिछड़ेपन पर काबू पाने के लिए, हमें दक्षिण एशिया में शान्ति बनाए रखनी होगी।

कश्मीर के मामले में हमारे मतभेद के बावजूद भारत-पाकिस्तान वार्ता आगे बढ़ती रही। कॉमनवेल्थ कांफ्रेंस के दौरान साइप्रस में मेरी मुलाकात भारत के विदेश सचिव दीक्षित

से हुई थी और उस भेंट में हमने भारत-पाक वार्ता के दो मुद्दों पर सहमति बनाई थी। वह दो मुद्दे, एक तो कश्मीर के बारे में था और दूसरे में कुछ भारत-पाक सम्बन्धों के बारे में चर्चा थी। मेरी सरकार ने सार्क के सीमा शुल्क सम्बन्धी प्रस्ताव पर अपनी सहमति व्यक्त की थी, जिसे मेरे पहले सेवाकाल में तैयार किया गया था। मेरे वाणिज्य मन्त्रालय ने भारत के साथ व्यापार बढ़ाने की दिशा में बहुत मेहनत की थी।

एक सर्वदलीय हुर्रियत सम्मेलन बुलाया गया, ताकि कश्मीर के लोग एकजुट होकर अपनी बात कह सकें। वर्ष 1994 में मोरक्को में ओ.आई.सी. सर्वदलीय हुर्रियत सम्मेलन का एक सम्पर्क दल बनाया गया था। मैंने उस समय बेहद गर्व का अनुभव किया, जब ओ.आई.सी. के नेताओं ने मेरा यह अनुरोध मान लिया कि अगला इस्लामी देशों का सम्मेलन पाकिस्तान में हो।

खैर, आतंकवादियों ने हार नहीं मानी। उन्होंने 1994 में स्कूली बच्चों से भरी हुई एक बस को अगवा कर लिया और पाकिस्तान की नेशनल असेम्बली की बिल्डिंग मेजेस्टिक में आग लगा दी। उन्होंने मिस्र के दूतावास पर बम गिराया। वर्ष 1995 में जब रम्ज़ी यूसेफ गिरफ्तार हुआ और उससे पूछताछ की गई, तब पता चला कि ये मदरसे ही घृणा और विद्वेष फैला रहे हैं, जिसमें पैरामिलेट्री से ट्रेनिंग पाए नौजवान आतंकवादी शामिल हैं। हमने ऐसे स्कूलों को सरकारी नियमों के अधीन निगरानी और नियन्त्रण में ले लिया और आदेश दिया कि यहाँ गणित, साइंस और साहित्य पढ़ाया जाए। सरकार ने उन पर पाबंदी लगाई कि वह नौजवान छात्रों को उलटा पाठ पढ़ाना बंद करें, कि हिन्दुओं, ईसाइयों, यहूदियों, शिया मुसलमानों या किसी दूसरे ऐसे सम्प्रदाय के लोगों की जान लें, जो उनके मुताबिक विधर्मी थे। जब पेशावर की इस्लामी यूनीवर्सिटी ने मेरे आदेश का उल्लंघन किया, तो वह यूनीवर्सिटी बंद करा दी गई। इस कार्यवाही से वह आतंकवादी सकते में आ गए जो इन मदरसों से जुड़े हुए थे। हमें बाद में पता चला कि यह मदरसे छब्बीस देशों से आए हुए छात्रों को यह पाठ पढ़ा रहे थे।

जब हम छोटे थे तो मुसलमानों की अलग-अलग उपजातियों के बीच बहुत अच्छे रिश्ते थे। ज़िया के तख्तापलट और अफगानिस्तान पर सोवियत रूस के कब्ज़े के बाद, खतरनाक रूप से एक विद्वेष ने जन्म लिया। एक खास वर्ग के लोग, जिसे ज़िया ने शह दे रखी थी, मुसलमान उपजातियों के बीच बातचीत और भाई-चारे के सख्त खिलाफ थे और वह किसी भी तरह के मेल-मिलाप बढ़ाने वाले कदम को खून-खराबे से कुचलते थे। वह लोग, इस्लाम की शिक्षा से उलटी बातों का प्रचार करते थे कि औरतें अपने लिए जीवनसाथी खुद नहीं चुन सकतीं। अगर वह ऐसा करती हैं तो उनके माँ-बाप का फर्ज़ है कि उन्हें जान से मार दें। वह लोग यहाँ तक कहते थे कि जो लोग उनके विचार से गैर-इस्लामी हैं, उन्हें मौत के घाट उतार दिया जाना चाहिए। इस सोच ने मुसलमानों के बीच गहरा वर्ग-भेद और खून-खराबा पैदा कर दिया था।

इस्लाम के बारे में इन कट्टरपन्थियों के सोच को, जो केवल भेदभाव पैदा करने के अड्डे थे, सबसे ज्यादा मौके तब मिले थे, जब अफगानिस्तान पर सोवियत रूस ने कब्ज़ा कर लिया था। यह अड्डे, उन पारम्परिक मदरसों से एकदम अलग थे, जो मुसलमान बच्चों को कुरान की शिक्षा देने और गणित, दर्शनशास्त्र तथा खगोल विज्ञान पढ़ाने के लिए शुरू

किए गए थे। यह अतिवादी मदरसे, जो नए कट्टरपन्थियों द्वारा चलाए जा रहे थे, जिसमें मुजाहिदीन और आई.एस.आई. के लोग आगे थे, वह न केवल पश्चिम को, बल्कि दूसरे मुसलमानों को भी अपना निशाना बना रहे थे। ओसामा बिन लादेन, मुल्ला उमर तथा दूसरे लोग इस अन्तरराष्ट्रीय आतंकवाद से जुड़े हुए थे। इस अतिवाद को वह लोग भी शह दे रहे थे, जो पी.पी.पी. तथा दूसरे उन दलों से डरे हुए थे, जो मुस्लिम समुदाय में एकता की बात उठाते थे।

इस तरह से इस्लाम की मूल ऐतिहासिक विचारधारा, जो उदारवादी थी और जिसे सलाहुद्दीन (या सालाद्दीन) ने शुरू किया था जो येरूशलम तथा अखण्ड भारत को जीतने वाले मुगल योद्धा थे, वह धर्म के नाम पर अपनी मनमर्ज़ी चलाने वाले दलों द्वारा छिन्न-भिन्न की जा रही थी। ऐसे अतिवादी मुस्लिम गुट के लोग डोरचेस्टर होटल के बाहर लन्दन में, या दूसरे जगहों में, जहाँ मैं बतौर प्रधानमंत्री जाती, वहाँ यह लोग इकट्ठा हो जाते और मेरे खिलाफ नारे लगाते।

एक बार उन आतंकवादियों ने लंदन में नारे लगा-लगाकर रात भर सोने नहीं दिया और तब मैंने यह महसूस किया कि उन लोगों की इंग्लैण्ड में काफी मौजूदगी है। चूँकि उग्रवादी पश्चिमी दुनिया से टक्कर लेने की अपनी इच्छा को छिपाने की कोशिश नहीं करते थे, मैं मुल्क के बाहर उनकी पहुँच से चिन्तित थी। जब मैं अगले दिन प्रधानमंत्री जॉन मेजर से मिली, मैंने उनसे कहा कि उन्हें शायद उन मस्जिदों पर निगाह रखनी चाहिए जहाँ इमाम (जिन्होंने अफगान मुजाहिदीनों का समर्थन किया था) उपदेश देते हैं, क्योंकि हो सकता है कि वे पाकिस्तानी प्रवासियों और ब्रिटिश पाकिस्तानियों की दूसरी पीढ़ी को नफरत और हिंसा के उपदेश दे रहे हों। मुझे याद है कि उनकी आँखें ताकती रह गई थीं। पाकिस्तान में तो उग्रवादियों का खतरा मेरे आगे स्पष्ट था क्योंकि मुझे रोज़ आतंकवादियों और उग्रवादियों से निपटना पड़ता था। लेकिन पश्चिम के लिए यह उस समय बहुत अनजाना था। ये हालात जल्दी ही बदलने थे।

उग्रवादियों को अगर मैं उनकी साज़िशों में बाधक लगती थी तो यह गलत नहीं था। वे मेरी खिलाफत करते थे क्योंकि वे पाकिस्तान पर पूरा नियन्त्रण चाहते थे और इसे ज़रूरी समझते थे। इसलिए उग्रवादियों ने अपनी ताकत और अपने संसाधन लामबंद कर मेरी नीतियों को विफल करने और मेरी दोनों सरकारों से नजात पाने की कोशिशें कीं। मैं हकीकत में यही मानती हूँ कि कम-से-कम कुछ हद तक यह बात सही है कि ज्यादातर बड़े आतंकवादी हमले ऐसे समय में हुए हैं जब आतंकवादियों को पाकिस्तान में लोकतान्त्रिक सरकार का सामना नहीं करना पड़ा, जब वे बिना बंदिशों या निगरानी के काम कर सके। इनमें विश्व व्यापार केन्द्र पर 1993 और 2001 में हुए हमले, बम्बई के विस्फोट, भारतीय संसद पर हमला, अफ्रीका में अमेरिकी दूतावासों पर हमला, यमन में यूएसएस कोल पर हमला शामिल हैं। मेरा विश्वास है कि अगर 1996 में पाकिस्तान में मेरी सरकार को अस्थिर नहीं किया होता, तो तालिबान अफगानिस्तान में ओसामा बिन लादेन को अपना आधार नहीं बनाने देता और वह तमाम मुस्लिम दुनिया से नौजवानों की खुली भर्ती और प्रशिक्षण का काम न कर पाता और 1998 में अमेरिका के खिलाफ जंग का ऐलान करने की हालत में नहीं पहुँच पाता।

एक बार फिर अपने दूसरे कार्यकाल में मुझे फौज के सदर मुकाम (जी.एच.क्यू.) आकर सुरक्षा सम्बन्धी जानकारी लेने का न्योता मिला। सैनिक कार्रवाइयों के निदेशक मेजर जनरल परवेज़ मुशर्रफ (जो, निस्संदेह बाद में सेनाध्यक्ष–चीफ ऑफ आर्मी स्टॉफ बने और सत्ता पर कब्ज़ा कर राष्ट्रपति बन गए) ने मुझे विवरण दिया :

मुझे यह पुनरावृत्ति लगा क्योंकि पहले भी मैं यह बात सुन चुकी थी कि अगर मैं आदेश दे दूँ तो कैसे पाकिस्तान श्रीनगर पर कब्ज़ा कर लेगा। मुशर्रफ ने तफसील से सब बताने के अन्त में ये शब्द कहे कि फिर युद्धविराम हो जाएगा और भारत-नियन्त्रित कश्मीर की राजधानी श्रीनगर पाकिस्तान के नियन्त्रण में होगा। मैंने उनसे पूछा, 'और उसके बाद क्या होगा?' वह मेरे सवाल पर चौंके और कहा, 'उसके बाद हम श्रीनगर की पार्लियामेंट पर पाकिस्तान का झण्डा लगा देंगे।'

'और इसके बाद क्या होगा?' मैंने जनरल से पूछा।

'उसके बाद आप संयुक्त राष्ट्र जाएँगी और उन्हें बता देंगी कि श्रीनगर पाकिस्तान के कब्ज़े में है।'

'और उसके बाद क्या होगा?' मैंने फिर पूछा। मैं यह देख सकती थी कि जनरल मुशर्रफ इस जिरह के लिए तैयार नहीं थे और उन्हें घबराहट होने लगी थी। उन्होंने कहा, 'और... आप उनसे कह देंगी कि नई भौगोलिक हकीकतों की तरफ ध्यान देते हुए दुनिया के नक्शे बदल दें।'

मैंने जनरल मुशर्रफ की आँखों में देखते हुए कहा, 'और क्या आपको मालूम है कि संयुक्त राष्ट्र मुझसे क्या कहेगा?' सेनाध्यक्ष चुप बैठे सब देख रहे थे। मैंने तीखे ढंग से कहा, 'वे सुरक्षा परिषद् में प्रस्ताव पारित कर हमारी निन्दा करेंगे और माँग करेंगे कि हम एकतरफा ढंग से श्रीनगर से वापस लौट जाएँ और सारी मशक्कत के बाद हमारे हाथ सिवाय बेइज़्ज़ती और अलग-थलग होने के कुछ भी और नहीं लगेगा।' उसके बाद मैंने उस मुलाकात को यकायक खत्म कर दिया।

मेरी सरकार को उखाड़ फेंकने की उग्रवादियों की कोशिशों का नतीजा सितम्बर, 1995 में ब्रिगेडियर मुंतासिर के तख्तापलट के प्रयास के रूप में सामने आया। उसका ग्रुप तस्करी से इस्लामाबाद में हथियार लेकर आता। उनकी योजना किसी मीटिंग के दौरान सेना के सदर मुकाम (जी.एच.क्यू.) पर कब्ज़ा कर सभी जनरलों को मार देने की थी। उसके बाद उनका इरादा यह जताने का था कि मारे गए जनरल मुझसे मिलना चाह रहे हैं, इस तरह मुझे जी.एच.क्यू. बुलाने के बाद वे मेरी भी हत्या कर देते।

जी.एच.क्यू. पर कब्ज़ा करने के हथियार सरहदी सूबे से लाते वक्त जब पकड़ लिए गए तो उस ग्रुप ने दावा किया कि वे कश्मीरी लड़ाके हैं। लेकिन निर्वाचित सरकार के प्रति वफादार स्थानीय पुलिस ने इस बात की पुष्टि आई.एस.आई. से करने का फैसला किया। आई.एस.आई. के आंतरिक प्रभारी ने उन्हें गिरफ्तार कर आगे जाँच करने के लिए कहा।

उस समय सेनाध्यक्ष जनरल वहीद काकर थे। उन्होंने मुझसे मिलना चाहा। मैंने उनसे प्रधानमंत्री निवास में बने अपने दफ्तर में आने के लिए कहा। उन्होंने मुझे पूरी साज़िश के बारे में बताया और कहा, 'प्रधानमंत्रीजी, आप बहुत मुकद्दर वाली महिला हैं।'

मैंने उस 'राष्ट्र के नाम प्रसारण' को बहुत सावधानी से पढ़ा जिसे साज़िश में शामिल

मेजर जनरल जहीर-उल-इस्लाम अब्बासी ने लिखकर तैयार रखा था। उनका भाषण सभी मुसलमानों से सम्पन्न की गई, इस्लामिक क्रान्ति' के तहत एकजुट होने की अपील के साथ शुरू होता था। उन्होंने घोषणा की कि अब आगे से इस्लाम की दुनिया के अन्दर कोई सरहदें नहीं होंगी और पाकिस्तान और अफगानिस्तान के बीच सरहद खत्म हो जाएगी क्योंकि हम इस्लाम में एक राष्ट्र थे। मैंने अंदाज़ा लगाया कि यह वही पुराना महासंघ वाला विचार है जिसे नई भाषा दी गई है। निश्चय ही कट्टरपन्थियों की सोच थी कि वे अफगानिस्तान से मध्य एशिया तक और तुर्की और चेचेन्या से यूरोप तक पहुँच सकते हैं और इस्लाम को फैला सकते हैं। यह खलीफाई राज का वह अल-क़ायदा जैसा खाका था। जनरल वहीद काकर ने कहा, 'प्रधानमंत्री, मैं इन लोगों पर फौजी अदालत में बग़ावत का मुकदमा चलाने जा रहा हूँ और इन्हें फाँसी दूँगा' (साज़िश रचने वालों को जनरल मुशर्रफ के कार्यकाल में छोड़ दिया गया)।

मैं फौज में उग्रवादियों के घुस आने को लेकर चिन्तित थी और जनरल काकर से 1995 में अपने रिटायरमेंट के बजाय पद पर बने रहने को कहा। बदकिस्मती से काकर ने सेनाध्यक्ष के रूप में अपना कार्यकाल बढ़ाने की मेरी पेशकश को नहीं माना।

आई.एस.आई. के एक पूर्व अधिकारी, मेजर आमिर ने टी.एन.एस.एम. नाम से एक उग्रवादी संगठन बनाया था जो सरहदी प्रान्त में सक्रिय था। इस संगठन ने 1996 में सरहदी सूबों के मालकंद नामक स्थान पर एक सशस्त्र बगावत भड़काई। मज़हबी उग्रवादियों ने पुलिस-थानों पर कब्ज़ा कर लिया और मेरी पार्टी के एक सांसद को मार डाला। मेरी सरकार ने उनकी धमकियों के आगे झुकने से इन्कार कर दिया। हम उग्रवादियों को पकड़ने और मालकंद में अमन-चैन बहाल करने में कामयाब रहे। प्रेस रिपोर्टों के अनुसार उस विद्रोह का एक सरगना मौलाना लियाकत 30 अक्तूबर, 2006 के बजौर काण्ड में मारा गया जबकि उसका एक साथी भाग निकलने में कामयाब रहा। मुझे जब भी आतंकवादियों के खिलाफ ताकत का इस्तेमाल करना पड़ा मैंने ज़रूरत के मुताबिक ऐसा किया और मुझे जनता का समर्थन मिला। मुल्क के अन्दर और अन्तरराष्ट्रीय तौर पर आतंकवाद में कमी आई।

जनवरी, 1996 में मैं अकौरा बाँध का उद्घाटन करने के लिए बलूचिस्तान गई। मैंने बलूचिस्तान की जनता से पेयजल उपलब्ध कराने का वादा किया था, जो बाँध के उद्घाटन से पूरा हुआ। एक वरिष्ठ पत्रकार ने मुझे बताया कि उसे फौज के सदर मुकाम पर बुलाया गया था जहाँ उसे बताया गया, 'फौज उससे (मुझसे) नजात पाने जा रही है।' उस पत्रकार को एक फाइल-फोल्डर दिया गया जिसके कागज़ों के आधार पर भ्रष्टाचार की खबरें छापने के लिए कहा गया।

मार्च के महीने में फौज में सेवारत एक मेजर ने मुझे बताया कि मेरी सरकार का तख्ता पलटने के लिए गुप्तचर सेना ने पूरी तरह अस्थिरीकरण का एक कार्यक्रम बनाया है। एक माह बाद एक अन्य फौजी अधिकारी ने मुझे जानकारी दी कि फौज सुप्रीम कोर्ट से एक सौदा करने जा रही है। एक संवैधानिक संकट खड़ा करने पर राष्ट्रपति मेरी सरकार को बर्खास्त कर देंगे और बदले में मुख्य न्यायाधीश को अन्तरिम प्रधानमंत्री पद का वादा किया गया।

मेरे सहयोगियों और मैंने कुछ फौजी अधिकारियों के तबादले के लिए सेनाध्यक्ष करामात

से कहा, लेकिन उन्होंने ऐसा करने में हिचक दिखाई। जब मैंने सैनिक कार्रवाइयों के महानिदेशक जनरल महमूद के बारे में शिकायत की, जो मेरे खिलाफ अभियान में सक्रिय थे, तो जनरल करामात ने खुद अपने इस्तीफे की पेशकश कर दी।

मेरी दूसरी सरकार के लिए मौत की घण्टी सेना और गुप्तचर सेना में 1995 के अन्त में हुए परिवर्तन थे। जनरल काकर सेवानिवृत हो गए थे और जनरल जावेद अशरफ का आई.एस.आई. से तबादला हो गया था।

जनरल काकर के रिटायर होने के बाद फौज के कट्टरपन्थियों ने राष्ट्रपति को अपनी तरफ कर लिया और मेरी सरकार को उखाड़ फेंकने की साज़िश करने लगे। अगस्त 1996 में राष्ट्रपति के रिश्तेदारों में एक ने मुझे बताया कि सैनिक गुप्तचर सेना ने उसकी मार्फत राष्ट्रपति के लिए एक सन्देश भेजा है। सन्देश में मेरी सरकार को बर्खास्त करने को कहा गया था और धमकी दी गई थी 'अगर वह ऐसा नहीं करेंगे तो फौज राष्ट्रपति और प्रधानमंत्री दोनों से छुटकारा पा लेगी।'

अगर सेना के खिलाफ कार्यवाही करने के संवैधानिक अधिकार राष्ट्रपति के बजाय मेरे पास होते, तो मैं सरकार के खिलाफ सक्रिय लोगों पर अनुशासन की कानूनी कार्यवाही का आदेश दे देती। लेकिन राष्ट्रपति के पास गुप्तचर सेवा के जनरलों के खिलाफ कार्यवाही का साहस नहीं था।

राष्ट्रपति ने खुद को इस भुलावे में रखा कि फौज का समर्थन होने पर वे एक दशक तक राष्ट्रपति बने रहेंगे। मुमकिन है कि वे गुप्तचर सेवा की धमकी से सहमे हुए हों। आई.एस.आई. के पूर्व प्रमुख हमीद गुल ने अगस्त 1996 में सेनाध्यक्ष से भेंट की। उन्होंने जहाँगीर करामात को बताया कि 'राष्ट्रपति, प्रधानमंत्री को बर्खास्त करने को तैयार हैं लेकिन उन्हें लगता है कि सेनाध्यक्ष प्रधानमंत्री के बहुत नज़दीक हैं। अगर ऐसा नहीं है तो सेना के प्रमुख को राष्ट्रपति से भेंट कर प्रधानमंत्री की बर्खास्तगी के मुद्दे को उठाना चाहिए।'

इन दो सन्देशों से, एक तो जनरल महमूद के राष्ट्रपति के रिश्तेदार को और दूसरा जनरल गुल का सेनाध्यक्ष को, मैंने निष्कर्ष निकाला कि धोखाधड़ी का खेल चल रहा है। मेरा आकलन था कि राष्ट्रपति को धमकी दी जा रही है कि अगर सरकार को बर्खास्त नहीं करेंगे तो फौज उन्हें भी हटा देगी। दूसरी तरफ सेनाध्यक्ष को धमकाया जा रहा है कि अगर वह प्रधानमंत्री के ज्यादा नज़दीक हुए तो राष्ट्रपति उन्हें हटा सकते हैं। उस समय संवैधानिक दृष्टि से राष्ट्रपति के पास सेनाध्यक्ष की नियुक्ति और बर्खास्तगी के अधिकार थे।

सैनिक गुप्तचर प्रमुख जनरल महमूद ने मुशर्रफ के तख़्तापलट में मुख्य भूमिका अदा की थी, और बाद में आई.एस.आई. के प्रमुख बने। 11 सितंबर के बाद अन्तरराष्ट्रीय दबाव में उन्हें सेना से रिटायर कर दिया गया।

इस उलझी हुई राजनीतिक अनिश्चितता के दौर में, मेरे परिवार पर एक बार फिर क़हर बरपा। मेरे पिता तानाशाह ज़िया उल-हक़ द्वारा मारे गए थे। मेरे भाई शाहनवाज़ को फ्रांस में ज़हर देकर मारा गया था। और तब 20 सितम्बर, 1996 को मेरा परिवार एक और हत्या से स्तब्ध रह गया। मेरा भाई मुर्तज़ा कराची में अपने घर के सामने पुलिस की गोलियों से मारा गया। मुझे खासकर पीड़ा हुई क्योंकि कुछ वर्ष के राजनीतिक अलगाव के बाद हमारे बीच हाल ही सुलह हुई थी और परिवार एक बार फिर करीब आया था।

भुट्टो परिवार के सभी पुरुष अब मर चुके थे। मेरे पिता के परिवार में अब सिर्फ मेरी माँ, मेरी बहन सनम और मैं जीवित बचे थे। हम गहरे शोक में डूब गए। मेरी माँ एक तरह के अल्झीमर रोग की चपेट में आने लगी थीं और जब उन्हें मुर्तज़ा की हत्या का पता चला तो लगा कि उन्होंने अपना होश-हवास जैसे बिल्कुल ही खो दिया हो।

मुझे लगता था कि मुर्तज़ा की हत्या मेरी सरकार को अस्थिर करने की साज़िश का हिस्सा है।

मुर्तज़ा की मौत के कुछ सप्ताह बाद मैं संयुक्त राष्ट्र की महासभा को सम्बोधित करने न्यूयार्क गई। मैं अपनी माँ को साथ ले गई क्योंकि उनकी जैसी हालत थी उसमें उन्हें मैं अकेले नहीं छोड़ सकती थी। हम एक शोक-संतप्त परिवार थे और वह बहुत मुश्किल, दुखद यात्रा थी। मुझे जल्दी ही बर्खास्त किए जाने की अफवाहें उड़ रही थीं, मेरा भाई मारा गया था और मेरी माँ की तबीयत तेज़ी से बिगड़ती जा रही थी–इन परिस्थितियों में मुझे लगा कि मेरे कन्धों पर दुनिया-भर का बोझ है। फिर भी, मैं महासभा के सामने पेश हुई और पाकिस्तान के विश्व दृष्टिकोण के बारे में पुरज़ोर भाषण दिया, अपने मुल्क और कश्मीर में लोकतन्त्र और मानव अधिकारों की अपील की। लेकिन मेरा दिल भाषण में नहीं था। मेरा दिल टूटा हुआ था।

न्यूयार्क से वापस आने के कुछ ही समय बाद मैंने पाया कि मेरे टेलीफोन कॉल को जनरल गुल खुद व्यक्तिगत तौर पर सुनते रहते थे। मैंने रक्षा सचिव को फोन कर इस्लामाबाद में राष्ट्रपति के सहायकों और विपक्ष के प्रतिनिधियों के बीच हुई एक गुप्त बैठक की रिपोर्ट तलब की। जैसे ही मेरी कॉल खत्म हुई, जनरल गुल ने रक्षा सचिव को फोन मिलाया और कहा, 'तो प्रधानमंत्री यह जानना चाहती हैं कि मीटिंग में क्या हो रहा है। हा...हा...हा...'

चंद दिनों बाद, 4 नवम्बर, 1996 की रात, अमेरिका में राष्ट्रपति चुनाव की राजनीतिक आड़ लेते हुए, पाकिस्तान के राष्ट्रपति ने मेरी सरकार को बर्खास्त कर दिया। एक बार फिर आठवें संशोधन के घिसे-पिटे उद्देश्य का उल्लेख किया, 'भ्रष्टाचार और कुप्रबंधन', जले पर नमक छिड़कने जैसी बात यह थी कि उन्होंने तभी मेरे पति को मेरे भाई की हत्या के इल्ज़ाम में–ज़हर और कपट से भरा झूठ–गिरफ्तार कर लिया। (सुप्रीम कोर्ट के जज के नेतृत्व में बने एक न्यायिक ट्रिब्यूनल ने 1997 में मेरे पति को उस आरोप से बरी किया)।

फौजी कट्टरपन्थियों ने उस समय एक मोहरा संगठन राष्ट्रीय उत्तरदायी ब्यूरो के नाम से बनाया। ज़िया के समय से पी.पी.पी. की खिलाफत करने वाले रिटायर्ड फौजी अधिकारियों को मेरे परिवार और पार्टी के खिलाफ मामले गढ़ने के काम में लगा दिया गया। आतंक का राज फिर वापस आ गया। मेरी सरकार के अधिकारियों को गिरफ्तार करने के लिए आधी रात को छापे मारे गए, उनके घरों में घुसा गया और परिवारों को दहशत में डाला गया।

ज्यादातर पाकिस्तानी, निस्संदेह, जानते थे कि ये आरोप सिर्फ राजनीतिक हथकण्डे के रूप में लगाए गए हैं। लेकिन मेरे पति के खिलाफ आरोपों के मकड़ जाल–भ्रष्टाचार से लेकर अगवा करने और हत्या करने तक ने उन्हें अगले आठ वर्षों तक, उनके खिलाफ किसी सबूत, गवाह या सज़ा के बिना, जेल में रखा गया।

उनका एकमात्र अपराध, तहे-दिल से मैं जानती थी–मेरा पति होना ही था।

यह याद रखना बहुत महत्त्वपूर्ण है कि मेरी सरकार की बर्खास्तगी के बाद, राष्ट्रपति

ने पाकिस्तान की फौज के अहसान को चुकाने के लिए सत्ता में फौज की हिस्सेदारी के सम्बन्ध को एक 'राष्ट्रीय बचाव और सुरक्षा परिषद्' के आवरण में औपचारिक रूप दिया। इस परिषद् में राष्ट्रपति, प्रधानमंत्री, काबीनामन्त्री, संयुक्त सेनाध्यक्ष और सेना के तीनों अंगों के सेनाध्यक्ष थे। इस नई परिषद् से पाकिस्तान की फौज को नीति-निर्धारण में औपचारिक भूमिका मिल गई जिसे वह काफी समय से चाह रही थी और जिसका मैंने हमेशा प्रतिरोध किया था।

पाकिस्तान की सभी राजनीतिक पार्टियों ने नवाज़ शरीफ के ग्रुप के एकमात्र अपवाद को छोड़ पाकिस्तान की सरकारी संस्थाओं में इस कामकाजी फौजी सत्ताहरण का कड़ा विरोध किया। इस नए जुगाड़ के साफ तौर पर चहेते, 'आँखों के तारे', नवाज़ ही अकेले पार्टी नेता थे जिन्होंने फौजियों के प्रमुख वाली परिषद् का अनुमोदन किया। यह 1997 के चुनाव और उनके पूर्व-निर्धारित परिणाम का एक पूर्वसंकेत था।

यही नहीं, और बिल्कुल अनिष्टसूचक बात यह थी कि मेरी सरकार को सुनियोजित ढंग से हटाए जाने का संकेत देती मेरे भाई मुर्तज़ा की हत्या के कुछ ही दिन बाद तालिबान ने काबुल पर कब्ज़ा कर अफगान सरकार पर पूर्ण नियन्त्रण कायम कर लिया और अफगानिस्तान की जनता पर अपनी निरंकुश तानाशाही थोप दी। फिर एक बार 'सामरिक गहराई' के सिद्धान्त पर ज़ोर देनेवाले, आई.एस.आई. के कट्टरपन्थी—अपने तालिबानी मकसदों में बाधक समझी गई मुझे रास्ते से हटाने के बाद—सक्रिय हो गए और अफगानिस्तान में अपने उग्रवादी सहयोगियों पर लगे सभी प्रतिबन्धों को हटा लिया। इसका भी आनेवाले वर्षों पर बहुत व्यापक प्रभाव पड़ना था।

पाकिस्तान में 1996 के चुनाव 1990 के चुनावों से भी ज्यादा भ्रष्ट और गड़बड़ियों वाले थे। सब कुछ कह देने और कर लेने के बाद, मेरी पार्टी को 207 सदस्यों वाली पार्लियामेंट में मात्र 18 सीटें ही लेने दी गईं, और नवाज़ को 137 दी गईं। मैंने फिर विपक्ष की बेंचों से लड़ने की पुरानी भूमिका अपना ली।

फिर भी जब नवाज़ शरीफ अन्ततः कुख्यात आठवें संशोधन को—संसद को भंग कर देने के राष्ट्रपति के अधिकार—जिसने एक पीढ़ी तक पाकिस्तान के लोकतन्त्र को कमज़ोर किया था, निरस्त करने को तैयार हुए तो पी.पी.पी. ने दलगत सोच से ऊपर उठकर उस विधेयक का समर्थन किया। हालाँकि नवाज़ शरीफ अपने खुद के बचाव के लिए काम कर रहे थे, फिर भी पी.पी.पी. ने आठवें संशोधन को खत्म किए जाने को अच्छी बात मानते हुए समर्थन किया।

लेकिन नवाज़ सरकार की कार्यसूची में बाकी ज्यादातर बातें सामाजिक और राजनीतिक तौर पर दकियानूसी थीं। पाकिस्तान को पीछे की तरफ ले जानेवाली थीं। नवाज़ शरीफ अपने इस्लामीकरण के विधेयक को संवैधानिक जामा पहनाना चाहते थे और तालिबान समाज की खुलेआम तारीफ कर उसे पाकिस्तान के लिए अनुकरणीय बता रहे थे। विपक्ष ने उन पर मुल्ला उमर की तरह 'अमीर-उल-मोमिनीन'—ईश भक्तों का राजा—बनने की कोशिश करने का आरोप लगाया।

मेरी सरकार की 4 नवम्बर, 1996 को बर्खास्तगी के बाद, तालिबान ने अब व्यापक आधार वाली सरकार से सम्बन्धित उस अफगान सन्धि पर दस्तखत करने से इन्कार कर

दिया जिसे संयुक्त राष्ट्र के विशेष प्रतिनिधि के साथ मिलकर हमने बनाया था। उस पर 7 नवम्बर को दस्तखत होना तय किया गया था लेकिन सरकार गिरने की वजह से स्थगित हो गया। नवाज़ के तहत तालिबान ने तेवर और चरित्र दोनों बदल लिए। उन्होंने ईरानी राजनयिकों की हत्या कर दी और 1998 में, बिन-लादेन को अपनी भूमि से पश्चिमी दुनिया के खिलाफ युद्ध का ऐलान करने की इजाज़त दी। तालिबान ने खुद को राष्ट्रीय अफगान सरकार से बदलकर एक ऐसी राष्ट्रवादी हुकूमत बना लिया था जो अफगान भूमि का इस्तेमाल अन्य देशों के खिलाफ हिंसा की कार्रवाइयों के लिए होने दे रही थी।

पाकिस्तानी पार्लियामेंट से जहाँ मैं विपक्ष की नेता थी, मैंने इस्लामाबाद से कहा कि वह तालिबान से, अगर वे अन्तरराष्ट्रीय सम्बन्धों के नियमों के अनुरूप काम नहीं करें तो सम्बन्ध तोड़ने की धमकी दे। मैंने कहा कि 'सामरिक गहराई' की नीति पाकिस्तान के लिए 'सामरिक खतरे' की नीति भी साबित हो सकती है।

मेरी पार्टी अपनी संवैधानिक ताकत का इस्तेमाल करते हुए नवाज़ शरीफ की इस कोशिश का भरसक विरोध कर रही थी, कि वह मज़हबी कानून लागू करके पाकिस्तान को एक धर्मतंत्र वाले राज्य में न बदल दें। एक बार फिर मैंने व्यापक दौरों का सिलसिला शुरू कर दिया जिससे पाकिस्तानी लोकतन्त्र के सन्देश को विदेशों में ज़िन्दा बनाए रखा जा सके।

मैं खुशकिस्मत थी कि अप्रैल 1999 में जब मेरी गिरफ्तारी के आदेश जारी किए गए, उस समय मैं विदेशों में व्याख्यान देने गई हुई थी। मैं और मेरे बच्चे संयुक्त अरब अमीरात में दुबई चले गए जहाँ अब भी हमारी रिहायश है।

कहा जाता है कि इस दुनिया में कोई भी चीज़ नई नहीं है। और यह बात पाकिस्तानी राजनीति पर पूरी तरह लागू होती है। यहाँ दोस्त, दुश्मन और सहयोगी की परिभाषा हरदम बदलती रहती है। इसी तरह पाकिस्तानी फौज और आई.एस.आई. में हुई मतलब की दोस्ती बहुत दिन न चल सकी। कारगिल में छिड़ी लड़ाई के मसले को लेकर दोनों एक-दूसरे पर आरोप लगाने लगे और उस दुस्साहस के लिए एक-दूसरे को दोषी भी ठहराने लगे।

दरअसल कारगिल लड़ाई के समय भारत और पाकिस्तान खतरनाक ढंग से परमाणु विध्वंस के कगार पर पहुँच गए थे, उस लड़ाई का नतीजा अन्त में नवाज़ शरीफ के खिलाफ फौजी तख्तापलट के रूप में सामने आया। कारगिल हिमालय में एक सामरिक चौकी है, कश्मीर घाटी का एक हिस्सा वहाँ से नीचे नज़र आता है और सर्दियों में वह स्थान निर्जन हो जाता है। सर्दी खत्म होते ही भारत और पाकिस्तान की फौजें अपने-अपने मोर्चों पर आ डटती हैं। हुआ यह कि कश्मीरी मुजाहिदीन ने सर्दियाँ खत्म होने से पहले ही जब वह इलाका निर्जन था, भारतीय ठिकानों पर कब्ज़ा कर लिया। इससे कारगिल लड़ाई छिड़ गई।

जब पूरे पैमाने पर युद्ध का खतरा पैदा हो गया, तो लड़ाई को रुकवाने में अमेरिकी मदद माँगने नवाज़ शरीफ वाशिंगटन दौड़े। वहाँ राष्ट्रपति क्लिंटन ने सरेआम झिड़की देने के साथ पाकिस्तान से तत्काल वापस लौटने के लिए कहा। नवाज़ हुकूमत नियोजित ढंग से वापसी के बजाय हड़बड़ी में पीछे हटी। जब भारतीय फौज ने ऊँची चौकियों पर कब्ज़ा

कर लिया तो बड़ी संख्या में सैनिक मारे गए। फौज से जुड़े एक दोस्त ने मुझे बताया कि मारे गए फौजियों की लाशें बर्फानि लॉकरों में रखी गईं और धीरे-धीरे कर भेजी गईं, जिससे लड़ाई में बहुत ज्यादा लोगों के मारे जाने की खबरें नहीं फैलें।

एक-दूसरे पर दोष मढ़ने का सिलसिला शुरू हो गया। प्रधानमंत्री ने दावा किया कि मुजाहिदीनों की मुहिम के बारे में उनसे सलाह नहीं की गई और जनरलों ने कहा कि उन्हें सब जानकारी थी और समर्थन किया था। नवाज़ शरीफ पर दबाव बन गया कि अपने दावे के मुताबिक वे पाकिस्तानी फौज के उन जनरलों के खिलाफ कार्यवाही करें जिन्होंने उनकी जानकारी के बिना मोर्चा खोला। प्रधानमंत्री और सेनाध्यक्ष जनरल मुशर्रफ के सम्बन्ध इस कदर बिगड़े कि खुले टकराव की नौबत आ गई। यह साफ हो गया कि अब तो मामला आर-पार का है, और दोनों में से एक ही बचेगा।

नवाज़ ने 12 अक्तूबर, 1999 को मुशर्रफ को उस समय बर्खास्त कर दिया जब वे एक विदेश यात्रा से लौट रहे थे। नवाज़ ने उनके विमान को उतरने न देने के लिए कहा, इस वजह से फौज ने कराची हवाई अड्डे पर कब्ज़ा किया और मुशर्रफ को बचाया जिनके विमान में ईंधन तेज़ी से खत्म हो रहा था और उसके गिर जाने का खतरा था। मुशर्रफ ने फौरन फौजी शासन लागू किया, प्रधानमंत्री को गिरफ्तार किया और सरकार और राष्ट्रीय असेम्बली को भंग कर दिया। इस बार किसी संवैधानिक तामझाम का कोई दिखावा नहीं था। यह तो पुराने ढंग का फौजी तख्तापलट था।

मुशर्रफ ने लोकतन्त्र बहाल करने का वादा किया लेकिन ऐसा होना नहीं था। बिल्कुल उसी तरह जैसे ज़िया ने खुद को राष्ट्रपति घोषित करने के लिए इस्लाम के नाम पर जनमत-संग्रह करवाया था, वैसे ही मुशर्रफ ने अपने राष्ट्रपति होने पर रायशुमारी करवाई। हालाँकि सभी अन्तरराष्ट्रीय और घरेलू प्रेक्षक एकमत थे कि मतदान बहुत ही कम हुआ, मुशर्रफ ने दावा किया कि 70 फीसदी पाकिस्तान ने मतदान किया और 98 फीसदी वोट उनके पक्ष में आए। यह कोई लोकतन्त्र नहीं, बल्कि पोलित ब्यूरो वाला निरंकुश तरीका था, लेकिन इस्लामिक आतंकवाद के बढ़ते खतरे से हक्के-बक्के अन्तरराष्ट्रीय समुदाय ने इस बारे में आँखें मूँद लीं।

हास्यास्पद रायशुमारी के बाद झाँसे से भरे संसदीय चुनाव कराए गए। मुझे मुशर्रफ के बिचौलियों से चुनावों में न उतरने के कई सन्देश मिले, लेकिन मैं अपना साथ देने वाली पाकिस्तान की जनता से अपना वादा पूरा करने का पक्का इरादा रखती थी। जब मैंने स्वेच्छा से रास्ता नहीं छोड़ा तो मेरे खिलाफ कई आदेश जारी किए गए, यहाँ तक कि मुझे संसद में चुने जाने से भी गैरकानूनी ढंग से रोक दिया गया। (मुशर्रफ ने अपनी 2006 की आत्मकथा में साफ-साफ कबूल किया है कि उन्होंने ज़ोर-शोर से यह इन्तज़ाम पुनः प्रधानमंत्री बनने के मेरे रास्ते को किसी हद तक रोकने के लिए किया।) उस रोक की वैधता को चुनौती देनेवाली मेरी याचिका अब भी 2002 के चुनावों के कई वर्ष बाद भी पाकिस्तानी अदालतों के समक्ष है।

उस पाबंदी के बावजूद जनता ने मेरा साथ दिया और पी.पी.पी. को कुल मतदान में सबसे ज्यादा वोट मिले। लेकिन, पी.पी.पी. के टिकट पर लड़े कई सांसद दबाव और रिश्वत के आगे झुक गए। भ्रष्टाचार के आरोप, यकायक, वापस ले लिए गए। ठेके दिए

गए। मन्त्री पद के तोहफे थे। मेरी पार्टी की सदस्य संख्या घटा दी गई। आई.एस.आई. के प्रमुख ने निर्वाचित सांसदों को इस्लामाबाद में आई.एस.आई. के सदर मुकाम में बुलाया। वहाँ मनोनीत प्रधानमंत्री जमाली तो पीछे की कुर्सी पर बैठे थे जबकि आई.एस.आई. प्रमुख आगे की कुर्सी पर था। सांसदों से जमाली के पक्ष में वोट देने के लिए कहा गया, इस तरह उन्हें प्रधानमंत्री पद के लिए बाकायदा निर्वाचित किया गया।

छह वर्ष से बिना किसी सज़ा के जेल में बंद मेरे पति ने इस बात को बिल्कुल नामंजूर कर दिया कि मैं स्वेच्छा से चुनाव मैदान से हट जाऊँ। दबावों का सामना कर वे दृढ़ रहे। यह वास्तव में बहुत उल्लेखनीय है और इस पर मुझे बहुत फख्र है। उन्हें दो वर्ष से भी ज्यादा समय तक मुशर्रफ की जेल में रहना पड़ा और मौत से बस बाल-बाल बचे, लेकिन हम दोनों मिलकर अडिग रहे और झुकने से इन्कार कर दिया।

इस्लामिक पार्टियों को तीन दशकों के दौरान हुए हमारे राष्ट्रीय चुनावों में से किसी में 13 फीसदी से ज्यादा वोट कभी नहीं मिले। न्यूयार्क और वाशिंगटन पर आतंकवादी हमलों के एक वर्ष बाद, 2002 में पाकिस्तान में हुए चुनावों के नतीजों में उग्रवादी इस्लामिक पार्टियों के गठजोड़ ने उत्तर-पश्चिमी सरहदी सूबे और बलूचिस्तान की सूबाई असेम्बलियों पर कब्ज़ा कर लिया। इस गठजोड़ को एम.एम.ए. (मुत्ताहिदा मजलिस-ए-अमल) नाम दिया गया हालाँकि पाकिस्तान में कई लोगों ने इसका उपनाम 'मुल्ला-मिलिट्री अलायंस' रखा है। इसमें इस्लामिक असेम्बली, असेम्बली ऑफ इस्लामिक क्लर्जी, असेम्बली ऑफ पाकिस्तानी क्लर्जी और मूवमेंट फॉर इस्लाम शामिल हैं। पहले के चुनावों में इन पार्टियों को हाशिये पर धकेल दिया गया था, लेकिन अब यकायक इन्हें दो प्रान्तों का कब्ज़ा और राष्ट्रीय असेम्बली में चौंकानेवाली 63 सीटें मिल गईं।

तथाकथित 'चुनाव परिणामों' को देखते समय मैं मुशर्रफ की चाल में चतुराई के बिल्कुल नदारद होने पर अचम्भा किए बिना नहीं रह सकी। चुनावों को मज़हबी इस्लामवादियों के समर्थन में एकसाथ साफ तौर पर 'उभार' के रूप में पेश कर वह पश्चिमी देशों को एक भोथरा संकेत दे रहे थे। बुनियादी तौर पर वह अन्तरराष्ट्रीय समुदाय को यह समझाना चाह रहे हैं कि परमाणु-शक्ति-सम्पन्न पाकिस्तान को कट्टरपन्थियों के हाथों में चले जाने से रोकने के रास्ते में वह ही एकमात्र रुकावट हैं। जाने-माने पाकिस्तानी विद्वान् हुसैन हक्कानी ने बहुत सटीक ढंग से सीधे तमाचे के तौर पर लिखा–'पाकिस्तानी जनरलों ने पहले तो इस्लामवादियों का इस्तेमाल नागरिक शासन को कमज़ोर करने के लिए किया, अब वे उन्हें एक ऐसा खतरा बता रहे हैं जिससे बचने के लिए अन्तरराष्ट्रीय समुदाय, खासकर अमेरिका को पाकिस्तानी फौज की मुल्क पर नियन्त्रण कायम रखने में मदद करनी चाहिए।'

दुखद बात तो यह है कि अभी भी कुछ लोग ऐसे हैं जो एक बार फिर इस भुलावे में आ रहे हैं।

जब मेरी सरकार ने 1995 में रम्ज़ी यूसेफ को पकड़ा था, उसके पास ऐसे कागज़ मिले थे जिनमें अमेरिकी वाणिज्यिक विमानों का अपहरण करके उन्हें इमारतों के खिलाफ हथियार के रूप में इस्तेमाल करने की योजनाएँ थीं। अल-क़ायदा की योजनाएँ भी ऐसी ही थीं जिनमें

एक ही दिन प्रशान्त महासागर के ऊपर कई वाणिज्यिक उड़ानों का अपहरण कर एक बड़ा आतंकवादी हमला किया जाना था। ज़ाहिर था, अन्तरराष्ट्रीय आतंकवादियों की यह नई किस्म थी जो बसों या हत्या के निशाने पर आत्मघाती बमों वाले पुराने तरीकों से काम नहीं करती थी। ये लोग जनसंहार करते थे और जितना मुमकिन हो सके, ज्यादा-से-ज्यादा बड़े पैमाने पर राजनीतिक हत्या की रणनीति अपनाते थे।

मैं 11 सितम्बर, 2001 को स्तब्ध रह गई और बहुत दुःखी हुई, लेकिन यह आश्चर्य नहीं हुआ कि अल-क़ायदा ने इतने बड़े पैमाने पर कुछ किया—आश्चर्य तो इस बात पर हुआ कि वह हकीकत में ऐसा कर पाने में कामयाब हो गया।

मज़हब के राजनीतिकरण का यह अब तक का सबसे बुरा उदाहरण था। अल-क़ायदा और उसके सहयोगी इस्लाम की व्याख्या का वैसा ही अपहरण कर रहे थे जैसा कि उन्होंने अमेरिकी विमानों का किया, जैसा कि लन्दन और मेड्रिड की ट्रेनों में निर्दोष लोगों को मारकर किया। मज़हब का राजनीतिक मकसदों और जोड़-तोड़ के लिए इस्तेमाल 1980 के दशक में फौजी तानाशाहों ने किया था, और अब नई सदी में अल-क़ायदा कर रहा था।

राजनीतिक उग्रवादियों को इस बात की कोई परवाह नहीं थी कि मुसलमानों की पवित्र पुस्तक में निर्दोष लोगों की हत्या की साफ तौर पर मनाही है। उन्हें मज़हबी सोच की चिन्ता नहीं थी उन्हें तो मज़हबी निज़ाम-खालिस राजनीति सत्ता चाहिए थी।

न्यूयार्क की ट्विनटावर्स (विश्व व्यापार केन्द्र) को जलते हुए देखना और हज़ारों लोगों को बहुत भयानक ढंग से मरते महसूस करना मेरे लिए तो बहुत ही पीड़ादायक था। हार्वर्ड और बाद में ऑक्सफोर्ड में शिक्षित, मैं अमेरिका और ब्रिटेन को अपना दूसरा घर ही मानती रही हूँ। 7 जुलाई, 2005 को लन्दन में एक और विपदा को होते देख, मेरा दिल फिर दुःख से भर गया। जो इससे भी बदतर बात थी, वह यह कि ऐसे कारनामे इस्लाम के नाम पर किए जा रहे थे और अक्सर ही मेरे मुल्क पाकिस्तान से सीधे जुड़े होते थे। विश्लेषक पूछने लगे थे, 'पाकिस्तान से सम्बन्ध क्यों हैं? हर आतंकवादी साज़िश के तार पाकिस्तान से क्यों जुड़े होते हैं?'

पश्चिमी दुनिया के खिलाफ आतंकवादी साज़िशों और हमलों और पाकिस्तान के बीच सम्बन्धों के बेचैन करनेवाले उदाहरण संयोग मात्र नहीं थे। मेरे लिए ऐसे उदाहरणों की दुःखद प्रासंगिकता थी, क्योंकि वे नतीजों की चिन्ता किए बिना पाकिस्तानी फौजी हुकूमतों को छूट देने की पश्चिमी देशों की नीति से जुड़े थे। जब तक पश्चिमी दुनिया के राजनीतिक मकसदों में पाकिस्तान के तानाशाहों से स्पष्ट सहारा मिले तब तक फौजी हुकूमतों को जनता की लोकतान्त्रिक आकांक्षाओं के दमन की इजाज़त मिली हुई थी।

फौजी तानाशाहों के साथ नाचने के नतीजे तो सामने आते ही थे, लेकिन इस बार वे भारी तबाही के रूप में नज़र आए।

सत्तर के दशक के अन्त और अस्सी के दशक के तमाम दौरान पश्चिमी दुनिया तानाशाह ज़िया उल-हक़ से लाड़ जता रही थी क्योंकि उन्होंने अफगानिस्तान में आई.एस.आई. को सी.आई.ए. की नुमाइंदगी करने की छूट दे रखी थी। आई.एस.आई. और सी.आई.ए. की जुगलबंदी से न सिर्फ मुजाहिदीनों को आधुनिक हथियार और तकनीक मिले बल्कि इससे मेरा मुल्क भी बहुत बदल गया। एक शान्तिपूर्ण राष्ट्र की जगह कलाश्निकोवों, हेरोइन और

उग्रवादी इस्लाम का हिंसक समाज बन गया। और देश के संसाधनों को सामाजिक लोगों से हटाकर फौज को आबंटित किए जाने के फैलते नतीजे पाकिस्तानी समाज पर अब भी सामने आ रहे हैं।

जब शिक्षा, स्वास्थ्य, आवास और सामाजिक सेवाओं के क्षेत्रों में सरकार ने अपनी ज़िम्मेदारी से मुँह मोड़ लिया तो जनता की मदद के दूसरे विकल्प ढूँढ़ने पड़े। यह प्रवृत्ति सबसे स्पष्ट ढंग से राजनीतिक मदरसों के रूप में सामने आई। पाकिस्तान के चारों सूबों में दसियों हज़ार मदरसे फैल गए।

आज उग्रवादी इस्लाम के नाम का इस्तेमाल कर तीन संगठनों में सक्रिय हैं। उन्हें राजनीतिक समर्थन मज़हबी पार्टियों से मिलता है। राजनीतिक मदरसों ने अन्य मज़हबों और इस्लामी सोच की अन्य धाराओं के प्रति नफरत और असहिष्णुता का माहौल पैदा कर दिया है। लश्कर-ए-तैयबा और हरकत उल-इस्लाम जैसे उग्रवादी समूह उग्रवादियों की भर्ती और उन्हें प्रशिक्षण देने के काम में लगे हैं। भर्ती किए गए कुछ नौजवानों के लिए तो यह एक 'मिशन' है जबकि ज्यादातर के लिए एक रोज़गार है। (उदाहरण के लिए, एक कबीलाई नेता ने मुझे बताया कि अफगानिस्तान में राष्ट्रपति हामिद करज़ई अपने सैनिकों को हर माह सत्तर डालर देते हैं जबकि तालिबान अपने 'सैनिकों' को पगार के रूप में हर माह सौ डालर देता है)।

अफगानिस्तान से सोवियतों की 1989 में हुई वापसी के बाद पश्चिम ने वहाँ लोकतन्त्र को बेसहारा छोड़ दिया और मुजाहिदीनों के सबसे उग्रवादी तत्त्वों को सशक्त बना दिया, उस राजनीतिक और मज़हबी उग्रवादी आन्दोलन का कुछ हिस्सा पाकिस्तान में बना रहा। वह पश्चिम के खिलाफ जिहाद छेड़ने का पक्का इरादा रखता है। फौजी तानाशाही के तहत उसे बढ़ने और पनपने का खूब मौका मिला।

बहुत ही अफसोस के साथ मैंने देखा कि अमेरिका ने ज़िया की हुकूमत के समय जो गलतियाँ कीं वही नए फौजी तानाशाह परवेज़ मुशर्रफ के साथ दोहराई जा रही हैं। ज़िया ने जिस ढंग से लोकतान्त्रिक सरकार का तख्तापलट किया था, दो दशक बाद पाकिस्तान के एक और सेनाध्यक्ष ने नागरिक सरकार के साथ वैसा ही तख्तापलट फिर किया।

पहले वाली तानाशाही हुकूमत के रास्ते पर चलते हुए, पाकिस्तान के नए तानाशाह ने भी पश्चिमी देशों से दोस्ती गाँठी है, आतंकवाद के खिलाफ वैश्विक युद्ध को समय-समय पर और सोचे-समझे ढंग से लेकिन मूलतः कपट-भरा समर्थन दिया है। इससे एक तरफ तो उन्हें अमेरिका और ब्रिटेन का राजनीतिक संरक्षण मिल रहा है और दूसरी तरफ तालिबान को पाकिस्तान के कबीलाई इलाकों में पुनः संगठित होने और पड़ोस में अफगानिस्तान में नाटो सैनिकों को मारने की छूट मिली हुई है।

इस बीच, उग्रवादियों की इकाइयाँ अछूती बची हुई हैं। कई बार, उग्रवादी नेता पकड़ लिए जाते हैं और जैसे ही अन्तरराष्ट्रीय ध्यान हटता है उन्हें छोड़ दिया जाता है। फौजी तानाशाही, मेरे नज़रिये से, विपक्षी नेताओं पर दबाव डालने, राजनीतिक दलों को बेजान कर देने, प्रेस पर अंकुश लगाने और पाकिस्तान में मानव अधिकारों के सवाल को कम-से-कम एक पीढ़ी पीछे धकेलने पर आमादा है।

फौजी हुकूमत का लक्ष्य यह सुनिश्चित करना है कि सरकार बनाने में गुप्तचर तंत्र

से मदद लेने के सिवाय कोई रास्ता नहीं हो, यही वजह है कि वह पी.पी.पी. के खिलाफ है। फौजी हुकूमत के समर्थकों के लिए 1961 में अपने उद्‌घाटन भाषण में कहे गए राष्ट्रपति जॉन एफ. कैनेडी के शब्द याद कर सकते हैं–'जो चीते की पीठ पर सवार होते हैं वे अन्त में उसके पेट में पहुँच जाते हैं।'

जनरल मुशर्रफ से मैं पहली बार तब मिली थी जब तुर्क सेना के एक दौरे के समय उन्होंने तुर्क दुभाषिये का काम किया था। मैंने उन्हें अपना सैनिक सचिव बनाने से इन्कार कर दिया। हमने शुरू में उनकी तरक्की रोक रखी थी, इसकी वजह अक्सर हिंसा का रास्ता अपनाने वाले मोहाजिर कौमी मूवमेंट (एम.क्यू.एम.) से उनके सम्बन्ध होने का अपुष्ट सन्देह था। उनसे अन्तिम बार मिलने का मुझे जो याद है वह ही सबसे महत्त्वपूर्ण है, 1996 में जब उन्होंने मुझे कश्मीर में युद्ध की एक योजना समझाई थी।

पी.पी.पी. को रोकने और मुझे पुनर्निर्वाचित होने से रोकने के मुशर्रफ के इरादे और उनकी ज़िद के चलते देश की राजनीतिक संस्थाएँ कमज़ोर हुई हैं तथा राजनीतिक पार्टियों और नागरिक संस्थानों दोनों में लोकतंत्र का आधार-ढाँचा तबाह हुआ है। इसके अलावा, उनकी बजट-सम्बन्धी प्राथमिकताओं ने संसाधनों को सामाजिक क्षेत्रों से हटाकर सेना में झोंका है जिससे मुल्क में गरीबी की रेखा के नीचे गुज़र करने वाले करोड़ों पाकिस्तानियों की तकलीफें बढ़ी हैं।

हमें भली-भाँति पता है कि जनरल मुशर्रफ की हत्या की कई कोशिशें की जा चुकी हैं। उम्मीद की जानी चाहिए कि भविष्य में ऐसे हमले नहीं होंगे, लेकिन खतरा बना हुआ है। पाकिस्तान में टिकाऊ लोकतंत्र बनाने में विफलता के कई दूरगामी परिणाम होंगे।

मुशर्रफ हुकूमत पाकिस्तान की सरहद के कई इलाकों में अपनी ज़िम्मेदारी से पीछे हट गई है, और कहा है कि वे इलाके बेकाबू हैं। यह भी ताज्जुब की बात नहीं कि बिन-लादेन को नहीं पकड़ा जा सका है। यह धारणा बकवास है कि पाकिस्तान के कई हिस्से बेकाबू हैं और वहाँ शासन नहीं किया जा सकता। प्रधानमंत्री के रूप में अपने दोनों कार्यकालों में मेरी सरकार ने वहाँ अमन-चैन कायम करने के लिए सेना भेजी। अब मुशर्रफ सरकार ने आतंकवादियों को उन इलाकों में शासन करने की इजाज़त दे दी है। इस तरह उनकी हुकूमत उन उग्रवादियों को पनाह दे रही है जो सारे यूरोप, अमेरिका और पाकिस्तान के बसों, रेलों और विमानों में सफर करनेवाले निर्दोष महिलाओं, बच्चों और पुरुषों के खिलाफ साज़िशें रचते हैं। अगर कोई महिला प्रधानमंत्री ऐसी सुलह करती तो उस पर कमज़ोर और अक्षम होने के आरोप लगते। लेकिन फौजी तानाशाह ऐसा करने के बाद भी इल्ज़ामों से बचे हुए हैं। जाहिर है कि महिलाओं के आगे बढ़ने और बड़ी छलाँगें लगा लेने के बाद भी, पुरुष और महिला नेताओं के आचरण को परखने के दोहरे मापदण्ड बने हुए हैं।

मुशर्रफ आतंकवाद के खिलाफ लड़ाई का दिखावटी समर्थन कर रहे हैं, वाशिंगटन और लन्दन की नज़रों में अच्छा बने रहने के लिए जब ज़रूरत होती है आतंकवाद के खिलाफ समर्थन का एक चम्मच दे देते हैं, लेकिन उनकी नीतियाँ तो पश्चिम के विरोधियों को मज़बूत करने वाली हैं। घरेलू राजनीति में कट्टरपन और विदेशों में पश्चिम के खिलाफ जंग सिखाने वाले खतरनाक राजनीतिक मदरसे पनप रहे हैं। जब मैं प्रधानमंत्री थी मैंने उन पर नियन्त्रण

लगाने और कुछेक को ध्वस्त करने के कदम उठाए थे, पर मौजूदा फौजी तानाशाही में तो वे फैलते जा रहे हैं।

मेरे नज़रिये से, ज़ियाओं और मुशर्रफों की वजह से ही पाकिस्तान में और पश्चिमी देशों में बसे पाकिस्तानियों में विदेशों के प्रति द्वेष और अपने प्रति भेदभाव किए जाने की भावना को बल मिला है। अक्सर कहा जाता है कि चुनावों के परिणाम बाद में सामने आते हैं। मैं तो इस कथन में संशोधन कर यह कहूँगी कि 'तख्तापलट किए जाने के परिणाम बाद में सामने आते हैं।' एक तरफ लोकतांत्रिक अभिव्यक्ति का दमन और दूसरी तरफ इस्लाम की सबसे उग्रवादी और समर्थन न करने लायक व्याख्या, दोनों ने मिलकर निश्चय ही न सिर्फ पाकिस्तान बल्कि तमाम दुनिया पर असर डाला है। इसलिए मुझे इस बात पर यकीनन कोई ताज्जुब नहीं होता कि आतंकवाद के सभी सुराग हमेशा पाकिस्तान से जुड़े लगते हैं। हमें ताज्जुब क्यों होना चाहिए? पीढ़ियों से फौजी हुकूमतें उग्रवादियों को पनपातीं, मज़बूत करतीं और उनका इस्तेमाल करती आई हैं।

मैं 2007 में पाकिस्तान में एक अनिश्चित भविष्य की तरफ लौटते वक्त न सिर्फ अपने और अपने देश के बल्कि सारी दुनिया के लिए मौजूद खतरों से अच्छी तरह वाकिफ हूँ। हो सकता है कि पहुँचते ही मैं गिरफ्तार कर ली जाऊँ। हो सकता है कि जब मैं हवाई अड्डे पर उतरूँ तो उसी तरह गोलियों की शिकार हो जाऊँ जिस तरह अगस्त 1983 में मनीला में बेनिग्नो एक्विनो की हत्या की गई थी। पहले भी कई बार अल-क़ायदा मुझे मारने की कोशिश कर चुका है। हम यह क्यों सोचें कि वह ऐसा नहीं करेगा? क्योंकि मैं अपने निर्वासन से लोकतांत्रिक चुनावों के लिए लड़ने को लौट रही हूँ और वे लोकतांत्रिक चुनावों को बहुत नापसन्द करते हैं। लेकिन मैं तो वही करूँगी जो मुझे करना है और मैं पाकिस्तान की जनता की लोकतांत्रिक आकांक्षाओं में साथ देने का अपना वादा पूरा करने का पक्का इरादा रखती हूँ।

मैं पाकिस्तान के सभी बच्चों की खातिर यह जोखिम उठा रही हूँ।

यह कोई व्यक्तिगत सत्ता का सवाल नहीं है। यह सवाल है शिष्टता और सम्मान का। यह सवाल है हर व्यक्ति को सुरक्षा और स्वाभिमान से रहने की आज़ादी का। खौफ़, आतंक और डर के इस नए युग में यह सवाल और भी ज़्यादा अहमियत रखता है। लोकतंत्र केवल पाकिस्तान और पाकिस्तानियों के लिए ही जरूरी नहीं है, यह पूरी दुनिया के लिए ज़रूरी है। आज जब इस्लाम को आतंकवाद और कट्टरपन के नज़रिये से देखा जा रहा है तो हमें यह याद रखना चाहिए कि लोकतांत्रिक सरकार किसी भी आतंकवादी को न पनाह देगी और न ही उसको पनपने देगी।

इसलिए मैंने निर्वासन से लौटकर एक और चुनाव अभियान की अगुआई की योजना बनाई है। मैं दुआ करती हूँ कि लोकतांत्रिक दुनिया मुशर्रफ पर दबाव डालेगी कि वह स्वतंत्र और निष्पक्ष चुनाव के हालात बनाएँ, सभी राजनीतिक नेताओं और पार्टियों को आज़ादी से चुनाव लड़ने की इजाज़त दें; मतदान और मतगणना की निगरानी के लिए अन्तरराष्ट्रीय प्रेक्षकों को आने की इजाज़त दें और सर्वोपरि चुनावों के नतीजों को स्वीकार करें। मुझे मालूम

है कि ये बातें आदर्शवादी लगती हैं, कुछ लोगों को अव्यावहारिक लगेंगी, लेकिन इन तमाम वर्षों के बाद भी मेरा यह विश्वास कायम है कि वक्त, इन्साफ और इतिहास की ताकतें लोकतन्त्र की तरफदार हैं।

कुछ लोगों को हो सकता है कि यह समझ नहीं आए कि अपनी ज़िन्दगी के अनिर्धारित और खतरों की आशंका वाले चौराहों पर मुझे आगे कौन धकेलता है? बहुत सारे लोगों ने बहुत सारी कुर्बानियाँ दी हैं, बहुत सारे लोग मारे गए हैं और इतने सारे लोगों ने आज़ादी की अपनी बाकी उम्मीदें मुझसे सँजोई हुई हैं कि मैं अब लड़ने से पीछे नहीं हट सकती। मैं मार्टिन लूथर किंग के इन शब्दों को याद करती हूँ—'जिस दिन हम अहम मसलों पर चुप रह जाते हैं उसी दिन हमारी ज़िन्दगी खत्म होनी शुरू हो जाती है।' खुदा में अपने विश्वास के साथ मैं अपना भाग्य अपनी जनता के हाथों में सौंपती हूँ।

❒❒❒

उपसंहार

18 अक्टूबर, 2007 को बेनज़ीर भुट्टो पाकिस्तान लौटीं ताकि वह 2008 के निर्धारित चुनाव में लोकतंत्र की ताकत की अगुवाई कर सकें। उन्हें और उनके पति आसिफ़ अली ज़रदारी को अपने ऊपर खतरों का पूरा अन्दाज़ा था और इसीलिए उन्होंने जनरल परवेज़ मुशर्रफ़ के प्रशासन से यह माँग की थी कि वह इनकी सुरक्षा का भरोसा दिलाएँ। उन्होंने माँग की कि विदेश से बम का हमला झेल सकने वाली गाड़ियाँ लाई जाएँ, जिनमें बुलेट प्रूफ़ शीशे लगे हों। मुशर्रफ़ ने उनका यह निवेदन ठुकरा दिया। उन्होंने कोशिश की, कि वह सेलुलर फोन के ज़रिये विस्फोट कर सकने वाली प्रणाली (इम्प्रोवाइज़्ड एक्सप्लोसिव डिवाइसिज़) को नाकाम करने वाला यन्त्र खरीद सकें लेकिन मुशर्रफ़ ने उन्हें ऐसा भी नहीं करने दिया। उन्होंने प्रस्ताव रखा कि वह विदेश से प्रशिक्षित सुरक्षा कर्मी बुलवा लें, जो पाकिस्तान में सरकार तथा पार्टी की सुरक्षा व्यवस्था को पूर्ण रूप से सुदृढ़ कर दें। लेकिन मुशर्रफ़ ने इसे भी नकार दिया कि वह बाहर के सुरक्षा कर्मियों को वीज़ा नहीं देंगे।

ऐसे में, जब मुशर्रफ़ उनकी हिफ़ाज़त के लिए कुछ भी करने को तैयार नहीं थे, आखिर बेनज़ीर भुट्टो तब वापस आई ही क्यों...? इसके जबाब में उनके ही शब्द स्थिति साफ करते हैं : कुछ लोगों के लिए यह समझ पाना बहुत कठिन होगा कि मैं क्यों इस तरह, बिना पूरी हिफ़ाज़त के, उस रास्ते पर चल पड़ी हूँ, जिसमें मेरे लिए खतरा बेहद साफ दिख रहा है। बहुत-से लोगों ने बहुत सी कुरबानियाँ दीं हैं, बहुतों ने अपनी जान गंवाई है और बहुत-सी निगाहें मेरी ओर उठी हुईं हैं, जिनमें आज़ादी की उम्मीद भरी है, ऐसे में, मैं कैसे खुद को लड़ाई से परे रख सकती हूँ...?"

जब बेनज़ीर ने आठ साल के देशनिकाले के बाद पाकिस्तान की ज़मीन पर कदम रखा, तीस लाख पाकिस्तानियों ने उनका तुमुल ध्वनि से स्वागत किया। यह उनकी लोकप्रियता का भव्य प्रदर्शन था। इस जन समूह में बच्चों से लेकर बड़ी उम्र के, समाज के सभी वर्गों के और पाकिस्तान के चारों प्रान्तों से आए स्त्री-पुरुष शामिल थे। अथाह लोगों की भीड़ पाकिस्तान के क़ायदे-आज़म एयर पोर्ट पर इकट्ठा थी। भुट्टो के समर्थक एक जुलूस की शक्ल में एकसाथ तैयार खड़े थे। उन्हें वहाँ से पाकिस्तान के संस्थापक मुहम्मद अली जिन्ना के मक़बरे पर पहुँचना या, जहाँ बेनज़ीर भुट्टो को राष्ट्र के नाम एक संदेश देना था। इस सन्देश का प्रसारण बी.बी.सी. और सी.एन.एन. के ज़रिये सारी दुनिया में होना था। बेनज़ीर का वह स्वागत न केवल बेनज़ीर और पाकिस्तान पीपल्स पार्टी के प्रति उत्साह का संकेत था,

बल्कि उसमें लोकतंत्र और पाकिस्तान की आज़ादी जैसी उमंग नज़र आ रही थी। लेकिन बेनज़ीर को जो भाषण देना था, वे दे न सकीं। 19 अक्टूबर को आधी रात के कुछ ही पल बाद दो बम धमाकों ने समूची भीड़ को स्तब्ध कर दिया। और इसी धमाके से भुट्टो को सभा-स्थल की ओर ले जाने वाले ट्रक में आग लग गई। कुल एक सौ उनासी लोग मारे गए। लगभग सारे लोग पी.पी.पी के थे, जो सफेद टी-शर्ट पहने, अपनी भूतपूर्व प्रधानमन्त्री को उनकी सुरक्षा के लिए घेरे खड़े थे।

हत्या की इस कोशिश की परिस्थितियाँ बहुत रहस्यमयी थीं। भुट्टो का ट्रक, जैसे ही घटना-स्थल तक पहुँचने को हुआ, अचानक बिजली चली गई और अँधेरा हो गया। बेनज़ीर के स्टॉफ़ के लोगों को दिये हुए संचार यन्त्रों ने काम करना बंद कर दिया और विस्फोट के बस चन्द ही मिनट बाद पाकिस्तान की पुलिस को आदेश दिये गए कि वह घटना-स्थल को तेज़ बौछार वाले पानी के पाइप से सारे ज़रूरी विस्फोट संबंधी सबूतों के साथ धो डाले। इस सारे मामले के बारे में किसी से, यहाँ तक कि बेनज़ीर से भी, पुलिस ने कोई पूछताछ नहीं की। मुशर्रफ़ प्रशासन ने भुट्टो की इस याचिका को ठुकरा दिया कि इस घटना की जाँच स्कॉटलैंड यार्ड और एफ़.बी. आई से कराई जाए।

अपनी वापसी के दो दिन पहले भुट्टो ने जनरल मुशर्रफ़ को एक पत्र लिखा था जिसमें उन्होंने हुकूमत और शासक दल के तीन लोगों के नाम बताए थे जिनसे उन्हें अपनी जान को खतरा था। भुट्टो को उनके उस पत्र का कोई उत्तर नहीं मिला था। 19 अक्टूबर को उनकी हत्या की कोशिश के एक हफ्ते बाद, भुट्टो ने, जो कि मेरी पुरानी मित्र हैं और जिन्हें मैं उस समय से सहयोग दे रहा था, जब वह अपनी किताब, रिकन्सीलियेशन लिख रहीं थी, उन्होंने मुझे एक ई-मेल भेजा जिसके बारे में उनके निर्देश थे कि उसे तभी सबके सामने लाया जाए, जब, यदि उनकी हत्या कर दी जाए। 26 अक्टूबर के उस ई-मेल में लिखा था, ‘‘मार्क, खुदा चाहेगा तो ऐसा कुछ नहीं होगा, लेकिन अगर ऐसा हो गया, तो मैं चाहती हूँ कि तुम जान लो, कि 16 अक्टूबर को मुशर्रफ़ को लिखे मेरे पत्र के नामों के साथ-साथ, मैं मुशर्रफ़ को भी इसके लिए ज़िम्मेदार ठहराऊँगी। मुशर्रफ़ के खुशामदी टट्टुओं ने मुझे बेहद असुरक्षित महसूस करा दिया है। मुझ पर निजी कारें या गहरे रंग के शीशे वाली कारें इस्तेमाल करने की मनाही है, मैं संचार-यन्त्र इस्तेमाल नहीं कर सकती, और न ही मुझे पर्याप्त पुलिस सुरक्षा दी गई है...’’ ई-मेल में उन्होंने अपना नाम लिखा ‘बी.’

जैसाकि उन्होंने अपने ई-मेल में लिखा, भुट्टो को वह बुनियादी सुरक्षा भी नहीं दिलवाई गई, जो किसी भूतपूर्व प्रधानमन्त्री को दी जाती है। उसके बावजूद, उन्होंने नवम्बर-दिसम्बर भर पाकिस्तान के चारों प्रान्तों का दौरा किया और हर जगह उन्हें अपने समर्थकों की भारी भीड़ का स्वागत मिला। इन्टरनेशनल रिपब्लिकन पार्टी के चुनावी सर्वे ने यह ज़ाहिर किया कि बेनज़ीर पाकिस्तान की सबसे ज्यादा लोकप्रिय नेता हैं और पी.पी.पी. एक सबसे बड़े और मज़बूत राजनीतिक दल की तरह चुनावों में जीत की ओर बढ़ रही है। मुशर्रफ़ और उनकी पी.एम.एल पार्टी की, 8 जनवरी को होने वाले चुनावों में भारी बेईमानी की कोशिश के बावजूद, इस बात की भारी उम्मीद बन रही थी कि पी.पी.पी. बड़े बहुमत से जीतने वाली पार्टी की तरह सामने आएगी और बेनज़ीर भुट्टो तीसरी बार प्रधानमंत्री चुनी जाएँगी।

27 दिसम्बर की शाम को भुट्टो अपने चुनावी दौरे पर रावलपिंडी पहुँची। रावलपिंडी

पाकिस्तान की रक्षक-सेना की एक फौजी छावनी है, जिस की तुलना अमेरिका के पेंटागन से की जा सकती हैं। यहाँ का चुनाव पी.पी.पी. और भुट्टो, दोनों के लिए बेहद महत्त्वपूर्ण था। लियाकत अली पार्क में भीड़-भरे भव्य स्वागत के बाद भुट्टो अपनी खुली छत वाली गाड़ी में चढ़ गईं। जैसे ही धीरे-धीरे उनकी गाड़ी बढ़ने लगी, भुट्टो गाड़ी में खड़ी हो गईं और अपने दल के समर्थकों का हाथ हिला कर अभिवादन करने लगीं। उनके बहुत-से समर्थक उनकी गाड़ी को घेरे हुए थे।

भूतपूर्व प्रधानमंत्री पर दो, या तीन बार गोली दागी गई। वह गाड़ी में पीछे गिर गईं और तभी नज़दीक में ही एक आत्मघाती बम का विस्फोट हुआ। पार्टी के बीस समर्थक लगभग उसी दम मारे गए। बेनज़ीर भुट्टो को, जो किसी भी इस्लामिक देश में चुनी गई पहली प्रधानमंत्री थीं, रावलपिंडी जनरल अस्पताल ले जाया गया, जहाँ उन्हें मृत घोषित किया गया।

ठीक 19 अक्टूबर की हत्या की कोशिश की तरह, इस बार भी हत्या-स्थल को पुलिस ने आनन-फानन में सारे विस्फोट-सम्बन्धी सबूतों के साथ धोकर साफ कर दिया।

जिन डाक्टरों ने रावलपिंडी जनरल अस्पताल में भुट्टो की जाँच की थी– उन्हें प्रेस से बात नहीं करने दी गई।

कुछ ही घंटों के बाद पाकिस्तान सरकार ने भुट्टो की मौत, और उसकी परिस्थितियों के तीन अलग-अलग बेमेल ब्योरे जारी कर दिये, जिन तीनों को ही घटना-स्थल पर लिए गए लाइव वीडियो तस्वीरों ने झुठला दिया और उन डाक्टरों के बयान ने भी उन्हें नकार दिया जिन्होंने भुट्टों की जाँच की थी।

उधर अमेरिका में पाकिस्तान के राजदूत ने यह घोषणा की कि श्रीमती भुट्टो को सारी ज़रूरी सुरक्षा प्रदान की गई थी।

पाकिस्तान की सरकार ने भुट्टों के परिवार वालों और पाकिस्तान पीपल्स पार्टी की बार-बार की गई इस याचिका को ठुकराया कि हत्या की जाँच किसी स्वतन्त्र अन्तर-राष्ट्रीय/संयुक्त राष्ट्र संघ की एजेंसी से कराई जानी चाहिए।

28 दिसम्बर, 2007 को बेनज़ीर भुट्टो अपने परिजनों और मित्रों की उपस्थिति में, पाकिस्तान और विश्व के लिए एक विश्वास के प्रतीक के रूप में–सिंध प्रान्त के नौदेरो में–अपने पिता ज़ुल्फिकार अली भुट्टो की क़ब्र के पास दफ़ना दी गईं। वे 54 वर्ष की थीं।

वाशिंगटन, डी. सी. **मार्क. ए. सीगल**

8 जनवरी, 2008

www.ingramcontent.com/pod-product-compliance
Ingram Content Group UK Ltd.
Pitfield, Milton Keynes, MK11 3LW, UK
UKHW041632190726
13854UKWH00006B/2451

9 788170 287384